문화와 국민행복

-문화국가 만들기-

박광국 편저

도서출판 대영문화사

머리말

문화의 시대로 불리는 21세기는 지식경제 사회를 지나 이제 창조경제 사회로 이행하고 있다. 창조경제 시대의 핵심은 상상력과 창의력이며 이것이야말로 국가경쟁력의 핵심동인으로 간주되고 있다. 한 국가가 한 단계 더 높은 단계로 성장하려면 정치, 경제, 사회, 문화의 모든 면에서 발전이 이루어져야 하는데 이는 정치, 경제, 사회의 모든 부문에 문화의 옷을 입히지 않고서는 불가능하다. 21세기에 들어와, 글로벌화의 급속한 진행과 정보통신 기술의 비약적인 발전으로 인해 사회변화는 예측 불가능한 상태로 접어들고 있으며, 이를 효과적으로 관리하기 위해서는 문화이론의 도움이 절대적으로 필요하다. 과학과 기술을 최고의 선으로 신봉하던 모더니즘은 기후변화나 큰 사회문제 해결에 점차 그 한계를 드러내고 있으며, 이에 따라 상징과 이미지에 기초한 포스트모더니즘이 그 대안으로 각광받고 있다.

이런 점을 염두에 두고 『문화와 국민행복: 문화국가 만들기』 집필자들은 문화행정에서 중점적으로 다루어야 할 주제가 무엇이며,

이를 둘러싸고 어떤 논쟁이 벌어지고 있는가를 집중적으로 살펴보기로 의견의 일치를 보았다. 이를 위해 2~3차례의 집단지성을 도출하기 위한 회합을 가졌고 많은 참신한 의견이 발산되었고 다시 수렴화의 과정을 거쳐 최종적으로 24개의 주제가 선정되었다. 이를 다시 크게 4편으로 분류하여 〈문화의 가치〉, 〈문화행정의 지향〉, 〈문화와 권력〉, 〈문화정책 쟁점들〉이라는 대주제로 편제하였다. 본격적인 주제에 들어가기 전에, 1980년대에 서울대학교 행정대학원에 문화정책 강의를 처음 개설한 정홍익 서울대 명예교수의 "문화행정 40년을 회고하며"라는 글을 제1장에 싣고 문화정책 개설 당시의 상황, 그리고 문화정책의 밝은 면과 어두운 면에 대해 살펴보고 향후 문화행정의 과제도 짚어보았다.

먼저, 제1편 〈문화의 가치〉는 다시 4개의 장으로 구성되었는데, 제2장 "문화철학"은 광운대 도승연 교수에 의해 집필되었다. 여기서 도 교수는 디지털 문화의 매체적 속성을 중심으로 한 기술력의 발전이 곧 민주적이며 심미적인 문화 창조의 길을 수반하지 않는다고 비판하고, 기술의 발전에 부단히 윤리와 철학을 개입하려는 노력이 경주될 때 비로소 공진화하는 존재로서의 인간적 특징이 부각될 수 있다고 강조한다. 제3장 "문화윤리"는 동아대 신응철 교수에 의해 집필되었는데, 여기서 신 교수는 문화가 인류역사에서 어떤 모형으로 변화되어 왔으며 이를 통해 문화가 인간의 삶에 어떠한 형태로 기능하는지를 특유의 날카로운 비판력으로 고찰해 내고 있다. 제4장 "문화의 경제적 가치"를 천착한 김상욱 국장은 문화체육관광부에서도 이론과 실무를 겸비한 정통 관료이다. 여기서 김 국장은 사회발전과 경제발전을 위해서는 문화산업과 같은 계량적 경제 가치의 제고도 중요하지만 이보다는 비계량적 경제가치를 창출하는 문화자본을 대폭 확충해야 한다고 주장한다. 제5장 "문화의 사회적 가치"는 인천대 이종열 교수에 의해 집필되었는데, 여기서 그는 특히 지역사회에 미치는 문화예술의 영향을 개인 및 지역공동체 차원에서 직접 활동, 청중 참여, 문화조직 및 기관의 존재 여부의 관점에서 고찰하고 있다. 향후 문화예술이 실제로 사회적 편익을 생산한다는 사실을 설득력 있게 입증하기 위해서는 규범적 연구보다 경험적 연구의 축적이 중요하다고 강조한다.

제2편 〈문화행정의 지향〉은 다시 제6장 "문화과학", 제7장 "문화권", 제8장 "문화 민주주의", 제9장 "문화역량", 제10장 "문화다양성", 제11장 "제4차 산업혁명 시대의 문화정책" 등 6개 장으로 세분하여 기술되었다. 구체적으로 보면, 제6장 "문화과학"은 숙명여대 김세훈 교수에 의해 집필되었는데, 이 글은 근대 이성에 대한 신뢰로부터 시작된, 사회현상에 대한 과학적 접근은 근대적 기획으로서의 문화정책 출현과 그 특징에 중요한 영향을 미쳤다고 진단한다. 하지만 탈근대(Postmodern)적 현대 사회에서 문화정책은 새로운 전환의 필요성에 부딪혀 있으며, 이 둘 간의 간격을 어떻게 조화롭게 모색해야 하는가를 고찰하고 있다.

제7장 "문화권"에서 조선대 서순복 교수는 헌법에 보다 적극적으로 문화국가의 원리와 개인의 문화권을 강화해야 한다는 조항을 명시해야 한다고 주장한다. 현재 다문화사회에서 전통적인 국적 개념이 실효성을 갖지 못하는 초국가적 환경에서 새로운 시민이 누려야 할 문화권에 대한 새로운 논의가 시작되어야 할 필요성도 아울러 제기하고 있다. 제8장 "문화 민주주의"는 국민대 하현상 교수에 의해

제기되었는데, 그는 여기서 문화 민주주의와 문화 민주화의 관계, 문화 민주주의의 활성화를 위한 문화생태계 강화, 특히 우리들의 삶에 직접적 영향을 미치는 생활공동체의 활성화에 초점을 맞추고 있다. 제9장 "문화역량"은 서울대 정광호 교수가 맡아 집필하였는데, 여기서는 문화발전과 문화역량의 의미를 살펴보면서, 양자가 문화행정과 문화정책에 어떤 의미를 갖는지를 심도있게 다루고 있다. 한 걸음 더 나아가, 문화발전이 경제발전, 사회발전과 어떻게 관련되어 있는지를 살펴보는 한편, 이 분야의 과학적 연구를 위한 문화역량 측정을 둘러싼 다양한 논의도 폭넓게 소개하고 있다. 제10장 "문화다양성"은 중앙대 이형환 교수에 의해 다루어졌는데, 이 교수는 우리나라 거문고 무형문화재 이수자이기도 하다. 이 글의 핵심은 문화의 세계화와 문화다양성의 상호 보완적 관계, 우리나라에서 문화다양성 실태, 그리고 전통음악을 중심으로 한 문화다양성의 가치 모색으로 요약될 수 있다. 제11장 "제4차 산업혁명 시대의 문화정책"은 가톨릭대 임학순 교수에 의해 조망되었는데, 그는 이 글에서 문화정책은 제4차 산업혁명에 수동적으로 대응하는 객체가 아니라 제4차 산업혁명에 영혼과 가치를 불어넣는 주체로서 기능해야 한다는 논리를 설득력 있게 전개하고 있다. 다시 말해, 제4차 산업혁명이 초래할 부정적인 사회문제들을 극복하고 우리 사회를 사회통합, 치유, 공감, 공동체 회복으로 이끄는 대안으로 문화정책이 활용되어야 한다고 주장한다.

제3편 〈문화와 권력〉은 크게 3개의 장으로, 제12장 "문화의 정치화", 제13장 "문화 거버넌스", 제14장 "문화재정"으로 구성되었다. 제12장 "문화의 정치화"는 베를린대에서 박사학위를 취득한 표광민 박

사에 의해 집필되었다. 그가 이 글을 통해 던지는 화두는 세계화 시대의 문화는 정치적 문제를 필연적으로 내포할 수밖에 없다고 보고, 이러한 갈등을 최소화하기 위해서는 각각의 문화가 고유한 특성을 가지고 있음을 인정하지 않으면 안 된다는 것이다. 그럼에도 불구하고 인권, 자유, 평등, 민주주의 등 보편적 가치는 더욱 중시되어야 하기 때문에, 이들 간의 조화를 어떻게 가져가야 할 것인가에 대해 심도있는 고민을 보여주고 있다.

제13장 "문화 거버넌스"에서 가톨릭대 박광국 교수는 문화정책의 효과성을 제고하기 위해서는 거버넌스 구조가 왜 필연적으로 도입될 수밖에 없는가를 영국, 프랑스 문화정책 거버넌스 구조와 우리나라 거버넌스 구조를 비교하여 분석하고 있다. 여기서 그는 우리나라의 문화정책 거버넌스 구조가 관(官) 중심의 거버넌스 구조를 탈피하지 못하고 있다고 지적하고, 진정한 거버넌스인 상호작용적 거버넌스나 제도적 거버넌스로 어떻게 이행할 수 있는가에 대한 대안을 모색하고 있다. 제14장 "문화재정"은 서울여대 한승준 교수에 의해 논의되고 있는데, 한 교수는 여기서 국가의 문화 헤게모니와 국가역할 변수를 조합하여 네 가지 형태의 국가별 문화지원 유형을 구분하고 있다. 이에 기초하여, 그는 우리나라 문화정책의 상황맥락 변수를 고려했을 때 어떤 유형을 지향하는 것이 바람직한가를 중앙정부 문화재정, 지방자치단체 문화재정, 문화예술기금을 중심으로 고찰하고 있다.

제4편 〈문화정책 쟁점들〉에서는 현재 문화정책에서 다루어야 할 핵심 주제들을 광범위하게 고찰하고 있다. 크게 11개 장으로 구성되어 있으며 예술 공공성, 문화교육, 문화복지, 문화와 미디어, 문화정

책평가, 문화분권, 문화교류, 문화영향평가, 문화유산, 문화의 글로벌화, 문화와 창조도시 등을 다루고 있다. 제15장 "예술 공공성"은 한국예술종합학교 주성혜 교수에 의해 다루어졌다. 이 글에서 주 교수는 예술의 텍스트와 삶의 컨텍스트가 공존하며 상호적인 영향력을 행사하는 과정에서 공공 예술의 힘이 어떻게 발휘되는가를 설득력 있게 제시해 주고 있다. 제16장 "문화교육"은 경희대 백령 교수가 맡아 집필하였다. 백 교수는 급변하는 사회적 요구에 부응하기 위해서는 문화예술교육의 새로운 패러다임 정립이 요청된다고 주장하면서 공급자 관점에서 예술가와 문화 소비자를 연결하는 매개 활동 지원 관점으로의 이행을 하나의 대안으로 제시하고 있다. 제17장 "문화복지"는 가톨릭관동대 주효진·장봉진 교수의 협업으로 완성되었다. 이 글에서 필자들은 문화복지를 둘러싼 쟁점을 공공재로서의 문화예술, 문화적 권리, 문화적 형평성의 관점에서 조망하고 이를 해결할 수 있는 대안을 설득력 있게 제시하고 있다. 제18장 "문화와 미디어"는 가톨릭대 신현기 교수가 집필했다. 신 교수는 현재 한국에서 전통미디어에 대한 신뢰가 하락한 이유를 다양한 각도에서 분석한다. 이어 전통미디어의 대체재로 등장한 인터넷, SNS 등 뉴미디어가 가져올 정치적, 사회적 변화의 가능성을 진단하면서 동시에 뉴미디어 공론장의 문제점과 한계를 지적하고 있다.

제19장 "문화정책평가"는 서울대 행정대학원에서 문화정책론 강의를 담당하고 있는 금현섭 교수에 의하여 다루어졌는데, 이 주제와 관련해 두 가지 쟁점을 부각시키고 있다. 첫째, 정책평가에 내재하고 있는 다양한 문제들에 대한 고민이 역시 문화정책평가에서도 수반되어야 한다는 것이고, 둘째, 문화정책의 속성에 내재한 평가의 어려

움을 극복하기 위한 세련된 평가기법의 개발이 필요하다는 점이다. 제20장 "문화분권"은 전북대 주상현·정준호 교수에 의하여 공동 집필되었다. 재무행정 전공자인 주상현 교수와 문화정책 전공자인 정준호 교수의 융합연구라는 점에서 더 큰 의의가 있다고 본다. 이들은 제4차 산업혁명 시대가 요구하는 다양한 변화, 저성장, 저출산, 초고령화 사회, 기후변화 등 우리 사회가 안고 있는 문제들을 해결하기 위해서는 문화정책의 도움이 절실히 필요하다고 진단한다. 이어서 실효성 있는 문화분권을 위해서는 구체적으로 문화분권 관련법·제도의 정비, 지역문화정책 거버넌스 구축, 지방문화재정의 확대, 재정지출의 체계화 노력이 경주되어야 한다고 주장한다.

제21장 "문화교류"는 푸단대(復旦大)에서 박사학위를 취득하고 중국 내 한국문화원에서 오래 근무한 중국 전문가인 우송대 박상도 교수에 의해 집필되었다. 이 글에서 박 교수는 국제문화 교류 분야에 있어서도 패러다임 시프트가 요청된다고 주장하면서 우리의 정책적 대응이 적절한가를 심도있게 고찰하고 있다. 제22장 "문화영향평가"는 한국문화관광연구원에서 예술기반정책연구실장을 맡고 있는 양혜원 박사가 맡아 집필하였다. 양 박사는 정부정책의 문화적 영향 측정이 매우 중요하다고 강조하고 한국적 맥락을 반영한 문화영향평가 방법론의 설계에 많은 지면을 할애해 설득력 있는 논의를 전개하고 있다. 제23장 "문화유산"은 한국문화재정책연구원 정책연구팀장으로 있는 채경진 박사에 의해 다루어졌는데, 이 글에서 채 박사는 문화유산을 둘러싼 여러 쟁점들, 즉 공공재로서의 문화유산, 보존과 활용, 문화재의 문화유산으로의 개념 재정립 등 폭넓은 이슈들을 잘 논의해 주고 있다. 제24장 "문화의 글로벌화"는 서울시립대 장원

호 교수가 집필했다. 이 글에서 장 교수는 문화의 세계화에 부응하여 한류가 가지는 잠재성에 주목하고 한류의 성공 요인을 체계적으로 분석한 다음 어떤 정책적 지원이 필요한지를 일목요연하게 제시하고 있다. 제25장 "문화와 창조도시"는 제5장을 집필한 인천대 이종열 교수가 저명한 도시행정 전문가답게 창조도시가 문화적 관점에서 어떻게 재설계되어야 하는지를 선진국의 예를 들어 잘 보여주고 있다. 이 교수는 원고 말미에서 우리나라의 수많은 지방자치단체에서 벌어지고 있는 문화개발주의(cultural developmentalism)를 경계하면서 김원배 교수가 주장하는 창조적 공동체로 하루 빨리 이행할 것을 강하게 주문하고 있다.

에필로그는 "문화와 삶의 질, 그리고 행복"이라는 제목으로 서울연구원 변미리 박사에 의해 집필되었다. 변 박사는 개인이나 사회의 행복영향 기제는 경제적 요인, 인구·사회적 요인, 행태적 요인(신뢰와 네트워크 포함)이라는 세 개 영역으로 구성된다고 본다. 하지만 우리나라에서는 유독 GDP를 중심으로 한 경제지표에만 너무 매몰되어 있다고 비판하고, 사회발전 및 삶의 질이라는 포괄적 영역을 다루어야 한다고 주장한다. 이런 점에서 우리나라 국민들의 행복을 제고하기 위해서는 공동체 의식, 이웃신뢰, 자부심 등 비(非)물질적 요소의 상태를 개선해 시민성을 높이는 방안을 고민해야 한다는 대안을 화두로 던지고 있다.

비록 1년이라는 짧은 시간이었지만 『문화와 국민행복: 문화국가 만들기』가 세상에 무사히 나올 수 있게 된 것은 전적으로 집필진들을 비롯해 편집과 출판작업에 헌신했던 모든 분들의 땀방울이 있었기 때문이다. 특히 『문화와 국민행복: 문화국가 만들기』가 출간되도록 한국행정학회 산하 문화행정연구회에 아낌없는 물적 지원을 해 준 한국행정학회 강제상 회장에게 깊은 감사를 드리며, 이번 책의 구상 단계에서부터 열정적으로 참여해 아낌없는 조언을 해 주신 정홍익 서울대 명예교수, 이종열 교수, 신충식 교수, 신현기 교수에게 특별한 감사의 말을 전하고 싶다. 특히, 신현기 교수는 바쁜 시간을 할애하여 원고 교정작업에 헌신적으로 임해 주었다.

그리고 이탈리아에서 디자인을 전공하고 국내 문화디자인 분야를 이끌고 있는 노유라 대표가 이번 책의 표지 디자인을 맡아 수고해 준 것에 대해 특별한 감사의 말을 전하고 싶다. 무엇보다도 바쁜 출간 일정에 쫓기면서도 특유의 부지런함과 인내심으로 멋진 책을 만들어 준 대영문화사 임춘환 사장과 임현준 과장에게도 이 자리를 빌려 대표집필자로서 심심한 감사를 드린다.

2019년 1월

대표집필

박 광 국 문화행정연구회 회장

차 례

제 1 장

문화행정 40년을 회고하며

정홍익(서울대학교 명예교수)

01

선생님께서 서울대 행정대학원에 부임하실 당시에 한국의 문화에 관한 행정 상황은 어떠하였습니까?

언론매체나 행정 분야의 연구를 검토해 보면 박정희 대통령이 경제발전에만 역점을 둔 것으로 나타나 있지만, 이를 조금 더 정확하게 말하면 대한민국의 근대화, 즉 그가 입버릇처럼 말하던 '조국 근대화'가 박정희 대통령의 목표였다고 봅니다. 물론 경제부흥과 국가발전 등 '성장'이 그 자체로도 중요하고 다른 부문의 발전을 위해 필요한 자원을 제공하는 데 필요한 과업이기는 하지만, 근대화란 사회, 문화, 교육 등 광범위한 분야에서의 발전이고 선진화하는 것을 말합니다. 비록 청와대를 비롯한 주위의 참모진들의 조력이 있었겠지만, 박정희 대통령은 이런 사실을 잘 이해하고 있었던 것으로 보였습니다. 특히 문화부문의 발전, 문화행정의 중요성을 일찍 인식하고 여기에 실제로 상당한 역점을 두고 정부시책을 추진했던 것으로 판단됩니다. 구체적인 예를 들면, 현재 충남 아산에 소재한 '(기공 당시에는 성역하라는 표현을 사용했던) 충무공 기념관'이나 경북 경주의 '보문관광단지'가 모두 박정희 대통령에 의해 기공되었으며, 그 당시의 정부재정능력과 전반적인 국가의 상황을 고려한다면, 충무공 기념관과 보문관광단지 모두 그 규모가 문화 분야의 미래에 대한 박정희 대통령다운 통찰력과 전망이 없이는 불가능했을 것이라고 생각합니다.

문화 분야에서 박대통령은 특히 두 가지 관심 사항이 있었던 것으로 여겨집니다. 첫째는 근대화에 필요한 가치관, 규범[베버(Max Weber)가 언급한 자본주의 정신이나 신교윤리 또는 파슨스(Talcott Parsons)의 유형변수들 같은]을 조성하고 유지하는 것이고, 둘째는 우리의 전통문화를(민족문화)를 유지·복원하는 것이었습니다. 비록 부작용도 있었겠지만 국기 게양식, 국기에 대한 맹세, 새마을 운동과 노래, 퇴폐문화 단속 등도 그러한 맥락에서 도출한 것으로 보입니다. 1974년에 처음으로 '1차 문화중흥 5개년계획(1974~1978)'이 수립되었는데, 이 문화 계획의 목표가 '전통문화의 계승발전과 민족문화 창달'이었습니다. 이보다 조금 앞선 1972년에 「문화예술진흥법」이 제정되었는데, 이것이 최초의 현대적 의미의 문화법의 기반이라 할 수 있습니다. 또한 1968년에는 문화공보부가 신설되어 과거 공보부와 교육부로 나뉘어 다뤄지던 문화행정이 일원화되는 계기가 되었습니다. 제가 서울대학교 행정대학원에 교수로서 재직하기 시작한 것이 1980년이니 아직 당시까지만 하더라도 초기 단계였지만, 이미 문화행정에 관한 주요 입법이나 제도들이 정비되어 가고 있던 상황이라고 볼 수 있습니다. 다만 학문 분야로서 문화정책·문화행정연구는 실무적인 문화행정을 따라가지 못했던 것 같았습니다.

이것은 1980년 당시 입법·조직·예산 등 문화정책의 기초가 상당히 마련되었다고는 하지만, 문화정책과 문화행정연구는 학문적으로는 많이 미숙한 상태였음을 의미합니다. 1980년대에 정부 산하의 문화 분야 연구기관으로 '문화발전연구소'라는 기관이 있었습니다. 그러나 애초에 문화의 속성과 정부의 역할을 생각해 보면 '문화발전연구소'라는 기관명은 현대적 시각으로 바라본다면 적절하지 못하다고 볼 수 있습니다. 여담입니다만, 당시 '문화발전연구소'는 덕수궁 내 석조전에 위치해 있었습니다. 석조전이라 하면 건물과 조경, 그리고 그 주위환경 전체가 보호받아야 할 중요한 문화재인데, 그 내부에 연구소가 위치해 업무를 보고 있었으니 얼마나 중요 문화재를 훼손하고 있었겠습니까. 정리하면, 문화와 문화발전, 그리고 그 연구소는 어색한 조합이었으며, 당시에는 그만큼이나 문화재나 문화정책이 무엇인지를 담당 공무원이나 연구원들은 물론 예술가들조차도 깊이 이해하지 못했던 것으로 보여집니다.

02

선생님께서 서울대 행정대학원에 부임하시고 나서 문화정책 과목을 개설하시게 된 특별한 동기가 있으면 말씀해 주십시오.

문예진흥원 산하에 앞에서 언급했던 '문화발전연구소'가 있었습니다. 지금의 '문화관광정책연구원'의 모체로서 1987년에 설립된 기관이었습니다. 설립 당시 서울대학교 문리대 사회학과에서 수학하셨던 이종인 선생님께서 연구소장으로 계셨는데, 저희 학과 선배님이셨습니다. 어느 날인지 정확히 기억을 할 수는 없지만, 이종인 소장님께서 저에게 '지방문화원 진흥방안'에 관한 연구보고서를 집필해 달라고 요청을 하셨습니다. 세상이 참 재미있는 것이 그 당시의 집필이 계기가 되어 문화정책에 관심을 가지게 되었습니다. 그때 서울대학교 행정대학원에서 저의 연구실 조교연구원이 현재 가톨릭대학교 디지털콘텐츠 학부에서 문화정책을 강의하고 있는 임학순 교수였습니다. 임 교수 역시 당시 저의 집필을 도와주다가, 그 인연으로 1988년경 졸업 후 문화발전연구소에 합류하고 지금까지 계속 문화정책을 전공하고 있습니다.

서울대학교 행정대학원에 문화정책을 과목으로 개설한 것이 아마 1990년대 초였던 것으로 기억합니다. 당시 교수회의에서 각 교수가 행정 분야별로 과목을 맡아 개설하자고 합의가 되어 저는 문화정책 과목을 맡았습니다. 당시 주택정책, 과학기술정책, 복지정책 등 여러 과목이 신설되었는데, 교수회의에 참석했던 그 어떤 교수도 문화정책에 관심을 가지지 않았던 것으로 기억합니다. 돌이켜 생각해 보면, 그 당시까지 4년제 대학, 특히 사회과학과 행정학 분야에서 문화정책이란 과목은 없었던 것으로 기억합니다.

03

선생님께서 처음 문화정책 강의를 하셨을 당시 강의 여건상 곤란함과 어려움은 어떤 것이었습니까?

문화정책이란 과목 자체가 신설 과목이었고 국내는 물론 외국에도 문화정책이란 과목이 별로 없었기 때문에 일반적으로 이 주제에 대한 참고서적도 부족하고 강의에 적합한 교재는 전무했습니다. 그래서 사회학, 인류학 분야의 학자들이 저술했던 문화에 관한 여러 연구와 행정학에서 관련된 연구들을 참고해서 강의를 했습니다. 처음 한두 해는 강의를 하는 저도 고생이었으니, 강의를 듣는 학생들도 힘들었을 것이라 추측합니다. 그때만 생각하면 당시의 학생들에게는 다소간 미안한 마음뿐입니다.

지금도 그렇지만 당시 행정대학원생들의 대부분은 행정고시 합격이 목표였던 고시준비생들이었습니다. 고시생이 행정고시에 합격하면 으레 원하는 부처를 가고 싶어 했을 텐데, 1990년에 신설된 문화부는 행정대학원 학생들에게는 별로 인기가 없었던 부처였습니다. 거기에 문화정책 과목은 필수가 아닌 선택과목이었습니다. 그런데도 이런 정황을 고려한다면 수강생들이 적은 편은 아니었던 것으로 기억합니다. 물론 시간이 흘러 문화부가 행정고시 합격생들이 가고 싶어하는 인기 부처가 되었고, 저의 수업을 수강했던 합격자들 가운데 상당수 문화부에 가기도 했습니다. 직원으로서 유일하게 내부 발탁된 문화부의 유진룡 장관은 제가 행정대학원에 임용되고 그 이듬해에 졸업했는데, 졸업논문이 문화 분야에 관한 주제여서 제가 논문 심사위원을 맡기도 했었습니다.

사실 예술계통의 학교, 특히 2년제 전문대에서 먼저 예술행정, 문화행정과 같은 과목들이 설강되었는데, 교수진들의 학력, 경력도 다양했고 교육내용도 천차만별이었습니다. 그래서 문화정책에 대한 연구나 연구용역을 수행할 때 회의에 참여한 분들과 의사소통이 잘 되지 않는 때도 더러 있었습니다. 이런 상황을 두고 들었던 생각이 (심하게 말하면) "잘못 가르치면 배우지 않느니만 못하다"는 것이었습니다. 그만큼 제가 처음으로 문화정책 과목을 강의했을 때에는 문화나 문화정책이라는 개념에 대해 잘 알려지지 않았던 것 같습니다.

04

행정대학원에서 문화정책을 강의할 때, 어떤 내용들에 초점을 맞추셨는지요?

처음에는 주로 "문화, 문화행정이 무엇인가" 등 관련 개념 파악에 시간을 많이 할애했고, 지금 돌이켜봐도 당시 그런 교수법이 중요하다고 생각합니다. 개념이나 용어는 일상 대화에서 사용되는 상식적 수준, 그리고 특정 직업 분야에서 사용되는 전문어 수준, 그리고 학문적 수준에 따라 의미나 용법이 다르다는 사실을 알아야 합니다. 그러나 문화정책에서 등장하는 개념들은 이 세 가지 차원 사이 구별이 명확하지 않은 경우가 많습니다. 그래서 의사소통에 혼란이 생기고 정책형성이나 집행에도 오류가 일어나곤 합니다. 안타깝게도 이런 문제는 아직도 지속되고 있는 것으로 보입니다.

외국의 문화정책 사례를 소개하는 것도 중요하게 다뤘습니다. 문화, 그 중에서도 특히 예술은 인공적인 영역, 즉 인간이 만든 것입니다. 따라서 예술이란 영역은 마치 예술의 정의가 없다고 하는 것처럼 임의적이고 무한한 가능성을 가지고 있습니다. 그래서 저는 나만의 문화, 나만의 예술에만 집중하고 있으면 예술 자체가 발전할 수 없다고 봅니다. 다른 문화와 예술에서 배울 수 있는 것은 배우고, 또 좋은 요소들을 취해야 한다고 생각합니다. 서양이 근대에 들어와 동양을 압도하게 된 것도 개방적인 서양문화와 폐쇄적 동양문화 차이에 상당 부분 기인한 것으로 보입니다. 즉, 배우고 취해야 발전할 수 있다고 믿습니다.

그리고 다른 분야와 논의 배경에서부터 차이가 나는 문화행정·정책의 특성을 이해시키는 것도 매우 중요하다고 생각했습니다. 경제정책과 같이 패러다임이 확립되어 있는 학문과는 달리 문화정책은 연구내용 차원이나 연구방법론에서조차 걸음마 단계였기 때문에 자칫 다른 분야의 잘못된 전형을 그대로 답습할 위험이 있다고 생각했습니다. 당시에는 실무를 담당하는 공무원들조차도 정책을 시행해 가면서 배우는 단계에 있었으니, 문화정책의 특성을 이해시킬 수 있도록 강의 초점을 맞추는 것을 매우 중요하게 생각했습니다.

05

행정학의 관점에서 문화를 연구하는 것은 여타의 문화연구와 어떤 차이점이 있는지요? 다른 학문 분야의 문화연구와 구별되는 문화정책 연구의 대상과 방법은 무엇인지요?

문화정책 연구를 여타의 연구들과 다르게 접근하는 것은 매우 중요한 문제입니다. 문화행정·정책은 경제정책, 국방정책, 복지정책 등 다른 행정학·정책학 영역의 주제들과는 다른 측면이 있습니다. 그 차이점과 특성을 행정실무자나 학자들이 구분하여 파악할 필요가 있습니다.

먼저 문화나 예술이란 개념 자체가 극히 추상적이라는 특성을 가진 것처럼, 문화정책은 설정하는 목표나 수단이 추상적이라는 점을 인식하는 것이 중요합니다. 추상적인 예술의 개념을 두고 '좋은'이 어떤 좋은 것을 의미하는지 모르는데도 '좋은 예술이란 무엇인가?'에 관한 연구를 한다든지, 각각의 내용이 엄연히 다른데도 불구하고 '서양예술, 동양예술, 한국예술의 비교' 연구처럼 상대적인 평가를 하려고 한다든지, '대중예술, 연예와 고급예술, 고전예술'의 가치를 어떻게든 상대적으로 평가하려고 하는 등 주먹구구식으로 또는 관습적으로 연구하려는 경향이 있습니다. 그러나 국민의 세금으로 충당된 정부 예산을 올바로 사용하려면 이런 문제에 대해서도 명확하고 객관적인 기준이 있어야 한다고 봅니다. 문화정책에 대한 좋은 연구 기준이 없으니 실무 담당자들이 소위 재량대로 결정하게 되는 문제가 발생하는 것입니다. 따라서 정권이 바뀌거나 장관이 변경될 때마다 문화정책을 자신들의 구미에 맞게 좌지우지하는 문제를 방지할 수 있도록 정책의 일관성을 확립해야 합니다.

문화행정 · 정책은 정책목표나 수단이 추상적이기 때문에 목표와 수단 사이의 인과성을 규명하기가 어렵습니다. 이런 문화정책의 특성을 '저출산 문제'에 비유한다면 좋은 사례가 되지 않을까 싶습니다. 마치 저출산 문제의 해결에 무엇이든지 돈만 쏟아 부으면 문제가 해결 된다는 사고방식을 가지고 있는 정치가들 또는 일부 공무원들이 문제해결을 위해 수십조 원의 예산을 쏟아 부었지만, 출산율은 여전히 그대로인 선례가 있지 않습니까. 뿐만 아니라 서민층과 부유층을 가리지 않고 지원해야 한다는 소위 보편주의(universalism)는 더 문제를 야기할 수 있습니다. 제대로 공부하지 못해 깊이가 부족한 지식을 과신하는 경우 이 과오에 따른 결과는 복구되기가 어렵습니다. 문화복지 프로그램 중 상당수가 이런 사례에 해당되는 것으로 판단됩니다. 문화정책에서의 인과성 규명은 이처럼 참으로 어려운 일이 아닐 수 없습니다. 우리는 흔히 소득 수준이 올라가면 오페라, 교향곡, 피아노 연주회 등 고급 예술을 향유하기 위한 청중이 증가한다고 생각할 수 있습니다. 그러나 서양의 여러 국가들의 사례를 보면 소득이 많이 상승해도 일정 수준이 지나면 이러한 예술 청중은 더 이상 증가하지 않습니다. 서양예술의 많은 위대한 작품들이 가난에 시달리는 예술가들의 손에 의해서 만들어진 사실은 역설적인 측면이 있다고도 볼 수 있습니다. 같은 맥락에서 우리나라의 K-Pop도 정부 지원으로 성장한 것이 아닙니다. 그럼에도 불구하고 저는 관련 분야를 연구하는 학자들이 문화예술 정책의 목표와 수단 사이에 있는 인과관계를 시험하고 증명할 책임이 있다고 생각합니다. 학자들이 정치가들의 무모한 발상이나 지시를 충분한 과학적 근거를 통해 제동을 걸 수 있기 때문입니다.

문화행정 · 정책의 과정에서는 '관련 정치가와 실무 공무원', '행정학자와 전문가', 그리고 '예술가들'이라는 세 집단이 참여한다고 볼 수 있습니다. 여기서 정치인과 공무원의 존재는 다른 학문 분야와 공통적인 정책과정 참여자들이지만, 예술가 집단은 문화정책의 과정에서 볼 수 있는, 문화정책의 1차 고객이자 주역으로서의 역할을 하는 특징을 갖고 있습니다. 행정학자들은 예술을 모르고 예술가들은 행정을 모르기 때문에 서로 보완적 역할을 할 필요가 있어 자주 접촉하고 이해하는 것이 필요합니다. 그래야 문화, 예술행정이 발전할 수 있지 않겠습니까. 물론 서로 간의 기질, 배경, 용어, 준거집단이 상이하니 상호간 이해하는 데 어려움이 많을 수 있습니다만, 좋은 본보기도 있습니다. 가톨릭대학교의 임학순 교수 같은 경우에는 예술가들과 교류를 돈독히 유지하고 있고, 그들의 맥락을 잘 이해하고 있는 것으로 보입니다.

06

선생님께서 보시기에 역대 문화부 장관 중에 가장 신념과 소신을 가지고 문화정책을 추진하신 분은 누구라고 보십니까? 그 이유는 무엇입니까? 그리고 그 정책내용들은 무엇이었습니까?

신념과 소신을 바탕으로 문화정책을 추진한 장관을 꼽아달라는 질문은 답하기가 어렵고도 쉽습니다. 어려운 이유는 역대 문화부 장관들이 능력이나 업적에 별반 차이가 없었기 때문이고, 쉽다고 한 이유는 언행이나 업적이 좀 색다른 장관이 한 분 있었기 때문입니다. 이 색다른 장관은 이화여자대학 교수로 재직하시다 초대 문화부 장관을 역임한 이어령 장관입니다. 이분은 원래 두뇌 회전이 빠르고 여러 가지 생각을 체계적으로 도식화할 수 있던 분입니다. 이어령 초대 장관이 신설된 문화부의 토대를 잘 마련했다고 생각합니다.

독창적인 아이디어가 샘물처럼 나오기도 했지만, 이어령 장관이 문화행정의 토대를 닦을 수 있었던 중요한 이유는 강한 개성, 넘치는 자신감에서 오는 카리스마가 작용한 것이 아닐까 싶습니다. 그동

"2018년 10월 4일, 가톨릭대 교정에서 정홍익 명예교수(오른쪽 두 번째)가 박광국 교수(오른쪽 세 번째) 등과 지난 40년 간의 문화행정 연구에 대해 대화를 나누고 있다."

안의 문화부 장관 면면을 들여다보면, 교수나 정치가, 심지어 연극이나 영화계 출신 인사들이 그야말로 낙하산 인사로서 장관이 되면 부임 첫날부터 대부분 관료의 포로나 관료제의 희생양이 되고 말았던 전례도 어렵지 않게 발견할 수 있습니다. 이런 현상은 낙하산 인사들은 대체로 문화정책 분야에 대해서는 문외한이니 전적으로 관료들에게 의존하지 않으면 행정실무도 정체될 수밖에 없고, 장관 본인도 살아남기가 힘들기 때문에 발생한 것으로 보입니다. 그러나 예외적으로 이어령 장관은 강한 개성과 넘치는 카리스마로 단기간에 관료들을 장악했고 나아가 문화부를 탈관료화시키는 데 상당히 성공하지 않았나 싶습니다. 문화부에 가보면 우선 시설이나 장식, 문양 등부터가 관료주의의 향기가 배어 있는 다른 부처들과는 달리 문화예술의 향취가 났던 것 같습니다.

이어령 장관의 아이디어가 구체화된 사례 중 몇 개를 제시하자면, 그 내용이나 체제가 학교 또는 기업의 소식지와 유사했던 문화부의 기관지 『문화가족』이라는 홍보소식지를 꼽을 수 있습니다. 이 장관이 직접 제안했던 '까치소리'라는 예술정보체제는 물론 '쌈지마당', '문화의 집'과 같은 소식지도 이 장관의 발상이었다고 알고 있습니다. 또한 꽤 오랜 기간동안 지속된 '문화열차'라는 지방순회예술사업도 있었습니다. 지하철에서 듣는 '지화자' 신호음악은 물론 청와대를 한국전통문양으로 꾸민데도 이 장관의 노력이 작용했다고 알고 있습니다. 여기에 이 장관이 재임하던 시절에 문화예산이 대폭 증가했고, 1991년에 '한국예술종합학교'가 설립된 것도 매우 중요한 업적으로 볼 수 있습니다. 예술교육이 교육부 산하에서는 효과적으로 발전할 수 없다는 이 장관의 판단은 지금 봐도 옳았던 판단이 아닐 수 없습니다.

07

선생님께서 정책제안을 하셨으나 실제 정책에 반영되지 않은 제안들에는 어떤 것들이 있으신지요? 지난 40년 동안 "이 정책만큼은 실현되기를 바랐는데" 하는 아쉬움이 남는 제안들에는 어떤 것들이 있는지요?

저는 학문세계와 현실세계 사이에는 중요한 차이가 있다고 보는 편입니다. 어떤 사람들은 행정학을 잘하면 행정도 잘한다고 믿고 행정에 참여하려고 하는데, 저는 행정학자와 행정인은 다르므로 어느 정도 거리를 두는 것도 필요하다고 생각합니다. 물론 행정에 참여하면 행정학을 하는데 도움이 되겠지만 저는 그것을 '상상의 묘'라고 봅니다.

그래서인지 저는 문화정책에 특별히 정책건의를 할 욕심은 없습니다. 그러나 문화 분야의 정책자문위원회 등에는 여러 번 참여했으니 정책제안을 한 경우도 몇 번 있었습니다. 오래 전, 서울시에 시립연극단을 만들려는 움직임이 있었습니다. 당시 연극 관련 예술가들은 물론이고 대다수 학자들도 좋다고 찬성했지만 저 혼자 반대한 것으로 기억합니다. 그래서 찬성하는 그룹으로부터 비난을 많이 받았지만, 정부가 산하기관을 너무 많이 두는 것은 좋지 않다고 생각해서 서울시 산하의 극단 창립에 반대를 했었던 것이었습니다. 물론 정부나 지방자치단체 산하에 예술단체들이 너무 많다는 의견이 중론을 형성한 것은 시간이 한참 흐른 이후의 일이었지만 당시에만 하더라도 정부 산하기관의 수에 대해 심각하게 생각하는 의견은 거의 없었던 것으로 기억을 합니다. 한편 2000년을 앞둔 어느 시점에서 21세기 기념물 조성(안)이 있었을 때에는 저도 그 안에 대해 적극적으로 찬성했었습니다. 그 기념물 조성(안)이 정부에 채택되어 시안까지 마련된 단계까지 이르렀는데, 정권이 교체되고 나니 사업이 백지화되어 있는 것을 보고 정책제안이라는 것이 별 의미가 없다는 생각이 들었습니다. 그리고 그처럼 정책제안이 백지화되는 일이 비일비재하게 일어나는 것 같아서, 특히나 개인적으로는 정책제안이 의미가 없다고 느낍니다.

08

우리나라 문화정책에 대한 선생님의 생각을 듣고 싶습니다. 올바른 방향을 지향해 가고 있다고 보십니까? 아쉬운 점이 있으면 말씀해 주시고 앞으로 나아갈 길을 말씀해 주시기 바랍니다.

근래 들어 행정고시 합격자들 중에서 문화체육관광부가 제일 지망자가 많은 인기 부처 중 하나라고 들었습니다. 지망자가 많으니 좋은 인재들이 많이 임용되면 좋으련만, 인기 있는 이유가 문화체육관광부가 '탈이 없는 부처'이기 때문이라고 합니다. 앞에서 말한 것처럼 문화행정·정책이라는 것이 목표나 수단이나 추상적이고 애매한 것이 많습니다. 목표치가 달성되었는지, 예산이 효과적으로 사용되었는지, 행정능률이 향상되었는지 판단하기 어렵습니다. 그러니 업무가 어려운 만큼 대충 넘어가도 되는 일들 또한 많다고 볼 수 있습니다. 또한 문화체육관광부의 업무과제들 속성이 주로 혜택을 베푸는 일들이 많습니다. 따라서 정부예산을 제공하는 일이 주가 되다 보니 '주는 공무원'이 큰소리 칠 수 있고, '지원받는 민간'은 신세를 지는 처지여서 제대로 비판하기 어려운 상황이라 할 수 있습니다. 어려운 업무를 잘 수행할 좋은 인재와 정부의 업무에 대해 비판적인 제언을 해 줄 수 있는 민간이 있어야 문화행정·정책도 올바른 방향으로 나아가지 않을까 싶은데, 그렇지 못한 요인들이 관성화되면 좋지 않다고 생각합니다.

역대 정권이 문화체육관광부 장관 직위를 정치보은용으로 이용한 것도 암묵적인 사실입니다. 이는 문화행정·정책에 대한 학식도 없고 경험도 없는 사람일지라도 장관으로서 무난하게 직무를 수행할 수 있는 자리라고 본 탓입니다. 정치적 보은의 성격이 큰 직위라서 그런 것인지 역대 장관들은 자연히 단명하였고, 그러다 보니 장관으로 임명된 지 1년 혹은 1년 반 정도가 지나 겨우 문화체육관광부 장관이 무엇을 하는 자리인지 파악할 즈음이면 경질되곤 했습니다. 그러니 문화행정·정책이 제대로 처리될 여지가 적다고 밖에는 볼 수가 없습니다. 장관 자리부터가 이러하니 부하직원들도 그냥 혁신적인 사고 없이 영혼 없는 공무원이 되는 것 아니겠습니까. 따라서 우선 장관을 제대로 선임하는 일이 중요하다고 생각합니다. 그리고 장관이 상당 기간 책임지고 일할 수 있도록 임기를 보장해 주는 것도 제도적으로 필요하다고 봅니다.

그동안 문화행정·정책 분야에 아주 발전이 없었던 것도 아니고 공무원들이 열심히 일한 결과물로 소기의 성과도 있었지만, 문화행정·정책에 과거의 것들과는 다른 뭔가 새로운 것이 부족하고, 또 필요하다고 생각합니다. 그러나 연도별 시책을 비교해 보면 금방 알 수 있듯이 세월이 가도 문화체육관광부가 하는 일이 천편일률적이란 느낌을 지우기 어렵습니다. 제목만 바꾸고 편집만 새로 했을 뿐 새로운 정책이 딱히 보이지 않습니다. 구태여 새로운 시책을 찾자면, 좌파정권이 들어섰을 때는 '남북문화교류'니 '북한예술지원 사업'이 확장되다가, 우파정권이 집권하면 이런 사업들이 축소되는 정도를 꼽을 수 있겠습니다. 시대의 흐름에 따라 국민들도 변하고 국제환경도 급변하고 있는데 문화체육관광부가 이러한 변화를 제대로 반영하거나 선도해 주길 바랍니다.

현재의 문화정책들을 살펴보면, 정책이 너무 백화점식이고 방만하다는 인상이 듭니다. 프로그램이 너무 많고, 이것도 하고 저것도 하고 국마다 과마다 담당자마다 챙기는 사업이 있으니 일을 많이 해도 결과는 흐지부지해지는 것으로 보입니다. 한편 정책의 지원 대상만 봐도 너무 많습니다. '너도 하나 나도 하나'식의 '소액다건주의'로 모두 입막음을 하고 있으니, 비록 일각에서는 문화정책들이 공평하다고 주장할지도 모르지만 실질적인 지원과는 동떨어지게 되므로 정책효과 측면에서 보면 낭비가 아닐 수 없습니다.

세상의 모든 일이 다 그렇겠지만, 그런 맥락에서 정책 · 행정도 전략이 있어야 합니다. 제가 보기에 전략의 핵심은 '선택과 집중'입니다. 마치 모래바닥에 물을 뿌리면 얼마 안 있어 물 자국이 다 사라지고 없어지는 것처럼, 남의 돈과 마찬가지인 국민의 세금을 방만히 사용해서는 안 될 일입니다. 또한 일에는 경중(輕重)과 순서, 그리고 지속성이 있어야 합니다. 문화체육관광부의 정책들 역시 선택과 집중, 경중과 순서, 그리고 지속성을 갖춰야만 정책효과를 볼 수 있다고 봅니다. 그러려면 우선 현재 문화체육관광부가 담당하는 사업의 수를 대폭 줄여야 합니다. 그런 연후에 선도사업(先導事業)을 엄선해서 여기에 집중하면서 그 부대효과(spillover effects)가 다른 분야로 확산될 수 있도록 해야 합니다. 다른 사업으로의 진행은 순차적으로 이 이후의 일이 될 것입니다.

박근혜 정권 시절 처음으로 3대 국가시책의 하나로서 '문예융성'을 채택하는 용단을 내렸습니다만, 사실 문화체육관광부에서 예전부터 추진해 오던 방만한 추진사업들에 제목만 달리 붙인 것에 지나지 않았습니다. 이에 관해 저도 여러 번 "그러면 안 된다. 먼저 추진 중이던 사업수를 줄이고 선도사업을 추려 이에 집중하는 전략적 접근을 해야 한다. 즉, 기함프로젝트(flagship projects)를 중심으로 다시 사업계획을 작성해야 한다"고 말했던 적이 있었습니다만, 이 제안은 받아들여지지 않았고 문예융성 관련 추진정책들은 하나도 효과가 없었습니다. 게다가 대통령 자문기관으로 설립했던 「문화융성위원회」가 설립 첫 해보다 다음 해에 이르러 그 구성이나 역할이 더 적합치 않아서 이를 재조정해야 된다고 여러 번 말했지만, 말 그대로 우이독경(牛耳讀經)이었고 아무 소용이 없었습니다. 당시 제 생각에 그 위원회를 재구성한 것은 흡사 그 기관을 무용지물로 만들려고 하는 것으로 보였습니다. 정권이 교체된 이 시점에서 당시 그렇게 떠들썩했던 '문화융성'이라는 국가시책과 구호는 지금 어디 갔는지도 모르겠습니다.

09

문화정책을 둘러싸고 국가 개입에 대해 격렬한 찬 · 반 논쟁이 벌어지고 있습니다. 문화행정의 태두로서 이러한 논쟁 해소에 도움이 될 만한 고견을 부탁드립니다.

문화정책에의 국가개입 논쟁은 민주주의와 국가의 본질을 이해하지 못해서 생기는 일입니다. 혹은 국가의 본질을 부정하려고 하는 의도가 깔린 것일지도 모릅니다. 국가권력, 즉 정권을 장악한 세력으로부터 국민의 권리를 되찾아 가지는 것, 이것이 민주주의 국가의 원리입니다. 그래서 민주주의에서 가장 중요한 가치는 '국민의 자유'입니다. 물론 그 자유는 일차적으로 국가, 즉 정부권력으로부터의 자유를 말합니다. 따라서 민주주의 국가와 정부는 '최소화의 원칙'을 따라야 합니다. 물론 국가는 필요합니다. 개발행정 시대와 같이 국가와 정부가 많은 일을 해야 할 때도 있습니다. 그러나 민주주의 국가와 정부는 민간이 개별적으로 자유롭게 할 수 없는 국방과 치안, 사회보장, 대규모 건설 등만을 책임져야 합니다. 국가와 정부가 하는 일은 기본적으로 강제성이 있기 때문에 민간이 할 수 있는 영역까지 국가가 개입하는 것은 국민의 자유의 제약을 의미하기 때문입니다.

사회주의, 공산주의, 전체주의에서는 국가가 광범위한 일을 하고 개인의 자유를 제한합니다. 그러니 국가와 정부의 규모나 가능이 커질 수밖에 없습니다. 반면 민주주의 국가에서 정부는 될 수 있으면 작은 정부여야 합니다. 물론 시대적 환경적 상황에 따라 반드시 필요한 정부기능은 커질 수도 있기 때문에 작은 정부 논의는 정부의 규모와 기능이 그 필요성에 따라 최소화되어야 한다는 것을 말합니다. 이런 맥락에서 여러 학자들이나 전문가들이 문화체육관광부의 예산이 늘었다고 박수치는 것은 별로 좋은 현상이 아니라고 생각합니다. 무조건 예산을 늘리는 것은 국민의 주머니를 터는 것과 같으며, 세금을 많이 올리는 정부치고 성공한 정부도 찾기 어렵기 때문입니다. 민주주의 정부란 국민에 대한 과세를 어렵게 생각해야 하며, 국민의 주머니를 털어서 나온 돈을 정치가나 공무원들이 마치 자기 돈인 양 선심 쓰는 것처럼 행세하는 것이 바로 포퓰리즘(populism)이 아닐 수 없습니다. 남미의 아르헨티나, 지금의 베네수엘라를 타산지석(他山之石)으로 삼을 줄 알아야 한다고 봅니다.

문화체육관광부 사업 중 소위 문화복지 사업이 상당히 증가해 왔는데, 정부가 이런 사업들에 예산을 늘린다는 것은, 그만큼 국민의 세금부담이 늘며 자원의 효율적 배분이 저해된다는 것을 의미하니, 지속적으로 주의하고 경계할 필요가 있습니다. 이는 정권이 서민을 상대로 하는 전형적인 득표사업이자 선심성 정책이며, 모든 시민들이 부담한 재원을 소수의 특정집단에게 혜택을 부여하는 것에 지나지 않습니다. 특히 이런 사업들은 하방경직성(下方硬直性)이 있어서 일단 시작되면 중단하기 어려우므로, 처음부터 원칙을 정해서 제한할 필요가 있습니다.

10

선생님이 보시기에 문화융성이 이루어지려면, 국가를 포함해 사회 각 부문 간 어떻게 역할 분담이 이루어지는 것이 가장 바람직하다고 보십니까?

앞에서 말한 것처럼 박근혜 정권에서 '문화융성'을 국가기본정책으로 천명한 것은 획기적인 기회였지만, 그것이 효과조차 보지 못하고 실패로 끝난 것이 아쉽습니다. 국가가 부강하게 발전하려면 경성의 힘과 연성의 힘(hard and soft power)이 있어야 한다는 것은 이미 알려진 사실입니다. 여기서 연성의 힘을 배양하는 주요한 원천이 바로 문화예술의 발전입니다. 여기서 한 발 더 나아가, 문학예술보다

'국민들의 올바른 가치관'과 '국민정신의 배양'이 우선되어야 합니다.

과거 문화행정 · 정책의 목적과 궁극적 요체를 "국민을 신나고, 즐겁게 하는 축제의 장을 만드는 것"이라는 어느 공무원의 언급을 듣고 실망뿐 아니라 일종의 배신감마저 느낀 적이 있었습니다. 물론 그 공무원의 말에도 일리 있는 측면이 있습니다. 그러나 적어도 저는 문화의 발전이란 것은 고뇌와 고민, 그리고 고통에서 탄생하는 것이라고 믿고 있습니다. 예술만 보더라도, 위대한 예술이 고통과 고뇌의 산물인 경우가 많지 않습니까. 국민생활도 같은 맥락이라고 봅니다. 고통을 인내와 용기로 극복하는 국민이 없이는 국가의 선진화를 이룰 수 없다고 생각합니다. 우리가 지금 문화예술을 향유할 수 있는 배경에는 전쟁과 가난, 역경을 극복했던 경험들이 있지 않겠습니까.

"잘 놀아라. 돈 없으면 돈 대줄게 걱정마라"라고 국민을 유혹하는 지도자는 "공부하지 말라"고 말하는 부모와 같다고 봅니다. "국민의 말과 뜻대로 다해 주겠다"는 지도자는 집안을 망치는 망나니 아버지, 어머니와 다를 바가 없습니다. 국민이 듣기 싫어하는 쓴말을 하고, 국민이 알지 못했던 길을 제시하고, 앞장서서 국민을 이끌고 험로를 뚫어, 불가능을 성공으로 바꾸는 지도자가 진정한 지도자 아니겠습니까.

그러니 '문화융성'을 이루려면, 전술한 것처럼 전략적 접근을 해야 합니다. 그러기 위해서는 비전이 조작화(operationalization)되어 달성 가능한 구체적 목표가 수립되어야 합니다. 또한 그 목표는 측정 가능한 것이어야 합니다. 예를 들면, "향후 15년 안에 세계적인 수준의 실내악단 두 개를 양성한다"와 같은 구체적 목표 말입니다.

따라서 정치와 행정 권력이 문화체육관광부 장관 직위를 정치보상으로서 수여하는 자리로 생각하는 관행을 고쳐야 합니다. 그리고 장관부터 자격 있는 사람으로 임명해야 합니다. 문화행정 · 정책이 쉽게 보자면 쉽지만, 흡사 눈에 보이지 않는 일이 하기 어렵듯이 결코 쉬운 일이 아닙니다. 또한 제가 늘 하는 말이지만, 공무원들이 정권이나 장관의 눈치를 보지 말고 국가를 위해 일할 수 있는 여건을 마련해줘야 합니다. 요즘 위탁교육 등 공무원교육제도가 잘 정비되어 공무원들이 전보다 더 많이 학습할 수 있는 여건이 조성된 만큼 단순 학위 취득 이상의 이론적 · 실무적인 공부를 할 수 있기를 바랍니다.

11

앞으로 문화행정 · 정책 분야를 전공할 후학들이 염두에 두어야 할 바람직한 학문적 자세나 연구방법이나 주제에 대하여 말씀해 주십시오.

학자들이 가져야 할 기본 자세로서의 지식과 능력 등은 예나 지금이나 공통일 것이지만, 앞에서 말한 문화행정 · 정책의 특징을 잘 이해하고 천착하는 것이 필요합니다.

물론 도움은 되겠지만, 행정학을 한다고 행정을 잘하는 것은 아닙니다. 또한 행정경험이 학문에도 크게 도움이 될 수도 있습니다. 그렇다 하더라도 정부가 발주하는 연구프로젝트에 너무 의존하는 것은 피해야 합니다. 오히려 학계(學界)와 정부가 부족한 점을 서로 배우고 채우는 선순환 관계를 유지하는 것이 바람직하다고 봅니다.

또한 선진국들의 문화정책과 문화행정을 공부하는 것도 큰 도움이 될 것이라고 생각합니다. 선진국들의 정책을 참고하면, 우리나라의 정책실패도 줄일 수 있고 가속적인 발전도 가능할 것으로 보입니다. 따라서 앞으로는 해외 학자들과의 교류를 지금보다 더 늘릴 필요가 있습니다.

마지막으로 관련 학회가 더 활성화되고 많은 기존 학자와 신진학자들이 참여하는 것이 필요하다고 생각합니다. 전통적으로 학문이란 개인적 노력의 산물이지만, 요즘처럼 지식이 역동적인 세상에서는 동료와 교류는 물론 협업하는 것이 매우 중요하지 않겠습니까. 그러니 학회가 프로그램을 다양화해서 전체 학회 모임 외에 지역이나 분과별 프로그램을 운영하는 것도 좋은 생각일 것 같습니다. 아예 월별로 정보교환이나 학술발표를 위한 모임 혹은 일종의 학습회(study group) 형태의 모임도 고려해봄직합니다. 저는 정년퇴직을 한 지 벌써 7년 정도가 지났습니다. 제가 할 수 있는 일은 이런 아이디어 제공 외에도 앞으로 문화행정·정책 분야를 전공할 후학들에게 용기와 격려를 해 주는 것이 아닐까 싶습니다.

제 1 편

문화의 가치

제 2 장

문화철학

도승연(광운대학교)

생각해 보기

- 인간과 비인간(매체)의 관계 맺음에 따른 공진화의 사례에는 어떤 것이 있으며, 그에 따른 사회적 변화는 무엇인가?
- 대중문화의 수동적 소비자와 능동적 참여자의 사례에는 어떤 것이 있는가?
- 인터넷의 확산에 따른 경제적, 정치적, 문화적 차원의 변화는 무엇인가?

01
들어가며

문화의 정의는 문화를 만들고, 관찰하고, 평가하는 입장에 따라, 또 그것이 정의되는 시대의 구조에 따라 매우 다양한 입장이 존재한다. 특정 개념에 대한 정의를 구한다는 것은 그것이 특정한 관점에서 이루어지는 본래적으로 제한적인 해석이라는 점에서 맥락과 목적의 다양성이 간과되기 마련이다. 그러한 한계를 분명히 인정하면서 만나게 되는 문화의 정의는 이를 자연과의 대비로서 이해하는 것, 자연에 대한 무엇으로서 문화를 이해하는 것이다. 이때의 문화는 우리에게 주어진 것으로서의 자연을 이용, 변형함으로써 특정 사회나 집단 구성원들이 공유하는 행동의 양식이나 사고방식, 혹은 특정 사회가 공유하는 가치 체계로서 이해된다. 그리하여 이러한 토대에 바탕을 둔 문화는 특정 사회가 주도적으로 선택한 매체를 통해 타인들과 소통이 가능하고 체험이 가능한 창작 활동과 그 성과물로서 이해된다. 생자(生者)가 필멸하는 자연의 모습에 인간은 그것에 의미를 부여하여 상실의 슬픔을 나누며 죽은 자의 영혼을 위로하는 '문화'적 활동을 함으로써 자신의 삶의 존재방식과 조건들이 되는 정신적, 물질적 가치를 만들어 간다. 이것이 가장 넓은 의미의 문화라고 한다면, 인간이 만든 모든 것이 문화이며 문화는 곧 인간적 활동이다. 따라서 그 중에서도 가장 정제된 형식의 문화가 존재한다면 그것은 인간의 욕구, 욕망을 만족시킴으로써 진정한 인간다움을 지향하는 가치들로서 문화의 제1의 목적의 위상을 가진다.

칸트(Immanuel Kant)는 선악과를 먹음으로써 신의 세계에서 추방당한 인간은 인간의 세계에서 모든 것을 다시 창조해야 했기에 문화는 곧 자연의 보호 상태로부터 자유의 상태로의 이행이라고 보았다. 이때의 문화는 자유를 실현하는 장이며, 동시에 그것을 실현하는 수단이자 결과이다. 그렇기에 세상에 존재하는 모든 존재자가 이 목적 연관의 체계에 따라 수단적인, 도구적인 위상을 갖지만 유일하게 인간만이 자족적인 가치를 가지는 것이므로, 진선미의 활동을 통해 구현된 문화를 제1의 가치로 보았던 것이다.

이러한 문화가치들은 시간적 차원에서 다음의 세 가지 유형으로 나눌 수가 있다. 첫째, 역사적으로 인정된 유・무형의 문화재화들 중에서 발견될 수 있는 역사적 문화가치가 있다. 이것은 인류 문화의 구현물인 진선미와 관련지어 과거로부터 현재까지 전승되어 온 문화적 유산으로서 흔히 박물관, 유적지, 역사관 등에서 발견될 수 있는 가치들을 지칭한다. 둘째, 현재 진행 중인 일상적 체험에서 발견되는 가치로서의 당대적 문화가치가 있다. 하지만 당대적 문화가치는 현재적 차원에서 단독적으로 등장한 것이 아니며, 과거의 문화가치로부터 흡수, 저항, 선별, 창조되는 연속적, 불연속적인 변곡점들을 거치면서 현재의 모습으로 이행하고 있는 가치들이다. 셋째, 당위적인 차원에서 우리가 만들어 나가야 하는 미래적 가치들, 이를테면 환경, 다문화사회, 삶의 질, 평등, 그리고 사회의 양극화 해결과 같은 문제들에 대한 소통의 고리를 만들어 감으로써 모두가 함께 해결해 가야 할 당위적 문화가치들이 있다. 나아가 상술한 역사적 문화가치 속에서 지속될 수 있는 연속적 가치를 탐색, 발견함으로써 문화가치의 보편성을 찾고 이와 동시에 기존의 체계에 저항하면서 새로운 당대적, 당위적 문화가치를 구현하려는 우리의 노력이 필요하다.

02
문화창조의 두 길: 각자의 길을, 그렇게 다시 함께 걷는 길

문화창조와 이해에는 크게 두 가지 길이 있는 듯하다. 첫째, 문화라는 양식이 소통되고 있는 토대로서의 사회의 구조에 대한 이해이고, 둘째, 그 사회에서 창작되고 체험되는 성과물과 활동 전체가 문화일 때, 인간의 욕망과 감성이 어떠한 매체를 통해 창작, 유통, 감상과 평가되는가의 매체 관계론적 지평으로부터 인간다움의 구현이라는 문화가치를 고민하는 길이 있다. 하지만 문화를 이해하려는 이 두 개의 길이 각각 다른 목적지로 향하는 배타적인 길들은 아니다. 새로운 매체는 단순히 그 도구를 이용하는 특정한 영역에만 해당하는 문제가 아니라 그것을 사용하는 사람들의 소통양식과 사회를 새롭게 발명(Re-invention)하는 힘이 있다. 기하학의 등장, 문자의 발명, 인쇄술의 확산을 통해 알 수 있듯이, 특정한 시대를 특징짓는 매체의 양식은 그 시대의 문화의 가치를 과거의 연속, 혹은 불연속적으로 바꾸어 놓고, 창조의 방식과 확산, 감상의 양식들을 바꾸어 왔다. 신속 정확한 활자와 인쇄술이라는 구텐베르크(Johannes Gutenberg)의 은하계에서 미디어가 동질성과 반복을 추구하는 인간형을, 더 나아가 선형적이면서 이성중심의 문화를 형성했다는 것은 모두의 상식이 되었다. 이처럼 특정 사회가 선택한 매체의 특성에 기반하여 그 시대의 문화창조의 방식과 성과물을 검토하는 일은 인간들 사이의 소통양식, 인간과 사물들의 관계들을 새롭게 이해하게 한다. 더 나아가 이러한 접근방식은 매체를 통해 변화된 인간들의 총합으로서의 변화된 사회의 구조와 성격을 파악하는 데에도 많은 단초들을 제시한다.

새로운 매체는 새로운 문화를 이끈다. 신석기 혁명으로부터 시작된 장구한 역사의 전개과정을 '도구의 문화사'로 이해할 수 있는 것처럼, 20세기의 사진과 영화로 대변되는 복제 기술의 등장은 문화주체의 범위와 성과물의 확산적 차원에 있어서 가히 지축을 흔드는 변화를 이끌었다. 복제에 의한 문화의 향유는 기존의 인쇄매체가 기반하고 있었던 시공간의 제약을 넘어 여러 다양한 매체들을 통합하는 소통양식을 통해 새로운 문화가치와 정보의 세계를 만들어 왔다.[1] 또한 최근 제4차 산업혁명으로 대변되는 디지털 혁명은 과거와는 질적으로 다른 방식으로 시공간의 압축을 이끌고 '인간이란 무엇인가'에 대한 철학의 오래된 질문조차 새롭게 제기한다. 인공지능의 등장, 사물인터넷과 멀티미디어의 상용화에 따른 초연결사회로의 이행은, 기존의 인간중심적 관점을 벗어나 인간과 비인간 존재자(사물, 자연, 기계)들의 관계를 공동구성의 차원에서 분석해야 한다는 목소리가 최근 유럽을 중심으로 묵직하게 들려오는 이유이기도 하다.

따라서 이 글은 전반부에서는 근대의 복제 기술이 야기하는 물화 현상과 문화의 상품화를 비판한 프랑크푸르트 학파의 논의를 검토하고, 이후 이들이 우려했던 암울한 시나리오와는 달리 일반 대중들은 문화 활동의 수동적 소비자로 머무는 것이 아니라 그것을 해석, 협상, 전유함으로써 새로운 의미를 창출한다고 보았던 버밍엄 학파의 입장을 살펴봄으로써 매체에 기반한 창조적 문화가치의 길을 검토할 것이다. 후반부에서는 사진과 영화 등 소통의 매체가 비교적 단순했던 근대와 달리 현대의 광속화된 정보혁명에 기반한 현대의 디지털 매체의 문화 활용방식, 특히 인터넷 활용에 주목하여 오늘날 인터넷을 통해 새롭게 창조, 전달, 향유되는 문화가치의 양가적 측면을 균형적으로 검토할 것이다.

프랑크푸르트 학파의 문화상품 담론 VS 버밍엄 학파의 문화창조 담론

인류 문화의 역사를 매체의 역사의 관점에서 이해하게 되면 역사 발전의 혁혁한 공을 세운 매체들은 저 멀리 호모 사피엔스의 직조기술로부터 돌도끼와 철기들, 고대인들의 문자의 발명을 거쳐 종교혁명의 혁혁한 공을 세운 구텐베르크(Johannes Gutenberg)의 인쇄술에까지 이른다. 이러한 초기적 도구와 매체들이 가파르고 빠르게 역사 발전의 변곡들을 이끌면서 이들로부터 소위 문명의 패러다임 전환이 이루어진 것은 분명하다.

하지만 사진과 영화로 경험되는 근대적 매체들이 매체 이용자들에게 확산, 활용되는 범위와 사회적 영향력의 차원은 초기의 매체와는 질적으로 구별되는 중요성을 가진다. 무엇보다 사진과 영화 등의 문화예술의 양식들이 일반 대중들에게 전달되기 시작하면서 일반적 차원에서의 문화의 정의, 인간이 이룩한 생활양식 그 자체로서의 의미보다는 특정한 방식에서 기획된 문화상품으로서의 의미가 더 부각되기 시작했다는 점이다. 이러한 배경 아래 1940년대 당시 프랑크푸르트 학파의 호르크하이머(Max Horkheimer)와 아도르노(Theoder W. Adorno)는 『계몽의 변증법』을 통해 '문화산업'이라는 용어를 경멸적인 뉘앙스로 소개하며 근대의 복제 기술이 등장하면서 문화가 지향해야 할 가치인 심미성, 도덕성, 교양과는 다른 문화적 저질화를 야기하였음을 강하게 비판한다. 나아가 이러한 문화의 저질화에 의해 대중은 자기 반성 능력과 사회 현실에 대한 비판 능력이 상실된 수동적 소비자로 전락하게 되었음을 엄중하게 경고한다. 하지만 암마인 연구소를 중심으로 하는 프랑크푸르트 학파의 논의가 주류적 담론을 형성했던 1940년대가 지나고 1960년대 이후가 되면서 이와는 다른 분위기가 영국 버밍엄 대학의 현대문화연구소를 중심으로 생겨나기 시작한다. 이들에 따르면, 대중은 생산된 문화에 대해 수동적으로만 반응하는 것이 아니라 자신의 용도에 맞게 해석하고 협상하고 전유함으로써 자신의 삶에 의미를 만들어 낸다는 것이다.

프랑크푸르트 학파의 문화상품에 대한 비판

근대사회가 도래하면서 급속도로 발전한 과학의 영역은 기존의 예술이 가지고 있던 기능과 역할에 대해 새로운 지평을 열어주었다. 호르크하이머와 아도르노는 사진과 영화, 라디오와 TV의 등장에 따른 이미지의 무한복제 경험이 우리의 삶과 문화에 긍정적인 영향을 끼치리라는 것에 결코 동의하지 않았다. 오히려 예술의 유일성 파괴는 문화예술의 타락화를 이끌고, 이는 종국에는 심미적 문화향유를 통한 일반 대중의 비판 능력을 약화시킬 것임을 무겁게 주장하였다.

1947년, 호르크하이머와 아도르노가 함께 출간한 『계몽의 변증법』은 이러한 문제의식으로 세상에 던져진 책이다. 하버마스(Jurgen Habermas)가 '세상에서 가장 어두운 책'이라고 평가한 『계몽의 변증법』에서 이들은 문화가 심미성, 비판성으로서의 자신의 역할을 수행하지 못하고, 동일화의 논리에 따라 제작된 상품에 불과한 '문화상품'의 부정적 영향력을 복제 기술이라는 매체적 변화로부터 역할을 찾으려 하였다. 즉, 18세기 이래 인류 역사상 가장 눈부신 과학의 진보를 맛본 계몽의 시대가 왜 진정한 인간의 상태로 접어들지 못하고 새로운 야만의 상태로 전락하였는가? 특히 사진과 영화, 라디오와 TV를 중심으로 매체의 형식적 변화가 어떻게 대중의 문화를 변화하게 했는가에 대한 비판적 연구에 몰두하기 시작했다.

1930년대 후반 나치즘(Nazism)을 피해 유대인 출신의 많은 독일 지식인들이 미국으로 도피했고, 호르크하이머와 아도르노도 예외는 아니었다. 이 위기의 시절에 그들은 미국 자본주의 사회에 울려 퍼지던 라디오와 영화의 힘을 듣고 보았고, 새롭게 대두한 텔레비전의 엄청난 사회적 영향력을 경험했다. 그리고 놀랍게도 그들은 이러한 새로운 매체가 수반한 미국 사회의 문화적 특징 속에서 독일의 전체주의 사회와는 매우 다른 양상의, 하지만 동일한 결과를 보았는데 그것은 다름 아닌 복제 기술에 의한 비판 능력의 약화라는 암울한 효과였다. 즉, 복제 기술에 의한 문화의 생산, 유통, 감상이라는 소위 문화산업이 다수의 대중들에게 일방적으로 전달된다는 측면에서 그 설득의 내용이 나치의 전체주의적인 것이든, 미국 자본주의 체제의 자유주의적인 것이든 관계없이 그 결과는 동일한 비판 능력의 약화라는 사실 말이다. 하나의 극단이 라디오를 정치 선동의 도구로 삼고, 영화적 분위기를 현실에 삽입함으로써 현실과 가상의 분리를 흐릿하게 만들었던 히틀러(Adolf Hitler)의 전체주의적 방식이었다면, 반대편의 극단에서는 문화 자체에 대한 관심보다는 이윤 추구를 목표로 말초적인 저질 문화의 대량생산을 이끌었던 자본주의 체제의 상품 논리의 축이 있었다. 이러한 각기 다른, 하지만 동일한 결과라는 불행을 경험한 『계몽의 변증법』의 저자들은 복제 기술에 의한 대중문화의 형식과 내용이 현실과 사회에 대한 비판적 능력의 고양이라는 문화 본래의 역할을 수행하기는커녕 결과적으로 심미성, 도덕성, 비판성과는 단절된 맹목적 추종자, 수동적 소비자들의 탄생을 결과할 것임을 예감하였다.

이들은 문화산업의 영향력은 가히 압도적이어서 무한 복제라는 대중문화의 생산과 유통의 방식이 문화의 획일화를 이끌어 종국에는 다양한 예술의 형태에서 고양되었던 대중들의 근본적인 창조능력을 약화, 소멸시킬 것으로 우려했다. 그뿐 아니라 현대인의 삶의 양식을 동일한 방식에서 표준화하고 정서가 허구화됨으로써 오직 현실도피적인 문화 감상의 태도만이 남게 될 것이라고 보았다. 이처럼 문화산업에 의한 문화의 기계화, 도구화, 획일화, 상품화 과정을 통해서 대중문화는 대중을 비정치화시킴으로써 체제 권력에의 수동화를 촉진시킨다고 보았다. 호르크하이머와 아도르노의 주장, 즉 "대중문화는 아기음식, 이유식이다. 동일한 것의 영원한 자기 반영이라는 점에서 대중문화를 즐기는 것은 스스로를 노예화하는 것이다." "대중문화는 위로부터 강제된 것이며, 기업인에 의해 고용된 전문가들에 의해 가공된 것이며, 대중문화의 수용자는 수동적이기만한 소비자들이 되어 이들이 할 수 있는 유일한 일은 단지 대중문화라는 이 상품을 살 것인가, 사지 않을 것인가를 선택하는 정도에 불과하다." 그리고 한 걸음 더 나아가 대중은 자기 자신조차 상품으로 인식하고 상품의 기호적 소비를 통해 자기의 정체성을 인식하는 시대가 예고되었다.

하지만 호르크하이머와 아도르노처럼 대중문화의 생산자에 중심을 두고 그들의 의도와 기능에 대해서만 논의[2)]하는 것은 문화 주체인 대중을 맹목적 추종자, 수동적 소비자로서 한정한다는 점에서 대중 의식의 자발성을 부정한다는 이론적 한계를 가진다. 이에 대한 반발로서 1960년대 이후 버밍엄 현대문화연구소를 중심으로 사회진화론적인 입장이 대두되면서 문화 주체의 자발성과 저항의식에 대해 주목하기 시작하였다.

버밍엄 연구소 중심의 사회진화론적 입장

자생적, 비판적 성격으로서의 문화 본연의 의미가 아니라 오히려 문화의 주변적 가치라 할 수 있는 산업적 가치가 문화 전면에 등장함으로써 자기 자신 조차도 상품화한다는 문화산업에 대한 비판적 논의와는 거리를 두는 새로운 해석이 1960년대 이후 영국의 버밍엄 현대문화연구소를 중심으로 대두되기 시작하였다. 대중은 생산된 문화에 대해 수동적으로만 반응하는 것이 아니라 자신의 용도에 맞게 해석하고 협상하고 전유함으로써 자신의 삶에 의미를 만들어 낸다는 것, 즉 이것은 부의 전달만큼 단순한 형식이 아니며 지금까지의 엘리트중심의 고급문화와는 다른 풍부한 내용과 예측 불가능한 수위에서 변형된다는 것이다. 또한 대중은 이러한 문화를 계급, 인종, 연령에 따라 자신들의 정체성을 구성하는 중요한 도구로 삼는다. 특히 또래문화, 히피문화, 청소년문화, 흑인문화, 게이/레즈비언 문화 등의 수많은 예를 통해 알 수 있듯이, 대중은 각기 다른 주체의식에 기반하여 대중문화의 생산자 역할을 담당한다. 그리하여 자신들만의 저항문화, 하위문화, 안티문화를 만들어 낼 수 있는 역량이 있음을 그들의 역사를 통해 증명하였다. 특히 1960년대에 형성된 다양한 저항문화들은 당시의 지배적인 이데올로기나 규범에 따른 문화의 양식(엘리티시즘, 자본주의, 남성중심, 이성중심)에 대항하면서 자신들이 표방하는 사회적 다양성을 드러내고 소수 집단의 가치와 신념을 표현하기 시작했다.

대중이 단순히 문화양식의 수동적 참여자만이 아니며 오히려 기존의 문화적 성과물을 비판적으로 창조, 변용하면서 자신들의 정체성을 강조하는 '가시적' 사례를 안티 패션의 역사에서 찾아볼 수 있다.[3] 전통사회가 부여한 계급, 성차에 기반한 규범적 옷입기로부터 근대 이후 개인들은 공적이며 사적인 정체성을 반영하는 옷입기로서의 패션이 가능해졌다. 이때 대중의 패션이 전통사회의 규범적 표식이 아님은 물론이며, 자신이 속한 집단의 공적 특성과 대중문화가 설파하는 방식에 따르는 맹목적 수용도 아니라는 점에 주목할 필요가 있다. 이들의 패션은 공적인 정체성과 사회의 공통감각을 고려하면서 동시에 자신의 사적 차원의 정체성 — 미감, 욕망, 신체의 특성 등 — 을 반영하는 이중적 놀이가 된다. 이때의 패션은 개인과 사회,

신체와 문화, 자유와 의존의 접합점, 혹은 사이 공간에서 발생하는 활동이라는 의미에서 언제나 긴장적이지만, 이 긴장의 공간 안에서 개인의 기호와 사회적 규칙은 중첩, 분열, 대립, 절충되면서 때로는 우리의 사회적 위치를, 젠더적 특성을, 때로는 자아의 욕망과 쾌락을 상징적으로 발현하는 풍부한 언어로서 간주된다. 대중들의 패션은 사회가 이상적으로 부여한 계층과 젠더, 성적 특성들의 재현방식에 도전하고 대결하고 자신들의 문화적 양식으로 표현, 연대하면서 하위문화로서의 안티 패션을 창출한다. 안티 패션은 그것이 함의하는 저항의 강조점에 따라 크게 청년 하위문화(subculture)로부터 유입된 1960년대, 1970년대의 펑크룩(Punk Look)과 히피룩(Hippie Look), 이상적인 젠더룩(Gender Look)에 저항하는 매스큘린 룩(Masculine Look)이나, 유니섹스 룩(Unisex Look), 앤드로지너스 룩(Androgynous Look) 등으로 구분하기도 한다. 20세기 후반부에 들어와 이성의 권위에 대한 회의가 사상과 문화의 전 영역으로 전개되면서 고전적 형식미에 저항하며 비형식주의, 파괴주의, 허무주의, 부조화를 표방하는 아방가르드(Avant-garde), 다다이즘(Dadaism) 등의 예술적 경향들이 당시 패션과 연관된 여러 층위의 정치적 차원에서 다양한 방식으로 표출되었다.[4] 하지만 이때의 안티 패션은 단순히 특정 양식에 저항하는 개념이 아니며, 따라서 특정 양식을 무화시키기 위한 수단으로써 이해되어서는 안 된다.[5] 오히려 얼마나 다양한 창조적인 안티 패션들이 출현하여 주류적 경향을 변형하고 이를 위반하는가에 따라 하나의 문화로서 패션이라는 시스템이 수용할 수 있는 관용의 정도, 민주주의의 정도를 증강시켜줄 수 있다.[6]

이러한 맥락에서 사회진화론적 차원을 강조하는 문화연구자들은 대중들의 다양한 참여와 변용의 방식이 전체 문화의 민주성과 다원주의적 가치들, 이를테면 교육의 발전을 촉진하고 개인의 자율성이나 인간성과 같은 가치들을 높임으로써 결과적으로 사회적 차원의 동일한 가치들을 보다 건강하게 구현시켰다고 본다. 그렇기에 자본주의의 소비문명은 획일적이며 문화적으로 저속한 대중을 생산했다기보다는 다양한 수준의 계층들이 가진 기호와 욕망을 반영함으로써 대중문화가 보다 중층화되고 그 소비 패턴도 다양화되었다고 본다. 그러한 의미에서 대중 매체를 통한 민주적인 방식으로 인해 공유의 문화가 가능해졌고, 특히 규격화된 미디어 이용의 패턴이 모든 사회 계층에 침투함으로써 다양화된 문화적 성과물들을 보다 값싸고 충분하게 공급하여 대중들에게 값진 문화의 내용을 감상할 수 있는 기회의 균등을 마련하였다고 본다. 더 나아가 이러한 공유와 소통의 문화가 대중문화의 질적 향상을 꾀함으로써 다양한 하위문화를 창조했다고 주장한다. 따라서 대중매체에 기반한 대중문화의 등장은 다원주의와 민주주의의 소산이며, 현대 산업자본주의 사회는 사회적 진화의 입장에서 자연적으로 통합된 사회의 모습으로서 이해된다.

상술했듯이 문화가치를 창조하는 일은 과거의 문화가치로부터 흡수, 저항, 선별, 창조되는 연속적, 불연속적인 변곡점들을 거치면서 현재 진행 중인 일상적 체험에서 발견되는 당대적 가치들을 미래적인 당위적 가치로서 통합하는 일이다. 이처럼 과거의 유산과 현재적 활용, 미래의 규범들이 매체를 중심으로 상호 견인하는 과정이 곧 문화가치를 창조하는 길임을 인식하게 되면서, 1980년대 이후 대중문화의 말초성과 맹목성에 대한 이념적 대립은 점차로 약화되었다. 이후 문화산업과 문화창조의 두 영역이 결코 배타적 관계가 아님을 이해하게 되면서 문화철학의 주제 역시 특정한 매체를 중심으로 한 문화생산의 주체, 문화시장의 성격, 문화정책과 구조에 관한 영역으로 논의의 중심점을 이동하고 있다. 특히 최근 시공간의 압축이나 가상공간과 현실 공간의 중첩에 기반한 디지털 미디어의 발달은 인간이 시공간에 대해 가졌던 기존의 존재론적 기반을 흔들고, 인간과 사물과의 관계적 지평을 과거와 완전히 다른 것으로 변화시키고 있다. 이때 매체로서 체험되는 기술은 20세기의 문화산업이 논의했던 감각의 확장적 차원이 아닌, 감각기관 자체, 현대인의 감성의 변화 그 자체를 의미한다. 이처럼 디지털 미디어의 새로운 표현과 소통의 방식은 인간과 인간 사이의 관계를 넘어 인간과 비인간과의 관계로 확장되었으며, 이렇게 변화된 문화양식은 보다 거시적인 차원에서의 사회적 상호작용을 통해 기존의 사회관계를 변화시킨다. 다음에서는 디지털 미디어 중 현재의 디지털 자본주의를 이끈 대표적 양식인 인터넷을 중심으로 그것이 탄생, 전유되었던 초창기 역사로부터 현재에 이르기까지의 사회적 변화 요인들과 문화적 영향력을 비판적으로 검토할 것이다.

디지털 문화를 통해 얻은 것과 잃은 것, 그리고 또 그렇게 만들어 가야 할 것: 인터넷을 중심으로

> "흔히 네트워크라는 메타포를 통해 표현되는 접속의 망은 마치 실처럼 촘촘한 것으로 이해하지만 조만간 그물망의 밀도가 점점 높아지면서 이것은 팽팽한 직물, 섬유가 되어 모든 곳에 스며드는 현전이 될 것이다. 이것은 강력하면서 눈에 띄지 않는다. 이것들은 대체로 거대하고 비가시적인 기반시설이 될 것이다."7)

'디지털 기술'은 지능의 강화인 '정보기술(IT)'과 감각의 확장인 '커뮤니케이션기술(CT)'을 '정보통신기술(ICT)'로 융합한 기술을 말한다. 이러한 융합적 성격의 디지털 기술의 혁혁한 성과는 이른바 '유비쿼터스 커뮤니케이션(Ubiquitous Communication)'의 실현과 가상현실(Virtual Reality)의 출현에서 확연히 드러난다. 디지털 기술의 발전은 무어의 법칙(Moore's Law)에 따라 거듭 제곱의 속도로 높아지고, 그러한 급격한 속도가 이끈 디지털 미디어의 발전과 변화의 낙차는 단순히 기존 세계에 새로운 기술의 추가나 감각기관의 확장만으로는 환원될 수 없는, 사회문화적 차원에서의 인간 감성과 경험의 총체적 변화를 수반하고 있다. 첫째, 인간은 언제나 과학기술과 함께 공진화(co-evolution)하는 존재라는 점, 둘째, 디지털 세계가 인간 실존의 방식과 경험을 구성하는 선험적 조건일 뿐 아니라 사회 구성적 결과물이라는 점에서 디지털 시대의 문화가치의 추구와 창조는 당대를 규정하는 과학기술인 디지털 미디어의 기술적 특성에 대한 면밀한 검토를 요구한다.

과거의 아날로그적 미디어(인쇄매체)가 이성중심적인 소통문화를 형성함으로써 콘텐츠를 생산, 배포(창조)하는 자와 소비(감상)하는 자를 선형적으로 이어주는 양상이었다면, 디지털 기술은 미디어의 융합과 활용을 통해 전개된다는 점에서 비선형적 관계 양식을 가진다.[8)]

이처럼 디지털 기술을 통해 (재)창조된 콘텐츠는 비물질적이지만 현실적인 차원에서 지각 가능한 제3의 시공간으로 전달되고, 이는 일상의 현실 공간에 삽입, 부분으로 변환됨으로써 우리에게 증강된 현실을 부여한다. 물론 일상적 의미로 이해되는 가상공간은 디지털 기술을 통해 구현된 구체적인 매체의 환경으로서의 멀티미디어, 인터넷과 같은 쌍방향적 소통의 양식, 가상현실과 같은 네트워크를 의미한다. 하지만 철학자 벨슈(Wolfgang Welsch)에 의하면, 가상과 실재를 철학적 관점에서 파악했을 때, 원칙적으로 양자는 구분되지 않으며 "완전히 자연적인 세계의 대립으로 인위적(가상적)인 세계가 존재하는 것이 아니라 정도의 문제"라고 지적한다. 그러한 의미에서 그는 실재라고 믿는 세계가 이미 허구적인 하나의 가상이라는 점에서 디지털 혁명 속의 인간은 오히려 일상적 시공간적 차원에 종속되지 않고, 기술의 혁신을 통해 완전히 새로운 창조자로서 세계를 구성해 나갈 수 있으며, 그 혁명적 단초가 가상현실의 기획에 존재한다[9)]라고 주장했다. 또한 기호학자인 레비(Pierre Levy)[10)]는 디지털 미디어의 등장은 인간 진화의 새로운 차원인 집단지성(Noosphere, collective intelligence)의 성립을 가져왔다고 보았다. 이러한 디지털 미디어를 이용하여 인간들은 보다 능동적으로 의사소통이 가능하고, 콘텐츠를 기억하며, 바라보거나, 상상적 표현이 가능하다고 설명한다. 나아가 디지털 미디어와 인터넷을 통해 실시간으로 축적된 정보와 지식이 가능해진다고 보았다. 이처럼 벨슈와 레비가 주장하듯이, 기술적 혁신을 통해 새로운 문화가치의 창조에 선두에 서 있는 디지털 미디어는 단연코 인터넷이다.

인터넷 탄생의 역사적 배경

인터넷이 미국과 소련의 군사-과학복합체가 탄생시킨 냉전의 산물이라는 것은 잘 알려진 사실이다. 1957년 소련이 첫 인공위성을 쏘아 올리면서 '우주 전쟁'의 선두를 빼앗긴 미국 국방성 고등연구계획국은 세계 최초의 첨단 컴퓨터 네크워크를 고안하고 제작하는 데 성공하였다. 설계 과정에서 가장 중요한 고려 요소는 소련의 공격에 견딜 수 있는 컴퓨터 네트워크의 개발이었기에 하나의 콘트롤 타워가 파괴되더라도 작동될 수 있는 시스템, 즉 분산적 체계가 필요했고 그 결과 '인터넷'이 세상에 모습을 드러냈다. 인터넷은 최소한의 기술적 요건만 충족되면 상이한 네트워크라도 상호작용이 가능한 시스템이라는 점에서 상당한 유연성을 갖춘 결합 장치였고, 여기에 위성, 무선네트워크와 같은 통신 매체가 추가되면서 더욱 다양한 시스템으로 발전할 수 있었다.

1980년대 미국을 중심으로 하는 인터넷의 발전은 탈중심성, 독립성, 다양성 등 차이를 강조하는 하위문화, 대항문화의 영향을 강하게 받으면서 빠르게 문화의 영역으로 전파, 활용되기 시작했다. 익히 알려져 있듯이, 1980년대 애플을 만든 잡스(Steve Jobs)와 워즈니악(Steve Wozniak)은 컴퓨터 기반의 하위문화, 대항문화를 실천하던 이들이었고, 그러한 의미에서 그들은 현재의 관습을 비판하고 미래를 향한 사회 변혁을 위해 컴퓨터의 당대적 가치를 재창조한 문화가치의 선두주자라고 할 수 있다. 무엇보다 전통적 권위와 지식에 대한 거부와 자기실현과 창조의 가치를 실험하기에는 인터넷이라는 이 새로운 놀이터야말로 그들에게는 가장 최적화된 장소였고, 이렇게 축적된 문화적 자양분은 1990년대 연령, 성별, 인종, 계급, 다양한 소수자 문화가 공존할 수 있는 문화창조의 무대로서 인터넷의 역할을 새롭게 강화하였다. 이러한 변화가 일어나기까지 걸린 시간은 불과 20년 정도였다. 엘리트 테크노크라트(elite technocrat)들이 고안했던 냉전의 산물이었던 초기의 인터넷은 향후 가상공동체의 물적 토대로서, 하위문화의 놀이터로서, 민주주의 고양의 아고라로 변모했고, 특히 유럽의 복지주의 전통은 공공재에 대한 접근권, 공동체를 강조하는 진정한 '월드 와이드 웹(World Wide Web)'[11]의 정신을 실현함으로써 현재 우리가 누리는 무한한 정보에 대한 무료 이용을 가능하게 했다.

1990년대 중반이 되면 공공인터넷에 대한 상업적 규제가 풀리고, 1997년 신용카드를 위한 표준 프로토콜이 채택되면서 일견 매우 긍정적인 효과들이 이어졌다. 학술 및 대항문화 공공서비스의 가치가 인터넷이라는 기술적 성과와 결합하면서 정보의 공유가 그 어느 시대와 비교할 수 없을 만큼 빠르게 저장, 검색, 활용되었다. 이러한 기술적 발전의 속도만큼이나 인터넷이 전달하는 혁신과 개방의 가치는 넓고 다양한 문화 영역에 확산되어 오그번(William F. Ogburn)의 문화지체(cultural lag)[12]라는 용어가 무색해질 정도였다. 가시적이고 비가시적 영역에서 진행되던 초창기의 인터넷의 상업화조차도 그저 부수적 효과로서 가볍게 이해할 수준이었으니 말이다.

하지만 이러한 신화의 시대는 그리 오래 지속되지 못했다. 초기의 개발자들은 소프트웨어 라이선스 제한에 순응함으로써 백만장자가 되었고, 기존의 주류 미디어 사업체들이 자신들의 풍부한 자원으로 질 좋은 웹사이트를 설립하거나 신생 사업체들을 흡수함으로써 인터넷 공간을 거대하고 미세한 온라인 쇼핑몰로 조용히, 하지만 빠르게 변화시키고 있었기 때문이다. 바야흐로 비트가 생산하는 이윤의 무한성에 기반하여 역사상 최고의 소득 격차를 발생시키는 '디지털 자본주의'가 도래한 것이다. 이러한 변화는 단순히 상업화의 측면으로만 국한되지 않는다. 구글 검색과 같은 거대 포털 사이트의 데이터 추적을 통한 정보의 수집, 이러한 정보에 기반한 가치의 창출(빅데이터의 결과를 마케팅에 활용)은 정보에 대한 이중적 변용을 이끌 뿐 아니라 프라이버시의 침해, 혹은 자발적인 포기는 개인적, 사회적, 정치적 자율성을 약화시키기 때문이다.

인터넷의 성과와 신화

디지털 미디어로서의 인터넷이 과거 인쇄술이나 사진과 영화의 발명처럼 인간의 의사소통의 방식과 사회의 성격을 변화시킬 것이라는 믿음은 주로 인터넷이 가진 기술적 성과들로부터 증명되어 왔다. 분산적인 시스템, 상이한 네트워크들과의 상호 연계적 유연성, 여기에 정보화 혁명이 이룩한 정보 생산과 연결의 가속화는 특정 국가를 넘어서 전 세계적인 차원에서 문화의 생산과 유통양식의 변화를 이끌어 오고 있다.

특히 이러한 상호작용성, 지구적 수준의 영향력을 가진 인터넷은 다양한 차원의 의사소통 출구를 통해 사회 전반의 개방성과 평등성,

참여민주주의의 증진에 지대한 역할을 담당했다. 인터넷을 통해 가능한 공론장의 활성화는 기존의 정치 엘리트 중심의 통제력을 약화시키고, 지금까지 들리지 않았던 주제와 목소리들을 새로운 사안으로 언급하면서 시민사회로 대표되는 사회의 비판적 자율성을 높일 수 있었다. 무엇보다 긴급한 역사의 현장, 재스민 혁명(Jasmin Revolution)과 같은 이슈를 긴급히 전달함으로써 빠른 시간에 활동가를 모을 수 있었고, 국제적 연대를 가능하게 했다.

하지만 정치적 공론화의 활성화라는 성과보다 인터넷이 더 주목을 받았던 배경에는 인터넷의 기술적 특징이 제조업 시대의 종말을 고하고, 소위 디지털 자본주의라는 저비용의 새로운 경제 체제를 이끌 수 있는 잠재력을 가지고 있었기 때문이다. 인터넷은 생산, 소비가 이루어지는 공평한 경쟁의 가상공간을 제공함으로써 물리적 세계를 단일한 시장으로 바꿀 수 있었다. 특히 거대 엔터테인먼트 기업이 주도권을 갖고 있는 문화산업의 경우 저비용에 기반한 생산과 유통구조로 창의적 아이템만 있다면 신생 기업도 충분히 대기업과 경쟁해 볼만한, 그렇기에 기존의 시장 체제를 재편하고 새로운 활력을 부여하리라는 희망과 기대를 가지게 했다.

하지만 인터넷의 접속 횟수의 총합이 한 사회의 참여민주주의의 증진으로 자동적으로 이어지지 않듯이, 인터넷을 작동시키는 기술적 잠재력에도 불구하고 그것이 사회에 미치는 경제적, 정치적, 문화적 영향력은 희망했던 기대와 성과로 그대로 이어지지 못했다. 인터넷의 속도, 저비용, 분산성 등의 장점은 어쩌면 인터넷 탄생의 시점에 거론되었던 신화이거나 과장일지도 모른다. 인터넷을 통해 사회의 혁신을 기대했던 낙관론들은 인터넷이 가진 기술적 속성들(네트워크의 분산성, 속도, 저장성, 사용의 유연성, 접근의 수월성)에만 주목함으로써 도출된 결론이었을 뿐, 그것이 놓인 기존 사회의 구조 및 가치와 정면으로 배치되는 '기울어진 운동장'이라는 것을 간과했기 때문이다. 실제 기술의 사회적 효과는 기술이 가진 완성도에 있는 것이 아니라, 그것과 관계 맺는 사회의 구조와 과정에 의해 결정된다.

대기업의 높은 자본 접근성은 인터넷 환경에서도 그대로 유지되기에 초반기 대규모 투자금를 모았던 신생 중소기업들은 도산하거나 대기업에 합병되었고, 예상했던 지속적 경제 호황은 이어지지 않았다. 최근의 지표에 따르면, 인터넷을 사용하는 디바이스별 접속시간은 스마트폰이 가장 높으며, 인터넷 참여자들의 활동비율은 소셜미디어, 검색, 오락 등의 순위로 이어지지만 오락 비중이 가파르게 높아지는 추세이다. 이처럼 인터넷이 작동하는 세계는 국가별, 계층별, 젠더에 따라 불공평하고, 각기 다른 문화자본과 경제자본을 가진 개인, 집단이라는 주체들의 신념, 판단과 선택에 의해 좌우되는 공간이다. 이렇듯 인터넷의 기술력은 보다 소통적이며 공정한 세상을 건설할 수 있는 잠재력을 가졌지만, 사회를 혁신하고 문화를 창조하는 변화의 원동력은 인터넷의 속도와 스마트폰의 저장성과 같은 기술적 속성만으로 결코 환원될 수 없다. 네크워크의 기술적 개방성이 사회 문화적 민주화로 연결되기 위해서는 기술적 과정 이전과 이후에, 미디어의 제작과 활용에 있어서 특정 사회가 공유하는 문화가치에 대한 상호적 관계 맺음이 반드시 요구되기 때문이다.

현대의 문화창조의 길, 디지털 미디어와 인간의 공진화

1990년대 중반기 인터넷의 상업화가 시작될 무렵으로 다시 돌아가 보자. 인터넷의 상업적 확산이 독점적 소프트웨어를 중심으로 전개될 때 상업주의는 자신들의 확신에 찬 행보에 예상치 못한 돌부리를 만났는데, 소위 너드(nerd)라 불리는 급진적 프로그래머들의 저항이었다. 그들은 인터넷의 활용에 대한 과도한 법적 제한에 저항한 소수들이 노력한 결과, 리눅스 체계가 완성되었다. 이러한 공공성 증진의 정신은 월드 와이드 웹(World Wide Web)의 초기의 정신을 부활시키면서 오픈소스 운동, 카피레프트 운동, 위키피디아, 위키리스크 등으로 현재도 이어지고 있다. 이처럼 문화창조에 있어서 비판의 정신은 단순히 기존 질서에 비판하고 반대하는 것이 아니라 기존 질서로부터 혁신을 이끌 수 있는 기술과 인간의 상호작용, 공진화의 효과, 즉 당대의 문화가치에 기술을 새롭게 입힘으로써 그 의미가 오롯이 드러날 것이다. 시끌벅적한 다양성으로 시장과 문화에 역동성을 부여하고 기존의 질서를 새롭게 해석, 미래를 창조하려는 문화적 실천은 기술 중심의 낙관이나 사회중심의 제한과 규제 등 이분법적 방식으로는 결코 이루어질 수 없다. 이제 우리는 인간다움에 대한 정의뿐 아니라 소통과 존재방식 등 모든 것이 새롭게 이해되어야 하는 문명사적 전환의 지평 앞에서 다음의 질문들을 던져야 한다. 우리의 문화를 어떻게 만들 것인지, 누구와 함께, 무엇을 만들 것인가의 문제를 말이다.

현대의 문화창조의 길은 디지털 미디어와의 상호작용, 이들과의 공진화를 전제하지 않고는 결코 앞으로 나아갈 수 없다. 기술과 인간의 상호작용이라는 당대적 요청을 적극적으로 반영하면서 불확정한 모습의 현재 세계를 어떻게 이해하고 어떠한 삶을 살아야 하는가의 문제를 문화적 차원에서 고민해야만 한다. 미디어의 무한증식과 초연결사회의 등장이 인간의 지각과 감성에 어떤 변화를 야기하는지, 나아가 공동체와 사회의 변화까지도 추적하고 해석함으로써 과거와는 다른 상황에서 요청되는 윤리적인 통찰을 기술과 문화의 간격에 기입하는 길, 그 어려운 과제가 우리 앞에 놓여 있기 때문이다.

제 3 장

문화윤리

신응철(동아대학교)

생각해 보기

- 서양에서 '문화' 개념의 원래 의미는 무엇일까?
- 인간의 문화는 발전하는가? 만일 그렇다면 그 판단의 기준은 무엇일까?
- 문화발전의 세 가지 모형은 무엇이며, 각각의 특징은 어떠할까?
- '명사'가 아닌 '동사'로서의 문화란 무슨 의미일까?

01
들어가며

문화철학 혹은 문화학에서 사용되는 '문화' 개념은 다층적이라 할 수 있다. 원래 '문화(*kultur*)'라는 말은 라틴어 *colere*(양육하다, 경작하다, 육성하다)에서 파생되었고, 라틴어 *cultura*가 독일어화된 것이다. 독일어 *kultur*는 17세기 말부터 등장하고 있는데, 이것은 여러 제도들, 행위들, 과정들, 상징형식들의 총체를 지칭한다(Böhme et al., 2000: 149). 이런 것들은 합목적적 기술을 통해 '주어진 자연'을 사회적 삶의 공간으로 변형시키고 이를 보존하고 발전시킨다. 또한 이를 위해 요구되는 숙련 도구들(문화기술, 지식)을 만들고 발전시키며, 지도적 가치들(가치의 차원)을 특수한 의식(儀式), 세련된 예식으로 거행하고 확고히 하며(종교, 축제, 교육 등), 그 결과로 의사소통적 형식들을 장기적으로 보존하는 사회적 질서와 의사소통적 상징 세계를 창출해낸다(Niedermann, 1976: 42–99; Böhme et al., 2000: 170).

라틴 세계에서 *cultura*는 농경문화를 넘어서 또한 개인들의 인격적인 문화, 혹은 역사 시기들의 문화와 관련해서 사용되었다. 이후 많은 영향을 미친 키케로(Marcus Tullius Cicero)의 *cultura animi*라는 관용어는 그리스어 *paideia*에 조응하는데, 그것은 인간의 '양육(養育)'과 '교양(敎養)'을 가리킨다. 이때부터 사물의 문화로서의 문화 옆에 '인격'의 문화가 의식되었고, *cultura* 개념은 외부의 자연에 대한 작업에서 '내부의 자연'에 대한 작업으로 옮겨갔다. 하지만 문화와 농경문화와의 연관은 아직 오랫동안 지속된다(Böhme et al., 2000: 150). 중세의 *Artes liberales*와 *Artes mechanicae*의 구분은 두 문화의 근대적 탄생을 이미 준비하고 있는 것이다. *Artes liberales*가 현대의 '정신과학'의 선구라면, *Artes mechanicae*의 부분은 '자연과학'과 기술의 초기 형태로서 이해될 수 있다. 중세 후기 이래로 이 양자는 문화 발전의 본질적 요소로서 자리를 잡는다. 양 문화의 분리는 근대의 대학 체계의 근간을 이룬다(Böhme et al., 2000: 151).

서구에서의 문화학의 생성은 칸트(Immanuel Kant, 1724~1804)와 헤르더(J. G. Herder, 1744~1803) 이후의 근대적 문화 개념을 전제한다. 칸트는 '자연(自然)' 개념을 보편적 법칙에 따라 규정되는 한에서의 사물의 존재로 말한다. 신칸트학파의 리케르트(Heinrich Rickert, 1863~1936)의 경우 칸트의 생각을 이어받아 '자연'과 '문화'를 대립 개념으로 설정하였다. '자연(Natur)'은 저절로 발생한 것, 탄생된 것, 스스로의 고유한 성장에 맡겨진 것들의 총체다. 이런 자연 개념과 대립하는 '문화(*Kultur*)'는 가치 있는 목적에 따라 행동하는 인간이 직접 생산한 것, 또는 그것이 이미 존재하고 있는 경우 적어도 그것에 담겨 있는 '가치(價値)' 때문에 의식적으로 가꾸어 보존한 것을 말한다(리케르트, 2004: 55). 그러므로 모든 문화 현상에는 인간이 인정한 어떤 가치가 구현되어 있다. 리케르트의 경우 가치와 무관한 '자연'과 가치와 관련되는 '문화' 개념을 구별하였고, 그런 의미에서 그가 파악한 문화(과)학은, 종교학, 법률, 사학, 문헌학, 국민 경제학 등 말하자면 모든 정신과학의 대상을 포괄하고 있다(리케르트, 2004: 61).

그런데 오늘날 문화학에서의 문화는 이제 더 이상 관찰의 대상만을 의미하는 것이 아니라, 관찰자의 관찰을 위해 사회가 만들어 내는 형식과 관점들까지도 의미하고 있다. 그 결과 문화에 대한 본질주의적 생각들은 소멸되었다. 문화는 만들어진 것이고 우연적인 것이다. 그리고 바로 이런 점에서 또한 재구성될 수도 있는 것이다. 그런 맥락에서 문화학에서는 '자연'조차도 더 이상 주어진 현실로서 이해하는 것이 아니라, '문화적으로 구성(構成)된 것'으로서 인식한다. 카시러(Ernst Cassirer)가 (자연)과학조차도 하나의 상징형식으로, 다시 말해 문화로 분석한 경우가 그 좋은 예다. 인간으로 존재한다는 것은 '문화적 조건' 속에서 산다는 것을 의미한다. 그러므로 문화학의 대상은 인간 행위의 전체 영역이다. 이것은 문화학이 단지 현실에 대한 상징적 가공인 언어적 텍스트만이 아니라, 언어적 텍스트가 일정 부분 참여하고 관여하는 물질, 매체, 사유의 질서들까지도 연구하는 것을 의미한다(Böhme et al., 2000: 151-152).

이상에서 살펴본 바처럼, 문화를 읽어내는 방식[1)]은 학자들에 따라 매우 다양함을 알 수 있다. 네덜란드의 대표적인 기독교철학자 반 퍼슨(C. A. van Peursen, 1920~)은 헤르더, 칸트, 카시러를 비롯한 독일 철학의 전통을 계승하면서도 기독교 신학적 색채를 드러내지 않은 채 설득력 있는 문화 분석의 틀을 제시하였다. 그의 문화 분석의 틀과 현대인들을 향한 메시지는 문화의 속성을 정확하게 파악하고, 나아가 문화적 삶을 살아가야 하는 우리들에게 현존 문화에 안주하기보다는 새로운 문화창출을 요구하고 있어서 신선한 자극이 되고 있다.

이 글에서는 반 퍼슨이 제시하는 문화 개념과 문화발전의 모형에 대해 살펴보고, 명사가 아닌 동사로서의 문화의 의미를 검토하고자 한다. 이를 통해서 우리는 문화가 인류 역사에서 어떤 모형으로 변화되어 왔는지, 그리고 문화가 인간의 삶에 어떤 형태로 기능하는지, 나아가 오늘 우리가 누리는 문화의 현주소를 어떻게 파악할지에 대한 하나의 실마리를 찾고자 한다. 일찍이 카시러는 문화를 "인간의 언어적 활동들 전체와 도덕적 활동들 전체"(Verene, 1979: 65; 신응철, 2000: 29-30)라고 정의하기도 하고, 때에 따라서는 "창조적 행위자로서 개인의 자유의 표현"(카시러, 2007: 255)이라 말하기도 하였다. 이와 유사하게 반 퍼슨은 문화를 "인간 활동의 결과"로 파악한다(반 퍼슨, 1994: 19). 문화를 어떤 식으로 정의하든 간에, 문화는 기본적으로 '인간에 의해' 만들어진, 그리고 '인간의' 문화라는 것이 대체적인 생각이라 할 수 있다.

이제 필자는 이 글에서 반 퍼슨이 말하고자 하는 내재와 초월의 긴장으로서 문화에 대해, 문화의 이중성과 문화발전의 모형, 즉 신화적 단계, 존재론적 단계, 기능적 단계의 문화 모형을 하나씩 살펴보고자 한다. 또한 문화와 윤리의 상관관계를 논의하고, 마지막으로 예측 불가능한 문화의 미래와 연관하여 문화 행위자들에게 요청되는 사항을 언급하면서 논의를 맺고자 한다.

02
내재와 초월의 긴장으로서 문화

칸트(Immanuel Kant)는 인간이 스스로 자신을 가르칠 수 있다는 데 문화의 본질이 있다고 지적한 바 있다. 그렇게 보면 문화란 인간의 학습의 장이라고 할 수 있다. 인간은 문화를 접할 때 무엇이 어떻게 존재하는가 하는 질문뿐만 아니라 어떻게 존재해야 하는가 하는 질문을 던진다. 문화는 끊임없이 긴장 속에 존재한다. 인간은 자연을 사실적으로 파악한 뒤, 그냥 주저앉아 있지 않고 이것을 평가하고 정책과 전략 속에 흡수함으로써 자연적 사실의 과정에 변화를 가한다. 사실적으로 주어진 것의 폐쇄성과 비판적 판단의 개방성 사이에 존재하는 이러한 긴장을 반 퍼슨(C. A. van Peursen)은 '내재와 초월의 긴장'이라고 부른다(반 퍼슨, 1994: 25). 문화뿐 아니라 인간의 삶 전체를 내재와 초월의 긴장으로 볼 수가 있다. 인간의 삶은 커다란 생의 흐름 속에 진행되지만(내재성), 단순한 자연의 순환 과정을 벗어나 자신의 본성을 평가하고 그것을 변형할 수 있다(초월)(반 퍼슨, 1994: 25).

이렇듯 인간은 자연의 흐름과 함께 떠밀려 다니지만 않고 그것을 거슬러 거꾸로 삶의 방향을 정할 수가 있다. 인간은 자연의 충동을 따르기도 하지만 양심의 소리에도 순종한다. 인간은 자신을 에워싼 자연과 자신의 본성을 판단하고 평가한다. 이 같은 판단과 평가는 과학적 연구나 도덕적 판단, 종교적 확신이나 사회의식, 혹은 시민정신과 같은 고차원적 정신 기능을 통해서만 일어나는 것은 아니다. 생물학적 욕구와 충동에서도 판단과 평가, 규범과 조정이 발생한다.

그렇기 때문에 식사, 성관계, 호흡, 공격적 행동 등 본능적으로 보이는 인간의 행위조차도 모두 문화적으로 변형되어 있다. 이것은 동물적 행위가 아니라 인간다운 행위이다. 왜냐하면 인간의 욕구와 관련된 행위는 특정 문화 속에 통용되는 규범에 의해 일정한 형태를 얻기 때문이다. 이렇게 본다면 인간의 자연적 충동은 문화적으로 포장되고, 심지어는 문화를 통해 훈련된 모습으로 표현된다(반 퍼슨, 1994: 26). 그렇다면 문화에는 일정한 어떤 규칙이 있는 것일까? 반 퍼슨은 우리가 문화 속에 들어 있는 어떤 규칙에 주목할 것을 강조한 바 있는데, 이때 그가 말하는 규칙이란 물리적 필연성을 뜻하는 것이 아니라 도덕적 필연성이다(반 퍼슨, 1994: 26).

과거에는 종교, 철학, 과학, 정치학 등의 고차적인 인간 정신 활동의 표현을 '문화'라고 생각하던 때가 있었다고 반 퍼슨은 말한다. 문제는 문화를 이러한 측면에서 접근하게 될 경우, 예컨대 고도로 발달된 문명을 가지고 있다는 의미의 '문화민족'과 미개한 문명을 뜻하는 '원시민족'을 각각 구별하게 되는 사고방식을 낳게 된다. 때문에 반 퍼슨은 이러한 구별에 반대하면서, 문화를 각 사람과 각 민족의 삶의 표현(반 퍼슨, 1994: 21)으로 볼 것을 제안한다. 이렇게 되면, 적어도 문화를 논의하는 데 있어서는 미개인은 존재하지 않게 된다. 여기서 우리가 주목해야 할 한 가지 사실은, 문화를 문명(文明)의 차원에서 접근하지 않는다고 했을 때, 그러한 문화 속에도 '발전(發展)' 혹은 '진보(進步)'의 요소나 특성이 들어있다고 말할 수 있는가 하는 점이다. 이 문제와 관련하여, 문화도 발전한다는 것이 필자의 기본 입장이다. 그런데 만일 문화가 발전한다면, 그때 '발전'이라는 말은 도대체 무슨 의미일까? 발전이라는 개념은 정신적 차원인가? 아니면 물질적인 차원인가? 이러한 고민에 대해서 반 퍼슨은 우리가 문화를 고정된 상태나 종착점으로 보는 것이 아니라, 하나의 '이정표' 혹은 '과제'로 보아야 한다고 말한다(반 퍼슨, 1994: 23). 바로 그와 같은 맥락에서 문화에 어떤 규칙이 있다면, 그 규칙은 필연성을 전제로 하는 물리법칙과 같은 것이 아니라, '도덕적(道德的)' 필연성을 전제로 하는 규칙(반 퍼슨, 1994: 26)이라고 그는 말하고 있다.

이 말은 좀 거칠기는 하지만, '문화가 발전한다'고 했을 때, 그 발전의 기준은 '도덕성의 규칙' 혹은 '윤리성의 규칙'에 맞추어진다는 얘기가 된다. 즉, 문화가 도덕성 혹은 윤리성의 규칙을 따를 때, 비로소 문화는 발전한다고 말할 수 있다는 것이다. 하지만 문화의 그러한 특성을 우리가 어떻게 포착해 낼 수 있는가? 라는 의문은 여전히 남게 된다. 문화의 윤리성에 대한 부분은 '04. 현대 문화와 상호작용의 윤리'에서 상세하게 논의할 예정이다.

어쨌든 지금까지의 인류의 역사를 되돌아볼 때, 반 퍼슨은 우리가 과거로부터 인류가 지나온 문화의 유형을 어떤 모형을 통해서 도식적으로 나타낼 수 있다고 말한다. 그러면서 문화발전의 세 가지 모형, 즉 신화적 단계, 존재론적 단계, 기능적 단계를 제시한다. 이러한 문화 모형의 제시는 앞으로 문화의 미래를 예측하기 위한 하나의 예비 작업이라 할 수 있겠다.

03
문화의 안팎과 문화발전의 모형

반 퍼슨은 우리 자신의 현재의 문화를 비판적으로 판단하고, 현대 문화가 걸어갈 길을 우리 스스로 조종할 수 있는 도구를 제공하기 위해서, 이미 언급했듯이 신화적 단계, 존재론적 단계, 기능적 단계 이상 세 가지 종류의 문화발전의 모형을 제시한다(반 퍼슨, 1994: 24). 여기서 반 퍼슨이 인간의 문화발전의 모형을 세 가지로 제시했다고 해서 현재 우리 시대의 문화가 가장 발전된 형태라는 것을 의미하는 것은 아니다. 말하자면, 우리 시대의 문화 속에도 여전히 신화적 사고나 존재론적 사고, 그리고 기능적 사고 단계의 그 어떤 흔적들이 남아 있을 수 있음을 전제하고 있다. 또한 각 단계의 문화모형은 독특한 특징뿐만 아니라, 부정적 측면도 동시에 가지고 있어서, 한 문화모형의 이중성을 얘기할 수 있다는 것이다. 앞서 표현한 반 퍼슨의 용법에 기대어 본다면, 내재와 초월의 긴장이랄까, 어쨌든 하나의 문화모형 속에는 긍정적 요소와 부정적 요소가 동시에 자리하고 있음을 간파해 내는 일이 대단히 중요하다고 할 수 있다.

먼저, 신화적(神話的) 단계는 '신비로운 힘'에 인간이 사로잡혀 있는 것으로 생각하는 태도를 가리킨다. 그 힘은 다름 아닌 원시인의 신화에 나타나는 비나 바람 혹은 풍년을 가져다주는 신들의 힘이다. 그런데 이러한 신화적 태도가 현대인들의 문화 속에도 여전히 작용하고 있다는 것이다. 다음으로 존재론적(存在論的) 단계는 신화적인 힘의 압도에 더 이상 사로잡히지 않고 인간이 자립적으로 사태를 연구하는 태도를 가리킨다. 이 단계에서 인간은 예전에 사로잡혔던 모든 것으로부터 이제 '거리'를 두게 된다. 그렇게 하여 인간은 존재하는 것 일반에 관한 이론(존재론)과 개별적인 모든 존재에 관한 이론(과학)을 내세우게 된다. 마지막으로, 기능적(機能的) 단계에서는 인간은 신화적 태도처럼 인간을 에워싼 주변의 힘에 압도되지도 않고, 존재론적 태도처럼 모든 것에 거리를 두고 사실적으로 탐구하지도 않는다. 이제 인간은 자신을 에워싸고 있는 모든 것에 대해 '새로운 관계'를 발견하려고 애쓰게 된다(반 퍼슨, 1994: 28−29). 이제 각 단계의 문화모형에 대해 집중해 보도록 하자.

신화적 사고 단계의 문화모형과 그 특징

반 퍼슨이 신화적 단계 모형을 언급하면서 자신이 취하는 기본적인 입장은, 신화적 삶의 양식을 무조건 찬양하는 '낭만주의(浪漫主義)'나 아니면 그것을 무조건 평가절하 하는 '합리주의(合理主義)' 이 두 가지 오해로부터 벗어나려는 입장이다. 말하자면, 반 퍼슨은 원시인은 문명과 기술로 오염되지 않은, 자연에 가장 가깝게 살았던 인간의 원래의 모습이라고 판단하여 그러한 측면을 무조건적으로 받아들이는 낭만주의의 태도를 비판하면서, 다른 한편으로는 신화를 선논리적, 비합리적인 유아적 사고의 단계로서 일종의 언어의 질병으로 파악하는 합리주의자들의 태도도 문제 삼고 있다(반 퍼슨, 1994: 46−47). 그러면서 그는 어떤 하나의 문화가 다른 문화보다 우월하다 혹은 열등하다고 말할 수는 없다는 견해를 전개한다.

반 퍼슨은 신화의 기능에 대해서 설명하면서, 신화는 하나의 '이야기'이기는 하지만 그것은 사람들에게 방향을 제시해 주는 특별한 의미를 가진 이야기라고 말한다. 그리고 그 이야기의 핵심을 이루고 있는 것은 상징(象徵)이라고 말한다.[2] 신화는 선과 악, 삶과 죽음, 죄와 속죄, 결혼과 출산, 낙원과 내세 등에 관한 상징을 그 곳에 담고 있으며, 이 상징들은 인간의 원초적인 경험을 표현하고 있다. 그런 의미에서 신화는 인간의 행동과 처신에 방향을 제시하는 나침반 구실을 한다. 그렇게 하여 인간은 신화를 통해서 주변 세계에 참여하고, 자연의 힘과 겨루게 된다. 반 퍼슨은 이와 같은 신화적 세계관의 특징을 '참여(參與)'라는 말로 표현하고 있다(반 퍼슨, 1994: 49).

반 퍼슨이 사용하는 '참여'라는 말은, 신화적 태도에서 주체와 대상 사이의 관계를 살펴보면 금방 이해할 수 있다(반 퍼슨, 1994: 49-50). 안에는 주체(Subject)인 사람이 있고, 밖에는 그것을 에워싼 주변 세계, 즉 대상(Object)이 있다. 여기서 주체는 닫힌 원이 아니기 때문에, 어느 부분도 예외 없이 속 깊은 곳에 이르기까지 자연 세계의 영향을 깊이 받을 수 있다. 사람은 열려 있고 또 그렇기 때문에 자연의 힘에 참여한다. 자신을 에워싼 힘에 참여 혹은 관여한다는 것은 사람이 아직 완전히 구별된 개별성을 지니지 않았음을 뜻한다. 그 점에서 주체는 아직 열려 있다. 그러므로 엄격한 의미에서 '자립적' 주체라고 할 수 없다. 마찬가지로 주변 세계도 '대상'이라고 부를 수 없다. 주체와 대상, 사람과 자연의 힘은 구별할 수 없을 정도로 서로 섞여 있게 된다.

반 퍼슨에 의하면, 이러한 신화는 크게 세 가지 기능, 말하자면 주변 세계의 힘을 보여주고, 현재를 보증해 주며, 세계에 대한 지식을 제공해 준다(반 퍼슨, 1994: 54). 그런 면에서 신화적 체험은 '무엇인가 있다'는 것에 대한 체험이라고 그는 말한다. 그리고 신화적 생활공간 안에서는 인간과 세계, 주체와 대상을 엄격하게 갈라놓는 분리선이 존재하지 않는다고 말한다. 그 이유는 인간이 하나의 완결된 존재를 갖는 것이 아니라 열린 원으로 존재하기 때문이다. 그것은 엄밀한 의미에서 주체라고 할 수 없기 때문에 그런 결과가 나오게 된다. 이러한 측면을 카시러(Ernst Cassirer)의 언어로 표현하면, 신화적 단계에서의 원시인의 삶은 생명의 연대성에 근거하여 생명 사회에서 살고 있기에, 생명 있는 종(種)들에게서는 어떠한 차이도 생겨나지 않고, 모두 동등한 지위를 부여받게 된다. 여기에서는 단절이나 구별보다 끊임없이 유동하는 탈바꿈의 현상이 일어나게 되는데, 바로 그와 같은 사회 유형이라고 할 수 있을 것이다.

그런 한편, 반 퍼슨은 신화적 단계에서의 부정적인 측면에 대해서도 언급한다. 말하자면, 이 단계에서는 '주술(呪術)'이 부정적인 힘으로 개입한다. 반 퍼슨의 설명에 따르면, 신화는 초월적인 것을 지향하고, 주술은 내재적인 것을 지향한다. 다시 말해, 신화는 '종교적 숭배'의 성격을 띠고 있고, 주술은 '정교한 지배'의 성격을 띠고 있다는 것이다. 그런 측면에서 재난을 피하고 자연의 힘을 억누르고 타인에게 영향을 미치는 일에 주술이 사용된다고 한다. 이렇게 되다 보면, 신화적 태도 안에서의 신적인 힘은 몇몇 특정한 인물(주술사, 제사장)의 권력으로 내재화된다는 것이다.

어쨌거나, 지금까지 설명한 신화적 체험을 정리해 보면, 인간을 개체로 보는 의식이 없다든지, 신적인 힘이 인간과 사물 속에 침투해 있다든지, 가치는 늘 종족이나 혈연관계와 얽혀 있다든지, 역사의식이 결여되어 있다든지 하는 것들은 모두 신화적 사유의 기본 형태를 이루고 있는 것들이다.

존재론적 사고 단계의 문화모형과 그 특징

다음으로 존재론적 사고 단계에서 사람들은 자신을 에워싸고 있는 주변 환경과 좀 더 거리(距離)를 두기 시작한다. 주변 세계에 크게 구속받지 않으며 자신의 삶에 대해서 마치 구경꾼처럼 보게 되고, 인간과 자연 속에 작용하는 힘의 정체를 파악해 보려고 한다. 이러한 일련의 변화를 사람들은 '뮈토스(mythos)'에서 '로고스(logos)'로의 전환이라고 일컫고 있다. 존재론적 반성은 인간을 초월해 있는 것을 지도에 옮기는 기능이 있다. 인간 위에 있는 것, 인간을 압도하는 것(초월적인 것)을 보게 하고, 그것을 이해하게 하는 것이 존재론적 사고가 지닌 첫 번째 기능이다(반 퍼슨, 1994: 76). 신화적 태도가 자연과 인간에 침투하는 힘에 '참여'하는 것이라면, 존재론적 태도는 인간을 에워싼 모든 것에 '거리'를 둔다. 그리하여 지식(知識)을 통해 초월적인 힘의 존재를 증명해 줄 수 있다고 생각하게 되었다(반 퍼슨, 1994: 77). 이런 측면에서 직선을 긋고, 분명한 한계를 짓고, 개념의 경계를 확연하게 구별하는 것은 존재론적 사고가 지닌 힘이라고 반 퍼슨은 말한다. 반 퍼슨에 의하면, 신화적 '참여'는 이제 잘 계산된 '거리'에 자리를 내주게 되었다. 거리란 대상과의 사이에 생긴 거리를 말한다. 주체는 대상 밖에 서서, 대상을 마주해 서게 된다. 왜냐하면 그렇게 해야 사태를 한눈에 보고 한계를 설정할 수 있기 때문이다(반 퍼슨,

1994: 79). 사람(주체)은 주변 세계(대상)에 에워싸여 있지 않고 그 바깥에 서 있다. 모든 방향을 향해 열려 있거나 주변 세계의 힘이 스며들어 오는 존재가 아니라, 사물과 맞서 자신을 내세울 수 있는 존재로 등장한다. 주변 세계로부터 거리를 둔다는 것은 단지 이론적인 관심이나 합리적인 설명을 위한 것이 아니다. 세계로부터 거리를 둠으로써 신들과 주술적인 힘으로부터 '해방(解放)'을 보장하자는 것이다(반 퍼슨, 1994: 79). 심지어 신화적 사고 자체를 벗어나고자 하는 의도도 들어 있다. 왜냐하면 이성적 인식이야말로 세계와 인간, 삶과 죽음의 힘과 대결할 수 있는 알맞은 태도로 인도하기 때문이다. 존재론적 태도의 두 번째 기능은 현재를 보증하는 기능이다. 그런데 현재를 보증하는 방식은 영원한 법칙을 통해, 인간의 삶과 자연의 과정을 지적으로 이해할 수 있는 것으로 만든다. 마지막으로, 존재론적 태도가 지닌 세 번째 기능은 지식을 제공하는 것이다. 여기에서는 여러 사람에 의해 통제될 수 있는 체계적 지식에 역점을 둔다. 특히 모든 것의 원인을 추적하고자 애쓴다. 만일 하나의 원인을 발견했으면 또 다시 그 원인의 원인을 찾는다. 이런 식으로 하여, 마침내 제1원인에 이르게 된다. 이것은 '실체'라고 불리기도 하며, 모든 사건을 궁극적으로 설명해 주게 된다.

반 퍼슨에 의하면, 존재론적 사고는 '무엇', 즉 사물의 본질을 인식하고자 하는 노력이라는 것이다. 신화적 체험이 도무지 알 수 없는 원초적 힘에 대한 공포 혹은 어떤 것이 있다는 '사실'에 대한 체험이었다면, 여기서 말하는 존재론적 태도는 우리의 존재와 자연 세계의 힘을 인정하면서도 어디까지나 올바른 이해를 통해 사물의 그 '무엇'을 인정하는 것이라고 할 수 있다(반 퍼슨, 1994: 84). 이렇게 하여 존재론적 사고 단계에서 인간은 신(神)들에 대해서도 신들의 '무엇(본질)'에 관해 묻게 되었다. 신들이 존재한다는 사실, 뭐라고 일컬을 수 없는 존재에 대한 공포는 이제 더 이상 문제가 되지 않는다. 사람은 이제 신으로부터 거리를 두게 되었다. 그리하여 신을 관조하는 것은 신비로운 체험의 한 형태이며, 그것은 인간에게 행복을 주고 유한한 인간이 깨달음을 통해 무한하고 영원한 이상과 접촉하는 방식으로 이해되었다(반 퍼슨, 1994: 92).

그런데 존재론적 사고 단계에서도 여전히 부정적인 측면이 나타나게 된다. 그것은 바로 실체주의(實體主義)이다. 반 퍼슨의 설명에 따르면, '실체'라는 말은 원래 그 자체로 존재를 유지하는 것을 뜻한다. 다시 말해, 그 자체로 홀로 설 수 있고 다른 것에 의존하지 않는다는 것을 말한다. 때문에 실체주의는 사물들이 모두 제각기 독립해서 존재하는 것으로 보고, 상호 간의 의존 관계를 인정하지 않는 태도를 일컫는다. 이렇게 되면 결국 사물들은 모든 관계를 상실하는 결과를 초래하게 된다. 실체주의는 모든 사물들을 고립시키고 분리시킨다. 즉, 인간, 사물, 세계, 가치, 신 등을 그 자체로 홀로 존재하는 것, 즉 실체로 보게 만든다. 따라서 이들이 맺고 있는 관계는 '단절'된다. 이것은 결국 사고하는 주체의 오만(傲慢)을 드러낸 것이다(반 퍼슨, 1994: 94). 반 퍼슨에 따르면, 이러한 실체주의의 영향은 실제 삶에도 많은 영향을 미치게 되어 '개인주의(個人主義)'나 '개체주의(個體主義)'를 낳게 되었다고 말한다(반 퍼슨, 1994: 96). 그 결과 실체주의는 모든 것을 경직(硬直)되게 만들어 버렸다는 것이다. 철학과 종교의 이론은 독단으로 고정되기 쉽고, 국가 조직과 도덕적 행위는 영원한 법칙에 얽매인다. 인간과 세계는 당시 수준의 과학에서 빌려

온 공식에 의해 고정된다. 그리하여 더 이상 어떤 대안도 생각할 수 없을 정도로 사고와 행동이 굳어져 버린다. 기존의 해법에서 어긋난 일들은 허용되지 않고 창조적 진보를 모색해 보는 일도 저지당한다. 그래서 사람들은 한 번 발견된 진리에 마치 노예처럼 복종하게 된다.

반 퍼슨에 따르면, 이러한 측면은 사회 구조에도 그대로 반영되어 거기에서는 사람을 마치 얼굴 없는 물건인 것처럼 비인격화하고 규격화하는 경향이 나타나게 되었다고 한다(반 퍼슨, 1994: 107). 이것은 인간의 생산 활동을 신화적인 생활 세계의 맥락이나 존재론적으로 보호받던 가치 체계와 지나치게 분리시켜 버린 것과 관련되어 있다. 그 결과 노동은 도덕적 종교적 책임과 무관한 것이 되고 말았다. 말하자면, 노동은 합리적, 경제적 활동에 지나지 않는 것처럼 인식되었다. 노동의 결과로 상품이 나오고, 상품이 서서히 인간을 지배하게 되었다. 돈과 지위, 조직 사회, 물질주의가 인간의 주인이 된 것이다. 그리하여 인간은 자신이 만든 상품의 상품이 되어 버렸다. 과학기술이 점점 영향력을 얻게 되자 인간은 이제 자신의 생산성과 합리적 이성의 산물로 타락했다는 사실을 스스로 느끼게 되었다(반 퍼슨, 1994: 107).

기능적 사고 단계의 문화모형과 그 특징

반 퍼슨은 오늘날의 현대의 문화를 '기능적 문화'라고 부른다(반 퍼슨, 1994: 109). 이 '기능'이라는 말은 다른 것과의 관계를 통해서 작동한다. 그래서 기능적 사고는 관계와 상관성을 제시한다. 반 퍼슨에 따르면, 존재론적 사고가 주술의 횡포로부터 일종의 해방을 뜻한다면, 기능적 사고는 실체주의의 고립으로부터의 해방이라는 것이다. 실체주의가 낳은 결과는 한마디로 '소외현상(疎外現象)'이다. 이러한 소외현상은 상관성을 통해서 극복될 수 있다는 것이 반 퍼슨의 생각이다. 신화적 사고가 인간(주체)과 세계(대상)를 서로 스며들어 있는 관계(참여)로 보았고, 존재론적 사고에서는 거리(초연한 태도)를 둠으로써 지적 인식에 이르는 길이 등장한다. 그에 비해 기능적 사고에서는 인간과 세계의 '상호 관계'가 전면에 등장하게 된다. 여기서는 '관계'가 가장 중요하게 된다(반 퍼슨, 1994: 111). 인간 주체와 주변 세계가 서로 마주하고 있지만, 서로 완결된 존재로 그렇게 마주해 있는 것은 아니다. 주체는 대상을 향하고 있고, 대상은 주체를 향하고 있다(반 퍼슨, 1994: 111).

이 기능적 사고 단계에서는 그 자체로 의미 있는 것은 아무 것도 없다. '의미'는 다른 것과 관계할 때 비로소 주어진다. 중요한 것은 관계를 맺더라도 어떠한 관계인가가 중심문제가 된다. 관계를 맺어주는 속성이 문제인 셈이다. 여기에서 반 퍼슨은 기능적 사고에서는 '윤리적 색체'가 강하게 나타난다고 말한다. 왜냐하면 다른 어떤 것을 위해 존재한다는 것은 윤리적 태도를 동반하기 때문이다. 이것은 예술의 장르에서도 엿볼 수 있는데, 남녀의 사랑을 그릴 경우 두 인물이 서로 마주보도록 그린다고 한다. 그렇게 하여 이제 신체의 아름다움을 보여주는 것이 주된 관심이 아니게 된다(반 퍼슨, 1994: 112-113). 반 퍼슨에 의하면, 윤리(倫理)는 거리를 두고 연구하고 분석할 수 있는 보편적 이론이 아니다. 몸으로 기록되고 살갗에 새겨지는 것으로서 윤리가 존재한다는 것이다. 긴장된 상황 가운데 정치적, 사회적 정책이 중요 쟁점이 되는 곳에서 지금 여기에 뉴스의 초점을 받고 있는 배후에, 바로 그곳에 윤리적 결단을 요구하는 문제가 도사리고 있다는 것이다. 따라서 합법성의 문제도 이제는 보편적이고 추상적인 이념에 그치지 않고, 구체적인 상황에서의 정치적, 사회적 실천에 관한 것이 되었다는 것이다(반 퍼슨, 1994: 116).

고정된 규범과 상황은 이제 열리게 되고, 인간 자체도 자신을 열어 타자(他者)로 향하게 된다. 사물들은 서로가 서로를 지칭하고, 사람 바깥에 있는 것은 사람을 가리키고 사람에 대해 뭔가를 말할 수 있게 되었다. 이런 이유로 인해 기능적 사고는 닫힌 체계와 사변적 관찰을 싫어하게 된다. 그렇기 때문에 과거의 형이상학은 혐오의 대상이 되고 만다. 눈에 보이는 세계 배후에 보이지 않는 고차원의 현실이 따로 존재한다는 생각도 수용하지 않게 된다. 이러한 기능적 사고가 철학의 영역으로 들어오면 '실증주의'로 나타나게 된다고 반 퍼슨은 설명한다(반 퍼슨, 1994: 116).

신화적 세계 속에서 인간은 아직 완결된 인격체로 인정받지 못하였다. 존재론적 세계에서는 주체와 대상, 인간과 세계가 서로 마주 서있다. 여기서 인간은 자신의 고유한 테두리 안에서 인격으로서의 자기 정체성을 확보한다. 그리고 기능적 접근은 거리를 두기보다 '관계'를 더 중시하기 때문에, 주체와 대상은 서로를 향해 열려 있고 상대방을 서로 지칭한다. 이것은 어렵게 얻은 개인의 정체성이 또다시 상실되었다는 뜻이 아니다. 이 정체성은 따로 동떨어져 있는 것이 아니라, 다른 것과의 '관계를 통해' 있을 수 있는 정체성으로 이해된다(반 퍼슨, 1994: 132). 이와 같은 관점에서 반 퍼슨은 문화의 속성을

'명사'가 아닌 '동사'라고 말한다(반 퍼슨, 1994: 132). 특히 세 가지 태도 중에서 오늘날 문화의 특성을 이루는 기능적 사고가 이 점을 잘 나타내고 있다는 것이다. 문화는 인간이 자신을 표현하는 방식이고, 자신을 에워싼 세계와 바른 관계를 유지하고자 노력하는 모습이다. 문화는 특히 힘이나 권력과의 관계를 바르게 유지하는 전략이다. 그러므로 신적인 것과의 관계는 한 문화 속에서 항상 가장 중요한 요소로 작용한다. 기능적 단계에서도 이것은 다를 바 없다는 것이다.

그런데 반 퍼슨은 기능적 단계에서도 하나의 부정적인 측면이 도사리고 있다고 지적한다. 그것은 바로 '조작주의(操作主義)'이다. 조작적이라는 말은 그 자체에 부정적인 뜻이 들어 있는 것이 아니라, 무엇이 작동하도록 인위적인 노력을 가한다는 뜻을 가지고 있을 뿐이다(반 퍼슨, 1994: 137). 그런데 문제는 다른 것을 향해 가리키는 손가락을 자기 손아귀에 움켜쥐고 있다는 점이다. 열린 것, 다른 것과의 관계하는 것을 자신의 힘으로 지배하고자 하는 권력 욕구가 또다시 등장하게 된다는 것이다. 말하자면, 칸트가 누차 강조하던 소유욕, 지배욕, 명예욕이 다시금 변형된 모습으로 등장할 수 있다는 사실이다. 그래서 현대의 위험은 다름 아닌, 방법, 절차, 조작에 갇히게 되는 상황이라고 반 퍼슨은 지적한다. 이러한 조작주의적 태도는 일상 삶 가운데도 깊은 영향을 미치게 된다. 예컨대, 정치 홍보물, 학교 안내서, 가재도구, 앙케트(enquete) 작성, 광고와 선전 등 수없이 많은 곳에서 인위적인 설득 기술이 암암리에 우리를 사로잡고 있는 사실을 반 퍼슨은 기능주의적 사고의 폐해라고 진단하고 있다(반 퍼슨, 1994: 141). 결과적으로 조작주의는 인간 상호 간의 관계를 마치 장기판의 말이나 카드놀이의 숫자에 지나지 않는 것처럼 처리할 위험을 가지고 있다고 하겠다. 그렇다면, 이제 이러한 기능주의적 문화의 폐단을 어떻게 극복하고, 조작주의라는 부정적 요소를 제거할 수 있을까? 문화를 바라보는 태도에 다시금 우리의 이목이 집중되는 부분이다. 반 퍼슨은 문화를 '배움의 과정' 혹은 '평생학습의 장'으로 볼 것을 제시한다. 배움이 반드시 긍정적 결과를 가져오는 것은 아니다. 기능주의 문화의 이면에 들어 있는 조작주의를 통해서 우리는 그 문제를 확인할 수 있었다. 중요한 것은 문화를 배움의 과정이라고 할 때, 긍정적 결과를 가져오기 위해서는 그 목표와 기준이 제대로 설정되어야만 한다. 이 부분에서 문화와 윤리의 관계가 언급되어야 한다.

04
현대 문화와 상호작용의 윤리

우리는 반 퍼슨의 관점에 따라 신화적 단계, 존재론적 단계, 기능적 단계의 세 가지 문화 유형의 특징들을 개괄적으로 재구성해 살펴보았다. 이러한 논의를 통해서 확인할 수 있는 사실은 각 단계의 문화 유형에는 반드시 부정적인 측면, 다시 말해 그 당시의 찬란한 문화 현상의 이면(裏面)이 공존한다는 사실이다. 그것은 때로는 '주술'의 형태로, 때로는 '실체주의'로, 때로는 '조작주의'의 형태로 우리 앞에 나타난다. 필자가 볼 때, 각 단계의 문화에서 부정적인 측면이 나타나는 것은 바로 '문화의 윤리성' 문제 때문이다. 사실 문화와 윤리의 상관관계에 대한 설명은 반 퍼슨보다 앞서서 칸트(Immanuel Kant)나 카시러(Ernst Cassirer)의 논의 속에 비교적 상세하게 잘 나타나고 있으며, 그들의 입장을 반 퍼슨이 수용하고 있는 것으로 파악된다. 문화와 윤리의 관련성은 문화 개념의 발생, 기원 문제로 거슬러 올라가면 쉽게 이해할 수 있다.

칸트는 헤르더(J. G. Herder, 1744~1803)에게서 문화(文化) 개념을 많은 부분 차용하고 있다. 헤르더에게서 영향받고 있다는 말은, 헤르더가 문화를 인간 정신의 산물로 보고, 문화의 목표는 한 개인의 품성의 개발에 있기보다는 인류 공동체의 실현, 인류 공동체가 자유롭고 평화롭게 예술과 학문, 법률과 종교를 충분하게 개발하면서 살아가는 일종의 '계몽'의 차원에서 이해하는 방식을 수용한다는 의미이다. 그런 관점에서 칸트 역시 사람은 문화를 통해서 비로소 사람이 된다고 믿었고, 자연 속에 주어진 소질과 가능성을 완벽하게 개발, 발전시키는 것이 문화, 즉 인간 교육의 주된 목적이라고 생각하였다(신응철, 2000: 42-43). 그렇지만 칸트와 헤르더가 다른 점은 칸트는 문화를 자연의 체계 속에서, 즉 자연 속에 내재된 유기적 힘에 의존해서 이해하려 하지 않았다는 점이다. 칸트는 인간 존재의 고유한 의미와 인간 문화는 자연 질서 속에서 설명할 수 없다고 생각하였다(Kant, 1965: 61). 그래서 칸트는 문화는 자연 속에 내재된 유기적 힘에 의존해서 이루어지는 것이 아니라, 전적으로 인간 자신이 스스로 만든 결과임을 강조한다. 결국 칸트에게서 문화는 인간이 스스로 만든 작품이고, 인간은 문화를 통해서 자신의 삶을 만들어 가는 존재이다. 이때 인간은 한 개인으로서의 인간이 아니라, 인류로서의 인간을 뜻한다.

칸트는 『추측해 본 인류 역사의 기원』(1786)에서 문화의 기원을 다음과 같이 말하고 있다. "인간이 이성에 의해 인류의 최초의 거주지로 생각되었던 낙원으로부터 나온 것은 결국 한갓된 동물의 조야한 상태로부터 인간성의 상태로, 또 본능의 유모차로부터 이성의 인도에로 옮아간 것을 의미한다"(Kant, 1965: 83). 지금 인용한 칸트의 말에 따르면, 문화란 '자연의 보호 상태에서 자유의 상태로의 이행'을 뜻한다. 에덴동산에서의 인간의 타락을 칸트는 자유의 상태로의 진보, 다시 말해 자연에서 문화로 이행하기 위한 필연적 과정으로 이해한다. 그런데 그것은 루소(Jean-Jacques Rousseau)도 말했던 바처럼, 하나님의 관점에서 본다면 분명 악(惡)이었다. 그렇지만 그 악은 자연적 질서가 아닌 '이성의 질서'에 의해 시민사회를 형성하기 위해 인류가 필연적으로 내디뎌야 했던 첫 발걸음이기도 하다. 말하자면, 선악과를 따먹으라는 유혹은 뱀이라는 인간 외부의 존재에게서 시작되었지만, 선악과를 따먹은 그 선택 순간은 인간 자신이 결정한 것이다. 이 결정은 다름 아닌 인간의 이성적 행위다. 이러한 인간의 이성의 행위의 결과는 하나님의 입장에서 보면, 그것은 바로 악이요 죄인 셈이다. 그런데 역설적이게도 그러한 악에 근거한 인간의 이성적 행위가 없었다면, 인간에 의한 인간의 문화는 존재지 않았을 것이다.

우리가 칸트의 입장을 중요하게 다루는 이유는, 문화와 윤리의 문제가 필연적으로 연결되어 있다는 사실을 그가 분명하게 보여주고 있기 때문이다. 우리가 서구 기독교의 세계관을 염두에 두면서 칸트의 논의를 뒤따라 갈 경우, 자연(自然)의 역사는 신의 작품이기 때문에 선(善)으로부터 시작하고, 자유(自由)의 역사는 — 이때 말하는 자유는 전적으로 인간의 자유를 언급하기에 — 인간에 의해 만들어진 작품이기에 악(惡)으로부터 시작하게 된다(Kant, 1965: 84). 이러한 관점은 인간의 문화는 에덴동산에서의 인간의 타락에서 시작하고, 그 타락이 바로 인간 문화의 원동력이 된다는 얘기다.

칸트는 『세계 시민적 관점에서 본 보편사의 이념』(1784)에서도 인간의 타락, 악의 모습이 인간 문화의 원동력이 된다는 사실을 다시 언급하고 있다. 여기에서는 인간이 지닌 반사회적 사회성을 예로 들고 있다. 만일 인간에게서 타인과의 끊임없는 경쟁심, 자신의 명예욕, 소유욕을 만족시키고자 하는 욕망이 없었다면, 문화의 진보는 생각할 수 없었다는 것이다. 바로 그런 점에서 칸트는 역설적이게도, "인간 세계에서 나타나는 불화, 악의적인 경쟁심, 만족할 줄 모르는 소유욕이나 지배욕을 있게 한 자연에 감사할지어다"(Kant, 1965: 30)라고 말하기도 하였다. 그 밖에도 칸트는 인간이 가지고 있는 소유욕, 지배욕, 명예욕에 대한 논의를 『실용적 관점에서 본 인간학』 제1부: 인간학적 교수론, 제3장에서도 상세하게 언급하고 있다(칸트, 1988: 216-219).

이상에서 살펴 본 칸트의 문화 개념은 크게 세 가지 정도의 특징을 가지고 있다고 할 수 있다. 첫째는 칸트는 문화를 인간의 활동의 산물(產物), 곧 정치 · 경제 체제, 법률, 예술, 종교 등을 모두 문화로 보고 있고, 인간의 고유한 활동으로 본다는 점, 둘째는 문화의 성격을 '과정적인 것'으로 본다는 점이다. 다시 말해서, 문화를 자연에서 자유로의 이행으로 보고 있다는 것이다. 그러한 자유로의 이행은 지금도 계속되고, 진행되어 가고 있는 것이다. 셋째는 문화발전의 원동력은 선(善)이 아니라, 악(惡)이라는 점이다. 이는 문화발전이 인간의 자기보존의 욕망과 밀접하게 연관되어 있다는 말이다(신응철, 2000: 45－46).

칸트가 말하고 있는 인간 문화의 특징은 카시러와 반 퍼슨에게 상당한 영향을 미치고 있다는 사실을 우리는 확인할 수 있을 것이다. 카시러는 인간의 문화는 '자유(自由)'의 측면에서 접근해야 하고, 이때 자유의 의미는 '윤리적인' 의미에서의 자유라고 말한다. 여기서 '윤리적'이라는 말의 의미는 일상생활에서의 윤리적인 차원이 아닌, 문화의 기원에서 나타나는, 즉 에덴동산에서 인간사회에로의 이행이 곧 인간의 관점에서는 자유이지만, 신의 관점에서는 악이 된다는 의미에서의 '윤리'를 언급한다. 그렇기에 카시러가 말하는 '윤리적'이라는 표현은 칸트 식으로 말하면 인간의 '이성의 자율성'에 해당한다고 할 수 있다(Verene, 1979: 84).

그렇다면, 인간이 만들어 놓은, 그리고 지금도 만들어 가고 있는 문화에 대해서 그것이 발전한다고 얘기할 수 있는가? 발전이라면 적어도 좀 더 나은 곳으로의 이행, 좀 더 도덕적인 곳으로의 이행, 그리하여 삶의 편리를 가져다주는 그러한 형태의 문화를 떠올리게 된다. 그런 점에서 본다면, 인간의 문화는 발전한다고 말하기 힘들 것이다. 오히려 퇴보한다고 말해야 하는 것은 아닐까? 왜냐하면 문화의 근원적인 힘이라고 할 수 있는 부분이 선이 아니라, 악이기 때문이다. 악한 요소가 밑바탕이 된 문화를 우리는 어떻게 발전된 문화라고 할 수 있겠는가? 다른 관점에서 본다면, 신과 가장 멀리 떨어져 있는 현대의 문화에 대해서 어떻게 발전했다고 말할 수 있겠는가? 만일 현대 문화가 과거의 그것에 비해 발전했다면, 또 그렇게 얘기할 수 있기 위해서는 문화발전을 담보할 수 있는 그 무엇이 있어야 하지 않을까? 이러한 의문에 답하기 위해서 다시금 칸트의 관점에로 되돌아가 보자.

칸트는 인간의 반사회적 사회성을 언급한 적이 있다. 이 부분과 관련하여 인간에게서 소유욕, 지배욕, 명예욕이라 불리는 반사회적 측면이 강조되면, 그러한 욕구 욕망에서 비롯된, 만들어진 문화는 악할 수밖에 없을 것이다. 그런데 여기서 칸트는 인간만이 가지고 있는 특이한 측면을 언급한다. 인간은 자신들이 가지고 있는 반사회성 때문에 늘 대립과 투쟁, 갈등을 초래하지만, 타인과의 이러한 갈등은 결국 인간 전체를 파멸로 이끌어가게 된다는 사실을 미리 예측하기 때문에, 타인과, 다른 존재들과 더불어 살아가려는 욕망도 함께 가지고 있다고 말한다. 말하자면, 이러한 반사회성에 들어있는 '사회성'으로 말미암아 인간은 공동사회, 시민사회를 건설할 수 있게 된다는 것이다. 이러한 일련의 과정에서 중요한 점은 결국 '도덕성'이다. 인간의 문화가 소유욕, 지배욕, 명예욕이라는 반사회성에 근거할 경우 그 결과는 '문명화'로 치닫게 되고, 위에서 언급한 '사회성'에 근거할 경우 인간의 문화는 '도덕화'를 겨냥하게 된다는 것이다. 때문에 칸트에게서 최종적인 관심거리는 어떻게 하면 인간의 문화가 '도덕화'를 담보할 수 있을까 하는 데 있다고 할 수 있다. 다시 말하면, 인간의 반사회적 사회성의 속성에서 어떻게 하면 사회성을 개발시킬 수 있을까 하는 것이 관심거리가 되는 것이다. 이러한 측면은 특히 칸트의 『교육론』에서 잘 나타나고 있다(신응철, 2000: 46). 여기서 그는 인간의 동물성을 제어하기 위한 훈련, 자신이 설정한 목적을 위해 수단을 찾아낼 수 있는 능력 개발과 적성 개발, 시민으로서 적합하게 살 수 있는 능력 배양, 단지 목적을 위해 수단을 선택할 수 있는 능력뿐만 아니라, 항상 선한 목적만을 선택할 수 있는 심성을 갖게 하는 도덕적 훈련에 대해서 말해 주고 있다.

카시러의 경우는 인간 문화에 있어서 도덕화가 담보된 상태의 예를 신화 속에서 나타나는 원시인들의 태도에서 찾고 있다. 원시인들의 신화적 사고방식의 태도는 한마디로 '상모적(相貌的)'이라고 할 수 있다. 말하자면, 얼굴과 얼굴을 마주보는 방식의 태도라 할 수 있다. 얼굴을 마주 본다는 것은 타자도 사물도 나와 같은 감정을 가지고 있다는 것을 인정하는 태도이며, 내가 생명을 가졌듯이 그들도/그것들도 모두 하나의 생명체라고 인정하는 태도이다. 여기에서는 생명의 연대성에 근거하여 생명사회가 형성된다. 그렇게 되면 나와 타인, 나와 사물 간에는 단절이나 분리보다는 '연결'이나 '연속', 그리고 '소통'이 있게 된다. 이 말은 나나 타인, 사물이 모두 똑같이 인격적 동등성을 가지게 된다는 뜻이다. 이러한 생명사회에서는 대부분의 일들이 공감적 투시를 통해서 해결된다. 감정, 정서에 근거한 이러한 삶의 태도는 도덕성, 윤리성이 전제되지 않으면 지속하기 불가능하다고 할 수 있을 것이다. 카시러는 바로 현대인들, 현대들이 만들어 놓은 문화에서 그동안 망각되거나, 잃어버렸던 측면, 다시 말해서 인간들 사이에서 '상모적' 태도를 회복시키려는 희망을 나타내고 있다.

카시러의 이러한 입장에서 힌트를 얻은 반 퍼슨은 기능적 단계의 문화모형에서 인간들 사이에 더욱 벌어진 사회적 거리를 얼굴과 얼굴을 맞대는 Face－to－Face 관계의 회복을 강조하고 있다(반 퍼슨, 1994: 250, 261). 그리고 반 퍼슨은 현대의 기능주의적 문화의 폐단인 조작주의를 극복할 수 있는 방안으로 Face－to－Face 관계의 토대가 되는 '상호작용의 윤리'를 내세운다(반 퍼슨, 1994: 254).

반 퍼슨에 따르면, 문화는 기본적으로 배움의 과정이며, 배운다는 것은 물음을 던지는 것으로서, 진정한 배움은 인간 스스로 무엇을 '발견'하는 데 있다(반 퍼슨, 1994: 180). 같은 맥락에서 인간은 물음을 통해 막힌 길을 뚫을 수가 있다. 그렇기 때문에 문화는 인간을 해방으로 이끄는 전략으로 기능한다(반 퍼슨, 1994: 255). 인간은 자신을 에워싼 힘과 제대로 관계를 유지할 수 없을 때, 스스로 옭아맨 구속으로부터 해방되기를 갈구한다. 인간은 보다 나은 대답, 보다 책임 있는 행동을 찾아야 한다. 이것은 창의적인 혁신을 요구한다. 창의성은 기술적 우수성에 국한되지 않는다. 왜냐하면 창의성이 발휘되려면 도덕적 창조성이 있어야 하기 때문이다. 그렇기에 윤리가 중요한 문제로 등장하게 된다. 반 퍼슨에게서 윤리란 자연과 사회 속에 작용하는 비인격적인 힘을 인간의 결정 영역 안에 끌어들이는 전체적인 전략을 일컫는 것이다(반 퍼슨, 1994: 255). 종교 신앙, 정치 참여, 사회 운동, 교육 정책, 사회의 민주화, 이 모든 것은 윤리와 관련이 있다. 윤리는 이러한 영역에 세워야 할 올바른 정책과 관련되어 있다. 정책 또는 전략에 관한 물음은 기능적인 물음이다. 이렇게 볼 때 윤리는 고정된 규칙들의 집합이 아니라 비판적인 질문을 던지는 것이다. 애매한 수사학적 몸짓의 윤리가 아닌 구체적인 사건과 사왕을 분명하게 가리키는 윤리여야 한다. 이러한 윤리는 실제로 일어나는 일과의 상호작용을 통해서 비로소 등장할 수 있다. 이것은 도덕적 의식과 구체적인 문제의 상호작용을 통해서 형성되는 윤리이기 때문에, 이를 '상호작용의 윤리'(반 퍼슨, 1994: 256)라고 반 퍼슨은 부른다.

상호작용의 윤리는 우리의 삶 속에 존재하는 마찰 점을 알아볼 수 있는 열린 눈이 있어야 한다. '열린 눈'이 있다는 것은 실제로 뭔가를 볼 수 있으며, 그것으로 어떤 새로운 것을 볼 수 있도록 시각화해낼 수 있다는 뜻이다. 시각화는 뭔가를 눈앞에 볼 수 있게 하는 것이다. 인간은 자연과 사회의 비인격적 힘에 희생되어서는 안 된다. 반 퍼슨은 모든 기술은 결국 윤리로 환원되어야 한다고 말한다(반 퍼슨, 1994: 264). 이렇게 되기 위해서는 인간이 가진 힘 가운데 규범적인 것의 역할이 다시금 중요해진다. '하나님', '정의', 인류' 등과 같은 힘은 인간의 구체적인 상황 속에서 기능할 수 있어야 하고, 윤리적으로 상관있는 것이 되어야 한다. 상관있는 것이란, 눈에 띄고, 시각적으로 와 닿고, 중요함을 당장 인식할 수 있고, 문제의 핵심을 찔러주는 것이다. 이 모든 것은 인간과 인간을 에워싼 힘이 기능적으로 관계하는 방식이다. 달리 말하면, 내재가 초월을 통해 깨뜨려지는 것이다(반 퍼슨, 1994: 264). 이러한 상호작용의 윤리의 밑바탕에는 타인의 얼굴을 마주볼 수 있어야 하며, 그의 고통을 떠안을 수 있는 열린 마음이 있어야 한다. 이런 마음을 갖는다는 것은 일회적인 것이 아니라 영원한 과제가 되어야 한다.

05
나가며: '명사'가 아닌 '동사'로서의 문화

이상에서 우리는 인간의 문화는 회고적으로 볼 때 '발전한다'고 말할 수 있으며, 이를 도식적으로도 나타낼 수 있다고 한 반 퍼슨의 입장을 살펴보았다. 반 퍼슨의 입장은 기본적으로 문화를 바라보는 시각에 있어서 칸트와 카시러의 영향을 받았다고 할 수 있다. 특히 문화를 '과정적'으로 파악하고 있는 칸트와 카시러의 견해를 받아들여 반 퍼슨은 문화를 '명사(名詞)'가 아닌 '동사(動詞)'로 파악하였다. 그리고 칸트와 카시러가 강조한 문화의 '자유의 측면'은 반 퍼슨에게 오게 되면, 배움의 과정으로서, 그리고 미궁에서 빠져 나올 수 있는 하나의 전략으로서 활용되는 모습을 볼 수 있었다. 그리고 칸트와 카시러에게서 가장 핵심적인 측면이라 할 수 있었던 문화의 미래상, 즉 문화는 궁극적으로 도덕화를 겨냥해야 한다는 입장은 반 퍼슨에게서는 현대의 다양한 과학기술이 결과적으로 윤리성, 특히 상호작용의 윤리를 갖출 때 그 진면목을 발휘하게 된다는 방식으로 수용되고 있음을 확인할 수가 있었다. 이들의 논의를 마무리하면서, 문화의 창조자인 우리 개인이 결국 어떤 태도를 취하느냐에 따라, 우리가 만들어 내는 문화의 미래상이 결정되게 된다는 사실을 다시금 확인할 수 있었다. 그런 점에서 다시금 윤리의 문제가 중심 주제로 떠오르게 된다.

여기서 더 생각해 볼 문제는 그렇다면 문화발전의 최종 지점은 어떤 모형인가 하는 것이다. 에덴동산에서 떨어져 나왔기에 다시금 그곳으로 좇아가는 것이 발전의 완결인지, 아니면 전적으로 인간의 능력에 의해 또 다른 모형이 만들어질 수 있는 것인지 반 퍼슨은 문화발전의 최종 모형에 대해서는 침묵하고 있다. 그는 미래의 문화 모형, 인류가 도달해야 할 문화의 모형을 말하지 않고 있으며, 아니 말할 수 없다고 한다. 그것은 결국 그러한 문화 행위의 주체인 우리

스스로의 판단에 맡기는 것이라 할 수 있다. 앞에서 문화는 평생학습의 과정이요, 배움의 과정이라고 했던 부분을 다시금 떠올려 본다면, 명사가 아닌 동사로서의 문화, 즉 끊임없이 내재와 초월의 긴장의 끈을 놓치지 않으려는 우리의 의지가 미래의 문화모형을 완성해가는 기본적인 태도가 될 것이다. 이 긴장이 깨어지는 순간, 다시금 우리는 주술적, 실체주의적, 조작주의적 문화 속에 휩쓸려들게 될 것이다. 반 퍼슨이 마지막으로 말하고자 했던 부분, 즉 내재가 초월을 통해 깨트려질 때, 다시 말해 우리 스스로 끊임없이 문화화되려고 하는 부단한 과정을 지켜낼 때, 비로소 우리는 문화발전을 실감할 수 있게 될 것이다. 이 과정은 너무나도 고된, 그렇지만 반드시 우리가 걸어가야 할 길이다.

제 4 장

문화의 경제적 가치

김상욱(문화체육관광부)

생각해 보기

- 문화의 경제적 가치는 왜 중요한가?
- 경제학자들은 문화의 경제적 가치를 어떻게 설명하고 있는가?
- 문화의 경제적 가치는 측정할 수 있는가? 측정할 수 있다면 한계는 없는가?
- 문화의 경제적 가치를 높이기 위한 공공성 증진 방안은 무엇인가?

01
들어가며

21세기는 문화의 세기라고 한다. 문화행정, 문화경제, 문화마케팅, 그리고 문화를 산업화한 문화산업까지 다양한 영역에서 문화를 활용하고 있다. 게다가 문화라는 말은 특정 영역에 문화를 덧붙여서 청년문화, 대중문화, 기업문화, 정치문화 등으로 문화의 범주를 확장하고 있다. 이러한 많은 용어들은 이제는 진부한 용어들이 되었으며 그 의미를 따지기 전에 일상용어가 되었다.

한편 문화와는 별로 관계가 없을 것 같은 제조업의 경우에도 문화를 기업 운영에 도입한 지도 오래되었다. 상품에 문화적 요인, 즉 디자인과 스토리를 담기도 하고, 기업이 예술 분야에 투자하고 마케팅을 함으로써 소비자의 감성을 제품 판매로 유도하는 등 기업의 신뢰도와 브랜드를 높이는 문화 마케팅도 다양하게 이루어지고 있다.

이러한 문화에 대해 과거에는 가장 이성적인 입장을 견지하는 경제학이 감성적 가치를 우선시 하는 문화와 함께 협업을 하거나 분석할 수 없다는 입장이 지배적이었다. 이는 경제학이 생산과 소비를 통해서 인간의 욕망을 현실화하기 위해 효율성과 공평성을 추구하기 때문이었다. 그러나 최근에는 경제학에서도 그 영역을 확대하여 문화뿐만 아니라 다양한 영역에 경제학을 적용하고, 과거에는 고정되거나 주어졌다고 가정했던 소비자의 주관적 만족도를 통해 한계효용이나 선호체계를 측정하거나 평가하려고 하고 있다.

이처럼 문화는 사회 전반적으로 영향을 미칠 뿐만 아니라 경제적 가치를 가지고 경제성장에도 크게 이바지한다. 특히 문화가 미래의 성장동력이라는 인식이나, 문화예술에 대한 투자가 경제적 발전을 이끌 수 있다는 논의, 지역재생에 문화의 역할이 매우 중요하다는 지적 등은 문화가 단순히 소비 영역이 아니라 생산 영역과 밀접한 관계가 있으며, 이를 통한 경제적 효과도 크게 기대할 수 있다는 인식을 반영하고 있다(김세훈, 2015: 9). 그러나 문화가 어떻게 경제적 영향을 가지며, 어떻게 측정해야 하는가에 대한 논의에서 경제적 가치를 직접적으로 측정·평가할 수 있는 것과, 경제적 가치는 인정되지만 측정할 수 없는 부분으로 나누어 그것이 정말로 경제적 가치를 지니고 있느냐 하는 문제가 제기되었다.

결국 문화의 경제적 가치를 따지기 위해서는 계량화될 수 있는 문화 이외에 그 가치는 크지만 계량화될 수 없는 문화까지도 고려하여야 한다. 반대로 계량화할 수 없는 부분에 대해서는 어떻게 경제적 가치를 가진다고 볼 수 있을까? 대부분 비계량화된 것들은 측정이 어려울 뿐만 아니라 확대하기 위해서는 시장실패가 일어나고 그것을 보정하기 위해 정부가 정책적으로 개입해야 하는 근거가 될 것이다.

다음에서는 경제학자들의 문화에 대한 경제적 가치 이론을 살펴보겠다. 그리고 문화의 계량화와 비계량화 경제적 가치 유형과 함께,

경제적 가치를 넓게 보아 '문화자본'을 확대한다는 개념으로 공공성을 증진하기 위한 방안을 살펴보기로 하겠다.

02
문화의 경제적 가치에 대한 이론들

Throsby 문화적 가치론

스로스비(David Throsby)는 문화적 가치를 이야기하면서 본질적 가치는 문화 및 문화적 대상의 보편성, 초월적인 관념, 객관성, 그리고 무조건적인 성질이 있으며, 정치 및 경제와는 다른 가치가 있지만 경제발전에 있어서 문화의 역할이 중요하다고 보았다. 한편 인간생활의 지적, 도덕적, 예술적 측면과 관련되어 행해지고 있는 사람들의 활동과 그 활동에 의해 생산되는 산출물인 문화는 간단한 기술직업적 숙련의 습득보다도 오히려 지성에 대한 계몽과 교육을 촉진하는 활동과 관계가 있다고 보았다. 그리고 문화에 대해 ① 해당 활동은 산출물에 다소간 창조성을 포함하고 있다. ② 상징적 의미의 생성과 전달과 관계가 있다. ③ 산출물은 적어도 잠재적으로는 지적재산권을 내포하고 있다고 보았다(Throsby, 2001: 4).

그러면서 그는 경제적 가치와 문화적 가치를 구분하고, 문화적 가치가 경제적 가치를 결정하는 근본적인 역할을 수행한다고 보면서도 문화적 가치는 경제적 가치로 측정이 불가하다고 보았다. 이에 따라 문화적 가치를 미학적, 정신적, 사회적, 역사적, 상징적 가치로 구분하고, 문화적 가치가 가격, 지불의사 등으로 표현되는 사람들의 선호로 이해하는 경제적 가치를 결정하는 데 핵심적인 역할을 한다고 주장했다(Throsby, 2001: 28-29).

Holden 문화적 가치론3)

홀든(J. Holden)은 문화적 가치를 도구적 가치(instrumental value), 공적 가치(institutional value), 본질적 가치(intrinsic value)로 구분하였다. 도구적 가치는 사회, 경제적 목적을 위해 문화를 활용할 때 발생되는 가치를 의미하며, 결과물, 성과, 영향력 등을 중요시 한다고 보았다. 공적 가치는 공익을 목적으로 하는 조직에서 시민들과 연계하면서 창출해내는 신뢰와 존중의 가치를 의미한다. 본질적 가치는 문화영역에 대한 지적, 감성적, 정신적 경험 가치를 의미하며, 이는 문화영역에서만 존재하는 가치로, 정의를 내리기가 매우 어렵다는 것이다. 또한 본질적 가치는 주로 개인적인 인생, 질적인 가치 평가, 사례분석, 비판적 문헌검토 등을 통해 발견할 수 있다고 보았다(Holden, 2004; 이윤경, 2011).

Weber 자본주의 정신론

베버(Max Weber)는 그의 저서 『프로테스탄트 윤리와 자본주의 정신』에서 근대 자본주의의 기원을 근대 산업혁명과 계몽주의와 합리주의가 아닌 영국과 미국의 청교도 전통에서 찾았다. 즉, 16~17세기 영국과 미국에서 활동하였던 칼뱅주의(Calvinism), 감리교, 침례교 등의 개신교가 지니고 있던 '윤리'에서 나왔다고 말하며, 경제학과 문화를 연결하는 논리를 폈다. 즉, 경제적 행동이 일어나는 문화적 상황과 이에 따른 경제적 행동에 미치는 결과가 매우 직접적으로 연결되어 있다는 것이다. 이러한 현상은 제2차 세계대전 이후 일본을 시작으로 한국을 포함한 '아시아의 기적'을 문화적 상황과 연결지어 설명하려는 많은 시도들이 그 사례가 될 것이다(Throsby, 2001: 10).

Bourdieu 문화자본론

부르디외(Pierre Bourdieu)는 경제학적인 자본은 화폐적 투자나 이익 또는 직접 돈으로 환산되는 것 이외에, 돈이나 이익으로 환산되지는 않지만 무형의 문화투자와 자본이 있다는 것이다. 그러면서 그는 문화자본(cultural capital)이라는 개념을 도입하였다. 문화자본은 세 가지 형태로 존재하는데, 첫째, 체화된 상태(embodied state)는 개인의 몸과 마음에 지속적으로 존재하는 기질 혹은 성질과 같은 것이며, 이는 돈이나 저작권 또는 귀족 지위처럼 상속 되거나 또는 구매·교환할 수 없는 것들이라고 보고 있다. 둘째, 객체화된 상태(objectified state)는 그림, 서적, 사전, 도구, 기계 등과 같은 물질적이며 경제적 자본인 동시에 전달될 수 있고 소유권이 있는 것이라고 보았다. 셋째, 제도화된 상태(institutionalized state)는 체화된 문화자본이 학술적인 증명서의 형태로 인지되는 경우라고 보았다(Bourdieu, 1986: 243－248).

결국 부르디외는 경제학적인 개념에서 비화폐적이지만 경제발전을 위해서는 문화자본이 필요하다고 하여 문화를 경제에 있어 중요한 개념으로 보았다.

Ruskin 본질적 가치론

19세기 경제학은 인간의 비즈니스 행위는 물론, 생산과 생활 등이 모두 돈을 벌기 위한 수단이라고 생각하고 있었으나 러스킨(John Ruskin)은 금전적인 평가를 기준으로 인간이나 산업을 평가하는 방법에 반대하면서, 인간의 '생명과 삶'을 최고로 생각하는 경제학으로 전환할 것을 이야기했다. 또한 그는 부의 원천을 재화의 내재적인 성질에서 찾았는데, 그것을 본질적 가치(intrinsic value)라고 불렀다. 본질적 가치란 인간의 생활과 생명에 얼마나 공헌할 수 있는가를 따지는 것으로, 예술·문화성이 없고 인간의 생명과 생활을 방해하는 재화들은 무가치한 것일 뿐만 아니라 그러한 것들을 생산하기 위한 자원배분은 사회적인 낭비로 이어지게 된다고 보았다(한국문화경제학회, 2001: 54).

러스킨은 재화의 본질적 가치 못지않게 인간의 유효가치(effectual value)를 강조했다. 본질적 가치가 인간과 자연에게 유효한 것이 되기 위해서는 그것을 받아들이는 사람에 있어서 일정한 상태가 필요하다고 보고, 부가 존재하기 위해서는 본질적으로 본질적 가치가 있는 것을 생산하고 그것을 사용할 능력을 생산하는 것이 필요하다는 것이다(한국문화경제학회, 2001: 56).

결국 그는 인간을 우선으로 하는 경제학을 주장하였고, 문화를 즐길 수 있는 있는 능력을 키워내는 사회간접자본, 즉 부르디외가 주장한 문화자본이 필요함을 이야기하였다.

앞에서 살펴본 바와 같이 문화는 간접적인 경제적 가치를 가지지만, 중요한 사회간접자본 중의 하나인 문화자본으로서 경제적 가치의 토대가 된다는 것을 이야기하고 있다.

03
문화의 경제적 가치 유형과 증진 필요성

문화의 계량 · 비계량 경제적 가치 유형

경제학에서 말하는 경제적 가치란 재화나 서비스의 생산과 교환을 통해 얻어지는 가격 또는 그것의 교환가치를 뜻한다고 볼 수 있다. 이는 화폐 기준으로 환산될 수 있는 가치를 말하는 경우가 많다. 그러나 넓게 보았을 때 경제적 가치는 화폐로 환산되지 않더라도 가치를 가지는 경우가 많다.

예술작품의 경우 시장에서는 가격으로 그 가치를 명시적으로 나타내지만, 내재적 가치로서 그 작품이 가지는 가치는 이를 가격으로 환산하기는 어렵다. 즉, 그 작품을 소유한 사람의 행복감이나 만족감은 분명히 경제적 가치를 가지지만, 그것을 가격이나 기타 계량적인 방법으로 표시하기는 곤란하다.

이러한 문화의 경제적 가치를 스로스비(David Throsby)는 사용가치(use values)와 비사용가치(non-use values)로 나누어 설명하면서, 사용가치는 개인이 재화를 물리적으로 이용하는 것에 부여하는 가치로서 시장에서 해당 재화나 서비스에 대해 시장가격이나 지불의사 등이 반영된다고 보고 있다. 사용가치는 상업적 이용이나 재화 자체의 소비와 관련된 가치인 직접사용가치(direct use value)와 재화를 통한 감정적, 정신적 만족 등과 관련된 간접사용가치(indirect use value)로 나누어 보고 있다. 또한 옵션가치(option value) 혹은 선택가치(selection value)는 본인이 직접 사용하지 않더라도 다른 이가 소비하거나, 미래세대가 소비하게 될 가능성이 있는 경우 그 재화가 가지는 가치를 의미한다고 보았다. 그리고 다른 사람이 사용할 수 있음으로써 얻게 되는 만족감 등의 가치를 대체가치 혹은 이타적 가치(altruistic value)라고 하며, 미래세대를 위해 재화를 보존하는 것에 부여하는 가치를 유증가치 혹은 유산가치(bequest value)라고 하였다. 한편 비사용가치(non-use value)는 사용 여부와 관계없이 문화재화 및 서비스의 존재 자체만으로 얻게 되는 가치를 의미한다고 설명하고 있다(Throsby, 2001: 78-79).

양혜원은 이러한 개념들을 종합하여 [그림 4-1]과 같이 총 경제적 가치로서 나타내고 있다(양혜원, 2012: 52-54). 결국 문화의 경제적 가치는 가치를 계량화할 수 있는 가치도 있지만 문화가 가지고 있는 내재적 특성, 즉 개인의 선호 또는 만족의 문제나, 예술작품에 있어 질의 수준처럼 개인이 어느 기준을 가지고 계량화할 수 없는 경우도

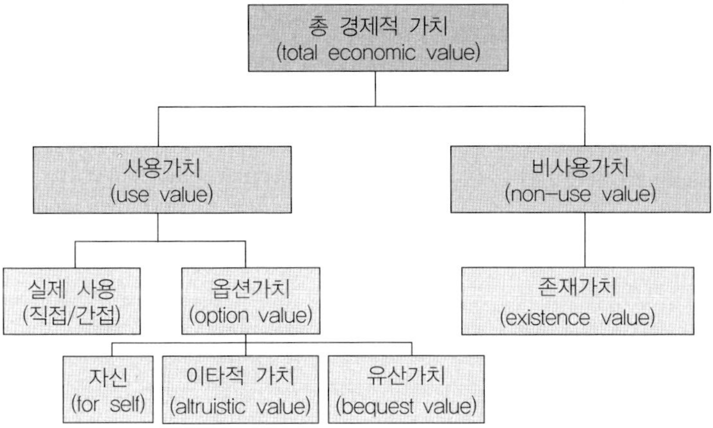

그림 4-1 문화의 경제적 가치

출처: 양혜원, 『문화복지 정책의 사회, 경제적 가치 추정과 정책방향』(한국문화관광연구원, 2012).

있으며, 미래세대를 위한 유산가치나 존재가치 등은 사회 전반적으로 문화자본을 증가한다는 측면에서 비계량적인 경제적 가치로 나누어 볼 수 있다.

계량적 경제적 가치로서 문화산업

제조업이 만들어 내는 일반 상품처럼 소비자에게 주는 효용을 계량적으로 환산하고자 하는 문화 영역이 문화산업이다. 문화산업은 문화적인 측면과 산업적인 측면이 복합적으로 작용하고 있는 산업으로, 무한한 상상력을 바탕으로 고부가가치를 거두며 사람들의 삶에 즐거움과 재미를 주는 감성적인 상품을 생산한다(김상욱, 2013: 26).

그렇다면 문화가 어떻게 산업화되고, 경제적 계량화는 어떻게 가능했을까? 비록 '문화산업'이라는 용어가 사용되지는 않았지만, 산업혁명 이후에 본격적으로 등장했다고 할 수 있다. 그 이전에는 노동과 여가가 분리되지 않았으며, 산업혁명에 의한 대량생산체제 등장 이후 노동시간에 대비되는 여가시간 개념이 생겼기 때문이다. 즉, 노동으로 피곤해진 심신을 풀어주고 재충전을 위한 기회로서 여가시간이 문화오락생활로 활용되면서 본격적으로 문화산업의 기반을 마련하게 되었다(박재환 · 김문겸, 1997: 61).

구체적으로 '문화산업'이라는 용어는 아도르노(Theodor W. Adorno)와 호르크하이머(Max Horkheimer)가 1944년 미국의 대중문화를 비판하고 『계몽의 변증법』이라는 책을 출간하면서 사용하였다. 미국에서 망명생활을 하던 그들은 1930년대 후반에서 1940년대 초반까지 미국을 대상으로 오락산업의 융성, 매스 미디어의 급속한 발전을 분석하면서 문화가 상품논리에 의해 의식적으로 조직되고 계획되는 한편, 점증하는 문화 상품의 위험성을 지적하였다. 즉, 경제로서의 문화라는 인식과, 경제 환경 내에 존재하는 문화의 해석을 명확하게 할 수 있게 되었다. 이는 문화의 생산과 소비가 산업의 범주 내에서 이루어지고, 문화상품 및 서비스가 경제시스템 속에서 생산 · 소비되는 일반 상품과 동일하다고 가정하는 것이다(Throsby, 2001: 11).

이러한 가정은 결국 문화를 상품화한 문화산업이 시장경제에 편입되고, 문화가 내재적으로 가지는 아름다움의 가치, 개인적인 선호나 행복감보다는 얼마나 많이 대중들에게 팔리느냐 하는 것에 중점을 두게 되었다는 것이며, 또한 계량화된 숫자를 늘리고 시장에서의 규모를 키워 산업을 확장시키기를 원하게 되었다는 것이다.

문화산업은 무엇보다 대중을 중심으로 문화의 경제적 가치를 극대화하는 산업이다. 사적 재화로서 문화상품에 대한 경제적 가치는 문화상품 및 서비스에 대해 국내와 전 세계시장의 경제가치를 추계하여 집계하는데, 대부분의 국가에서 문화부문의 규모와 경제에 대한 기여도는 부가가치를 합산하거나 다양한 경제주체의 산출량을 집계한 총 가치로 측정되고 있다.

이러한 측면에서 문화산업(문화콘텐츠산업)의 계량적 경제가치를 살펴보면 다음과 같다. 우리나라는 1994년 '문화산업'이라는 용어를 사용하기 시작한 후 산업매출액은 1996년 3조 5천억 원(추정치)(문화체육부, 1997: 381)에서 2016년에는 105조 5,107억 원으로 성장했다. 산업별로는 출판산업이 20조 7,658억 원(19.7%)로 가장 큰 비중을 차지했으며, 방송산업이 17조 3,311억 원(16.4%)으로 출판산업 다음으로 매출액이 큰 산업으로 분석되었다. 다음은 광고산업 15조 1,896억 원(14.4%) 등으로 나타났으며(문화체육관광부 · 한국콘텐츠진흥원, 2018: 39), 산업별 구체적인 매출액은 <표 4-1>과 같다.

한국의 문화콘텐츠산업은 비록 연평균 증감률이 4.9%로 초창기에 비해 많이 떨어지기는 했지만, 최근 한국 경제성장률이 2~3%임을 감안할 때 문화를 활용한 성장산업으로서 경제적 가치를 지속화할 수 있는 산업임을 알 수 있다.

한편 세계 콘텐츠시장은 다음 <표 4-2>와 같다. <표 4-2>에 의하면, 2016년 현재 2조 8,100억 달러 규모이다. 이는 한화로 환산해 보면 2,116조 원 규모이다. 또한 매년 평균 4.2% 정도씩 성장을 하고 있다고 하니 문화를 기반으로 하는 콘텐츠산업의 규모는 천문학적인 규모라고 할 것이며, 앞으로도 경제적 가치를 지속적으로 만들어 낼 것으로 보인다. 다만 게임이나 지식정보 부문은 지속적으로 증가함에도 불구하고 출판과 만화는 감소할 것으로 예상되어 아날로그보다는 디지털을 활용한 문화콘텐츠의 성장률이 높아질 것으로 생각된다.

표 4-1 콘텐츠산업 매출액 현황(2012~2016)

(단위: 백만 원)

구 분	2012	2013	2014	2015	2016	비 중 (%)	전년 대비 증감률(%)	연평균 증감률(%)
출판	21,097,287	20,799,789	20,586,789	20,509,764	20,765,878	19.7	1.2	△0.4
만화	758,525	797,649	854,837	919,408	976,257	0.9	6.2	6.5
음악	3,994,925	4,277,164	4,606,882	4,975,196	5,308,240	5.0	6.7	7.4
게임	9,752,538	9,719,683	9,970,621	10,722,284	10,894,508	10.3	1.6	2.8
영화	4,404,818	4,664,748	4,565,106	5,112,219	5,256,081	5.0	2.8	4.5
애니메이션	521,005	520,510	560,248	610,175	676,960	0.6	10.9	6.8
방송	14,182,479	14,940,939	15,774,634	16,462,982	17,331,138	16.4	5.3	5.1
광고	12,483,803	13,356,360	13,737,020	14,439,925	15,189,680	14.4	5.2	5.0
캐릭터	7,517,639	8,306,812	9,052,700	10,080,701	11,066,197	10.5	9.8	10.1
지식정보	9,529,479	10,388,176	11,343,642	12,342,103	13,462,258	12.8	9.1	9.0
콘텐츠 솔루션	3,029,140	3,437,787	3,894,748	12,342,103	4,583,549	4.3	6.3	10.9
합계	87,271,637	91,209,617	94,947,227	100,486,320	105,510,746	100.0	5.0	4.9

출처: 문화체육관광부 · 한국콘텐츠진흥원(2018). 『2017 콘텐츠 산업백서 연차보고서』.

표 4-2 세계콘텐츠시장 규모 변화와 전망

(단위: 십억 달러, %)

구 분	2012	2013	2014	2015	2016	2017	2018	2019	2020	2021	성장률 (예상)*
출판	339	337	337	334	332	330	328	325	323	320	△0.7
만화	8	7	7	7	7	7	7	7	7	7	△0.6

음악	45	44	45	46	47	49	51	53	55	56	3.5
게임	52	61	71	81	94	109	124	135	145	154	10.4
영화	32	33	34	39	40	41	43	45	48	50	4.4
애니메이션	4	6	5	5	7	8	8	8	9	9	4.3
방송	425	440	460	474	488	500	513	526	539	551	2.4
광고	417	434	462	486	517	547	574	597	619	636	4.2
지식정보	496	536	580	624	667	708	748	787	823	857	5.1
캐릭터/라이선스	216	227	242	252	263	277	290	302	314	323	4.2
산술합계	2,033	2,125	2,242	2,348	2,462	2,575	2,687	2,786	2,881	2,962	
합계**	1,667	1,756	1,866	1,972	2,081	2,191	2,299	2,394	2,483	2,561	4.2

* 2016년부터 2021년까지 연평균 성장률.

** 중복 시장을 제외한 시장규모임(출판의 신문/잡지 광고, 게임의 게임광고, 영화의 극장광고, 방송의 TV/라디오 광고.

출처: 문화체육관광부 · 한국콘텐츠진흥원(2018), 『2017 콘텐츠 산업백서 연차보고서』.

앞에서 살펴본 바와 같이 문화산업은 문화로부터 계량적 경제적 가치를 만들어 내는 한편, 문화산업 생산자들은 모든 사람들이 공통적으로 흥미를 가질 수 있는 소재, 그리고 자극적인 소재를 중심으로 문화상품을 만들어 더 많은 소비를 이끌어 내기를 원했다.

그 대표적인 소재가 '폭력'과 '성'이었다. 이에 대한 사람들의 표현 기대치는 점점 더 높아지고, 그것을 다루는 방법에 있어서도 지나치게 상업화되는 방향으로 나아갔다. 특히 기업들은 시장에서 그들의 문화상품에 대한 소비자의 이탈을 막기 위해 사람들이 관심 있을 소재만을 선택해서 상품화하고, 기업의 구조도 수직계열화나 독과점을 추진함으로써 그들의 세계 안에 소비를 머무르게 하여 경제적 이익을 추구하게 되었다.

이러한 문화산업의 상업화와 획일화에 대해, '문화 비관주의' 입장에서는 문화산업이 시민 사회를 파괴하고 대중을 '원자화'하여 비판 능력을 질식시키고 소외를 야기했다고 보고 있다. 또한 예술작품의 수준을 떨어뜨리며 기업이 문화를 지배하여 문화의 다양성이 훼손되었다고 주장한다. 물론 여기에 대해 '문화 낙관주의'는 문화산업을 통해 많은 사람들이 문화를 향유하면서 대중민주주의를 이룰 수 있으며, 소재의 제한 없이 표현할 수 있음으로써 표현의 자유가 보장받게 되었다고 주장한다. 또한 획일성과 관련해서는 오히려 그동안 숨겨져 있던 다양한 문화를 시장으로 끌어내어 문화의 다양성이 이루어 졌다고 주장한다(코웬, 2003: 제5장).

결국 문화산업은 문화를 시장경제에 편입시킴으로써 경제적 가치를 계량화하였으며 여러 가지 장점들을 가져왔지만, 문화적 측면에서의 개개인들의 삶의 가치를 높여줄 수 있는 다양한 문화적 경험 등 비계량적 경제가치에 대해서는 크게 고려하지 않았으며, 오직 화폐로 환산할 수 있는 가치에만 집중함으로써 앞에서 살펴보았던 문화자본으로서, 그리고 비사용가치로서 문화의 경제적 가치에 대해서는 소홀했다는 비판을 피해갈 수는 없을 것이다.

비계량적 경제적 가치로서 문화의 공공성

그렇다면 문화산업은 문화의 모든 경제적 가치를 계량화할 수 있는가? 분명히 시장을 통해 거래되고 화폐가치로 환산되어 산업으로서 발전하고 있지만, 문화산업 역시도 계량화가 되지 않는 부분을 포함하고 있다. 즉, 문화상품 각각이 가지는 수준과 질의 문제, 개인의 선호와 효용의 문제, 그리고 장르 간, 장르 안에서 내용의 차별화 문제, 국가 간의 문화코드의 상이 등은 여전히 계량화할 수 없는 영역으로 남아 있다.

더구나 문화산업보다 상위에 있는 문화는 계량할 수 없는 근본적인 내재적 · 본질적 가치를 가진다. 첫째, 미적 가치(aesthetic value)로 모든 인간은 아름다움과 감동을 갈구하는 본능적 욕구를 가지며, 문화 예술적 요소가 가미된 대상은 그것을 소비 · 향유하는 이에게 미적 체험을 가능하게 한다. 둘째, 정서적 가치(emotional value)로 문화는 즐거움과 쾌감을 선사하고 기분전환을 통해 새로운 삶의 활력을 찾게 한다. 이는 미적 카타르시스를 통해 스트레스와 불만을 해소하고 심리적 만족과 안정을 찾게 해 준다. 셋째, 소통 · 공감의 가치(communication/sympathy value)는 자신이 느끼고 생각하는 바를 이야기하며 그 속에서 공감할 수 있도록 하는 것이다(양혜원, 2017: 23-24).

즉, 문화를 소비하면서 느끼는 개인적인 선호나 호감, 그리고 타인과의 소통 등 다분히 개인적인 것들은 중요한 경제적 가치를 가지지만 계량할 수 없는 가치들이다.

한편 문화의 외재적 · 파생적 가치 또는 편익이라는 측면에서 연대감, 일치감처럼 집합적 의미에서는 존재할 수 있지만 개인에게 분리해서 귀속시킬 수 없는 것들도 존재한다. 문화는 사회 구성원의 정체성과 행동방식을 결정짓는 중요한 요소로서 사회 · 문화적 자본을 통해 사회 통합적 가치를 가진다. 기성질서 또는 기존 사고의 틀을 바꾸고 새로운 사물과 자유로운 사고를 통해 문화 감수성을 증대시키거나, 다른 집단들과의 소통, 관용 등 인류를 더 나은 존재로 인식하게 만드는 등의 '참여자들의 사회적 증진'과 같은 교육적인 가치를 만들어 내기도 한다(양혜원, 2017: 24). 이러한 것들 또한 계량할 수 없는 중요한 경제적 가치일 것이다.

이러한 비사용 경제적 가치는 주로 부르디외가 주장한 문화자본의 개념에 가까운데, 이 가치를 확대하기 위해서는 사회·문화적 기반의 확충과 함께 개인의 사회적 지위, 재산의 많고 적음과 관계없이 모두가 참여하고 향유할 수 있어야 한다. 그러한 기반을 마련하는 것은 시장실패를 가져올 수밖에 없는 공공재로서의 특성을 지니기 때문에 국가가 개입하여 지원할 수밖에 없다.

비계량화된 경제적 가치의 측정 가능성

문화의 경제적 가치는 정확하게 측정할 수 있을까? 앞에서 살펴본 바와 같이 문화는 계량이 가능한 부분과 계량이 불가능한 부분으로 나뉘어져 총합적인 경제적 가치를 가진다고 살펴보았다. 물론 시장을 중심으로 경제적 가치가 창출되는 문화산업의 경우에는 경제주체들의 부가가치와 소비에 의해 나타나는 결과물들이 화폐가치 또는 여러 가지 계량화된 수치로 표시될 수 있다. 그러나 문화가 가지는 본원적인 가치와 외재적·파생적 가치는 측정하기 매우 곤란하다.

그럼에도 불구하고 비계량화된 경제적 가치를 측정하기 위한 노력들이 많이 있어 왔다. 이러한 노력들은 문화예술에 대한 정부의 정책이 시행되면서, 예산을 투입한 결과가 어떻게, 얼마나 경제적 가치를 생산해 내는지에 대한 관심을 가지게 되면서부터 시작되었다고 볼 수 있다. 이는 유럽의 문화예술정책과 연관되어 있는데, 황폐화된 도시 살리기 프로젝트를 추진하기 위해 문화예술의 경제적 효과를 분석하고, 국민이 이용하는 문화시설을 지으면서 그것들이 가지는 계량적인 수치 이외에 비계량적이고 간접적인 경제효과를 분석하는 한편, 문화유산의 복구, 보존·보호를 위해 미래가치를 포함한 경제적 가치를 추정함으로써 필요한 재원을 마련했던 것들이 그 사례일 것이다.

우리나라는 문화의 경제적 효과 관련 연구가 1990년대 중반을 전후로 나타났는데, 이때가 우리 사회에서 문화 영역의 산업적, 경제적 중요성이 특별히 부각되기 시작한 시기이기 때문이다. 특히 지방자치제가 전면적으로 실시됨에 따라 자치단체장들은 다양한 문화기관 시설의 건립과 지방축제 등을 추진함으로써 그 결과 나타나는 경제적 효과에 관심을 두고, 이 효과측정에 대한 연구수요를 증가시켰다(김세훈, 2015: 11).

경제적 가치 측정 연구들은 크게 세 가지 방법을 통해 행해졌는데, 첫째는 생산유발, 소득유발, 고용유발, 부가가치유발 등을 산업연관분석방식을 통하여 측정하거나, 이를 종합하여 지역경제효과와 관광효과 등 문화투자의 경제적 효과로 제시하였다. 또한 투입산출모형, 경제기반모형을 통해 지역축제가 지역경제 활성화에 미치는 영향 등을 산출하였다. 둘째는 비용편익분석 기법을 위해 조건부가치측정법[1] 등을 통해 문화시설의 건립타당성, 지역축제 등을 경제적 파급효과로 설명하였다. 셋째는 문화의 정신자본 측면, 즉 비물질자본 또는 문화자본으로서 공공투자가 경제성장에 미치는 영향 등을 예측하였다(김세훈, 2015: 12-13).

한편 한국문화관광연구원에서는 환경영향평가처럼 문화영향평가(Cultural Impact Assessment) 제도를 도입하였다. 이는 국가나 지방자치단체가 각종 계획과 정책을 수립할 때에 문화적 관점에서 국민의 삶의 질에 미치는 영향을 평가하여 긍정적 영향을 강화·확산시키고, 부정적 영향을 최소화할 수 있는 방안을 제시함으로써 문화적 가치가 사회적으로 널리 확산될 수 있도록 하기 위한 제도이다. 이는 문화적 가치가 상실되거나 파괴되고 있다는 문제의식에 대한 대응으로서, 또한 문화가 단순한 여가나 오락을 위한 부수적인 영역이 아니라 국민의 풍요로운 삶을 위한 필수적 요소이자, 국가·국민·지역공동체의 정체성 형성, 그리고 문화적 부가가치를 통해 더 큰 경제 성장을 견인하는 중요한 동력이라는 인식 제고에 힘입어 대두되었다(양혜원, 2017: 13).

그러나 이러한 평가들은 문화의 경제적 가치를 외형적으로 평가·측정할 수 있을지는 모르지만 문화가 가지고 있는 본질적 가치를 평가하지는 못하고 있다. 또한 개인의 만족이나 선호 등도 측정하기는 곤란하다. 그리고 사용가치에 대해서는 어느 정도 추정하거나 측정할 수 있지만 앞에서 살펴본 비사용가치, 즉 선택가치, 존재가치, 유산가치 등은 정확하게 측정이 불가능하다.

분석방법에 대해서도 동일하지 않은 분석기법이 활용되고 주로 산업연관표와 조건부가치측정법만 활용됨으로써 복잡하게 연관되어 있는 가치를 너무 단순화해서 측정할 수밖에 없다는 문제점을 가지고 있다.

특히 문화영향평가에 대해서는 객관화할 수 없기 때문에 상당한 편차가 있으며, 평가의 자의성으로 인해 실효성이 완벽하지는 않은 것 같다. 또한 잠재적으로 수혜를 누리는 사람을 평가하거나 분석함으로써 편익을 모두 계산할 수 없으며, 프로젝트와 관련되는 모든 정보를 충분히 확보할 수 없다는 문제점이 있다.

04
문화의 경제적 가치 창출을 위한 공공정책 방안

앞에서 문화의 경제적 가치를 계량이 가능한 것과 계량이 곤란한 것으로 나누어 살펴보았고, 비계량 경제적 가치는 비사용가치로서 문화자본 또는 사회자본으로서 작용할 수 있다고 이야기했다. 또한 이것들은 시장에서 거래되거나 화폐가치로 환산하기 어렵고, 사회·문화적인 기반에 의존하기 때문에 당연하게도 시장실패가 일어날 수밖에 없으며, 그 측정에 있어서도 객관화되거나 일반화되기가 어렵다는 것도 살펴보았다.

그러나 공공재적인 측면에서, 집단의 정체성이나 소통, 공감, 그리고 미래세대에 대한 가치들은 현재뿐만 아니라 장기적으로 국가나 사회가 발전해 나갈 수 있는 원동력이 되는 경제적 가치이기 때문에 확대 재생산할 수 있도록 이에 대한 지원이나 투자가 이루어져야 한다. 결국 사회·문화자본 인프라를 확대하기 위해서는 정부의 정책적인 개입을 필요로 한다. 그렇다면 현재 추진하고 있는 정부의 정책은 무엇이며 향후 추진방향은 무엇인지 살펴보면 다음과 같다.

문화산업의 창의성과 공공성 고양

문화산업은 앞에서 살펴본 바와 같이, 시장에서 화폐가치로 환산되는 계량적 경제가치에 집중함으로써 문화의 획일화와 지나친 상업화를 가져왔다. 그러나 문화산업이 잠재적으로 지속적인 성장을 위해서는 비사용가치로서 경제적 가치인 창의성과 다양성, 공공성 등에 대한 고려가 필요하다.

정부에서도 창의성을 높이고 지나친 획일화를 완화하기 위해서 저예산영화, 독립게임, 인디음악, 그리고 다양한 종류의 애니메이션 제작을 지원하고, 콘텐츠아카데미와 콘텐츠 랩을 통해 창의적인 인재를 양성할 수 있도록 지원하고 있다. 특히 지역의 영상미디어센터 등 관련 협·단체 등을 통해 전문가가 아닌 일반인들이 미디어 체험과 영상을 만들어 보는 교육을 하는 한편, 문화산업 소외계층을 위해 '작은 영화관'을 지역에 만드는 등의 사업을 통해 문화산업 발전 잠재력과 공공성을 높이기 위한 정책 등을 추진하고 있다.

이러한 정책들에 덧붙여 문화산업의 지속적인 발전을 위해서는 일찍부터 문화산업을 체험하고 교육을 받음으로써 창의성을 이끌어 내도록 문화산업 관련 단체들의 다양한 교육지원이 필요하다. 또한 관련 단체나 협회, 지역 공공시설이나 공공도서관을 통해 다문화 가족, 저소득층, 장애인 등 문화산업 소외계층을 대상으로 체험 및 교육을 실시함으로써 문화산업 향유 격차를 줄여주는 공공정책이 필요하다.

문화 자치를 통한 고유 문화자원 개발

국가의 문화자본 형성을 위해서는 특정 지역뿐만 아니라 전국적으로 문화의 분권 내지 문화의 자치가 이루어져야 한다. 서울을 중심으로 하는 수도권에 문화가 집중화 내지 중앙화되어 있는 상황에서 지방은 상대적으로 문화가 활성화되기 위한 생태계가 제대로 구축되어 있지 않다.

제도적으로는 지역 간의 문화 격차를 해소하고 지역별로 특색 있는 고유의 문화를 발전시킴으로써 지역주민의 삶의 질을 향상시키고 문화국가를 실현하고자 「지역문화진흥법」이 제정되었다. 그러나 이를 실현하기 위해서는 무엇보다도 문화생태계가 제대로 구축되어야 하는데, 우선 지역에 대한 현황분석이 이루어져야 하고, 지역이 가지고 있는 문화자원에 대한 조사와 함께 문화자원 개발이 이루어져야 한다. 무엇보다 가장 중요한 요소는 예술가, 문화기획자, 문화활동가 등 문화 인력이다. 그 지역의 문화 인력을 발굴하고 문화 인력이 많지 않은 경우에는 인력을 양성하는 등 사회문화자본으로서 인력의 확보가 있어야 지역문화발전을 이룰 수 있다.

한편 지역의 문화는 중앙의 문화와 달리 지역만의 역사와 전통에 기반한 개별적이고 고유한 가치를 담아야 한다. 이를 통해 지역 및 주민의 문화적 정체성을 형성할 수 있으며, 지역의 경제적 발전과 연결될 수 있기 때문이다. 따라서 지역의 역사문화와 전통문화 등의 문화적 자산을 체계적으로 발굴하고 보전하는 것이 중요하다. 이는 지역의 과거가치로부터 미래가치를 창조할 수 있는 기반이 되기 때문이다.

경제 활동을 위한 재충전으로서 문화 활동 증대

한국 사회는 그동안 경제적으로 양적 성장과 국제적인 경쟁을 중심으로 비약적인 발전을 가져왔다. 그러나 그 이면에는 우리 사회의 피로도가 높아졌으며 타 국가에 비해 낮은 행복지수를 가지고 있다. 최근 이러한 것들을 극복하기 위해 주 52시간 근무제 등을 도입하여 일과 여가의 균형을 유지하고 삶의 질과 행복을 높이는 한편 경제활동을 위한 재충전을 할 수 있도록 정책이 바뀌고 있다.

그동안 정부는 '문화가 있는 날' 시행, 다양한 문화예술 공간 확충 및 프로그램 지원, 각종 박물관과 도서관의 설립 등을 통해 일과 여가의 균형을 맞추고, 궁극적으로는 사회의 창의력을 높일 수 있도록 해왔다.

그러나 제4차 산업혁명 시대에 있어서는 인간과 기계(인공지능)와의 상호작용으로 노동생산성이 향상되어 여가 향유에 대한 관심이 더욱 증대할 것으로 보인다. 이에 따라 문화·여가 향유 및 참여에 대한 수요가 지속적으로 늘어날 것으로 예상됨에 따라 기존의 정책 이외 더 다양한 정책들이 실행되어야 할 것이다.

이는 단순하게 정부나 지방자치단체가 건립한 도서관, 박물관, 미술관, 지방문화원, 문예회관 등의 문화시설에서의 활동뿐만 아니라 생활 속에서 문화향유와 참여를 누릴 수 있어야 한다. 이를 위해서 지역이 가지고 있는 다양한 유휴 공간들, 즉 작은 공원, 주민자치센터, 폐교, 빈집 등이 문화공간으로 재활용될 수 있도록 하여야 한다.

한편 노동정책의 기반 하에 신체적 · 정신적 재충전과 함께 자신의 삶을 돌아볼 수 있는 여유를 제공할 수 있도록 2주 이상의 장기 휴가 사용을 보편화하거나, 직장 내 자투리시간을 활용하여 문화여가 활동이 이루어질 수 있도록 다양한 기회를 제공하는 방식, 조직 구성원의 창의적 역량 제고를 위해 문화예술을 활용한 인적자원 교육 커리큘럼의 공유 및 확산과 같은 다양한 형태의 개입과 지원의 방식을 확대할 필요가 있을 것이다(이상열 · 정종은, 2017: 228).

문화의 다양성을 통한 역동성 증진

문화발전과 함께 문화의 잠재적이고 비계량적 경제가치를 높이기 가장 중요한 것 중의 하나가 다양성과 역동성이다. 이는 다양한 사람들이 다양한 문화를 융합함으로써 새로운 것을 만들어 낼 수 있고, 그러한 문화는 항상 역동적으로 움직여서 새로운 창의력의 기반이 되기 때문이다. 이를 위해서는 다양한 인종과 국적에 대해 열린 사회가 되어야 한다.

우리 사회도 과거 단일한 인종과 국적에서 최근에는 국제화되면서 다양한 인종, 국적을 가진 많은 사람들과 어울려 살게 되었다. 그러면서 다양한 문화도 함께 유입되었다. 비록 외국인들의 유입에 의해 사회적 · 문화적 갈등 등 다양한 문제를 야기할 수도 있지만, 이들이 가지는 다양한 문화는 기존 우리의 문화와 융합되어 문화발전과 역동성을 가져와 궁극적으로 경제에 활력을 줄 것으로 보인다.

즉, 문화의 다양성은 경제에 가장 큰 영향을 미칠 수 있는 문화자본으로서 역할을 할 것이다. 특히 우리 사회의 인구 감소는 외국인들의 유입으로 빈자리를 메울 수 있음에 따라 문화의 다양성을 인정하고, 이에 대한 정책이 만들어져야 한다.

한편 문화의 다양성 정책은 인종, 국적, 세대, 종교, 지역, 예술, 성별 등에 관계없이 다양한 문화적 배경을 가진 이들이 함께 공존할 수 있도록 해야 한다. 소수자에게 다수자가 사회에 적응할 것을 강조하는 대신에, 소수자를 이해하고 소수자의 고유한 정체성을 인정하며 이들의 자긍심을 고취하는 정책이 장려되어야 한다(김규찬, 2017: 179).

이를 위해서는 상호 이해와 함께 서로 간의 소통이 우선되어야 한다. 또한 이들을 차별과 편견 없이 대할 수 있는 교육이 강화되어야 하며, 이들이 가진 고유한 문화와 정체성을 포용하고 인정할 수 있는 교육도 필요하다. 그리고 우리의 일상에서 이들을 차별하는 요소를 지속적으로 개선해 나갈 필요가 있다.

05
나가며

문화는 사회 전반적으로 영향을 미칠 뿐만 아니라, 특히 경제적 가치를 가지고 경제성장에도 크게 이바지한다. 이는 일반적으로 문화는 단순히 소비 영역이 아니라 생산 영역과도 밀접한 관계를 가지고 있음을 말해 주는 것이다.

문화가 계량적 경제가치를 가지는 것을 보여 주는 대표적인 것이 '문화산업'이다. 산업혁명 이후 일과 여가의 분리로서 시작된 문화산업은 대중을 중심으로 화폐로 환산할 수 있는 경제적 가치에 중점을 두고 사적 재화로서 문화상품에 대한 경제가치를 추계하여 집계하였다. 그러나 시장중심의 상업화와 획일화된 문화산업은 문화상품이 가지는 수준과 질, 개인의 선호와 효용의 문제 등 비계량적인 문화자본에는 소홀히 하였다.

한편 문화는 문화산업의 계량적 경제가치를 넘어, 중요한 경제적 가치를 가지지만 계량할 수 없는 가치를 가지고 있다. 즉, 본질적이고 내재적인 가치인 미적 가치와 다분히 개인적인 가치인 정서적 가치 및 소통·공감의 가치 등이 그것이다. 이것들은 비록 다양한 방법을 통해 계량화를 시도했지만 완벽하게 측정이 불가능한 가치들이며, 계량화할 수는 없지만 경제발전에 있어서 중요한 문화자본이다.

결국 사회의 발전과 경제발전을 위해서는 문화산업과 같은 계량적 경제가치뿐만 아니라 이러한 비계량 경제적 가치, 즉 문화자본을 늘려야 한다. 그러한 문화자본 확대는 시장실패를 가져올 수밖에 없는 공공재로서의 특성을 지니기 때문에 국가가 개입하여 지원할 수밖에 없는데, 문화산업의 획일성과 상업성을 완화하기 위한 창의성과 공공성 고양, 문화 자치를 통한 고유 문화자원 개발, 경제 활동을 위한 재충전으로서 문화 활동 증대, 문화의 다양성을 통한 역동성 증진을 위한 정책들이 실행되어야 한다.

제 5 장

문화의 사회적 가치

이종열(인천대학교)

생각해 보기

- 지역사회에 영향을 미치는 문화예술의 범위를 어디까지로 볼 것인가?
- 문화예술이 미치는 영향의 범위를 어떻게 정의할 수 있는가?
- 문화예술이 영향을 미치는 지역사회를 어떻게 개념화할 수 있을까?
- 문화예술의 사회적 영향의 메커니즘을 어떻게 구분해 볼 수 있는가?
- 문화예술의 사회적 영향 담론의 한계성은 무엇인가?

01
들어가며

문화예술이 지역사회에 미치는 영향에 대한 논쟁은 끊임없이 있어왔다. 논쟁의 중심은 문화예술의 영향을 정확히 측정하기 어렵다는 점이다. 영향을 측정하기가 어려울 뿐만 아니라 영향이 미치는 지역사회의 범위도 매우 광범위하다. 그리고 영향을 미친다고 할 때에도 영향을 미치는 문화예술을 어디까지로 보아야 할 것인가 하는 근본적인 질문도 여전히 남아 있다.

문화예술이 미치는 영향을 논할 때 고려되어야 할 점은 문화예술에 대한 관점이 변했다는 사실이다. 그동안 문화예술이 미치는 영향을 이야기할 때에는 주로 문화예술을 단순한 문화적 삶의 향유라는 소비적 관점에서 바라보았다. 그러나 이제 문화예술이 미치는 영향은 단순한 소비성을 넘어서서 생산성을 지닌 경제적 관점으로 바라보아야 한다는 점이다.[1)]

특히 문화예술이 미치는 영향을 논할 때 정부가 심각하게 고려해야 할 한 가지 사실은 지역발전에서 문화적 요소의 영향을 식별하고 이를 밝혀 보는 것이다. 우리가 문화예술의 영향을 새롭게 조명하고 이를 통한 지역발전전략을 수립할 필요성도 제기된다.

02
문화예술의 사회적 가치와 관련된 개념 규정들

문화예술의 범위

문화예술의 범위에 대해서는 항상 다양한 의견이 제시되어 왔다. 문화예술을 사회생활의 전 분야를 망라하는 넓은 의미에서부터 연극, 영화, 음악, 문학, 조형 등에 국한하는 좁은 의미의 개념 규정에 이르기까지 그 범위가 다양하다. 문화예술을 좀 광의로 본다면 인간의 생활양식, 지적·정신적·예술적 활동, 상징체계 등을 포함하고, 주민의 가치관, 관습, 문화유산, 예술 활동, 의식주 생활 등이 모두 포함된다(임학순, 2003: 223). 이러한 문화예술을 유형문화와 무형문화로 크게 나누어 볼 수도 있다. 전자의 경우는 안동의 도산서원 같은 건축물이 대표적이며, 후자의 경우는 안동탈춤과 같은 무용, 음악 등이 대표적이다.

문화예술이 미치는 영향의 논의에서 문화예술을 좀 더 구체적으로 살펴보면 전문 오페라단, 국립 문화센터, 지역사회 예술단 및 프로그램, 주요 스포츠 등을 포괄하는 다양한 활동과 조직을 의미한다고 할 수 있다. 문화예술은 다음과 같이 다양한 차원으로 정의될 수 있다.

① 그림, 음악, 공연 등 장르 또는 예술형태, ② 비영리, 상업적 또는 정보조직과 같은 섹터, ③ 시간, ④ 장소, ⑤ 집단참여, ⑥ 생이냐 레코드냐 아니면 웹상이냐의 중개수단(미디어), ⑦ 적극적 예술행위냐, 조직적 자원봉사냐 아니면 청중참여냐의 참여유형 등이다.

문화예술이 지역사회에 미치는 영향 연구에서는, 특히 마지막 차원의 개념 정의가 유용한 도구가 된다. 문화예술이 미치는 영향에 대한 첫 번째 연구 유형으로서 문화예술 창작 활동에 직접 참여하는 사람들에 대한 영향을 평가하는 것이다. 이러한 연구는 지역사회 문화예술 프로그램이나 문화예술 중심의 교육 프로그램이 참여자들(때로는 지역사회)에게 미치는 영향에 주목한다. 두 번째 연구 유형은 문화예술 활동에의 참관에 주목하며, 문화예술 활동에서 관중에 대한 영향을 분석한다. 여기서의 주된 관심은 이러한 청중들이 지역경제에 어떠한 영향을 미치는가에 대한 분석이다. 세 번째 연구 유형은 문화예술 조직의 존재 및 밀도에 관심을 가지고, 이러한 요소들이 어떻게 문화예술의 참여나 다른 지역사회 조직에 영향을 미치는가를 분석하고 평가한다. 그러나 이들의 주된 관심 사항은 문화예술 조직이 어떻게 지역경제에 영향을 미치는가이다.

영향의 정의

문화예술의 정의와 마찬가지로 영향의 범위도 여러 가지 차원이 있을 수 있다. 우선 문화예술이 미치는 영향이 개인에 대한 것이냐

기관/조직에 대한 것이냐 아니면 지역사회 또는 지역경제에 대한 것이냐로 구분할 수 있다. 그리고 영향이 직접적이냐 아니면 간접적이냐, 즉 개인에 영향을 미침으로 지역사회에 간접적으로 영향을 미치는가에 대한 구분이 있다. 또한 영향이 단기적이냐 장기적이냐에 따라 구분해 볼 수도 있고, 영향이 어떤 집단이나 개인에게 더 크냐에 따라 구분해 볼 수도 있다. 그리고 영향을 사회적, 문화적, 심리적, 경제적 등의 측면에서도 구분이 가능하다.

지역사회의 정의

문화예술이 영향을 미치는 지역사회는 다양한 방법으로 구분이 가능한데, 지리적 지역, 자치구, 근린지구, 인종집단 등으로 구분될 수 있다. 일반적으로 연구자들은 지역사회를 두 가지 기준, 즉 근접성 또는 집단 구성원을 가지고 구분한다.

전자에 의하면, 지역사회는 사람들의 상호 간의 근접성으로 개념규정하며, 이에 따르면 근린지구, 학군, 도시 또는 권역 등을 연구대상으로 삼는다. 이의 또 다른 기준은 법적으로 획정된 지역, 예를 들면 읍·면·동, 시·군·구, 시·도 등이 연구 대상이 된다. 이 기준에 따른 연구는 주로 문화예술의 경제적 영향에 초점을 맞춘다. 후자에 따르면, 사람들을 인종, 국적, 성, 성적 지향성, 직업 등에 따라 범주화하여 집단 구성원으로서 지역사회를 구분한다.

또 다른 방법은 지역사회를 연구자가 부과하는 기준에 따라 개념규정하는 것과 개인들이 스스로 규정하는 기준에 따른 구분이다. 개인들의 자아 식별은 앞에서 언급한 근접성 또는 법적 규정이나 집단 구성원 기준 어느 것에도 적용이 될 수 있다.

문화예술의 영향

그동안 지역사회에 영향을 미치는 문화예술은 여러 가지 긍정적 측면에서 논의되어 왔다. 예를 들면, 문화예술 교육과정은 학생들의 학업성취도를 높이는 것으로 알려져 있고, 문화예술 프로그램은 지역사회를 활성화시키고 경제적 번영을 가져오며, 문화예술에의 참여는 개인의 신체적·정신적 복지를 증진시킨다고 한다. 또한 문화예술은 사회자본과 주요 지역사회 목표의 달성을 위한 촉매재로 간주된다. 이러한 주장들을 고려한다면 문화예술이 미치는 영향의 인과관계 메커니즘을 구성해 보는 것이 필요하다.

<표 5-1>에서 볼 수 있는 바와 같이, 문화예술이 지역사회에 미치는 영향은 매우 다양하게 나타나는데, 먼저 문화예술이 지역의 개인에게 미치는 영향과 지역공동체에 미치는 영향으로 구분해 볼 수 있다. 전자의 경우는 개인의 물질적/건강적, 인식적/심리적, 대인관계적 측면으로 나누어 볼 수 있고, 후자의 경우는 경제적, 문화적, 사회적 측면으로 나누어 볼 수 있다. 한편 문화예술의 차원을 직접활동, 청중참여, 문화조직이나 기관의 존재 등으로 구분해 볼 수 있다.[2)]

문화예술의 다양한 사회적 영향을 논의하기 위하여 편의상 세 가지 가설을 제시하고, 이를 중심으로 논의를 전개하고자 한다.

표 5-1 지역문화 영향의 메커니즘

	개 인			지역공동체		
	물질적/ 건강적	인식적/ 심리적	대인 관계적	경제적	문화적	사회적
직접 활동	• 대인 유대관계 증진, 건강에 도움이 되는 자원정신 증진 • 자기표현과 만족기회 증진 • 청소년 비행 감소	• 개인적 효능감 및 자중심 증진 • 지역사회 소속감 증진 • 인적자본(기술 및 창조적 능력) 증진	• 개인의 사회 네트워크 증진 • 타인과의 업무 활동 및 아이디어 교환 증진	• 고용자 지불을 통한 임금	• 집단 정체성 및 효능감 증진	• 사람들의 참여, 조직들의 상호 연결, 참여자들에게 지방정부와 비영리단체에의 활동과 조직화 경험 부여 등을 통한 사회자본 형성
청중참여	• 즐기는 기회 증진 • 스트레스 해소	• 문화자본 증진 • 시공간 추리력 증진(모차르트 효과) • 학교 성과 증진	• 타인에 대한 관용정신 증진	• 사람들(관광객 등)이 지역문화 행사에 참여하여 돈을 지출함. • 이러한 문화 활동 장소와 후원 기업들의 지출 활동을 통한 간접적 승수효과	• 지역공동체의 자부심 형성을 통한 긍정적 지역공동체 규범 형성 (다양성, 관용성, 자유로운 의사표현 등)	• 접촉기회가 없는 사람들의 접촉기회 제공
문화조직 및 기관의 존재	• 문화에 참여할 기회 증진			• 문화 활동에 참여한 사람들의 지역공동체 구성원이 될 기회 증진 • 관광객, 기업, 투자가 등에게 지역의 매력성 증진(특히 고급 노동자) • 창조적 산업의 경제적 성장을 촉진시키는 창조적 환경 조성 • 재생 및 재활성화의 가능성 증진	• 지역공동체 이미지 및 지위 증진	• 이웃의 문화 다양성 증진 • 이웃의 범죄 및 청소년비행 감소

출처: McCarthy(2002).

첫째, 문화예술은 사회자본(social capital)을 형성하고 증진시킨다.
둘째, 문화예술은 지역사회의 경제를 증진시킨다.
셋째, 문화예술은 개인에게 유익하다.

가설 1: 문화예술은 사회자본을 형성하고 증진시킨다

이러한 가정에는 표의 마지막 두 칸, 즉 지역사회 수준의 문화적 및 사회적 영향(대인관계적 영향을 포함하여)이 포함된다. 이런한 주장을 하는 연구들을 보면 지역사회의 문화예술 프로그램이 관련된 참여자들이나 조직들에 미치는 영향을 평가한다(Costello, 1998; Krieger, 2001; Matzke, 2000; Stern & Seifert, 2002; Trent, 2000; Wollheim, 2000).

코스텔로(Costello, 1998)에 따르면, 지역사회의 문화예술 프로그램은 인간 및 물질적 개발을 위한 도구로서 문화예술을 사용하려는 풀뿌리조직의 시도이다. 지역사회 문화예술 프로그램에는 거의 보편적으로 지역사회 구성원들이 참여하여 대중공연이나 전시 같은 창조적 활동을 벌인다. Ontario Arts Council(OAC, 2002)에 따르면, 지역사회의 문화예술이란 전문 문화예술가와 지역사회 구성원들이 공동으로 참여하는 창조적 과정으로서 공동의 경험과 대중적 표현의 기회를 가져온다. 이는 지역사회가 자신을 표현할 수 있는 기회를 제공해 주며 재정적 혹은 기타 지원을 통해 문화예술인이 지역사회와 함께 창조적인 활동을 할 수 있게 해 준다. 따라서 이는 협동적인 창조적 과정을 창출하며, 지역사회 구성원이나 문화예술 전문가 모두에게 중요한 과정이다.

지역사회 문화예술 프로그램에는 사회 내 소외된 계층, 일탈 청소년, 소수인종, 빈곤층 주민 등이 참여하며 이웃관계 개선이나 다양한 문화에 대한 학습 및 교육과 같은 상위목표를 가지고 설계된다.

지역사회 문화예술 프로그램은 개인의 능력이나 시민사회 참여 동기를 고취시킴으로써, 또한 효과적인 행동을 유발시키는 조직역량을 강화시킴으로써 사회자본을 형성시켜 준다.

또한 다음과 같은 방식으로 건설적인 사회 활동에 참여하지 않는 사람들을 함께 연합시키는 장을 만들어 준다.

- 참여자들 사이에 신뢰심을 고취시키며 그리하여 타인에 대한 일반화된 신뢰감을 증진시킨다.
- 집단적 효능감이나 시민 참여의 경험을 제공함으로써 참여자들에게 더 많은 집단 활동을 촉진시킨다.
- 문화예술 활동은 지역주민(참여자 또는 불참자 모두)에게 지역사회에 대한 자긍심을 가져다주며, 이는 지역사회에 대한 일체감을 증진시킨다.
- 참여자들에게 집단 조직화를 위한 중요한 기술이나 대인 관계 기법을 교육시키는 경험을 제공한다.
- 개인들의 사회 네트워크의 범위를 확대시킨다.
- 참여 조직에게 조직 역량을 향상시킬 기회를 제공한다. 참여조직이 자신의 목표를 성취시키기 위해 타 조직이나 정부와 함께 일하며, 공동으로 논의하고 협력하는 법을 배우고 유대관계를 맺는 기회를 가진다.

가설 2: 문화예술은 지역사회의 경제를 증진시킨다

경제적 영향은 문화예술의 영향 논의에서 가장 널리 알려져 있다. 이러한 경제적 영향의 논의는 두 가지 범주로 구분된다. 하나는 종종 문화예술의 영향을 과대평가하는 즉시 평가에 근거해 있고, 다른 하나는 방법론적인 개선을 통해 얼마간의 시간을 둔 신중한 연구에 근거를 두고 있다.

첫째, 문화예술은 관광객을 유치한다('수출'산업으로서의 문화예술). 관광객은 문화예술 활동에 참여하기 위한 목적으로 지역사회를 방문한다. 이들은 문화예술 활동에 참여하기 위해 돈을 지출하며 그 외 숙박이나 음식점 또는 상품 구매를 위하여 지역사회에 돈을 지출한다. 이러한 지출은 지역경제에 간접적인 승수효과를 가져져올 것이다.

둘째, 문화예술은 인구유입과 기업 유치에 도움이 된다. 어떤 지역사회에 많은 문화예술 조직과 문화예술 활동이 존재한다면 타 지역의 주민과 기업들이 이러한 지역에 이주하려는 유인이 된다. 특히 이러한 지역사회는 숙련공이나 고임금 노동자들에게 매력적이며, 이들은 저숙련 노동자에 비해 더 큰 경제적 영향을 미친다. 고숙련 인력을 고용하는 기업도 입지 선정을 할 때 이러한 문화예술적 요소를 고려할 수 있다. 그리하여 문화예술가와 고숙련 노동자들의 집중은 집적효과를 가져오며, 이에 따라 급성장하는 '창조적 산업'에게는 더욱 매력적이 된다.

셋째, 문화예술은 투자를 유인한다. 지역사회의 이미지를 개선함으로써 사람들에게 지역사회 투자에 대해 더욱 신뢰감을 줄 수 있다. 사람들은 문화예술의 풍부함으로 인해 '상승 붐'을 느끼는 지역에서 재산을 구입하는 것을 더 원할 것이며, 은행도 더 안전하고 확실한 지역의 기업에 융자하는 것을 더 편하게 느낀다.

가설 3: 문화예술은 개인에게 유익하다

문화예술이 개인에게 유익하다는 주장에는 여러 가지 형태가 있다. 문화예술은 개인의 건강, 정신적 복지, 인식 기능, 창조적 능력, 교육적 성취 등을 가능케 한다.

첫째, 문화예술은 개인의 건강에 도움이 된다. 창조적 활동에 직접 참여하거나 아니면 단순히 참관함으로써 신체적 건강증진을 가져온다. 이는 스트레스를 해소시켜 주기 때문이다. 또한 문화예술 활동에의 참여는 사회유대감을 넓혀주고 강화시켜 줌으로써 건강증진을 가져온다.

둘째, 문화예술 활동은 정신적 복지를 증진시킨다. 여기서는 수동적 참여자와 능동적 참여자를 구분할 필요가 있다. 문화예술 활동에의 참여는 스트레스를 해소시켜 행복과 삶의 만족감을 증진시킨다. 능동적인 참여는 자아개념, 자신의 삶에 대한 통제감 등의 증진을 가져온다. 특히 지역사회 내 빈곤층, 한계인, 일탈 계층에게는 이러한 영향이 지대하다.

셋째, 문화예술 활동은 기술, 문화자본, 창의성을 증진시킨다. 여기서 또한 소극적 참여자와 적극적 참여자의 구분이 필요하다. 문화예술 활동에 참여하는 관중은 어떤 새로운 지식을 획득하거나 문화 자본을 습득한다. 또한 소위 '모차르트' 효과라는 것이 있는데, 이는 모차르트를 청취하는 아동이 시공간 지구력 검사에서 더 높은 성취도를 보인다는 것이다. 문화예술 활동에 직접 참여하는 사람들은 새로운 기술을 습득하여 더 높은 창의력을 보이게 된다. 교육학적 연구에 의하면, 다양한 문화예술 교육에 참여한 경험이 있는 학생들이 다른 교과목에서 학업 성취도도 높게 나타난다는 것이다.

03
문화예술의 지역사회 영향 연구에서의 문제점

집성의 문제

문화예술의 지역사회에 대한 영향을 연구할 때 제기되는 어려운 점 중 하나는 개인에 대한 미시적 수준의 영향을 지역사회의 거시적 수준의 영향과 연결하는 문제이다. 경제적 영향에 대한 연구를 제외하고는 대부분의 문화예술 영향에 대한 연구는 문화예술이 개인에 미치는 영향에 대한 연구이다. 그리고 때로는 문화예술 프로그램의 개발은 문화예술 조직의 역량을 증가시키는데, 이런 경우에는 개인이 아니라 조직들의 집성의 문제가 된다.

집성 문제에서 중요한 점은 지역사회의 범위를 규정하는 것이다.

예를 들면, 다른 조건이 동일하다면 소규모 지역사회 문화예술 프로그램은 다른 대규모 지역의 개인보다는 근린지구의 사람들에게 영향을 미칠 가능성이 높다.

일반적 집성의 방법은 ① 영향을 받는 모집단 내 개인이나 조직의 비율, ② 개인이나 조직수준의 영향이 지역사회 수준에 영향을 미치기 시작하는 문턱수준 또는 '첨단점(tipping points)', ③ 지역사회 규범이나 '여론 분위기'에의 영향, ④ 분산된 개인이나 조직 간 유대감 형성의 촉매, ⑤ 지역사회 내 몇몇 주요 인사나 조직이 받는 영향, ⑥ 지불의사(WTP) 조사에 의해 측정된 문화예술의 가치 등이다.

선정의 문제

문화예술 영향 연구에서 제기되는 또 하나의 문제는 선정의 편향성 문제이다. 이는 문화예술 활동의 인과적 영향을 주장하는 데 어려움을 제기한다. 한 연구 결과에 따르면, 문화예술 활동에 참여하는 사람들은 더 건강하고 행복하다. 그러나 문화예술에의 참여가 사람들을 더 건강하고 행복하게 만드는지 아니면 그러한 사람들이 문화예술 활동에 더 적극적으로 참여하는지 의문이다. 또한 문화예술 활동이 지역사회의 사회자본을 증진시키는지 아니면 더 높은 사회자본을 지닌 지역사회가 문화예술 프로그램을 더 많이 만들어 내는지 의문이다.

적절한 비교 기준의 결여

정책적 입장에서는 문화예술의 존재가 유익한 영향을 가져 올 것인가의 여부가 초점이 아니다. 문화예술에 사용된 돈이 다른 프로그램에 사용된 돈보다 더 효과적인가 하는 점이다. 문화예술 영향에 대한 연구의 가장 큰 약점 중 하나는 문화예술과 다른 프로그램 또는 산업과의 비교 연구의 결핍이다.

정책결정자(보조금 수여자)의 주된 관심은 규정된 정책목표(경제증진, 관광객 유치, 교육 증진, 일탈 청소년 방지 등) 하에서 이러한 목표가 어떻게 하면 가장 효과적으로 달성될 수 있는가 하는 것이다. 따라서 제기되는 이슈는 이 프로그램이 작동되고 있는 여부보다는 이 프로그램이 다른 프로그램에 비해 더 잘 작동되는가 하는 것이다. 다시 말해, 문화예술의 영향이 무엇인가보다는 문화예술에 투입하는 돈의 사용에 대한 기회비용이 무엇인가 하는 점이다.

부의 외부효과

문화예술의 사회적 영향에 대한 연구에서 잠재적인 부의 외부효과를 간과하고 있다. 록 공연과 같은 문화예술의 영향에서 소음이나 일탈 행동과 같은 부의 외부효과가 고려되어야 한다. 예를 들면, 어떤 문화예술에는 공연을 위한 안전에 추가적인 돈이 요구되고, 어떤 문학예술 활동은 특정 인종집단의 사회적 응집력은 강화시킬지 모르지만 지역사회 전체 입장에서는 파편화를 초래할 수도 있다.

적절한 자료의 결여

대부분의 문화예술 영향 연구는 시계열 자료의 결핍으로 횡단적 자료를 사용하는데, 이는 문화예술 프로그램의 영향의 지속성을 평가하는 데 어려움을 야기한다. 또는 많은 연구에서 사용된 표본수가 너무 작기 때문에 유의미한 통계적 추론이 어렵다. 많은 경우 연구자들은 복수의 또는 비교 사례 연구를 하는데, 이러한 사례 연구는 심층적 영향을 분석하는 데는 유용한 면이 있지만 동시에 많은 약점을 지니고 있다.

무엇보다 이들 대부분의 연구가 주관적 설명에 의존한다. '예술처치' 집단을 무작위로 구성하기보다는 인위적으로 구성함으로써 오는 조사방법론적 문제가 있다. 또한 표본을 단지 '처치 집단'에게만 국한하는 경우의 문제가 있다. 물론 준실험설계를 구성하는 것이 어려운 문제이긴 하지만, 그것을 극복하려는 노력이 부족해 보인다. 그리고 심층적 사례 연구는 일반화의 어려움을 가져온다.

맥락효과나 개입 요소의 구체화

문화예술 영향 연구에서 연구 결과에 영향을 미칠 맥락적 또는 개입 요소가 간과되고 있다. 이것은 특히 구체적 연구의 결과를 일반화할 때 중요한 문제가 된다. 예를 들면, 많은 연구가 문화예술 활동이 유익한 경제적 영향을 가져온다고 주장한다. 그러나 이러한 영향의 정도는 논의되고 있는 지역사회의 규모나 문화예술 조직이나 활동의 규모 또는 밀도에 따라 달라질 수 있다. 따라서 문화예술의 영향을 더욱 명확하게 하기 위해서는 문화예술 지구의 개발이 필요하다. 연례 드라마 축제는 대규모 도시보다는 소규모 지역의 경제에 더 결정적인 영향을 미칠 것이다. 다시 말해, 연구자는 자신들의 연구결과가 일반화될 수 있는 조건에 대해 관심을 기울여야 한다.

04
나가며

유럽 사회에서는 이미 1950년대부터, 미국 사회에서도 1970년대부터 문화예술을 도시개발의 중요한 도구로 인식하였다. 문화예술을 통한 도시공동체 의식의 강화, 시민참여의 증진, 시민접근성 제고 등이 모색되었다. 그러다가 1980년대에 들어와서는 문화예술의 경제적 영향이 중요하게 고려되기 시작하였다. 이러한 역사적 논의의 진전을 바라보면서, 지금까지 문화예술이 지역사회에 미치는 영향에 대한 논의를 검토하였다. 기존의 주장들을 정리하고 각 주장에 대한 문화예술적 영향을 살펴보았다. 그리고 문화예술의 지역사회에 대한 영향 연구에서 나타나는 문제점 몇 가지도 검토하였다.

이 글에서 나타난 요점을 간단히 요약해 보면 다음과 같다.

첫째, 문화예술의 지역사회에 대한 영향은 매우 다양한 차원에서 고려되어야 하며, 이들의 총화가 정책결정에서 검토되어야 한다.

둘째, 이 글에서 논의된 문화예술의 지역사회에 대한 영향은 연구를 위한 하나의 새로운 가설을 제기하는 의미가 있으며, 앞으로 다양한 문화예술적 요소(어메니티 요소 포함)를 사용한 더 많은 실증적 연구가 이루어져야 할 것이다. 특히 외국과의 비교 연구가 필요하다고 본다.

제 2 편

문화행정의 지향

제 6 장

문화과학

김세훈(숙명여자대학교)

생각해 보기

- 문화정책은 무엇을 목표로 하는 정책인가?
- 근대 시기 문화정책이 발전하게 된 역사적 배경은 무엇인가?
- 문화정책의 출현이 근대적 기획이라는 것은 무엇을 의미하는가?
- 관리합리성에 기반한 문화정책의 특징은 무엇인가?
- 문화정책의 출현이 근대적 기획과 관련되어 있다면, 탈근대(Postmodern) 시대의 문화정책은 어떠해야 하는가?

01 들어가며

제2차 세계대전 이후 세계 각국은 문화 분야에 대한 정책적 관심을 강화하기 시작하였다. 물론 문화 분야에 대한 국가의 관심은 그 이전부터 있어 왔지만, 근대적 의미에서 본격적인 지원 체계를 갖추면서 문화 분야에 대해 적극적인 지원을 실시한 시기는 이 시기부터라고 할 수 있다.[1)] 우리나라의 문화예술 분야에 대한 지원도 이와 같은 세계적 흐름에 크게 뒤떨어지지 않게 진행되었다. 1945년 일제 식민지배로부터의 독립과 1953년 한국전쟁의 종전 이후 폐허가 된 상황에서도, 문화예술 분야에 대한 지원을 위하여 1972년 문화예술진흥법이 제정되었고, 1973년 이 분야에 대한 지원을 총괄할 기구로 한국문화예술진흥원(현 한국문화예술위원회)이 설립되었다. 1990년에는 그동안 문화와 공보 영역을 한 행정 영역에서 다루어 왔던 문화공보부 체계를 벗어나, 문화 분야에 대한 정책을 담당하는 독립 부처로써 문화부를 신설하면서 문화정책이 본격화되는 환경이 조성되었다.

문화 분야에 대한 국가의 정책적 개입이 강화되면서 2000년대 이후 이 분야를 중심으로 한 입법 활동도 확대되었다. 1990년대 이전까지만 하더라도 문화예술, 문화산업, 문화유산, 미디어 분야 등 포괄적 의미의 문화행정 분야를 포괄하는 문화 분야 법률 수가 14개에 불과했던데 비해, 2000년대 이래 30여 개 내외의 법률이 새로이 제정되었다. 또한 문화예술 분야에 대한 지원을 담당할 다양한 공공지원기관들이 속속 설립되었는데, 한국문화예술교육진흥원, 예술경영지원센터, 한국예술인복지재단, 지역문화진흥원, 국제문화교류진흥원 등과 같은 문화예술 분야 공공지원기관들이 2000년대 이래 설립되었다.

이처럼 문화예술 분야를 둘러싼 영역들이 확대, 세분화, 전문화되고, 이 영역을 둘러싼 법, 제도, 기관들의 지원이 크게 증가하면서 문화정책 영역은 급속히 성장하였다. 문화복지, 문화예술교육, 문화콘텐츠, 예술경영, 지역문화, 생활문화 등 다양한 영역들이 세분화되며 발전하였으며, 이러한 영역을 중심으로 한 영리·비영리 활동 규모도 크게 확장되었다. 동시에 문화정책 영역을 둘러싼 다양한 담론들도 활성화되었다. 문화정책, 예술경영, 문화경제, 문화산업, 문화예술교육 등 다양한 영역을 둘러싼 학술적 활동이 크게 활성화되었고, 이러한 영역을 중심으로 한 수많은 연구 결과들이 발표되었다.

그러나 이렇게 발전하는 모습과 달리, 문화정책이 무엇을 하는 정책 영역인지, 문화정책을 통하여 궁극적으로 지향하고자 하는 목표는 무엇인지, 어떤 의미에서 특정한 정책들이 문화정책이라는 범주 안에 포함되는 것인지 등과 같이 문화정책 그 자체를 둘러싼 질문과 관련하여서는 상대적으로 논의가 충분하게 이루어지지 못한 모습을 보이고 있다. 다양한 연구와 수많은 논문들이 여러 문화정책 영역들과 관련한 심층적인 분석들을 내놓고는 있지만, 정작 문화정책 자체가 지향하는 바와 관련한 연구와 논쟁은 그다지 활발히 이루어지지 않았다. 이러한 가운데 다양하게 세분화된 문화정책의 각 하위 영역들은, 문화 영역에 대한 국가 개입을 통하여 성취하고자 하는 목표에 대한 막연한 이해에 기대어 각각의 정책 및 사업들을 추진함으로써 문화정책의 궁극적 지향에 대한 이해에 혼선과 혼란을 가져오기도 하였다.

문화예술 영역에 대한 국가, 사회적 관심이 크게 확장된 현 시점에서 문화정책의 지향을 종합적으로 검토하고, 이에 기반하여 현재 이루어지고 있는 정책 방향을 재검토해 보는 것은 현재 진행되고 있는 사업들뿐만 아니라 향후 수립되어야 할 문화정책의 방향과 관련하여서도 매우 중요한 일이라고 할 수 있다. 문화정책에 대한 이해는 문화예술 분야에 대한 국가 개입의 배경은 무엇이었는지, 그리고 그러한 개입을 통하여 국가는 무엇을 목표하였는지 등에 대한 역사적 분석을 필요로 한다. 이 글은 근대 시기 유럽을 중심으로 나타난 문화예술 분야에 대한 국가 개입의 역사적 맥락을 살펴봄으로써 초기 문화정책의 지향에 대한 이해를 제공하고자 하는 목적을 가지고 있다. 이러한 검토는 오늘날 우리 사회에서 이루어지고 있는 다양한 형태의 문화정책 및 사업들을 심층적으로 살펴보고 비판적으로 분석해 볼 수 있는 기반을 제공함과 동시에, 향후 우리 사회가 수립하여야 할 문화정책의 지향과 목표의 방향성을 제공해 줄 수 있다는 점에서 중요한 의미를 가진다.

02
근대의 개념으로 본 정책과 문화의 연관성

문화정책에 대한 이해는 '정책'과 '문화'에 대한 이해를 전제로 한다. 즉, 정책은 무엇을 의미하며 그 대상(또는 목적)이 되는 문화는 무엇을 의미하는지에 대한 이해가 전제되어야만 문화정책이 무엇을 지향하는지에 대해 이해할 수 있다. 정책은 일반적으로 "바람직한 사회 상태를 이룩하려는 정책 목표와 이를 달성하기 위해 필요한 정책 수단에 대하여 권위 있는 정부기관이 공식적으로 결정한 기본 방침"으로 이해된다(정정길, 2000: 37). 이런 이해가 정책에 대한 현재의 중심 해석으로 자리 잡고 있지만, 기본적으로 정책은 '방침'보다는 '행위'에 보다 초점을 둔 용어라고 할 수 있다. 어원으로 볼 때, 영어의 policy는 16세기 프랑스어 police로부터 유래되었다. 이때 police는 현대적 의미의 경찰을 의미하는 것이 아니라, 일반적으로는 '관리(government)'라는 의미로 사용되었으며, 후에 '정책(policy)'이라는 용어와 의미로 정착되었다(McGuigan, 1996: 7). 18세기 policy의 의미로 사용된 police 용어가 뜻하는 바는 다음의 문구에 잘 나타나 있다.

> *a good police of corn … a police that shall, by securing a high price to the farmer, encourage his culture enough to secure the people at the same time from famine.*

이처럼 역사적으로 police는 대상에 대한 관리를 의미하는 용어로 사용되었으며, 이러한 의미를 이어받은 영어의 policy 또한 대상에 대한 관리 행위에 초점을 맞춘 개념이라고 할 수 있다.

문화(culture)라는 단어 또한 이와 유사한 의미를 가지고 있다. 일반적으로 문화는 좁은 의미로는 예술(arts)을, 넓은 의미로는 삶의 양식(ways of life)을 의미하는 것으로 이해된다. 그러나 이러한 규정은 문화가 가지고 있는 또 다른 중요한 특징, 즉 육성하고 양성하는 '행위'에 대한 관점과 '의미'의 생성에 대한 관점을 포함하지 못하고 있다(Bennett, 1998: 102). 문화(culture)라는 용어가 경작하다(cultivate)를 의미하는 단어에 그 어원을 두고 있으며, 그 의미가 인간 정신을 고양(development of human minds)하는 것에까지 확장되어 왔다는 점을 고려할 때, 문화는 특정 분야나 영역을 의미하기보다 대상을 발전시키고 계발하는 '행위' 및 '실천(practice)'과 더욱 관련되어 있다고 할 수 있다(Williams, 1995: 10).

문화는 의미(meaning)와 상징(symbol)을 매개로 한다는 점에서 다른 여타의 인간의 행위 및 실천과는 다른 특징을 가진다. 행위나 실천에 의미를 부여하고 의미가 부여된 실천을 통하여 상징적 상호작용(symbolic interaction)을 가능하게 하는 문화는, 인간 정신의 더 높은 발전(성숙)을 지향하는 실천적 행위라는 점에서, 그 동적(dynamic)이고 구성적인(constitutive) 특성이 더욱 중요한 의미를 가진다(McGuigan, 1996: 6).[2] 역사적으로 문화는 종종 이러한 실천 행위의 도구로 활용되었다. 근대 이래 사회 변혁에 대한 논의들은 종종 문화예술을 중요하게 활용하여야 한다고 주장하였으며, 또한 실제로 변혁의 실천 행위로 중요하게 활용되었다(Bennett, 1998).[3] 이와 같이 문화는 좁은 의미로의 예술이나 넓은 의미로의 생활양식이라는 의미 이외에 변화를 추구하는 역동적 활동으로서의 실천과 행위라는 의미를 담고 있다.

이러한 이해를 종합해 볼 때, 정책이나 문화는 모두 바람직한 방향으로 대상을 발전시키려는 노력과 행위를 강조하고 있는 용어이며, 문화정책은 이러한 실천 — 특히, 의미와 상징에 기반한 — 에 기반하여 바람직한 사회 상태를 이룩하기 위한 국가의 노력이 집약되어 나타난 영역이라고 할 수 있다.

03
문화예술 영역에 대한 국가 개입

문화예술 영역에 국가가 개입하여야 할 것인지에 대한 결정은 국가의 역할을 어떻게 이해하는지의 문제와 밀접하게 관련된다. 중세 이래 근대에 이르기까지 문화예술 영역은 교회나 귀족, 부르주아들이 관여하는 영역이었으며, 국민 일반을 위한 국가 차원의 적극적인 개입은 나타나지 않았다. 근대 국가가 형성되던 시기에 국가의 역할은 'police'에 대한 이해의 맥락에서 논의되었다. 17세기 말 독일을 중심으로 나타난 국가(Police-State)의 역할, 즉 국가가 수행하여야 할 행위로서의 police의 목표나 범위와 관련한 논의에서 한편에서는 국가의 역할이 외부의 침입이나 위험으로부터 국민을 보호하는 데 국한되어야 한다는 주장이 존재한 반면, 다른 한편으로 국민의 덕성과 교양(virtue and manner)을 계발함으로써 이들을 행복하게 하는 것이 국가의 역할이라고 하는 인식이 동시에 존재하였다(Laborier, 2000: 263). 18세기 독일의 법률제도 형성에 큰 영향을 미친 푸터(Pütter, 1757)는 국가의 역할에 대해 다음과 같이 이해하였다.

> *the genuine police had nothing to do with what was called the police of culture, manners and welfare … the task of the police (is) the protection of individuals and goods from accidents and from other malicious citizens*(Laborier, 2000: 263).

국가(Police-State)의 역할은 국민의 교양(culture)이나 매너(manners)를 향상시키는 데 있는 것이 아니며, 외부의 위험으로부터 보호하는 것이라는 이와 같은 생각은 18세기 독일에서 보편화된 생각이었다. 그러나 역으로 이러한 논의가 나타나게 된 것은 국가가 국민의 행복, 교양, 매너의 향상에 관심을 가져야 한다는 사회적 논의가 그만큼 강하게 존재하였음을 보여준다. 실제로 18세기 독일 사회에서 국민의 취향과 교양에 대한 강조, 그리고 이와 관련한 국가의 역할에 대한 관심이 크게 부각되었다. 당시의 저명한 정치경제학자인 유스티(Johann Heinrich Gottlob von Justi)는 『*Public Economy*』(1758)라는 저서에서 희극(comedy)이 덕성을 기르는 학교(genuine school of virtue)이며, 건전한 공연이 이루어질 수 있도록 극장(theater)을 진흥하는 것은 국가의 의무라는 점을 강조하면서 국가가 국민의 덕성을 키우는 데 개입하여야 한다고 주장하였다(Laborier, 1999: 264). 상업 자본에 의해 좌지우지되던 극장 운영과 그 안에서 이루어지는 공연의 내용은 독일 국민의 교양과 건진한 취향 형성에 악영향을 미치므로, 국가가 극장을 건립하고 이에 대한 통제를 강화함으로써 건전한 국민을 육성하여야 한다는 시각은 18세기 독일 사회에서 광범위하게 존재하였으며, 이에 따른 극장 개혁, 즉 문화예술 영역에 대한 국가의 개입 확대를 이끈 핵심적인 논거로 작용하였다(Laborier, 1999: 276).

문화 영역에의 개입을 통하여 개인들의 시민으로서의 역량을 강화하려고 하는 경향은 18~19세기 영국에서도 유사하게 나타났다. 독일과 같이 시민의 덕성 함양을 민족 정체성(National Culture)을 강화하기 위한 맥락과 직접적으로 연계시키지는 않았지만, 개인의 잠재적인 역량을 일깨우고 강화시킴으로써 문명화된 사회(Civilized Society)를 만들기 위한 목적으로 문화 영역을 활용하려고 하는 노력은 매우 광범위하게 전개되었다. 영국에서 현대와 같은 경찰 제도를 확립하는 데 크게 기여한 콜쿠흔(Patrick Colquhoun)은 문화예술과 문명사회의 관계를 다음과 같이 제시하였다.

> *It is no inconsiderable feature in the science of Police to encourage, protect, and control such as tend to innocent recreation, to preserve the good humour of the Public, and to give minds of the people a right bias … Since recreation is necessary to Civilized Society, all Public Exhibitions should be rendered subservient to improvement of morals, and to the means of infusing into the mind a love of the Constitution*(Colquhoun, 1806: 347-348; Bennett, 1995: 19에서 재인용).

특정 계층에게 독점되었던 과거와 달리, 국가 개입을 통하여 문화예술 영역을 일반 국민에게 개방하여야 할 필요성은 무엇보다 국민 개개인의 도덕성과 교양의 함양이 국가 통치에 필수불가결함을 인식하는 기반 위에서 확대되었다. 즉, 개개인으로 하여금 자기 스스로를 통제할 수 있는 역량(self-regulation)을 갖게 함으로써 이전의 나쁜 습관에서 벗어나 건강한 삶을 영위케 하고, 이를 통하여 국가가 효율적으로 통치될 수 있도록 문화예술 영역에 대한 국가의 직접적 개입이 확대되었다.

> *If you wish to vanquish Drunkness and the Devil, make God's day of rest elevating and refining to the working man; don't leave him to find his recreation in bed first, and in the public house afterwards … give him music in which he may take his part; show him pictures of beauty on the walls of churches and chapels … The Museum will certainly lead him to wisdom and gentleness, and to Heaven*(Cole, 1884: 368; Bennett, 1995: 21에서 재인용).

문화예술 영역에 대한 국가 개입은 이처럼 개인의 역량에 대한 사회적 관심이 증가하는 맥락에서 이루어졌다. 그동안 통치의 대상으로만 존재했던 개인들, 그래서 개인으로 인식되기보다는 피치자(the ruled)라는 집단으로만 인식되던 대상들이, 효과적 통치를 위해 주목해야 할 존재로, 한 명 한 명 잠재력을 가진 개인으로 인식되기 시작하면서, 그리고 그러한 개개인이 가진 잠재력이 발휘될 수 있도록 하는 국가의 필요성이 제기되면서 문화예술 영역에 대한 국가 개입은 본격화되었다.

04
근대적 기획으로서의 문화정책

문화예술 영역에의 국가 개입이 서구 유럽을 중심으로 주로 18세기를 전후하여 나타나기 시작한 것은 사회 변혁에 대한 의지와 그 가능성에 대한 믿음이 배경이 되었다. 그리고 이러한 의지와 가능성에 대한 기대의 저변에는 이성에 대한 확신이 자리하였다. 르네상스로부터 종교개혁, 과학혁명, 계몽주의에 이르기까지 서구 유럽의 역사는 교회와 왕의 권위에 기반한 구질서에서 인간과 이성에 기반한 새로운 질서를 모색해가는 시기였다(Hamilton, 1992: 21).

역사적으로 볼 때, 이성과 과학적 방법론에 대한 믿음은 18세기를 전후한 계몽주의 사조의 특징으로 나타난다. 계몽이란 용어는 칸트의 저서 『계몽이란 무엇인가』(1784)에서 사용된 이후 '무지와 미신에 이성의 빛을 비추는 것'으로 이해되었다(조명래, 2002: 162). 중세의 신 중심 세계관에서 억압되었던 인간의 이성을 재조명하면서, 이러한 이성이 전통적인 인간의 편견과 무지를 극복해 줄 수 있다는 확신은 계몽주의적 인식의 전형이었다. 이러한 이성에 대한 믿음은 무엇보다 16~17세기를 특징지웠던 과학적 방법론의 발견과 이에 기반한 과학혁명으로부터 비롯되었다. 자연 현상이 과학적 방법론, 즉 관찰과 합리적 이성에 기반한 방법론에 의해 규명되기 시작하자 과학은 종교를 대신할 하나의 지도적 사상의 위치를 점하게 되었다. 계몽주의는 이처럼 과학적 이성에 기반하여 인간과 사회의 운명을 개선할 수 있다는 신념에 기반하였으며, 그 결과 자연 현상에 적용하였던 과학적 방법론을 사회 현상에 적용한 사회과학(Social Science)이 출현하는 배경으로 작용하였다(Hamilton, 1992: 37; 조명래, 2002: 165).

종교를 대신한 이성과, 이성에 기반하여 인간의 운명과 사회의 방향을 결정지을 수 있다는 계몽적 신념은 인간 사회에 대한 거시적 기획을 가능한 것으로 인식하게 하는 배경을 형성하였다. 이 근대적 기획의 거대한 프로젝트에는 비단 사회뿐만 아니라 인간의 행위와 윤리, 사회구성 단위로서의 가족의 경영, 나아가 사회 및 국가의 통치에 이르기까지 전 영역이 포함되었다. 종교적 권위에의 의존을 상실한 개인이 기댈 수 있는 도덕적 행위 규준의 마련 필요성에서부터, 새롭게 출현하는 가족 경제의 효과적인 관리, 나아가 교회나 왕의 권위로부터 벗어난 새로운 권위에 기반한 국가 통치 방법의 필요성 등은 중세적 질서로부터 벗어난 근대의 새로운 질서 구축과 관련하여 새로운 '사회 관리의 원리'에 대한 관심으로 연결되었다(Foucault, 1991: 91).

이러한 관심은 신이나 왕의 권위가 아닌 이성(reason)의 권위에 기반한 것이어야 했으며 합리성(rationality)을 내포한 것이어야 했다. 이성과 합리성에 기반한 새로운 사회구성 원리에 대한 관심은 18세기 전후 서구 유럽에서 관리합리성(governmental rationality)에 대한 관심으로 나타났다. 행정과 권력(power)에 대한 독점력을 갖는 '정부'로서의 의미가 아니라 '행위를 관리하는 행위(the conduct of conduct)'라는 의미로서의 '거번먼트(government)'는 18세기 전후 유럽 사회에서 가장 중요한 관심대상 가운데 하나로 부상하였다(Gordon,1991: 2). 즉, 종교적 신념의 기반이 상실된 개인에게 도덕의 문제는, 어떻게 자신을 만들어 가기 위한 자신의 행위를 통제할 것인가의 문제와 연관되며(self-government), 가족 경영의 문제는 가족이 잘 경영되기 위한 차원에서의 통제의 문제(government of the family), 나아가 국가의 통치를 위해 국가가 스스로에게 취해야 하는 통제의 문제(government of the state)와 연관되는 상황에서, 이성과 합리성에 기반한 거번먼트의 실천 문제는 중세에서 근대로 전환하는 서구 유럽의 핵심적 관심사로 부상하였다.

더 이상 교회나 왕권에 의해 강압적으로 권력을 행사할 수 없는 상황에서 거번먼트에 대한 관심은 국민을 억압과 동원의 대상으로 보지 않고, 내적으로 가지고 있는 역량을 강화함으로써 스스로 자기 자신 행위의 주체가 될 수 있게 하고, 나아가 이것이 개인, 가정, 국가의 통치와 선순환을 이루게 한다는 점에서 이성과 합리성에 기반한 새로운 통치방식의 한 전형으로 인식되었다(Dean, 1999: 20).

문화예술 영역에 대한 국가의 개입은 계몽주의적 분위기 아래서 이와 같은 관리합리성(governmentality)을 추구하는 국가 행위의 한 방식으로 출현하였다(Bennett, 1998: 102). 즉, 문화예술 영역에의 개입을 통하여 강압이 아닌 자발적 선택에 의해 개인의 자기관리 역량을 강화하게 하고, 이를 사회 전반에 대한 통치로 연계시키려고 하는 국가의 기획이 바로 문화예술 영역에 대한 국가 개입의 형태로 나타난 것이다. 국가가 개인의 취향이나 교양의 형성 및 향상에 관심을 두고, 문화예술 영역을 통하여 이러한 역량을 강화시키려고 하는 것은 이와 같은 사회를 관리하는 새로운 통치방식의 한 표현이다.

대상을 강압이 아니라 동조와 동의에 의해 다스리려고 하는 새로운 통치방식에 대한 관심은 통치 대상(the ruled)에 대한 보다 세밀한 정보, 그리고 이러한 정보가 효과적으로 활용될 수 있게 하는 '관리

기술(art of government)'의 문제를 무엇보다 중요하게 부각시킨다. 이러한 관리 기술은 '관리합리성(governmental rationality)', 즉 어떤 방법, 전략, 기술, 지식, 접근들을 통하여 어떤 방향으로 통치 대상의 사고, 행위, 태도, 성향 등에 영향을 미칠 것인지와 관련된 합리성의 기반 위에서 조직된다(Foucault, 1991: 102, 103). 국가에 의해 수립되는 정책은 이와 같은 관리합리성의 구체화된 표현이며, 문화정책은 이 합리성에 기반하여 바람직한 방향으로 사회가 발전할 수 있도록 문화자원을 효과적으로 조직하고 동원하는 국가의 실천 행위를 의미한다고 할 수 있다.

이처럼 문화예술을 통하여 개인을 변화시키고 이러한 변화를 통하여 사회를 바람직한 방향으로 변화시킬 수 있다는 근대적 인식은 국가가 문화예술 영역에 본격적으로 개입하게 하는 배경으로 작용하였다.

05
현대 문화정책의 과제

문화예술 영역에 대한 국가의 개입이 근대적 기획, 즉 이성을 활용하여 개인과 사회를 변화시킬 수 있다는 믿음 속에 이루어졌다고 하는 점은 오늘날 문화정책에 다음과 같은 의미있는 시사점을 제공한다. 첫째, 현대 사회에서 문화정책은 문화예술 및 이와 유관한 분야를 다루는 정책 영역으로 국한되지만, 그 의미상 보다 성숙하고 향상된 개인과 사회를 만드는 국가의 행위라는 점에서 문화예술 및 이와 유관된 영역에만 국한되지 않는다.4) '성숙하고 향상된 개인과 사회'를 지향한다는 것은, 문화정책이 그 지향에 있어 가치연관적인 특성을 가지고 있다는 것을 의미한다. 어떤 것이 '성숙하고 향상'된 것인지에 대해서는 다양한 이해가 존재할 수 있다. 따라서 구체적 사업들이 추진되기 전에 성숙하고 향상된 개인과 사회의 모습에 대한 구체적인 이해가 전제되어야 한다. 나아가 이러한 이해는 비단 정책 입안자에 의해서만이 아니라 사회를 구성하는 다양한 구성원들의 참여에 의해 이루어져야 하며, 문화정책은 이러한 이해에 대한 광범위한 공감대 위에서 수립되어야 한다. 또한 그러한 목표를 지향함에 있어서 예술 영역만이 아니라 다양한 문화자원, 즉 언어, 종교, 미디어 등 의미와 상징을 생산, 재생산하는 다양한 영역들이 폭넓게 활용될 필요가 있다.

오늘날 우리 사회에서 이루어지고 있는 문화정책은 궁극적으로 지향하는 정책의 목표에 대해서는 구체적인 방향성이 제시되지 못한 채 개별적 실천 행위들만 다양하게 이루어지는 모습이 종종 나타난다. 의미와 상징을 매개로 한 문화적 실천을 통해 '바람직한' 사회상태를 지향하는 문화정책은 이데올로기(ideology), 권력(power), 정치(politics) 등의 문제와 밀접하게 연관된다. 이처럼 다양한 논쟁의 장 위에 펼쳐져 있는 문화정책에서, 정책 목표의 불확실성은 개인과 사회 변혁의 방향성을 모호하게 함으로써 기술적(technical), 실용적(pragmatic) 차원의 정책들이 문화정책의 주류가 되게 하는 결과를 가져올 우려를 제기한다.

둘째, 개개인을 단순히 강제의 대상으로 인식하기보다 이들이 가진 잠재력과 역량을 계발하고 강화시켜야 할 자원으로 인식하는 문화정책은 무엇보다 이러한 역량을 효과적으로 계발할 수 있는 방법론에 대한 관심을 갖는다. 근대적 기획으로서의 사회 변혁에 대한 열망은 이를 위한 다양한 관리 기술을 활용에 있어 과학적 방법론의 중요성을 부각시켰다.[5] 즉, 문화정책의 목적을 달성하기 위한 전략, 방법, 지식, 기술을 동원함에 있어, 보다 체계적이고 합리적으로 목적을 달성하기 위한 방법들이 중요하게 다루어졌다. 개인과 사회를 변화시킬 수 있는 다양한 전략, 방법, 지식, 기술 등은 바람직한 사회를 만들기 위해 매우 필요하고 중요한 요소들이다. 이러한 요소들을 어떻게 조합하여 목표를 효과적으로 달성할 수 있는가의 문제는, 문화정책으로 하여금 그 접근 방법에 있어 매우 구체적이고 과학적이며 전문성을 가질 것을 요구한다.

이러한 필요성에 비추어 볼 때, 오늘날 이루어지고 있는 문화정책은 목표와 방법, 전략과 기술, 지식과 수단 등을 유기적으로 분석하여 체계적으로 연계시키는 노력을 강화할 필요가 있다. 특정 영역을 대상으로 하는 정책 사업이 구체적으로 어떠한 성과를 목표하는지, 정책 목표를 달성하기 위해 정책 대상 계층의 생각, 태도, 지식, 성향 등에 어떠한 영향을 미쳐야 하는지, 이러한 영향을 미치기 위해서는 어떠한 전략, 지식, 기술, 방법이 동원되어야 하는지 등은 특정 영역을 대상으로 하는 문화정책에서 가장 핵심적으로 검토되어야 할 사항들이나, 이러한 부분에 대한 종합적 검토와 구상보다는 대상 계층에게 문화예술을 향유할 수 있는 '기회'를 우선적으로 제공하는 데 많은 노력이 기울여지고 있는 것이 현실이다. 문화정책 목표의 구현은 이를 구현하는 방법에 의해 큰 영향을 받는다. 따라서 정책 목표를 효과적으로 구현하기 위한 방법 및 방법론에 대한 검토는 아무리 강조해도 지나치지 않다.

셋째, 탈근대(Postmodern)의 경향을 보이고 있는 현대 사회에서 근대적 기획으로서의 문화정책의 함의에 대한 검토 필요성이다. 탈근대 시대라고 해서 이성의 중요성이 부정되지는 않는다. 그러나 탈근대적 시각에서는 근대 계몽주의적 사고에서와 같이 이성이 단일하거나 보편적 위상을 갖는 것으로 이해되기보다는 특수하며 개별적이고 제한적인 것으로 이해된다. 나아가 이성과 대비되는 특성을 가진 감성의 영역들을 어떻게 접근할 것인가의 문제 등은 이성 중심의 근대적 기획으로서의 문화정책에 대안적인 담론을 요구한다. 문화정책에서 종종 나타나는 예술적 지향과 정책 지향 사이의 충돌은 근대적 기획으로서의 이성에 기반한 정책과 감성에 기반을 둔 예술활동 사이에서 나타나는 구조적인 현상이라고 할 수 있다. 시민의 육성이라는 문화정책의 근대적 목표 또한 마찬가지이다. 20세기 영국의 아트 센터(Arts centre) 건립이 18~19세기 영국의 공공박물관 건립 논의를 그대로 재현하는 것과 같은 맥락에서 진행된 것이나, 우리 사회에서 '문화의 집' 건립이 이와 유사한 맥락에서 추진된 것, 참여정부 문화정책 백서인 『창의한국』에서 문화시민 육성을 문화정책의 구체적 지향으로 제시한 것 등은 현대 문화정책에서도 시민적 윤리 및 역량의 강화가 문화정책에서 중요한 부분을 차지하고 있음을 보여준다.[6] 그러나 18~20세기 문화예술 영역에 대한 국가 개입에서 강조되었던 시민 역량의 강화라는 목표가 21세기인 오늘날 사회에서도 여전히 유효한지, 나아가 시민의 육성이라는 주제가 현대에서도 과거와 같은 동일한 의미와 중요성을 지니는지에 대해서는 다양한 논의가 필요하다.

06
나가며

2000년대 이후 우리 사회에서 문화정책 및 문화정책 연구 활동은 매우 활성화되고 활발하게 이루어졌다. 그러나 문화정책 영역이 발전함에 따라 다양한 세부 분야들이 분화하고, 각 분야들마다 단위 문화정책들이 양산되는 시점에서 정작 문화정책의 지향에 대해서는 심층적인 검토가 이루어지지 못하고 있으며, 이에 따라 단위 문화정책들 간의 혼선이나 중복, 때로는 충돌 현상들도 나타나고 있다.

문화 영역에 대한 국가 개입이 문화자원을 통한 근대 시민의 육성이라는 목표를 위해 이루어졌다는 점에서 문화정책은 근대적 기획이라고 할 수 있다. 특히 이러한 기획이 이성에 대한 믿음과 합리성의 실천을 통하여 이루어졌다는 점에서, 사회 변혁의 실천 과정에서 근대 과학과 같은 위상을 차지하였다고 볼 수 있다. 그러나 시민의 육성이라고 하는 근대적 기획이 현재에도 여전히 유효한지의 문제는 다각도에서 검토될 필요가 있다. 나아가 역사를 통하여 근대적 기획의 위험성에 대한 여러 지적이 제기되고 있는 상황에서 문화정책을 향한 새로운 기획의 가능성은 무엇인지에 대해서도 심층적인 검토가 필요하다. 이러한 검토는 근대적 기획 이후의 문화정책에 대한 모색이라는 점에서 현대 문화정책의 방향을 검토하는 데 매우 중요한 의미를 가진다.

제 7 장

문화권

서순복(조선대학교)

생각해 보기

- 인간의 존엄성 보장과 문화권은 어떤 관계가 있는가?
- 문화는 국가로부터 자유로운가?
- 국민 누구나 문화를 향유하고 창조할 권리가 구현되고 있는가?

01
들어가며

'문화예술계 블랙리스트 진상조사 및 제도개선위원회'는 〈블랙리스트 방지를 위한 진상조사 책임규명 권고안〉을 의결 · 권고했다(모닝경제, 2018.6.28). 블랙리스트 방지를 위한 책임규명 권고 주요 내용에 따르면, 수사의뢰 권고 대상이 26명, 징계 권고 대상은 104명 등 130명에 대해 책임규명을 권고했다. 수사의뢰 대상 선정기준은 공직자의 경우 박근혜, 김기춘 등과 순차적으로 공모하여 산하 공공기관 임직원에게 블랙리스트 실행을 지시하고 보고받는 등 직권남용권리행사방해 등의 범죄 혐의가 상당하고, 가담 정도가 중한 자에 대하여 문화체육관광부에 수사의뢰할 것을 권고했다. 산하 공공기관장 및 임원의 경우는 공정하게 기관 업무 수행을 감독, 지시할 의무가 있음에도 이를 저버리고 청와대, 문화체육관광부의 위법한 지시가 소속 임직원에게 전달되어 이행되고 있는 사실을 묵인하거나 오히려 적극적으로 동조하여 직권남용권리행사방해죄의 방조혐의가 상당한 자 및 블랙리스트 실행을 위해 별도 범죄행위를 한 혐의가 상당한 자에 대하여 문화체육관광부에 수사의뢰할 것을 권고했다.

박근혜 전 대통령 탄핵 과정에서 논란이 되었던 문화예술계 블랙리스트가 표면화된 이후 사람들은 분노했다. 왜냐하면 헌법 제22조 제1항 "모든 국민은 학문과 예술의 자유를 가진다"에서 나타나듯 대한민국 국민이라면 누구나 예술과 문화를 자유롭게 누리고 생산할 수 있는 권리가 있기 때문이다. 문화부처 공무원이었던 정은영·김석현 공저 『블랙리스트가 있었다』는 블랙리스트를 폭로하고 자성하는 데 그치지 않고 우리의 문화정책에 대한 '탁월한 시선'을 제시하고 있다. 저자들은 국민 권리로서의 '문화권'을 지키기 위해 "국가는 문화의 보호를 위하여 노력하여야 한다. 그러나 문화적 창조는 국가적 강제로부터 자유로워야 한다"고 강조하였다(The Asia N, 2018.5.28).

문화예술계 블랙리스트, 화이트리스트 파동에서 보듯이 예술창작자들의 표현의 자유, 즉 문화예술 활동의 자유가 문화권 중에서 매우 중요한 권리 중의 하나임을 부인할 수 없는 분명한 사실이다. 나아가 문화의 생산자-소비자의 경계가 모호해지는 생산소비자(prosumer) 문화가 증가하고 개인들의 문화생활의 활성화로 프로같은 아마추어들(proteur)의 활동이 활발해졌다. 동시에 생활문화 활성화를 위한 정책적 지원이 활발히 전개되면서, 모든 사람들이 창조적 소양을 갖고 있고 이를 통해 모든 사람이 창조적 활동을 할 수 있다고 보는 문화 민주주의(cultural democracy)의 관점에서, 문화적 권리는 이제 더 이상 전통적인 창작자, 문화생산자, 예술가들의 표현의 자유로만 한정될 수는 없다. 문화행정과 문화정책의 대상에는 결과적으로 선별적인 우량 '표현'과 '성과'에만 국한하지 않고, 성과(표현물)를 만들어 내고, 보다 나은 생활방식을 구하는 인간의 모든 행동까지도 포함되어야 할 것이다. 그 결과 표현자인 인간이 사는 공공적인 '생활'의 장과 인간의 '교류'의 장, 학습·연구의 장도 문화행정의 대상 영역이 된다. 또한 여기에서 말하는 표현자도 '뛰어난' 프로 예술가만을 의미하는 것은 아니고, 모든 국민이 대상이 된다. 왜냐하면 우수한 '생활'의 장과 '교류'의 장, '학습'의 장이 있는 것이야말로 우수한 '표현'의 가능성이 열리는 것이며, 달성된 '성과'라는 선별적인 조건을 전제로 해서는 무명의 프로페셔널과 다수의 아마추어는 배제되기 때문이다(서순복, 2015).

02 문화와 문화권

문화권을 논의하기에 앞서 먼저 문화의 개념을 이해하고 분석하는 것이 문화권을 규정하는 순서가 될 것이다. 그런데 문화를 일의적으로 개념 정의하기란 결코 용이하지 않다. 윌리엄즈(R. Williams)는 문화를 첫째, 지적, 정신적, 심미적 개발의 일반적 과정, 둘째, 인간이나 시대 또는 집단이 지니고 있는 특정한 생활방식, 셋째, 지적인 활동 특히 예술적 활동의 작품과 실천행위라는 세 가지로 정의하였다(Williams, 1976). 문화를 예술 활동이나 작품과 동일시하는 좁은 의미에서부터, 인간의 지적·심미적 활동을 포함하는 보다 넓은 의미와 심지어 삶의 양식, 생활방식 전체를 일컫는 매우 광범위한 의미로 분류하고 있는데, 문화의 정의와 범위가 매우 다름을 보여주고 있다. 문화는 배부른 자나 유한계급의 전유물이 아니라 생활 그 자체가 되었다. 또한 고급문화와 대중문화의 경계가 무너지고 장르 간 구분이 모호해지면서 서로 다른 문화가 뒤섞여 새로운 문화가 생겨나고 있다. 따라서 협의의 문화, 즉 문화예술은 문화정책의 중요하고 본질적인 대상이 될 수는 있어도 그것이 전부일 수는 없다. 따라서 문화정책 대상으로서의 문화는 그 핵심 영역으로서 협의의 문화, 즉 예술로서의 문화를 기본 초점으로 하면서 광의로서의 문화, 즉 삶의 방식, 사고방식, 행동양식으로서의 문화를 지향하는 유동적인 것으로서, 문화예술 중심의 문화 개념 외연을 보다 넓혀 문화 민주주의(cultural democracy)와 생활문화를 지향하는 차원에서 사람의 의식주에 관한 것을 포함시키고, 나아가 창의성을 개발 활용하는 것이 포함된다고 할 것이다. 문화정책 현실에서 문화체육관광부의 문화산업국이 신설된 1995년 전까지는 문화=문화예술=예술, 1995년부터 2001년까지는 문화=산업, 2002년부터 2005년까지는 문화=콘텐츠로 인식되었지만, 2006년부터는 문화=삶의 총체적인 방식으로 전환되었다(김창규, 2014). 문화기본법 제3조에 있는 문화에 대한 정의 규정을 보면, "문화란 문화예술, 생활양식, 공동체적 삶의 방식, 가치체계, 전통 및 신념 등을 포함하는 사회나 사회 구성원의 고유한 정신적·물질적·지적·감성적 특성의 총체"를 말한다고 하고 있다. 문화예술진흥법 제2조에서 규정하는 바처럼 "문화예술이라 함은 문학, 미술(응용미술을 포함), 음악, 무용, 연극, 영화, 연예, 국악, 사진, 건축, 어문 및 출판"을 예시적으로 열거하는 데에서 벗어나, 문화기본법에서는 문화에 대한 정의를 내리면서 문화정책 주무부처에서 다루는 행정업무 영역에 의존하지 않고, 문화행정 중심의 관점에서 벗어나 문화에 대한 일반적 정의에 충실하고 있다.

문화기본법 제4조에서는 국민의 권리에 관하여 말하면서 "모든 국민은 성별, 종교, 인종, 세대, 지역, 사회적 신분, 경제적 지위나 신체적 조건 등에 관계없이 문화 표현과 활동에서 차별을 받지 아니하고 자유롭게 문화를 창조하고 문화 활동에 참여하며 문화를 향유할 권리를 가진다"고 규정하고, 이러한 권리를 '문화권'이라 정의하고

표 7-1 문화권의 영역과 실천 사례

운동 영역	문제 설정	이론적 검토	구체적인 실천 사례
표현의 자유의 권리	문화생산자의 권리 문화소비자의 권리	만들 권리/볼 권리 감수성의 정치	• 표현의 자유 침해법률 개폐 • 청소년들의 문화적 권리
소수자의 문화적 권리	• 청소년 문화권 • 동성애 문화권 • 이주노동자 문화권	소수자의 정의 소수문화의 검토	• 대안적 청소년 문화 활동 확대 • 동성애 문화 커뮤니티 확대 • 이주노동자 문화적 활동 보장
문화적 접근의 권리	• 퍼블릭 엑세스운동 • 문화시설의 공공성 • 시청자주권운동	공공문화의 정의 퍼블릭 엑세스운동	• 문화기반시설의 이용 확대 방안 • 시민들의 자치문화 활성화
문화공공 서비스의 권리	• 문화비용의 증가 • 주 5일 근무제 실시	공공문화서비스의 개념	• 문화이용료 인하 운동 • 문화소외자의 문화향수권 확대
문화예술교육의 권리	• 평생교육권 • 문화재생산교육	문화교육의 이념과 방법	• 문화예술교육의 확대 • 평생교육으로서 문화예술교육
공간 환경의 권리	도시생태권	• 문화, 도시, 생태에 대한 이론학습	• 난개발반대 문화행동 • 보행권 확대 • 도시생태공간의 확대

출처: 이동연(2018).

있다. 시민권과 참정권에 이어서 총체적인 개념에서 차별 없이 자유롭게 문화를 창조하고 문화 활동에 참여하며 문화를 향유할 권리를 가지는 것으로 문화권에 대하여 명시하고 있다.

국민 모두를 위한 문화정책을 전개함에 있어 국민 누구나 문화 활동에 참여할 수 있는 문화권(cultural right)의 확립이 필요하다(진혜영 · 고재욱, 2016). 정치적 · 경제적으로 잘 살 권리 이외에, 일상에서 누려야 할 권리, 자기 삶을 스스로 조직할 수 있는 권리에 대해서는 잘 인식하지 못하고 있다. 복지국가를 지향하는 사회에서는 사람들이 문화를 즐기고 누릴 수 있는 문화권과 같은 삶의 질의 향상을 중시하는 방향으로 가고 있다. 지방자치의 본격적 실시에 따른 분권화 실시 과정에서 문화권 개념에 대한 올바른 이해로 모든 국민이 문화적으로 살 수 있는 권리에 대한 자각이 이뤄져야 한다.

03
문화국가와 문화권

헌법상 기본 원리인 국민주권의 원리, 민주주의 원리, 대의제의 원리, 권력분립의 원리, 법치국가의 원리, 복지국가의 원리 등과 비교하여, 특히 문화 영역에 대한 이른바 '문화국가 원리'는 오늘날 주요한 헌법상 기본 원리로 발전하여 다양하게 설명되고 있다(이세주, 2015). 또 문화국가의 원리와 관련한 헌법재판소의 여러 결정에서도

'문화국가' 또는 '문화국가의 이념 구현' 등의 표현을 통해 '문화국가 원리'에 대해 언급하고 있다.[1)]

민주국가의 헌법은 국민주권을 근간으로 삼아 모든 국민에게 인간으로서의 존엄성을 존중받고 인간다운 생활을 영위할 권리가 있음을 밝히고 있다. 그런데 인간다운 생활의 보장을 위해서는 물질적 조건과 함께 문화적 삶이 필수적이기 때문에 문화국가의 존립 이유는 바로 이런 헌법 이념에 있다고 해석할 수 있다. 또한 헌법은 전통문화의 계승과 발전 및 민족문화 창달을 위한 국가적 노력을 명백히 규정하고 있다. 그러나 헌법 규정은 추상적이고 일반적이기 때문에 문화국가를 구현하는 방식은 일차적으로 정부의 문화정책에 의존할 수밖에 없다.

문화국가란 문화의 창조·유지·발전을 최고의 목적으로 하는 국가이다. 문화국가는 문화의 자율성과 독립성을 존중하면서, 공동체의 다양성과 사회의 창의성을 토대로 건전한 문화의 육성과 발전이라는 목적을 위한 국가의 역할을 통해, 문화 영역에서의 실질적인 자유와 평등을 실현시키려는 국가라고 말할 수 있다(성낙인, 2014; 김수갑, 2004 참조). 문화의 자율성이란 기본적으로 자유로운 문화 활동의 보장이며, 다양한 형태와 내용을 갖는 문화 활동의 자유가 보장된다는 것을 의미한다. 문화적 자율성을 위한 국가의 의무는 문화 활동에 대한 국가의 문화정책적 중립성과 불개입이라고도 할 수 있다. 문화에 대한 '불편부당의 원칙(Prinzip der Nichtidentität)'에 의해 국가는 특정 문화 내용을 우대하거나 일정한 문화 현상을 선호하는 등의 경향을 보이거나 영향력을 행사하지 않는 것이 가장 바람직한 문화정책이라 할 것이다(계희열, 2002; 허영, 2014).

문화 영역에서의 실질적인 자유와 평등의 실현, 그리고 문화보호와 건전한 문화육성 및 발전이 문화국가 원리의 궁극적인 목적을 의미한다. 헌법에서 논의되는 문화국가는 문화의 자율성을 보장하면서, 다른 한편으로 문화발전을 위해 적극적으로 문화를 보호 및 육성하는 국가를 의미하며(한수웅, 2015), 이를 실현시키기 위한 내용들로 구성된 헌법상 기본 원리가 문화국가의 원리라고 할 수 있다. 헌법의 궁극적인 존재 목적인 인간의 존엄과 가치의 존중은 문화와 밀접한 관련성을 갖고 있다고 할 수 있다. 인간의 존엄과 가치는 올바르고 건전한 문화를 토대로 나타나고 지켜질 수 있으며, 이렇게 문화적으로 형성된 올바른 인격을 소유한 모든 공동체 구성원들에 의해 인간의 존엄과 가치가 좀 더 실질적으로 존중되고 보장될 수 있다.

우리 헌법상의 문화국가 원리는 독일법의 영향을 받아 발전된 것이다. 피히테(J. G. Fichte)에 의해 최초 사용되어 후버(E. R. Huber)가 이 다의적인 개념을 체계화하였는데, 그는 문화국가(Kulturstaat)를 "문화의 국가로부터의 자유", "국가의 문화에 대한 봉사", "국가의 문화형성력", "문화의 국가형성력", "문화적 산물로서의 국가"라고 정의했다(강기홍, 2016 재인용). 문화국가는 문화와 국가의 관계를 정의한 것으로서, "문화의 국가로부터의 자유"는 문화의 고유 목적이 정치나 종교 등에 의해 왜곡되지 않고 문화의 자율성이 국가에 의해 인정된다는 것을 의미한다. "국가의 문화에 대한 봉사"란 국가가 문화를 보호, 관리, 전승, 진흥에 힘쓴다는 의미이다. "국가의 문화형성력"이란 국가가 문화의 자율성 인정을 전제로 문화를 능동적으로 형성할 권한을 향유한다는 의미이다. "문화의 국가형성력"이란 문화가 국가를 형성하는 힘을 갖는다는 것으로, 국가의 문화에 대한 지배는 곧 문화의 국가에 대한 지배로 전환된다는 것이다. "문화적 산물로서의 국가"란 국가를 문화적 산물, 내지 문화조직체로 이해하면서 이때의 국가는 문화형성력과 문화의 국가형성력을 동시에 모두 실현한다는 의미이다.

현행 헌법 규정 중에 문화국가 원리의 실현과 관련하여 직·간접적으로 관련이 있는 규정들이 있다. 이를 자유로운 문화 활동의 기본권적 보장이라는 공통분모를 통해 문화와 관련한 내용을 갖는 이른바 '문화적 기본권'으로 분류해 본다면, 특히 헌법상 학문의 자유, 예술의 자유, 양심의 자유, 종교의 자유, 교육의 자유, 그리고 언론의 자유 등이 문화 및 자유로운 문화 활동과 관련된 대표적인 문화적 기본권의 범주에 속한다 할 수 있다(이세주, 2015). 헌법이 문화적 기본권을 통해 국가 생활공동체 구성원들의 자유로운 문화 활동과 문화생활이 가능하도록 보장하며, 이에 기반한 자유로운 문화형성과 발전이 가능할 수 있는 다양한 기본 조건들을 제시하고 보장한다는 의미로 이해할 수 있다. 자율성·개별성·고유성·다양성·창조성 등으로 표현되는 문화는 기본적으로 사회의 자율 영역을 바탕으로 하고, 문화적 기본권은 문화의 형성과 발전에 필요한 견해와 사상 등의 다양성을 그 본질로 하는 문화국가 원리의 필수적인 조건이라고 할 것이다.2)

04
문화권에 관한 국제적 담론

문화권에 관한 논의들은 제2차 세계대전 이후 주로 국제기구들에 의해 주도되었다. 문화권에 관한 규정은 근대 헌법의 기본권 체계에서는 주목받지 못하다가 「세계인권선언(Universal Declaration of Human Rights)」(1948)을 통해 인정되기 시작하였다.[3] 「세계인권선언」 제22조(사회보장의 권리)에 "경제적, 사회적, 문화적 권리"라는 문언이 등장하고, 제27조(문화적 권리)에서 "모든 사람은 자유롭게 사회의 문화생활에 참가하고, 예술을 감상하고, 과학의 진보와 그 혜택을 활용할 권리를 가진다"라고 규정하고 있다. 1966년에 국제연합 총회에서 채택된 국제인권규약(International Covenant on Economic, Social and Cultural Rights, A 규약)은 그 제목이 "경제적, 사회적 및 문화적 권리에 관한 국제규약"인 것이다. 동법 제15조는 "문화적인 생활에 참가할 권리"라고 표제를 붙이고, 문화적인 생활에 참가하는 권리, 과학의 진보 및 그 이용에 따른 이익을 향수할 권리, 자기의 과학적 · 문학적 · 예술적 작품에 의해 생기는 정신적 및 물질적 이익이 보호받을 권리" 세 가지를 들고 있다. 문화권에 대해 명시적으로 규정한 「세계인권선언」에 있듯이, 모든 사람은 자신들의 문화를 창작할 권리와 문화를 향수할 권리를 가진다는 것은 인권정책의 기본적인 이념이다.

문화적 권리에 관한 정의, 이론적 연구, 영역의 개발은 유네스코(UNESCO)에 의해 주도되었다. 크게 세 단계로 구분할 수 있다(이동연, 2018: 32). 「세계인권선언」에 나온 1948년부터 "경제적, 사회적, 문화적 권리에 관한 국제규약"에 제출된 1976년까지는 문화적 권리에 관한 보편적 정의와 공통의 문제의식을 공유하는 시기라 볼 수 있다. 1976년부터 세계무역기구(WTO) 출범 이전인 1994년까지는 주로 제3세계 국가들의 언어와 문화유산, 소수민족의 문화에 대한 보호를 목적으로 했다. WTO 출범 이후 현재까지는 세계화의 과정에서 문화의 독점을 막고 문화적 다양성을 확보하려는 국제문화단체들의 연대가 가시화되고 있다.

유네스코의 "대중의 문화적 생활에의 참가 및 기여를 촉진하는 권고"(1976)에서, "문화적인 생활에 참가"는 "모든 집단 또는 개인이

표 7-2 유네스코의 문화권 관련 규정

규 약	주요 내용
세계문화보고서	국가정책은 문화를 국민의 기본권의 하나로 인식해야 하며, 문화권의 신장을 정치적, 경제적 사회정의를 구현하기 위한 노력의 일부로 규정해야 한다.
인종과 인종편견에 관한 선언(1978)	출신에 근거를 둔 정체성을 인정한다 해도, 인간은 다르게 살 수 있고 다르게 살기 마련이라는 사실은 변함이 없으며, 문화, 환경, 역사적 다양성에 기초한 차이가 존재하는 현실을 부정할 수 없고, 문화정체성을 지킬 수 있는 권리 또한 배제할 수 없다(제1조).
일반 대중의 문화생활에 대한 참여 및 기여에 관한 권고(1976)	최대한 많은 사람과 단체가 그들의 자유로운 선택에 따라 다양한 활동에 참여하게 하는 것이 기본적인 인간의 존엄과 가치를 증진시키는데 핵심이 되는 가장 중요한 요소이다. 문화 가치 형성에 일반 대중이 참여하기 위해서는 사회적, 경제적 여건이 마련되어야 한다. 이러한 전제 위에서 일반 대중은 문화 혜택을 향수할 수 있고, 나아가 문화 발전 과정에서 문화생활 전 분야에 걸쳐 적극적으로 참여할 수 있게 될 것이다(서문).
멕시코시티 문화정책선언(1982)	모든 문화는 고유하고 대체 불가능한 가치의 실제를 담고 있다. 그 이유는 각 민족의 전통과 표현체계로 이루어진 문화는 세계에서 그들의 존재를 표현할 수 있는 가장 효율적인 수단이기 때문이다(제1원칙).

출처: 정광열(2017) 재인용.

자신 인격의 전면적인 발달, 조화로운 생활 및 사회의 문화적 진보를 목적으로, 자기를 자유롭게 표현하고, 전달・행동하고, 한편으로는 창조적 활동에 종사하는 것을 보장하는 구체적인 기회"라고 정의하고 있다. 다시 말해 '자기실현'과 '커뮤니케이션'과 '창조'가 이 내용의 핵심어이다. 자기실현과 창조란 외부에 향한 표현 행위라는 면에서 보아 같은 의미라고 볼 수 있을 것이다. 다음으로 인격의 발달, 사회의 문화적 진보와 관련하여, 외부에서의 정보 취득에 해당하는 학습 기회가 보장되어야 한다는 점이다. 즉, '표현', '커뮤니케이션', '학습'의 기회가 보장되는 것이 '문화적인 생활에 참가하는 권리'의 내용인 것이다. 그리고 이것은 바로 '문화적으로 살아가는 권리'의 내용인 것이다(中川幾郎, 1995). 표현하고 창조하는 권리, 의사소통(교류)하는 권리, 학습하는 권리란 스스로의 의사를 나타내고, 다른 사람(他者)이나 사회와 어울려, 학습하고 축적하고, 다시 자신을 높이는 것이다. 여기서 시민자치의 본래의 모습을 생각할 때, 노인에게도 아이들에게도 남성에도 여성에게도 장애를 갖고 있는 사람에게도, 그리고 국내 거주 외국인에게도, 모든 시민에게 이 세 가지 권리가 제대로 보장되어야 한다는 점이 필수조건이다. 이러한 문화권에는 창의성의 증진, 시민참여의 보장, 고객자율성 보장, 고객의 생활경험과 생활감각에 대한 존중 등이 그 내용으로 포함되는 것이 바람직하다.

우리나라에서 문화권은 2003년 국가인권위원회에서 권고한 '문화권 국가 실행계획(NAP)' 이래, '문화헌장 제정'(2004), 그리고 '문화기본법'(2013) 제정을 통해 발전되어 왔다.

05
문화권의 유형과 내용

기본권은 주체, 성질, 내용, 효력 등의 기준에 따라 다양하게 분류될 수 있다. 기본권은 내용에 따라 자유권, 평등권, 청구권, 참정권 등으로 분류된다. 문화권과 관련하여 문화권, 문화적 기본권, 문화적 권리, 문화향유권 등이 혼용되고 있는 것이 현실이다. 다만 문화권을 문화향유권으로 축소해석하는 것은 예술가의 권리와 문화생산자 위주의 접근이며, 다양한 문화적 권리, 특히 문화 창조와 적극적인 문화 활동 참여권을 소홀히 한다는 점에서 문제가 있다. 이 글에서는 문화권, 문화적 권리, 문화기본권을 상호교환적으로 사용하기로 한다.

유네스코에서는 문화권을 ① 신체적 문화적 생존권리, ② 문화공동체와 연계하고 동일화하는 권리, ③ 문화적 정체성을 존경할 권리, ④ 유 · 무형 문화유산에 대한 권리, ⑤ 종교적 믿음과 실천에 대한 권리, ⑥ 의사 및 표현과 정보의 자유에 대한 권리, ⑦ 교육의 선택과 학습에 관한 권리, ⑧ 문화정책의 내실화에 참여할 권리, ⑨ 문화적 삶에 참여하고 창조할 권리, ⑩ 내적인 발전을 선택할 수 있는 권리, ⑪ 사람들 스스로의 신체적 문화적인 환경에 관한 권리 등으로 분류하였다(정광열, 2017: 37–38 재인용).

유럽의회의 '문화권에 관한 종합보고서(Reflections on Cultural Rights Synthesis Report)'에서는 ① 다양한 문화들을 선택하고 그 문화들을 표현할 수 있는 자유, ② 문화접근의 권리, ③ 문화의 이점을 즐기고 그 이점들을 보호할 것을 포함하는 권리, ④ 문화발전에 공헌할 권리, ⑤ 문화의 민주화를 증진시키기 위해 기회를 평등화하고 차이를 없애는 권리, ⑥ 확장의 방법에로의 접근의 권리, ⑦ 국제적인 문화 협력의 권리, ⑧ 정보를 알 권리 등으로 유형화하였다.

린들(V. Prott Lyndel)은 문화권의 내용을 다음과 같이 열한 가지로 설명하였다(Lyndel, 1986). ① 문화권 존재의 본질적 기초가 되는 종교의 자유 집회결사의 자유와 함께, 문화권은 표현의 자유를 내포한다. ② 교육을 받을 권리, ③ 자녀들에게 주어진 교육의 종류를 선택할 부모들의 권리, ④ 지역사회공동체의 문화적 삶과 활동에 참여할 권리, ⑤ 예술적, 문학적, 과학적 작품의 보호에 대한 권리, ⑥ 문화 발전에 대한 권리민족의 정체성, 전통, 언어 및 문화유산 존중의 권리, ⑨ 사람들이 자신의 예술적, 역사적, 문화적 부(富)를 누릴 권리, ⑩ 외래문화를 강요당하지 않을 권리, ⑪ 인류의 공동유산을 동등하게 향유할 권리 등이다. 앞의 5개 권리는 개인적 차원의 문화권이며, 뒷부분 6개 문화권은 인간으로서 누리는 권리이다.

한편 김수갑(2012)은 문화권을 ① 협의의 문화 영역에서의 문화권(학문의 자유, 예술의 자유, 종교의 자유, 교육권), ② 문화 활동의 소산 및 지적 · 정신적 창조물로서의 문화권(문화재향유권, 지식재산권), ③ 문화적 자율성과 문화적 다양성을 보장하기 위한 문화권(양심의 자유, 표현의 자유), ④ 개인의 창의성 제고 및 감수성 풍부한 삶을 영위하기 위한 문화권(레저 · 스포츠권, 관광권) 등으로 유형화하였다.

독일의 연방공화국기본법(Bonn 기본법)에는 '문화권' 규정이 있을 뿐만 아니라, 주헌법에도 '문화권' 규정이 있다. 기본법 및 각 주 헌법의 문화권에 관한 규정의 요지는 다음과 같다. ① 예술의 자유, ② 예술진흥 또는 문화진흥에 관한 규정, ③ 예술가의 보호, ④ 문화적 생활에의 참가, ⑤ 문화적 풍습의 보호, ⑥ 문화적 소수자의 보호가 그것이다. 독일 전체에 있어서 문화기본법은 국민의 예술표현의 자유를 보장하는 자유권적 측면과 국민의 예술에의 접근(access)을 보장하는 사회권적 측면을 원칙으로 하고 있다. 문화권의 원칙은 다음과 같이 정리할 수 있다(小林眞理, 1998). ① 지역주의 · 분권의 원칙, ② 예술의 자유의 원칙, ③ 문화적 다양성, 민주주의 원칙, ④ 시민참가의 원칙이다. "문화적으로 살 권리"는 국민, 시민의 기본적 인권의 하나로 되어 있다.

이 글에서는 문화권을 평등권적 문화권, 자유권적 문화권, 사회권적 문화권으로 나누어 설명하고자 한다.

평등권적 문화권

평등권은 기본권 보장의 최고 원리로서 기본권 중의 기본권이라고 할 수 있다. 평등권은 소극적으로는 차별금지, 적극적으로는 기회균등 보장이라는 측면이 있다. 차별금지를 위해서 문화다양성에 관한 권리가 강화되어야 할 것이며, 기회균등을 위해서는 사회권적 문화권과 문화복지의 확대 강화가 필요하다. 문화적 소수자 및 문화적 기반이 취약한 지역, 정보문화접근권이 부족한 사람들에 대한 적극적인 기회균등 정책과 이를 위한 기본권 강화가 필요하다. 문화예술교육의 평등, 문화향유와 참여의 평등이 필요하다. 문화시설의 지역 불균형 문제는 산술적 · 기계적 평등이 문제가 아니고, 최저한의 문화시설 충족을 토대로 지역 여건과 시민참여와 수요를 고려한 탄력적 집행이 필요하다고 본다. 평등권적 문화권은 문화생활 영역에서의 평등뿐만 아니라, 문화 지원에 있어서의 공정과 평등을 내포한다.

문화기본법은 그 기본 이념 규정에서 "개인이 문화 표현과 활동에서 차별받지 아니하도록" 하여야 한다고 하고 있고(제2조), 모든 국민은 성별, 종교, 인종, 세대, 지역, 정치적 견해, 사회적 신분, 경제적 지위나 신체적 조건 등에 관계없이 문화 표현과 활동에서 차별을 받지 아니하고 자유롭게 문화를 창조하고 문화 활동에 참여하며 문화를 향유할 권리, 즉 문화권을 가지며(제4조), 이는 "차별없는 문화복지"의 증진으로 구체화되고 있다(제7조 제4호). 이러한 입법자의 의도는 두 가지 의미를 내포한다고 볼 수 있다. 첫째는, 문화 활동의 중심 주체인 예술가에게 기본권으로 '예술적 권리(Kunstrecht)' 내지 '예술 활동의 자유(Kunstfreiheit)'가 보장되어야 한다는 것이다. 둘째는, 예술권을 통해 창작된 예술품, 공연, 상연, 전시 등에 대해 위법·부당한 차별이 없는 접근이 일반인과 경제적 빈곤자에게 보장되어야 한다는 것이다. 후자는 특히 문화복지에 관한 사항이다(강기홍, 2016).

자유권적 문화권

자유권적 문화권은 문화적 표현에 대한 통제와 검열을 거부하고, 국가가 국민의 문화 영역에 관한 권리를 인정하는 것이 문화의 자율성 확보를 위해 가장 기본적인 역할임을 전제로 하고 있다. 이는 "어떤 문화를 어떻게 향수하거나 창조할 것인가" 하는 문제로서, 사상과 학문의 자유와 더불어 개인 내면의 정신적 활동에 관계되는 일이며, 국가권력이 개입하거나 내용을 결정해서는 안 된다는 것을 의미한다. 즉, 문화적 활동을 다채로운 인간 활동의 일종으로 간주함으로써 '사상 · 양심의 자유', '표현의 자유', 그리고 '학문의 자유'에서 문화적 권리를 보장받아야 한다는 견해이다. 우리 헌법 제19조에는 양심의 자유, 제20조에는 종교의 자유, 제21조에는 언론출판의 자유, 제22조에는 학문과 예술의 자유와 같은 자유권적 기본권들이 규정되어 있다. 자유권적 문화권은 표현의 자유를 인정하는 것인 동시에, 국가로부터의 존중을 요구한다. 다시 말해, 국가는 자유권적 기본권으로서의 문화권을 침해하지 않으면서, 문화예술 진흥을 촉진시켜야 한다. 문화예술적 표현은 국가의 적극적인 진흥정책에 따라 더욱 풍부한 상상력과 창의력에 대한 기대일 수 있기 때문이다(임정희, 2003).

예술의 자유는 아름다움(美)을 추구하는 활동의 자유로서, 자유로운 인격의 창조적 발현을 위한 주관적 공권이면서, 또한 문화국가원리에 입각한 제도로서의 예술을 보장해야 한다는 객관적 가치질서로서의 성격을 지닌다(허영, 2017; 성낙인, 2010). 따라서 자유권의 경우에도 소극적인 침해금지를 넘어서 자유를 보장할 수 있는 적극적인 활동을 위한 기본권 보장이 필요하다.

예술의 자유는 크게 예술창작의 자유, 예술표현의 자유, 예술적 집회결사의 자유를 그 내용으로 한다. 예술창작의 자유는 예술창작활동을 할 수 있는 자유로서 창작소재, 창작형태 및 창작 과정 등에 대한 임의로운 결정권을 포함한 예술창작 활동의 자유를 그 내용으로 한다.[4] 예술표현의 자유는 창작한 예술품을 전시 · 공연 · 보급할 수 있는 자유, 작품의 경제적 활용 등 재산권의 보호, 예술가로서의 직업의 자유를 포함한다. 예술품 보급의 자유와 관련해서 예술품 보급을 목적으로 하는 예술출판사 등도 이런 의미에서의 예술의 자유의 보호를 받는다. 예술적 활동을 위한 집회결사의 자유는 예술 활동을 위해 예술단체를 구성하고 예술행사 등 집회를 개최하고 결사를 조직할 수 있는 자유로서, 종교의 자유, 학문의 자유와 마찬가지로 일반적 집회결사의 자유보다 더 강한 보호를 받는다. 예술창작의 자유는 절대적 자유이나, 이를 표현하는 예술작품의 전시는 표현의 자유와 같은 제한을 받는 상대적 자유이다(김철수, 2013). 이와 관련하여 헌법은 어떤 형태로든 검열을 금지하고 있다. 예술의 자유는 표현의 자유와 검열금지만으로 접근하기 어려운 한계가 있다. 예술의 자유와 표현의 자유의 실질적 보장을 위해서는 예술에서의 자율성, 지원의 공정성 등이 보장되어야 한다(정광열, 2017). 블랙리스트나 화이트리스트와 같은 사태가 재발되지 않도록 예술지원의 심의 평가가 또 다른 검열이 되지 않도록 하기 위한 제도적 장치가 필요하다.

예술의 자유는 국가안전보장・질서유지 또는 공공복리를 위해 필요한 경우에는 법률로써 제한할 수 있으며, 타인의 권리와 명예 또는 공중도덕이나 사회윤리를 침해해서는 안 된다(헌법 제21조 제4항).

사회권적 문화권

자유권은 자유주의와 형식적 평등에 기초를 둔 반면, 사회권은 공동체주의와 실질적 평등에 기초를 두고, 자유권은 국가의 부작위를 요청하는 소극적 방어권 성격을 지닌데 비해, 사회권은 국가의 작위를 요청하는 급부청구권의 성격을 갖는다.

사회권적 문화권은 주로 생존권의 차원에서 논의된다. '건강하고 문화적인 최저한도의 생활'을 할 이 권리에서, '최소한도의 생활수요'의 구체적 판단은 문화의 발달정도와 국민경제의 진전과 관련된다. 우리 사회에서는 생존권은 경제생활면에 한정되어 받아들여지고 있으나, 오늘날 건강하고 문화적인 생활이 단순히 경제적인 생활보장만으로는 불충분하다는 것이 주지의 사실인 이상, 생존권의 이해는 보다 확장된 의미의 생활권으로 이해되어야 한다. 이는 고전적인 생존권 개념을 기반으로 하면서도, 현대 사회에서의 생활 환경 변화를 '인간다운 생활을 추구할 권리'(헌법 제34조 제1항)에 적극적으로 결합시켜 '인간으로서의 존엄과 가치를 지키며 행복을 추구할 권리'(헌법 제10조)로 발전시킨 것이다. 인간다운 생활을 할 권리(헌법 제34조)는 여타 사회적 기본권에 관한 이념적 목표를 제시한다. 사회권적 문화권은 다음과 같이 나누어 보고자 한다.

첫째, 문화를 향유할 권리(문화기본법 제4조), 즉 문화향유권을 들 수 있다. 문화향유권은 차별금지와 기회균등이라는 평등권 관점에서 소극적으로 보장되어 왔지만, 문화국가에서 실질적인 문화향유권 보장을 위해서는 적극적인 정부 재정지원이 뒷받침되어야 한다. 국민의 문화향유권을 대폭 확충하여 지역, 계층, 세대 간 문화 격차를 해소하고, 소외계층과 서민중산층을 위한 문화시설을 확충하고, 문화수혜자가 직접 참여할 수 있는 프로그램의 개발과 보급에 역점을 두어야 한다. 전통적인 문화 기회균등 차원에서 나아가, 문화시설 및 활동 접근에 제약이 있는 계층을 위한 실질적인 문화 기회의 평등이 보장되어야 한다. 국민은 누구든지, 언제든지, 어디서든지 문화시설과 활동에 참여와 향유의 주체가 되는 문화정책이 전개되어야 한다.

둘째, 문화예술교육을 받을 권리를 들 수 있다. 문화생활을 누리고 참여하며, 문화 민주주의를 위해서는 문화예술교육이 필수적이다. 교육은 개인이 인격을 형성하고 인간다운 생활을 할 수 있는 토대가 된다. 교육을 받을 권리는 국가에 의한 교육조건의 개선·정비와 교육기회의 균등한 보장을 적극적으로 요구할 수 있는 권리로 이해되고 있다.[5] 이 권리는 국민이 직접 특정한 교육 제도나 학교시설을 요구할 수 있는 권리라기보다는 모든 국민이 능력에 따라 균등하게 교육을 받을 수 있는 교육 제도를 제공해야 할 국가의 의무를 규정한 것이다.[6] 모든 국민은 성별, 종교, 신념, 사회적 신분, 경제적 지위 또는 신체적 조건 등을 이유로 교육에 있어서 차별을 받지 아니하며(교육기본법 제4조 제1항), 국가와 지방자치단체는 학습자가 평등하게 교육을 받을 수 있도록 교육여건 격차를 최소화하는 시책을 마련하여 시행하여야 한다. 평생교육이란 학교의 정규교육 과정을 제외한 학력보완교육, 성인 문자해득교육, 직업능력 향상교육, 인문교양교육, 문화예술교육, 시민참여교육 등을 포함하는 모든 형태의 조직적인 교육 활동을 말한다(평생교육법 제2조 제1항). 학교문화예술교육과 사회문화예술교육으로 구분되는 문화예술교육은 모든 국민의 문화예술 향유와 창조력 함양을 위한 교육을 지향하며, 모든 국민은 나이, 성별, 장애, 사회적 신분, 경제적 여건, 신체적 조건, 거주지역 등에 관계없이 자신의 관심과 적성에 따라 평생에 걸쳐 문화예술을 체계적으로 학습하고 교육받을 수 있는 기회를 균등하게 보장받는다(문화예술교육지원법 제2조 제1항, 제3조).

셋째, 예술인의 권익 보호이다. 저작자, 발명가, 과학기술자와 예술가의 권리는 법률로써 보호한다(헌법 제22조 제2항). 실제적으로 창조적 활동에 있어 결정적인 역할을 하는 예술가들의 권익이 우선적으로 보호될 필요가 있다. 예술 활동을 업(業)으로 하여 국가를 문화적, 사회적, 경제적, 정치적으로 풍요롭게 만드는 데 공헌하는 예술인은 문화국가 실현과 국민의 삶의 질 향상에 중요한 공헌을 하는 존재로서 정당한 존중을 받아야 한다. 모든 예술인은 자유롭게 예술 활동에 종사할 수 있는 권리가 있으며, 예술 활동의 성과를 통하여 정당한 정신적, 물질적 혜택을 누릴 권리가 있다. 모든 예술인은 유형·무형의 이익 제공이나 불이익의 위협을 통하여 불공정한 계약을 강요당하지 아니할 권리를 가진다(예술인복지법 제3조). 문화예술용역과 관련된 계약의 당사자는 대등한 입장에서 공정하게 계약을 체결하고, 신의에 따라 성실하게 계약을 이행하여야 하며(동법 제4조의3), 문화예술기획업자는 예술인의 자유로운 예술창작 활동 또는 정당한 이익을 해치거나 해칠 우려가 있는 불공정행위를 하거나 제3자로 하여금 이를 하게 하여서는 아니 된다(동법 제6조의2). 한국예술인복지재단은 예술인이 산업재해보상보험에 가입하는 경우 예술인이 납부하는 산업재해보상보험료의 일부를 지원할 수 있다(동법 제7조).

넷째, 문화참여권을 들 수 있다. 국민들이 행복추구를 위해 주체적이고 적극적인 문화 활동의 권리, 생활문화 활동의 권리가 보장되어야 한다. 문화참여권의 실질적 보장을 위해서는 지역균형의 관점이 강화되어야 한다(정광열, 2017: 120). 인구절벽 인구소멸 시대를 맞아 전국적으로 인구감소 추세가 나타나고, 특히 대도시를 제외하면 이런 경향이 가속화되어 가고 있는 상황에서, 문화참여권은 생존권적 차원에서 중요하다. 국가와 지방자치단체는 생활문화를 활성화하기 위하여 주민 문화예술단체 또는 동호회의 활동을 지원할 수 있으며(지역문화진흥법 제7조), 국가와 지방자치단체는 지역 간 문화 격차 해소와 지역문화의 균형발전을 위하여 농산어촌 등 문화환경이 취약한 지역에 필요한 지원과 시책을 강구하여야 한다(지역문화진흥법 제9조). 전문 문화생산자뿐만 아니라, 문화소비자인 일반 국민들도 문화창조 활동에 적극 참여할 수 있는 여건이 조성됨으로써 문화 민주주의를 구현할 수 있어야 한다.

다섯째, 문화환경권을 들 수 있다. 헌법에서 말하는 건강하고 쾌적한 환경에서 살 권리(헌법 제35조)에서의 '환경'은 자연환경과 생활환경 및 쾌적한 주거생활의 권리를 주로 의미하지만, 사회적·문화적 환경까지 포함되어야 할 것이다.7) 기존의 환경권은 주로 자연환경 및 주거환경 등에 초점을 두어 왔기 때문에, 문화참여와 향유를 위한 환경, 지역사회와 행복추구를 위한 개인적 삶에 관한 환경, 역사적·문화환경 등 문화환경권을 강화할 필요가 있다. 국가와 지방자치단체는 각종 계획과 정책을 수립할 때에 문화적 관점에서 국민의 삶의 질에 미치는 영향을 평가, 즉 문화영향평가를 하여 문화적 가치가 사회적으로 확산될 수 있도록 규정하고 있지만(문화기본법 제5조 제4항), 문화영향평가를 보다 강화해야 할 것이다.

06

문화권의 효력

문화권은 하나의 권리가 아니고, 앞서 살펴본 바와 같이 다양한 권리의 집합이다. 이러한 문화권을 보장하는 것은 국가의 의무이지만, 문화권 규정이 직접적으로 국가권력을 구속하는지(구체적 권리설), 법률에 의하여 구체화되어야 효력을 발휘하는지(추상적 권리설)에 대하여 견해가 나뉜다. 국가는 개인이 가지는 불가침의 기본적 인권을 확인하고 이를 보장할 의무를 진다(헌법 제10조 제2항). 즉, 국가는 기본권을 침해해서는 안 되는 부작위 의무를 지닌다. 또한 국가는 기본권 보호를 위해 필요한 조치를 취해야 하는 적극적인 작위 의무가 있다. 기본권 보장은 '최대한 보장의 원칙'이 적용된다.[8] 국가의 부작위를 요청하는 방어권으로서의 소극적 기본권인 자유권의 경우 국가의 기본권에 대한 제한은 최소한에 그쳐야 한다. 한편 국가의 적극적인 작위를 요하는 급부청구권으로서의 적극적 기본권, 즉 사회권의 경우 적절하고 효율적인 최소한의 조치 이상을 취해야 한다(양건, 2009).

평등권적 문화권과 자유권적 문화권은 인간의 존엄과 가치와 관련성이 있기 때문에, 일반 자유권이나 평등권과 같이 구체적인 권리성을 갖게 된다. 평등권적 문화권의 경우에는 문화생활의 기회균등을 위해 정부의 적극적인 개입 활동이 요청되기 때문에, 기회균등 규정을 근거로 지역 간 문화생활 기회의 차이를 이유로 입법 부작위에 대해 헌법소원이 인용될 수 있는가에 대해 논란이 있다. 평등권적 문화권의 구체적 권리설은 차별금지에는 명백하게 적용될 수 있지만, 기회균등의 경우에는 추상적 권리설의 관점이 주장되기도 한다(정광열, 2017). 사회권적 문화권의 효력에 대해서는 ① 개인의 권리가 아니라 단순히 입법 방침을 규정한 것이라는 프로그램 규정설, ② 개인이 입법을 요구할 수 있는 법적 권리이지만 이를 구체화하는 법률이 제정되어야 행사할 수 있다는 추상적 권리설, ③ 국가에 의한 침해 배제를 청구할 수 있고, 국가의 입법 부작위에 대해 그 위헌성을 재판을 통해 확인받을 수 있다는 구체적 권리설로 나뉜다(양건, 2009; 정광열, 2017). 이에 관해 판례의 입장은 명확하지 않고, 학설은 추상적 권리설 내지 제한적인 구체적 권리설이 다수설이다.

07
문화권의 향후 쟁점

일찍이 김구 선생은 "나는 우리나라가 세계에서 가장 아름다운 나라가 되기를 원한다. 가장 부강한 나라가 되기를 원하는 것은 아니다. … 오직 한없이 가지고 싶은 것은 높은 문화의 힘이다. 문화의 힘은 우리 자신을 행복되게 하고 나아가서 남에게 행복을 주겠기 때문이다"라고 하였다. 정부 수립 이후 체제유지를 위해 문화가 정권에 의해 악용되기도 하고 예술창작 활동이 검열을 받기도 하고, 정권에 비판적인 문화예술인들에게 불이익을 줄 목적으로 블랙리스트를 작성하기도 하였다. 사람은 스스로 선택한 문화생활을 누리면서 자신의 고유한 문화 활동을 해 나갈 수 있는 권리가 있다(유네스코 세계문화다양성선언, 2001). 국민 누구나 삶의 행복을 위해 스스로 문화적 권리를 실현할 수 있으며, 국가는 개인이 권리를 실현할 수 있도록 여건을 조성해야 한다. 헌법에 보다 적극적으로 문화국가의 원리와 개인의 문화권을 반영하고 문화권을 강화하여, 국가 문화정책의 기초로 정립되어야 한다. 국민들의 문화향유 기회가 전면적으로 확대되고, 문화권 실현을 위한 여가친화적 사회환경이 조성되며, 문화권 실현을 위한 문화예술교육 등 세부 권리들이 강화되어야 할 것이다. 나아가 최근 한국에 귀화하는 이주민이 급증하면서 단일민족 중심으로 구성된 국민 개념이 도전받고 있다. 한국 귀화자 수는 2008년 6만 5,511명에서 2010년 9만 6,461명, 2012년 12만 3,513명, 2014년 14만 6,078명으로 증가하고 있다. '2014년 지방자치단체 외국인주민 현황' 조사결과에 따르면, 한국에서 거주하는 귀화자 수는 주민등록인구 대비 3.1%에 해당한다. 귀화자 중 대부분이 한국이 배우자와 결혼하여 국민이 된 간이 귀화자로, 이들은 혈연주의와 단일민족주의에 기반을 두고 구성된 국민과 국적 개념의 '예외'적 존재로서 새로운 시민이다. 국적, 종족, 문화 사이에 '불일치' 현상이 빈번하게 발생하고, 전통적인 국적 개념의 적합성이 떨어지는 초국가적 환경에서(김현미, 2015 재인용), '국민됨'과 '문화권'이 충돌하고 있다. 새로운 시민으로의 '문화권' 논의가 더 논의되어야 할 지점이다.

제 8 장

문화 민주주의

하현상(국민대학교)

생각해 보기

- 문화에 고급과 저급이 있는가?
- 문화 민주주의는 문화 민주화와 어떻게 관계를 정립해야 하는가?
- 문화 민주주의를 위해서 문화생태계를 어떻게 강화시킬 것인가?
- 우리나라에서 생활문화 공동체의 문제점은 무엇인가?

01
들어가며

국가의 경제규모는 커지고 있지만 사회적 양극화는 더욱 심각해지고 있으며(서순복, 2007), 이로 인하여 사회적 취약계층이 증가하면서 보건복지, 교육, 안전 영역에서 사각지대가 더욱 확산되고 있다. 그런데 이러한 문제점들이 필연적으로 문화적 배제를 야기시켰고 국민들의 삶의 질에 직접적으로 영향을 미치는 문화향유와 문화 활동의 기회와 환경을 저해하고 있다. 따라서 우리나라에서도 2000년대에 오면서 문화정책을 어떻게 추진해나갈지에 대한 새로운 시각의 필요성이 활발하게 제기되어 왔다. 문화예술이 국민들의 삶의 질과 산업경제의 전반에서 중요하게 부각되면서 문화융성이 국정운영의 중요한 기조의 하나로 등장하기도 하였지만, 최근에 심각한 위기상황에 봉착되는 현상을 보이기도 했다(한승준, 2017). 다행히 새 정부가 들어서면서 새로운 자정의 목소리가 높아지고 있으며 문화정책의 방향과 가치에 대한 논의가 다시 활발해지고 있다. 구체적으로, 문화소외계층의 접근성과 향유 기회 확대, 국민 개개인의 문화역량과 사회전반의 문화자본 향상, 문화예술 활동의 참여와 지원정책의 개선 등 다양한 이슈들에서 기존의 문화정책의 일반적 기반이 되었던 '문화 민주화(Democratization of Culture)'가 아니라 '문화 민주주의(Cultural democracy)'시각에서 접근해야 한다는 주장이 설득력 있게 제기되고 있다(김경욱, 2003; 장세길, 2016).

문화 민주주의는 이미 영미와 유럽의 여러 국가들에서 주목을 받고 있었다(Wilson et al., 2017; Cultural Policy Collective, 2004). 이들 지역에서도 1960년대까지는 문화 민주화가 지배적인 시각이었지만(Gattinger, 2011), 1970년대 들어오면서 문화 민주화에 대한 비판적 시각이 나타나기 시작하였다. 문화 민주주의 개념이 처음 등장한 것은 1972년 유럽연합(EU)의 여러 국가들이 공통의 문화전략을 새롭게 수립하기 위해서 유네스코(UNSCO)의 지원으로 핼싱키(Helsinki)에서 개최된 한 세미나인 것으로 언급되고 있다(Chatzimanassis, 2016). 그리고 프랑스 문화부 연구부서(the Studies and Research Department of the French Ministry of Culture)의 책임자로 근무하던 지라드(Augustin Girard)가 1972년에 세미나 결과물로 『*Cultural Development: Experiences and Policies*』 책을 발간하면서 본격적으로 사용되기 시작하였다(Girard & Gentil, 1983; 한승준, 2017). 고급문화(high cultures)만을 가치로운 것으로 간주하고 유명 예술가와 핵심 기관에 의해서만 주도되는 문화 민주화 시각의 정책들이 비효율적이라는 비판이 제기되면서 문화 관련 기관들의 민주화를 위한 교육과 실험에서 서서히 등장한 것이다(Girard & Gentil, 1983). 문화적 삶은 각자의 언어로 표현되는 다양한 하위문화들(subcultures)로[1] 구성되어 있으며, 고급문화도 이들 하위문화 중의 하나에 불과하다. 따라서 문화 민주주의는 다양한 커뮤니케이션 매체를 통하여 각각의 특별한 하위문화가 자기표현을 하도록 유도하고, 이들 하위문화를 보다 보편적인 다른 하위문화들에 연결시키는 역할을 한다(Girard & Gentil, 1983).

우리나라에서도 2000년대 들어오면서 문화 민주주의의 이러한 시각이 많은 전문가들에 의해서 문화정책의 미래 방향으로 공유되면서 주목을 받았다. 문재인 정부에서 특히 실질적인 지방자치와 분권이 국정운영의 주요한 방식으로 강조되면서 문화 민주주의가 더욱더 힘을 받고 있는 것이 현실이다. 참여적 구조에 의한 정책결정의 분권화와 지방정부로의 권한 이양, 문화의 다양성과 지역성이 강조되면서 문화 민주화보다는 문화 민주주의가 더욱 설득력 있게 받아들여지고 있는 것이다. 특히 문화 민주화 시각이 기존의 문화복지정책을 포함한 문화정책 전반에 대한 전략수립의 기반을 제공했지만 많은 우려를 낳았다. 따라서 이에 대한 대안모색의 필요성이 제기되면서 새로운 시각으로 고려되고 있는 문화 민주주의와 비교설명을 많이 하고 있다. 과거에 대한 성찰과 새로운 미래전략을 수립하기 위해서는 이러한 비교접근이 당연히 이루어질 필요가 있다.

따라서 이 글에서는 문화 민주화와 비교설명을 통하여 문화 민주주의의 특징을 먼저 설명하고, 기존 연구와의 차별성을 위해서 문화 민주주의를 둘러싼 학자들 간의 주장과 논쟁을 살펴본다. 그리고 문화 민주주의 시각에서 한국 문화정책을 비판적 시각으로 고찰한다. 다음으로 문화 민주주의의 대표적 사례인 생활문화공동체 사례를 소개하고, 문화 민주주의적 전략을 활성화시키기 위한 문화 생태계의 강화 방안을 제시하고자 한다.

02
문화 민주주의의 특징

문화정책을 설명하는 주된 시각에는 문화 민주화와 문화 민주주의가 있다. 문화 민주주의는 문화 민주화와 비교·설명함으로써 그 특징을 보다 명확하게 설명할 수 있다. 랑스테드(Langsted, 1990)는 문화 민주주의와 문화 민주화를 가장 명확하게 비교·설명하고 있다.

그는 문화정책을 비교분석하기 위한 분석틀로써 〈표 8-1〉에서 제시한 문화정책의 두 시각을 비교하여 설명하였다. 이 연구에서는 문화 민주주의와 문화 민주화의 활동주체, 활동목표, 활동특성, 지향

표 8-1 문화 민주주의와 문화 민주화의 비교

기 준	문화 민주주의	문화 민주화
활동 주체	비공식적 집단(informal group) 주도	공식적 기관(Institutions) 주도
	아마추어(amateur)도 참여	전문가(professional) 중심 참여
활동 목표	사회적 형평성(social equality) 강조	미적 질(aesthetic quality) 강조
	각자의 활동(personal activity) 중시	질적 향상(promotion) 중시
활동 특성	활력과 생기(animation)에 의한 창작	기존의 작품 활용 (ready-made opportunities)
	개발과 역동성(development & dynamics) 강조	전통(tradition) 강조
	창조적 활동(creative activities)	형식 만들기(create framework)
	변화(change) 추구	보존(preservation) 중시
	과정(processes) 중심	결과(products) 중심
지향 문화	다양한 문화(plurality of cultures) 지향	단일문화(monoculture) 지향

출처: Langsted(1990: 58); 김경욱(2003: 35); 한승준(2017: 350) 재정리.

문화로 구분하여 차별성을 정리하였다. 문화 민주화가 고급예술로 간주되고 있는 오페라, 발레, 오케스트라 등을 소수의 상류계층만이 아니라 가능한 많은 사람들이 향유할 수 있도록 접근성을 확대하는 데 목적이 있다면, 문화 민주주의는 문화의 계층화 자체를 반대하며 누구나 자신들의 창조적 역량을 발휘하여 예술을 향유하고 창조하는 참여 활동을 중시한다(장세길, 2012). 따라서 문화 민주주의는 다양한 비공식적 집단의 주도와 아마추어들의 참여를 중시하는 반면에, 문화 민주화는 주요한 문화예술기관의 주도와 전문가 중심의 예술 활동을 중요하게 고려한다. 그리고 예술의 질에 대한 평가에서도 문화 민주주의는 문화 민주화에 대하여 문화 엘리트주의적 시각이며, 고급문화와 저급문화는 선택 취향과 가치에 따라 주관적이고 자의적인 것이라고 비판한다. 문화 민주주의 시각에서 보면 아마추어 예술, 대중 예술, 실험 예술 등의 다양한 문화예술 영역이 중요한 의미를 갖는다. 그렇기 때문에 문화예술의 절대적 질보다는 문화예술에 대한 사회적 형평성과 각자의 활동 자체를 중시하는 것이다. 이러한 문화 민주주의 시각에 대해서 문화 민주화를 옹호하는 사람들은 문화 민주주의가 사회적 형평성에 집착하다가 예술의 질을 희생시킨다고 비판하기도 한다(김경욱, 2003).

활동주체와 목표의 차별성으로 인하여 문화 민주주의는 새로운 활발한 창작과 역동적 창조 활동을 강조하며 변화 지향적인 특성을 보이는 반면에, 문화 민주화는 기존에 만들어진 작품의 특성을 잘 살려주고 정해진 구조적 틀 속에서 전통을 보존하려는 특성을 갖는다. 이처럼 문화 민주주의는 변화를 추구하고 역동적 창조 활동을 추구하기 때문에 과정을 중시하는 반면에, 문화 민주화는 예술의 전통적 특성들이 잘 보존할 것을 중시하기 때문에 결과를 중시한다.

문화 민주화와 문화 민주주의는 문화정책을 효율적으로 분석하고 발전방향을 수립하기 위한 분석틀로서 유용한 시각이라고 할 수 있다. 비록 문화 민주화와 문화 민주주의의 특성을 차별화시켜서 설명하였지만, 어느 시각이 더 맞고 우수하다는 평가는 신중할 필요가 있다. 그럼에도 불구하고 문화 민주화를 넘어서 문화 민주주의를 반영한 이중적 접근의 필요성이 문화 생태계의 변화에서 분명하게 나타나고 있다(Langsted, 1990; 한승준, 2017). 문화 민주화를 고집하기보다는 문화 민주주의를 적극적으로 도입한 이중접근(Double strategy)의 필요성을 랑스테드는 세 가지 측면에서 설명하고 있다.

첫째, 문화 중개자 역할을 하는 새로운 중산계층이 증가하고 있다는 점에 주목한다. 이들은 새로운 단일문화를 개발하는 것이 아니라 어린이 문화, 청소년 문화, 여성문화, 커뮤니티 문화 등과 같은 다양한 하위문화들을 발전시키면서 사회를 더욱 다원화시키고 있다. 이들 새로운 중산계층들은 자신들만의 욕구와 흥미를 반영한 문화적 특성을 갖지 않는 경향이 있기 때문에 현대 문화정책도 다원적 특성을 가질 필요가 있다는 것이다.

둘째, 위성방송이나 마을방송과 같이 새로운 국제적 · 지역적 접근이 가능한 매체들이 보편화되면서 다른 지역, 다른 국가의 문화예술을 쉽게 접할 수 있다는 것이다. 따라서 공개적 문화예술이 점차적으로 사라지면서 직접 접하지 않고도 단순히 라디오, 텔레비전, 스크린 앞에서 영화, 음악, 스포츠 등 다양한 문화예술의 고객이 구분되는 세상이 되었다. 이렇게 문화적 삶의 기반이 문화의 다양성과 균등성을 중시하는 방향으로 이동하면서 문화 민주주의적 특성이 적극적으로 문화정책에 반영될 필요성이 높아졌다.

셋째, 마지막으로 문화정책이 더욱 합법적으로 받아 들여지기 위해서는 단순히 소수의 엘리트 계층만이 누릴 수 있는 문화정책을 수립하고 집행해서는 안 된다는 점을 지적한다. 현대 문화정책이 소위 고급문화로 간주되는 전통공연이나 클래식 음악에 관심을 갖는 사람만을 고려하기에는 너무 많이 확장되었다(Langsted, 1990). 이러한 이유에서 랑스테드는 문화 민주주의 시각에 기반한 문화정책이 필연적으로 확산될 필요가 있다고 주장한다.

오늘날 개인이나 사회집단의 자유로운 선호와 선택이 중요하게 작용하고 국민들의 문화 참여권이 확대되면서 비전문가와 일반 대중들이 문화 활동에 적극적으로 참여하고 있다. 이러한 문화 생태계에서 문화정책은 국민들의 자유로운 선택과 적극적인 참여를 지원하는 것이 중요하다(Evrard, 1997; 한승준, 2017; 장세길, 2012). 반면에 창조된 우수한 문화예술은 가능한 많은 사람이 향유할 필요가 있으며, 이것이 인류의 유산으로 남기 위해서는 고유의 본질을 유지하면서 잘 보존해야 할 것이다. 따라서 문화정책은 한편으로 우수한 문화예술을 확산시키고 잘 보존하도록 지원할 필요가 있다. 그러므로 문화 민주주의와 문화 민주화 중에서 어느 하나의 우월성만을 강조하거나 배타적 시각에서 문화정책 방향을 결정하는 것은 주의할 필요가 있다.

03
문화 민주주의에 대한 주장과 논쟁

문화 민주주의는 문화 민주화의 대안으로 등장했기 때문에 문화 민주화와의 관계 속에서 문화 민주주의에 대한 전문가들의 입장과 논쟁을 설명할 필요가 있다.

일반 국민을 위한 문화 민주주의

에브라르(Evrard, 1997)는 문화 민주화에 기반한 문화정책을 평가하기 위해서 비교적 명쾌한 기준을 제시하고 있다. 그녀는 일반 국민들의 인구학적 구조와 문화예술 관객의 인구학적 구조가 얼마나 일치하느냐에 의해서 문화 민주화에 의한 정책이 평가될 수 있다고 말한다. 만약 예술관객의 인구학적 구조와 일반 국민들의 인구학적 구조가 동일하다면 그 문화정책이 성공적일 수 있지만, 소득과 교육적 불일치가 존재한다면 박물관, 극장, 공연 등에 참여한 예술관객들과 일반 국민들 사이에는 지속적인 차이가 발생할 수밖에 없다(Evrard, 1997). 문화예술의 취향은 지속적인 교육과 경험적 노출에 의해서 형성되는 것인데, 소수 엘리트를 위한 고급예술만으로 여러 계층과 인종으로 구성된 일반 국민들의 다양한 문화적 욕구를 충족시키기에는 한계가 있다. 따라서 문화 민주화 측면에서 중시하는 고급예술이 일반 국민을 대상으로 대중적으로 보급되기에는 한계가 있다는 것이다(한승준, 2017; 김경욱, 2003).

따라서 문화 민주화와 문화 민주주의의 논쟁에서 많은 학자들은 문화예술의 접근성에 주목을 하고 있다. 특히 문화 민주화에서는 고급문화에 대한 접근성을 높이고자 노력한다. 흔히 문화예술기관에서 공연하는 오페라, 연극, 발레, 오케스트라 등의 고급예술은 주로 경제적으로 여유가 있고, 교육수준이 높은 소수의 엘리트들만이 누리는 경향이 있다. 그래서 누구나 좋은 예술을 향유할 수 있도록 모든 사람들에게 개방될 필요가 있다. 물론 모든 사람들은 누구나 고급문화를 향유할 수 있지만 경제적 여유가 없거나 경험과 교육의 기회가 없었다면 이들 고급문화를 즐길 수가 없을 것이다. 따라서 문화소외계층을 포함한 모든 사람들이 고급문화를 실질적으로 향유할 수 있도록 지원할 필요가 있다. 그러나 시장이 이러한 지원 기능을 수행할 것이라고 기대하는 것은 쉽지 않다. 따라서 문화 민주화는 정부가 주도하여 고급문화를 민주화시킬 필요가 있다고 주장한다. 그리고 문화 민주화 시각에서는 문화 민주주의가 오히려 경제적·지리적 균형성 개념에 집착함으로써 예술의 미적 질을 저하시킬 수 있다고 비판한다(김경욱, 2003).

이러한 주장에 대하여 문화 민주주의 시각은 문화가 소득, 삶의 방식, 교육배경 등에 의해서 사회적 배제의 요인이 되거나 차별적 도구로 작용할 수도 있다는 점을 지적한다. 특히 고급문화가 그렇게 작용될 가능성이 높다. 공급자의 입장에서 보면 문화예술 이벤트에 대한 접근성을 높이고 관객과 방문객 수를 늘리는 것이 중요하다. 하지만 문화 민주주의는 전통문화와 고급예술로부터 배제된 일반 국민들에게 선호와 조건에 맞게 스스로 문화적 삶을 누릴 수 있도록 수단을 제공하는 것이 우선시 되어야 한다고 주장한다. 우리 사회에는 다양한 문화예술이 존재하며 문화정책은 이러한 다양한 예술문화에 비옥한 생태계를 조성해 주어야 한다(한승준, 2017). 따라서 문화 민주주의는 일반 국민 모두가 문화예술 활동의 적극적인 참여자가 될 수 있으며 이러한 여건을 조성해 주려는 데 초점을 맞춘다. 이렇게 하기 위해서는 문화 민주주의에서 주장하듯이 과거의 것을 답습하기 보다도 새롭게 발전시키고, 실험적 문화창조가 다양한 사회집단과 개인들에 의해서 시도되어야 한다는 것이다.

문화정책의 미래방향으로서 문화 민주주의

문화정책을 개선하기 위해서는 기존의 주된 정책방향이었던 문화 민주화와 관계를 어떻게 가져갈 것인가? 이것이 우리나라의 문화정책의 방향을 설정하는 데 중요한 근간이 될 수 있는 것인 만큼 전문가들의 주장과 논쟁을 살펴볼 필요가 있다.

먼저 문화 민주주의와 문화 민주화의 관계에 대해서 국내·외 학자들 간에 다소 의견의 차이가 존재한다. 첫 번째 관점은 문화 민주화와 문화 민주주의는 서로 다른 대상을 위한 정책으로 구별될 필요가 있다는 주장이다. 먼저 배관표·이민아(2013)는 문화 민주화와 문화 민주주의에서 어느 하나가 더 우월하거나 적합하다는 전제보다는 서로 다른 대상인 전문적 형성자와 보편적 향유자에 대한 문화정책을 수립한다는 중립적 시각에서 문화 민주화와 문화 민주주의를 구분하여 설명한다. 이러한 시각에서 노태우 정부에서 이명박 정부까지의 문화정책을 문화 민주화와 문화 민주주의 시각에서 분석하고 있다. 이들의 연구는 문화 민주화는 문화향유자에 대한 정부의 정책적 개입이며, 문화 민주주의는 문화형성자에 대한 정부의 정책적 개입이라는 입장에서 바라보고 있다(배관표 · 이민아, 2013).

그러나 대부분의 전문가들은 문화 민주주의에 보다 많은 가치를 부여하려는 경향이 있다. 따라서 두 번째 관점은 문화 민주화와 문화 민주주의는 어느 것이 더 우월하기보다는 병행되어야 하지만 문화 민주주의적 정책이 강화되고 우선시될 필요가 있다는 입장이다. 먼저 랑스테드(Langsted, 1990)는 문화 민주화와 문화 민주주의를 비교설명하면서 이 두 가지 시각은 병행될 필요가 있으며, 이들을 접목한 이중전략목표(Double-Strategy Goals)들을 제안하고 있다. 그는 문화 민주화와 문화 민주주의를 동시에 실현하기 위해서는 예술과 문화에 대한 접근의 민주화, 문화예술기관들의 민주화, 문화의 다원화, 생활문화 중시, 문화 분권화, 문화에 대한 정보제공, 연구, 교육, 자문의 질적 제고 등이 구현되어야 한다고 주장한다(Langsted, 1990). 한승준(2017)도 랑스테드(Langsted, 1990)가 제시한 문화 민주화와 문화 민주주의 구분 기준을 토대로 '문화가 있는 날' 사업을 분석하였다. 그의 연구도 랑스테드(Langsted, 1990)가 제시한 이중전략적 견지에서 문화 민주주의와 문화 민주화를 바라보고 '문화가 있는 날' 사업이 어떤 특성들을 반영하고 있는지를 분석한 후, 문화 민주주의적 시각에서 사업내용을 새롭게 설계할 것을 주장하고 있다. 이들 학자는 문화 민주화와 문화 민주주의가 어느 것이 더 우월한 문화정책 방향이라고 볼 수 없으며, 함께 가야 할 것이지만 문화 생태계의 변화로 인하여 문화 민주주의적 정책방향에 우선순위를 둘 필요가 있다는 입장이다.

세 번째 관점은 문화 민주주의가 문화 민주화보다 우월하며 문화 민주주의로 문화정책이 변화되어야 한다는 입장이다. 한국에 문화 민주주의를 소개한 김경욱(2003)은 문화 민주화보다 문화 민주주의를 통해 문화정책의 현주소를 검토하고 정책수립을 할 필요가 있다고 주장한다. 문화 민주주의가 문화 민주화보다 더욱 적극적이고 평등 지향적 개념인 만큼, 문화정책이 문화 민주화에서 문화 민주주의로 정책적 변화를 추구해야 한다는 점을 강조한다. 한편 서순복(2007)은 문화 민주화가 엘리트 계층에 의해서 기획 및 소비되고 예술전문가들에 의해서 제공된다는 점에서 하향식 접근인 반면에, 문화 민주주의는 시민들이 스스로 지역문화를 창조하는 자발적인 상향식 접근이라고 설명하면서 문화정책의 궁극적인 목표는 문화 민주주의를 실현하는 것이라고 주장한다. 또한 장세길(2016)은 문화향유의 시각에서 보면, 문화 민주화는 문화정책을 사회복지정책처럼 단순하게 접근하고 있다고 비판하면서 문화향유는 단순한 관람에서부터 참여활동까지 다양한 단계별 수준을 고려해야 한다는 점을 강조한다. 따라서 단순한 관람의 양적 증가만이 아니라 문화향유 단계와 수준을 고려하기 위해서는 문화정책이 문화 민주주의 시각에서 접근할 필요가 있다는 점을 강조한다. 즉, 김경욱(2003)과 서순복(2007), 장세길(2016)은 문화 민주화보다 문화 민주주의가 우리나라 문화정책이 나아가야 할 방향이며, 정책수립의 근간이 되어야 한다는 입장이다. 이들은 현재의 우리나라 문화 생태계에서는 문화 민주화보다는 문화 민주주의가 더 올바른 시각이라는 입장에서 두 시각을 바라보고 있다. 루이스(Lewis, 2000)도 일반 국민들이 향유할 수 있는 문화를 중심으로 문화정책의 변화를 강조하였다. 오페라와 발레 같은 전통예술이 대중음악보다 더 창조적이고 세련된 것이라고 말하지만 미적 기준은 주관적 판단일 뿐이며, 고급예술보다 시장에서 더 인기가 많은 대중음악을 지원해 주는 것이 맞다고 주장한다. 루이스(Justine Lewis)는 문화정책을 실용적 시각에서 접근할 필요가 있으며, 일부 소수 엘리트주의자들만을 위한 고급예술에 대한 지원을 강조하는 문화 민주화 시각의 정책을 폐기하고 문화 민주주의 시각에 의한 정책적 접근으로 전환할 필요가 있다고 주장한다(김경욱, 2003). 이처럼 세 번째 시각은 문화 민주주의가 문화 민주화 시각의 한계점을 극복하고 현대 문화정책의 발전방향을 재설계하기 위해서 등장한 개념인 만큼 문화 민주주의로 방향설정을 전환해야 한다는 입장이다.

이상의 주장들에서 어느 입장이 더 옳다고 판단할 수는 없다. 그러나 문화 민주주의가 우리나라를 비롯한 전 세계적으로 문화정책을 수립하는 데 중요한 근간이 되고 있다는 점은 부인할 수 없다. 특히 우리나라처럼 자치분권이 더욱 확산되고 주민참여와 사회적 책임이 강조되는 행정 패러다임에서는 문화 민주주의가 문화정책을 수립하는 중요한 기반이 될 수밖에 없을 것이다.

04
문화 민주주의 시각에서 바라본 한국의 문화정책의 비판적 고찰

문화 민주주의를 우리나라 문화정책에 적극적으로 반영해야 한다는 주장은 2000년대 초반부터 제기되어 왔었고 정부도 다각적 노력을 경주하였다. 그러나 그동안 문화예술정책의 초점을 분석해 보면, 우리나라는 여전히 문화 민주화 시각의 정책들이 지배적인 것이 현실이다. 이 글에서는 문화 민주화와 문화 민주주의 사이에서 어떻게 문화예술정책들을 수립하고 추진해왔는지를 기존의 다양한 연구결과와 가장 최근에 발행된 『2016 문화예술정책백서』를 중심으로 살펴보고자 한다. 문화정책에 문화 민주화와 문화 민주주의를 적용하는 데 있어서 학자들에 따라 분석 준거가 정확하게 일치하지는 않지만 핵심적 내용에서 공통적으로 일관성있는 주장들을 하고 있다.

먼저, 배관표 · 이민아(2013)는 문화 민주화와 문화 민주주의 시각에서 노태우 정부부터 이명박 정부까지의 문화정책을 분석하고 있다. 이 연구는 문화 민주화와 문화 민주주의를 다소 협의적으로 정의하는 경향이 있다. 문화 민주화는 '모든 사람을 위한 문화'를 강조하면서 선별적 문화향유자(문화취약계층)를 위한 정책을 말하며, 문화 민주주의는 '모든 사람에 의한 문화'로서 구성적 문화형성자(대중)를 위한 문화정책만을 고려하고 있다. 이들은 주로 법률, 정책 및 사업을 중심으로 검토하였는데 적어도 노무현 정부 이전에는 문화 민주주의 시각에 입각한 문화정책은 없었다는 평가다. 김대중 정부까지는 문화 엘리트들의 예술창조를 지원하기 위한 정책이 일반적이며 문화산업을 활성화하고 표현의 자유를 확대하는 데 초점을 맞추었다. 김경욱(2003)은 김대중 정부의 문화정책을 분석하기 위해서 『문화정책백서 2001』을 분석하여 문화 민주화와 문화 민주주의적 정책을 분석하였는데, 그의 분석결과에 따르면, 공연 분야는 대부분 전문적 창작자 위주의 정책이며, 당시의 '연극강사 풀' 제도 '사랑티켓' 제도 등은 연극계 활성화를 위한 문화 민주화 정책으로 분류하고 있다. 미술 분야도 미술가의 경제력 제고를 위한 정책이 대부분이라고 분석하고 있다. 일부 미술 대중화를 위한 지원으로 '국립현대미술관의 덕수궁 분관 운영', '열린 미술마당 프로그램', '지역별 특색있는 조각공원 조성' 등이 있었지만 체감도가 매우 낮다고 지적하고 있다(김경욱, 2003). 노무현 정부에 들어오면서 문화 민주주의에 대한 인식이 자리잡기 시작하면서 문화 민주주의를 반영하여 「온라인콘텐츠산업발전법」을 개정하였지만 온라인 매체를 통한 문화발전에 국한될 우려가 있다는 지적을 한다(배관표 · 이민아, 2013). 그러나 여전히 노무현 정부의 문화정책의 대부분은 문화소외계층을 찾아가는 다양한 문화체험 프로그램을 추진하여 문화 민주화 전략을 주로 반영한 정책들을 수립하였으며, 이러한 시각은 이명박 정부에서도 마찬가지로 이어졌다. 이명박 정부가 달라진 점이 있다면 여전히 문화 민주화 전략들이지만 전문적 문화예술가들을 지원하는 방식으로 전환했다는 점이다. 문화향유자에서 형성자로 대상만 바뀌었을 뿐, 이명박 정부에서도 여전히 문화 민주화 전략에 의해서 정책들이 추진된 것으로 평가할 수 있다.

박근혜 정부에 들어서면서도 문화 민주주의 전략들이 일부 추진되었지만 우리나라는 여전히 문화 민주화에 입각한 정책과 사업들이 다수를 차지하고 있었다. 『2016 문화예술정책백서』를 분석해 보면 국민들의 문화체감을 높이기 위해서 대표적 문화정책 사업으로 '문화가 있는 날' 사업을 추진하기도 하였으며, 문화소외계층의 참여기회를 확대하기 위해서 '문화순회사업', '문화누리카드'와 같은 사업을 도입하기도 하였다(문화체육관광부 · 한국문화관광연구원, 2017). 그리고 '예술인 창작준비금 지원', '예술인 심리상담', '예술인 패스카드', '예술인 파견지원', '예술인 자녀 시간제 보육지원', '예술인 사회보험료 지원'을 활용하여 전문 예술인들의 창작 활동을 지원하였다. 그러나 이들 제도는 대부분 문화 민주화 시각에서 문화취약계층들의 접근성을 높이거나, 전문 예술인들의 경제적 여건 개선에 초점을 맞추고 있다. 한편 문화생활을 활성화시키기 위해서 생활문화시설을 적극적으로 확대하였고, '생활문화공동체 만들기', '길 위의 인문학', '인문독서 아카데미', '이야기 할머니', '생애주기별 문화예술체육교육 프로그램'과 같은 문화예술 프로그램들을 이용하여 취약계층들의 문화역량을 제고시키고, 다양한 체험을 통하여 문화 민주주의를 실현하려는 노력도 있었다(문화체육관광부 · 한국문화관광연구원, 2017). 그러나 언급된 것과 같이 대부분의 문화정책들은 여전히 문화 민주화 전략에 머물고 있는 것으로 분석된다. 대표적 문화정책인 '문화가 있는 날' 사업에 대하여 심층 분석한 한승준(2017)은 '문화가 있는 날' 사업은 예술 개념에서도 문화 민주주의적 특성이 두드러지지 않으며, 사업추진방식과 문화예술 접근의 민주화, 문화 생산의 분권화 측면에서도 전형적인 문화 민주화 특성을 반영하고 있다고 지적한다(한승준, 2017). 한편 박근혜 정부에서는 문화 산업화를 위해서도 다양한 노력을 하였는데 이들 정책을 보면, '한지, 한복, 한식 육성'을 통한 공예의 세계화와 산업화, '기업과 예술의 만남 지원', '불공정관행 개선' 등을 통하여 기업의 문화경영을 확산시키고 예술인들의 권익을 증진시키기 위한 노력을 하였지만, 이러한 정책적 지원도 전문 예술인들의 권익증진이나 문화취약계층과 외국인들의 우리문화 접근성 제고에 초점을 맞추고 있는 등 대부분 사업들이 문화 민주화 전략에 입각하여 추진되었다(문화체육관광부 · 한국문화관광연구원, 2017).

문재인 정부에 들어오면서 문화 민주주의 전략을 실질적으로 도입하기 위한 노력을 시도하고 있지만, 전문 예술인들의 인식은 여전히 문화 민주화에 머물고 있기 때문에 문화 민주주의 정책들에 대하여 피로를 많이 느끼고 있다. 문화예술의 계층을 타파하고 일반 국민들의 참여를 이끌어 내기 위해서는 이들의 인식변화가 선행되어야 하며, 고급예술에 대한 일반 국민들의 편견 타파와 참여 촉진을 위한 실효성 있는 정책과 전략들이 더 많이 제시되어야 한다. 이러한 변화가 가시적으로 나타나기 위해서는 정부가 먼저 문화정책의 다원화와 문화행정의 분권화를 먼저 적극적으로 추진할 필요가 있을 것이다.

05
문화 민주주의 사례: 생활문화공동체 만들기

문화 민주주의는 전문적 문화예술가들이 문화취약계층을 위해서 고급문화 서비스를 제공하는 전략이 아니라, 아마추어를 포함한 다양한 개인과 사회집단이 주체가 되어서 스스로의 선호와 선택으로 창조적 문화예술 활동에 직접 참여하는 것이다. 그리고 발레, 오페라와 같은 전통예술만을 고급예술로서 중시하면서 이들을 잘 보존하는 것에 초점을 맞추는 것이 아니라, 대중음악을 포함한 다양한 실험예술, 지방예술을 시도하여 변화를 추구하고 새로운 문화예술을 창조하는 것이다. 이러한 시각에서 문화 민주주의에 해당될 수 있는 대표적 사례로는 문화체육관광부의 '생활문화공동체 만들기' 사업을 들 수 있다.

'생활문화공동체 만들기'는 주민들이 생활문화 프로그램을 통하여 정서적 유대감을 형성하고 일상생활을 공유하면서 마을에서 주민들이 스스로 문화예술 활동을 통하여 삶의 질을 제고시키는 것이다.

이 사업은 2009년, 시범사업으로 시작하였으며, 선정 시 최대 3년을 지원하고, 주로 2천~6천만 원의 예산을 차등지급하여 생활문화공동체를 활성화시키도록 하였다. 2017년까지 242개가 선정되었으며, 2009부터 2016년까지는 일반사업에 해당하는 사업을 지원하였고, 2017년부터는 지원방식을 확대하여 예비지원 및 지역협력네트워크 사업을 추진하였다. 이 사업은 공동체 형성 정도(공동체 발아－공동체 구축－공동체 발전－자생적 주민공동체 운영)에 따라 단계별 사업지원을

그림 8-1 생활문화공동체 만들기 블로그

출처: 문화체육관광부 · 한국문화관광연구원(2017). 『2016 문화예술정책백서』. p.113. 재인용.

한다. 농어촌, 임대아파트 단지, 서민단독주택 밀집지역과 같이 문화소외지역을 대상으로 일상생활 속에서 주민들이 스스로 문화공동체를 형성하도록 지원하며 주민공동체가 스스로 형성한 문화예술을 향유하고 발전시키도록 유도하는 것이다(문화체육관광부 · 한국문화관광연구원, 2017). 추진체계를 정리하면 다음 〈표 8-2〉와 같다.

표 8-2 생활문화공동체 만들기 지원체계

구 분	예비사업	일반사업	지역협력네트워크
공동체 형성 정도	마을의 토대가 거의 없거나 취약한 마을	마을공동체가 형성되어 있고, 주민 스스로 무언가를 할 수 있는 마을	자생적 공동체 기반이 마련되어 있고, 지역 내 공동체 확산을 위한 교류 활동이 가능한 마을
지원 대상	마을 내 공동체가 구성되어 있지 않았거나, 활동 경험이 없는 주민조직	마을 내 공동체 활동의 경험이 있는 주민조직 또는 사업 대상지역에 기반을 둔 단체 · 기관 · 시설	마을 내 다양한 공동체 활동의 경험을 가지고 있는 주민조직
지원 내용	마을자원조사 및 공동체형성을 위한 인큐베이팅 활동	문화예술 활동을 매개로 한 마을공동체 형성 및 주민참여 프로그램과 활동	공동체 확산을 위한 타 마을 및 지역 내 교류 활성화를 위한 네트워크 활동

출처: 생활문화진흥원(2017). 『문화로 공동체를 논하다』. p.6 재인용.

이 사업은 문화소외계층을 대상으로 지역 안에서 지역 주민들 수요에 맞는 문화예술 활동을 지원하며 생활 속 문화향유 기회를 확대하고 지역 간 문화 격차를 해소하는 데 목적이 있다. 특히 주민이 주체가 되어 능동적으로 문화예술 활동을 경험하고 또한 주민이 중심이 되어 문화공동체를 형성함으로써 문화향수권을 신장하고, 궁극적으로 지역주민의 삶의 질을 높이고자 하는 것이다(생활문화진흥원, 2017: 6). 이처럼 이 사업은 주민들이 주체가 되어서 생활 속에서 공동체를 활성화시켜서 문화예술 활동에 참여하고 향유하도록 하여 삶의 질을 향상시킨다는 점에서 문화 민주주의에 기반한 정책이라고 볼 수 있다.

문화체육관광부는 주민들의 문화생활과 행복에 대한 조사를 하였는데, 일반 마을과 생활문화공동체 마을 간에는 긍정적인 차이가 있는 것으로 분석하고 있다. 〈표 8-3〉에서 제시한 것과 같이 행복온도, 공동체 소속감, 문화 활동과 공동체 간의 관계인식, 문화역량 모두에서 뚜렷한 차이를 보였다.

표 8-3 생활문화공동체 만들기 성과평가 결과

구 분	행복온도	공동체 소속감/자긍심	문화 활동과 공동체 간 관계 인식	마을공동체 문화역량 인식
생활문화 공동체 마을	72.8℃	70.4점	82.7점	65.1점
일반마을	66.2℃	54.5점	74.5점	47.6점

출처: 문화체육관광부 · 한국문화관광연구원(2017). 「2016 문화예술정책백서」. p.114. 재인용.

전북 완주군의 '수상한 공동체' 사례를 보면, 주민축제, 상상콘서트와 같은 문화 프로그램을 매개로 주민들 간의 긴밀한 관계를 형성하게 하고 주민화합과 행복을 이끌어내도록 하였다. 그리고 부천시 송내동의 '마을사랑방'은 생태학습, 요리교실 및 마을축제 · 장터 등을 통하여 주민들 간의 공동체 결속을 강화시키고, 주민축제와 마을카페와 같은 문화 활동과 문화공간을 통하여 스스로 문화예술을 향유할 수 있는 기회를 개발하고 삶의 질을 높이고 있다. 다음에 두 사례를 간략하게 정리하여 제시하였다.

전북 완주군 '수상한 공동체'

수상한 공동체의 사업은 '아파트와 마을을 잇는 생활문화공동체 만들기'로 사업대상은 아파트(에코르 2·3차, 남양사이버)와 인근 마을인 이서면 원용서이며, 도시와 농촌마을 주민들이 서로 알아가며 지역 현안에 고민하고 해결해나가는 과정을 담고 있다. 상상콘서트, 주민화합 프로그램(민요, 사물놀이, EM), 주민 모두가 하나 되는 주민축제가 부르기 등을 한다. 이 사업은 또한 2016년부터 완주군 아파트 르네상스 사업에 참여하고 있으며, 공동체 활성화를 위한 자치기구를 결성해 공동체 프로그램을 운영하고 있다. 지난해에는 '책깨비 할로윈 축제'를 개최하는 등 활발한 활동으로 완주군 아파트 공동체 우수 사례 공모에서 대상을 수상했다. 대표를 포함한 주민들은 생활문화공동체 사업을 통해 인근 농촌마을 주민들과 만나 관계를 맺고 더욱 더 따뜻한 지역공동체가 되도록 노력하고 있다.

출처: 뉴스 1. 「완주 '수상한 공동체', 생활문화공동체 만들기 공모 선정」 (http://news1.kr/articles/?3258177) 재인용(2018.3.12).

경기도 부천 '송내동 마을사랑방'

부천 송내동을 거점으로 다양한 공동체 활동을 펼쳐오던 송내동 마을사랑방과 부천문화재단이 함께 사업을 추진한다. 이 사업은 기존 공동육아, 생태학습 등의 활동을 펼쳐왔던 사랑방을 중심으로 문화재단이 지역 내 여러 단체 및 예술가들과 네트워크할 수 있는 과정과 행정 등의 역할을 담당하고 사업은 사랑방을 통하여 주민이 중심이 되어 운영한다. 사업 내용을 보면, 주민강사를 중심으로 한 생태학습, 요리교실 및 마을축제 · 장터 등을 통해 지역 내 공동체 활동을 강화하고 확산해 나간다. 그리고 재정지원 기간 동안에는 지역 내 여러 유관기관 및 행정기관 등과의 네트워크를 통해 행정기관에서 운영해오던 지역 축제를 주민이 직접 운영하였다. 또한 주민들이 주민참여 예산 제도에 참여하여 마을지도를 제작하였다. 3년 간의 지원사업이 종료된 이후에는 여러 유관단체를 중심으로 한 주민들이 협동조합을 만들어 마을 카페 및 커뮤니티 공간을 운영하고 있다.

출처: 생활문화진흥원(2017). 『문화로 공동체를 논하다』. p.9 재인용.

이들 사업을 보면, 공통적으로 고급문화에 대한 접근성이 낮은 일반 국민들이 각자의 선호와 여건을 기반으로 창조적 문화공동체 활동을 통하여 다양한 영역의 문화예술 활동에 참여하고 향유함으로써 문화 민주주의가 지향하는 문화정책을 잘 반영하고 있다고 말할 수 있다. 그러나 여전히 이 사업도 중앙정부 주도의 공모방식으로 접근하다 보니 하향식 접근을 하고 있으며, 기존의 고급예술로 간주되는 발레, 오페라, 오케스트라 등과 접목시키는 노력은 미흡하다. 문화예술의 다원화를 위해서는 문화예술의 편견과 장벽을 넘어서는 노력들이 시도될 필요가 있다. 그리고 생활문화공동체 사업이 궁극적으로 국민 개개인과 조직들이 각각의 선호와 창조적 활동을 기반으로 자발적으로 삶의 질을 제고시키는 생활문화 활동이라면, 이를 보다 확대하여 활성화시키고 문화공동체의 자생적 운영이 가능하도록 장기적 시각에서 우리나라의 문화생태계를 강화시켜야 한다. 특히 핵심 주체인 주민들의 문화역량을 키울 필요가 있으며, 문화 활동을 위한 현장행정을 강화시키는 노력을 간과해서는 안 된다.

06
문화 민주주의를 위한 문화생태계(Cultural Ecology) 강화

우리나라의 문화정책은 주로 문화 민주주의 전략을 활성화시켜야 한다는 주장들이 지속적으로 제기되고 있지만 전문가들은 여전히 문화 민주화 전략이 지배적이다는 평가를 하고 있다(장세길, 2012; 한승준, 2017). 이러한 주장은 최근의 『2016 문화예술정책백서』를 통해서도 확인이 된다(문화체육관광부 · 한국문화관광연구원, 2017). 그렇다면 우리나라 문화정책에 문화 민주주의 전략을 적실성있게 반영하기 위해서는 어떻게 문화생태계를 강화시켜야 할 것인가? 이 질문에 대해서 학자들은 몇 가지 중요한 공통된 조언을 하고 있다.

문화 민주주의는 상호 간의 협력과 지원이 활발한 문화생태계(cultural ecology)에서 실현이 가능하다. 문화 민주화의 한계를 극복하고 문화 민주주의를 활성화시키기 위해서는 무엇보다도 문화예술을 어떻게 인식하고 정의내릴 것인가부터 생각해볼 필요가 있다. 그리고 이러한 문화에 대한 인식개선과 더불어 제도적 측면에서 개선이 필요하다. 모두에 의한 문화예술이 되기 위해서는 문화행정과 정책에서 자율성, 분권화, 다원화가 실질적으로 실현될 필요가 있기 때문이다. 마지막으로, 문화 민주주의는 문화자본에 주목한다. 생활 속에서 창조성을 가진 시민과 핵심 문화조직이 있을 때 협력적 문화창조를 위한 기회들을 많이 만들 수 있기 때문이다(Wilson et al., 2017). 이들 세 가지 측면에서 보다 구체적으로 살펴보고자 한다.

문화예술에 대한 인식개선

문화 민주주의는 아마추어와 전문가의 배타적 구분을 거부한다. 그리고 고급문화와 하급문화의 구분과 고급문화만이 보존되고 향유되어야 한다는 인식도 부정한다. 문화 민주주의는 다양한 문화를 창조하는 새로운 참여자들에게 기회를 제공하는 것을 중시한다. 발레와 오페라 같이 소위 고급문화예술로 간주되는 장르뿐만 아니라 대중음악과 영화, 드라마와 같이 다양한 장르를 폭넓게 향유하는 문화예술의 다양성이 공감대를 형성하고 이것이 인정되어야 한다. 이처럼 문화예술에 대한 인식의 변화가 있을 때 일반 국민들이 스스로 각자의 여건과 선호를 고려하여 자율적으로 문화예술을 창조하고 향유할 수 있을 것이다. 그리고 생각과 가치를 공유하는 시민들이 다양한 의견을 표현하는 공론의 장으로서 문화예술을 창작하며 향유하고, 이러한 과정에서 사회적 책임을 수행하는 문화예술이 활성화될 수 있다(곽연정 외, 2016).

이러한 인식의 개선을 위해서는 문화예술에 대한 교육에서부터 출발할 필요가 있다. 여전히 많은 전문가와 예술가들은 문화 민주화 시각에서 문화예술을 정의하고 가치를 부여한다. 또한 문화예술의 수요자인 국민들도 오케스트라와 발레 같은 장르에 대해서는 경험과 교육의 기회가 없었기 때문에 취향을 형성하지 못하고, 엘리트계층의 향유 영역이라는 편견을 가지고 있으며 선호도 또한 매우 낮다. 이러한 인식 하에서 문화 민주주의적 전략을 도입한다고 해도 그 실효성이 낮을 수밖에 없을 것이다. 따라서 학교, 문화예술기관과 같은 공식적 경로뿐만 아니라 방과 후 프로그램, 문화센터와 같은 비공식적 과정들을 통해 기존의 문화예술에 대한 잘못된 편견을 개선하고, 앞으로 문화예술을 어떻게 받아들이고 향유할 것인가에 대한 인식을 개선할 필요가 있다.

문화자본(Cultural Capital) 강화

문화 민주주의 전략을 확대하기 위한 문화 생태계 형성을 위해서 가장 중요한 것은 문화자본을 강화시키는 것이다. 이러한 문화자본에서 가장 주목하는 것은 사회적 자본이 사람들 간의 관계에서 형성된 신뢰에 주목하듯이 주민들 간의 적극적인 참여와 협력적 문화예술 활동 속에서 성장하는 생활 속 창조성(everyday creativity)이다. 생활 속 창조성은 각 개인이나 조직의 귀속자산이 아니며, 사람들 간의 관계 속에서 형성된 문화역량이라고 볼 수 있다. 이러한 생활 속 창조성은 각 개인이 보유하고 있는 커뮤니티 예술과 문화 활동을 통하여 문화예술을 인큐베이팅하고 자양분을 제공하는 공공자산(public assets)을 키우는 근간이 된다(Goldbard, 2009). 따라서 문화자본은 개인적 문화역량이 형성해내는 사회적 문화역량이라고 볼 수 있다. 사람들은 문화적 참여 과정에서 진입장벽을 낮출 수 있고 더 나아가 행복을 만들어 낼 수 있다(Goldbard, 2009). 따라서 모두에 의한 문화예술을 지향하는 문화 민주주의를 통하여 삶의 질을 제고시키기 위해서는 문화예술 활동에 참여하는 각 주체들의 역량이 결집되어 나타나는 생활 속 창조성이 성숙해야 활성화될 수 있다.

이처럼 생활 속 창조성아 성숙하게 되면 문화예술 활동에 적극적인 창조적 시민(creative citizens)이 많이 양산될 수 있다. 창조적 시민들이 많을수록 문화 민주주의적 전략을 실현하기 위한 참여자가 많아지고 이들의 생활 속 창조성은 더욱 성숙될 수 있다. 따라서 눈에 보이는 것에서부터 보이지 않은 공간과 범주에서 공식적 · 비공식적 네트워크를 통하여 창조적 시민들이 많이 나타날 수 있도록 생활 속 창조성을 키울 필요가 있다.

또한 문화자본을 강화하기 위해서는 창조적 시민, 생활 속 창조성과 더불어 이들을 체계적으로 지원하는 동시에 협력적 관계 속에서 문화창조 활동에 적극 참여하는 핵심적 문화조직들(pillar organizations)이 활성화될 필요가 있다. 이들 문화조직은 일반 국민들이 다양한 장르의 문화예술을 창조하고 다채로운 생활문화 활동을 할 수 있도록 지원한다. 특히 이들 조직은 개인이나 사회집단이 가질 수 없는 문화 인프라를 보유하고 있기 때문에 일반 국민들이 원활한 문화향유와 활발한 창조 활동을 할 수 있게 체계적으로 지원해 줄 수 있다. 따라서 핵심적 문화조직들이 독단적으로 주도하는 것이 아니라 수평적인 관계형성과 협력적인 자세로 문화향유와 창조 활동에 참여할 수 있는 것이 필요하다.

따라서 성숙한 문화자본을 갖기 위해서는 공동체 결속력과 비공식적 유대감 형성이 중요하며, 이웃이나 지역사회를 위해서 기여할 수 있는 문화 활동을 통하여 생활 속 창조성을 성숙하게 키울 필요가 있다. 이러한 생활 속 창조적 역량의 중요성을 인식시키기 위해서는 새로운 형태의 다양한 협력적 문화 활동을 활성화시킬 필요가 있다. 따라서 가치있는 생활 속 협력적 문화 활동을 시도하기 위해서 실험적인 문화예술 활동을 다양하게 활성화시켜야 할 것이다. 정부의 문화정책은 이러한 문화자본을 성숙하게 키울 수 있도록 섬세하게 지원하는 마중물 역할을 할 필요가 있을 것이다.

문화 민주주의를 위한 문화정책의 제도적 개선

그렇다면 정부의 문화정책이 어떻게 문화자본을 성숙하게 키우고 문화 민주주의를 효율적으로 실현할 수 있을 것인가? 먼저, 자치단체나 공공기관들이 문화행정과 정책에서 자율성을 가질 수 있어야 한다(곽연정 외, 2017). 다양한 개인이나 단체들이 자신들의 의미와 가치를 문화로 표현하는 자유로운 창조 활동이 보장되지 않으면 문화 민주주의적 전략이 활성화되기 쉽지 않다. 문화 민주주의적 전략은 선호에 따라 선택의 자유가 보장되어야 하며, 문화예술에 대한 표현의 자유가 전제되어야 한다. 따라서 문화생산과 향유의 자율성이 중요한 전제조건으로 고려될 필요가 있다. 문화 민주주의 시각에서는 전통적 문화예술도 단순히 옛것을 잘 살리고 보존하는 것에만 집중할 것이 아니라, 창의적으로 변화시키고 다양한 계층과 세대가 공감하고 공유할 수 있도록 시도하고 표현하는 것에서부터 보다 발전된 문화예술을 창조할 수 있다고 보기 때문이다. 문화예술의 표현과 향유의 자율성이 보장되기 위해서는 문화예술정책과 행정의 분권화와 다원화가 제도적으로 이루어질 필요가 있다. 우리나라는 많은 문화정책 사업을 추진하는 방식에서 주로 공모방식으로 예산을 지원하는 하향식 접근을 하고 있다(한승준, 2017). 그리고 문화취약계층들에게 문화시설이나 바우처 제공, 가격할인 등을 통하여 문화예술에 대한 접근성을 높이고 향유할 수 있는 기회를 제공하는 정도였다(Langsted, 1990). 이처럼 단편적인 전략이 많았으며, 한 단계 더 나아가서 관객들의 참여와 신호를 존중하는 문화예술이 활성화되지는 못하였다. 문화예술정책과 행정을 분권화시키고 다원화시키기 위해서는 먼저 문화예술 활동의 주체들에게 많은 권한과 표현의 자유를 주어야 한다. 또한 자치단체별로 특색과 지역성을 적극적으로 반영한 문화예술 창조 활동을 적극적으로 추진할 수 있도록 문화예술정책의 행정적 권한과 역할을 분권화시킬 필요가 있다. 그리고 핵심 문화예술기관이나 전문가뿐만 아니라 지역 미디어 매체, 비예술조직(커뮤니티 조직, 스포츠 조직 등), 다양한 아마추어 예술인들과 정보 및 지식을 공유하고 협력적 개발과 활동을 활성화시켜서 문화예술 활동과 향유를 다원화시킬 필요가 있다.

제 9 장

문화역량

정광호(서울대학교)

생각해 보기

- 문화발전의 의미는 무엇인가?
- 문화발전은 경제발전, 사회발전과 어떤 관계인가?
- 문화역량의 의미는 무엇인가?
- 문화역량을 구성하는 하위개념들은 무엇이며, 이를 어떻게 측정할 수 있는가?
- 문화역량과 문화발전의 관계는 무엇인가?

01
들어가며

문화역량은 인간존엄성을 추구하고 민주주의와 최소한의 사회정의가 작동할 수 있도록 해 주는 소프트웨어라고 할 수 있다. 이러한 보이지 않는 문화역량은 사회가 어디로 어떻게 가야 하는지에 대한 해답을 제시해 준다. 이러한 문화역량이 제대로 개발되고 향상될 수 있을 때 문화발전이 이루어진다고 할 수 있다. 이처럼 문화역량은 21세기 정보지식사회와 글로벌 경제 환경 속에서 한 개인과 지역 나아가 국가가 제대로 생존하고 번영할 수 있는 기반이 된다.

문화행정과 문화정책에 있어서 문화발전과 문화역량은 중요한 역할을 한다. 문화행정을 제대로 구현하기 위해서는 문화발전과 문화역량이 뒷받침되어야 하기 때문이다. 문화발전과 문화역량에 따라 문화행정의 수준이나 성과가 좌우되기 때문이다. 또한 같은 논리로 문화정책의 수준이나 특성도 문화발전과 문화역량에 의해 결정된다. 반면 문화행정과 문화정책이 문화발전과 문화역량에 영향을 준다는 논리를 보자. 국가 중심의 사회운영 체제에서는 흔히 문화행정이나 문화정책을 통해서 문화발전과 문화역량을 높이려고 시도했다. 국가

권력이나 사회 지배층의 논리와 이해관계가 문화행정과 문화정책에 투영되었고, 이들을 위한 문화행정과 문화정책이 시행되었다고 볼 수 있다. 여기서 문화발전과 문화역량도 결국은 이들의 목적과 이해관계의 틀 내에서 결정되었다고 볼 수 있다.

문화발전과 문화역량에 관한 분석은 문화행정과 문화정책뿐만 아니라 경제와 사회발전 나아가 정치발전과도 밀접히 관련되어 있다. 문화발전이 제대로 이루어지느냐, 그리고 충분한 문화역량을 갖추고 있는가는 우리 삶의 질과 미래를 좌우하는 핵심 요소로 작용할 수 있다. 최근 문화역량은 인간다운 삶의 질을 보장하고 자유와 행복에 있어서 인간이 가진 핵심역량을 의미한다. 나아가 최소 수준의 문화역량을 확보하는 것이야 말로 인간다운 삶을 향유하는 기본 전제조건이라는 것이다. 특히 센(A. Sen)과 누스바움(M. C. Nussbaum)이 제시한 역량접근(capabilities approach)방법의 핵심은 바로 문화역량에 있다고 이 글은 주장하고 싶다. 자유를 제대로 누리고 원하는 바를 이루기 위한 기회가 균등하게 제대로 제공되는 제도화된 사회구조적 역량과 인간 개인의 학습과 건강을 충분히 보장하는 역량이 뒷받침될 때 문화 활동과 관련된 역량을 제대로 발휘할 수 있고, 나아가 이를 통해 문화발전도 이루어질 수 있기 때문이다.

그렇다면 문화발전과 문화역량이 무엇을 의미하고, 이들 양자의 관계는 어떻게 형성되고 변화되는지 그 내용을 고찰할 필요가 있다. 구체적으로 여기서는 문화발전의 의미를 간단히 살펴보고, 문화발전이 경제발전, 사회발전과 어떤 관련성을 갖는지 살펴보고자 한다. 다음으로 문화발전의 핵심 요소인 문화역량의 의미를 고찰하고, 문화역량의 다양한 차원을 살펴보고자 한다. 끝으로 문화발전과 문화역량의 관계를 중심으로 향후 어떤 연구주제들이 있는지 서술해 보고자 한다.

02 문화역량과 문화발전에서 바라본 문화의 의미

주요 선행 연구의 문화 개념들

기존 문화 연구에서 제시한 문화의 개념을 음미해 보면, 우리는 문화역량이 무엇으로 이루어져야 하는지 판단할 수 있다. 문화의 개념 속에 바로 문화역량을 의미하는 내용이 담겨 있기 때문이다. 인간의 정신적 프로그래밍(mental programming)은 세 개의 층으로 구성되는데, 인류 자체에서 발현되는 유전자로 동물과 구분되는 언어와 학습능력인데, 모든 인간에게서 공통으로 발현되는 정신 프로그래밍이다. 다음으로 인간 개개인의 성격으로 문화와 달리 집단이 아닌 개인적 인성이나 성격으로 학습되기도 하고 선천적으로 타고난 부분도 있다. 반면 문화는 선천적으로 타고난 것이 아니며 학습을 통해 전수발전되며, 개인이 아닌 집단이나 범주에서 존재하는 현상이다([그림 9-1] 참조). 또한 문화는 무엇보다 인간 본성(human nature)과는 다르다. 보편성을 띤 인간의 특성, 그리고 타고나는 인간의 특성은 문화로 볼 수 없다는 것이다. 즉, 문화는 학습될 수 있는 것이어야 하며, 어떤 개인에 속한 성격과 달리 집합적 차원이 속성으로 집단이라는 차원에서 존재한다는 것이다. 타고난 또는 학습된 개인의 성격과 달리 집단적으로 학습되고 전수되며, 사회나 집단마다 그 나름대로 고유한 속성을 가진 것으로 기대된다. 보편적으로 어떤 사회나 공통적으로 존재하는 문화의 속성을 찾기는 어렵고, 이러한 속성이 있다면 이를 문화라기보다는 보편적 인간의 속성으로 보아야 한다는 것이다. 이러한 문화의 의미를 염두에 두고 문화에 대한 주요 연구들에서 나타난 문화의 정의를 살펴보면서, 문화역량에 대한 그 의미를 탐색해 보고자 한다.

가장 대표적인 문화에 대한 정의는 '유네스코 보고서'이다. '유네스코 1982년 보고서'에 따르면, 문화는 "어떤 사회의 집단을 구분 짓

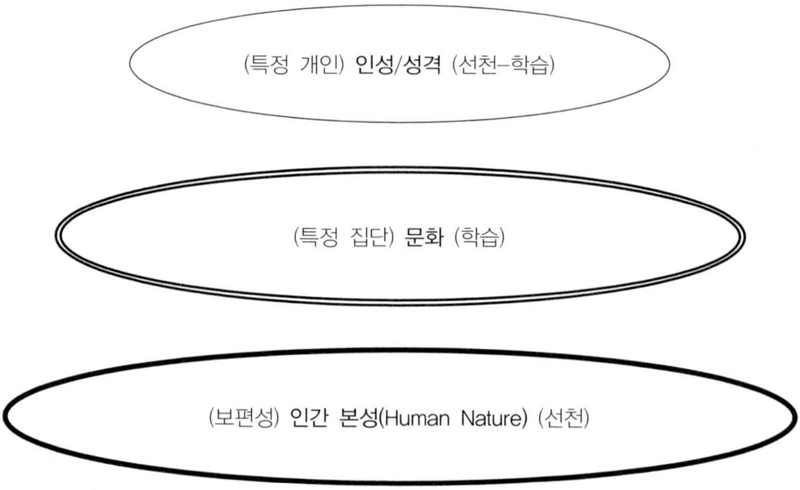

그림 9–1 정신적 프로그래밍 층위: 인간 본성, 문화, 인성/성격

출처: Hofstede, Hofstede, & Minkov(2010) Figure 1.1에서 발췌.

게 해 주는 정신적, 물질적, 지적, 감정적 복합체"로 정의된다. 또한 여기서 문화는 비판적 판단(critical judgement)과 도덕적 헌신감(a sense of moral commitment)도 포함한다. 이러한 문화를 통하여 자신이 누구인지 성찰하고, 자신의 불완전성에 대한 인식과 자신이 성취에 대한 의문을 갖도록 해 주며, 나아가 새로운 의미를 추구하고 자신의 한계를 초월하는 것을 창조하는 과정을 경험할 수 있다는 것이다(UNESCO, 1982).[1]

다음으로 국가 간 여러 기업들의 문화 연구로 유명한 홉스테드(G. Hofstede)의 정의에 따르면, 문화는 일종의 '정신차원의 프로그래밍(Culture as Mental Programming)'으로 묘사된다(Hofstede, Hofstede, & Minkov, 2010). 문화는 사람의 행동과 의식 등 모든 정신적·육체적 활동에 대한 방향과 내용을 제시해 주는 프로그램과 같은 것으로 정의하고 있다. 이러한 문화는 가족, 지역사회, 직장 등을 통해 생애차원에서 형성 및 발전되는 집합적 현상의 산물로 보고 있다. 문화는 좁은 의미에서 문명과 같은 고도로 집약된 문화예술의 방식·코드로 볼 수 있지만, 이는 서구 문명론자의 시각이며, 넓은 의미에서 문화는 사회학과 인류학에서 널리 공유되는 정신적 소프트웨어(mental software)로서 인간 활동과 동기를 결정짓는 일종의 사회유전자로 묘사되고 있다.[2] 홉스테드의 문화분류와 다양한 문화차원의 탐색은 문화발전과 문화역량을 연구함에 있어서 나라마다 차이와 특성을 연구할 때 유용한 준거로 활용될 수 있다. 홉스테드 연구에서 나온 어떤 정신적 문화코드 유형이 높은 수준의 문화역량과 지속가능한 문화발전과 긴밀히 연결되어 있는지 살펴볼 수 있기 때문이다.[3]

양식 · 코드로서의 문화개념

문화는 흔히 인류공동체가 살아가는 방식 또는 삶 속에 내재된 각종 공식 및 비공식 규범이라고 할 수 있다. 문화는 법규뿐만 아니라 예의범절, 그리고 일상 음식문화에 알게 모르게 내재되어 있다. 이러한 방식이나 규범은 과연 무엇일까? 우리는 일상에서 거의 이를 의식하지 못한 채 지키고 가꾸며 재생산한다. 어떤 철학자, 역사학자들은 이를 찾아서 진단하고 비판하기도 하지만 평범한 일상 속에서는 이를 거의 느끼지 못하고, 자연스럽게 수용하고 지키며 살아간다.

인간은 문화에 내재된 열정, 이데올로기, 그리고 가치와 태도를 만들어 내지만, 이들의 지배를 받기도 한다. 결국 문화는 어떤 사회에 존재하는 인간의 행동과 사고를 결정하는 역할을 한다. 개인의 삶뿐만 아니라 지역과 국가발전에 있어서도 문화가 그만큼 중요할 수밖에 없다. 우리의 사고방식과 소통하는 양식을 지배하는 프레임도 문화라는 상위 차원의 요소에 의해 영향을 받는다. 빈곤과 경제발전, 진보와 보수의 차이도 문화의 차이와 관련된다.

이 글에서는 문화를 어떤 사회를 움직이는 코드로 바라보면서, 문화발전과 문화역량을 논의하고자 한다. 이러한 생활방식을 구성하는 핵심은 법규와 규범, 그리고 상식인데, 어떤 사회라도 존재하는 원리(코드)이다(Rapaille, 2007). 어떤 나라의 정치문화나 경제문화를 이해하는 데도 문화코드가 들어 있다. 종교나 돈과 사회관계나 남녀관계 나아가 음식에도 문화코드가 작동한다. 이러한 문화코드는 어떤 프로그램의 작동원리이기도 하고, 와인이나 빵을 만드는 레시피로 볼 수도 있다. 하지만 이러한 기술차원의 원리뿐만 아니라 개인 간 관계나 개인과 조직, 조직 간 관계를 움직이는 원리도 문화라고 볼 수 있다. 미시차원의 기술적 원리에서부터 중간수준에서 나타나는 가족이나 지역사회의 운영원리, 나아가 국가나 전 지구적 차원에서 발현되는 각종 규범이나 생활방식에 내재된 코드가 문화라 볼 수 있다. 결혼과 가족, 조직과 제도, 상거래, 국가행정이나 정책 등 개인과 집단이 모여 운영하는 각종 방식을 규정짓는 코드가 있다. 또한 정치와 경제의 운용 코드, 전쟁과 권력 갈등의 코드 등 모두가 문화에 내재되어 있는 규범과 규칙과 같은 것이며, 이것은 바로 문화라고 볼 수 있다. 결국 문화가 정치와 경제를 움직이는 원리이며, 심지어 각종 권력투쟁과 전쟁의 작동 과정을 좌우한다고 볼 수 있다. 이러한 코드는 각종 법규와 제도와 같은 공식적인 코드뿐만 아니라 상식과 같은 비공식적인 규범도 일종의 코드로서 문화를 의미한다고 볼 수 있다.

코드 자체는 문화가 아니라 문화의 산물이라고 볼 수 있지만, 이 글에서는 이러한 코드가 문화의 발현체라 보면, 코드의 특성을 문화의 특성이라고 볼 수도 있을 것이다. 문화가 바로 인류의 존재의미뿐만 아니라 살아가는 방식을 규정 지워주는 코드로 볼 수 있을 것이다. 그러면 이런 측면에서 문화발전과 문화역량은 이러한 '숨겨진 코드(문화)'와 관련된 발전과 역량이라고 할 수 있다.

03
문화발전의 의미와 특성

문화발전의 의미

헌팅턴(Samuel P. Huntington)은 "문화가 정말 중요하다"고 강조하면서, 1960년대 초반 한국과 가나(Republic of Ghana)의 경제수준이 비슷한 것을 발견하고서 매우 놀랐다고 했다. 그런데 30년 뒤 한국은 세계 14위 규모의 경제대국으로 발전했고 민주주의도 착실히 다져가고 있었다. 최근 가나는 경제발전을 이룩하고 있지만 여전히 한국과는 한참 뒤떨어져 있다. 헌팅턴은 한국인의 근면, 교육, 규율과 극기정신에 주목하면서 두 나라 발전의 차이를 문화에서 찾고자 했다. 남미의 여러 나라의 저발전에 관한 해리슨(Lawrence E. Harrison)의 책을 인용하면서 문화가 또한 발전을 저해하는 요인이라고 주장했다(Huntington, 2000). 문화에 대한 지나친 강조라고도 할 수 있으나, "문화가 얼마나 중요했으면 이렇게까지 헌팅턴이 문화론을 강조하려고 했을까"라는 생각이 든다.

문화가 이렇게 중요하다면, 문화발전의 의미는 무엇일까? 문화에 대한 많은 논의에도 불구하고 문화발전이라는 용어나 개념은 아직 보편화되지 않았다. 문화란 지역과 사회마다 다르고 다양하기 때문이다. 이런 문화적 다양성 속에서 어떻게 문화발전이라는 단어를 활용하고 논의할 수 있을까? 어떤 문화는 저(低)발전 상태이고 어떤 문화는 고(高)발전 상태인지 어떻게 어떤 기준을 가지고 판단할 수 있을까? 문화적 상대주의 관점에서는 문화발전이라는 개념 자체가 성립하지 않을 것이다. 문화발전이라는 개념을 생각하려면 발전이라는 개념 자체를 어떻게 볼 것인가를 먼저 생각해 보아야 한다. 발전의 개념은 기능적 관점, 비판적 관점, 보편적 인권의 관점에서 고찰되어 왔다. 이러한 세 가지 측면에서 문화발전을 살펴볼 수도 있을 것이다. 그러면 구체적으로 이를 논의해 보자.

첫째, 문화발전이라는 의미는 전형적인 발전주의 모델과 연결되어 있다. 흔히 소득과 생활수준의 향상을 가져오거나 이러한 생활과 관련된 문화를 발전된 문화 또는 문화발전과 연결시켜 논의할 수도 있을 것이다. 선진국의 문화를 설명하면서 이러한 문화를 발전된 문화로 보고, 저개발국가의 문화를 덜 발전된 문화라고 볼 수 있을까? 이처럼 사회발전이나 경제발전에 기여하는 또는 긍정적으로 관련된 문화가 있다면, 이를 좋은 문화, 나아가 문화발전이라고 지칭할 수도 있을 것이다. 바로 문화발전의 기능적 관점이라고 볼 수 있다. 예를 들면, 국가경쟁력이나 경제수준과 문화를 연결시켜 논의하는 관점이 여기에 해당된다. 부흥하는 국가와 망하는 국가, 번영하는 지역과 쇠퇴하는 지역, 번영하는 기업과 망하는 기업을 비교할 때, 흔히 사용하는 판단기준을 문화의 차이에서 찾는 관점이다. 빈부의 격차, 부의 탄생, 기업의 흥망성쇠를 문화에서 찾고, 여기서 문화발전이 잘된 국가는 부흥하고 그렇지 못한 국가는 쇠퇴한다는 논리를 전개한다. 지역사회와 기업에도 이러한 논리가 그대로 적용된다. 문화경제학에서 논의하는 문화와 경제발전, 좋은 거버넌스(good governance)와 같은 접근들이 여기에 해당된다. 이러한 문화발전의 근간이 되는 문화역량은 기능적 리터러시(functional literacy)에서 나온다.

둘째, 문화발전을 비판적 관점에서 살펴볼 수도 있다. 여기서 비판적이란 누가 지배적인 문화(소위 주류문화)를 만들고 재생산하는가를 찬찬히 살펴보면서, 왜 그들이 이러한 주류문화를 만들어 퍼뜨리고 활용하는가를 들여다보는 것이다. 지배계급과 피지배계급 사이의 문화가 다른데, 특히 지배계급이 피지배계급을 효과적으로 관리하기 위한 수단으로 문화가 활용되며, 여기서 문화는 지배계급의 정당한 통치수단의 원리와 방식으로 존재한다.[4] 반면에 이러한 비판적 관점에서의 문화발전은 정치제도와 경제제도를 개혁하여 민주주의와 경제를 발전시키는 것도 포함한다. 어떤 사회 내에서 지배층의 지배논리와 사회작동방식이 부패와 지대추구로 가득 차있을 경우, 이와 관련된 경제제도와 정치제도를 개혁하여 이를 수정하도록 요구할 수 있는데, 이러한 제도개혁의 근본 원리와 프레임은 바로 비판적 관점에서 바라본 문화발전의 논리에서 나온다. 이러한 비판적 관점의 문화발전이 어디서 기원하는가는 여러 가지 배경이 있겠지만 비판적 시민(critical citizen)에서 나온다. 근대 과정에서 우리는 중세의 종교적 억압에서 벗어나 자유로운 인문예술을 발전시킨 것, 영국과 프랑스에서 일어난 혁명도 바로 이러한 비판적 문화발전의 관점에서 고찰할 수 있다. 이러한 정치와 경제의 제도개혁 근간이 되는 문화역량은 비판적 리터러시(critical literacy)에서 나온다.

셋째, 기능적 관점에 더하여 보편적 인권으로 문화의 개념이 확장된다. 최근 사용되고 있는 인간발전지수(Human Development Index)가 바로 여기에 해당된다. 문화발전은 단순히 경제발전에만 머무는 것이 아니라 삶의 질을 높이고, 어떤 공동체 사회에 존재하는 모든 개인이 기본 권리로서 교육과 의료 등 기본 혜택을 제대로 누리면서 자아를 실현할 수 있는 역량(capability)을 갖추어질 때 진정한 문화발전이 이루어진다고 보는 것이다. 이러한 문화발전은 민주주의와 경제발전의 근본 초석이 되는 기본 토양이라 할 것이다. 이러한 자유로서의 인간발전을 의미하는 문화발전의 근간은 바로 역량 리터러시(capability literacy)로 정의된 문화역량에서 나온다.

인류발전의 역사로서 문화발전

호모사피엔스라는 인류의 탄생은 문화와 밀접한 관련을 갖는다. 가족과 공동체 나아가 도시와 국가의 운영 원리에 내재된 것이 문화라고 할 수 있을 것이다. 구석기시대를 거쳐 르네상스와 근대 문명의 탄생 이후 제4차 산업혁명에 이르기까지 인류발전의 역사적 단계마다 그 시대를 움직이는 기본 원리를 규정짓는 각각의 문화가 있었다. 인류가 문화를 만들었지만, 거꾸로 문화가 인류의 발전과 나아가 어떤 문명의 흥망까지 좌우할 정도로 문화는 인류에 막대한 영향을 끼치기도 한다. 인류 스스로 문화를 만들고 변형하는 주체라고 하지만, 그 이면에는 스스로 만든 문화에 구속되어 왔던 것이다. 정치발전, 사회발전이 바로 문화와 밀접한 관련을 갖는다. 어떤 사회의 발전은 정치와 경제의 발전뿐만 아니라 문화발전으로 이어진다. 여기서 문화역량도 꽃핀다. 문화발전은 정치 · 경제 · 사회 각 영역에서 문화역량이 높아지면서 자연스럽게 이루어진다. 문화역량이 높아지면 문화발전도 이어진다고 볼 수 있다. 반면 문화발전을 통해 문화역량이 높아지는 것도 가능할 것이다. 이러한 문화발전을 통한 문화역량의 향상은 문명의 탄생으로 이어지고, 인류사의 문명은 바로 문화발전의 산물이라 할 것이다.

문화발전과 경제 · 사회 발전

정치발전, 경제발전, 사회발전 등 각종 발전모델에 있어 문화가 중요하다는 주장이 활발하다. 베버(Max Weber)의 『프로테스탄트 윤리와 자본주의 정신』, 헌팅턴의 『문화의 충돌』 등 저명한 문화 관련 학술 연구 이후에 문화의 독자적 영향력을 강조하는 문헌이 발전모델의 중요한 자리를 차지해 왔다(막스 베버 번역본, 2018; Huntington, 1993; 1997). 행정과 정책으로 표현되는 국가의 특성과 정부의 역할, 정치와 경제체제, 제도 등 각종 요인들이 발전의 설명변수로 논의되고 있지만, 이들과 함께 문화 요인도 매우 중요한 변수로 다루어진다. 국가나 문명의 발전과 퇴보에 있어서 문화가 중요하다는 문화론자들의 주장은 바로 문화발전이 정치발전, 경제발전, 사회발전의 핵심 요소가 된다. 문화와 제도의 복잡한 관계에 대한 연구도 활발하다(Alesina & Giuliano, 2015). 여기서 문화발전은 독립변수로서 정치와 경제 나아가 어떤 사회의 미래와 방향을 결정하는 소프트웨어로 기능한다. 그러면 구체적으로 문화발전이 어떤 속성을 수반하길래 문화발전을 통한 경제발전과 사회발전이 가능한지 살펴보자.

문화발전(cultural development)은 각종 문화 관련 행위를 자유롭게 차별이나 억압 없이 마음껏 향유할 수 있을 때 가능하다. 이처럼 자유로운 문화 활동이 보장될 경우와 그렇지 않을 경우 문화발전의 속도와 범위에 상당한 차이가 나타날 수밖에 없을 것이다. 근대의 시발점이나 원천이 된 르네상스도 이전의 종교적 속박과 억압에서 벗어나 인간의 자유로운 문화 활동을 통해서 나왔다. 여기서 문화발전뿐만 아니라 경제와 사회가 함께 발전하는 번영의 세기가 시작되었던 것이다. 문화발전과 경제수준은 서로 밀접한 관련성을 갖고 있지만, 물질적으로 경제수준이 낮다고 해서 문화발전의 수준이 낮다고 볼 수는 없다. 경제력이 약한 상황에서도 다양한 문화 활동을 자유롭게 허용하는 사회가 가능하기 때문이다. 삶의 질이나 사회자본이 풍성한 사회발전의 경우 문화발전과 밀접한 관련성을 갖는다. 이들의 관계는 오히려 경제발전과 문화발전의 관계보다 더 강하다고 보아야 할 것이다. 문화발전은 그만큼 인간, 조직, 지역사회의 사회자본과 밀접한 관련을 갖는다고 보아야 할 것이다.

이상의 논의를 바탕으로 문화발전은 경제발전과 사회발전보다 상위의 개념으로 판단되며, 경제발전과 사회발전을 통해 문화발전으로 이르는 경로를 형성한다고 볼 수 있다. 반면 낮은 수준의 경제발전을 이룩한 국가나 지역도 충분한 문화역량을 갖추고 있을 경우, 이렇게 문화역량과 문화발전의 동력을 이용하여 경제발전을 이룩하는 경로도 가능할 것으로 판단된다. 경제발전에 필요한 좋은 인적자본의 원천이 바로 문화역량과 문화발전에서 나오기 때문이다. 또한 높은 수준의 문화역량을 갖고 있고, 문화발전이 일어나는 경우, 삶의 질이 높아지고, 인간과 사회에 좋은 사회자본이 축적될 수 있기 때문에 이런 상황에서는 문화역량과 문화발전이 사회발전을 이끄는 원동력으로 작용할 수 있을 것이다. 요약하면, 문화발전은 경제발전, 사회발전과 서로 영향을 주고받는 관계에 있지만, 지속적인 문화발전이 없이는 지속적인 경제발전과 사회발전도 어렵다는 것이다. 경제발전과 사회발전이 높은 수준에 도달하려면 이를 뒷받침하는 소프트웨어인 문화역량이 그 근저에 깔려 있어야 하고, 이러한 문화역량이 문화발전을 통해 지속적으로 발전할 수 있어야 한다.

04
문화역량의 의미와 특성

문화역량의 정의와 관련 접근들

문화역량을 여러 의미로 정의하고 그 측정도구를 개발할 수 있지만, 이 글에서는 문화와 관련된 '리터러시'라는 의미로 이해하고자 한다. 콜린스(J. Collins)의 정의에 따르면, 리터러시는 삶의 일상에서 필요한 도구와 생존수단의 지식체계를 의미하는데[5](Collins, 1995; Collins & Blot, 2003), 리터러시가 언어와 결부되면서 문화와 문명으로 이어진다. 리터러시는 문자해독력(문해력)이라는 요소로 측정되지만, 광의의 차원에서 리터러시는 모든 일상에 관련된 각종 방식과 양식을 이해하는 능력으로 정의될 수 있다. 여기서 리터러시는 문화와 관련된 모든 종류의 기술(skills)을 이해하고 활용하려는 역량인 것이다. 흔히 우리가 말하는 정보리터러시(information literacy), 과학리터러시(scientific literacy), 디지털리터러시(digital literacy)가 여기에 해당된다.

구락(Laura J. Gurak)에 따르면, 최근 리터러시는 정보화 사회에서 사람이 텍스트를 해독하고 암호화하는 역량으로 보기도 한다(Gurak, 2001). 이 정의는 디지털 텍스트 관련 코딩 역량이 중요해짐에 따라 코딩활용력에 초점을 둔 것이다.

문화발전과 리터러시는 밀접히 관련되어 있는데, 언어라는 소통이 등장하면서, 이를 활용하는 리터러시가 성장했고, 이는 문명을 탄생시키는 원동력이 되었다. 물론 문명발전에 따라 리터러시가 다시 성장하는 관계도 성립되지만, 문명의 원천은 리터러시에 있다고 보아야 할 것이다.

그러면 여기서는 위에서 세 가지 문화발전 의미를 고찰해 본 내용을 토대로, 각각 기능적 리터러시, 비판적 리터러시, 그리고 역량이라는 세 개의 접근법을 중심으로 이를 문화역량 차원에서 살펴보고자 한다. 이들 세 종류의 접근은 문화발전의 기본 토양으로 인류문명이 탄생시킨 원천이라 할 수 있으면, 문명과 문화를 전수·보존·발전시킬 수 있도록 뒷받침하는 인지역량이라고 할 수 있다. 즉, 이들은 문화역량의 구성 요소로 볼 수 있는데, 다음에서 그 내용을 구체적으로 살펴보고자 한다.

기능적 리터러시(Functional Literacy) 접근

기능적 리터러시 접근은 문화역량과 문화발전에 가장 필요한 요소를 제공해 준다. 기능적 리터러시의 중요성은 "문명의 발전은 언어와 같은 소통수단이 등장과 같은 인지혁명을 통해 이루어졌다"는 논리에서도 잘 드러난다. 무엇보다 문화의 내용과 방식을 전수하고 보존하려면, 인지 능력이 중요한데, 기능적 리터러시는 바로 읽고 쓰는 능력을 의미한다. 바로 언어 능력인데, 호모사피엔스가 언어를 사용하면서 지구의 다른 동물을 지배하게 되었고, 나아가 문명까지 건설할 수 있었다. 문화발전에 필요한 수많은 정보를 저장하고, 이를 소통할 수 있었던 것은 언어가 있었기에 가능했다는 것이다. 기능적 리터러시는 바로 생활 — 인류 초기 역사에서는 생존경쟁 — 에 필요한 소통수단을 제대로 이용할 수 있는 역량이다. 전설, 신화, 종교 등은 바로 언어가 있었기에 등장할 수 있었고, 나아가 이들이 문화를 만들고 지배하기까지 했던 것이다. 다양한 스토리를 만들고 이는 문학작품으로 이어진다. 바로 언어와 문자가 있기 때문에 가능한데, 이를 인지혁명이라고 한다. 인류 문명이 가능했던 것은 바로 이러한 기능적 리터러시가 작동했기 때문이다.

이러한 문명(문화)의 기본 토양이 되는 기능적 리터러시는 그 개념이 미국이 제2차 세계대전에 참전할 병사의 기본 전투 소양을 점검하는 과정에서 나왔다.[6] 전쟁은 육체를 사용할 뿐만 아니라 각종 교본과 전술을 익히고 활용하는 역량이 중요한데, 그런 측면에서 이를 이해하고 소통할 수 있는 능력이 필요했던 것이다. 영어로 된 교본과 전술을 이해하고 이를 활용하려면 당연히 기본 영어 문해력(literacy)이 필요했던 것이다. 이처럼 문화의 기본이 되는 리터러시를 갖추고 있지 못한 집단을 기능적으로 문맹집단(functionally illiterate group)으로 정의한다. 이미 립셋(S. M. Lipset)이 주장한 것처럼 기능적 리터러시는 근대화와 민주주의의 기본 토양으로 인식되어 왔다(Lipset, 1959). 최근에는 이러한 기능적 리터러시가 경제발전과 사회발전의 기본 토양이 된다는 주장이 나온다(Hanushek & Woessmann, 2008; Robinson-Pant, 2008). 저개발국가의 발전을 위해서도 기능적 리터러시 역량 향상이 중요하다는 것이다. 또한 최근의 경제성장이나 소득향상도 기능적 리터러시와 관련된 인지역량이 중요하다는 주장이 인적자본과 노동경제학을 전공하는 경제학에서도 강조되고 있다.

기능적 리터러시는 인적자본 논쟁 나아가 국가의 경제성장과 같은 발전모델의 핵심 변수로 주목을 받고 있다. 고도의 정보지식사회에서는 무엇보다 각종 정보를 이해하고 해석할 수 있는 능력이 중요한데, 이러한 능력이 바로 기능적 리터러시로 측정된다. 한 나라의 인적자본과 부(富)가 높은 수준으로 축적되는 것은 역시 높은 수준의 기능적 리터러시를 기반으로 하며, 이는 문화발전과 문화역량을 높이는 원동력으로 작용할 것이다.[7)]

최근 국가별로 제시된 읽기와 수리력에 대한 기능적 리터러시 점수와 국가별 일인당 국민소득의 관계를 보면 양자는 서로 밀접하게 관련되어 있다(〈표 9-1〉 참조). 한국을 비롯한 최상위 선진국 9개국을 비교한 〈표 9-1〉을 보면, 각 나라의 평균 점수와 상위점수[8)] 분포에 따라서 일인당 국민소득이 밀접하게 관련되어 있음을 알 수 있다. 특히 리터러시 평균점수보다는 상위권 수준에 따라 국가별 소득수준이 더 크게 영향을 받고 있다는 것을 알 수 있다([그림 9-2] 참조).

여기서 주목해야 할 것은 한국의 읽기 문해력 평균점수는 일본, 네덜란드, 스웨덴보다는 떨어지지만, 캐나다와 비슷하며, 그 밖의 다른 나라들에 비해서는 높다는 것이다. 하지만 상위집단별 비교를 해보면, 한국의 상위집단별 점수와 그 비중은 대부분의 선진국에 비해 낮다는 것을 알 수 있다. 특히 최상위 등급인 수준5에 해당되는 비율, 그리고 95th에 해당되는 점수는 다른 선진국에 비해 상당히 낮다. 일본, 네덜란드, 스웨덴과 비교를 해 보면 한국의 리터러시 수준이 낮음을 명확히 알 수 있다.

이러한 리터러시 점수는 해당 국가의 시민이 얼마나 책을 많이 읽고 토론하면서 실제 생활에 각종 지식을 제대로 활용하고 있는가를 간접적으로 나타내는 지표라고 할 수 있다. 특히 문화발전을 이끌어 가는 데 있어 최상층 점수의 수준이 중요한데, 한국은 다른 선진국들에 비해 여기서 아직 상당히 뒤처져 있다. 일본과 스웨덴의 경우 정규 학교를 졸업한 이후에도 여전히 책을 많이 읽고, 각종 지식을 널리 실제 생활에서 응용하면서 리터러시 수준을 개발하고 높이려는 노력을 많이 한다는 것을 이러한 점수 분포가 시사해 준다. 한국은 정규 학교 졸업 이후 얼마나 평생 학습사회에서 뒤처져 있는지 잘 보여주는 점수 분포라고 할 수 있다. 이러한 지식생태계에서는 문화발전과 문화역량은 주요 선진국에 비해 뒤떨어질 수밖에 없

표 9-1 리터러시 수준과 국민소득: 주요 선진국과 한국 비교

	문해력	수리력	문해력	문해력	문해력	문해력	수리력	수리력	수리력	수리력	일인당 GDP
	평균	평균	수준 4(%)	수준 5(%)	90th	95th	수준 4(%)	수준 5(%)	90th	95th	2013 ($ US)
캐나다	273	265	12.8	0.9	334	348	11.3	1.3	332	349	52,414
프랑스	262	254	7.4	0.3	321	334	7.8	0.5	322	337	42,554
독일	270	272	10.2	0.5	328	341	13.0	1.2	335	351	46,531
이탈리아	250	247	3.3	0.1	306	320	4.3	0.2	309	324	35,370
일본	296	288	21.4	1.2	344	355	17.3	1.5	342	355	40,454
한국	273	263	7.9	0.2	322	334	6.6	0.2	318	332	25,890
네덜란드	284	280	16.8	1.3	341	355	15.6	1.3	340	354	51,574
스웨덴	279	279	14.9	1.2	338	351	16.7	1.9	343	358	60,283
영국	270	262	12.4	0.8	333	347	10.3	0.9	329	345	42,724
미국	270	253	10.9	0.6	330	344	7.8	0.7	323	340	52,787

출처: Survey of Adult Skills(PIAAC-2012).

일인당 국민소득(미국 달러)

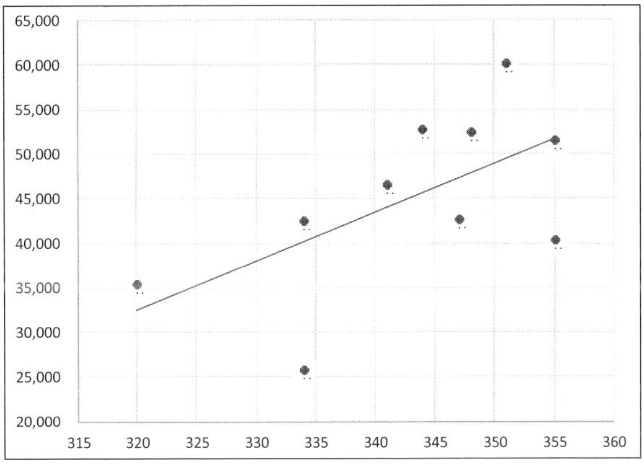

95th점수(Reading Literacy)

일인당 국민소득(미국 달러)

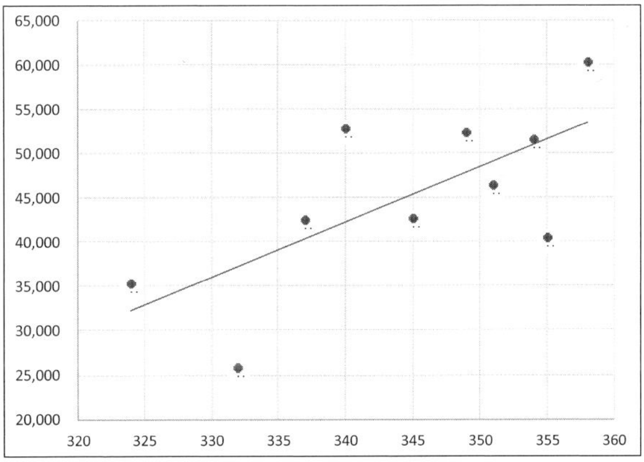

95th점수(Numeracy)

그림 9-2 최상위 리터러시 점수와 국민소득

을 것이다. 일본의 평생학습사회 전통과 문화생태계에서 한국은 많은 것을 배워야 할 것이다.

비판적 리터러시 접근

비판적 리터러시 접근법도 문화발전과 문화역량에 큰 영향을 주고 있다. 문화발전은 기존의 방식에서 벗어나 새로운 것을 추구한다고 볼 때, 이러한 것을 가능하게 만드는 원동력은 기존 질서에 대한 의문에서 시작된다. 비판적 리터러시는 기존의 방식과 권력관계에 대한 성찰과 의문을 갖도록 해 준다.[9] 이를 통해 새로운 문화를 창조하게 만드는 역량이 배양되는데, 이것은 비판적 리터러시가 배양해 주는 문화역량이라고 할 수 있다. 이러한 비판적 리터러시는 문화역량의 중요한 구성 요소인데, 이는 무엇보다 문화를 누가 어떻게 만들고 왜 이를 전파하는지 곰곰이 생각할 수 있도록 해 주기 때문이다. 이러한 비판적 리터러시의 기본 토대는 당연히 기능적 리터러시가 뒷받침되어야 하고, 탄탄한 기능적 리터러시를 활용하여 권력과 각종 자원이 누구를 위해 어떻게 배분되는가에 대한 분석과 성찰을 할 수 있는 역량이 바로 비판적 리터러시다. 최근에 이러한 비판적 리터러시는 여러 측면에서 논의되고 있지만, 여기서 두 개를 꼽는다면 다음과 같다.

첫째는 정부신뢰와 민주주의에 대한 만족도가 떨어지면서 왜 그런가에 대한 고찰인데, 바로 시민이 기대한 만큼 정부가 성과를 내지 못하고, 시민이 기대하는 민주주의를 운영하지 못할 때 바로 사회에 대한 불신 나아가 정부와 민주주의 체제에 대한 불신으로 이어지는 최근 현상과 관련된 것이다(Norris, 2011). 비판적 시민(critical citizen)의 개념은 바로 이러한 현상을 만들어 내는 근원적 주체인데, 이들은 문화역량 중 비판적 리터러시를 가진 시민을 의미한다. 많은 나라에서 민주주의에 대한 정당성 위기가 있다고 주장한다. '적자 민주주의' 개념도 이러한 맥락에서 나온다. 여기서 '적자'라 함은 애초에 시민들이 기대했던 민주주의 수준과 현재 느끼는 민주주의 수준 차이에서 비롯된다. 민주주의 성과가 기대수준에 못 미치는 것이다. 이는 곧 거버넌스와 정당성의 위기로 이어지는데, 이러한 문제를 찾아내는 역량도 비판적 문화역량이며, 이를 수정하고 보정하는 것도 비판적 문화역량에서 나온다. 최근 한국에서 일어나고 있는 촛불시위도 기존의 지배문화에 대한 저항이다. 기대했던 법치와 민주주의에 대한 실망이 바로 촛불시위로 나타났던 것이다. 지배적 언론매체에 대응하여 진실을 알리기 위한 각종 일인 시위나 유튜브(YouTube)를 통한 알림은 바로 비판적 리터러시의 발현인 것이다.

둘째는 촘스키(Noam Chomsky)가 주장하는 현대 사회 나아가 미국처럼 고도로 발전된 자본주의와 민주주의 국가에서도 누가, 어떻게 권력을 쥐고 행사하는가에 대한 비판적 성찰도 바로 비판적 리터러시에서 나온다. 보수와 진보, 좌파와 우파 같은 정치문화도 바로 비판적 리터러시 관점에서 해석될 수 있는 문화현상(또는 문화전쟁)으로 볼 수 있다.[10] 이것은 국가나 거대자본이 어떻게 매체와 텍스트를 통제하고 조정하는가에 대한 성찰이며, 비판적 시민은 이를 직시하고, 제대로 세상이 어떻게 움직이는가에 대한 비판력을 강조한다.[11] 예를 들면, 할리우드(Hollywood)를 움직이는 자본력과 이를 좌우하는 세력이 바로 현 사회를 움직이는 문화코드를 재생산하고 있으며, 우리는 이러한 문화코드에 빠져들 것이 아니라 냉정하게 그

코드의 취지와 목적을 성찰해 볼 필요가 있다는 것이다.

비판적 리터러시 개념은 현대 문명사회와 지배권력에 대한 의문과 성찰을 가능하게 해 주는 문화역량의 토대가 된다. 세상을 움직이는 지배적 힘의 논리와 그 이면에서 작동되는 각종 경제이익과 파워게임을 제대로 볼 줄 알아야 한다는 것이다. 그람시(Antonio Gramsci)의 헤게모니론도 자본주의 지배 이데올로기의 작동방식에 대한 비판적 성찰의 산물이다. 비판적 문화역량은 제대로 된 문명을 보존할 수 있고, 문명에 위협적인 요소가 무엇인지 식별할 수 있고, 대응전략을 마련할 수 있도록 해 주기 때문이다. 자본주의 발전에 따른 산업화의 확장에 따른 기후변화와 지구온난화, 초강대국 간의 핵무기 경쟁 등 지구문명을 파괴할 수 있는 위험이 도처에 도사리고 있다. 인간이 모여 만든 종교와 국가, 그리고 자본주의라는 문화적 산물이 문명 파괴의 원인이 될 수 있다는 것을 고민하고 비판하게끔 만드는 문화역량이 바로 비판적 리터러시이다. 결국 문명파괴의 주범이 어디에 있는지 고찰할 수 있는 힘은 바로 비판적 리터러시라는 문화역량에서 나온다.

역량(capabilities) 접근

진정 우리가 원하는 문화발전과 문화역량은 어디까지일까? 이러한 물음에 답하기는 쉽지 않지만, 가장 근접한 해답이 바로 최근 저명한 경제학자인 센(A. Sen)과 사회철학자인 누스바움(M. C. Nussbaum)의 역량접근법에서 나온다. 이들 저명한 두 학자는 기존의 경제성장과 발전모델을 비판하고,[12] GDP로 측정되는 경제 접근을 넘어 삶의 질과 인간발전에 초점을 둔 역량모델을 제안하였다. 역량 접근법은 좋은 삶 연구, 발전연구, 정의론 연구 등을 종합하여 『자유로서의 발전(*Development as Freedom*)』과 『역량창조(*Creating Capabilities*)』와 같은 화두를 던진 책으로 출판되면서 경제학뿐만 아니라 사회과학 전반과 철학에 까지 영향을 주면서, 각종 국가정책의 설계와 정책수단에 역량 접근법이 반영되고 있다(Sen, 2001; Nussbaum, 2011). 특히 역량 접근법은 개발 경제학의 주류 이론들을 비판하고 그 대안으로 경제성장보다는 개개인의 행복과 삶의 질을 개선하고, 이를 위해 민주주의와 사회정의와 같은 제도와 가치정향이 중요하다고 강조한다. 이들의 역량 접근은 개발도상국에 대한 지원정책뿐만 아니라 저개발국가의 정책 패키지에 포함되어 그 영향력이 확장되고 있다.

이처럼 역량모델은 자신이 원하는 진정한 기본적 삶을 살아갈 수 있도록 국가와 사회가 지원해 주고 이에 필요한 제도를 마련해 주는 것이다. 센은 기초 보건과 교육을 국가가 제공해 주고, 기근과 같은 재난에서 벗어나 인간다운 삶을 살 수 있는 자유와 기회를 보장해 주는 것인데, 이를 역량이라고 정의했다. 이러한 역량 접근을 통해 이 분야 선구연구자인 센은 삶의 질을 총체적으로 평가하는 인간개발지수(Human Development Index)의 이론적 기초와 도덕적 정당성의 근거를 제공했다. 나아가 누스바움은 센의 5개 핵심역량을 10개로 확장시키고, 지속가능한 핵심역량의 발전을 위해서는 최소한의 사회정의가 보장될 것을 강조했다.[13] 센과 누스바움의 핵심주장은 민주주의가 작동하고, 최소한이 사회정의 보장을 위한 사회적 합의가 존재할 때, 인간존엄성을 보장받을 수 있다는 것이다. 이것은 모든 사람이 자신이 진정으로 원하는 삶을 자유롭게 선택할 수 있고, 종교나 차별에 의해 억압받지 않는 상태에서 이를 위한 각종 기회를 균등하게 보장받을 수 있는 전제 조건을 강조한다. 이러한 역량 접근의 논리는 모든 시민의 역량발전을 위한 적극적 정부의 역할을 강조한다.14) 이를 정부의 문화정책과 연결시켜보면, 정부는 문화역량을 개발하고 발전시킴에 있어서 민주주의와 사회정의 구현을 위한 사회구성원의 노력이 그 전제 조건이 되어야 함을 시사해 준다.

이러한 역량 접근법에 근거한 문화역량과 문화발전이 있어야 문학, 예술 등이 개인의 역량을 높여줄 수 있고, 각종 제도와 정치를 개혁하여 민주주의와 사회정의가 제대로 구현되며, 기본 의료와 교육이 보장되고 자원배분의 왜곡에 따른 기근과 같은 사회적 재난을 피하고, 자유롭게 원하는 삶을 선택하고 추구하면서 인간의 존엄성을 보장받을 수 있을 것이다.

문화역량의 측정과 수준에 따른 의미

개인과 사회에 영향을 주는 문화역량의 중요성과 그 역할에 대해서는 앞에서 살펴보았다. 그렇다면 문화역량이 무엇이며, 어떻게 측정할 수 있을까? 문화역량이 높고 낮다는 것이 어떤 의미를 갖는 것일까? 다음에서는 이러한 의문을 중심으로 논의를 전개해 보고자 한다.

문화역량에 대한 다양한 정의가 있지만, 종합해 보면 문화역량의 구성은 삶에 대한 지식(knowledge), 신지식을 창조하고 확장할 수 있는 기술(skills), 그리고 시민적 덕목을 향한 태도(attitude)의 종합적 능력으로 정의된다. 무엇보다 근대에 생겨난 문화의 개념이 바로 문화나 예술 영역에 한정된 것이 아니라 '사회 전체의 지성수준'을 의미하는 데, 이는 '물질과 정신에 걸친 전반적 생활양식'을 의미한다. 여기에는 문학과 예술뿐 아니라 인문학과 사회과학 전반의 지식과 수준도 포함된다고 볼 수 있다. 여기에 더해 시대가 요구하는 지식, 생활방식, 태도에 대한 모든 방식을 포함하는 넓은 의미의 관점에서 문화를 정의할 수 있다. 이러한 광의의 차원에서 문화를 바라보고, 이를 문화소양, 문화실천, 문화향유라는 관점에서 최근 문화역량을 정의하고 이를 측정한 시도가 이루어지기도 했다(정광호 · 이계오 · 김청택, 2013). 이 시도는 한국문화예술교육진흥원에서 출간한 보고서로 문화역량에 대한 종합적 개념정의를 시도하였다. 여기서 문화역량은 문화소양, 문화실천, 문화향유 등 세 차원으로 나누고, 각 차원에서 세부 구성 요소를 도입하여 문화역량의 내용을 체계화하였다.

첫째, 문화소양에는 ① 문화 활동의 기초 능력이 되는 읽기와 쓰기, ② 문화 관련 일반지식, ③ 문화소양 향상과 관련된 문화예술교육, ④ 문화도구 사용 경험, ⑤ 문화정향(창의력, 상상력, 포용력, 감수성, 문화 활동 관심) 등이 포함되어 있다. 문화소양은 문화역량의 가장 기초 단계에 해당되며, 문화 활동의 기본이 될 수 있도록 각종 자원과 지원을 아끼지 말아야 할 것이다. 의무교육 관련 각종 제도도 바로 이러한 문화소양의 기초를 제공하는 데 있다. 이러한 문화리터러시(Cultural Literacy)를 측정하고자 한다면, 문화소양의 내용을 반드시 포함해야 할 것이다. 특히 일정 수준의 문화리터러시는 지식정보사회에 있어 생존뿐만 아니라 인간의 존엄성과 자아실현의 가장 기본 원천이 된다.[15] 창의성과 자기주도 학습사회, 진취성과 유연성에 바탕을 둔 혁신성장형 기술, 각종 매체 관련 미디어리터러시와 같은

21세기형 도구적 재능(Trilling & Fadel, 2012)도 문화리터러시를 그 바탕에 두고 있어야 할 것이다. 최근 문재인 정부에서 이루어지는 '탈원전정책'과 '대입정책' 관련 공론조사도 바로 시민의 탄탄한 문화리터러시가 갖추어져 있다는 전제 하에서 나온 것으로 민주시민의 필수덕목이라 할 것이다. 문화리터러시는 바로 시민참여를 가능하게 하는 정책 리터러시(policy literacy)의 바탕이 된다(정광호, 2009).

둘째, 문화실천으로 여기에는 ① 타 문화에 대한 이해 및 존중과 관련된 문화수용성, ② 문화예술 참여와 창작에 관한 문화 활동, ③ 지역사회 문화 관련 공동체 및 행사 관련 문화공동체 활동 등이 포함되어 있다. 문화소양은 이제 문화실천을 통해 그 진가가 발휘된다. 문화실천은 개인 스스로 문화 활동에 창작관람을 통해 참여하는 것, 타 문화에 대한 존중과 이해, 그리고 지역사회 문화공동체 형성과 발전에 기여하는 것을 포함한다. 이러한 문화실천은 신뢰와 시민적 덕목의 바탕인 사회자본의 축적을 촉진한다. 문화실천을 통해 사회자본이 풍성해지고, 나아가 정치발전과 경제발전을 촉진하는 규범과 제도가 탄탄해지는 선순환이 일어나는 것이다(Alesina & Giuliano, 2015). 한국 사회에서 일어나는 각종 갈등현상도 상대방에 대한 존중과 배려, 그리고 협력이라는 시민자본(civic capital)이 부족한 것도 이러한 문화실천의 빈곤에서 비롯된다고 볼 수 있다.

셋째, 문화향유와 문화 관련 비평 경험에 관한 것이다. 문화소양과 문화실천을 통해 궁극적으로 나타나는 문화 활동은 바로 문화향유인 것이다. 본인에 대한 문화적 성찰뿐 아니라 이웃과 지역사회에서 일어나는 각종 정치 · 경제 · 사회 활동에 대한 비판적 시각을 가지고 조망할 수 있는 역량이다. 각종 문화비평 등을 통해 지역사회의 정치문제, 경제문제, 사회문제에 대한 비판적 성찰과 대안을 제시하는 역량도 여기에 포함된다고 할 것이다. 문화비평이라는 좁은 틀에 가두어 문화향유를 정의해서는 안 될 것이다.

표 9-2 문화역량의 구조 및 내용

문화역량의 내용		
상위 영역	하위 영역	설 명
문화소양	읽기, 쓰기	문화 활동의 기초 능력
	문화지식	문화에 관한 일반 지식
	문화예술교육	문화예술교육을 통한 문화소양 향상
	문화도구 사용	각종 문화도구 사용 경험
	문화정향	창의력, 상상력, 포용력, 감수성, 문화 활동 관심
문화실천	문화수용성	타 문화에 대한 이해와 존중
	문화 활동	문화예술의 창작 및 참여 활동
	문화공동체 활동	지역사회 문화 관련 공동체 및 행사에 대한 참여
문화향유	문화향유	문화향유, 비평 경험

출처: 정광호・이계오・김청택(2013)에서 〈표 Ⅲ-5〉 재인용.

문화역량은 그 수준이 지역과 개인에 따라 천차만별이다. 문화역량의 측정 결과는 문화역량의 격차와 분포에 대한 여러 가지 유용한 정보를 제공해 줄 수 있다. 문화소외 집단을 식별할 수 있고, 지역에 따라 문화역량이 뒤떨어진 곳을 발견할 수도 있다. 한국문화예술교육원이 발간한 보고서에 따르면, 문화역량지도를 결핍과 격차의 차원으로 그리고 있다. 문화역량지수의 결핍(cultural competence deficit)은 문화역량지수 절대 점수를 기준으로 문화역량의 소외계층을 파악하는 데 사용된다.[16] 문화역량지수의 격차(cultural competence divide)는 문화역량지수의 상대적 차이를 파악하고자 지역 및 집단 간 차이의 정도를 판단하는 데 활용될 수 있다.17) 이와 같이 문화역량의 결핍과 격차를 제대로 파악하면, 향후 적절한 문화정책의 방향과 처방에 필요한 근거자료로 활용될 수 있다.

한국문화예술교육진흥원 보고서에 따르면, 문화역량을 세 개 수준으로 구분하고, 각 수준마다 문화층위를 세분화하여 해당 문화역량에 속한 집단이 무엇을 의미하는지 그 정의를 내리고 있다(〈표 9-3〉 참조). 여기서는 크게 '문화 건강집단', '문화 보통집단', 그리고 '문화 허약집단'으로 구분하였고, 구체적으로는 문화역량 점수 순위에 따라 문화 건강집단의 경우 문화 최상위층(90th 이상)과 문화 상위층으로(90th~75th), 문화 보통집단의 경우 문화 중간층(75th~50th)으로, 그리고 문화 허약집단으로 문화 불만층(50th~25th), 문화 취약층(25th~10th), 문화 최하위층(10th 이하)으로 구분하였다. 이와 같이 문화역량의 수준을 측정하고, 그 순위를 매김으로써 문화역량의 소외층과 빈곤층이 어떤 지역과 어떤 집단에 주로 많이 분포하는지 그 실태를 파악하는 데 유용한 자료가 될 수 있을 것이다.

표 9-3 문화역량 등급 내용과 특성

문화역량 등급		등급별 문화역량 의미
문화 건강 집단	문화 최상위층	전국문화역량지수 기준 상위 90th(percentile) 이상에 해당하는 최상위 수준의 문화역량을 보유한 집단이며, 문화실천, 문화향유, 문화예술교육, 문화지식 등 제반 분야의 소양 높은 집단
	문화 상위층	전국문화역량지수 기준 상위 90~75th(percentile)에 해당하는 높은 수준의 문화역량을 보유한 집단이며, 문화지식, 문화향유 경험이 풍부하며, 적절한 문화향유 및 실천의 기회가 주어질 경우 문화최상위층으로의 상승이 쉽게 가능한 집단
문화 보통 집단	문화 중간층	전국문화역량지수 기준 상위 75~50th(percentile)에 해당하는 중간 수준의 문화역량을 보유하고 있는 집단이며, 문화지식, 일부 문화에 대한 문화향유, 접근성이 높은 문화실천 활동을 하는 집단. 문화예술 활동에 관심이 있으나, 여러 제약으로 인해 충분한 문화활동을 못하며, 문화향유를 촉진하는 문화정책을 통해 문화역량 향상이 기대되는 집단
문화 허약 집단	문화 불만층	전국문화역량지수 기준 50~25th(percentile)에 해당하는 중하위 수준의 문화역량을 보유하고 있는 집단. 문화지식은 평균과 유사하나, 문화실천, 문화예술교육의 기회, 문화향유의 경험이 상대적으로 낮은 집단. 일부 문화예술 활동에 무관심한 집단도 있으며, 향후 다양한 문화 활동 체험의 기회를 통하여 문화역량을 신장시켜야 할 집단
	문화 취약층	전국문화역량지수 기준 하위 25~10th(percentile)에 해당하는 문화역량을 보유하고 있는 집단. 전반적으로 문화역량이 낮아 문화예술도구, 문화교육 경험이 적고, 문화향유, 실천의 기회가 부족함. 문화역량을 신장시키기 위해 문화소양, 향유, 실천역량을 향상시킬 수 있는 정책 처방이 필요한 집단
	문화 최하위층	전국문화역량지수 기준 하위 10th(percentile) 이하에 해당하는 집단으로 문화역량의 각 영역 점수가 가장 낮은 집단이며, 문화소외계층이 될 수 있는 집단. 직접 문화예술교육 지원 등을 통해 문화역량 신장을 촉진시켜야 하는 집단

출처: 정광호・이계오・김청택(2013)의 〈표 V-5〉 재인용하여 자구를 수정함.

05

나가며: 문화발전과 문화역량의 미래 주제들

앞에서 문화는 집단과 사회의 정체성을 대변하는 소프트웨어이자 모든 생활방식에 스며든 보이지 않는 코드로 정의되었다. 이러한 문화는 한 사회의 번영과 발전을 이끄는 요소로 꼽힌다. 문화발전과 문화역량이 매우 중요한 이유이다. 문화역량을 정의하고 측정하는 데 여러 방법이 존재하지만, 단순히 책읽기와 문해력 등을 중심으로 기초적 문화소양을 측정할 수 있다. 그동안 한국이 문화역량을 많이 쌓아 왔지만 여전히 일본이나 스웨덴과 같은 선진국들과 격차가 존재함을 알 수 있었다. 특히 일본과 비교할 때 문해력 평균점수와 상위권 점수 모두 상당한 격차를 유지한 채 우리의 수준이 뒤처져 있음을 확인할 수 있었다. 또한 문화역량과 문화발전은 문화향유와 실천 속에서 자존감과 협력, 신뢰와 배려 등을 통해 축적되는데, 한국은 아직 이런 측면에서 보완해야 될 여지가 많다.

최근 디지털 중독현상과 더불어 직장과 삶의 일상을 지배하는 디지털과 자동화에 따른 디지털 통제와 속박은 인간정신을 황폐하게 만든다. 이러한 자동화는 직장과 가정에서의 행복을 대체하고 자본주의를 더욱 더 이윤추구의 격렬한 소용돌이 속으로 밀어 넣는 역할을 한다. 민주주의와 경제 활동에 컴퓨터와 인공지능이 근대 관료체제의 통제와 틀을 대신하면서 인간의 존엄성이 설 자리를 잃어가고 있다. 이에 대해 문화역량과 문화발전의 관점에서 비판적으로 성찰해 볼 필요가 있다. 디지털 양식이 문화역량과 발전에 주는 의미가 무엇인지 연구해 볼 필요가 있다.

제4차 산업혁명이라는 화두 속에 글로벌 경제는 급격한 변화와 예상치 못한 혁신으로 매우 높은 불확실성 속에서 발전하고 있다. 이런 상황은 더욱 혁신적이고 창의적인 역량을 요구한다. 그런데 이의 원천은 바로 문화역량에서 나온다고 알려져 있다. 어떻게 문화역량이 창조적 코드에 긍정적 영향을 주며, 혁신에 기여하는지 연구해 볼 필요가 있다.

문화발전과 문화역량은 문화행정과 문화정책의 내용과 방향을 좌우하는 핵심 요소이다. 인간존엄성과 그 가치가 바로 문화역량에 따라 크게 영향을 받기 때문이다. 이러한 이유로 문화역량을 높이려는 문화발전이 항상 늘 문화행정과 문화정책의 화두를 차지할 수밖에 없었다. 따라서 문화역량의 빈곤에 따른 허약한 문화역량이나 심각한 문화역량의 불평등은 인간의 존엄을 훼손하는 원천으로 삶의 질을 높이고 행복을 추구함에 있어서 커다란 악영향을 끼칠 수 있다. 진정한 문화발전도 바로 특정 지역과 집단에 결핍된 문화역량을 높여, 문화역량의 격차를 완화하는 데서 시작되어야 한다. 이를 위해 문화역량의 핵심 구성 요소를 잘 파악하여 제대로 측정하는 것이 우선 진행되어야 할 것이다. 여전히 전국의 문화역량 지도가 역량 결핍과 격차라는 차원에서 제대로 그려지지 않고 있어서 이에 대한 문화정책의 우선순위가 두어져야 할 것이다.

문화역량과 문화발전은 사회자본과 밀접한 관련을 갖는다. 또한 경제발전과 사회발전의 기본 토양이 된다. 따라서 문화역량과 사회자본, 문화발전과 경제발전 또는 사회발전의 관계에 대한 여러 각도에서 역사적 분석이 체계적으로 진행될 필요가 있다. 전쟁이나 경제난 등으로 문화역량 배양을 위한 환경과 제도가 파괴될 때, 삶도 함께 파괴되는 악순환에 빠진 사례들이 많다. 또한 정치체제에 따라 문화발전과 문화역량의 수준 또한 천차만별이다. 일제에서 해방된 이후 남북한은 서로 다른 체제를 60년 이상 실험해 왔다. 여기서 우리는 이미 상이한 문화발전과 문화역량의 격차를 목격하고 있다. 한국뿐만 아니라 이탈리아 남북 지역의 격차도 사회자본의 격차뿐 아니라 문화발전과 역량의 차이도 엄존할 것이다. 이러한 역사적 사례들은 자연실험을 통한 다양한 형태의 문화발전 경로를 알려주는 좋은 안내자 역할을 한다.

문화역량은 사회정의와 민주주의의 초석이 될 것으로 기대된다. 좋은 민주주의가 문화역량을 높이는 데 얼마나 도움이 되는지 나아가 좋은 시민적 덕목과 정치문화를 만들어 내는 데 어떻게 작용하는지 연구해 볼 가치가 크다. 나아가 문화와 제도, 문화와 정책 모두 사회발전과 경제발전의 핵심 변수들이다. 문화도 중요하고, 제도도 중요하다. 또한 국가가 만든 정책도 제도와 문화에 영향을 줄 수밖에 없다. 따라서 미래의 문화연구자들은 문화-제도-정책의 삼각관계가 어떻게 형성되는지 어떤 보완성과 대체성을 갖는지 살펴볼 필요도 있다.

제 10 장

문화다양성

이형환(중앙대학교)

생각해 보기

- 문화의 세계화와 문화다양성의 관계를 상호 보완적으로 할 수 있는 대안은 무엇인가?
- 한국 내 문화다양성 혹은 다문화주의의 상황과 현실은 어떠한가?
- 전통음악의 정체성과 특수성 개발을 위해 할 수 있는 노력과 대안은 무엇인가?
- 문화다양성 확보 차원에서 한국 문화에 대한 정책적 지원의 적정수준은 어디까지인가?

01
들어가며

세계화(globalization)는 세계 전체가 사회적 · 경제적 · 문화적으로 상호의존성이 높아지면서 다양한 측면에서 기존의 관계뿐만 아니라 새로운 관계가 전 세계적으로 형성되어 가는 현상을 말한다. 이러한 세계화에 대한 개념은 '개방화', '국제화', '지구화' 등 유사한 개념들과 혼용되어 인식되고 있다. '개방화'는 한 국가의 국경을 열어 인적, 물적, 사상적으로 자유로운 교류를 허용하는 것을 의미한다. 사람들의 여행이나 방문, 재화와 노동의 이동뿐만 아니라 사회 · 문화적으로도 다른 나라와의 활발한 상호작용을 뜻한다. '국제화'는 기존의 개방된 국가들 간의 활발한 교류를 통해 경제, 정치, 사회, 문화 등 다양한 영역에서 상호의존성(interdependence)이 증대되어 가는 과정을 의미한다.

이렇게 증대된 상호의존성을 통해 공생과 협력의 문화가 창출 · 발전되기도 한다. 또한 '국제화'의 기본 주체는 대체적으로 주권국가들로, 국가 간 연결성과 상호의존성이 증대되는 상황을 말한다. '세계화'가 국제화와 다른 점은 국제화는 주요한 행위 주체로 국가를 상정하는 데 비해, '세계화'는 국가 이외에 정부간국제기구(IGOs), 다국적기업(MNCs/TNCs), 비영리단체(NPOs), 비정부단체(NGOs), 비정부국제기구(INGOs), 개인 등 다양한 행위 주체들이 초국적(supranational) 네트워크를 구축하고, 세계적 차원에서 발생하는 다양한 문제들의 해결을 위해 협의 및 협력해 나가는 과정이라고 할 수 있다. '지구화'는 각국의 정치, 경제, 문화 등이 모두 지구라는 하나의 물리적 공간 내에서 통합되어 가는 과정으로서, 하나의 정치체인 세계 정부로의 통합을 의미하는 목적론적인(teleological) 개념으로 사용될 경우 세계화보다 한 단계 더 진전된 형태의 역사적 발전이라고 규정할 수도 있다(김선혁, 2008: 9−10).

이상과 같이 '세계화'는 다른 유사한 개념과 달리 경제 · 정치 · 문화 등 세 가지 수준에서 상호연관성을 갖고 진행되어 왔다. 즉, 경제적 측면에서는 시장경제체제의 확산과 국가 간 교역 · 투자 · 통신 등의 확산으로 상호의존성이 더욱 증대되었다. 이러한 추세에 힘입어 세계 경제는 무역, 자본, 금융 등 다양한 영역이 통합되고 있고, 다국적 기업, 금융자본 등 세계를 무대로 활동하는 초국적 기업이 등장하면서 각국의 경제 간 상호의존성이 고도로 심화되었다. 또한 원료공급 · 생산 · 유통 · 교역 네트워크와 소비시장의 규모도 전 세계적으로 확대되었다(김선혁, 2008: 10). 결국 경제의 세계화는 시장중심주의를 더욱 고착화하는 방향으로 진행되고 있으며, 한 국가의 생존은 세계 경제와 금융의 상황에 매우 민감하게 반응할 수밖에 없는 환경에 놓이게 되었다.

정치적으로는 공산주의 붕괴로 인한 민주주의 국가의 수가 증대되고, 이는 곧 세계적 민주화의 확산 시기를 맞이하였다. 또한 국민

국가의 미래에 대해 다양한 주장들이 나타나고 있다. 예컨대, 세계화 현상은 종국적으로 국민국가 시스템과 그와 관련된 제도들을 퇴행시킬 수 있다는 견해와 국민국가를 지속시킬 거라는 견해, 그리고 두 가지 견해를 비판하고 절충하려는 견해 등이 있다.[1] 또한 초국적 조직(Transnational Organization)으로 국제연합(UN), 관세 및 무역에 관한 일반협정(GATT), 국제통화기금(IMF), 국제사면위원회(Amnesty International), 국경없는의사회(Doctors without Borders), 그린피스(Green Peace) 등 국가 정부 간 조직뿐만 아니라 비정부조직(Non Governmental Organization), 비영리조직(Non Profit Organization) 등의 중요성과 활동이 확장되고 있다.

문화의 세계화는 정보통신의 급격한 발달로 인하여 뉴스, 영화, 대중음악, 통신 프로그램 등을 전 세계 사람들이 어느 곳에서나 이용이 가능하도록 하고 있다. 선진국 중심 문화의 생산 · 분배 · 소비의 세계적 체제는 문화 및 생활양식을 전 지구적으로 확산시키는 긍정적인 역할을 수행함과 동시에 대규모 자본과 기술력을 갖춘 선진국에 대한 저개발 및 개발도상국들의 문화적 종속성을 고착화시키는 부작용도 낳고 있다. 선진국의 문화적 종속성 고착화 문제는 세계 문화의 미국화(Americanization) 경향을 양산하고 있다. 맥도날드 햄버거, 할리우드 영화, 팝과 랩 음악, 디즈니랜드로 대표되는 미국의 대중문화와 생활양식들은 더욱 영향력이 증대되고 있어 미국 문화의 세계화는 더욱 가속화될 전망이며, 이와 반대로 각 국가는 자국의 문화적 정체성과 전통문화 유지 정책을 고수하는 데 한계를 느끼고 있다.

이렇듯 문화의 세계화는 대중매체와 정보통신기술, 교통수단의 발전으로 인하여 다른 지역의 문화를 매우 쉽게 접하게 됨에 따라 다양하고 독특한 지구촌 문화들의 획일화를 심화시킬 것이다. 이와 반대로, 각 국가의 고유한 문화와 유입된 문화가 결합하여 새로운 문화를 창조하는 문화융합의 과정도 나타나고 있다.

02
문화다양성(Cultural Diversity, Multiculturalism)

인간은 태어나서부터 어떤 형식으로든 문화라는 기제를 통해서 인간이 처해 있는 자연적인 환경이나 사회적 환경을 극복하거나 적응하면서 생을 유지하여 왔다. 예를 들어, 인간은 기술과 도구를 활용해서 자연 환경에 존재하는 식량자원을 취득하여 먹고 싶은 욕구를 해소하였고, 사회 조직을 통해 환경에 적응하는 과정에서 공격과 방어를 원만히 수행해 내고, 종교와 신앙을 통해 특정의 환경에 대처하는 과정에서 인간이 직면한 모든 근심, 걱정, 불안, 긴장 등을 제거해 나가고 생을 영위할 수 있었다(한상복 외, 2011: 93-94). 이와 같이 인간은 문화와 떨어져서는 존재할 수 없고 문화도 동일하게 인간의 모든 것을 배제하고는 생각할 수 없는 불가분의 관계이다.

인간은 자신을 타인과 구별하려는 본능을 통해 언어·의상·전통 같은 인간의 생활양식이라고 할 수 있는 문화에 차이를 발생시켰다. 이것은 인간의 생활양식과 사회적 주장, 가치체계, 행위규범, 사회적 관계, 특정 언어 내부의 언어형태, 인식과정, 예술적 표현, 공간의 개념, 학습과 표현 형태, 의사소통방식과 사고체계 등 인간을 둘러싼 문화적 요소들에 대하여 단일한 방식과 고정된 관념으로만 조망할 수 없게 하였다(최은경, 2014: 24). 이러한 문화적 다름에 대한 인정은 곧 타인의 문화를 인정하고, 그들의 문화를 받아들이는 것이다. 즉, 문화다양성(cultural diversity)을 인정하는 것이다.

근대 이후 문화의 전파는 서구 유럽이나 미국으로부터 식민시기를 보낸 아시아, 라틴아메리카, 아프리카 등으로 전파되었다. 이러한 문화 전파 과정에서 개발도상국의 많은 사람들은 아직도 서구화하는 것이 세계화하는 것이라고 인식하고 있는 것이 주지의 사실이다. 경제적으로 앞선 국가들의 문화를 닮아 가면, 곧 그 국가들과 같이 경제적 번영과 문화적 발전을 담보하는 것이라는 관념을 갖게 되었다. 즉, 서구 유럽과 미국의 문화는 선진적인 것이어서 그 문화를 닮아가거나 그 문화와 같이 동화되어야 한다는 문화사대주의 오류에 매몰되어 있었다. 그러나 세계화의 긍정적 효과인 정보통신과 디지털 기술의 발전은 국가 간의 경계를 허물고 시공간의 거리를 더욱 압축하여 지리적·문화적 거리를 좁혀가고 있다. 이러한 현상은 새로운 문화를 좀 더 쉽게 접근하게 하여 자국의 문화와 융합을 통한 문화창조를 가능케 하는 장점을 지니고 있지만, 특성 있고 개성 있는 다양한 지구촌의 문화들이 서로 비슷하게 되는 역효과를 보이기도 한다. 또한 정치·사회적으로는 각 국가들은 이민·이주·난민 등이 증가하면서 한 국가의 전통적 가치체계, 규범, 문화 등과 양립할 수 없거나 갈등관계에 처하는 경우가 발생하고 있다.

문화다양성이란 용어의 출현은 1980년대에서 1990년대에 문화적 다양성과 차이를 갖고 있는 노동자들의 이문화 간 교류에 의하여 나타나게 되었다. 이 개념은 서구 국가들의 이민과 서구화 경험을 갖고 있는 국가들의 민족문화다양성(ethno-cultural diversity)의 결과로 출현하게 되었다(Danso, 2018: 412). 현재 문화다양성은 'cultural diversity' 또는 'multiculturalism' 등의 용어로 사용되고 있으며, 이러한 문화다양성에 관하여 「세계 문화다양성 선언」과 「국제 문화다양성 협약」 등을 통해 논의가 국제적으로 이루어지고 있지만 아직까지 그 의미에 대한 명확한 정의가 내려져 있지 않은 상태이다(이종열 외, 2013: 39). 또한 명확한 개념이 정립되어 있지 않은 문화다양성의 개념은 공공부문과 민간부문, 학계, 시민단체, 일반인들 사이에서 널리 회자되고 있는 용어이지만 사용하는 사람, 학파, 국가에 따라 상이하게 사용하고 있는 상황이다(한승준, 2011: 12; 2008: 466).

즉, 캐나다에서는 국가의 사회통합(social inclusion, inclusive citizenship)을 다문화주의 활동과 관련하여 이해하고 있으며, 각기 다른 문화적 전통을 갖고 있는 그들의 정체성을 유지하는 것을 근본 원칙으로 하고 있다. 그리고 캐나다의 모든 시민들은 종족 혹은 선조들과 관계없이 캐나다의 문화와 생활에 참여할 기회를 공평하게 갖는다(Nakamura & Donnelly, 2017: 112). 브라질에서는 문화다양성과 문화시민권은 집합적 이익(collective interest) 개념으로 사용되며, 브라질 문화정책의 중요 문화 어젠다로 다루어지고 있다. 다시 말하면, 오늘날 문화다양성과 문화시민권(cultural citizenship)은 문화사회권리(cultural social rights) 확장을 위한 대표적인 개념으로 문화정책에서 논의되고 있다(Dornels & Lopes, 2016: 174-175).

오스트레일리아에서는 1980년대 중반부터 2000년대 초까지는 보수당에 의하여 동화주의(assimilationism)와 다문화주의(multiculturalism)는 본질적으로 반대되는 개념으로 인식되었지만, 현재는 연방정부로부터 다문화주의는 국가 통합의 수단으로 간주되어 동화주의와 공존이 필요한 정책적 분야로 인식이 변화되고 있다(Jupp, 2011: 51). 기업 경영 측면에서도 최근 10여 년 간 문화다양성 문제는 유동인구의 증가와 이민자들의 이주과정 등 두 가지의 근본적인 문제와 맞물려 중요한 테마로 부상하고 있다. 기업 경영에서 문화다양성에 대한 효과적 관리는 다양한 조직원들의 이데올로기의 차이를 인정하고 반영하는 데 초점을 맞추고 있다. 기업의 생산성 측면에서, 문화다양성에 대한 조직의 효과적 관리 전략은 관용(tolerance)의 이데올로기를 취하는 것이 더 바람직하다는 연구결과도 있다(Lozano & Escrich, 2016: 680, 693).

이와 같이 문화다양성에 관한 정의를 하나로 내리기 어려운 상황에서 문화다양성 혹은 다문화주의에 관한 담론을 촉발시킨 계기가 된 「유네스코 세계 문화다양성 선언(UNESCO Universal Declaration on Cultural Diversity)」[2]은 2001년 10월 프랑스 파리에서 열린 제31차 유네스코 정기총회에서 164개국 회원국들이 참여한 가운데 강대국이든 약소국이든 자국의 문화를 유지하고 종(種)의 다양성을 보존해야 한다는 내용을 선언하였다. 그 이전인 1999년 제30차 유네스코 총회에서 「세계 문화다양성 선언」을 채택하자는 제안이 처음으로 제기되어, 2년 동안 전문가 그룹회의, 회원국 설문 조사 등 다양한 절차를 거쳐 각국의 관심과 의견이 수렴되었다. 이 선언문은 크게 문화의 정체성과 다양성, 그리고 다원주의, 문화다양성과 인권, 문화다양성과 창조성, 문화다양성과 국제적 연대 등의 내용을 담고 있다. 문화가 정체성, 사회적 통합, 지식기반 경제의 핵심적 사안으로 부상하면서 문화다양성과 관용, 대화와 협력에 대한 가치가 존중되고 있으며, 이는 세계 평화와 안보를 담보하는 데도 크게 기여하고 있다. 21세기에 들어와 새로운 정보통신기술의 급속한 발전에 기인하여 진행되고 있는 세계화의 과정이 한편으로는 문화다양성에 대한 위협요인으로 작용하지만, 다른 한편으로는 다양한 문화와 문명 사이에 새로운 교류를 보장할 수 있는 조건을 제공한다는 측면에서 긍정적 요인으로 기능할 수도 있다(이종훈, 2016: 280－293).

「문화다양성 협약」은 문화적 표현의 다양성 보호와 증진을 위한 협약(Convention on the Protection and Promotion of the Cultural Diversity)[3]으로 UNESCO가 2001년 채택한 「세계 문화다양성 선언」을 기초로 하여 문화적 재화가 갖는 독특한 성격을 인정해 문화상품을 자유무역 대상에서 제외시키기 위한 협약이다. 이 협약에 따르면, 문화상품의 독특한 성격 인정, 각국의 문화정책 수립에 대한 자주권 보장, 문화교류 과정에서 발생할 수 있는 분쟁 해결절차 제시, 그리고 문화약소국에 대한 지원 등이 명시되어 있다. 이외에도 개발도상국 내 문화산업의 강화, 개발도상국 예술가와 문화상품 및 서비스에 대한 특별대우, 문화다양성 국제기금에 대한 경제적 지원 등도 규정하고 있다.[4] 이와 같이 국제적 차원에서 문화다양성에 대한 고려는 각 민족과 인종의 독특한 문화를 허용하는 것으로써, 급속한 세계화의 진행 과정에서 필연적으로 발생할 수 있는 문화적 갈등과 충돌을 전 지구인의 지혜를 통해 슬기롭게 극복해 보고자 하는 세계적 담론으로 볼 수 있다.

「세계 문화다양성 선언」과 「문화다양성 협약」의 또 다른 시사점은 소수민의 인권을 보호하는 중요한 근거를 제공한다는 점이다(임운택, 2011: 4). 즉, 문화다양성 개념은 소수민의 최소한의 권리인 문화권, 문화생활 참여권, 표현, 종교, 결사의 자유권 등을 포함하고 있어 인권보호 증진을 보완하는 근거를 제시하고 있다는 점에서 큰 의의가 있다. 세계적 담론인 문화다양성 논의를 위협하는 저해 요인은 자국 문화를 중심으로 타 문화를 이해하고 해석하려고 하며, 배타적이거나 선입견 혹은 편견을 갖는 행위들에 기인한다고 볼 수 있다. 이것은 적극적으로 문화가 가진 소통과 대화 기능을 방해하고 자신이 속한 문화의 테두리를 견고하게 고수하면서 거기에 속하지 않는 외부의 모든 것을 비문화로 규정하는 제국주의적 사고와 유사하다고 할 수 있다(홍종열, 2014: 53).

03
문화다양성과 전통음악

유네스코 「세계 문화다양성 선언」의 핵심적 내용은 문화의 정체성과 다양성, 다원주의, 문화다양성과 인권, 문화다양성과 창조성, 문화다양성과 국제적 연대 등의 영역으로 분류할 수 있다. 선언문에서 보여주는 기저의 큰 흐름은 세계 각국의 문화적 다름에 대한 인정이다. 즉, 지구촌 각 국가와 민족이 가진 독특한 문화를 인정하고 그 문화를 수용하며 이를 통해 문화다양성이 인정되어 인류 화합이 존중되며 나아가 상호 간의 문화교류가 활발하게 이루어지게 된다는 신념에 근거하고 있다. 이러한 기반 위에서 현재와 미래 세대들이 문화를 통해 평화롭게 공존하고 상호작용할 수 있으며, 이는 인류 공영과 복지에도 이바지할 수 있다.

최근의 문화다양성 이슈는 주로 주류문화와 주변문화 혹은 비주류문화의 관계에 대한 논의로 압축된다. 이것은 사회 내의 관계로도 파악될 수 있는데, 즉 문화공급자와 향유자 간의 권력관계가 발생하며 이 과정에서 소수 문화의 억압과 갈등이 사회 문제가 된다. 따라서 문화다양성 이슈는 문화 그 자체 영역에만 머물 수 없으며, 정치·경제 영역 문제로 재조명되어야 한다(이종열, 2007: 93). 즉, 문화다양성의 문제는 곧 사회 내 강자와 약자, 기득권 집단과 그렇지 않는 집단 간의 문제와 결부되어 있다. 이러한 논리의 연장선상에서 필자는 국악 분야 종사자로서 우리의 전통음악인 '국악'이 한민족의 민족음악으로서 한국 사회에서 어떻게 인식되고 자리매김하고 있는가에 대해 살펴보고자 한다. 이러한 구체적인 사례를 통해 문화다양성을 증진하는 노력이 어떻게 이루어져야 하는가를 설명할 수 있다고 본다. 하나는 한국인의 국악에 대한 가치관의 변화 양상, 다른 하나는 문화다양성 측면에서 문화정체성의 문제이다.

첫째, 우리의 전통음악인 '국악'은 한반도에 사는 한민족을 중심으로 오랫동안 형성·축적되어 전해져 내려오는 우리의 음악을 통칭하고 있다. 물론 이 용어도 한민족 스스로 만들어 낸 용어는 아니어서 비판적으로 사용하여야 하지만 이미 일반화된 용어로 우리의 전통음악을 지칭하는 용어로 통용되고 있다. 또한 한국 사회에서 아직도 음악이라고 하면 서양음악을 먼저 상기하고 있으며 나라의 음악인 국악을 떠올리지는 못하고 있다. 즉, 음악이라는 자리를 서양음악이 차지하고 있으며, 이러한 예들은 예술 분야뿐만 아니라 우리 사회 여러 곳에서 발견될 수 있다.

둘째, 음악 분야에 국한해서 생각해 보면, 전국 각 대학의 음악대학은 서양음악 중심의 학과와 학사 운영이 주를 이루고 있으며, 나라의 음악인 국악은 하나의 학과로만 존재한다. 즉, 음악대학을 구성하는 학과는 서양음악을 교육하는 작곡과, 성악과, 관현악과, 피아노과 등 서양음악 중심으로 구성되어 있고, 국악과는 하나의 학과로 편제되어 있는 상황이다. 음악대학 구성은 우리 민족 고유의 음악과 문화를 학습하는 장소라기보다는 서양음악을 학습하는 장소로 기능하고 있는 것이다.

셋째, 전국의 각 지방자치단체에서 운영하는 예술단의 경우도 마찬가지이다. 대부분의 광역 및 기초 지방자치단체에서도 서양 교향악단 혹은 오케스트라, 서양 합창단, 뮤지컬단, 연극단들은 거의 설치되어 운영하고 있지만, 우리 음악을 연주하는 국악예술단이나 국악관현악단, 창극단 등이 설립되어 있지 않은 지방자치단체들이 많은 것이 현실이다.

넷째, 음악교육 분야도 동일한 현상이 존재한다. 학교에서 국악교육은 음악과 교육 안에 포함되어 있다. 해방 이후 국악교육은 꾸준히 성장하여 왔다. 그러나 국악교육 성장의 전환점은 1980년대 후반이다. 1987년 고시된 제5차 교육과정에서 국악교육의 중요성이 인정되었고, 1992년 고시된 제6차 교육과정에서 거의 30%에 해당하는 비중을 국악에 할애하였으며, 1997년 교육과정 및 교과에서 국악의 비중이 40%에 이르게 되었다(권덕원, 2002: 59－67). 다시 말하면, 이는

1980년대 후반까지는 제대로 된 민족 음악교육이 학교 현장에서 이루어지지 않고 있었다는 사실을 역설적으로 표현하는 것이다.

현재 초・중・고등학교 음악교과서에는 국악 분야가 40~50% 정도의 비율을 차지하고 있으나, 이러한 비율 자체도 현재 해당 학교 음악담당 교사가 교과서를 선택하는 검・인정제도 하에서 교과서별・집필진별로 전통음악인 국악의 비중 차이가 발생하고 있고, 교육대학 혹은 사범대학 음악교육과에서 서양음악을 배경으로 학습한 교사들이 대부분인 현실과 국악은 어려운 것이라고 생각하는 교육현장의 선입견으로 인해 제대로 된 우리 민족의 음악교육은 어려운 환경에 처해 있는 상황이다. 비단 이러한 현상은 전통음악 분야뿐만 아니라 전통문화 분야의 전체적인 현상이라 볼 수 있다.

그렇다면 우리 민족이 오랫동안 형성하고 축적해온 정신적・물질적・지적・정서적 가치체계 등이 담긴 우리 문화예술에 대한 정체성과 자부심이 흔들리고 단절되게 된 계기는 "언제부터이고 그 이유는 무엇이었는가?"라는 질문을 제기해 볼 수 있다. 역사적으로 우리는 제국주의 열강들에 의한 개화기와 일제 강점기, 민족 분단의 6・25 전쟁, 미국 중심 문화의 유입, 현대화 등을 통해 세계관에 큰 변화를 겪었다. 즉, 중국 중심의 세계관에서 일본 중심의 세계관, 미국 중심의 세계관으로 변화하면서 우리의 것은 버려야 하는 대상이고, 외국의 것은 따라야 하는 대상이라는 관념이 고착화되었다고 할 수 있다.

다시 말하면, 19세기 중・후반 개화기 시대에 우리나라의 상황은 구미의 제국주의, 선교사, 일본제국주의에 대항해야 했다. 안으로 위기를 극복하려는 '위정척사(衛正斥邪)운동'과 '개화운동'이 교육자강이나 구국운동을 부각시키기는 했지만 결과적으로는 양악을 진보적인 지식의 대상으로 삼고, 상대적으로 한국의 고유 음악문화는 '구(舊)의 음악'으로 역사적 해체(historical deconstruction)를 단행한 꼴이 되었다. 제국주의 시대 하에서 민족 성쇠와 국가 존망을 결정하는 것이 '지식과 세력의 강약'에 달려 있음을 그 당시의 지식인들은 자각하고 스스로 힘을 키우기 위해서 동도서기(東道西器)나 교육구국의 관점에 크게 의존하게 되었다. 이러한 역사적 흐름 속에서 한국의 양악은 곧 '신지식'이자 '힘'으로 상징화되었고, 구미와 일본은 빛을 가져다 주는(enlightenment) 지식의 원천으로 각인되었다. 즉, 한국 고유의 음악은 낡은 것인데 반해, 서양음악은 진보적인 새로운 빛의 음악으로 도식화되는 것이다.

급기야, 1960년대 한국의 창작음악계에서 "오늘날 화성(和聲)이 없는 음악은 원시음악으로 규정되어 있는 만큼 국악을 화성화해야 한다"라는 주장이 제기되었는데, 이는 한국음악에 대한 역사관을 의심케 하는 대목이라 아니할 수 없다. 1981년 영향력 있는 중학교용 음악참고서 총론편에 "음악이란 어떤 과목인가?"에 대하여 "위대한 악성 베토벤의 음악은 철학이나 신학보다 훨씬 더 높은 하나님의 계시"라는 말을 인용하고, "예를 들어, 바흐의 마태수난곡을 모르는 사람은 그 만큼 정신세계가 빈약하다고 볼 수밖에 없을 것이다"라고 풀이하고 있다. 이는 유럽 중심주의적 견해일 뿐만 아니라 서양음악 우위의 견해이다(노동은, 1989: 13-21).

이러한 역사적 근거들로 볼 때 서구 열강의 제국주의와 일본 침탈기를 거쳐 미국 문화의 유입은 우리 민족의 가치관이나 세계관에 적잖은 영향을 준 것은 사실이며 현재까지도 우리 사회 곳곳에는 이러한 흔적들이 존재하고 현재도 진행형이다. 문화다양성 측면에서도 자국의 문화가 주변문화가 되고, 유입된 문화가 주류문화가 되어 자국의 문화를 동화주의(assimilationism)화하려는[5] 특이한 현상이 한국 사회에 잔존하고 있는 것이다.

다른 하나의 측면은 「세계 문화다양성 선언」에서도 언급하고 있는 문화의 정체성(identity) 문제이다. 문화는 시공간을 통해 다양한 형태로 모습을 드러낸다. 이러한 다양성은 인류를 구성하고 있는 집단과 사회의 독특하고도 다원적인 정체성으로 표상된다. 자연계에는 생물의 다양성이 요구되듯이, 인류사회에는 혁신과 창조성의 원천으로서 문화의 다양성이 요구된다. 또한 점차 다양한 사회로 변화해 감에 따라 다원적이고 역동적인 문화정체성을 지닌 개인과 집단 사이의 조화로운 상호작용이 반드시 보장되어야 한다(이종훈 편역, 2016: 282-284). 즉, 보편적인 문화의 중요성보다는 문화적 특수성을 보장하고자 하는 각국의 문화적 정체성 노력이 존중되어야 하며, 이를 통해 개인과 집단, 국가 간의 조화로운 상호작용이 가능하도록 제도와 정책적 뒷받침이 국가적 차원에서 이루어져야 한다.

이러한 문화적 정체성에 관한 논의의 대두 배경에는 서구 문화 중에서도 미국 중심의 세계화에 대한 두려움과 자국의 고유한 문화를 유지하고자 하는 태도와 인식이 자리잡고 있다. 많은 인류학자들은 문화현상에 대한 올바른 접근과 이해방식을 상대주의적 관점에서 제시하고 있는데, 이런 경향은 문화의 특수성을 인정하는 태도이다. 문화는 지역성, 특수성, 개별성을 근본 속성으로 하고 있으며, 문화의 세계화는 문화의 지역화에서 시작할 수밖에 없다. 예를 들면, 한복의 맵시, 판소리의 구성짐, 김치의 맛깔스러움 등이다(신응철,

2013: 48). 즉, 문화적 보편성은 특수성을 인정하는 기반 위에서 논의되어야 하며, 다름을 인정하는 것에서부터 시작되어야 한다는 것이다.

첫째, 우리의 전통음악인 국악 분야의 경우에도 문화적 다양성과 관련하여 끊임없이 고민해야 할 부분은 보편성에 바탕을 둔 음악의 추구인가 아니면 특수성을 좀 더 고수해야 할 것인가와 직결되어 있다. 그동안 한국의 음악교육은 보편적 음악이라는 미명 하에 서양음악을 중심으로 교육을 받아 왔으며, 그 중에서도 서양의 오선악보를 읽을 줄 알아야 음악가로서 자질이 있고, 음악성이 있는 것으로 인식되어 온 것이 현실이었다. 그래서 우리의 교육방법 중 하나인 구전심수 교육과 전통적으로 전승되고 있는 악보인 구음보 및 정간보 등에 대한 교육은 전근대적인 교육방법으로 치부되어 왔으며, 오선보를 잘 보면 유식하고 오선보를 못 보면 제대로 된 음악교육을 받지 못한 것으로 인식되어 왔다. 그러나 서양의 유명한 대중음악 그룹인 '비틀스(Beatles)'나 한국의 유명 대중음악가들 중에도 악보를 읽지 못하지만 여러 대중들이 선호하는 명곡들을 작곡한 경우가 있다는 것은 주지의 사실이다. 우리의 구전심수 교육은 악보를 사용하지 않는 대신에 선생의 소리를 귀에 담고, 입으로 읊으며, 손으로 익히는 과정을 통해 음악가에게 중요하다고 할 수 있는 귀와 입, 손들의 기능이 향상됨을 여러 전통음악 명인들을 통해 경험하고 있다. 따라서 세계인들과 소통하기 위한 하나의 방편으로 오선악보의 중요성을 교육하는 것은 제도권 교육의 임무(mission)라고 할 수 있지만, 우리의 교육방식과 악보들을 계승하는 것 또한 매우 중요한 과업이며, 전통 음악인들의 책무(responsibility)라고 할 수 있다.

둘째, 국악 분야는 전통 계승의 과제뿐만 아니라 계속 창조되어야만 하는 '음악적 생동성'을 담보하기 때문에 국악계의 창작 분야인 국악작곡의 전망은 국악의 미래와 필연적으로 관계가 있다고 하겠다(윤혜진, 2002: 409). 즉, 국악작곡 분야는 시대가 요구하고 사람들의 수요(needs)에 부응하는 새로운 국악을 창작하여야 하는 의무를 갖고 있다. 이러한 측면에서 국악의 특수성을 추구할 것인가와 보편성을 추구할 것인가에 대한 딜레마에 빠진다.

일반적으로 국악과 서양음악에 있어서 서양음악이 갖고 있는 특성은 보편적인 성격으로 정의되고, 한국의 음악은 특수한 성격으로 정의되어 온 경향이 있다. 이것은 서양 중심적 사고체계로 한국음악을 판단하는 것이다. 즉, 서양음악은 보편적인 음악으로, 한국음악은 문화적으로 특수한 성격을 지니고 있는 것으로 인식되고 있기 때문이다. 이러한 이유 때문인지 모르겠지만 근래의 국악 창작곡들의 음악적 분위기와 작곡형식과 기법들은 서양음악적인 요소를 중심으로 하고, 악기만 우리의 국악기를 사용하는 국적이 불분명한 창작곡들이 양산되고 있는 상황이다. 따라서 「문화다양성 선언」에서도 주장하는 문화적 정체성과 특수성을 살리는 한국적인 음악들이 연구되고 창작되어야 할 것이다.

오늘날의 보편문화란 거대 자본을 앞세운 제국주의 문화의 다른 이름에 지나지 않기 때문에 문화의 다양성은 문화의 지역성, 특수성을 인정하는 태도에서 생겨날 수 있으며, 문화 간의 혼란과 분열을 부추기기보다는 오히려 통합과 공존을 가능케 하는 수단이 될 수 있다(신응철, 2013: 51－52). 즉, 한국적인 것에 대한 인정과 자부심을 고취하고 이를 토대로 타 문화를 받아들이는 노력을 통하여 시대의 요구에 부합하는 새로운 한국음악을 만들어 가야 할 것이다.

04
나가며

2001년 10월 프랑스 파리의 유네스코 총회에서 선언된 「세계 문화다양성 선언」은 지구촌 각국의 문화를 유지하여야 한다는 내용을 담고 있다. 선언문의 주요 내용을 보면, 한 국가나 민족의 문화는 그 사회의 독특한 정신적·물질적·지적·정서적 특성과 공동생활 방식·가치체계·전통·신념 등이 모두 담긴 집합체로 이해되어야 한다는 것이다. 따라서 종(種)의 다양성을 인정하듯이 문화의 다양성을 인정하여야 하며, 주류문화와 주변문화로 구분하는 이분법적 사고(dichotomous thinking)라는 낡은 틀은 더 이상 현재와 미래 세대들을 위해서 결코 좋은 역할을 하지 못한다는 점을 확인시키고 있다.

또한 근대 이후 한국을 포함하여 식민시기를 경험한 아시아, 아프리카, 라틴아메리카의 많은 국가들이 서구화하는 것이 곧 세계화하는 것이고, 경제적으로 부유한 국가의 문화를 추종하면 그 국가들과 동일하게 경제적·문화적 번영을 달성할 것이라는 착시현상에 매몰되어 있는 현상을 경계해야 한다. 「세계 문화다양성 선언」은 서구와 미국 중심의 문화 우월주의에 머물러서는 안 되며 자국의 문화적 독립성과 정체성을 확보하는 노력을 경주할 필요가 있다는 것을 주지시키는 선언(declaration)으로 인식되어야 한다. 즉, 서구적 관점에 따른 문화적 보편성이라는 허울에서 벗어나 각 국가의 문화적 특수성을 더욱 개발하고 발전시키는 것이 문화다양성을 증진하는 길이며, 나아가 지구촌 전체의 번영을 위하는 길임을 명심해야 한다.

제 11 장

제4차 산업혁명 시대의 문화정책

임학순(가톨릭대학교)

생각해 보기

- 제4차 산업혁명 시대, 문화의 성찰적 가치는 무엇인가?
- 제4차 산업혁명이 문화생태계에 미치는 영향은 무엇인가?
- 제4차 산업혁명 시대, 문화정책의 과제 및 정책 방향은 무엇인가?

01
들어가며

2016년에 세계경제포럼 회장 슈밥(Klaus Schwab)이 '제4차 산업혁명' 이슈를 본격적으로 제기하면서, 한국 사회에도 제4차 산업혁명에 대한 관심이 뜨겁게 달아오르고 있다. 특히 2016년 3월에 펼쳐진 구글의 알파고와 바둑기사 이세돌의 대결(Google Deepmind Challenge Match)은 인공지능이 인간을 넘어설 수 있다는 충격을 던져주면서 제4차 산업혁명에 대한 관심을 촉발시켰다. 기계와 인간의 대결은 인공지능(Artificial Intelligence), 기계학습(Machine Learning)을 통해 창조되는 새로운 제4차 산업혁명 사회가 인간의 존재에 대해 새로운 문제를 제기할 수 있다는 점을 깨닫게 하는 사건이었다고 볼 수 있다. 2017년의 대통령선거에서도 '제4차 산업혁명'은 중요하게 언급되었다. 이제 '제4차 산업혁명'이란 용어는 우리나라 정치, 경제, 사회 모든 분야에서 가장 관심을 받고 있는 키워드 중의 하나가 되었다. 여기에는 미래의 새로운 사회 패러다임에 대한 열망, 미래 사회에 대한 두려움, 경제문제의 새로운 해결책 등 복합적인 요소가 반영되어 있다고 볼 수 있다.

한편 병원에서 활동하는 인공지능(IBM의 Watson), 그림을 그리는 인공지능(Google의 Deep Dream), 소설 쓰는 인공지능, 뉴스를 작성하는 인공지능, 인공지능 비서(아마존 인공지능 알렉사 등), 법률사무소에서 활동하는 인공지능 등 우리 사회의 다양한 분야에서 활동하는 인공지능들이 소개되면서, 이제 인공지능은 미래 이야기가 아니라 현실이 되고 있다. 이와 같이 인공지능이 활동하는 사회에서 인간의 노동과 여가, 삶은 어떻게 변화할까에 관심 또한 확대되고 있다. 어떤 직업이 살아남고, 어떤 직업이 사라질 것인가에 관한 연구들이 흥미를 끌기도 한다. 최근 학부모들을 중심으로 일어나고 있는 자녀들의 코딩 교육 열풍은 이러한 미래 사회에 대한 불안감을 상징적으로 나타내고 있다고 볼 수 있다.

이와 같이 제4차 산업혁명이 모든 분야에서 화두가 되고 있는 것에는 제4차 산업혁명이 그 동안 제1차 산업혁명(증기에너지, 기계적 생산), 제2차 산업혁명(전기기술, 대량생산), 제3차 산업혁명(인터넷, 자동화)과 같이 기술발전이 사회, 경제, 정치 등 사회 전반에 걸쳐 엄청난 변화를 가져올 수 있다는 인식이 자리 잡고 있다. 슈밥(2016, 2017)의 『제4차 산업혁명』과 스킬톤과 호브세피안(Skilton & Hovsepian, 2018)의 『제4차 산업혁명』에 따르면, 제4차 산업혁명은 기본적으로 새로운 기술의 발전과 기술 융합(fusion) 현상에 바탕을 두고 있다. 제4차 산업혁명의 핵심기술로는 인공지능(Artificial Intelligence), 기계학습(Machine Learning), 사물인터넷(Internet of things), 빅데이터(Bigdata), 블록체인(Blockchain), 로보틱스(Robotics), 3D 프린팅(3D Printing), 가상현실-증강현실-혼합현실(Virtual Reality, Augumented Reality, Mixed Reality), 퀀텀컴퓨팅, 바이오센서 기술, 바이오칩(Biochips) 등 디지털(digital), 생물학(biological), 물리학(physical) 분야의 기술들이다. 제4차 산업혁명은 이러한 기술들의 융합이 작동되면서 사회의 변화 요인이 되고 있다.

이러한 제4차 산업혁명에 대해 문화정책이 관심을 가져야 하는 이유는 무엇일까? 문화정책은 기본적으로 인간의 생활양식, 지적-예술적 활동, 상징적 의미체계와 연관되어 있으며, 인간과 사회문제에 깊게 연관되어 있다. 또한 문화정책은 문화예술이 가지고 있는 심미적 가치, 문화적 가치, 사회적 가치, 경제적 가치를 구현(valuation)하는 것과도 연관되어 있다. 이러한 문화정책의 특성을 고려할 때, 제4차 산업혁명은 다음 세 가지 관점에서 문화정책에서 중요하게 논의될 필요가 있다.

첫째, 제4차 산업혁명은 인간 존재에 새로운 문제를 제기하고 있다는 점이다. 제4차 산업혁명 사회에서는 포스트 휴먼 사회의 인간 정체성 이슈, 빅데이터 시대의 인권 이슈, 인간의 노동과 여가 이슈, 인간의 행복 이슈, 인공지능과 인간의 갈등문제 등이 제기될 것으로 전망된다. 이러한 문제들은 문화정책의 핵심 관심사항이라고 할 수 있다. 문화는 기술에 가치를 불어넣어, 기술이 인간에게 바람직하게 다가갈 수 있도록 할 수 있으며, 인간과 사회의 문제를 해결하는 자원이자 방법이 될 수 있기 때문이다.

둘째, 제4차 산업혁명은 문화의 사이클과 생태계에 영향을 줄 수 있다는 점이다. 제4차 산업혁명은 초지능(super intelligence), 초연결(hyperconnected) 사회가 될 것으로 전망된다. 이러한 변화는 예술의 창작, 유통, 소비 등 예술의 가치사슬, 인간들의 문화적 삶 환경, 예술경영 체계, 문화유산 복원 및 활용체계 등에 영향을 미칠 수 있다. 가상공간에서의 예술 활동, 인공지능 예술가의 등장, 예술과 기술의 융합에 따른 예술형식의 다양화, 빅데이터 기반 예술경영체계 등이 나타날 수 있다.

셋째, 제4차 산업혁명은 시민들의 문화적 삶과 밀접하게 연관되어 있다. 제4차 산업혁명은 시민들의 문화 참여방식, 가상공간에서의 문화 활동, 장애인들의 문화접근성 증진, 시민과 인공지능의 예술 협업 등에 영향을 미칠 수 있다. 다른 한편으로는 디지털디바이드 현상과 같이 제4차 산업혁명 또한 시민들의 문화접근성과 문화 활동의 질적 수준 등에 격차를 불러올 수도 있다. 문화정책은 모든 사람들이 일상적 삶속에서 주체적으로 문화 활동을 수행할 수 있는 문화민주주의 환경을 조성할 필요가 있다.

이러한 맥락에서 이 글에서는 제4차 산업혁명 시대에 대한 문화의 성찰적 가치를 찾아보고, 제4차 산업혁명이 문화생태계에 미치는 영향과 이에 따른 문화정책 방향을 탐색하는 데 초점을 두었다.

02
제4차 산업혁명의 성찰: 기술에 가치를 심는 문화예술

맥루한(Herbert Marshall McLuhan)은 1964년에 『미디어의 이해(*Understanding Media*)』를 통해 '미디어는 메시지'라고 선언하면서 미디어가 사회변동의 중요한 요인이라는 점을 이해할 필요가 있다고 주장했다. 인간의 확장인 미디어가 새롭게 출현하면, 미디어가 초래하는 사회 변화를 총체적으로 인식하지 못하고 감각 마비를 경험할 수 있기 때문이다. 맥루한은 미디어로 인한 사회의 변화 흐름을 총체적이고 공감각적으로 파악하기 위해서는 예술가적 접근이 필요하다고 지적했다. 예술가는 통합정신의 소유자로써 항상 깨어 있기 때문이다. 이러한 예술가의 역할은 제4차 산업혁명 시대에도 절실히 필요하다. 우리는 아직 제4차 산업혁명이 인간과 사회에 어떤 희망과 고통을 안겨줄지에 대해 알지 못하고 있기 때문이다.

예술가들은 이미 오래전부터 제4차 산업혁명의 시대에 대해 이야기하고 있다. 헉슬리(Aldous Huxley)는 1932년에 소설 『멋진 신세계(*Brave New World*)』에서 기계와 과학이 전체주의적 정치체계와 결합하여 인간의 가치와 존엄성을 상실하는 도구로 전락할 수 있음을 일깨워주었으며, 오웰(George Orwell) 또한 1949년에 쓴 소설 『1984』에서 텔레스크린과 빅브라더(Big Brother)가 통제하는 사회를 그리고 있다. 클라크(Arthur Charles Clarke)는 1968년에 소설 『2001 스페이스 오디세이(*2001 a Space Odyssey*)』를 통해 인공지능인 컴퓨터 HAL 9000이 인간을 살해하는, 기계의 역습에 대해 다루고 있다. 사이버스페이스(cyberspace)라는 용어를 처음 사용한 깁슨(William Gibson)은 1984년에 발표한 소설 『뉴로맨서(*Neuromancer*)』에서 사이버 공간을 탈육체의 가상몰입 공간, 몽환적이고 비현실적인 공간, 사용자의 감각과 사이버스페이스가 연결된 데이터베이스, 영원히 재생하는 메트릭스 세상으로 묘사하고, 이러한 세상이 폭력의 공간, 죽은자의 땅이 될 수 있다는 점을 비판적으로 제시하고 있다. 뉴로맨서 세상에서 인간은 여전히 고독과 절망 속에 불행해 하고 있다.

이러한 예술가들의 비판적 인식은 제4차 산업혁명 시대를 성찰적으로 바라보는 방법을 제시하고 있다. 기술은 혜택과 함께 그에 따른 대가를 요구하기 때문이다. 월시(Toby Walsh)는 『AI의 미래, 생각하는 기계(*Machines that think: the future of artificial intelligence*)』(2018)에서 "기술이 인간에게 주는 것이 있으면, 빼앗아가는 것도 있다. 파우스트의 거래와 같은 것이다"라고 지적하고 있다. 괴테(Johann Wolfgang von Goethe)는 소설 『파우스트』에서 인간 파우스트가 악마 메피스토펠레스와 영혼과 쾌락에 대해 거래하는 것을 다루고 있다. 『파우스트』는 인간의 본질이 영혼을 갖고 있다는 점을 강조하고 있으며, 결국 악마 메피스토펠레서는 파우스트의 영혼을 빼앗지 못한다. 월시는 인공지능(AI)이 인간에게 무엇을 주고, 무엇을 빼앗아 갈 것인가에 대해 고민할 필요가 있으며, 인공지능에 대한 윤리적 접근을 강화할 필요가 있다고 제안하고 있다.

제4차 산업혁명 담론의 촉발자 역할을 한 슈밥(2016/2017) 또한 제4차 산업혁명을 기술의 흐름에 맡길 것이 아니라 인간의 관점에서 점검하고, 바람직한 방향을 설계할 필요가 있다고 지적하고 있다. 그는 "우리는 인간의 가치가 어떤 새로운 기술에 어떻게 심어져 있는지, 그리고 이런 기술이 공공의 선, 환경에 대한 의무, 그리고 인류의 품위를 강화하는 데 어떻게 사용되었는지를 이해해야 한다"고 제시하고 있다. 슈밥은 『제4차 산업혁명 설계(*Shaping the Fourth Industrial Revolution*)』에서 "예술은 우리의 프로젝트가 지향하는 가치가 기술에 함몰되기 전에 이를 표현하고, 비판할 수 있는 통로를 열어준다. 이러한 측면에서 예술의 역할을 미래를 예측하는 것이 아니라 미래를 상상하고 혁신을 이룰 수 있도록 인지적, 감정적 도구를 제공하는 것"이라고 예술의 가치를 중요하게 다루고 있다. 슈밥은 또한 "예술은 어떠한 기술이 실제 도입되어 일어나는 결과를 보기 전에 그 기술에 대한 우리의 감정적 대응을 미리 발견하게 해 준다"고 예술의 가치를 재차 강조했다.

이와 같이 제4차 산업혁명은 인간에게 긍정적이든 부정적이든 엄청난 변화를 가져올 것으로 전망된다. 인간의 정체성 문제가 새롭게 발생하는 포스트 휴먼 사회가 될 수도 있다. 이러한 불확실성의 시점에서 우리는 제4차 산업혁명이 무엇이고, 인간에게 어떤 의미와 가치를 지녀야 하는가에 대해 성찰적으로 접근할 필요가 있다. 문화예술은 사회를 성찰적이고 통합적으로 바라보고, 이를 사람들과 소통하고 공유하는 방법을 알고 있다. 문화예술은 기술에 대해 새로운 가치를 심어줄 수 있다. 예컨대, 비디오아트의 창시자인 예술가 백남준은 일방적으로 공급자 중심적인 텔레비전을 인간의 감성을 표현하는 예술미디어로 전환시켰다.

한편 문화예술은 제4차 산업혁명이 초래할 부정적인 사회문제들을 해결하는 데도 활용될 수 있을 것이다. 문화예술은 사회통합, 치유, 공감, 사회적 관계 형성, 공동체 회복 등 사회적 가치를 지니고 있기 때문이다. 이와 같이 문화예술을 활용하여 제4차 산업혁명의 진정한 의미와 가치를 성찰적으로 이해하도록 하는 것은 문화정책의 중요한 과제라고 할 수 있다. 다시 말해서, 문화정책은 기술에 영혼을 담는 작업이라고 할 수 있다.

03
제4차 산업혁명 시대의 문화생태계 변화와 문화정책 문제

가상화의 문화생태계

브렛킹 외(2016)는 『증강현실(*Augmented: life in the smart lane*)』이란 책에서 "증강현실 기술은 빛을 못 보고 있는 유물들에 숨을 불어넣어 줄 수 있다. 그림 속에 있는 사람이 벽으로부터 걸어 나와 그들의 이야기를 들려줄 수 있고, 동상들도 입을 열며, 공룡을 위시한 동물들의 뼈가 살아 움직이며 관람객들에게 즐거움과 교육의 기회를 선사 한다"고 제시하고 있다. 이것은 증강현실 기술이 오감각 체험을 실감나게 할 수 있는 새로운 가상세계(virtual world)를 창조할 수 있다는 점을 강조한 것이라고 할 수 있다.

가상의 문화공간은 이미 제3차 산업혁명 시대부터 디지털 기술이 발전하면서 주목을 받아 왔다. 인터넷, 소셜미디어, 스마트앱, 동영상 미디어 플랫폼 등 사이버 공간이 대폭 확장되었고, 가상현실(virtual reality), 증강현실(augment reality), 혼합현실(mixed reality) 기술과 체험 장비가 발전하였다. 아날로그 형태의 예술 및 콘텐츠가 디지털 형태로 전환되는가 하면, 새로운 디지털 예술 및 콘텐츠가 개발되고 있다. 이용자들은 가상공간에 몰입하면서 현장보다 실감나게 경험하고, 더 세밀하고 풍부한 지식 정보를 확보할 수 있게 되었다. 소비자들의 참여 형태 또한 수동적인 참여에서 주체적, 창조적 참여로 확장되고 있다. 가상공간의 형태 또한 카멜레온처럼 이용자 욕구와 취향에 따라 유연하게 변화할 수 있다.

이러한 가상세계는 가상적 삶을 추구하는 사람들이 증가하면서 더욱 확장될 전망이다. 미국 교육학자 프렌스키(Marc Prensky)는 2001년에 1980년대 이후 탄생하여 디지털 기기에 둘러싸여 성장한 세대를 디지털 원주민(Digital Native)으로 분류하고 있다. 디지털 원주민은 디지털 습성을 타고 났기 때문에, 디지털 기술과 미디어로 구축된 가상현실 공간에서의 생활에 친숙하다.

가상화 현상은 문화유산 부문에도 새로운 변화를 가져올 것으로 전망된다. 뉴미디어가 문화유산 영역에 접목되면서 '새로운 문화유산(new heritage)' 개념이 나타나고 있다. Digital Heritage, Virtual Heritage 등이 이러한 New Heritage 범주에 포함된다(Kalay, Kvan & Affleck, 2008). 2016년에 발간된 『*Cultural Heritage in a changing world*』 또한 기술 발전이 문화유산에 미치는 영향과 관련 이슈들을 다루고 있다. 문화유산과 디지털 기술의 협업, 이용자의 공동 창작(co-creation), 디지털 문화유산 콘텐츠와 저작권, 크라우드소싱 문화(crowdsourcing) 등의 이슈들이 포함되어 있다(Borowiecki, Forbes, & Fres, 2016).

제4차 산업혁명 시대에는 하이퍼박물관, 디지털박물관, 사이버박물관, 웹박물관 등 다양한 형태의 가상박물관(virtual museum)이 늘어날 것이다. Virtual Multimodal Museum(ViMM)은 가상박물관을 "개인화(personalization), 쌍방향 상호작용(interactivity), 이용자 경험(user experience), 풍부한 콘텐츠(richness of content)를 바탕으로 박물관을 보완, 강화, 증강한 디지털 실체(digital entity)"로 정의하고 있다. 디지털아카이브 또한 활성화될 것으로 전망된다. 구글(Google)은 2011년부터 Art Project를 추진하여 세계 문화기관들과의 협력을 바탕으로 이용자들로 하여금 디지털 예술콘텐츠를 가상공간에서 경험할 수 있도록 제공하고 있다. 문화유산의 원형은 새로운 디지털콘텐츠로 재생될 수 있으며, 사라진 문화유산은 기록을 바탕으로 새로운 가상콘텐츠로 복원될 수 있다. 예컨대, 사이아크(CyArk)는 2003년에 미국 캘리포니아 오클랜드에서 설립된 비영리조직으로, 세계 문화유산을 보호하고, 교육하기 위한 목적으로 디지털아카이브 프로젝트를 수행하고 있다. 이용자들은 Oculus Rift와 Samsung Gear VR 등을 이용하여 MasterWorks라는 가상현실 앱을 통해 사이아크(CyArk)의 디지털아카이브의 프로젝트를 경험할 수 있다. 사이아크(CyArk)는 레이저 스캐닝, 디지털모델링 등 디지털 기술을 활용하여 자료 수집, 디지털아카이빙, 디지털 문화유산 콘텐츠 개발, 개방과 공유 체계를 구축하고 있다.

이와 같이 제4차 산업혁명 시대에는 가상세계에서의 일상생활이 한층 더 확대될 것으로 전망된다. 보드리야르(Jean Baudrillard)가 제시한 실제보다 더 실제 같은 가상의 하이퍼리얼(hyper real) 세계로 빠져들고 있는 것이다. 이러한 가상화 현상은 새로운 문화공간과 시장 창출, 가상문화 콘텐츠의 가치 확장 측면에서 문화생태계에 긍정적으로 작용할 수 있다. 가상 공간에서의 소비자의 주체적 참여 문화 또한 중요하다. 젠킨스(Henry Jenkins)는 『컨버전스 컬처』(2006)라는 책에서 컨버전스 시대의 참여문화를 "팬들과 다른 소비자들이 새로운 콘텐츠 창작 및 유통에 적극적으로 참여하도록 초대되는 문화"라고 정의함으로써 컨버전스 문화에서 소비자의 주체적 참여를 강조하고 있다.

또한 가상화 현상은 시간과 공간의 제약조건을 완화했다는 점에서 문화접근성을 증진하는 측면이 있지만, 다른 한편으로는 가상체험 기기 구입, 가상문화 수요 측면에서 또 다른 문화 격차를 발생시킬 수 있는 측면 또한 존재한다. 모든 국민들이 가상공간에 대한 접근성, 가상공간을 활용하여 예술과 콘텐츠를 창작하여 공유할 수 있는 역량을 갖기는 어렵다. 접근환경, 역량, 취향 등의 측면에서 불평등이 존재한다. 또한 가상의 문화공간이 확대된다고 하더라도, 기존 오프라인 현실세계의 소비자들에게 매력적으로 다가오지 않을 수도 있다. 가상 문화생활이 오프라인 문화생활과 어떤 관계를 갖게 될 것인가에 대한 논의 또한 필요하다.

한편 가상공간에서의 생활이 이용자들에게 어떤 영향을 가져올 것인가에 대한 논의 또한 필요하다. 1995년 이후에 출생하여 인터넷, 스마트폰, 소셜미디어, 앱(App)에 익숙한 iGEN 세대는 가상세계의 삶에 친숙하다. 미국 심리학자 트웬지(Jean Twenge)는 『*iGEN*』(2017)이라는 책에서 스마트폰이 십대들의 사회생활, 정신건강 등 삶 모든 분야에 파장을 일으키고 있다고 진단한 바 있다. 이 연구에 따르면, iGEN 세대의 경우, 우울증이 나타나기도 하고, 사회적 관계 형성에 어려움을 겪기도 한다. 문화정책은 이러한 가상화로 인한 사회적 문제를 어떻게 문화적 접근을 통해 해결할 것인가에 대해 고민할 필요가 있다. 또한 문화정책은 가상공간을 창의적 표현 공간, 사회적 참여 공간 맥락에서 접근할 필요가 있다.

제4차 산업혁명의 중요한 특징 중의 하나는 인공지능이 기계학습, 사물인터넷, 빅데이터 등의 기술과 융합하여 지능이 대폭 강화되어 인간의 지능을 넘어서는 경우가 확대되고 있다는 점이다. 브린욜프슨(Erik Brynjolfsson)과 맥아피(Andrew McAfee)는 『제2의 기계시대(*The Second Machine Age*)』(2014)에서 컴퓨터를 비롯한 디지털 기술로 우리의 정신적 역량이 대폭 강화되고, 쓸모있는 진정한 인공지능이 출현하고 있다고 진단하고 있다. 인공지능은 제4차 산업혁명의 핵심적인 기술로서 1956년에 다트마우스 회의(Dartmouth conference)에서 처음 사용된 이래 컴퓨터학, 뉴럴 네트워크(neural network), 다양한 정보 이용가능성, 'deep neural networks' 같은 컴퓨터 학습 모델 개발 등과 함께 지속 발전해왔다. 최근에는 인공지능과 기계학습에 관한 세계 시장이 확대되고 있으며, Amazon AI, Google AI, IMB Watson 등 기업 간 경쟁이 치열해지고 있다.

인공지능은 학습하고, 생각하고, 적용하고, 문제를 해결해가는 체계를 갖고 있다. 1956년에 '인공지능(Artificial Intelligence)' 용어를 처음 사용한 존 맥카시(Jonh McCarthy)은 1973년 라이트힐 토론회(Lighthill Dabate: 영국에서 AI 연구가 실패했다는 the Lighthill Report를 둘러싸고 BBC에서 개최한 토론회 "The general purpose robot is a mirage")에서 "인공지능은 과학으로 복잡한 상황에서 문제해결과 목적달성 과정을 연구한다"고 제시하였다. 마이크로소프트 Redmond Lab 소장인 호로비즈(Eric Horvitz)는 인공지능을 "생각과 지능행동에 작용하는 컴퓨터 원리를 과학적으로 연구하는 것"이라고 정의하고 인공지능의 네 가지 중심 요소로 인지(perception), 학습(Learing), 자연어 처리(National Language Processing), 추리(Reasoning)를 들고 있다(Skilton & Hovsepian, 2018).

이러한 인공지능 사회에서 문화 이슈는 다음 세 가지 측면으로 구분하여 살펴볼 수 있다. 첫째는 인공지능이 예술창조자로서의 위상을 확보할 것인가에 관한 것이다. 인공지능은 그림, 음악, 시, 소설, 뉴스 등 예술작품을 만들어 내고 있다. 유럽의회(European Parlianment)는 2016년에 로봇과 인공지능을 전자인간(electronic persons)으로 규정하고 있다. 그러나 인공지능이 창작한 예술작품을 예술의 범주에 포함시킬 수 있을 것인가에 대해서는 아직 논의가 미흡하다. 발터 벤야민(Walter Benjamin)이 『기술복제시대의 예술작품』에서 언급한 예술의 아우라와 진정성이 인공지능의 작품에서 나타날 수 있을 것인가, 그리고 예술창조자로서의 인공지능에 대해 저작권자의 지위를 부여할 수 있을 것인가에 대한 논의도 필요한 시점이다. 또한 인공지능이 창작한 예술에 대해 예술소비자들의 태도와 반응이 어떻게 나타날지에 대해서는 논의가 필요하다.

둘째는 빅데이터 기반의 예술창작 및 예술경영 활용에 관한 것이다. 롤랜드버거(Roland Berger, 2017)는 데이터를 21세기 원자재로 비유하면서 빅데이터의 중요성을 강조하고 있다. 인공지능, 빅데이터, 사물인터넷, 크라우드 미디어 등 제4차 산업혁명의 기술이 발전하면서 이용자 연구 및 개인화 서비스 체계는 한층 더 발전할 전망이다. 예컨대, 빅데이터 기술은 이용자정보, 이용자의 콘텐츠 및 플랫폼 정보 등 이용자에 대한 빅데이터를 수집, 저장, 분석, 활용하는 기술을 의미한다. 이러한 빅데이터 활용은 콘텐츠산업의 경쟁력 요인으로 작용할 수 있다. 콘텐츠산업은 소비자의 취향을 중요하게 고려하기 때문이다. 예컨대, 넷플릭스는 빅데이터를 활용하여 방송콘텐츠 <하우스 오브 카드(*House of Card*)>를 제작한 바 있다. 앞으로 이러한 빅데이터 활용 수요는 콘텐츠산업에서 활성화될 전망이다. 반면에 순수 예술창작 활동의 경우 개별 예술가가 어느 정도, 어떤 방법으로 빅데이터를 활용할 것인지에 대해서는 아직 불확실하다.

한편 예술경영 분야에서는 예술고객들의 빅데이터를 예술 기획, 예술마케팅 활동에 활용할 수 있다. 이용자의 데이터화(datafication)가 빠르게 확대될 것이다. 이용자의 문화 활동은 모두 데이터로 전환되고, 이러한 데이터들이 모여 이용자의 취향과 특성을 정교하게 파악하는 준거가 된다. 이러한 이용자의 데이터화로 인해 데이터 기반의 개인화된 예술서비스 체계가 발전할 것으로 전망된다. 데이터를 확보하는 방식 또한 기존의 설문조사와 티켓팅 정보에 주로 의존하던 방식에서 사물인터넷, 소셜미디어, 인공지능 알고리즘, 고객에 관한 빅데이터 정보 등으로 다양화될 것이다. 문화예술기관들은 알고리즘을 통해 이용자들의 취향을 파악하고, 이용자들에게 새로운 체험 콘텐츠를 추천해 주는 기능을 수행할 수 있다. 그러나 이러한 이용자의 데이터화가 이용자의 알고리즘 정체성(algorithmic identity)에 지나치게 의존할 경우, 총체적 인간으로서의 정체성을 간과할 수 있다. 알고리즘 정체성은 이용자의 디지털 정체성에 한정되어 있을 뿐 아니라 알고리즘의 분류체계가 차별성을 내포할 수 있기 때문이다.

셋째는 초지능화가 사람들의 창의적 예술 활동을 증진시킬 수 있는가에 관한 것이다. 디지털 기술이 발전하면서 창작과 소비의 경계가 약해지고, 창작자와 소비자, 소비자와 소비자의 상호 소통 및 협업 가능성 또한 확대되어 왔다. 프로슈머(prosumer), 창의적 소비자(creative consumer), UCC(User Creative Content) 등의 용어들은 소비자들의 주체적이고 능동적인 문화 활동 참여 모습을 나타내고 있다. 인공지능은 문화예술에 대한 데이터가 풍부하고, 기계 학습과 창작 알고리즘을 통해 창작 역량을 갖고 있다는 점에서 소비자들의 창조적인 문화 활동에 긍정적으로 작용할 수 있다. 사람과 인공지능의 예술협업이 가능한 것이다. 이러한 사람과 인공지능의 협업은 일반 사람들의 예술적 역량을 강화함으로써 "모든 사람은 예술가"라는 또 다른 가능성을 열어가는 데 도움이 될 수 있다. 생물학과 물리학, 그리고 디지털 기술의 융합은 장애인예술가의 예술역량을 강화하는 데 활용될 수 있을 것이다.

그러나 지능화 사회에서 일반 사람들의 문화 활동에 대한 장벽이 완화되었다고 하더라도, 문화 활동의 불평등 구조가 사라지지는 않을 것이다. 오히려 인공지능을 활용할 수 있는 사람과 그렇지 않는 사람들의 문화 격차가 더 심화될 수도 있다. 참여 격차가 발생할 수 있기 때문이다. 한편 켈티(E. Keltie)는 『문화산업과 참여적 관객』(2017)이란 책에서 미디어컨버전스와 디지털 기술로 인해 '허가된 참여 (authorised participation)' 문제가 나타나고 있다고 비판하고 있다. 미디어컨버전스와 디지털 기술은 소비자들로 하여금 문화 접근성 증진, 소비자에서 창작자로의 전환, 다른 사람들과의 소통과 공유 확대 등이 가능하도록 했지만, 문화산업 자본이 지배하는 문화생산의 장을 벗어나는 데 한계가 있다는 것이다. 문화산업 자본들은 개별 소비자와 창작자들을 활용하여 이윤 창출을 위한 새로운 비즈니스 체계를 만들어감으로써 소비자 및 창작자의 참여를 포획하거나 자본화하게 된다는 것이다. 켈티(2017)에 따르면, 문화산업 자본이 지배하는 문화생산의 장에서 참여문화는 제한적이다.

초연결사회의 문화생태계

맥루한은 1964년에 『미디어의 이해(*Understanding Media*)』에서 "전기적 미디어가 모든 사람들이 참여하는 상호작용의 총체적인 장을 즉시, 그리고 끊임없이 만들어 낸다", "우리는 전인류를 우리의 피부로 삼게 되었다"고 언급한 바 있다. 이것은 전기적 미디어가 인간과 인간의 연결을 한층 더 깊고, 넓게 가능하게 할 수 있다는 것을 의미한다. 맥루한의 지구촌(global village) 개념은 전 세계가 하나의 작은 부족 마을처럼 인간과 인간의 연결이 공간과 시간의 장벽을 넘어 확장되고 있는 현상을 나타낸 것이라고 할 수 있다. 이러한 인간과 인간의 연결은 디지털 기술이 발전하고, 소셜미디어가 일상적으로 활용되면서 한층 더 강화되고 있다. 인간과 컴퓨터의 상호작용(Human-Computer Interaction: HCI) 또한 강화되고 있다. 이에 대해 리프킨(Rifkin, 2000)은 소유의 시대가 종말을 알리고 접속의 시대(The age of access)로 진입했다고 선언했다.

제4차 산업혁명 시대의 초연결 사회에서는 인간과 인간의 연결, 인간과 기계의 연결을 넘어, 사물과 사물, 사물과 인간의 연결로 확장될 것이다. 사물인터넷 기술과 인공지능 기술의 융합이 초연결사회의 기반으로 작용한다. 롤랜드버거(2017)에 따르면, 21세기 초반의 연결성은 단지 디지털 세계 내의 특징에 불과했지만, 제4차 산업혁명에서는 디지털 세계의 범위를 벗어나 현실 세계의 특징이 된다. 기계, 가공물, 시스템, 인간이 끊임없이 인터넷 프로토콜을 통해 디지털정보를 주고받는다. 하원규 · 최남희(2015)는 초연결화를 디지털혁명의 방향성으로 설정하고, 초연결화를 현실세계의 디지털화와 네트워크화, 즉 사물인터넷과 만물인터넷(Internet of Everything)이 인공지능을 만나 모든 것의 수평적 연결성이 지수함수적으로 확장되는 것으로 정의하고 있다. 블록체인기술은 인터넷을 정보의 인터넷(internet of information)에서 가치의 인터넷(internet of value), 금전의 인터넷(internet of Money)으로 탈바꿈시키고, 모든 사람에게 진실이 무엇인지 알려주는 플랫폼으로 작동하게 한다(돈 탭스콧 & 알렉스 탭스콧, 2017).

이러한 초연결사회에서는 문화예술 및 콘텐츠의 윈도우가 다양화될 것이며, 이에 따른 가치사슬 체계 또한 확장될 것이다. 예컨대, 자율주행시대, 자동차는 운송 수단을 넘어 문화 활동 미디어로 새롭게 전환될 수 있다. 도시의 거리 공간 또한 증강현실, 혼합현실 기술과 예술의 융합을 통해 새로운 문화공간으로 변화할 수 있다. 스마트시티는 물리적 공간과 가상공간의 연결을 통해 도시 전체가 예술무대가 될 수 있다. 스마트시티에서 집은 또 하나의 문화의 집이 될 수 있다. 이와 같이 초연결사회에서 인간은 시간과 공간의 제약없이 문화예술의 세계로 확장될 수 있다.

한편 초연결사회에서는 기술과 기술의 융합뿐 아니라 예술과 기술의 융합, 문화유산과 기술의 융합, 미디어와 미디어의 융합 등 융합체계가 구축될 것으로 전망된다. 기술은 예술과의 융합을 통해 그 자체로 예술로 전환될 수 있다. 미디어아트, 디지털퍼포먼스, 디지털문화유산, 인터랙티브아트(interactive arts), 가상현실예술 등과 같이 이제 기술은 예술형식의 요소가 되고 있다. 이것은 기술이 예술과 창작 활동의 단순한 도구나 재료를 넘어 그 자체로 예술이 될 수 있다는 것을 의미한다. 이러한 예술과 기술의 융합은 예술가, 공학자, 기술자, 연구자 등 다양한 전문 분야의 소통과 협업을 필요로 한다. 지역의 문화유산 또한 제4차 산업혁명 기술과의 융합을 통해 가상콘텐츠 형식으로 전 세계 이용자들과 연결될 수 있다.

04
제4차 산업혁명 시대의 문화정책의 과제

기술은 문화정책 영역이다

기술은 문화정책의 중요한 영역으로 그 위상을 확보해가고 있다. 특히 디지털 기술이 문화생태계에 미치는 영향이 커지면서 이제 기술은 예술창작, 예술경영, 문화생활, 문화유산 활용 등 문화정책 전반에 걸쳐서 중요한 요소가 되었다. 우리나라에서는 1990년대 말에 문화산업 정책 패러다임이 규제에서 진흥으로 전환되면서 디지털 기술은 콘텐츠산업의 경쟁력을 좌우하는 중요한 요소로 인식되기 시작하였다. 콘텐츠산업 정책 분야에서는 콘텐츠산업과 연관된 디지털 기술을 '문화기술'로 정의하고, 이에 관한 법적 기반도 갖추고 있다(한국문화예술위원회, 2018). 문화기술은 2001년 『콘텐츠코리아 비전

21』 계획에서 중요한 정책과제로 개발되었으며, 콘텐츠산업 정책 초기부터 핵심 정책 영역으로 고려되었다(임학순, 2010).

예술정책에서도 다원예술, 미디어아트 등 기술을 활용한 예술창작 및 발표 활동을 지원하고 있다. 디지털아키이빙 또한 문화정책의 영역으로 그 중요성이 커지고 있다. 디지털아카이빙은 문화유산이나 문화예술을 디지털콘텐츠로 재구성하여 아카이빙 및 활용체계를 구축하는 것을 의미한다. 이와 같이 기술에 대한 문화정책 관심은 제4차 산업혁명 시대에 한층 더 확대될 것으로 전망된다. 인공지능 예술가의 출현 사례에서 보듯, 앞으로 제4차 산업혁명 시대에는 기술과 문화의 융합현상이 깊어질 것이기 때문이다.

해외 여러 나라의 문화정책에서도 기술은 문화정책의 중요한 요소로 고려되고 있다. 캐나다 예술위원회(Canada Council for the Art)가 2016년에 발표한 「디지털 세계에서의 예술에 관한 선행연구 분석(The Arts in a Digital World－Literature Review)」 연구보고서에 따르면, 해외 여러 나라의 문화정책에서 디지털 기술은 ① 예술창작, ② 예술 혁신과 연구 개발, ③ 관객개발 및 마케팅, ④ 예술조직의 역량 강화, ⑤ 사회통합 등의 측면에서 중요한 지원 영역으로 고려되고 있다. 영국의 경우 문화미디어스포츠부는 2017년 디지털을 추가하여 부처 명칭을 디지털문화미디어스포츠로 변경하고, 디지털을 문화정책의 중요한 요소로 적극 고려하고 있다. 영국 디지털문화미디어스포츠부(Department for Digital, Culture, Media & Sports)는 2018년에 「문화는 디지털이다(Culture is Digital)」 보고서를 발표하면서 문화와 기술의 융합을 통해 관객개발, 문화조직의 디지털 역량 강화, 기술의 창조적 잠재력 발휘 등을 추구하고 있다.

잉글랜드예술위원회(Arts Council of England)는 2013년부터 2015년까지 영국국립과학기술예술재단(NESTA), 예술·인문연구지원회(Arts and Humanities Research Council: AHRC)와 공동으로 '예술 분야 디지털 R&D 기금(Digital R&D Fund for the Arts)'을 통해 예술가-기술-연구자의 협업 활동, 디지털 기술을 활용한 예술향유 방식과 접근성 제고, 빅데이터 등 디지털 기술 분야 간의 협업 프로젝트를 지원했다. 잉글랜드예술위원회는 창립 70주년을 맞아 향후 10년을 설계하는 연구보고서 「Arts Council England: the Conversation」(2018, Britain Thinks가 연구수행)를 발간했는데, 디지털 기술을 예술 영역의 중요한 기회로 인식하고 있다.

미국의 국가예술진흥원 NEA(National Endowment for the Arts)는 학제적 창작혁신 활동과 미디어아트에 대한 예술지원 사업을 추진하고 있다. 뉴욕예술위원회(The New York State Council on the Arts)는 기술을 커뮤니케이션 플랫폼보다는 예술형식의 중요한 부문으로 설정하고, <Electronic Media and Film Program>을 운영하고 있다. 캐나다 예술위원회(Canada Council for the Arts)는 <디지털전략기금(Digital Strategy Fund)>을 운영하여 예술 영역의 디지털 변화를 촉진하고 있으며, 예술가 및 예술단체로 하여금 디지털 세계를 이해하고, 참여함으로써 디지털 기술이 창출하는 문화적, 사회적 변화에 적극적으로 대응하도록 하고 있다. 캐나다 브리티시콜럼비아주 예술위원회(Creative BC)는 <예술혁신기금(Arts Innovation Fund)>을 통해 예술기관들과 디지털미디어 창작자들이 협업하여 새로운 관객 소통 방법을 개발하는 것을 지원하고 있다.

제4차 산업혁명 시대의 문화정책 방향

제4차 산업혁명 시대의 문화 격차 해소 및 문화권 정립

제4차 산업혁명은 국민들의 문화생활에 기회이자 위협 요인이 되고 있다. 가상공간에서의 문화접근성 증진, 소통적이고 창조적인 참여문화(participatory culture) 증진, 인공지능과의 협업을 통한 예술가로서의 시민 증가, 예술과 기술의 융합을 통한 새롭고 다양한 문화예술 체험 기회 확대, 개인 맞춤형 문화서비스 증진 등은 제4차 산업혁명이 기회 요인으로 작용한 측면이라고 할 수 있다. 그러나 다른 한편으로 제4차 산업혁명은 디지털디바이드(digital divide)와 같은 새로운 문화 격차 심화, 개인화된 문화생활에 따른 사회적 관계성 약화, 알고리즘의 편향(algorithmic bias)에 따른 차별 발생, 가상문화공간과 현실문화공간의 불균형, 소수 기업의 문화시장 지배에 따른 문화다양성 저해 등 문화 영역에 위협이 되기도 한다. 제4차 산업혁명 시대의 문화정책은 이러한 위협 요인을 어떻게 해결할 것인가에 대해 고민할 필요가 있다. 이와 관련하여 문화정책의 핵심 이념이라고 할 수 있는 문화권(cultural right), 문화적 다양성(cultural diversity), 문화 민주주의(cultural democracy) 등은 제4차 산업혁명 시대에도 중요한 정책 이념으로 설정될 필요가 있다.

아동 청소년의 제4차 산업혁명 창의성 증진을 위한 문화예술교육 강화

문화정책은 아동 청소년들로 하여금 제4차 산업혁명 사회를 주체적, 창의적으로 창조하고, 적응할 수 있는 토양을 만들어 줄 필요가 있다. 아동 청소년들은 제4차 산업혁명 시대를 열어갈 미래 인력이기 때문이다. 문화예술교육은 아동 청소년들로 하여금 제4차 산업혁명이 무엇이고, 인간의 삶에 어떤 영향을 미치는지, 나아가 제4차 산업혁명을 어떤 방향으로 만들어 갈 것인가에 대해 성찰할 수 있는 계기를 제공해 줄 수 있다. 문화예술교육은 또한 아동 청소년들로 하여금 제4차 산업혁명 기술들을 통하여 창의성, 소통, 협업, 사회성을 경험하게 할 수 있다. 이와 같이 아동 청소년들의 기술 창의성을 증진하기 위한 문화정책 사례로는 스코틀랜드 예술위원회(Creative Scotland)의 <Time to Shine. Digital> 프로그램을 들 수 있다. 스코틀랜드 예술위원회는 2013년에 <Time to Shine>이라는 청소년예술전략(0~25세)을 추진하고 있는데, 여기에는 청소년들의 디지털 창의성(digital creativity)을 증진하기 위한 <Time to Shine. Digital> 프로그램을 지원하고 있다.

또한 문화예술교육은 문화예술을 활용하여 다른 사람과의 관계 맥락 속에서 자신을 표현하고, 소통하며, 공유할 수 있는 경험을 제공할 수 있는 측면이 있기 때문에, 제4차 산업혁명 시대의 개인화의 문제, 소외의 문제를 해결하는 데 중요하게 활용될 수 있다. 아동 청소년들의 경우 이미 가상공간에 몰입하는 경우가 많으며, 현실공간과 가상공간의 균형 감각을 상실할 가능성 또한 커지고 있다. 문화예술교육은 이러한 아동 청소년들로 하여금 현실공간과 가상공간의 균형 감각을 회복하는 데 긍정적으로 작용할 수 있다.

예술가와 예술기관의 제4차 산업혁명 역량 강화

제4차 산업혁명 시대에서 예술가와 예술기관들은 예술생태계를 구성하는 핵심 요소 중의 하나이다. 예술의 사회적, 경제적 가치를 지속, 창출하기 위해서는 예술가와 예술단체의 참여와 협력이 매우 중요하다. 제4차 산업혁명 시대, 예술가와 예술기관들은 기술자, 연구자, 인공지능 등 기술 분야와의 협업 활동이 활발해 것으로 전망된다. 이러한 예술과 기술의 융합이 효과적으로 실현되기 위해서는 예술가 및 예술기관들로 하여금 제4차 산업혁명에 대한 역량을 갖추도록 할 필요가 있다. 제4차 산업혁명에 대한 역량이란 제4차 산업혁명 리터러시, 예술과 기술의 융합 기반 소통 및 협업역량, 빅데이터 활용역량, 기술 기반 예술 프로젝트 개발역량 등을 들 수 있다. 이러한 역량은 제4차 산업혁명에 대한 예술가들의 참여와 협력을 촉진시킬 수 있다. 그러나 대부분의 예술가 및 예술기관들은 영세하기 때문에 이러한 역량을 자생적으로 갖추는 데 한계가 있다. 이런 맥락에서 앞으로 문화정책에서는 예술가의 제4차 산업혁명 리터러시 및 역량 강화 교육연수, 예술가들의 기술과 예술 융합 프로젝트 연구개발 및 실행 경험 기회 확대, 제4차 산업혁명 소통과 협업 플랫폼에 대한 예술가의 접근성 증진, 예술기관들의 제4차 산업혁명 기술 인프라 및 활용체계 구축 등을 적극 고려해 볼 필요가 있다.

학제적 융합 기반의 문화와 기술 협업시스템 구축

제4차 산업혁명 시대에서 과학기술은 예술의 재료와 도구 기능에 한정되지 않고, 예술과의 융합을 바탕으로 새로운 예술을 구성하는 핵심 요소로 부각되고 있다. 이와 함께 ICT 분야 전문가들과 예술가의 협업, 예술가와 소비자의 예술협업, 예술 분야 전문가와 비예술 분야 전문가의 융합 활동 등 과학자, ICT 전문가, 소비자, 타 분야의 전문가 등과의 다양한 인적자원의 예술협업 활동이 활성화될 전망이다.

제4차 산업혁명 시대에 문화와 기술의 협업이 활성화되기 위해서는 무엇보다도 예술가, 기술자, 공학자, 연구자 등 다양한 분야의 전문인력들이 소통하고 협업할 수 있는 혁신 네트워크 환경을 구축할 필요가 있다. 이를 위하여 문화예술 생태계는 제4차 산업혁명 시대의 새로운 기술 및 미디어 인력들을 적극적으로 수용할 필요가 있다. 그러나 아직 협업의 경험과 노하우가 많지 않고, 협업 문화가 정착하지 않은 상황에서 문화와 기술의 협업 체계를 구축하는 일은 쉬운 일이 아니다. 문화와 기술 협업의 시너지가 창출되기 위해서는 참여 인력들의 서로의 세계에 대한 이해가 필요하지만, 아직은 전반적으로 취약한 실정이다. 이러한 상황에서 문화와 기술의 협업 환경을 조성하기 위해서는 무엇보다도 소통과 네트워킹 플랫폼을 활성화할 필요가 있다. 이와 관련하여 워크숍, 포럼, 연구 커뮤니티, 교육연수 프로그램 등 다양한 방법을 고려해 볼 수 있다. 그리고 문화정책에서는 예술가, 기술자, 연구자 등이 함께 참여할 수 있는 연구개발 랩(R&D Labs)과 예술 프로젝트를 다양한 형태로 활성화하는 방법을 고려해 볼 수 있다. 예술과 기술의 융합을 바탕으로 한 문화기술 기업의 창업 또한 활성화될 필요가 있다. 또한 문화정책은 제4차 산업혁명과 연관된 다양한 공공 및 민간기관들과의 협력적 거버넌스 체계를 구축할 필요가 있다.

데이터의 문화적 활용체계 구축

제4차 산업혁명 시대에는 인공지능, 사물인터넷, 빅데이터의 융합을 통해 데이터화(datafication)가 빠르게 진전되고 있으며, 이러한 데이터를 어떻게 창조적으로 활용할 것인가가 중요한 경쟁력 요소가 되고 있다. 데이터화의 재료는 인간, 예술, 문화유산 등 광범위하다. 이러한 데이터는 문화의 창작, 유통, 소비, 재활용 등 문화의 가치사슬 전반에 걸쳐서 활용될 수 있다. 예술경영 또한 빅데이터를 새로운 고객 개발 및 마케팅 활동에 활용할 수 있다. 인공지능은 이러한 빅데이터를 학습하고, 분석하고, 추론하며, 의미를 부여할 수 있는 수준으로 발전하고 있다. 그러나 현재 우리나라의 문화현장은 데이터 빈곤에 허덕이고 있으며, 데이터 기반의 예술기획 및 경영체계를 구축하지 못하고 있는 실정이다. 앞으로 제4차 산업혁명 시대의 문화정책은 이러한 데이터화와 데이터 활용체계를 구축하여 문화현장에서 창조적인 가치를 창출할 수 있는 기반을 조성할 필요가 있다. 또한 국민들의 문화적 삶에 대한 지표 조사를 오프라인과 온라인을 총체적으로 실시할 필요가 있다. 미국의 국가예술위원회(NEA)는 디지털 관객(Digital Audience) 조사를 정기적으로 실시하고 있다.

05
나가며: 문화정책의 리더십

이제 제4차 산업혁명은 먼 미래가 아니라 현재의 이슈가 되었다. 제4차 산업혁명은 불확실성을 내재한 채로 인간, 사회, 경제, 문화

전반에 걸쳐서 큰 변화를 예고하고 있다. 문화정책은 이러한 제4차 산업혁명에 대응해야 하는 수동적 존재가 아니다. 제4차 산업혁명은 문화정책의 환경 요소로서 문화정책에 영향을 주지만, 다른 한편으로 문화정책은 제4차 산업혁명에 영혼과 가치를 불어넣어 줌으로써 기술 중심이 아니라 인간 중심의 길로 나아가게 할 수 있기 때문이다. 이런 측면에서 문화정책은 기술을 인간렌즈(human lens)로 바라보는 나이스비트(John Naisbitt, 2000)의 하이테크-하이터치 접근과 같다. 예술은 인간렌즈를 통해 기술을 이해하는 것이다. 문화예술은 제4차 산업혁명이 인간의 삶에 있어서 어떤 의미를 갖고 있는지를 파악하는데 중요한 접근방법으로 활용될 수 있다. 문화정책은 제4차 산업혁명 기술들은 예술로 전환시킬 수 있다. 제4차 산업혁명 기술은 인간의 표현, 소통, 공유, 협업의 예술미디어가 될 수 있는 것이다. 나아가 문화정책은 제4차 산업혁명이 초래할 부정적 사회 문제들을 진단하고 해결하는 역할을 수행할 수 있다. 이와 같이 제4차 산업혁명 시대에 문화정책의 역할을 적극적으로 설정하는 것은 예술이 갖고 있는 창조적, 성찰적, 치유적 가치에 바탕을 두고 있다. 문화정책의 리더십이 필요한 시점이다.

제 3 편

문화와 권력

제 12 장

문화의 정치화

표광민
(서울대학교 국제문제연구소 선임연구원)

생각해 보기

- 국제정치에서 문화권 사이의 대립은 피할 수 없는가?
- 문화적 차이를 이유로 차별이 정당화될 수 있는가?
- 아시아의 전통적 가치와 보편적 민주주의는 어떤 상황에서 충돌할 수 있는가?
- 보편적 가치를 추구해 온 미국과 유럽의 많은 시민들은 왜 난민 수용을 반대하는가?

01
들어가며

문화는 더 이상 예술이나 취향, 관습과 관련된 좁은 의미의 문화적 문제만이 아닌, 정치적 문제가 되었다. 이것은 전통문화 강조 캠페인, 서구 문화의 유행 등이 대중적 기호를 사로잡았다는 등의 표피적인 현상을 가리키는 것은 아니다. 폴란드 시인 쉼보르스카(Wisława Szymborska)는 '시대의 아이들'이라는 시에서, 삶의 요소들이 모두 정치적으로 흘러가는 세태를 '모든 것이 정치적'이라고 비판적으로 평한 바 있다. 문화가 '정치화'되었다는 표현 역시 문화산업, 문화정책 등의 강조로 인해 문화적 요소들이 정치에서 중요한 의미를 부여받았다는 뜻으로 이해될 수 있다. 근대 민족주의 역시, 공통된 역사와 언어, 즉 문화를 공유한 집단이 하나의 독립된 정치공동체를 이루겠다는 정치적 열망의 표출이라는 점에서 문화의 정치적 측면에 대한 사례라 할 수 있다. 그러나 최근 나타나고 있는 문화의 정치화 현상은 이보다 심각한 상황을 가리킨다. 모든 것이 정치적이라는 표현의 상투성에도 불구하고, 정치는 전쟁, 폭력, 시민권, 참정권, 병역의무 등 인간의 삶과 죽음, 권리와 의무에 관한 결정적인 역할을 수행한다. 따라서 문화의 정치화는, 문화가 삶과 죽음, 권리와 의무의 문제까지 직접 연관되어 있음을 의미한다. 미국 컬럼비아 대학 정책학 교수 맘다니(Mahmood Mamdani)는 시장과 국가를 대신하여 문화가 정치의 핵심적 지위를 차지하였다고 말한다. 그는 마치 이데올로기 시대에 양대 진영이 각각 스스로를 정당하고 올바른 질서로, 상대방을 잘못된 악의 체제로 규정했던 것처럼, 근대적 서구 문화를 받아들인 선진사회와 전근대적 이슬람 사회 사이에 대립과 갈등이 심화되었다고 진단한다(Mamdani, 2005: 17－18). 그가 말하듯이 냉전 시대에 미국과 소련은 정치적 이해관계에 따라 이슬람 지역의 각 나라들과 관계를 맺었다. 냉전이 끝나기 전인 1983년, 훗날 아들 부시(George W. Bush) 정권에서 국방장관을 역임한 럼스펠드(Donald Rumsfeld)는 레이건(Ronald Reagan) 대통령의 특사 자격으로 후세인(Saddam Hussein) 대통령을 만난 바 있다. 이 자리에서 이라크에 대한 대규모 지원이 약속되는 등 당시의 미국은 이슬람 지역과 오늘날과는 다른 관계를 맺었던 것이 사실이다. 그러나 냉전의 종식 이후에는, 이념 대립이 아닌 문화적 갈등이 보다 선명하게 국가 간, 지역 간 갈등을 설명하는 요인이 되고 있다. 문화는 더 이상 정치의 부차적인 요소가 아니라, 정치적 관계 그 자체를 결정짓는 핵심 요인으로 부상한 것이다.

문화의 정치화 현상은 근본적으로 냉전 이후 세계정치의 갈등구조가 변화했다는 사실로부터 기인한다. 자유주의와 공산주의의 이데올로기적 대립 아래에서는 삶과 죽음이라는 정치의 핵심 문제가 이념을 중심으로 전개되었다. 이때 이념에 따른 정치는 각 나라별, 지역별 문화적 차이를 초월한 문제로 인식되었다. 냉전의 종식은 이러한 상황을 바꾸어 놓았다. 공산주의 블록이 해체되면서 세계 대부분의 국가들이 미국이 주도하는 지구적 규모의 자유시장 체제 속으로 편입되었다. 과거의 공산국가들이 체제이행을 거쳐, 정도의 차이는 있을지언정 민주주의 국가시스템을 채택함에 따라, 일견 전 세계 국가들이 보편질서를 받아들인다고 여겨지는 것이 사실이다. 그러나 냉전이 끝난 이후 인종, 종족, 종교 간 갈등이 본격적으로 분출된 것 역시 냉정한 현실이다. 이념적으로 사실상 통합된 세계에서 집단 간의 차이는 문화적 정체성의 구별을 통해 드러나게 되었고, 이 구별은 그대로 정치적 대립으로 격화되었기 때문이다. 이 시기 문화의 정치화 문제는 학문적 영역에서는 대표적으로 헌팅턴(Samuel P. Huntington)의 『문명의 충돌』 주장으로 나타났으며, 사회적 현상의 영역에서는 프랑스에서의 히잡 착용 논쟁 등을 통해 불거졌다. 하지만 문화의 정치화를 본격적으로 촉발시킨 사건은 무엇보다도 2001년의 9·11 테러라고 할 수 있다. 테러리즘(terrorism)과 이에 맞서는 테러와의 전쟁은 이슬람이라는 종교적, 문화적 정체성을 정치적 사안으로 만들었다. 이와 함께 중국의 부상 또한 문화와 정치의 관계를 고민하게 만들었다. 중국의 정치체제가 문화적 다양성을 근거로 정당화될 수 있는가의 문제 역시 문화의 정치화와 관련되어 있기 때문이다. 문명의 충돌, 테러, 중국의 부상 등이 국제정치적 차원에서 문화의 정치화 문제와 연결되어 있다면, 다문화 사회 논란, 난민 문제 등은 보다 사회적, 국내정치적 차원에서 문화의 정치화 문제를 제기한다. 세계화를 통한 활발한 인구이동이 기존의 국가체제와 충돌하면서 사회적 갈등의 원인이 되고 있다. 특히 난민 문제는 유럽에 이어 우리 사회에서도 논란을 일으키는 사안이 되고 있다. 다음에서는 국제정치적, 국내정치적 차원에서 문화의 정치화 문제를 차례로 검토해 보고자 한다.

02 국제적 차원에서의 문화의 정치화 문제

문화의 정치화는 우선 국제적인 차원에서 살펴볼 수 있다. 국제정치의 맥락 속에서 문화는 주로 문명 개념으로 논의되면서 국가 간, 지역 간 갈등을 설명하는 데 활용되고 있다. 앞서 말한대로 냉전 시기 국제적 차원의 갈등을 설명한 것은, 문화적 차이를 초월한 이데올로기였다. 그러나 냉전 기간 동안에도 이념적 대립의 기저에 자리한 문화적 갈등구조에 대한 관심이 전무했던 것은 아니다. 사이드(Edward Said)가 1978년 미・소 대립의 한 가운데에서 발표한 『오리엔탈리즘(*Orientalism*)』은 문화의 정치적 측면을 조망한 대표적 저작이다. 사이드는 이 책에서 동양을 바라보는 서양의 시선을 오리엔탈리즘이라고 명명하면서, 오리엔탈리즘이라는 사고체계가 유럽 문명과 문화를 실질적으로 형성시켰다고 주장한다. 동양과 서양이 각각 독자적인 문화권으로, 별개의 단위로 흔히 받아들여지는 것과는 달리, 서양은 오리엔탈리즘을 통해 "동양을 정치적・사회적・군사적・이데올로기적・과학적・상상적으로 관리하거나 심지어 동양을 생산"했다는 것이 사이드의 주장이다(사이드, 2007: 15−18). 사이드의 오리엔탈리즘 개념이 동서양의 문화적, 문명적 구별 담론 기저에 깔려 있는 사상적 위계체제를 고발했다고 한다면, 냉전 해체 이후 헌팅턴에 의해 제기된 '문명충돌론(clash of civilizations)'은 보다 직접적인 국제정치의 현실에서 문화의 정치화를 비판적으로 검토했다. 헌팅턴은 동구 몰락 직후인 1993년, 미국의 민간 씽크탱크(think tank)인 외교평의회(Council on Foreign Relations)가 발간하는, 국제 문제 분야에 권위를 가진 『포린 어페어스(*Foreign Affairs*)』에 "The Clash of Civilizations?(문명의 충돌?)"이라는 논문을 게재했고, 이 논문을 보강해 1996년 『문명의 충돌, 그리고 세계질서의 재편』이란 책을 발표했다. 그는 "탈냉전 시대에 사상 최초로 세계정치는 다극화, 다문명화되었다"라고 전제한 뒤, "탈냉전 세계에서 사람과 사람을 가르는 가장 중요한 기준은 이념이나 정치, 경제가 아니다. 바로 문화다"라고 주장했다(헌팅턴, 2006: 19－20). 냉전 이후 본격화된 보스니아 유고 내전 등 여러 지역의 인종, 종족 갈등은 헌팅턴의 주장에 힘을 실어주며 문화의 정치화가 초래한 폭력적 현상의 사례들로 인식되었다.

보다 직접적으로 문화의 정치화를 초래한 사건은 물론 9·11 테러였다. 2001년 9월 11일 이슬람 급진주의 세력에 의해 미국에서 발생한 테러공격으로 인해 이슬람 문화의 적대성, 서구 문화와의 근원적 양립 불가능성 등이 강조되었다. 이는 이슬람이라는 문화적 정체성이 군사적 적대와 직접 연결되는 정치적 현상으로 이어졌다. 테러리즘이라는 정치적 현상이 이슬람이라는 문화적 정체성과 동일시되면서 국제적 차원에서의 문화의 정치화 현상은 정점에 이르게 되었다. 우간다 출신으로 컬럼비아 대학, 프린스턴 대학에서 강의하며 미국 사회를 경험한 맘다니(Mahmood Mamdani)는 냉전 이후의 시대를 규정하는 개념이 바로 문화의 정치화라고 주장한다. 그에 따르면, 냉전 시대의 주요 담론은 빈부 격차, 민주주의, 독재 등 사회경제적, 정치적인 사안으로 국가별 맥락에서 제기되었다. 이에 비해 냉전 이후의 세계를 규정하는 것은 문화적 담론이며 이는 베를린 장벽의 붕괴와 9·11 테러의 파급 효과가 보여주는 것처럼 초국가적 차원에서 일어나고 있다는 것이다. 그는 냉전 이후 문화를 정치적으로 이해하는 담론의 핵심을 문화 본질주의로 설명한다. 이는 각각의 문화가 특정한 본질(essence)을 지니고 있으며, 이 본질로부터 각 문화에 따른 정치가 파생된다는 환원주의적 입장을 가리킨다. 이러한 인식 체계 안에서, 정치화된 문화담론은 테러리즘의 행태를 이슬람 문화와 직접 연관시킨다. 테러의 원인에 대한 분석에서 민주주의, 자본주의 등과 같은 정치, 경제적인 요소들은 부가적인 측면으로 치부된 반면, 이슬람 문화의 전근대적 측면이 근본 요인으로 강조되었다. 맘다니는 이슬람 세계의 사람들을 '착한 무슬림', '나쁜 무슬림'으로 가르는 이분법이 힘을 얻고 있으며 이는 서구 문화를 근대성(modernity)의 모범으로 설정하는 태도에서 비롯되었다고 비판한다. 이슬람은 한편으로 근대화 도상에서 뒤처진 전근대적 상태의 착한 무슬림 세계로 인식되거나, 다른 한편으로 근대성을 적대적으로 반대하는 나쁜 무슬림의 모습으로 표상된다는 것이다. 이러한 이분법 속에서 나쁜 무슬림이라는 이미지가 의미하는 것은 단지 이슬람이 아니며, 보편적인 근대성을 거부하는 종족주의자, 근본주의자, 나찌(Nazis)의 후예까지를 포함한다(Mamdani, 2005: 17-19).

테러리즘으로 인해 촉발된 문화의 정치화가 한편에서 진행되었다고 한다면, 다른 한편에서는 중국의 부상으로 인해 서구와 중국 사이에 문화의 정치화가 격화되었다. 중국을 둘러싼 문화의 정치화 문제는 이슬람 세계의 경우와 같이 테러리즘 및 테러와의 전쟁 등 직접적인 무력충돌로 이어지지는 않고 있으나 세계 패권질서의 재편이라는 보다 구조적인 측면과 연관되어 있다. 아시아 국가들의 문화에 대한 관심은 1970~1980년대 일본과 한국, 싱가포르, 대만, 홍콩 등 이른바 신흥공업국들의 비약적인 경제성장으로부터 이미 촉발된 바 있다. 서구가 수세기에 걸쳐 이룩한 경제발전을 이들 아시아 국가들은 제2차 세계대전 이후의 몇십 년만에 달성했기 때문이다. 이를 설명하는 요인으로 아시아라는 지역의 문화적 요인이 주목을 끌게 되었다. 물론 광범위한 지리적 넓이와 종교적, 문화적 다양성을 지닌 아시아를 하나의 문화권으로 묶을 수는 없다. 일본과 신흥공업국들의 경제성장을 설명하기 위해 동원된 '아시아'란 사실 중화문명, 유교문명에 속해 있던 동북아 국가들을 의미한다. 유교전통의 효, 예, 공동체 의식, 가족주의 등이 이들 지역의 경제성장을 이끈 문화적 자산으로 찬사를 받았다. 보다 근본적으로 서구의 근대화에 있어 근본적 역할을 수행한 개인주의, 합리주의, 법치주의와는 다른 공동체 원리, 즉 유교 사상과 관습 역시 경제발전을 이룩할 수 있다는 점 역시 강조되었다(Jung, 2003: 138-139). 아시아적 가치에 대한 논의는 정치적 논쟁으로도 확장되었는데, 이를 대표하는 것이 리콴유(李光耀) 싱가포르 전 총리와 김대중 당시 아태재단 이사장 사이의 지상(紙上) 논쟁이다. 『포린 어페어스(*Foreign Affairs*)』는 1994년 3/4월호에서 "문화는 운명이다(Culture is destiny)"라는 제목으로 리콴유 총리와의 인터뷰를 게재했다. 리콴유 총리는 이 인터뷰에서 문화가 아시아 신흥공업국의 경제성장을 이끈 요인이라고 주장했다. 그는 "배움과 지식에 대한 존중, 근검절약과 미래를 위한 현재의 소비 절제" 등이 아니었다면 싱가포르를 비롯한 아시아 나라들의 빠른 경제발전이 불가능했으리라고 단언했다(Zakaria 2008, 117). 이에 대한 김대중 전 대통령의 반박문이 같은 매체인 『포린 어페어스』의 1994년 11/12월호에 실리게 된다. 그는 문화의 특수성을 강조하는 리콴유 총리의 주장이 서구식 민주주의와 인권 개념이 아시아에 적합하지 않다는 것, 따라서 아시아의 권위주의 정권이 정당하다는 주장을 담고 있음을 간파한다. 김대중 전 대통령은 민주주의는 보편적 형태로 아시아의 전통 문화 속에서도 존재했다는 주장을 펼치며, "문화가 반드시 우리의 운명일 필요는 없다. 민주주의가 우리의 운명이다(Culture is not necessarily our destiny. Democracy is)"라고 글을 맺었다(Kim, 1994: 194). 이후의 아시아 문화 가치에 대한 논쟁은 국제정치적 상황과 더욱 긴밀히 연관되어 전개된다. 1997년 동아시아 금융위기로 인해 관료체제와 온정주의 등 긍정적으로 평가받던 유교적 요인들이 오히려 아시아 문화의 문제점으로 비판받게 되었다. 그러나 강대국으로 부상한 중국이 서구식 자유주의, 민주주의에 대해 독자적인 고유의 유교문화를 내세움에 따라, 아시아 문화의 정치적 가치는 재조명받게 되었다. 이러한 국제정치적 배경 속에서 중국사회과학원 철학연구소의 자오팅양(趙汀陽) 연구원은 서구식 자유민주주의에 대한 대안으로 중국 고유의 정치질서인 천하체계를 제시했다. 그는 '천자', '민심', '도' 등 유교의 전통적 개념들이 오늘날에도 여전히 가치를 지니며, 개인주의를 극복하는 공동체의 대안적 원리로 기능할 수 있다고 주장한다(Zhao, 2006; 자오팅양, 2010).

03
다문화 사회의 정치적 권리 문제

물론 문화의 정치화는 국제정치의 영역을 넘어 국가 내부, 즉 한 국가의 사회적 영역에까지 걸쳐 있는 사안이다. 한 사회에서 외부 문화의 국내 침투와 이의 수용 및 반발에 관한 논의는 '다문화 사회'라는 개념을 중심으로 진행 중이다. 다문화 사회 담론이 과거의 문화교류, 문화전파와 다른 점은, 그 전면성에 있다. 과거의 문화교류가 교역, 왕래의 활성화를 통한 부분적 문화접근에 국한되었다면, 급속한 세계화가 가져온 다문화 사회는 노동, 결혼 등으로 인한 외국인들의 이주, 즉 다수 외부인들의 장기적 체류로 인한 전면적 문화접촉으로 가능해졌다. 다문화 사회는 한편으로 이러한 새로운 사회 구성원을 받아들이는 방법을 의미하면서, 동시에 이를 정치적으로는 배제하는 방법으로 작동할 위험성을 안고 있다. 다문화 사회라는 개념은 말 그대로, 한 국가의 틀 속에 다양한 문화가 공존할 수 있다는 주장을 담고 있다. 이는 정치적 문제(국가/시민권/정치적 권리)와 문화적 생활양식을 분리함으로써 외부인 및 외부 문화의 수용을 관철시키려는 전략이다. 즉, 정치적 권리에 관한 논쟁을 최소화하면서 문화적 현상으로 외부인의 수용을 규정하는 것이다. 새로 유입된 계층에 대해 투표권, 군대 징집, 납세 범위 등에 관한 정치적 문제는 심각한 사회논란을 불러일으키는 만큼, 이들 신규 유입 외국인에 대한 담론을 문화적 영역에 묶어두게 되는 것이다. 다른 문화권의 사람들을 배척하지 않고 포용하자는 다문화 사회의 주장은 그들이 어떠한 정치적 권리를 가질 수 있는가에 대한 논의를 배제하는 방식으로 작동할 우려를 안고 있다.

따라서 국내정치에서 문화의 정치화는 문화에 따른 정치적 권리의 부여와 제한 등의 문제와 직접 연관된다. 미국의 정치철학자 브라운(Wendy Brown)은 다문화주의 속에 드러난 문화의 정치화 현상을 비판한다. 그녀에게 문화의 정치화 문제는, '관용'이라는 보다 큰 문제의 일부로 이해된다. 브라운은 『관용: 다문화제국의 새로운 통치전략』에서 관용이 "불평등, 배제, 갈등을 탈정치화하고 있다"고 비판한다(브라운, 2010: 9). 이때 탈정치화란, "불평등 · 종속 · 주변화 · 사회갈등 같이 정치적인 분석과 해결책을 필요로 하는 문제들을, 한편으로는 개인적인 문제로, 다른 한편으로는 자연적 · 종교적 · 문화적인 문제로 이해하려는 시도를 말한다"(브라운, 2010: 39). 즉, 정치적 과정 속에서 제도적으로 논의되고 해결되어야 할 문제들이 논리적이 아닌, 정서적인 차원의 개인적 포용의 문제로 인식되는 것이, 바로 오늘날 정치갈등의 탈정치화 문제라는 분석이다. 앞서 살펴본 사이드(Edward Side)의 주장과 같이 이슬람과 서구의 갈등은 그 기원에 있어서 역사적, 정치적 배경이 강하게 영향을 미쳤음에도 불구하고, 관용담론은 양자 사이의 차이를 태생적이고 본질적, 문화적인 것으로 이해하면서, 정치적 갈등을 정치적 문제가 아닌 '자연적' 문제로 받아들이게끔 유인한다는 것이다. 문화는 오늘날 모든 갈등의 배후에서 그러한 갈등을 초래한 근본원인으로 파악된다. 이를 통해 문화의 정치화는 갈등상황을 타개할 정치적 해결책을 모색하는 노력 대신에 다른 문화에 대한 이해만을 강조한다. 브라운은 이러한 흐름이 정치적 문제의 정치화를 거부하면서 정치적 문제의 문화화를 요구한다면서, 앞서 살펴본 맘다니의 논의를 인용해 이를 '정치의 문화화(culturalization of politics)'라고 부른다(브라운, 2010: 46-48). 이러한 갈등의 문화화 속에서 서구 문화에게는 다른 문화를 이해하고 포용할 수 있다는, 보다 상위의 지위가 주어지게 된다. 서구 문화는 다른 문화를 이해한다는 관용을 내세움으로써, 스스로에게 특권적 지위를 부여하는 것이다. 즉, 서구 사회에서 이슬람과 중국 등에 대한 문화적 이해를 요구하는 주장은, "우리 문명은 민주주의이지만, 그들의 문명은 문화이다"라는 비대칭 구도를 기저에 깔고 있다. 서구 문화는 자신의 자유주의를 중립적이고 보편적인 문화로 내세우면서, 타자의 문화는 특수한 개별문화로서, 다른 문화와 가치들을 배제하려는 배타적인 속성을 지녔다고 규정짓는 것이다(브라운, 2010: 245-247).

다문화 사회에서 문화적 요소가 정치적 사안이 되었음을 보여주는 대표적인 사례는 프랑스의 히잡 논쟁이다. 히잡 착용 문제는, 프랑스의 과거 제국주의 정책과 이슬람 이민자들의 정체성 등이 얽혀 있는 복합적 문제임에도 불구하고 흔히 문화적인, 즉 정치와는 분리된 문제로 다뤄지고 있다. 프랑스에서 히잡 논쟁이 본격적으로 제기된 것은 1989년으로, 파리 북쪽 근교의 작은 도시 크헤이(Creil)의 한 중학교에서 세 명의 여학생들이 히잡 착용을 고수하다 퇴학처분을 받으면서부터였다. 학교 측이 내세운 것은 프랑스 공공기관에서 종교적 상징물의 착용이 불가능하다는 원칙이었다. 이는 종교적 속박으로부터 벗어나 인간의 자유를 추구한 프랑스 혁명의 세속성, 라이시떼(laïcité)라는 원칙에 의거하고 있다. 크레이의 세 명의 중학생은 학부모와 학교 측의 상호 양보로 다시 학교에 다닐 수 있게 되었으나, 히잡 착용은 이 사건 이후 타 문화 인정, 이슬람에 대한 인종차별 등의 문제와 연관되며 지속적으로 논란을 불러 일으켰다. 2004년에는 프랑스 공립학교와 행정기관에서 종교적 상징물을 공공연하게 착용하는 행위를 금지하는 법률이 의회에서 통과되었다. 현재에도 여전히 적용 중인 이 법으로 인해 히잡, 차도르 등 이슬람 여성들의 전통복장은 매학기 시작마다 논란이 되고 있다. 미국의 페미니스트 역사학자 스콧(Joan W. Scott)은 프랑스 히잡 논쟁에 내재한 정치적 맥락을 분석한다. 그에 따르면, 히잡을 금지하는 프랑스의 라이시떼(laïcité)는 이슬람이라는 타자를 강조함으로써 프랑스 공화주의의 우월성을 확인하려 한다는 것이다. 문화가 프랑스와 무슬림의 차이라고 말하지만, 문화는 오히려 특정한 현실을 창출하기를 원하는 정치적 담론으로부터 파생된 결과물이라고 할 수 있다. 히잡 논쟁에서 정치담론은 무슬림 학생들에게 히잡 착용을 금지함으로써 프랑스 공화주의가 원하는 현실을 강요하고 있다고 스콧은 비판한다. 프랑스 사회로의 통합을 위해서는 그들의 문화를 포기해야만 한다고 압력을 가하고 있다는 것이다(Scott, 2007: 7-8). 공립학교에서는 종교적 상징물의 착용이 불가하다는 프랑스 정부의 입장은 히잡 착용을 문화적 사안으로 규정함으로써 히잡과 관련된 정치적 논쟁을 방기하는, '문화를 통한 정치적 사안의 탈정치화'를 따르고 있다.

물론 현재 정치화된 문화의 문제를 가장 잘 보여주는 사안은 바로 난민 문제이다. 시리아 내전, 예멘 내전 등 이슬람 지역 국가들의 정치적 불안정으로 인해 발생한 대량 난민이 유럽으로 유입되었고, 여러 사회적 논란이 발생하면서 난민 문제가 본격적으로 제기되었다. 중동지역의 정치불안이 장기화됨에 따라 난민들의 유입은 유럽 이외의 지역으로까지 확산되었고, 제주도에 500여 명의 예멘 난민들이 입국함에 따라 난민 문제는 우리에게도 직접 관련된 이슈가 되었다. 이슬람 세계로부터의 대량 난민 문제를 우선적으로, 논쟁적으로 경험한 유럽, 특히 독일에서도 다문화 사회라는 개념이 논란의 중심에 서 있었다. 전범국가였던 과거를 반성하는 독일은 흔히 일본과 대조적인 국제적 모범사례로 여겨지곤 했다. 나치(Nazi) 정권의 과오를 되풀이하지 않기 위해 제2차 세계대전 이후의 독일은 반인종주의, 반국가주의를 사회의 기본 원칙으로 강조해 왔다. 그러나 독일 정부가 난민들을 수용하며 기존의 다문화 정책을 강화하자, 일부 시민들은 '독일의 이슬람화'에 반대한다며 시위를 벌인 바 있다. 반이슬람 운동을 이끈 것은 드레스덴을 본거지로 한 "서방국가의 이슬람화에 반대하는 애국적 유럽인들(Patriotische Europäer gegen die Islamisierung des Abendlandes)"이라는 이름의 단체로, 흔히 페기다(Pegida)라는 약칭으로 불리우고 있다. 2010년 겨울부터 시작된 이른바 '아랍의 봄'은 중동 지역 일대에 정치적 격변을 가져왔고, 이 와중에 시리아는 내전의 소용돌이에 휩싸이게 되었다. 전쟁을 피해 탈출한 시리아인들은 유럽으로 넘어왔고, 이들 중 많은 수는 경제적, 사회적으로 안정된 독일에서의 생활을 원했다. 독일 정부는 2013년부터 이들 시리아 난민들을 정책적으로 대폭 수용하기 시작했다. 그러나 페기다를 중심으로 한 시민들은 독일 정부가 일반 국민들의 의사와 상관없이 다문화 정책을 펼치려 한다며 비판하고 있다. 여기에는 왜 외부인들을 위해 독일이라는 공동체가 자신의 문화를 포기하고 다문화 사회로 전환해야 하냐는 물음이 깔려 있다. 난민 수용 반대시위에 참가한 시민들을 대상으로 한 여론조사 결과는, 이들의 불만이 독일 정부가 다문화 정책으로 외부인들을 중요시 여기면서 정작 독일 시민들은 존중하지 않는다는 소외감 때문이란 것을 보여준다. 여론조사 응답자의 절반 이상(53.5%)은 난민 수용을 확대한 정부 엘리트층에 대한 실망이 시위 참여의 직접적 계기가 되었다고 밝히고 있다(Vorländer et al., 2015: 53-63; 2016: 64-68). 난민 수용, 다문화 정책에 대한 반대 시위는 2015년을 정점으로 잦아들었으나 난민 반대 정서는 독일 사회에 일상화되고 있다. 이를 증명하듯, 2017년 총선에서는 인종주의적 색채를 지닌 것으로 의심받는 극우보수정당 AfD(Alternative für Deutschland, 독일을 위한 대안)가 제3당의 지위를 차지함으로써 충격을 준 바 있다.

04
세계화 속에서 충돌하는 가치체계

문화의 정치화를 초래된 것은, 근본적으로 여러 문화들 각각에 내재한 가치체계가 서로 다르기 때문이다. 물론 다양한 문화권이 서로의 가치체계를 존중한다면 문화는 정치적 갈등보다는 화합과 포용을 위해 작동할 수 있다. 그러나 문화의 정치화 현상이 국제적 갈등을 불러일으키는 것은 각각의 문화가 스스로를 보편규범으로 제시하고 있기 때문이다. 오늘날 서구의 문화는 자유, 평등, 민주주의 등과 같이 세계적으로 보편규범으로 인정받는 가치들과 사실상 분리되지 않는다. 이런 상황에서 서구의 문화를 받아들이는 것은 세계의 보편적 기준을 따르는 것과 동일시된다. 미국의 정치철학자 바버(Benjamin R. Barber)는 이러한 관점에서 미국 중심의 자본주의적 서구문화와 이슬람 근본주의의 충돌이 일어나고 있음을 1995년에 이미 간파한 바 있다. 그리고 양자 사이의 대립을 "지하드 vs 맥월드"라고 개념화한다. 패스트푸드 프랜차이즈 맥도널드와 월드의 합성어인 맥월드는 미국 주도의 자본주의 질서로 통합된 세계를 가리킨다. 바버는 "모든 사람들이 MTV, 매킨토시, 맥도날드 같은 빠른 음악, 빠른 컴퓨터, 빠른 음식에 길들여져 있다. 전 세계가 하나의 거대한 테마공원으로 재편되어 통신, 정보, 오락, 상업 활동을 통해" 긴밀히 연결되어 있음을 지적한다. 맥월드의 반대편에서는 이슬람 성전(聖戰)인 지하드(jihad)가 진행 중이다. 바버는 지하드라는 개념을 통해 이슬람 세력의 직접적인 무력투쟁만이 아니라, 근본주의적 지향성을 통틀어 비판하고 있다. 그에 따르면, 이슬람 근본주의는 "지하드의 미명 하에 모든 종류의 상호 의존, 사회협력 및 상호관계를 적대시하고 기술, 대중문화 및 시장통합에 반기를 들고, 근대성에 근거한 미래뿐 아니라 근대성 자체를 거부한다"(바버, 2003: 36). 즉, 지하드는 "산발적인 종족주의와 반동적 근본주의"를 가리키며 맥월드는 "통합적 근대화와 공격적인 경제적·문화적 세계화"를 의미한다. 양자는 또한 문화적 근본주의와 문화적 획일주의라는 말로도 표현할 수 있다(바버, 2003: 11). 이들은 보편화된 세계와 개별화된 국가를 지향함으로써 상호 충돌하지만, 문화적 다양성을 인정하지 않고 타 문화를 적대시한다는 점에서는 동일하다고 할 수 있다.

문화의 정치화 문제는 결국 서구가 스스로 내세운 자신들 문화의 보편성과 타문화의 특수성이라는 대립구도로부터 비롯된 것이라고 할 수 있다. 계몽주의로부터 발원한 서구의 이성중심주의, 합리주의는 원칙적으로 문화를 초월한 인권 등 보편적 가치의 존중을 내세워 왔다. 그러나 오늘날 서구 사회조차도 보편성을 위해 타 문화를 포용하기 보다는, 배타적인 독자성을 강조하는 방향으로 나아가고 있다. 이러한 흐름이 정치적으로 나타난 대표적인 사례가 바로 브렉시트(Brexit)와 트럼프(Donald Trump) 후보의 미국 대통령 당선이다. 브렉시트를 추동한 가장 큰 원인은 페기다(Pegida)와 마찬가지로 다문화 사회를 향한 세계화 기조에 대한 반감으로 파악된다. 2016년 6월 23일 영국은 국민투표를 통해 유럽연합 탈퇴를 결정했다. 국민투표에 대한 통계적 분석 결과, 유럽연합 탈퇴에 찬성한 이들은 주로 낮은 교육수준, 저소득층, 고연령층의 시민들이었던 것으로 나타났다(Becker et al., 2017; Colantone & Stanig, 2016). 이들은 세계화로 인한 경제적, 사회적 변화에 상대적으로 취약한 계층이라고 할 수 있다. 세계화의 파고는 이들 취약계층에게 외래문화의 유입이라는 형태로 다가왔으며, 자신들의 사회, 경제적 지위가 불안정해지는 만큼, 영국 국민으로서의 정체성을 재확립하려는 정치적 열망은 강렬해질 수밖에 없었다. 2016년 11월 8일, 트럼프 미국 대통령의 당선 역시 배타적 자국문화을 고수하려는 정치적 흐름을 보여준다. 브렉시트에 이은 트럼프 대통령의 당선은 영미가 주도하던 자유주의적 세계 보편 질서가 그 진행을 멈추었음을 확인시켜 주었다. 트럼프 대통령의 당선은 쇠락한 공업지대인 이른바 러스트 벨트(rust-belt)의 강력한 지지로 설명되고 있다. 러스트 벨트의 시민들은 대개 세계화로 인한 경제적, 사회적 어려움을 절감하는 저숙련, 저임금 노동자 계층에 해당한다(Hochschild, 2016; Packer, 2016; Walley, 2017). 브렉시트의 경우와 마찬가지로, 이들 취약계층은 세계화와 외래문화의 유입에 반발심을 갖고 있으며, 미국 본연의 가치를 재확립한다는 보수적 입장을 취하고 있다. "미국을 다시 위대하게!(Make America Great Again!)"라는 트럼프 대통령의 선거 캠페인 구호와 이에 대한 미국인들의 호응은 보편주의를 거부하고 배타성을 강조하는 미국의 사회적, 정치적, 그리고 문화적 흐름을 상징적으로 드러내고 있다. 레이건(Ronald Reagan) 시절 백악관 홍보국장을 지냈던 부캐넌(Patrick J. Buchanan)은 1992년 공화당 전당대회에서 "빌 클린턴과 앨 고어는 역사에서 가장 친-레즈비언적이고 친-게이적인 성향을 대표한다"고 비난한 바 있다. 이른바 "문화전쟁 연설(Culture war speech)"로 알려진 이 연설에서 그는 "미국의 영혼(the soul of America)"을 위한 종교적 전쟁이 진행 중이라며 낙태, 동성애, 여군 확대 등의 사회적 변화를 싸잡아 비난한 바 있다.[1)] 보수적인 관점에서 보자면, 세계화의 시대에는 이민자와 그들의 외래 문화가 새로운 미국 영혼의 적으로 등장한 셈이다.

05
나가며: 문화의 정치화와 정치의 문화화

세계화 시대의 문화는 정치적 문제가 되었다. 앞서 살펴본 바대로 문화의 정치화는 국제정치에서 문명권 사이의 대립부터 국내 차원의 다문화 사회를 둘러싼 갈등, 궁극적으로는 보편 질서와 독자노

선 사이의 가치 충돌에 이르기까지 다양한 측면들을 내포한다. 이는 기본적으로 세계화가 진보적 가치, 외래문화의 유입, 소수자들에 대한 권리부여 등의 어려운 문제들을 동시에 제기하기 때문이다. 이 과정에서 정치화된 문화는, 앞에서 살펴본 바대로 정치적으로 다루어져야 할 자유, 평등, 시민권 등과 관련된 사안들을 문화의 영역에서 다양성이라는 명목으로 사실상 방기하는 문제적 현상을 초래한다. 정치에 대해서는 다양한 정의가 있을 수 있으나, 민주주의 사회에서 정치란 대체로, 상호 갈등과 이해관계의 합리적 조정이라는 의미로 이해되고 있다. 문화라는 확정적 규정은 문제파악과 대책 마련 과정에서 정치 본연의 합리적 의사결정구조를 어렵게 만들 위험이 있다. 문화의 독자성만을 강조할 때, 대화와 소통을 통한 정치적 해결책의 도출이 어려워지기 때문이다. 각각의 문화가 고유한 특성을 가지고 있음을 인정함에도 불구하고 인권, 자유, 평등, 민주주의 등 보편적 가치가 도외시되어서는 안 되는 이유이다.

제 13 장

문화 거버넌스

박광국(가톨릭대학교)

생각해 보기

- ‘문화’라는 용어를 어떻게 이해할 것인가?
- 문화 거버넌스의 효용성은 무엇인가?
- 문화 거버넌스는 선진국에서 실제 어떻게 활용되고 있는가?
- 우리나라 문화 거버넌스에 내재하는 문제점은 무엇인가?
- 문화 거버넌스를 활성화하는 방안으로 실현 가능한 정책대안은 무엇인가?

01
들어가며

인류 역사가 시작된 이래 수많은 성인, 철학자, 정치인, 예술가를 포함한 지식인들의 사상이나 아이디어가 문화와 예술의 힘을 빌려 표현되어 왔고, 이 중 일부는 다시 지배적인 담론으로 자리매김하면서 우리들의 일상 생활에 제도화로 뿌리내려 하나의 생활양식으로서 자리매김해 오고 있다. 2011년에 슈미트(Thomas Schmitt)는 문화 거버넌스에 대한 기념비적인 연구 보고서(working paper)에서 다양한 거버넌스 제도와 사회적 행위자들이 상호작용을 통해 어떻게 문화적 대상물(cultural objects)[1)]에 영향을 미치고 이를 생산·재생산하는가를 분석하였다. 이렇게 만들어진 문화적 대상물들은 문화소비를 통해 한 사회의 관습에 중요성을 부각하고, 표상을 통해 그 사회의 집단 정체성을 형성하는 데 중요한 역할을 담당한다. 다음에서는 '문화'라는 용어의 다양성과 문화에 대한 여러 이론적 관점을 조망하고 동시에 거버넌스 기제가 공공정책 문제 해결에 왜 강력한 대안적 기제가 될 수 있는가를 살펴보고자 한다. 이러한 규범적 주장을 뒷받침하기 위해 실제 선진국에서 문화 거버넌스가 어떻게 문화정책 결정과 집행 과정에 구현되고 있는가를 분석한다. 끝으로, 현재 우리나라 문화 거버넌스의 현 상황을 진단하고 이를 적극적으로 활성화할 수 있는 정책대안을 제시하고자 한다.

02
'문화' 용어의 다양성과 문화에 대한 이론적 관점들

슈미트에 따르면, 인문학(독일어로 Kulturwissenschaften)은 문화가 역사의 산물의 결과이기 때문에 학문 영역이든 공적 담론이던 간에 '문화' 용어의 다양성이 존재한다는 사실을 반드시 다루어야만 한다. 이를 통해 두 가지 결과를 기대할 수 있다. 한편으로, 작가는 누구나 자기가 표현하고자 하는 문화 혹은 문화적 대상물에 대해 어떤 이해를 하고 있는지를 스스로 자문해 보아야 한다. 이와 똑같은 논리가 모든 패러다임적 접근에도 해당되는데, 과학은 그 공동체의 광범위한 동의 하에 그들이 다루고자 하는 중심 용어를 단정적으로 정의할 수도 없고 정의해서도 안 된다. 단지 구체적 패러다임과의 관계 하에서만 정의가 가능할 수 있을 뿐이다. 하지만 학문 영역에서는 반드시 그들의 중심 용어를 분명하게 정의해야 하는데, 그렇지 않다면 그들 과학적 방식(scientific praxis)의 토대가 무엇이 되어야 하는지에 의문이 제기될 수 있다. 다른 한편으로는, 인문학은 반드시 그들이 공유하지 않고 있어도 사회나 특정 연구 영역에서 영향력을 행사하는 문화 개념이나 문화적 대상물들이 존재한다는 사실을 다루어야 한다. 지난 몇 년에 걸쳐 인문학과 사회과학 내 일단의 학자들에 의해 문화 용어의 다양한 의미와 문화의 계보를 추적하고 체계화하려는 일련의 노력이 이루어졌다(Ropers, 1997; Reckwitz, 2004).

먼저, 로퍼스(Norbert Ropers)는 문화를 ① 계몽한다는 의미에서의 문화, ② 창의적이고 예술적 활동의 의미로서의 문화, ③ 사회, 조직, 집단에 고유한 보편적 의미나 지향 체계로서의 문화라는 세 가지 범주로 구분한다. 레크비츠(Andreas Reckwitz)는 문화 개념들의 역사적 준거, 맥락, 경계를 추적해 문화 개념을 네 가지 범주로 체계화하고 있다. 첫째는 규범적 문화 개념으로 계몽시대에 그 뿌리를 두고 있고, 문명인의 보편적 기준을 포함하며 중산계층의 문화와 내밀히 일치한다. 둘째는 총체 지향적(totality-oriented), 맥락적 혹은 전체적 문화 개념으로 문화는 역사에서 개인 집합체의 구체적 생활양식을 의미하며 따라서 문화 개념은 다원적으로 생성된다. 셋째는 문화 개념을 기능적 분화이론에서 찾고 있는데, 파슨스(Talcott Parsons)의 사회학에서 그 기원을 두고 있다. 이런 유형의 문화 개념은 문화를 더 이상 광범위한 생활양식을 지향하지 않고 영화나 예술같은 고도로 문화적 실천 영역에 관심을 갖는다. 여기에서 문화는 세계에 대한 이지적이고 심미적인 해석을 전문적으로 담당하는 현대 사회의 분화된 하위시스템으로 간주된다. 넷째는 의미 지향적이며 상징 지향적인 문화 개념인데, 주로 20세기 동안에 사회학(Sozialwissenschaften)과 인문학(Kulturwissenschaften) 분야에서 발달되어 왔다. 이런 문화 개념은 사회과학에서 카시러(E. Cassirer)의 현상학, 비트겐슈타인(Luwig Wittgenstein)의 해석학, 소쉬르(Ferdinand de Saussure)의 구조 언어이론에 힘입은 바 크다. 이들 학문들은 오늘날까지 인문학 토론의 핵심주제가 되어 있고, 문화적 전환(the Cultural Turns)의 핵심 관점을 형성하고 있다.

문화가 갖는 이러한 다양한 의미와 관점 때문에 문화정책을 입안하고 집행할 때는 다양한 행위 주체자들이 참여하여 그들의 독특한 생각과 아이디어를 개진하고 개방적 담론을 거쳐 이들이 제도화의 수준으로 이행하도록 해 주어야 한다. 이와 관련해 슈미트(Schmitt, 2011)는 문화 거버넌스의 연구를 위한 개념적 틀을 [그림 13−1]에서와 같이 제시하고 있는데, 이것이 음미하는 바를 세심히 살펴볼 필요

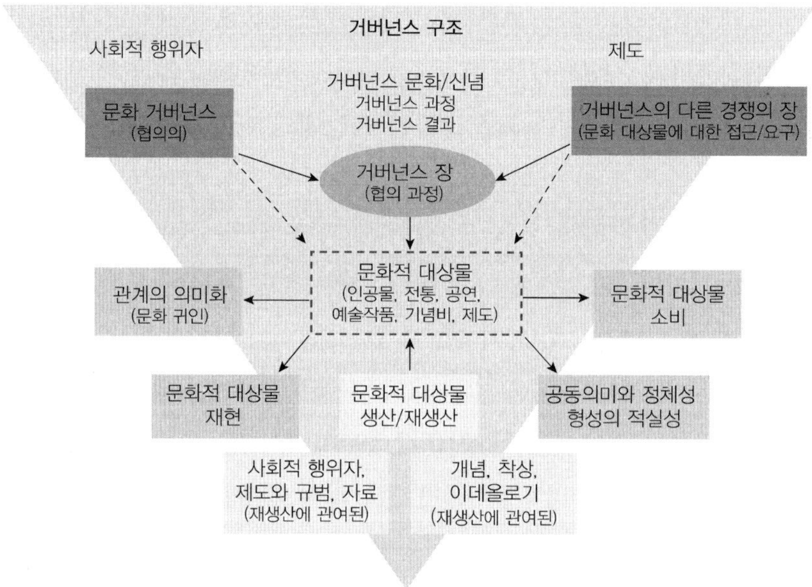

그림 13−1 문화 거버넌스 과정의 재구축을 위한 분석틀

출처: Schmitt(2011).

가 있다.

[그림 13-1]을 보면 가장 중심에 문화적 대상물들(cultural objects)이 위치하고 있고, 이에 영향을 미치는 변수와 영향을 받는 변수가 화살표로 기술되고 있다. 첫째, 이들에 직접적 영향을 미치는 변수로는 거버넌스 장(governance arenas)과 문화적 대상물들, 사회적 행위자, 제도, 규범, 자료 및 개념, 아이디어, 이념의 생산과 재생산이 있고, 간접적 영향을 미치는 변수로는 협의의 문화 거버넌스와 이를 둘러싸고 서로 경쟁하는 타 영역이 있다. 그리고 거버넌스 무대라는 변수에 영향을 미치는 두 개의 변수는 협의의 문화 거버넌스와 타 경쟁 영역이다. 둘째, 문화적 대상물들은 재현, 관습의 중요성 부각, 집합행동의 중요성 각인을 통한 정체성 형성, 그리고 문화소비에 영향을 미치는 것으로 상정되고 있다. 이렇듯이, 문화적 대상물들은 복잡한 거버넌스 게임 과정을 거쳐 국가나 사회 유지에 필요한 유·무형의 문화 서비스를 만들어 낼 뿐만 아니라 확대 재생산도 하게 된다.

이런 측면을 모두 고려할 때, 정부가 주도하여 공급자 관점에서 문화 서비스를 제공하는 것은 바람직하지 않으며, 다양한 문화 이해관계자들이 모여 수요자의 입장에서 집단지성을 수렴해 문화 프로그램을 설계하고 집행하며 평가할 때 문화 서비스 질은 획기적으로 향상될 수 있다. 이와 관련해 샐지와 베라(Salge & Vera, 2012)는 혁신활동이 수요자 관점에서 이루어지느냐, 아니면 공급자 관점에서 이루어지느냐에 따라 [그림 13-2]에서 보듯이, 공공 서비스 질 수준은 완전히 반대의 결과를 가져온다는 흥미로운 사실을 보여주고 있다.

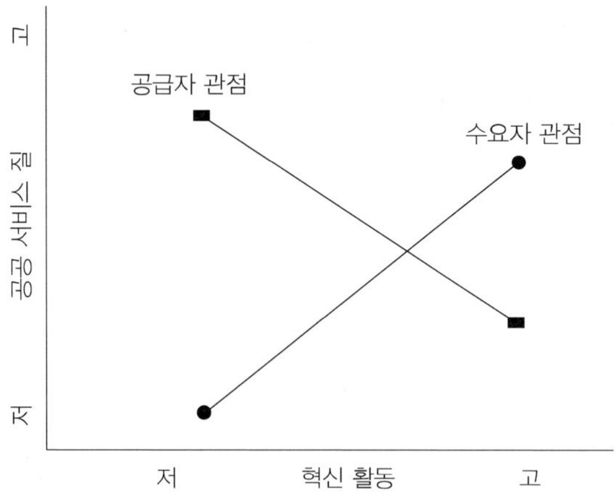

그림 13-2 공공 서비스 질에 미치는 고객 지향 조절 효과

출처: Salge & Vera(2012: 14).

03
새로운 공공 문제 해결기제로서의 거버넌스

20세기 이후 행정에서 다루어야 될 문제는 특정 행위주체 혼자서는 해결책을 찾기가 쉽지 않은 고약한 문제들(wicked problems)로 넘쳐나고 있다. 현재 우리나라가 직면하고 있고 해결되지 않으면 국가위기로까지 진행될 수 있는 저출산·초고령화, 지속적인 초저성장으로 인한 빈부 격차의 심화, 미세먼지와 기후변화를 비롯한 환경 문제, 급속한 공동체 해체로 인한 분노사회로의 이행 등 그야말로 큰 문제들(big problems)이 산적해 있다. 이것은 비단 우리나라에만 국한된 현상은 아니고 전 세계적인 행정 문제로 이슈화되고 있다. 전통적으로 공공조직을 관리하는 데 있어 계층제로 대변되는 관료제는 안정적 환경을 효율적으로 관리해 나가는 데 있어 가장 이상적인 도구로 이론없이 학자들에 의해 받아들여졌다. 조직론의 대가인 미국 미시간대학교의 페로우(Charles Perrow) 교수는 그의 기념비적인 저서인 『*Complex Organizations*』에서 베버(Max Weber)의 관료제야말로 우리 인류가 고안한 최고의 발명품이라고 극찬했다.

하지만 1980년대 이후 수많은 행정 문제가 해결되기는커녕 점점 더 악화되어 가면서 수많은 정치인, 행정가, 학자들로부터 관료제의 효용성에 대해 깊은 의문이 제기되었다. 1980년에 미국 제40대 대통령으로 당선된 레이건(Ronald Reagan)은 정부를 문제아(government as a problem-maker)로 규정했다. 세계 대공황을 극복하고 제2차 세계대전을 승리로 이끈 루스벨트(Franklin D. Roosevelt) 대통령이 정부를 문제해결사(government as a problem-solver)로 규정한지 50년도 채 되지 않아 정부에 대한 국민의 신뢰는 바닥으로 떨어졌다. 이에 힘입어 레이건 대통령은 공공부문에 신자유주의에 입각한 시장 개념을 도입하여 정부의 효율성을 획기적으로 개선시켰다. 즉, 기업을 옥죄던 수많은 경제규제가 완화되었고 국유화된 산업이 민영화의 길로 들어섰다. 영국도 사정은 마찬가지였다. 영국의 첫 여성총리로 1979년 취임한 대처(Margaret Thatcher) 수상은 관료제의 비효율을 타파하기 위해 가스, 석유, 철강, 전화, 공항 등 대부분의 정부 독점사업을 민영화시킴으로써 빈사상태에 빠진 영국 경제를 기사회생시키는 데 성공했다. 이러한 신공공관리(New Public Management)는 공공 서비스의 질을 높이기 위해 관리의 자율성과 책임성을 강조하였다(김근세,

2016: 13). 기업경영방식이 공공부문으로 많이 도입되었는데 구체적으로 보면, 단순한 예산획득이 아닌 재무관리, 민간부문 제공자들과의 서비스 경쟁, 연봉제에 기초한 조직 구성원에 대한 성과계약, 위험을 무릅쓰는 기업가 정신(entrepreneurship)의 함양, 결과에 대한 책임성 강화가 주된 특징들이다.

하지만 1990년대에 들어와 지나치게 효율성과 서비스 중심의 행정제도에 대해 많은 비판이 대두되었다. 그 배경에는 부처들 간의 경계의 벽을 뛰어넘는 고약한 문제(wicked problems), 큰 문제(big problems)들이 등장하고, 서비스 품질 개선보다도 국민의 삶의 질 개선에 더 많은 초점이 주어졌다. 또 안정적 환경에서 기능했던 분업을 통한 부서화와 전문화는 지엽적 문제를 해결하는 데는 도움이 되었지만, 이러한 까다로운 큰 문제를 해결하는 데 있어 수많은 문제를 노정시켰다. 그리고 신공공관리 이론은 지나치게 결과변수만 강조하다 보니 상대적으로 민주성에서 중시하는 절차, 즉 과정적 측면에 소홀하게 되었다. 공공정책을 그 속성상 정책결정 단계에서 수많은 이해관계자들의 선호를 반영해야 하는 데 이를 간과하다 보니 정책 집행단계에서 엄청난 갈등에 봉착하여 정책이 실패로 돌아가는 경우가 많았다. 계층제와 시장 중심 이론의 한계에 대한 반성으로 등장한 공공거버넌스(Public Governance) 이론은 공공정책의 결과에 영향을 미치는 수많은 이해관계자들 간의 상호작용에 더 높은 관심을 갖게 되었다. 그리고 공공거버넌스 이론에서는 시민을 더 이상 수동적으로 서비스를 받는 고객이 아닌, 스스로 공공 서비스 생산의 주체로 파악하여 공공정책 결정 과정에 적극적인 참여를 유도한다.

[그림 13-3]을 통해 알 수 있듯이, 삶의 질과 관련된 행정 문제

목적:	합법성	경쟁성	삶의 질
관점:	국가	공공부문	시민사회
통제기제:	계층제	시장	네트워크
논리:	법	경제	정치

그림 13-3 행정이론의 역사적 진화

출처: Bovaird & Loffler(2003: 19); 김근세(2016: 13) 재인용.

들은 대부분 다 부처에 걸쳐 있는게 특징적이며, 이를 효과적으로 해결하기 위해서는 부처 간 협력을 절대적으로 필요로 한다. 특히 제4차 산업혁명 시대에는 정보·통신기술이 비약적으로 발전하고 빅 데이터에 기반한 인공지능의 대두로 협업의 중요성이 더 강하게 대두되고 있다. 이제 계층제와 시장에서 중시되던 가치는 상대적으로 우선순위가 낮아지고 네트워크 거버넌스에서 강조하는 가치가

표 13-1 계층제, 시장, 네트워크 조직의 주요 특성 비교

특 성	시 장	계층제	네트워크
규범적 기초	계약-재산권	고용 관계	협력 관계
의사소통 수단	가격	조직의 루틴	관계
갈등 해소 수단	흥정, 법적 판단	행정명령, 감독	호혜성, 평판
신축성 정도	높음	낮음	중간
충성도 정도	낮음	높음	중간-높음
정보의 분위기	정확성, 의심	공식성, 관료성	개방성, 상호성
구성원의 선호	독립성	종속성	상호이존성

출처: 김병섭 외(2008). 『휴먼조직론』.

주목을 받게 되었다. 느슨한 관계로 특징지어지는 이해관계자들 간의 상호작용이 지속적으로 유지되려면 사회적 자본인 신뢰가 담보되어야 하며 이를 제고하기 위해서는 투명성, 정직성, 공정성, 다양성 가치가 하나의 조직문화, 나아가 사회문화로 뿌리내려야 한다.

04
공공 거버넌스 하위유형으로서의 문화 거버넌스

문화는 국민들의 삶의 질과 국가경쟁력 제고에 엄청난 영향을 미치고 있지만, 다른 정부 영역에 비해 문화 영역에서의 정부 역할이 무엇인지에 대해 아직도 잘 정립된 이론은 없다. 그만큼 정부개입에 대한 찬·반 양론이 분분하다. 그럼에도 불구하고 문화의 중요성에 대한 미국 애덤스(John Adams) 대통령의 격언은 의미심장하다. "나는 전쟁을 배웠고 그로 인해 내 자녀들은 정치를 배울 수 있었고, 내 손자들은 예술을 배울 수 있게 될 것이다"(Levy, 1997: 4). 일생을 독립운동에 투신한 우리나라 김구 선생이 원한 것도 무력이나 경제력이 아닌 문화의 힘이었다.

만일 이런 중요한 문화의 생산과 재생산이 전통적 관료제인 계층제에만 의존한다면 이러한 논란을 불식시키기는 매우 어렵다. 가장 자유주의가 발달한 미국에서는 1965년에 미국국립예술기금(National Endowment for the Arts: NEA)을 설립하기 전까지는 문화에 대한 정부의 관여는 간접적이고 간헐적이었으며 매우 좁은 범위에 한정되었다. NEA가 설립된 이후에도 문화에 대한 정부의 지원을 두고 두 가지 견해가 팽팽히 대립되었다. 정부 지원을 옹호하는 측에서는 정부 관여가 개인이나 문화담당 조직에 다양한 문화 활동을 위한 보다 많은 기회를 제공해 준다고 보았다. 반면 이를 반대하는 측에서는 예술가나 그들의 예술 활동, 나아가 문화 활동 전반에 대한 통제를 가함으로써 그들의 자유를 심각하게 침해할 것이라고 우려했다. 실제로 NEA의 많은 정책들이 정치적 색채를 광범위하게 띠게 되었고, 심지어 보수주의자와 종교 단체들은 NEA가 "오줌 속의 예수(Piss Christ)"나 "로버트 메이플소프: 완전한 순간(Robert Mapplethorpe: The Perfect Moment)" 같은 논란 많은 작품에 공적 자금을 지원하는 것에 대해 신랄하게 비판했다. 더욱이 미국에서는 눈두덩이처럼 불어나는 재정적자를 방지하기 위해 1985년에 「균형예산 및 긴급 적자통제법」을 통과시키면서 NEA 예산이 1996년에 40%까지 삭감되었고, 의회는 NEA의 단계적 폐지까지 고려하기 시작했다. 이러한 위기에 직면하여 주정부 차원에서 문화정책 결정과 집행 과정에 관련 이해당사자들이 참여하는 문화 거버넌스를 효과적 대안으로 모색하게 되었다. 문명재(2001)는 미국 3개 문화 지구(cultural district)에 대한 비교 연구를 통해 관료제 조직보다 문화 거버넌스가 가진 장점을 경험적 자료를 가지고 설득력있게 보여주고 있다. 첫째, 문화 거버넌스는 보다 폭넓은 정치적 지지를 확보할 수 있는 전략적 연합(strategic coalition)으로 기능하였다. 둘째, 문화 거버넌스는 기존의 시, 군 영역을 뛰어넘어 광역 거버넌스로 제도화됨으로써 비용-편익의 일치화를 통해 행정 효율성을 극대화하였다. 셋째, 문화 거버넌스는 지역에 기반한 판매세와 재산세에서 세원을 확보함으로써 안정적 재원을 확보하는 데 기여하였다. 넷째, 문화 거버넌스는 지방정부를 포함해 관련 이해 당사자들 간의 협조를 통한 파트너십을 제고하는 데 성공하였다. 마지막으로, 다양한 이해 당사자들의 수요를 반영함으로써 문화 서비스의 질이 향상되었다.

1980년대에 들어와 문화 거버넌스는 미국뿐만 아니라 유럽에서도 큰 주목을 받게 되었다. 일반적인 공공정책과는 달리 문화정책은 문화와 예술에 대한 지원 주체가 매우 다양하여 중앙정부, 지방정부, 민간재단, 상업적 스폰서십, 개인의 기부 등을 망라하고 있다. 이들 다양한 행위자들 간의 상이한 이해관계를 여하히 잘 조정하여 문화정책에 반영하느냐에 따라 문화정책의 효과성이 크게 달라질 수 있다. 여기서는 영국과 프랑스의 문화 거버넌스 차이가 무엇이고, 이들이 실제 어떻게 기능하고 있는가를 구체적으로 살펴보고자 한다.

영국의 문화 거버넌스

영국은 팔길이 원칙(Arm's Length Principle)에 입각하여 정부의 직접적인 개입보다는 독립위원회와 A&B(Art & Business)가 중심이 되어 지원 역할을 수행하는 문화 거버넌스 체계를 가지고 있다. 즉, [그림 13-4]에서 보듯이, 영국의 문화매체체육부는 직접적 예술 지원 업무는 담당하지 않고 잉글랜드 예술위원회에 대해 보조금 형태의 예산 지원만 하고, 이 위원회가 네트워크 관리자로서 전 문화예술 분야에 대해 통합적 지원 역할을 수행하고 있다.

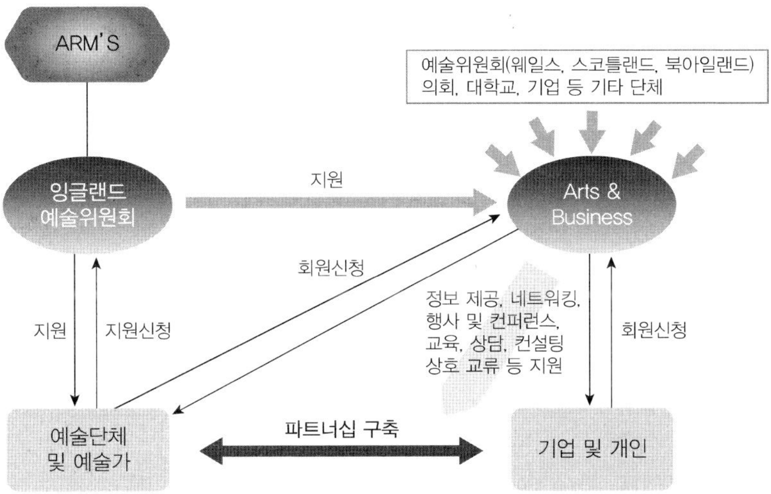

그림 13-4 영국의 문화 거버넌스 시스템

출처: 한승준 외(2012).

[그림 13-4]에서 보듯이, 민간 비영리기관으로서 A&B는 또 다른 네트워크 관리자의 한 축을 이루면서 기업 및 개인과의 협력체계를 가능하게 하는 역할을 수행하고 있다. 영국 문화 거버넌스 체계의 특징을 살펴보면 다음과 같다. 첫째, 문화매체체육부와 잉글랜드 예술위원회와의 관계는 전통적인 계층제의 수직적 명령, 통제, 감독의 관계가 아니라 집행된 내용에 대한 보고 성격을 띠고 있다. 둘째, 잉글랜드 예술위원회와 예술단체 및 예술가와의 관계도 그림상으로는 수직적 관계로 나타나고 있지만 이들 간의 관계는 성과에 대한 관리감독적 성격을 갖기보다는 자율적인 창작 활동을 지원해 주는 측면이 강하다. 셋째, A&B도 1,200개 이상의 예술단체 및 예술가, 그리고 500여 개 정도의 기업회원들과 긴밀한 연계하에 문화 관련 각

종 정보 제공, 네트워크 구축, 행사 및 컨퍼런스 개최, 교육 및 상담, 컨설팅 등 문화 플랫폼으로서의 기능을 수행하고 있다. 끝으로, 예술위원회와 A&B의 역할은 분명히 구분되어 있는데, 직접적인 기금 지원 및 관리는 예술위원회가 하고 민간과 예술가 간의 전략적 파트너십 구축 지원은 A&B가 수행하고 있다. 그러면서도 다른 한편으로 예산 지원과 정책 전반에 있어 두 기관은 밀접한 유기적 연계성을 가지고 있다.

프랑스의 문화 거버넌스

프랑스에서 공공 서비스는 국가가 주도한다는 원칙 하에 문화예술 지원도 중앙정부 차원에서 이루어지고 있다. 문화통신부가 문화

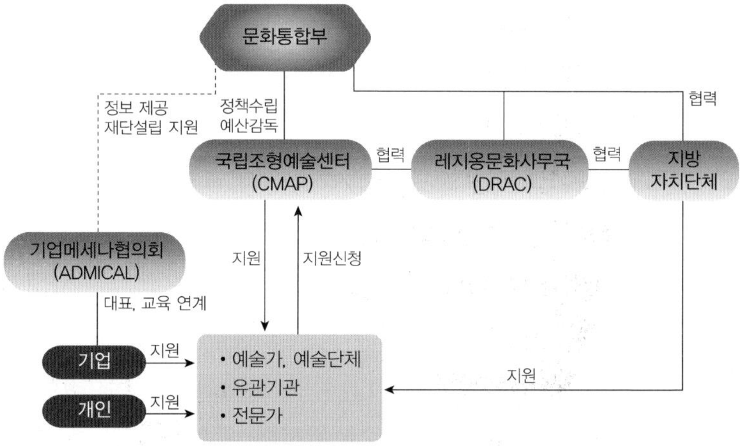

그림 13-5 프랑스의 문화예술 지원 거버넌스 시스템(조형예술 분야)

출처: 한승준 외(2012).

예술 전반을 총괄하고 있으며, 조형예술, 음악, 무용, 연극 등 문화지원 조직이 분화되어 있는 특징을 가지고 있다(한승준 외, 2012: 278). 프랑스 문화예술 지원체계에 관계하고 있는 주요 행위자를 보면 [그림 13-5]와 같다.

[그림 13-5]에서 보듯이, 중앙부처(문화통신부), 지방자치단체(레지옹, 데빠르망, 꼬뮌), 특별지방행정기관(문화통신부 산하의 레지옹 문화사무국), 메세나 단체(상공업메세나협의회)가 주요한 사회적 행위자이다. 조형예술 분야의 경우, 국립조형예술센터가 관련 예술단체 및 예술가들에게 기금, 정보, 자문 서비스를 제공해 주고 있다. 문화통신부 산하에는 이 분야를 포함해 국립서적센터, 국립영화센터 등 다수의 책임운영기관들이 있는데 이들이 영역별로 중요한 문화 서비스 지원을 책임지고 수행한다. 그리고 문화통신부와 외부 지원 주체들 간의 관계는 1982년 지방분권화 이후에 수직적 관계에서 수평적 관계로 변모하고 있다. 중앙부처가 프랑스 전역을 관장할 수 없기에 특별행정기관인 레지옹 문화사무국(DRAC)을 두고 이 기관이 문화통신부를 대신하여 지방자치단체에 대한 재정 지원, 기술적 자문과 프로그램 평가 기능을 수행하고 있다. 또 다른 주요 행위자인 기업메세나협의회(ADMICAL)는 문화통신부 내 전담부서와 긴밀한 협력 관계를 구축하고 있는데 이를 통해 메세나의 발전, 중앙부처 간 활동의 조정, 평가, 관련 정보제공, 재단 설립 촉진 등의 기능을 수행함으로써 이 기관을 간접적으로 지원해 주고 있다.

영국과 프랑스의 문화 거버넌스 사례를 통해 살펴보았듯이, 이들 국가의 문화행정 체계는 전통적 관료제인 계층제를 탈피하여 실질적인 거버넌스 체계가 작동할 수 있는 여건을 만드는 데 성공하였다.

이러한 효과적인 문화 거버넌스 체계가 구축됨으로써 국민의, 국민에 의한, 국민을 위한 양질의 문화행정 서비스가 이루어질 수 있는 기반이 마련되었다. 이러한 측면에서 우리나라 문화 거버넌스 체계의 현재 모습을 진단하고, 이를 더욱 공고화할 수 있는 정책적 대안은 무엇인지에 대해 다음에서 논의하고자 한다.

05
우리나라 문화 거버넌스 실태와 활성화 방안

문화 거버넌스 개념의 역사적 발전

박광무(2013)는 우리나라 문화행정에 있어서 거버넌스 개념이 어떻게 태동되고 발전되어 왔는가에 대해 역사적 관점에서 고찰하고 있다. 첫째, 노태우 정부부터 미미하지만 문화 거버넌스 개념이 싹트기 시작했다고 진단하는데, 그 근거로 기업문화운동과 문화가족운동을 통해 기업과 시민단체가 처음으로 문화의 중요성에 대한 인식을 가지게 되었다는 것이다. 그럼에도 불구하고 문화정책의 주체는 정부 중심의 구조를 크게 탈피하지 못했으며 정부, 기업, 시민사회의 협력적 구도는 출범하지 못했다.

둘째, 김영삼 정부에서도 거버넌스 개념은 맹아기에 머물러 있었지만 다행히도 UN 창설 50주년을 맞아 잠실 주경기장에서 '세계를 빛낸 한국 음악인 대향연' 페스티벌을 계기로 메세나 활동을 통한 기업의 문화참여가 본격화되기 시작했다.

셋째, 김대중 정부는 문화예산 1% 달성 시대를 열었을 뿐만 아니라 문화 거버넌스 개념 도입에 본격적 시동을 걸었다. '지방문화의 해' 사업 실시나 지방문화원진흥에 관한 법률 개정 등을 통해 국가와 지방자치단체 간의 종속적 관계에서 탈피해 수평적 관계로 나아가는 교두보를 마련하는 데 성공했다.

넷째, 참여정부에서 문화 거버넌스는 본격적인 도약을 맞기 시작했다. 처음으로 문화시민단체들이 문화 정책결정 과정에 공식적으로 참여하는 제도적 기관으로서의 위상을 갖게 되었다. 2005년 3월에 지방조직으로 광역시 · 도에 16곳의 지회와 전국 234개 시 · 군 · 구에 222곳의 지방문화원을 회원으로 두는 전국문화원연합회가 자율성을 부여받고 각 지역의 향토고유문화를 보존, 육성하는 데 크게 기여하였다. 이후 문화의 집, 지역문화시민단체가 전국문화원연합회로부터 이러한 역할을 이관받아 활동을 강화하였다. 문화산업부문에서의 거버넌스 시스템도 구축되어 문화 영역과 기술발전 영역을 접목하기 위한 활동이 활발히 이루어졌다.

다섯째, 이명박 정부는 '실용적 역할 분담론'을 통해 문화, 체육, 관광 분야 중 민간경쟁력이 있는 부분은 과감하게 민간으로 이양하였다. 지방자치단체 차원에서 문화 공간 확충과 운영 서비스 확대를 위해 지역대표 도서관 지정 및 설립과 공공 도서관 건립 지원에 많은 노력을 기울였다. 그리고 중앙부처 차원에서도 문화체육관광부는 문화부문 정책사업들과 관련된 타 부처들과의 MOU 체결을 통해 각 부처 정책에 문화적 가치가 반영되는 데 초점을 맞추었다.

끝으로, 박근혜 정부에서는 2013년 대통령 소속 문화융성위원회가 발족되었고, 예술인, 기획가, 학자, 문화기관 운영자 등이 위원으로 참여함으로써 명실상부한 거버넌스 시스템이 확립되었다. 박근혜 정부에서는 문화 관련 각종 정책 포럼, 토론회를 통해 문화재정, 정신문화, 지역문화, 문화도시, 국제교류문화 등 문화정책 전반에 걸쳐 정부, 시장, 시민사회의 참여 하에 집단지성을 도출하기 위한 다방면의 활동이 이루어졌다.

우리나라 문화 거버넌스의 실태 분석

우리나라 문화 거버넌스 시스템이 선진국과 비교했을 때 어떠한 차이가 있는가를 한승준 외(2012) 연구를 가지고 살펴보고자 한다. 우리나라 문화예술 지원체계의 주요 행위자는 문화체육관광부, 한국문화예술위원회, 한국메세나협의회, 지방자치단체 등이 있으며 [그림 13-6]과 같이, 영국과 외형적으로는 유사한 구조를 가지고 있다.

[그림 13-6]을 보면, 문화체육관광부의 직접적인 지원 대신 문화예술위원회와 메세나협의회가 문화예술 지원 전반에 걸쳐 실질적인 네트워크 관리자의 역할을 수행하고 있다. 영국이나 프랑스 문화 거버넌스 체계와의 차이점은 바로 문화예술위원회가 중앙부처인 문화체육관광부로부터 직접적인 예산이나 보조금을 받지 않고 문화예술진흥기금을 통한 지원을 받는 데서 찾아볼 수 있다. 그리고 문화예술진흥법에 의한 설립, 운영은 민간단체 보조금관리에 관한 규정에 의하여 이루어지고 있기 때문에, 문화예술위원회는 문화 거버넌

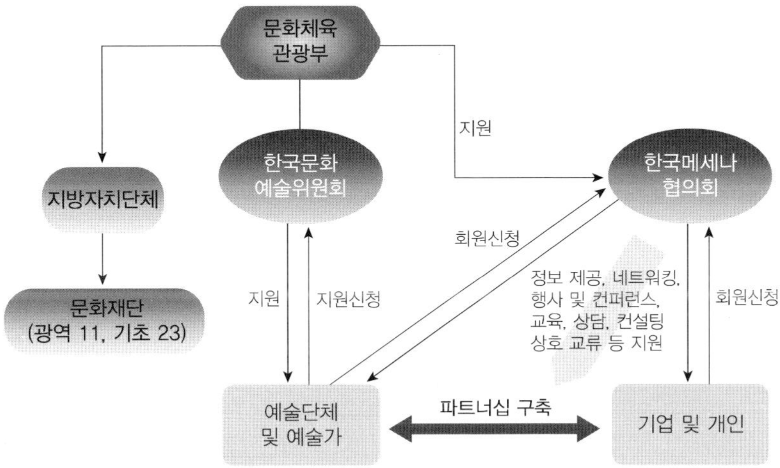

그림 13-6 우리나라 문화 거버넌스 시스템

출처: 한승준 외(2012).

스에 있어 내부 관리자가 아니라 외부 관리자의 성격을 띠고 있다. 한편 메세나협의회는 민간기업들이 주도해서 설립되었기 때문에, 정부의 직접적인 통제에서 상대적으로 많은 자율성을 가지고 기업과 문화예술단체 간 중개역할을 수행하고 있다. 그런데 문화예술위원회와 메세나협의회는 영국과 달리 지원체계 간 정책적 연계성이 상대적으로 약한 이원적 체계로 운영되고 있다. 재정적 측면에서, 문화예술위원회의 재원인 문화예술진흥기금은 문화체육관광부의 예산 안에서 편성되고 메세나협의회도 문화체육관광부로부터 직접적인 보조금 지원을 받고 있기 때문에 중앙정부의 통제에서 자유롭지 못하다는 비판도 받고 있다. 문화예술위원회와 지방자치단체 간 또는 지역문화재단 간에 이루어지고 있는 협업은 주로 무대공연 작품제작과 지역 문예진흥 지원사업에 초점이 맞추어지며 문화예술위원회와 지방자치단체 간 매칭펀드에 의하여 수행되고 있다. 하지만 지방자치단체와 지역문화재단의 문화정책 전반에 대한 전문성이 부족하여 지역주도의 예술사업, 지역특화 문화산업을 문화 거버넌스적 관점에서 수립하고 집행하는 데 많은 한계점을 노정하고 있다.

김호균 외(2013)의 연구에서도 우리나라 문화 거버넌스의 문제점을 여러 가지 측면에서 지적하고 있다. 첫째, 지역실정을 고려하지 않는 일괄적 사업이 수요자 관점을 고려하지 않고 공급자 관점에서 무분별하게 추진되고 있다. 둘째, 시의회나 지방자치단체 공무원의 문화역량이 잦은 순환보직, 전문 교육 기회 미흡 등으로 인해 중앙부처로 인해 상대적으로 낮은 것으로 나타나고 있다. 거버넌스 시스템은 참여자들 간 전문성 수준에서 많은 차이가 날 때 원래의 역할을 기대하기가 매우 어렵다. 셋째, 예총, 민예총 등 기존 문화예술 단체들의 기득권 고수로 인해 새로운 문화사업의 추진에 많은 어려움을 겪고 있다. 특히 지방자치단체 차원에서 예술가 지원에서 생활예술을 강조하는 방향으로 정책 선회를 하려고 해도 기득권 집단의 반발로 무산되는 경우가 종종 나타나고 있다. 끝으로, 지역차원에서 문화정책은 복지, 환경, 교육 등 타 영역과 밀접하게 관련되어 있음에도 불구하고 정책 영역 간 협력과 정보 공유 부족으로 시너지 효과를 내지 못하고 있다.

| 문화 거버넌스 활성화 방안

문재인 정부에 들어와 지방분권이 가속화됨에 따라 양질의 문화 서비스를 제공하기 위해 정부와 국민 간, 중앙과 지방정부 간, 지방자치단체와 문화 관련 이해관계자들 간의 적절한 역할 분담이 초미의 관심사가 되고 있다. [그림 13-7]에서 보듯이, 국민의 성숙도가 높아짐에 따라 행위 주체 간 관계도 명령과 지시에서 설득으로, 다시 참여로, 그리고 최종적으로 위임단계로까지 이행하지 않으면 안 된다. 그렇지 않으면, 국민의 폭발적으로 증가하는 문화 서비스 수요를 충족하기는 불가능하며, 이는 다시 국민에 대한 정부불신으로 이어지는 악순환의 고리에 빠지게 된다. 이런 점에서 이제 문화 거버넌스의 도입은 정부차원에서는 선택이 아니라 필수임을 인식해야

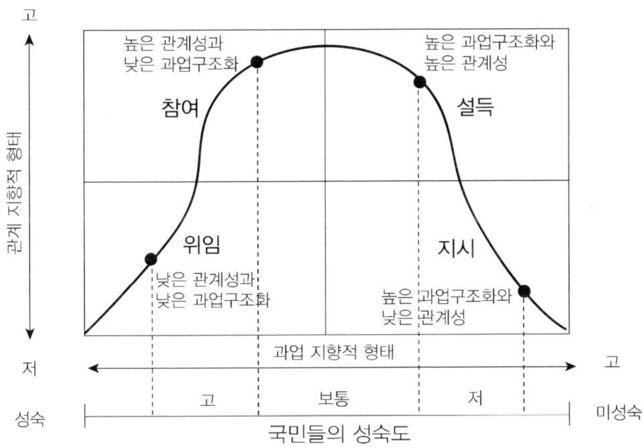

그림 13-7 국민들의 성숙도에 따른 행정 패러다임의 변화

출처: Hersey & Blanchard(1982).

한다.

한국문화관광연구원(2012)이 펴낸 『지역문화 진흥정책 수립방안 연구』에 보면 첫째, 정부 간 문화 거버넌스 활성화를 위해 중앙 · 지방 · 민간부문 간의 유기적 협력을 위한 정책 시스템의 통일이 필요하다. 현재 원활한 소통 시스템의 부재 가운데 분산, 단절적으로 운영되고 있는 지역문화재단, 지방문화원, 문예회관, 문화교육센터 등이 상호 유기적 관계를 갖고 협업할 수 있도록 문화예술위원회가 플랫폼의 역할을 수행할 필요가 있다. 이를 위해 프랑스처럼 문화예술위원회 산하 지역협력관(중부권/영남권/호남권)이 지방자치단체 및 지역 문화 관련 단체들과 상호 협력하는 거버넌스 시스템을 구축해야 한다. 둘째, 지역문화 증진을 실질적으로 조장하기 위해서는 포괄보조금 사업이 원래의 목적을 달성할 수 있도록 지방자치단체에 많은 자율성을 보장해 주어야 한다. 다시 말해, 현재 중앙정부에 의한 사전승인 제도를 폐지하고 사후 프로그램 평가를 강화하는 방향으로 정책방향을 수정해야 한다. 민간기업은 after-the-fact에 입각한 사후 평가를 선호하는 데 비해, 정부는 before-the-fact에 지나치게 집중함으로써 많은 행정 비효율성이 발생하고 있다는 지적을 유념할 필요가 있다(Moore, 1995). 셋째, 중앙정부인 문화체육관광부는 문화 거버넌스가 잘 작동할 수 있도록 지역 특성을 고려한 문화 DB 구축, 문화 컨설팅 지원 등 기본 인프라를 구축하는 데 치중해야 한다. 동시에 창의적 문화 아이디어가 지속적 담론을 통해 제도화될 수 있도록 거버넌스 과정과 결과에서 장애 요인이 없는지 끊임없이 모니터링하고, 이를 시정할 수 있는 환류 메커니즘을 정교하게 설계하는 데 문화체육관광부의 미션을 두어야 한다. 끝으로, 국내 차원의 문화 거버넌스는 글로벌 차원의 문화 거버넌스와 잘 연동될 때 더 큰 시너지 효과를 발휘할 수 있다. 다시 말해, 중앙부처인 문화체육관광부는 글로컬 거버넌스의 중심 허브로서 플랫폼 역할을 수행해야 한다.

06
나가며

제4차 산업혁명 시대는 개인의 창의성을 중시하고 사람들 간 협업을 통해 집단지성을 발휘할 것을 요구하고 있다. 더욱이 최근에 환경오염 문제가 전 지구적 문제로 부상함에 따라 국가경쟁력을 확보하기 위해서는 친환경산업으로 국가발전의 목표를 수정하지 않으면 안 되게 되었다. 이런 모든 조건을 충족하는 영역이 문화부문이다. 왜냐하면 문화는 유·무형의 편익을 개인이나 국가에 가져다 주기 때문에, 모든 선진국에서도 문화융성에 국운을 걸고 있다고 해도 과언이 아니다. 그렇다면 이를 달성할 수 있는 가장 효과적 수단은 슈미트(Thomas Schmitt)가 지적했듯이 문화 거버넌스를 구축하는 일이다. 하지만 거버넌스 구축에는 많은 까다로운 제약조건이 있다. 네트워크에 참여하는 행위자들 간에 고도의 전문성, 윤리성, 신뢰, 수평적 관계가 전제되어야 한다. 하지만 우리나라의 사회문화, 조직문화는 호프스테더(Geert Hofstede)가 지적했듯이, 집단문화, 수직적 관계 문화, 위험회피 문화로 특징지워지고 있어 거버넌스 체계와는 잘 부합하지 않는 측면을 가지고 있다. 실제 영국이나 프랑스의 문화 거버넌스 체계와는 달리 우리나라 문화 거버넌스 체계는 잘 작동하지 않고 있는데, 주된 이유는 중앙부처인 문화체육관광부에 모든 행위 주체들이 너무 많이 의존하고 있기 때문이다.[2)] 앞으로 문화 거버넌스 이론에서 논한 이상적 거버넌스가 구현되려면 중앙부처와 지방자치단체, 문화 관련 단체, 시민단체들이 각자의 역할 분담을 명료히 하고, 그에 걸맞는 역량을 배양하도록 부단히 노력해야 한다. 이렇게 될 때만이 국민들에게 양질의 문화 서비스가 제공될 수 있고 동시에 국가경쟁력도 한 단계 더 업그레이드될 수 있을 것이다.

제 14 장

문화재정

한승준(서울여자대학교)

생각해 보기

- 국가의 문화부문 재정 지원은 필요한 것인가?
- 우리나라의 경우 문화 지원의 유형은 어디에 속하며, 향후 어떤 모델을 지향해야 하는가?
- 지방분권의 강화가 지방자치단체의 문화재정에 미치는 영향은?
- 문화예술기금 고갈의 원인과 대안은?

01
들어가며

문화재원이란 일반적으로 문화예술기관의 티켓 판매 등의 자체 수입과 공공과 민간의 지원금을 포괄하는 의미로 사용되며, '문화재정(cultural budget)'이란 문화 영역에 소요되는 국가재원으로 "일정한 기간 동안 한 국가가 문화 영역에 지출할 목적으로 수립한 수입과 지출의 예정된 계획"으로 정의된다. 문화재정은 국가의 문화사업 수준과 정부의 역할, 규모를 나타내기도 하지만 공공 문화사업의 총체적 성과를 평가하는 기준이 되기도 하는 중요한 지표이다(정보람, 2016). 문화재정의 경우 그동안 과연 국가가 문화예술에 대한 재정 지원을 할 필요가 있는 것인지에 대한 논쟁과 재정 지원의 적정 수준은 어디까지인가에 대한 논의가 이루어져 왔다.

보몰과 보웬(Baumol & Bowen, 1984)은 공연예술부문은 여타 부문과 달리 기술의 진보로 인한 생산성이 증가가 쉽지 않다는 '비용질환(cost disease)'의 설명을 통해 공연예술기관에 대한 공적 지원의 필요성을 강조했다. 즉, 노동집약적인 예술의 본질적 성격에 기인한 문화예술기관의 적자를 사회적 차원에서 보전하지 않으면 질 높은 예술이 유지되지 못하고 대중의 예술감상 기회는 제한되기 때문에 국가의 재정 지원이 요구된다는 것이다. 김정수(2017)는 문화예술에 대한 재정 지원은 그 상징적, 사회적 가치가 중요하다고 지적하고 있다. 국가 예산과 기금이 문화예술부문에 투입된다는 것은 국가와 사회가 문화예술의 가치를 인정한다는 것이며, 지원의 규모는 사회적 관심의 정도를 의미한다. 경제적 측면에서도 문화예술은 관광객과 고급인력을 특정 국가나 도시로 유치하여 관광산업과 고부가가치산업에 긍정적인 영향을 주기도 한다.

반면 문화예술에 대한 공적 지원을 반대하는 주장도 존재한다. 국민의 세금을 소수 문화예술종사자들에게만 이전하는 것이 적절하지 않으며, 정부가 문화예술부문을 지원한다 할지라도 민간부문에 비해 비효율적이며, 경제적 효과도 불확실하다는 주장이다. 따라서 국가별로 문화에 대한 재정 지원의 규모와 방식은 동일하지 않다. 멀케이(Mulcahy, 1998)는 문화 분야에 대한 공공지출 분석을 통해 국가 역할과 국가문화 헤게모니에 따라 문화재정 유형을 네 가지로 구분하였다(<표 14-1> 참조).

표 14-1 문화재정에 따른 국가별 문화 지원 유형

		국가 역할	
		높음	낮음
국가 문화 헤게모니	높음	프랑스 • 설계자(designer) 국가 • 국가보조금	독일 • 후원(benefactor) 국가 • 지방 보조금
	낮음	노르웨이 • 관리자(manager) 국가 • 복지혜택	캐나다 • 촉진자(enabler) 국가 • 교부금(grants)

출처: Mulcahy(1998: 252).

예를 들어, 프랑스는 문화정책을 강력한 문화적 미션을 가진 설계자 국가로서, 국가적 차원에서 문화정책을 강력하게 추진하는 유형이다.

슐츠와 로즈(Schulz & Rose, 1998)는 오스트리아의 고전음악 교향악단 보조금에 대한 연구에서 소득 변수로 대표되는 지역의 경제적 부가 늘어나거나 지방정부의 부채가 커질수록 교향악단에 대한 정부지출이 줄어든다고 분석하였다. 게츠너(Getzner, 2004)는 오스트리아 주정부들의 문화지출 분석을 통해서 중앙정부 차원의 경우 선거 주기나 정권 교체가 정부의 문화지출에 별다른 영향을 주지 않는 것으로 분석하였다. 반면 지방정부 수준에서는 일부의 경우 선거가 문화지출에 영향을 주었고, 보수정당 출신이 당선되었을 경우 문화예산 지출에 보다 적극적인 것으로 나타났다. 루이스와 루쉬톤(Lewis & Rushton: 2007)은 미국 주정부 문화예술 예산 분석을 통해서 경제적 수준과 정부의 재정력이 높을수록 문화예술에 대한 예산지출 비중이 높은 것으로 파악하였다.

우리나라는 문화기본법 제정을 통해 국민의 기본권으로서의 문화권을 인정하고 있으며, 중앙정부와 지방자치단체 차원에서 문화에 대한 재정 지원이 커지고 있다. 이는 공익의 수호자로서 정부가 국민의 문화적 행복 증진과 문화예술 수요 창출을 위해서 문화예술부문에 대한 재정 지원을 하는 것에 대한 당위성을 인정한다는 것을 의미한다. 한 국가의 문화재정을 이해하기 위해서는 중앙정부의 예산과 지방자치단체의 예산, 그리고 관련 기금의 특성과 추세를 살펴보아야 한다.

02
문화체육관광부의 재정구조

문화체육관광부의 회계구분을 살펴보면 국세 등 일반 세입으로 일반적 지출을 충당하는 일반회계, 2개의 특별회계, 6개의 기금을 운용하고 있다. 복잡한 재정구조로 인해 전체적으로 사업을 이해하기 어려우며, 재정사업의 칸막이 문제로 인한 재정의 경직성과 사업의 비효율성의 문제가 존재한다([그림 14−1] 참조).

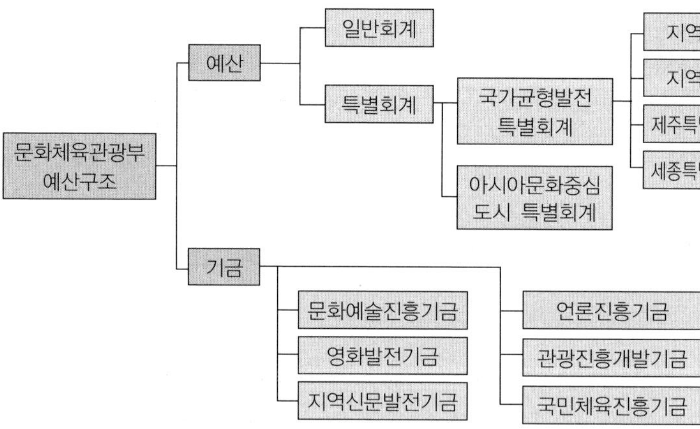

그림 14-1 문화체육관광부 재정구조

특별회계는 특정세입으로 특정사업 운영, 특정자금 운영, 기타 특정한 지출을 충당하기 위해 설치·운용되며, 국가균형발전특별회계, 아시아문화중심도시조성특별회계 등이 해당된다([그림 14−1], <표 14−2> 참조).

표 14-2 문화체육관광부 특별회계

구 분	국가균형발전특별회계	아시아문화중심도시조성특별회계
설치 년도	2005	2006
관리 주체	기획재정부 장관	문화체육관광부 장관
설치 목적	지역별 특성과 비교우위에 따른 지역의 특화 발전을 지원하고 광역경제권의 경쟁력 향상	아시아문화중심도시 조성사업에 필요한 사업비 확보 지원
2017년 지출 규모	8,214억 원	713억 원

기금은 특정한 목적을 위하여 특정한 자금을 신축적으로 운용할 필요가 있을 때 특정 목적을 달성하기 위해 법률로 설치·운용되며, 문화예술진흥기금, 영화발전기금, 지역신문발전기금, 언론진흥기금, 관광진흥개발기금, 국민체육진흥기금이 해당된다([그림 14-1] 참조).

03
중앙정부 문화재정의 추세와 특성

문화재정은 그 범위를 어떻게 정의하느냐에 따라 규모가 크게 달라진다. 먼저, 문화 주무부처인 문화체육관광부의 예산 및 기금을 국가 문화재정으로 보는 방식은 통계 파악 및 장기 시계열 추적이 용이하다. 다음으로, 문화체육관광부 예산에 문화재청, 방송통신위원회 등 관련 부처의 문화 관련 예산을 포함시켜 문화재정을 정의하는 방식은 통계 집계가 다소 복잡하지만 보다 정확한 현황 파악이 가능하다. 마지막으로, 문화재정의 범위를 각 지방자치단체에 산재되어 있는 문화재정까지 포함하는 방식은 통계 집계가 매우 복잡하다. 예산은 정부가 일반 업무수행을 위해 조세 수입으로 마련한 재원으로 일반회계와 특별회계로 분류된다. 우리나라에서 문화예산을 별도로 편성하기 시작한 것은 1977년 문화공보부에 국가 예산의 0.2%가 배정되면서부터이다. 2018년 문화·체육·관광 분야 재정 규모는 6조 4,606억 원으로 정부총지출(428조 8천억 원) 대비 1.51% 수준이며, 최근 12년간(2007~2018년) 연평균 증가율이 정부 총지출 증가율(5.5%)보다 빠른 7.7%의 증가세를 나타내고 있다. 총지출 대비 문화재정 규

(단위: 조 원, %)

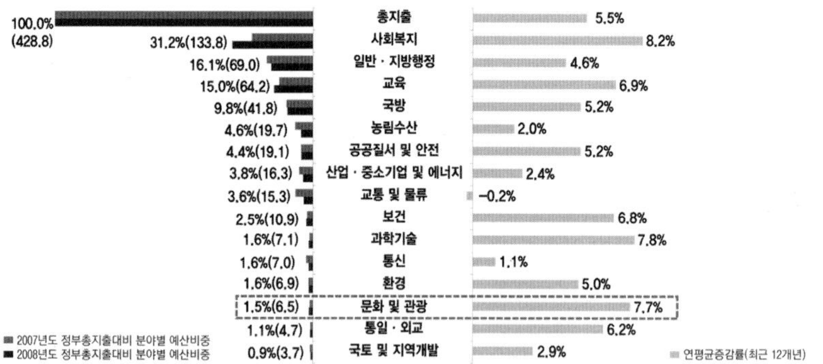

출처: 재정정보공개시스템(http://www.openfiscaldata.go.kr/).

주: 1) 본예산 기준, 총지출, 그래프는 2018년 분야별 재원배분 기준 내림차순 정렬로 작성.

2) 분야별 구성비 및 최근 12개년 연평균 증감률은 원자료 단위(천 원)를 기준으로 작성.

그림 14-2 2018년 중앙정부 분야별 재원배분 비중 및 연평균 증감률

모(1.51%)는 국가재정 16개 분야 중 국토 및 지역개발(0.9%), 통일·외교(1.1%) 다음으로 소규모 재정이다([그림 14-2] 참조).

우리나라는 OECD 국가들과 비교 시 문화에 대한 투자가 여전히 상대적으로 낮은 편이다. 국제기준인 COFOG(Classification of the Functions of Government) 분류로 비교해 보면 한국은 정부기능 분류에서 문화 및 종교(Recreation, culture and religion) 분야가 OECD 평균 2.7%보다 낮은 2.28%로 낮은 수준이다([그림 14-3] 참조).

(단위: %)

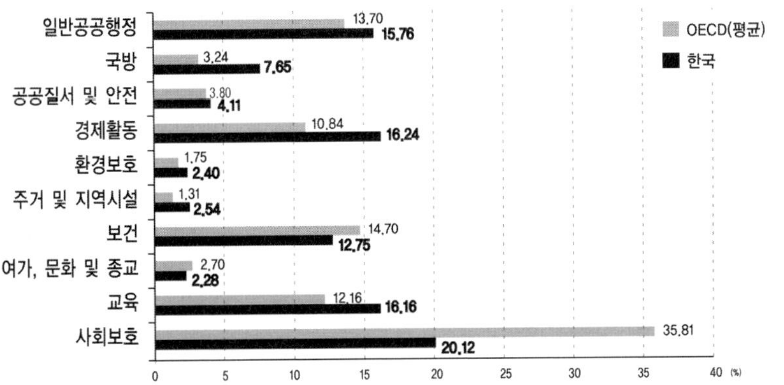

출처: OECD Stat.

주: 1) 2015년 일반정부 기준, OECD 회원국 30개국 자료로 구성.

2) 자국통화 기준 구성비, 국가별 가장 최근 데이터 활용.

그림 14-3 OECD 정부 총지출 대비 분야별 지출 구성비(2015년 기준)

기금을 합할 경우 2012년부터 2016년까지 문화체육관광부의 재정은 연평균 10.25% 증가하였다. 국민소득 증가에 따른 여가수요 팽창에 따라 지역문화 균등발전 및 사회문화 서비스 확대 등 재정수요가 지속적으로 증가하고 있어, 정부예산 대비 문화체육관광부 재정 점유율도 점차 커지고 있다. 정부재정에서 문화체육관광부 재정 점유율은 2012년 1.14%에서 2016년 1.42%로 커졌다. 전체 지출 규모에서 기금이 차지하는 비중이 점차 높아져 2016년의 경우 전체 지출에서 예산과 기금이 차지하는 비중이 동일하며, 기금의 연평균 증가율이 13.78%로 예산의 연평균 증가율 7.25%보다 매우 높다. 부문별로는 2016년의 경우 문화예술부문이 41%, 관광부문이 26%, 체육부문이 28%로, 문화예술부문이 가장 큰 비중을 차지하고 있다. 연평균 증가율은 체육부문의 증가율이 15.54%로 가장 높게 나타났다(<표 14-3> 참조).

문화체육관광부의 예산은 정권별로, 연도별로 편성 기조의 특징

표 14-3 문화체육관광부 부문별 재정추이

(단위: 억 원, %)

구 분	2012년	2013년	2014년	2015년	2016년	연평균 증가율
합계(지출 규모)	37,194	41,723	44,224	49,959	54,948	10.25
예산	20,933	22,876	23,208	25,546	27,698	7.25
기금	16,261	18,847	21,016	24,413	27,250	13.78
문화체육관광부 소관	37,194	41,723	44,224	49,959	54,948	10.25
문화예술부문*	16,226	17,461	18,782	19,932	22,561	8.59
관광부문	9,829	10,964	12,316	13,719	14,111	9.46
체육부문	8,634	10,744	10,463	13,541	15,386	15.54
문화 및 관광 일반부문	2,506	2,554	2,663	2,768	2,890	3.63

※ 문화관광 분야에서 문화재청 및 방송위원회 제외, 내부거래 및 보전지출 제외.
* 문화예술부문은 문화정책, 예술, 문화산업, 미디어, 종무, 홍보, 국립문화예술기관을 포함함.
출처: 문화체육관광부(2017). 『2016 문화예술정책백서』.

이 있다. 예를 들어, 2012년부터 2017년까지 문화체육관광 분야의 재정투자는 정부 총지출 증가율을 상회하는 수준으로 지속 증가되었다가 평창동계올림픽 지원 종료와 성과미흡사업 구조조정 등으로 2018년 예산은 6.5조 원으로 전년대비 6.28% 감소하였다. 새롭게 출범한 문재인 정부는 공정하고 균형있는 문화, 국민의 삶을 바꾸는 문화, 혁신성장을 이끄는 문화 등 3대 목표 및 과제를 중심으로 사람 중심의 문화적 가치 확산과 국민들의 삶의 질이 높아질 수 있도록 하기 위한 사업을 중점적으로 추진하고 있다. 이에 따라 2018년 문화체육관광부 재정 편성은 '문화 · 체육 · 관광 향유 확대 및 문화소외계층 지원', '예술인의 창작권 보장', '지역 문화 균형발전 및 생활문화 진흥', '제4차 산업혁명에 대응한 콘텐츠 · 관광 · 체육 산업생태계 조성'의 4대 편성 기조를 지닌다. 주요 편성 특징으로는 2017년 대비 지출 규모를 축소하였으며, 전 분야에 걸쳐 문재인 정부의 국정과제 추진에 필수적인 사업 예산을 반영하고자 하였다.

04
지방자치단체 문화재정의 추세와 특성

중앙정부 차원에서 문화 분야에 대한 지원이 이루어지고 있는 것과는 별개로 지방자치단체 차원에서도 문화 분야에 대한 지속적인 투자가 이루어지고 있다. 이는 지방자치의 실현에 따라 문화 분야에서도 지방분권화가 지속적으로 이루어지고 있으며, 지방자치단체 차원에서도 문화가 지역주민들의 삶의 질 제고와 지역경제 활성화의 중요한 요소가 될 수 있다는 인식이 확산되고 있기 때문이다. '지방재정365(http://lofin. mois.go.kr)'에 공시된 '지방자치단체 세출예산' 자료에서 2010년에서 2018년까지의 '문화 및 관광' 예산을 살펴보면, 전체 지방자치단체 예산의 4~5% 수준을 지속적으로 유지하고 있다. 이는 2010년 이전 전체 지방자치단체 예산에서 '문화 및 관광'[1] 예산이 차지하는 비중이 5% 미만이었던 점을 감안할 때, 문화예산의 비중이 커졌다는 점에서 긍정적으로 평가된다. 다만 지방자치단체별 재정여건과 자치단체장의 문화에 대한 관심도가 상이함에 따라 지방자치단체별 문화재정의 격차가 최소 1%에서 최대 20%까지 크게 나타난다. 지방자치단체 재정 대비 문화재정의 구성을 보면 1%~5% 미만의 지방자치단체가 전체 지방자치단체가 125개로 전체 지방자치단체의 절반 이상을 차지하고 있으며, 1% 미만에 속하는 지방자치단체도 8개가 있다. 반면, 10% 이상의 지방자치단체가 15개가 있어 지방자치단체별 문화재정 격차가 큰 편임을 알 수 있다(<표 14-4>

표 14-4 지방자치단체 재정 대비 문화재정 구성비

구 분	구성비	합계	광역시 · 도	시	군	구
합계	100%	243	17	75	82	69
1% 미만	3%	8	0	0	0	8
1~5% 미만	51%	125	9	40	18	58
5~10% 미만	40%	95	7	29	56	3
10~15% 미만	5%	13	0	6	7	0
15~20% 미만	1%	2	1	0	1	0

출처: 2018년 문화 분야 국가재정운용계획 회의 자료.

참조).

문화체육관광부 사업추진방식은 첫째, 중앙정부 주도의 직접 사업으로 추진되는 경우, 둘째, 중앙정부에서 지방자치단체/민간에 보조사업으로 추진되는 경우, 셋째, 지방자치단체 자체 재원을 통해 추진되는 경우의 세 가지로 구분된다. 그 중에서 문화부문은 그 특성상 외부효과가 크기 때문에 두 번째 사업추진방식인 지방자치단체 보조를 통해 사업을 추진하는 비중이 높은 편이다. 중앙정부의 문화예산 증가는 대부분 지방자치단체의 문화예산 증가로 이어진다. 왜냐하면 국고 지원사업의 경우 보조율이 30~80% 정도이며, 나머지 예산은 지방자치단체가 매칭 펀드의 방식으로 부담해야 하기 때문이다. 지역발전특별회계는 2018년 국가균형발전특별법 개정에 따라 그 명칭이 '국가균형발전특별회계'로 변경되고, '생활기반계정'은 '지역자율계정'[2]으로, '경제발전계정'은 '지역지원계정'으로 변경되었다.

2018년 기준으로 지방자치단체 보조사업은 문화체육관광부 총예산의 26%를 차지하고 있다. 현 정부의 지방분권화 원칙에 따라 문화분야에서도 분권적 수행이 가능한 사업들은 지방자치단체가 담당하고 재원을 지방자치단체로 이양하는 조치가 이루어지고 있다. 2018년 「국가균형발전특별회계 예산안 편성 지침」에 따르면, 지방사무로 전환된 문화체육관광부의 지방자치단체 보조사업으로는 전통향교문화 전승 보존, 공공도서관 운영, 농어촌공공도서관 지원(자료 구입), 문화의 집 조성, 문화시설 운영평가 인센티브, 지방문화원 사업 활동 지원 등이 있다. 문화체육관광부의 지역자율계정 보조사업으로는 문화시설 확충 및 운영, 관광자원 개발, 체육진흥시설 지원, 지방문화산업기반 조성, 산업단지·폐산업시설 문화재생, 관광자원개발이

표 14-5 2018년 문화체육관광부 국고보조사업 규모

구 분	2018년 예산(억 원)	총지출 대비 구성비
• 문화체육관광부 총지출	52,578	
• 국고보조사업비	33,708	64%
– 지방자치단체 보조	13,701	26%
– 민간 보조	20,007	38%

출처: 2018년 문화 분야 국가재정운용계획 회의 자료.

있다. 2018년 문화체육관광부 내역사업[3]은 1건당 예산이 46억 6천만 원으로 18개 중앙행정기관 중 가장 작은 수준이다. 소액다건형 보조사업에 대한 지출 효율화 방안을 마련하고 사업 지원의 투명성을 강화할 필요가 있다.

문화 분야 국고보조사업 중 어떤 사업을 지방자치단체에 이양할 것인가의 문제는 재정분권과 긴밀하게 연관된 문제이다. 지방이양은 세부사업의 목적, 사업 내용, 사업방식 등 구체적 내용 분석으로 사업의 기획에서 집행에 이르기까지 중앙정부와 지방자치단체 중 누가 책임을 지고 수행하는 것이 바람직한지를 면밀히 따져 본 후 점진적으로 결정해야 할 것이다. 왜냐하면 문화 분야 국고보조사업을 지방자치단체에 이양하면 지방자치단체 입장에서 우선순위가 낮다고 판단되는 사업들에서 예산 규모가 축소되거나 폐지되어 지역 간 문화 격차가 확대되는 부작용이 발생할 수 있기 때문이다.

지방자치단체로 재원을 이원하기 위해서는 다음과 같은 원칙들을 고려할 수 있다. 지방정부의 경우 첫째, 광역자치단체의 경우에는 광역수준의 지원업무, 중앙–기초자치단체 간 가교역할, 실질적인 인력양성 프로그램 등을 담당하고, 예술창작 지원 영역에서 현재와

같은 소액 다건식 창작 지원 대폭 조정하여 광역차원 예술단체 지원 등의 역할을 수행해야 할 것이다. 둘째, 기초자치단체는 기초 수준의 지원업무, 지역의 수요에 부응하는 문화예술정책개발 및 추진 등의 업무를 담당한다. 셋째, 광역과 기초 차원의 지역문화 보존, 지역주민의 문화향유 지원 관련 사업, 문화역량 강화(전문인력, 시설, 재원 확충) 등의 역할을 수행한다. 넷째, 개별민간단체에 대한 지원사업은 광역 및 기초 지방자치단체 단위로 이관한다.

05
우리나라 문화예술부문 기금 유형

기금은 특정 목적을 위해 특정한 자금을 운용할 필요가 있을 때 법률에 근거해 정부출연금, 강제부담금 등에 의해 조성하는 자금을 의미한다. 현재 문화체육관광부는 문화예술진흥기금, 관광진흥개발기금, 영화발전기금, 지역신문발전기금, 언론진흥기금, 국민체육진흥기금을 운용하고 있다. 문화체육관광부의 재정에서 기금이 차지하는 비율이 상대적으로 높은 이유는 문화・체육・관광 분야 수요를 전 국민의 보편적 선호로 여기기 어렵기 때문에, 전 국민이 의무적으로 부담하는 조세수입으로 충당하는 일반회계보다 특정 목적에 의해 모금되고 지출되는 기금운용방식을 채택하기 때문이다.

문화예술진흥기금은 우리나라 전통문화예술을 계승하고 새로운

표 14-6 문화체육관광부 소관 기금 현황

구 분	문화예술 진흥기금	관광진흥 개발기금	국민체육 진흥기금	영화발전 기금	언론진흥 기금	지역신문 발전기금
근거법	문화예술 진흥법	관광진흥 개발 기금법	국민체육 진흥법	영화 및 비디오 물의 진흥에 관한 법률	신문 등의 진흥에 관한 법률	지역신문 발전지원 특별법
운용개시 년도	1973년	1973년	1989년	2007년	2010년	2005년
관리운용 주체	한국문화 예술위원회	문화부 관광 정책과	국민체육 진흥공단	영화진흥 위원회	한국언론 진흥재단	한국언론 진흥재단
자체 재원	• 뉴서울 골프장 입장료 • 아르코 예술극장 대관료	• 카지노 사업자 매출액의 10% • 출국 납부금	• 경륜 · 경정 판매금의 12% 수준 • 체육진흥투표권 판매금의 33% 수준	• 영화관 입장권 부과금 (3%)	–	–

문화를 창조하여 민족문화 창달에 이바지하는 사업이나 활동을 지원하기 위해 조성된 공공재원으로써, 1972년 8월 14일에 제정된 「문화예술진흥법」(법률 제2337호)에 근거를 두고 있다. 문화예술진흥기금은 1973년 7월부터 극장, 공연장, 고궁, 능, 박물관, 사적지, 미술관 등의 관람료에 일정비율의 기금을 부가하여 2003년까지 모금하여 왔으나, 정부의 준조세정비 방침에 따라 2001년 12월 제정된 「부담금관리기본법」에 의거 2004년 1월 1일부터 기금 모금이 중단되었다. 기금 조성재원 중 이자수입과 함께 가장 큰 비중을 차지했던 모금제도가 폐지되면서 기금의 적립금이 급격히 감소하는 추세를 나타내고 있다.

표 14-7 문화체육관광부 소관 기금의 조성(누계액) 및 운용(당년도) 실적

(단위: 억 원)

구 분		2014	2015	2016	2017	2018 (계획)
문화예술 진흥기금	조성 규모	1,547	1,110	814	546	993
	운용실적	3,602	3,350	3,909	5,321	3,481
관광진흥 개발기금	조성 규모	17,937	20,960	19,625	20,464	21,292
	운용실적	10,181	14,216	15,059	15,885	12,113
영화발전 기금	조성 규모	3,198	3,362	3,539	3,499	3,467
	운용실적	3,221	3,189	2,924	3,116	3,262
지역신문 발전기금	조성 규모	32	37	17	14	12
	운용실적	133	134	109	101	86
언론진흥 기금	조성 규모	352	181	114	48	18
	운용실적	513	358	324	265	331
국민체육 진흥기금	조성 규모	12,873	13,140	12,422	16,127	19,812
	운용실적	12,579	14,765	16,593	20,035	15,247

출처: 기획재정부, 각 연도 기금 현황.

주: 관광진흥개발기금의 2016년 이후 조성 규모(순조성액)는 재무결산기준으로 계상한 값으로 공공자금관리기금예수금을 차입금으로 보지 않음.

현재 문화체육관광부 소관 기금 운영에는 다음과 같은 몇 가지 한계가 존재한다. 첫째, 문화체육관광부 소관 6개 기금의 재원 편차가 심각하다. 1973년 설치된 문화예술진흥기금은 2001년 이후 정부 출연금이 중단되고 2004년 이후 출국납부금, 카지노사업자 납부금을 주요 수입원으로 하는 관광진흥개발기금과 스포츠토토 수익금을 주요 수입원으로 하는 국민체육진흥기금은 상대적으로 자체수입이 풍부하여 부처 내에서도 기금 편차로 인한 재정 비효율성이 존재한다. 둘째, 문화예술진흥기금의 고갈에 대한 안정적 대안을 마련되지 않았다. 2016년부터 문화예술진흥기금 적립금이 고갈되고 지출 규모를

감당하지 못하게 되자, 관광진흥개발기금과 국민체육진흥기금에서 연간 1,000억 원 정도를 이관하여 재정을 충당하고 있는 실정이다. 경륜경정 수익, 복권기금의 문화예술진흥기금 배분율은 낮은 편인 반면, 문화적 재정지출 수요는 증가하여 기금 조성 규모가 지출 규모에 크게 미치지 못하고 있다. 기금 간 재정편차는 문화재정의 효율성을 저하시키고 있으며, 문화예술위원회의 독립성 문제, 문화예술－체육－관광 장르 간 갈등을 불러일으킬 소지가 있어 시급히 해결책을 마련하여야 할 것이다. 셋째, 칸막이식 회계구조로 인해 문화, 체육, 관광 분야의 융합·연계 사업 추진이 어려운 실정이다. 탄력적 사업추진을 위해서는 기금들의 통합이나 법정 전입 등의 방안을 고려할 수 있으나, 기금관리 주체 및 이해관계자들 간의 합의가 용이하지 않다.

06
나가며: 문화재정의 적정 수준

우리나라의 문화재정은 2007년에서 2016년까지 10년 동안 연평균 9.8%로 확대되었으며, 이는 동 기간 정부 총지출의 연평균 증가율 5.6%를 상회하는 규모이다. 우리나라 문화재정의 수준을 파악하기 위해서는 외국과의 비교가 필요하다. 그러나 문화재정의 기준 및 영역은 국가별로 정의하는 바가 달라, 문화재정 규모를 측정하는 데 많은 어려움이 존재한다. 정보람(2016)은 우리나라 문화재정의 규모의 적정성을 파악하기 위해서 OECD 국가와 우리나라의 문화재정을 총지출 대비 문화재정 규모, GDP 대비 문화재정 규모 및 중앙정부에서 총지출 대비 문화지출 규모로 나누어 비교하였다.[4)]

일반정부(중앙+지방+사회기금)에서 총지출 대비 문화재정 규모는 미국이 최저 0.68%로 가장 낮게 나타났고, 아이슬란드가 6.74%로 가장 높게 나타났다. GDP 대비 문화재정 규모 역시 미국이 0.28%로 가장 낮고, 아이슬란드가 3.31%로 가장 높게 나타났다. 중앙정부에서 총지출 대비 문화지출 규모는 미국이 0.13%로 가장 낮고, 헝가리가 3.98%로 가장 높게 나타났다.

우리나라의 경우 중앙정부, 지방정부, 사회기금을 합친 일반정부의 총지출 대비 문화지출의 비율이 2014년 기준으로 OECD 국가 평균 2.64%보다 낮은 2.15%로 OECD 국가 평균의 81.4%로 분석되었다. 우리나라 일반정부의 GDP 대비 문화지출 비율 역시 OECD 국가 평균 1.3%보다 낮은 0.68%로 OECD 국가 평균의 52.3%에 머물러 있는 것으로 나타났다. 또한 중앙정부의 총지출 대비 문화지출 비율은 OECD 국가 평균이 1.63%인 반면, 우리나라는 1.4%로 OECD 국가 평균의 85.9% 수준이다(정보람, 2016: 139). 따라서 우리나라의 문화재정의 규모는 여전히 OECD 국가 평균에 못 미친다. 우리 사회 전반에서 국민들의 삶의 질과 문화적 가치에 대한 관심이 증가하고 있는 점을 감안할 때, 최소한 OECD 국가 평균 수준의 문화재원 확보가 반드시 이루어져야 할 것이다.

제 4 편

문화정책 쟁점들

제15장 예술 공공성
제16장 문화교육
제17장 문화복지
제18장 문화와 미디어
제19장 문화정책평가
제20장 문화분권
제21장 문화교류
제22장 문화영향평가
제23장 문화유산
제24장 문화의 글로벌화
제25장 문화와 창조도시

제 15 장

예술 공공성

주성혜(한국예술종합학교)

생각해 보기

- 예술을 공유한다는 것은 무엇을 공유하는 것인가?
- '문화예술교육'은 예술의 공유를 위한 정책인가?
- 예술의 공유와 대중성의 획득은 유사한 의미인가?
- 공공의 예술을 위한 실천은 어떻게 가능한가?

01
들어가며

“예술에는 표현의 자유가 있다. 침해하지 말라.” 우리가 몇 년에 한 번쯤은 언론의 사회문화면에서 접하는 낯익은 표현이다. “예술은 스스로 하는 것이지 말로 떠드는 게 아니다”라며 평론을 거부하는 예술가도 있다. “실기 중심의 예술학교에 이론과를 왜 만드나?” 25년 전 문화체육부의 한국예술종합학교가 개교할 때 일부 음악인은 거세게 반발하였다. 그들의 주장은 예술가 교육은 능력 있는 마스터를 만나 작품 생산의 기술을 연마하는 도제식 교육을 받으면 충분하다는 전제를 가진 것이었다. 우리가 가지고 있는 일반적인 예술의 이미지는 지극히 개인적인 활동이고 생각과 논의의 대상이 아니라 특별한 재능으로 상상하고 창조하는 인간의 행위이다. 예술가는 특별한 사람들이고 예술은 타고난 재능이 필요한 활동이며, 예술의 결과물에 대해서는 이해하려고 노력은 하지만 비판하기에는 조심스럽다.

예술의 고유한 세계는 특별한 재능을 가진 사람들끼리 통하는 언어의 세상이라 그 경계에서 사람들은 ‘예술은 개인적 활동’이라는 표현으로 일상세계와의 소통을 종종 회피해 버리지만, 예술 활동은 개인의 차원을 넘어서서 예술가 스스로도 사회적 영향력을 주고받고자 원하는 다분히 사회적인 활동이라 할 수 있다. 자신의 기량을 드러내고 인정받고자 하는 일이나 예술의 전통과 대화하여 이를 계승하거나 새롭게 전환하고자 하는 일, 자신의 감정과 사상을 일상언어와 다른 언어로 표현하여 사회적 공감을 받고자 하는 일, 이 모두는 자신을 넘어 타인과의 소통을 전제로 이루어지는 일이고, 그와 소통하는 타인들에게 크고 작은 영향력을 행사하는 가치 있는 사회적 활동이다.

백년 남짓한 우리들의 서구 예술 경험 역사는 새로운 예술의 겉모습을 흉내내고 재현하는 일에 노력을 기울이느라 예술의 철학과 가치에 관심을 가지는 일에는 소홀했던 것이 사실이다. 실기학교에는 이론이 없어도 된다는 주장이나, 기술훈련이면 충분하다는 예술교육의 믿음, 예술은 개인의 활동이니 왈가왈부하지 말라는 과격한 표현은 우리가 걸어온 서구 예술의 길지 않은 경험 역사와 무관하지 않다. 개인의 사상은 물론 취향과 감수성의 계발도 사회문화적 환경과 주고받는 경험 속에서 형성된다는 보편적 사실은 예술가에게도 당연히 적용된다. 사회문화적인 사전 경험 속에서 형성된 판단과 감성을 바탕으로 태어나는 예술가의 작품 활동은 이를 대하는 사회 구성원들과 새로운 대화를 시작하고, 연극학자 쉐크너(Richard Schechner)가 제시하는 뫼비우스의 띠처럼(Schechner, 1977: 190) 예술은 사회와 끊임없이 영향력을 주고받는다.

예술가의 산물을 통하여 사람들은 생각을 전환하기도 하고 일상을 벗어나 상상의 즐거움과 위로를 얻는다. 그리고 예술은 특별한 재능을 공인받은 전문가를 떠나 오히려 일반인의 활동이 될 때 더 강력한 힘을 발휘하기도 한다. 각자 삶에 쫓기는 사람들이 모여 한마음으로 이루어 내는 합창의 감격이 몇 년 전 TV 프로그램으로 시청률을 높였고, 베네수엘라의 불우한 청소년들이 악기를 잡으면서 보여준 '엘 시스테마(El Sistema)'의 사회적 성과에 세계가 쏟은 관심이 대단했다. 다섯 살 딸아이가 삐뚤게 그린 엄마 얼굴에서 똘똘한 아이의 미래를 상상하며 온 식구가 행복해지거나 의기소침했던 중학생이 연극에 참여하고 삶의 태도가 달라졌다는 얘기, 실명한 할머니가 단소를 배우면서 귀가 열어주는 세상의 기쁨을 알게 되었다고 말하는 일이 일상의 우리들에게 낯설지 않다.

예술은 사회적 영향을 주고받는 전문가 혹은 일반인 개인의 활동이자 생산자와 향유자의 삶을 풍요롭게 하여 공동체의 삶의 질에 기여하는 중요하고 강력한 사회적 활동이다. 예술의 철학과 가치관의 탐구, 예술 활동을 장려하고 예술을 함께 더 잘 누릴 수 있도록 지원하는 제도의 마련과 정책의 필요성이 여기에 있다. 공동체를 위한 예술정책은 예술가나 일반인이 표현 활동을 하거나 타인의 활동에 대해 느끼고 생각하는 활동 모두를 대상으로 한다. 예술이 지닌 문법을 익히고 활용할 수 있도록 지원하는 교육의 장치, 비용에 대한 부담을 덜 수 있는 경제적 지원, 상호적 활동의 근접성을 높이는 구조의 마련은 모두가 머리를 맞대고 함께 궁리해야 하는 중요한 사회적 과제들이다.

02
예술 가치의 공유

예술에 대한 제도의 마련과 지원은 사회가 예술을 어떻게 공유하는가에 대한 관찰을 통하여 구체화될 수 있다. 사람들은 발표 활동을 하고 공연장이나 전시장, 공공의 장소에 놓인 작품을 감상하면서, 혹은 잘 다듬은 디자인의 상품을 사용하면서 예술을 공유한다. 그런데 이러한 예술의 공유는 물질을 공동으로 소유하는 것과는 다른 방식으로 이루어진다.

예술의 공유는 가치의 공유이다. 예술의 공유는 내재하는 의미의 공감 없이 물질적인 시간과 공간의 제공, 작품이라는 물질적 실체의 존재만으로는 일어나지 않는다. 공인된 걸작을 감상하는 자리에 앉았더라도 그것의 문법과 어휘를 이해하지 못하는 사람에게는 그 의미가 전해지지 않고 그래서 공감이 일어나지 않으면, 그에게 그 예술품은 공유되었다고 할 수 없다. 단소를 배우는 일에 어렵게 나서 마침내 삶의 기쁨을 얻었다는 시력 잃은 할머니의 사연을 알지 못하면, 할머니가 부는 서툰 단소가락은 듣는 이의 가슴에 닿는 음악이 되지 못한 채 귀로 들리는 시끄러운 소음이 될 수 있다. 돈 주고 구입한 잘 만들어진 상품 또한 사용자가 그것의 면면에서 예술적 즐거움을 느끼지 못한다면 그것은 특정한 용도를 위한 물건의 소유일 뿐 물건을 통한 예술적 공유는 일어나지 않은 셈이 된다.

예술품을 목격하는 것, 그림이나 공연을 그저 바라보는 것을 넘어 재료의 어휘와 문법을 이해하고, 그 물질적 형상에 담긴 사람의 생각과 경험을 공감할 때 예술은 다른 이와 공유될 수 있다. 그 때야 비로소 예술은 향유자의 가슴에 의미를 발생시키고 예술 문법의 수사로부터 느끼는 즐거움, 상상의 공감과 자유로움, 위안, 자존감, 타인과 다름에 대한 호기심과 수용, 공동체감 등 예술이 지닌 가치를 전하게 된다.

물질과 다른 예술의 가치는 또한 작품의 감상기회를 나누고 받는 것이 아니라 혼자만의 활동으로도 행위자의 가슴 안에서 발생될 수 있다. 스스로 노래하고 조형물을 만드는 일은 종종 타인의 작품을 감상할 때보다 더 큰 예술의 힘을 발휘하기도 한다. 이러한 활동의 즐거움에는 대체로 직·간접적인 사전 학습이 개입되어 있다. 어휘와 문법을 배우는 의도된 예술교육을 사전에 받았을 수도 있고, 다른 이의 활동을 목격하고 관찰하면서 저절로 터득한 표현 방법이 활용되기도 한다. 예술교육이라면 사람들은 기술을 반복적으로 연습하는 기능 중심적 교육을 쉽게 떠올리지만 그것이 물리적인 반복학습의 고단함을 크게 느끼게 하는 경우, 학습자는 예술의 가치를 체험하지 못한 채 오히려 예술로부터 멀어지는 경우도 허다하다. 일상의 언어와는 다른 방법으로 자신을 표현하면서 그 즐거움에 끌려 몰입하는 경험, 예술 활동을 통한 자족감을 경험하는 순간이 성립할 때 비로소 그 교육은 성공한 예술교육이라 할 수 있다. 아쉽게도 서구 예술의 역사가 짧은 우리 사회에서 그러한 순간을 이끌어 내는 예술 교육자는 흔치 않다. 그럼에도 가치의 공유가 전제되어야 하는 예술 교육에서 교육자의 역량은 포기할 수 없는 필요조건이다. 몇 년 전부터 우리 사회에는 '교육기부'라는 말이 자주 등장하는데, 교육의 기부는 경제적 기부와 구별되어 접근할 필요가 있다. 1억 원이건 1

천 원이건 경제적 기부를 하려는 사람의 의사는 모두 다 존중되어야 하고 고맙게 받아 요긴하게 써야 할 일이지만, 교육의 기부에는 검증과 심사가 필요하다. 경제적 물질의 기부와 달리 교육의 기부는 사람과 사람이 만나서 가치를 공유하는 기부이기에 기부자의 가치 전달 능력이 매우 중요하다. 선의로 나섰더라도 상대방으로 하여금 가치에 관한 공감을 얻어 낼 수 있는 능력이 부족한 교육기부자라면, 학습자는 애꿎게 시간을 낭비하고 교육현장은 기부자의 자족감만을 채우는 곳으로 그칠 수도 있다.

우리는 '예술'이라는 낱말에서 흔히 '예술작품'을 떠올리고 그것을 생산해 내는 '예술가'를 떠올리지만, 예술의 공유가 가치의 공유여야 한다면 공유를 위한 방법의 모색은 작품이라는 결과물이 아니라 결과를 낳는 활동의 질과 확산에 초점을 맞추어야 한다. 이미 공인된 작가의 창작을 지원하거나 공인된 작품의 감상기회를 무작정 늘린다고 예술이 향유되지 않고, 예술교육자와 학습자의 수를 늘려 교육현장을 많이 만든다고 해서 효과적인 교육성과가 일어나지 않는다. 창작의 결과가 아닌 활동에 초점을 맞추고, 생산이나 향유의 결과적 행위자가 예술가이건 일반 비전문가이건 여러 가지 경험 속에서 취향과 판단을 형성하는 사회적 개인적 존재로서 그를 이해하는 노력이 필요하다. 창작 활동의 과정과 조건에 대한 관찰, 예술을 경험하는 인지적, 감성적 과정과 사회적, 경제적 구조의 이해, 그리고 학습 활동을 이끄는 주요 역량에 대한 충분한 지식을 전제로 하는 사회의 관심이 아니라면, 단순히 많은 이에게 많은 비용을 지원하는 것으로 예술의 공유가 촉진될 것이라고 기대하기는 어렵다.

03
문화와 예술: '문화예술'과 '문화예술교육'

「문화예술진흥법」(1972년 제정)과 「문화예술교육지원법」(2005년 제정)은 예술의 사회적 중요성을 천명하고 그 가치의 공유를 지원하기 위한 우리 사회의 대표적인 법이다. 많은 정책이 이 법을 근거로 입안되고 사회 구성원들은 각자의 삶에서 예술을 공유할 수 있는 상당의 기회를 정책을 통하여 얻게 된다. 정책이 성공하기 위해서는 최종 수혜자 혹은 정책 고객에게 애초에 의도된 목표가 잘 전달되도록 수행 과정상의 세심한 주의가 물론 필요하겠지만, 물리적인 기회 제공만으로 쉽게 실현되지 않는 예술 공유의 속성을 충분히 이해하고 숙고하는 일이 그보다 앞서야 할 것이다. 정책의 수립단계에서 문제를 잘 이해하고 명료한 용어로 설계에 착수하는 것은 수행단계에서 일어날 수 있는 취지의 왜곡을 방지하고 효과성을 높이기 위하여 매우 중요하다. 이 점에서 예술 지원과 연관되는 두 개의 법 이름에 명시되고 우리 문화정책 수립에서 수없이 등장하는 '문화예술'이라는 용어를 생각해 본다.

예술의 사회적 속성을 고려할 때 문화의 범주에서 예술을 논하는 것은 어색하지 않다. 때문에 어느새 우리는 '문화예술'이라는 표현을 스스럼없이 사용하고 있지만, '문화예술'이라는 낱말은 사전에 뜻풀이가 실려 있는 '예술'이라는 낱말과 달리 '문화와 예술'이라는 뜻으로 이해되는 조어(造語)이다. 문화예술교육사업을 맡고 있는 공공기관 한국문화예술교육진흥원의 영문명이 'Korea Arts and Culture Education Service'로, 우리말 기관명의 '문화예술'을 'Arts and Culture(예술과 문화)'라고 표기하는 것도 이러한 맥락에서 쉽게 받아들여진다. 그런데 문화체육관광부 산하의 다른 공공기관 영문명은 진흥원의 경우와 다르게 표기되기도 한다. 한국문화예술위원회가 그 대표적인 예이다. 'Arts Council Korea'로 표기되는 위원회의 영문명은 문화예술을 'Culture(문화)'를 뺀 'Arts(예술)'만으로 표기하고 있다. 특정 예술 영역의 진흥기관인 한국공예·디자인문화진흥원(Korea Craft & Design Foundation)도 한국문화예술위원회의 경우처럼 영문명에서 특정 예술 영역 'Craft & Design(공예·디자인)'을 내세우고 'Culture(문화)'라는 표현을 사용하지 않는다.

정책의 '문화예술'은 경우에 따라 '예술'이 되기도 하고 '예술과 문화'가 되기도 한다. 하지만 '문화예술'을 영문명에서 'arts and culture(예술과 문화)'로 표기하는 문화예술교육은 사실, 문화예술의 혹은 예술과 문화의 교육이기보다 문화예술교육 그 자체로서, 영문으로 표기하기 어려운 독자적 함의를 주장하고 있다. 2005년에 제정된 「문화예술교육지원법」(이하 「지원법」)은 "문화예술교육은 법이 정하는 문화예술, 문화산업, 문화재를 교육내용으로 하거나 교육과정에 활용하는 교육이다"라고 정의함으로써 문화예술교육이 문화예술의 교육이 아니라 문화예술, 문화산업, 그리고 문화재를 포함하는 독자적인 활동 영역을 가지도록 여건을 마련하고 있다. 이러한 문화예술교육은 예술교육을 수단으로 문화교육을 지향하는 방향에서 설정된 개념으로, 시민단체 문화연대의 주도에 의하여 정책에 반영된 용어이다(양현미 외, 2004: 4-5; 이동연, 2003: 14-22; 황연주·정연희, 2004: 3).

1972년에 제정된 「문화예술진흥법」(이하 「진흥법」)은 제1장 제2조

(정의)에서 "문화예술은 문학, 미술(응용미술을 포함한다), 음악, 무용, 연극, 영화, 연예(演藝), 국악, 사진, 건축, 어문(語文), 출판 및 만화를 말한다"고 '문화예술'의 의미를 제시하고 있다. 「진흥법」의 문화예술은 정책적 구현을 위하여 법적 용어로서 문화예술을 특정하고 있지만, 여기서 문화예술은 예술과 그 유관 분야로 사실상 문화의 속성을 가진 예술 일반을 두루 칭한다고 할 수 있다. 예술을 문화로서 바라보는 시각과 예술을 통한 문화교육의 추구라는 특정 교육이념을 염두에 두는 시각이 「진흥법」과 「지원법」, 문화예술의 진흥과 문화예술교육 지원정책에서 병립한다. 그런데 문화예술교육은 법 제정 무렵부터 오늘날까지 15여 년 동안 문화예술교육이라는 용어의 개념적 모호성으로 인하여 정체성에 대한 논의를 계속하고 있다는 점이 눈길을 끈다(양현미 외, 2004; 김형수 외, 2010; 주성혜, 2018 등).

예술을 통한 문화교육을 지향하는 문화예술교육에서, 문화교육은 자신의 삶을 둘러싼 문화적 환경을 비판적으로 판단하고 자율적으로 향유할 수 있도록 지원하는 교육이며, 이에 반해 예술교육은 기능중심교육이라고 규정된다. 그러나 문화교육과 예술교육에 대한 이러한 전제는 학계의 관점과는 차이가 있어 문화예술교육은 학술적으로 근거가 불분명한 용어라 평가되고(양현미 외, 2004: 3, 주성혜, 2018: 37-41), 교육현장에서 문화예술교육은 기존 예술교육과의 차별성을 크게 인정받지 못하거나 특정한 의미의 문화교육을 궁극적 목표로 삼으면서 예술적으로나 인문학적으로 교육의 질적 논란을 야기하고 있는 것이 사실이다. 문화예술, 문화산업, 문화재라는 문화예술교육의 세 가지 범주 중 실질적으로 지원사업의 대부분을 차지하는 문화예술의 범주에서, 교육을 예술교육이 아닌 예술을 통한 문화교육으로 강조함으로써 문화예술교육을 둘러싼 논란의 대부분이 기인한다고 할 수 있다. 예술교육과 구별되는 문화예술교육을 강조하면서 문화교육이 되고자 하는 교육의 현장은 학습자가 몰입하여 예술 가치를 공감할 수 있는 교육의 방법적 논의에 집중하지 못하고, 가벼운 놀이 또는 이벤트성의 행사가 되고 말거나, 성찰을 포기한 채 단순한 기능교육으로 예술학습을 이끄는 경우가 허다하다.

한국문화예술교육진흥원이 문화예술교육의 우수 사례로 초청하는 해외의 전문가 대부분은 해외에서 예술교육(art education)의 전문가로 활동하고 있다. 그리고 진흥원이 해마다 주관하는 유네스코 세계문화예술교육주간의 공식 영문명은 'Unesco International Arts Education Week(세계예술교육주간)'이다. 문화예술교육이라는 정책 용어가 새로운 영토를 선포하기에 앞서 우리는 예술교육의 이상과 목표 실현에 대하여 보다 충실한 내용적 성찰과 방법적 고안에 노력해야 했던 것은 아니었을까. 해외의 예술교육에 견주어 보면서, 우리 문화예술교육의 정체성을 다시금 고민해 볼 필요가 있다는 생각을 하게 된다(주성혜, 2018: 41).

문화인류학자 메리엄(Alan Merriam)은 소리현상을 넘어 문화 속의 음악(music in culture)으로 음악을 바라볼 수 있어야 한다고 주장했지만, 헌던(Marcia Herndon)은 '문화 속의 음악'이 아니라 '문화로서의 음악(music as culture)'으로 접근하는 시각이 연구자에게 필요하다고 역설한 바 있다(Herndon & McLeod, 1980). 문화는 독립적으로 존재하는 것이 아니라 예술이나 정치, 교육제도, 복식, 교통체계, 가족관계 등 일상의 면면을 통하여 드러난다. 그래서 음악 혹은 예술은 문화 속에 존재하기보다 한 사회의 문화를 드러내는 문화적 실체 그 자체이다. 때문에 우리는 예술에 대한 진지한 탐색을 통하여, 각자의 예술이 태어나고 소통되는 타 문화와 타 공동체를 만나 이해할 수 있고 전통과 현대의 차이와 공존을 느끼고 타인을 이해하듯이 자신의 세계를 타인에게 내보일 수 있다.

예술을 통한 문화교육은 가능하지만, 그것이 개인의 삶에 기여할 만큼 구체화되고 심화되려면, 그것은 예술에 주목하는 교육일 때이다. 모든 사람이 언어를 구사하는 보편 능력을 타고나지만 특정 관습의 언어 구사를 통할 때 비로소 그 능력을 보여주듯이, 예술을 통한 문화교육은, 학습자를 포함하여 예술 활동에 내재하는 한 사람 한 사람의 생각과 표현방식, 약속을 이해하면서 문화의 의미를 느끼고 깨달아 가는 가운데 가능하다. 일상의 언어로 관찰 · 분석한 특정 관점의 삶의 환경을 개선대상으로 설정하고, 그것의 학습동기로서 예술을 도구화하는 것으로는 환경에 대한 특정한 이해는 높일지언정 예술이라는 문화적 실체의 고유한 세계와 상상력의 이해는 포기하게 된다.

문화정책의 일환으로 예술의 진흥과 지원을 장려하지만 그 이유가 무엇인지, 그것이 왜 문화정책의 일부가 될 수 있는지를 끊임없이 성찰하고 고민하는 태도가 중요하다. 누구나 다 아는 것 같은 '문화예술'의 의미이지만, 문화와 예술의 관계를 어떻게 설정하느냐에 따라 문화와 예술의 정책은 전혀 다른 결과를 가져올 수도 있다. 정책 용어의 탄생은 분명한 개념 전달과 성과를 위하여 문학적 수사와 달리 전문적이고 엄밀한 검토가 전제되어야 한다. 예술의 가치를 공유하는 방법 중에서도 교육은 누구에게나 첫 단계를 제공하는 중요한 활동이다. 문화예술교육이 대표적인 교육 지원 정책사업인 오늘날, 예술 가치의 공유 기능을 문화예술교육에게 기대하려면 문화교육과 예술교육, 두 가지 개념의 정의와 방법을 학술적으로 검토하고 정책목표와 방법을 보다 선명하게 재설계하는 일이 뒤따라야 할 것으로 보인다.

04
예술의 공유와 대중성

예술을 문화로서 바라보는 관점은 예술에 내재하는 사람을 바라본다. 그것은 작품의 조형미나 음향적 구조, 표현 기술에 대한 관심사를 넘어 작품을 태어나게 하고, 그것을 예술로 수용하고 혹은 거부하는 사람들의 가치관과 사연에 귀 기울인다. 남미 아이티의 반정부 시위대가 정치풍자의 의미를 담아 불렀던 엑스페리암즈(Buckman Eksperyans) 밴드의 노래 〈칼푸 담제레(Kalfou Danjere)〉가 영미문화권의 흑인사회에서 큰 인기를 얻은 적이 있다. 립시츠(George Lipsitz)는 아이티 독재정권에 저항하는 이 노래를 영미권의 대다수 청자들이 아이티인들의 고통스러운 현실과는 무관하게 흥겨운 부두리듬의 댄스곡으로 즐기고 있다는 것에 주목했다. 음향물로서는 동일한 곡을 두고 두 사회에서 청자들이 가슴에 받아들인 음악적 의미는 크게 달랐다. 예술은 특정 문법을 가진 언어와 매체로 형상을 이루는 물리적 실체이지만, 동일한 실체일지라도 그 의미와 가치는 그것을 향유하는 시공간의 사람들의 사연에 따라 달리 결정될 수 있다(주성혜, 2008: 166-171).

특정한 노래나 그림이라는 텍스트(text)에게 문화는 컨텍스트(context)이다. 특정한 개인이나 그룹의 활동에게 문화는 그것을 존재하게 하는 환경이고 맥락이다. 다양한 경험을 공유하는 공동체의 의견과 가치관이 짜놓은 비가시적 의미의 그물망 위에 맺히는 가시적 개별 활동이 예술이라 할 때 예술의 공유를 위한 문화정책은 망 위에 짜놓은 텍스트보다 텍스트 이면의 컨텍스트에 더 관심을 기울일 필요가 있다. 보이는 텍스트의 가치는 보이지 않는 컨텍스트와의 상호작용을 통하여 비로소 빛을 발하기 때문이다.

인기를 얻은 공연물이나 수상작과 같이 사회적 호응을 이끌어 내는 텍스트가 출현하면 우리는 그것을 다른 곳에 소개하거나, 그와 유사한 것을 생산하기 위하여 지원 혹은 진흥이라는 명분의 정책적 전략을 짠다. 한 예로 한류를 돌아보자. 2000년 중국에서 이름 붙였다는 '한류'의 열풍은 2018년 팝음악의 본고장 미국의 빌보드차트를 석권한 BTS(방탄소년단)로 이어지고 있다. K-Pop과 드라마를 필두로 세계시장에서 보이는 한류의 성과는 우리에게 한국문화의 우수성을 언급하게 하고 예술에서의 대중성의 미덕과 문화산업의 중요성을 거론하기에 충분했다. 이로 인하여 2014년에는 한류의 체계적 진흥을 위한 「대중문화산업발전법」이 마련되었고, 관광객 수요에 부응하는 새로운 상권의 형성, 콘텐츠산업의 지원, 대형기획사들의 보유콘텐츠와 음식, 문화, 패션 등을 결합한 '한류융합사업' 추진, K-Pop 전문교육 학교 설치 등 한류의 성공을 이어가기 위한 수많은 전략들이 지금도 꾸준히 쏟아지고 있다. 해외시장을 향한 우리 문화산업의 이러한 노력은 엄밀히 말하면, 우리 문화의 해외 진출이 아니라 우리 문화상품의 해외 수출을 위한 것이다. 우리의 문화적 취향으로부터 출발한 문화상품이 해외의 관심과 호응을 일으키는 일은 우리의 민족주의를 고무하고, 우리 문화산업의 국제적 성취로서, 그리고 국내 경제에 기여하는 우리 산업의 창조적인 한 분야로서 다분히 성공적이고 반가운 일이었다(주성혜, 2016: 118-119).

우리 사회가 배출한 텍스트가 동남아나 미국이라는 다른 사회와 만나 가열하는 한류상품은 국내에서 만든 물리적 모습을 그대로 띠고 있지만, 〈칼푸 담제레(Kalfou Danjere)〉의 경우처럼 해외 현지에서 그것은 새로운 문화적 컨텍스트를 맞이하고 새로운 의미를 띠는 텍스트가 된다. 반면 해외시장을 향한 문화상품의 성공 사례를 분석하며 후속 상품의 기획과 생산을 가속화하면서 우리 사회의 문화적 가치관은 변화해 왔다. K-Pop은 우리 사회의 젊은이가 선망하는 '성공'을 향한 영역이 되었다. 배고픈 고전예술미학의 사회적 지배력을 밀어내고 고급예술과 저급한 대중문화라는 이분법적 편견이 사라지는 데 한몫을 했으며, 인디문화의 자생력을 위축시킬 수 있다는 우려를 낳기도 했고, 대중적 인기와 경제적 이익을 낳는 것은 무엇이든 제도교육의 대상이 될 수 있는가라는 쟁점을 낳기도 한다. 기획된 학습으로 만들어지는 아이돌상품의 인기는 음악과 무대, 예술적 창조와 삶을 바라보는 관점, 우리 사회의 예술관에 변화를 가져오고 문화는 문화산업과 동의어인 양 취급되면서 돈을 벌지 못하는 예술, 상품성 없는 작업에 대한 사회적 관심은 급속히 희박해져 간다(주성혜, 2016: 120-121). 한류의 성공과 그에 연관된 우리 가치관의 변화를 관찰할 때, 우리의 문화정책은 어떤 일에 노력해야 할지 물음이 떠오른다. 문화산업의 촉진 못지않게 변화하는 우리의 가치관을 살피고 이에 대응하는 전략이 우리에게 중요한 것은 아닐까.

'예술의 대중성' 획득은 '예술의 공유'와 동등한 의미인가? 창조활동을 통한 자존감의 고취와 몰입·성취의 자족감, 사람에 대한 이해로 삶을 풍요롭게 하는 예술의 힘을 나누는 것에 의미를 두는 '예술의 공유'에 비해, '예술의 대중성'은 현대 대중문화의 출발과 발달이 그러하듯 호응하는 사람의 숫자와 반응에 대한 정량적이고 경제적인 효과와 밀접한 개념이다. 예술의 공유를 위한 지원정책이 예술의 힘을 많은 이들에게 알리는 일이라면, 그것은 공동체의 구성원들이 가지는 가치관의 정체와 그 형성에 미치는 이유를 해석하면서 바람직한 사회적 방향을 모색하여야 할 것이다. 많은 사람의 관심을 끈다는 표면적인 현상, 산업 발달과 일자리 창출이라는 경제적 이유가 문화정책의 핑계가 될 수는 없다. 설령 경제적으로 어려운 국가 형편일지라도 국민에게 위로와 긍정적인 용기를 줄 수 있는 일, 그것이야말로 다른 정책이 따라오기 힘든 문화정책의 고유한 가능성이고 문화정책은 이에 대한 긍지로 실현을 꿈꾸어야 한다.

05
예술의 공유를 위한 실천

뉴욕 타임스퀘어 42번가에는 1995년에 새롭게 문을 연 '뉴 빅토리 시어터(The New Victory Theater)'라는 극장이 있다. 어린이와 가족을 주된 관객으로 정하고 다양한 연극, 무용, 서커스, 오페라, 음악 레퍼토리를 올리는 이 극장은 뉴욕시 학교의 어린이 관객들에게 2달러로 수준 높은 공연의 관람 기회를 제공하고, 아이와 함께 오는 가족 관객을 위해서는 사물함과 유모차 주차 공간을 제공한다. 그러나 이 극장이 특별히 존중받는 이유는 공연의 수준이나 시설, 무료 감상기회의 제공 때문이 아니라 다른 곳에 있다. 어린이와 또래 친구들, 가족에게 함께 만들고 시도할 수 있는 예술 활동의 기회를 매우 예술적이고 교육적으로 고안하여 다양하게 제공하고 있기 때문이다.

공연 전이나 후에 공연의 이해를 돕기 위하여 관객을 대상으로 하는 워크숍은 그 대표적 사례이다. 티켓을 구매한 관객은 온라인으로 다운받은 안내에 따라 프로그램과 관련된 놀이를 집에서 즐길 수 있고, 워크숍에 참여하여 공연에 활용되는 예술적 표현을 이해하고 배울 수 있다. 워크숍을 이끄는 예술가 출신 강사(teaching artist)는 따라하기의 모델을 제시하는 것이 아니라 그러한 표현세계가 얼마나 흥미로운지를 체험하도록 이끌어 무대가 펼치는 시공간 속으로 관객이 몰입하는 것을 돕고, 공연 후의 토크 백 시간은 제작팀 및 공연팀과 함께 질의·응답하는 순서를 제공한다. 이로부터 관람객의 예술 체험은 일반적인 공연감상과 비교할 수 없을 만큼 강렬하고 진지해질 수 있다. 이 밖에도 '뉴 빅토리 시어터'는 전 연령대의 관객을 위한 독창적 작품이 탄생할 수 있도록 제작과 순회공연, 마케팅 등 다양한 주제의 세미나를 개최하여 관심있는 예술가들이 서로 교류하도록 돕고 실습을 지원할 기업을 그들과 연결하거나, 매년 50여 명의 십대 청소년들에게 유급 일자리 제공을 전제로 학업과 직업훈련, 멘토링을 지원하면서, 공연예술을 안내하는 3년 기간의 프로그램을 진행하고 있다.

뉴욕의 이 어린이 극장이 벌이는 활동에는 예술의 공유에 대한 지금까지의 이야기가 대부분 담겨 있다. 공연의 표현기법이나 상상력, 공연진 · 제작진의 경험과 생각을 관객이 적극적으로 만날 수 있게 하는 그들의 프로그램은 예술의 가치가 생물학적 목격이나 청취로 얻어지는 것이 아니라 몰입과 이해를 통해 얻어진다는 깨달음을 실천하는 것이고, 가치를 창출하는 과정에 대한 면밀한 분석을 통하여 사람들을 돕는 방법을 효과적으로 고안하고 있다.

'뉴 빅토리 시어터'가 공연을 중심으로 예술의 가치 공유를 실천하는 한 가지 사례라면, 호주의 비영리 예술단체 '빅 하트(Big hART)'는 예술교육을 통하여 참여자들이 적극적인 창조 활동으로 '예술가 되기'를 경험하게 하는 프로그램으로 유명하다. 주로 어려운 환경의 청소년과 노인, 수감자 등에게 예술교육을 제공하고, 그들의 목소리가 담긴 공연 · 전시 활동을 벌이는 '빅 하트'는 백인과 원주민 간의 갈등의 역사가 여전히 사회적 아픔으로 남아 있는 호주에서 공동체의 역량을 향상시키고, 긍정적인 변화를 얻을 수 있게 하는 예술활동을 목표로 한다. 그래서 '빅 하트' 프로젝트는 극장에서가 아니라 대부분 빈곤하고 구성원 간의 갈등이 깊은 장소를 중심으로 장기적으로 이루어지는 상호 이해로서의 예술(art as protection)이라고 일컬어진다. 예술을 통한 사회의 변화를 꿈꾼다는 점에서 앞서 언급한 우리나라의 '예술을 통한 문화교육'에 관한 주장이 떠오르기도 하지만, 문화기획자와 예술대학 졸업생의 조합 그 자체나 일자리 창출 성과로 만족하는 우리와 달리 '빅 하트' 프로젝트는 뛰어난 재능을 가진 전문 예술가들에 의하여 예술적으로 고안된 장기 프로그램이 진행된다는 점에서 차이가 있다. 예술가 강사와의 흥미롭고 열정적인 경험을 통하여 참여자들은 자존감과 함께 자신의 재능을 계발하는 기회를 얻고, 스스로 자신을 돌아보며 이미지를 재구축하고 지역의 변화를 위해 능동적인 활동에 나서게 된다. 예술이 삶을 흔들고 변화시키는 힘을 가졌음을 보여주는 '빅 하트'의 사례는 예술을 통한 삶의 변화를 보여주는 사례이자 삶의 문제를 통하여 진정한 예술의 가치를 맛보게 하는 사례이기도 하다.

'뉴 빅토리 시어터'와 '빅 하트' 국제적으로도 이름난 두 단체의 활동을 살펴보면서 예술 가치의 공유를 위한 우리의 문화정책을 돌아본다. 예술가의 창작비용을 지원하거나 예술대 출신자를 모집하여 수천 명의 예술강사를 학교와 지역사회에 매칭하고, 공공미술(public art)의 이름으로 공공장소에 미술품을 설치하거나 우수한 예술품의 무료 관람기회를 마련하면서, 또는 공동체예술(community art)이라는 개념을 도입하여 전문가와 비전문가의 경계를 깨는 예술 활동을 시도해 보면서, 보다 많은 사람이 예술을 공유할 수 있는 일을 우리는 도모해왔다. 덕분에 신진예술가들의 실험과 출발을 위한 형편이 조금씩 나아지고 있고, 사람들은 예술품 감상이나 예술교육의 기회를 더 많이 얻게 되었다. 그러나 창작환경에 대한 이해, 예술교육의 질적 제고, 물리적 접촉만으로는 부실한 예술 체험의 보완을 바라는 현장의 목소리는 여전히 크게 들려온다.

예술 공유를 위한 우리의 정책 대부분은 예술품의 생산 증진과 예술가 지망생의 생계를 지원하고 일반 국민들이 예술품을 접촉하는 빈도를 높이기 위한 노력으로서, 성과를 숫자로 가늠하는 정량적

정책들이다. 그런데 물리적 실체만으로는 문화적 의미와 삶에서 발휘하는 가치를 논의할 수 없고, 생물학적 접촉만으로는 가슴 속 영향력을 발휘할 수 없는 것이 예술의 세계이다. 이를 함께 나누고 공유하는 일은 정량적인 장치의 마련만으로 이루어지지 않는다. 해외의 두 사례가 성공할 수 있었던 것은 목표의식과 의지가 분명한 예술가들이 자신들의 경험으로부터 터득한 예술적 인지 과정에 대한 전문적 이해를 바탕으로 학습의 단계를 기획하고, 표현기술의 시연으로 학습자의 호기심과 몰입을 유도하면서 활동을 진행하는 세밀한 과정이 있기 때문이다. 문화와 예술은 모든 이의 삶과 연관된 주제이고 누구나 의견을 피력할 수 있는 영역이지만, 예술의 정책입안에는 예술전문가의 적극적인 참여가 필요하다. 예술의 힘이 발휘되는 과정을 충분히 이해하고, 예술의 텍스트와 삶의 컨텍스트가 어떻게 공존하며 상호적인 영향력을 발휘하는지를 진지하게 인지하여 다른 이의 몰입과 열정을 이끄는 기술에 대해 잘 알고 있는 사람, 이러한 예술전문가의 참여가 적극적일 때 예술의 가치를 나누는 과정의 기획은 성공할 수 있다. 자기 작업의 몰두에만 익숙한 재능있는 예술가로 하여금 타인의 예술 체험을 이끄는 일의 소중함을 깨닫게 하고 소통의 가치에 관심을 가지도록 하는 것은 그래서 일반인들에게 예술 활동의 기회를 제공하는 것만큼 중요하다고 할 수 있다.

배고픈 사람에게 예술은 사치라는 말이 있다. 경제가 어려우면 예술의 지원은 사회적 관심에서 한걸음 뒤로 물러난다. 사실 형편이 좀 나을 때에도 경제적 소득을 안겨주는 문화상품이 있다면 그것에 반색하고 달려가는 사이에 예술의 가치 공유는 뒷전이 되는 경험을 우리는 종종 해왔다. 정권과 정책입안자들은 경제적 어려움의 타개를 위하여 혹은 산업의 발달과 국가경제의 이익을 위하여 문화와 예술의 정책에게도 일자리 창출과 산업의 진흥을 강조하고 관심을 쏟지만, 공동체를 위한 예술 공유의 정책은 예술의 공유 필요성이 어디에서부터 기인하는지를 잊지 않아야 할 것이다. 정치적 중요성에서 두 번째가 되어도, 그래도 좋다는 용기가 가치를 나누고자 하는 문화정책의 입안에는 필요하다. 삶에서 예술은 사치가 아니다. 다시 일어서고 스스로 용기를 얻는 힘, 배타적이지 않은 눈으로 다른 이를 바라볼 수 있게 하는 힘을 말로 설명하지 않고 몸으로 느끼게 하는 예술은 개인과 사회를 위하여 할 일이 많다.

제 16 장

문화교육

백 령(경희대학교)

생각해 보기

- 문화예술교육 출현의 시대적 요구와 필요성은 무엇인가?
- 문화예술교육 지원의 성과를 근거로 새로운 지원 패러다임의 전략과 방향은 가능한가?
- 기존 문화기반시설과는 다른 문화예술교육 전용공간의 기능은 무엇인가?
- 문화예술교육 공간의 구성 요소와 조성 전략의 방향은 있는가?

01
들어가며

문화정책은 문화예술의 공공성을 구현하기 위한 지속적 시도이며, 이를 뒷받침하는 논리적 담론을 마련하는 것으로 시작한다. 최근 문화정책의 이념과 방향은 양질의 문화예술 경험을 모든 사람이 누릴 권리로 인정하고 이를 보장하며, 이러한 경험을 통해 삶의 질과 만족도 향상을 중요한 과제로 설정하였다. 문화의 민주화와 문화 민주주의는 이러한 정책을 달성하기 위한 근거와 방법을 제공한다. 문화의 민주화는 문화와 예술의 접근성과 수월성을, 문화 민주주의는 문화예술의 공공성(정부 개입의 당위성)을 담보한다.

문화의 민주화, 특히 접근성(accessibility)은 문화예술의 수월성과 많은 이들에게 물리적 접근권(문화 장벽)의 장애를 낮추고 문화향유의 권리를 보장하기 위한 시도이다. 이를 바탕으로 시민에게 미적 체험, 주도성의 기회를 제공하고 인간으로서의 존엄을 인식하게 하는 교육을 통해 자기 개발과 발전을 목표로 설정할 수 있는 근거를 마련하였다.

대표성(representation)을 추구하는 문화 민주주의는 문화를 널리 보급한다는 민주화의 방법이다. 초기에는 중앙집권의 하향적 방식의 지원을 취하였고, 이후 시민을 대표하는 문화예술의 범위와 영역의 확대와 포용적 접근으로 전환되었다. 정부가 시민들이 스스로 자신 고유의 언어로 문화 활동을 할 수 있는 기회를 제공하는 '아래로부터'의 자발적 행위를 지원하게 되었다. 문화 민주주의는 창의적 표현, 삶의 질의 문제에서 자기 결정권과 지속적인 교육, 지역사회 개발, 범사회적 의사결정을 위한 공유와 참여, 토론의 역량을 위한 제반 여건 개선의 근간이 되었다. 문화의 민주화나 문화 민주주의가 추구하는 목표는 시민 모두에게 문화예술을 즐길 수 있고, 참여할 수 있는 문화예술 행위의 평등권과 전인적 성장을 보장하는 공통점을 가지고 있다.

2000년대 이후 문화의 민주화와 문화 민주주의를 접목한 국내 문화정책의 변화를 발견할 수 있다. 문화와 예술이 선택이 아니라 국민의 기본 권리로 인정되었고, 이를 위한 새로운 정책의 방향과 전략이 수립되었다. 특히 문화예술교육의 경우 문화 민주주의를 기반으로 발표된 '창의 한국' 비전에서 추구한 문화정책 핵심의제로 중앙의 집중 지원을 바탕으로 출발하였다.

02
시대적 변화에 대응하는 새로운 문화예술 패러다임

21세기를 수사하는 단어로는 문화의 세기, 공유 경제, 공감의 세기, 인문학 정신, 제4차 산업혁명과 AI 혁명 등을 떠올릴 수 있다. 막연하고 추상적인 기대, 희망과 두려움은 단지 자본주의적 경제발전에 의존하는 해결방안이 아닌 인간다운 삶의 영위, 삶의 질 제고, 현대 사회가 지향하는 인간성 등을 포함한 다양한 논의를 촉발하게 되었다. 급변하는 사회에 대응하기 위해 소통, 협업과 네트워크, 창의성, 지역과 삶(문화)의 다양성, 미디어 문해력, 일상의 디자인(선택과 조직)적 접근, 참여 등을 필요한 역량으로 언급하고, 이들을 계발하기 위한 기반 조성이 논의되었다.

1980년대부터 미래학자들은 다가오는 새로운 시대를 정보 시대, 서비스 시대로 정의하고, 사회, 경제, 기술, 산업 등 많은 영역에서 삶의 방식과 패러다임의 전환을 예측하였다. 새로운 경제환경에서 필요한 기술과 능력의 요구에 대응하기 위해 영국의 문화·미디어·스포츠부(우리의 문화체육관광부와 유사한 부처)는 '창의 영국(Creative Britain)' 정책을 발표하여 미래 산업으로의 진로를 준비하는 젊은이들을 위해 교육과 정보 등 각종 지원을 제공하겠다고 밝혔다. 이어 미국도 새로운 산업에 진입하는 인력들의 역량 계발을 위해 '창의 미국(Creative America)'이라는 미래 산업 지원정책을 발표하였다. '창의 미국'은 이후 '창의적 미래(Creative Future)'로 명칭을 바꾸면서 문화와 예술산업, 이들과 연동되는 새로운 산업에서 활동하게 될 인력을 발굴·지원하고 있다. '창의 영국'과 '창의적 미래'에 따르면, 미래 자본은 창의 자본, 지식 자본, 사회 자본, 생명 자본으로 분류·정리되며, 창의력과 상상력이 미래의 경제, 사회, 문화, 과학기술을 주도하는 핵심 가치로 등장할 것으로 전망된다. 이러한 시대적 흐름에 부응하여 주요 선진국들은 전 국민의 역량을 키우는 교육을 최우선

과제로 설정하고 교육과정을 개편하였다. 현재와 미래 사회에서 성공적인 삶을 살기 위해 필요한 자질과 능력이 무엇인지 연구하여 제시하고, 국민의 역량을 제고하기 위한 노력을 기울이고 있다. 그것이 창조 경제를 준비하고 삶의 질을 향상시키고 시대를 준비하는 지름길이라고 판단하였기 때문이다. 교육적 관점에서 볼 때 미래 사회는 역량의 사회다. 지난 20여 년 간 '지식'에서 '역량'으로 세계 교육의 패러다임이 변하고 있다. 지식정보화 사회, 스마트 사회, 창의 사회 등으로 규정되는 21세기 사회에서 국민들이 갖추어야 할 자질이 무엇인가에 대한 논의에서 '역량'이 주목받고 있는 것이다. 산업사회에서는 지식의 획득과 활용, 기술의 개발과 활용이 중요하였으나, 21세기의 복잡하고 다양한 사회적 요구에 적절히 대처하기 위해서는 지식과 기술만으로는 한계가 있고, 인지적 측면과 비인지적 측면을 아우르는 종합적 역량을 갖추는 것이 필요하다. 핵심 역량을 갖추는 것이 미래 사회에서 개인의 성공적인 삶과 사회의 지속적인 발전을 가능하게 하는 핵심 요인으로 간주되고 있다.

미래학자들의 논의를 종합하면 미래 사회는 미적 가치와 감성적 가치가 존중되고 상상력이 중시되는 사회다. 소통(communication), 협업(collaboration), 창의성(creativity), 비판적 사고(critical thinking) 등이 구성원들에게 요구되며, 디자인, 스토리, 조화, 공감, 놀이, 의미 등이 문화적 요소로 강조될 것으로 전망된다. 문화정책의 세계적 추세 속에서 미래 사회를 주도하는 핵심 역량과 개념으로 강조되고 있는 것은 '창의성'과 '감성(empathy)'이다. 예술이 감성적 · 감각적 역량을 기반으로 하는 하이콘셉트(high concept), 하이터치(high touch)의 미래 사회의 핵심으로 조명받게 된 것이다. 국내에서도 폭넓은 시도와 모색 속에서 새로운 예술교육의 구현을 위해 세계 여러 곳의 다양한 교육 사례를 비롯해 교육철학, 이론과 방법이 소개되었다. 공교육에 대한 대안(적) 교육을 모색하던 이들에 의해 개별 학생을 고려한 전인적 성장과 감각 교육의 일환으로 예술교육의 새로운 접근이 국내에서 논의되었다. 학자들의 이론적 근거는 전인적 성장, 인지력 증진, 상상력과 창의적 잠재력 계발을 위해 예술과 문화의 경험이 중요하다는 인식을 높여 주었다. 학계의 연구와 이론적 성과는 예술교육을 예술적 관심의 자극, 관련 활동 참여를 통한 지식 습득과 이해 증가, 예술적 감수성과 상상력 발달, 자기 표현력 증진, 사회적 공감대 형성 등을 목표로 지향하는 활동으로 변화시켰다.

국내 문화예술교육은 이러한 추세와 변화를 근간으로 출발하였다. 문화예술교육의 지난 15년은 속도 및 방향, 내용과 방법의 확장과 다양성으로 이야기될 수 있다. 문화예술교육은 학교와 사회 안에서의 예술교육의 변화, 전문인력의 양성을 추진 전략으로 시작하여 관련 법 제정과 제도 정비를 통해 우리 사회 안에 자리매김했다. 「문화예술교육 지원법」은 문화예술교육을 "「문화예술진흥법」 제2조 제1항 제1호의 규정에 따른 문화예술 및 「문화산업진흥 기본법」 제2조 제1호의 규정에 따른 문화산업, 「문화재보호법」 제2조 제1항의 규정에 따른 문화재를 교육내용으로 하거나 교육과정에 활용하는 교육"으로 정의하고 문화적 창의성 제고, 문화적 정체성 강화, 문화적 다양성 확대, 문화적 향유력 향상을 추진 목표로 제시하였다.[1)]

문화예술교육은 문화예술의 참여를 통해 스스로 즐거움과 지적 만족감을 충족하는 향유자를 개발하여 새로운 향유자 문화를 이루었다. 사회 구성원의 문화적 삶의 질을 향상하기 위해 문화예술에 참여하고 활동할 수 있는 기회의 제공을 정책의 중요한 방향으로 설정하였다. 참여자의 확장을 위한 예술의 접근성과 예술 활동의 질 담보를 위한 수월성을 접목하는 전략을 기반으로 하여 다양한 문화예술교육 사업이 현장에서 진행되고 있다.

예산 증가를 바탕으로 교육사업 영역의 확장, 유형과 방법의 다양화, 참여자의 확대를 통해 문화예술교육의 규모와 영역이 확대되었다. 문화예술교육의 양적 팽창은 문화와 교육 현장에서 눈에 띄는 변화들을 가져왔다. 개별 사업의 변별력과 경쟁력인 "기획"의 중요성에 대한 인식의 변화가 이를 가능하게 하였다. 예술교육에 "기획"의 과정이 도입되면서 지역의 역사, 문화, 삶이 프로그램 기획과 실행의 근간이 되었다. 이러한 변화는 문화예술교육의 개념과 정의, 정책의 전략, 지역의 여건과 자원 등에 대한 이해를 바탕으로 목표 달성을 위한 과정을 조직하는 활동을 통해 드러난다. 문화사회, 창조사회, 정보사회로 진입하려는 문화적 접근으로 출현한 문화예술교육은 문화예술의 공급자인 창작자 지원 중심에서 창작자와 향유자를 연결하는 새로운 접근을 가능하게 하였다.

학교문화예술교육의 경우 학교예술교육의 질적 수요 제고와 예술 전공자 및 관련 전문가의 교육현장 참여 기회 제공을 목표로 시작하였다. 예술 장르, 학교 교육과정과의 접목 방법의 다각화가 진행되고 있다. 초기 학교교육(제도교육)과의 연계에서 지속적으로 언급된 것과 같이 문화예술교육의 정의와 개념, 유형, 방향, 필요성 등에 대한 합의의 어려움이 있었으나, 2018년 현재 문화예술교육은 여러 영역에서 일반적이고 보편적으로 사용되고 있는 변화를 만든 것이다. 공교육 안에서의 문화예술교육의 위상과 수요가 증가하여 이제는 교육정책으로서의 문화예술교육이 논의되고 있다. 문화예술교육이 특수한 상황과 인력에 대한 개념어에서 사회 전반에서 통용되는 일반적 용어로 변화한 것은 고무적이다.

사회문화예술교육의 경우 지역 내 문화예술교육의 건강한 생태계를 조성하고자 하는 의도와 취지에서 출발하였다. 참여자의 지역, 삶이 반영되는 사회문화예술교육 활동을 통해 지역 내 문화 예술의 공동체가 구성되고, 지역을 변하게 하는 예술의 힘을 증명하는 사례가 지속적으로 나타나고 있다. 사회문화예술교육은 기량교육이 아닌 성찰, 관계 형성, 새롭게 바라보기, 질문하기, 삶의 모호함의 수용 등 예술의 방법으로 문화를 해석하고 사회적 이슈를 도출하고 이를 해결하기 위한 지역, 공동체의 변별력이 가시화되고 있다. 사회문화예술교육은 체험, 학습, 창작 활동을 능동적으로 수행할 수 있도록 함으로써 개개인의 삶의 질을 향상하는 목표를 지향하였다. 삶과 지역의 이해를 기반으로 참여자 주도의 새로운 주제를 도출하였고, 이를 해결하기 위해 예술가와 지역주민의 관계 형성과 협업의 기반이 마련되었다.

문화예술교육 전문인력의 출현이 이러한 현장의 변화를 가능하게 하였다. 문화예술교육의 출범부터 차별화된 교육을 담당하는 문화예술교육 전문인력의 역량, 운영 체계, 다양한 교육환경의 대응방안 등에 대한 연구와 연수 프로그램이 진행되었다. 문화예술교육 전문인력은 참여자, 시설 담당자, 예술행정가와 소통하고 협업하며 다양한 콘텐츠를 개발하고 진행하는 기획자, 매개자, 촉진자, 교사, 컨설턴트, 상담자, 멘토의 역할을 하고 있다. 이들의 활동에서 기획과 수행의 구분이 명확하지 않으며, 많은 경우 이들의 유기적 연계를 기대하기도 한다. 예술강사의 경우 교육에 참여하는 예술가, 문화예술교육사는 문화예술교육과 관련된 기획, 분석, 평가, 교수를 담당하는 전문인력으로 생각되었고, 이들의 핵심 역량, 소양, 역할, 직무를 중심으로 교육과정과 양성체계가 제공되었다. 또한 이들의 전문성을 담보하는 제도가 마련되었다.

현재 문화예술교육 현장에는 예술강사를 포함한 문화예술교육사 14,000여 명, 2,000여 개의 예술단체가 활동하고 있다. 이들은 사회복지관, 문화의 집, 문화원, 문예회관, 청소년 수련관을 비롯해 문화파출소, 생활문화공간 등 다양한 지역 내 시설에서 활동하고 있다. 이들의 활동을 통해 문화예술교육의 가치와 의미가 드러나고 있지만 안정적으로 문화예술교육 프로그램을 수행할 수 있는 공간과 시설이 부재한 상황이다. 문화예술교육 전용공간의 마련과 운영은 문화예술교육의 다음 단계로의 논의에서 반드시 진행되어야 하는 사안이다.

03
2000년대 이후 문화기반시설 정책과 현황의 변화

문화(기반)시설은 지역 안에서 사람들의 문화향유(권)에 필요한 여건과 환경으로서의 역할을 담당한다. 문화시설은 공연, 전시 및 문화 보급·전수와 도서 관련 시설, 문화원과 문화의 집 등 문화예술 활동이 지속적으로 진행되는 시설이다. 문화시설 정책의 흐름과 현황만으로도 국가의 문화역량의 척도가 될 만큼 중요하다. 문화시설은 예술가에게는 창작 활동을 사회에 발표하는 공간이고 수용자에게는 감상 활동의 장이며, 동시에 창작과 감상 교류가 상호 발생하는 소통의 장으로 정의될 수 있다. 문화시설은 지역 안에서 예술가와 향유자의 정신적 공유와 소통이 일어나는 곳이며, 삶의 질과 내용이 풍성해지는 창의적 활동을 가능하게 한다. 또한 다양한 문화 창작, 향유 활동을 통하여 다른 삶의 모습이나 사회적 가치에 대한 이해를 확장하여 사회의 건강성을 제공하기도 한다.

국내 문화기반시설 관련 정책적 관심의 변화는 1974년 '문화예술중흥 5개년 계획'을 시작으로 1990년에 발표된 '문화발전 10개년 계획'과 이후로 정리될 수 있다.[2] 문화기반시설의 확충과 운영개선의 방향으로는 전략적 국가문화기반시설을 확충하고, 소규모 생활공동체 문화공간을 조성하며, 양적 보급수준의 확대와 질적으로 운영개선을 도모하는 것이 제시되었다. 이 정책은 주요 추진과제로 공립박물관 및 미술관 확충, 공공도서관 확충, 문예회관 확충, 1도 1미술관 건립, 국립자연사박물관 건립, 문화의 집 조성 대폭 확대 등을 제시하였다. 이후 지속적으로 다양한 문화시설 건립이 추진되어 2018년 국내의 문화기반시설의 숫자는 <표 16-1>과 같이 정리될 수 있다.

표 16-1 2016년 전국 문화기반시설 총람

유형	도서관	박물관	미술관	문예회관	지방문화원	문화의 집
숫자	979	826	219	229	228	114

문화시설의 문화예술 활동 지원 변화의 근거는 1998~2002년 사이에 진행된 「문화기반 시설 평가」와 2003년 「전국문화기반시설 관리 운영 평가 개선 방안 연구」라 할 수 있다. 이 연구는 5년 간의 현장 사업 운영 평가와 이에 대한 메타적 분석을 통해 문화시설의 발전을 위해 전문성 있는 인력의 확보, 다양한 지원을 통한 관람객 개발, 지역 콘텐츠 개발 등을 제언하였다. 또한 조사된 문화 프로그램의 평가를 통해 문화예술과 삶, 지역의 다양한 요소가 연계된 통합 중심의 교육, 서비스 대상의 차별화를 바탕으로 지역문화시설과 콘텐츠 공동개발 운영 보급 교류 기능에 중점을 두는 새로운 교육기관의 필요성을 도출하였다. 이들 연구는 문화기반시설 및 기관의 물리적 건립과 조성 중심에서 문화기반시설의 운영 지원으로의 전환을 논의하였다. 또한 기관 고유 콘텐츠 개발을 포함하여 지역 내에서 제공되는 향유 기회 및 서비스의 중요성에 대한 인식 변화와 이후 정책의 방향을 제시하였다. 문화기반시설은 인간의 창의성이나 감수성을 계발하고 다양한 형태로 표현과 감상을 가능하게 한다. 이들 시설과 기관은 예술 체험과 표현을 통해 통찰력, 창의성, 심미안을 육성하고 지역 내 문화복지 실현과 지역 및 국가경쟁력을 강화하는 사회적 기능을 담당한다. 이들 기관은 “인간이 창조한 것으로 미학을 포함한 인문학적 가치가 있는 것”을 콘텐츠로 하여 지역주민 혹은 사회와 소통, 공유하는 역할을 하고 있는 점에서 공통점을 갖는다. 문화향유에 대한 인식과 공감대 형성, 주 5일 근무제와 자유학기제 실시는 여가 및 문화적 수요를 급증하게 하였고, 문화예술교육의 변화를 촉진하였다. 이후 문화가 있는 날, 길 위의 인문학, 토요문화학교, 어르신 문화교실 등의 사례를 볼 때, 문화시설은 기관의 고유

콘텐츠 혹은 철학을 근간으로 한 그 기관만의 특·장점을 반영한 문화예술교육 제공에 노력하고 있다. 이러한 변화를 통해 문화예술교육 내용과 방법의 다양화, 참여자의 확장과 지역 내 문화예술교육 인식 확대 등의 성과로 가시화되고 있다.

04
문화예술교육 전용공간(센터)의 역할 및 기능과 구성 요소

전문인력 확보와 프로그램의 다양화 등 소프트 파워 성장을 거듭해 온 문화예술교육의 다음 단계는 "공공성"을 담보로 한 문화예술교육의 거점(문화예술교육 전용공간)을 마련하는 것이다. 현재 국내에서는 학교를 비롯해 문화기반시설(도서관, 박물관 및 미술관, 문화예술회관, 지방문화원, 문화의 집)과 사회복지시설(장애인복지관, 노인복지관, 사회종합복지관, 보육시설)을 비롯해 작가의 스튜디오, 작업실, 연습실, 교육실과 문화예술교육 전문인력(기획자, 강사, 연구자)들의 작업공간이 문화예술교육공간으로 활용되고 있다. 문화예술교육의 철학과 기본 원칙을 실현할 교육공간 마련과 체계적 교육기반 구축이 필요한 시점이다. 물리적 공간에서 문화예술교육의 이념과 정책적 가치를 구현하고 문화시설의 부수적 기능이 아닌 독립 영역으로서 문화예술교육의 정체성을 가져야 한다. 전시나 공연, 전통의 계승과 전수를 위한 교육이나 복지를 위한 공간이 아닌 창의적 교육 활동을 목표로 그 과정과 결과를 공유하는 예술 경험공간의 조성에 대한 논의가 진행되어야 한다.

20세기 교육 현장의 변화에 가장 큰 영향을 준 학자 중 하나는 미국의 실용주의 철학자인 듀이(John Dewey)라 할 수 있다. 듀이가 제시한 "특정 환경 속에서 참여자의 적극적 활동"이라는 개념은 오늘날 예술교육에 대한 논의와 공간에 대한 생각과 계획에 영향을 미치고 있다. 듀이는 환경과 사람의 상호 소통 활동을 통한 성장에 있어 경험은 연속적으로 발생하며, 삶의 과정 자체를 살아 움직이고 창조적인 환경으로 보았다. 듀이는 경험을 "개인이 변화를 겪으며 생겨나는 일련의 과정들이 누적된 집합체"라고 설명한다. 인간 고유의 경험인 예술은 삶의 다양한 요소에 대한 다양한 사고와 표현을 가능하게 한다. 인간은 예술 경험을 통해 예술에 대한 관심은 물론 자기의 환경과 삶의 조건을 새롭게 발견하고 이해한다. 인간은 예술 경험을 통해 도전과 실험의 기회를 얻고 지금까지와는 다른 관점에서 생각한다. 예술 경험은 자신의 가치와 존엄을 인식하고 타인의 생각과 감정을 이해할 수 있게 해 주며, 시간과 공간의 공유, 관계 맺기 등에 참여하게 한다. 문화예술교육 전용공간을 듀이의 경험주의적 접근으로 해석할 때 환경과 유기체들 간의 상호 소통에 의해 나타나는 성장의 개념으로 논의 가능하게 한다.

문화예술교육 전용공간 조성과 운영방안에 대한 초기 연구는 2006년에 진행된 「어린이복합 문화공간 구축 방안 및 해외사례 연구」이다. 이 연구는 문화예술교육 전용공간의 개념을 창의적 사고를 위한 활동, 문화예술 향유를 통한 감성의 성장, 유기적 통합교육, 교사연수와 전문인력 양성을 기반으로 하여 대상 중심, 활동 중심, 협업 중심의 공간을 제안하였다. 이후 전용공간과 관련된 별다른 연구가 없다가 최근 「문화예술교육 전용공간 조성 및 운영방안 연구」가 진행되었다. 이 연구는 2012년 「문화예술교육 지원법」의 개정에서 언급한 문화예술교육 참여의 형평성과 문화예술 활동 접근성 확보 측면에서 문화 공공성을 실천하고자 하는 정책적 의지를 표명하는 계기가 되었다.

「문화예술교육 지원법」

제3조(문화예술교육의 기본 원칙) ① 문화예술교육은 모든 국민의 문화예술 향유와 창조력 함양을 위한 교육을 지향한다.

② 모든 국민은 나이, 성별, 장애, 사회적 신분, 경제적 여건, 신체적 조건, 거주지역 등에 관계없이 자신의 관심과 적성에 따라 평생에 걸쳐 문화예술을 체계적으로 학습하고 교육받을 수 있는 기회를 균등하게 보장받는다.

이 연구는 예술가들의 창작 활동과 연계하여 시민들의 문화예술 교육을 상시화할 수 있는 기반 마련을 언급하였다. 더불어 수요자 중심의 안정적이고 지속적인 교육 참여를 위해 '수요자 친화형' 정책 기반 구축을 포함한 다양한 수요를 지원할 창의적·전문적 체험형 공간 기능의 필요성을 도출하였다. 문화예술교육의 양적 팽창을 통한 다양성과 전문성 향상의 성과 이면에는 다양한 문화기반시설에서의 변별력 있는 교육의 정착보다는 유사한 프로그램의 일반화라는 문제점도 지적되고 있어, 이에 대한 개선방안 모색의 필요성이 논의되었다.

이 연구는 국내·외 사례 연구를 기반으로 문화예술교육 전용공간을 문화예술교육 활동을 위한 연구, 기획, 개발 및 실행의 공간으로 설정하였다. 또한 학교 혹은 사회복지기관, 문화기반시설 등에서의 문화예술교육 실행의 한계를 극복하는 방법과 문화예술교육 전용공간 조성을 제안하였다. 문화예술교육 전용공간은 지역 내 문화예술교육의 거점으로 참가자의 적극적 참여, 진정성 있는 체험, 총체적 과정중심적 문화예술 활동을 기획, 개발하기 위한 다양한 영역 간의 협력을 기반으로 구성된다. 문화예술교육 전용공간은 예술강사나 특정 장르 중심 교육에서 벗어나 예술과 문화, 교육의 유기적 연계와 통합을 지향하여야 한다.

현행 「문화예술교육 지원법」에는 지역문화예술교육의 기반으로 직접적인 교육 활동을 위한 문화예술교육시설과 지원조직인 지역문화예술교육지원센터(이하 '지역센터')에 관한 내용이 규정되어 있다. 현행법은 '문화예술교육지원센터'의 법적, 정책적 성격을 지역 문화예술교육정책 지원기관으로 정의하고 있다. 문화예술교육 전용공간은 직접적인 체험형 교육 활동의 기반이자 거점으로 성격을 규정할 필요가 있다. 기본적으로 문화예술교육 전용공간은 문화예술교육 활동을 직접적으로 운영하는 시설 그 자체로 고유한 가치와 기능을 수행하는 독립적 조직체로 성격이 정립되어야 한다. 문화예술교육공간 조성을 위한 정책의 방향과 전략은 새로운 기관 및 공간 조성과 고유한 정체성을 반영한 콘텐츠 개발을 통해 많은 시민들에게 예술의 참여와 향유의 기회를 제공하는 것이다. 문화예술교육의 새로운 방향 및 전략 설정과 문화예술교육 전용공간 조성은 전국적인 확산을 위한 제도적 기반 확보가 요구된다.

일반적으로 교육을 구성하는 요소는 철학, 교육 참여자(정책입안자와 행정가, 강사, 학습자), 교육 관련 행정과 절차, 교육공간, 교육의 내용 및 방법을 포함한다. 정책으로 시작한 문화예술교육의 경우 교육의 장르의 확장과 방법의 다양화, 예술가의 학교와 사회 영역에서의 교육 참여와 예술 참여자의 확장을 중심으로 자리매김하였다. 다양한 해외 사례의 소개와 국내 상황에 접목하는 지속적 변화 속에서 철학과 담론의 논의 역시 문화예술교육 발전의 동력이 되고 있다. 문화예술교육이 출현한 이래 문화예술교육의 주요 가치는 지역의 발견(지역화), 지역 내 문화예술자원의 네트워크 구성과 협업, 다양한 선택과 구조(디자인) 등의 새로운 접근이다.

지역의 발견(지역화)

문화예술교육은 처음부터 다양한 방법으로 지역과 접목해 오고 있다. 지역은 학습자의 거주지이며 경험의 공간, 산업의 공간, 전통과 문화가 유지되는 공간, 역사의 공간 등으로 등장하여 문화예술교육의 주제와 내용으로 활용되었다. 다양한 프로그램 안에서 공통으로 발견되는 것은 지역의 이야기이다. 지역의 변화 속에서 마을과 사람 이야기, 특정 환경과 여건의 이야기, 현재 지역이 당면한 이야기, 지역 안의 삶 등을 다루는 프로그램은 지역의 경제, 사회, 문화의 민낯을 보여주기도 하고, 지역과 주민이 마주보고 생각하는 기회를 제공하고 있다.

문화예술교육에서 지역은 참여자들이 다양한 관점에서 바라보고 새로운 것을 발견하고 스스로의 생각을 표현하고 이를 함께하는 이들과 공유하여 공감대를 형성하는 활동의 주제이다. 지역 안의 경험과 자신의 삶을 새롭게 바라보는 기회를 제공하는 매체이다. '지역'은 참여자의 지역 문해력에 따른 정도 차이는 있으나 지역의 지리학적, 사회적, 역사적 정보를 비롯해 관련 인물과 사건에 대한 학습을 시작으로 삶 속 지역의 의미(장소성) 발견, 개인 간의 관계 맺기, 지역 문해력 등의 개념을 포함한다. 지역마다 문화예술교육 전용공간 조성의 취지 및 의도, 방향과 추진 전략은 다양하다. 이는 지역 안에서 진행된 문화예술교육의 변화와 맥락을 같이한다. 새로운 현장은 지역과 지역, 지역과 중앙, 과거와 현재, 현재와 미래를 연계하는 정책의 순환구조를 가져온다. 이것은 다양한 영역의 역량 있는 문화예술교육 전문가의 활동으로 가능하다.

지역 내 문화예술자원의 네트워크 구성과 협업

문화예술교육을 구성하는 핵심 요소는 예술(가)과 소재, 인적자원, 공간과 환경 등이며, 문화예술교육은 이들 유·무형 요소들을 연구하고 문화예술교육 맥락의 기획을 통해 시민들과 실행하는 것이다. 문화예술교육은 일반적인 교육 프로그램 계획보다는 다양한 층위의 요소가 결합하는 결과물이다. 문화예술교육은 기획, 교육 및 실행, 진단과 평가의 세 단계로 이뤄진다. 기획 단계는 교육 환경 분석, 프로그램 운영을 위한 사전 준비 단계, 총체적 기획, 파트너 구축 등으로 구성된다. 교육 및 실행 단계는 역할분담, 프로그램 개발과 학습안 설계, 실행 및 운영의 단계이다. 이후 진단과 평가 단계가 있는데 이는 평가-피드백 단계로 컨설팅, 모니터링, 현장평가, 인터뷰 등 다양한 형태의 과정으로 구성된다. 진단과 평가를 위해서는 각각의 단계에서 성과와 시사점을 도출할 수 있는 합리적 체계와 지표가 필요하고 이를 바탕으로 객관적 판단이 이뤄져야 한다. 효과적이고 영향력 있는 문화예술교육 프로그램의 개발과 실행은 이 시대의 문화 예술현상에 대한 분석을 기반으로 교육이 지향하는 목표와 다양한 활동, 교육의 유형과 요소들 — 예술적 요소(활동 중심), 주체적 요소(대상 중심), 교육학적 요소(동기 부여) — 을 이해하고 연구해야 한다. 문화예술교육이 이루고자 하는 목표를 달성하기 위해 우리 시대의 철학과 교육 개념의 이해, 다양한 활동의 조사와 분석, 대상 및 동기 부여를 위한 지속적 연구가 필요하다.

문화예술교육의 개선 과제 중 하나는 교육의 실행만큼이나 사전 기획과 사후 관리가 중요하다는 점을 인식하고 이를 프로그램 운영의 자연스러운 과정으로 포함시키는 것이다. 이를 통해 지역 내 다양한 문화예술교육 자원이 조사, 수집되고 지역 문화예술교육 환경과 여건을 구성하는 담론을 마련할 수 있다. 또한 서로 다른 다양한 주체가 파트너십을 구축하고 협업하는 구조를 마련하여야 한다. 이미 지역 내에는 다양한 문화기반시설이 각 기관의 역할을 하고 있다. 문화예술교육은 이들 공간의 프로그램으로 자리매김할 수도 있으나 이보다는 문화예술교육 고유의 정체성을 가지고 스스로의 생태계를 구성하여 참여 주체들에게 파트너십, 연구, 소통의 장을 제공하여야 한다. 문화예술교육은 지역과 상호 유기적인 관계를 가질 때 문화예술교육의 새로운 현장이 마련되고 건강해진다.

다양한 선택과 구조(디자인)

문화예술교육의 맥락과 관점에서 '디자인'의 개념과 방법이 새롭게 논의되고 있다. 문화예술교육에서의 '디자인'은 결과물이라기보다 행위와 과정이며 생각과 의도로 이해될 수 있다. 문화예술교육에서 사물과 상황이 상호 작용하는 것을 '사건'으로 정의한다면, '사건'의 디자인을 통해 사물의 형태가 만들어지는 것이다. 이때 '사건'의 형태를 만드는 주체는 참여자이며 참여자가 경험하는 대상과 상호작용하는 사건의 요소들이 '디자인'에 포함된다. '디자인'은 사물과 공간, 사물과 시간, 사물의 경험에서 주체와 객체의 관계성을 파악하고 구성한다. '디자인'은 무엇의 존재를 규정하고 확인하는 것에서 확장되어 구성 요소들 간의 관계성을 형성하는 시도로 문화예술교육에서 자리매김하게 되었다.

디자인적 사고는 문제 해결을 위한 과정으로 의사소통과 설득, 사회화와 인간적 가치를 포함하고 모든 종류의 지적 능력을 통합한다. 때문에 문화예술교육에서 디자인의 목표는 학습자가 다양한 분야에서 배운 것들과 디자인적 사고를 연계하는 창조력을 기르고, 통합적 인간의 가능성을 체계적으로 향상하는 것이다.

05
나가며: 문화예술교육 전용공간의 기대효과

문화예술교육 전용공간은 문화예술교육의 새로운 환경으로 다양한 활동과 통합적 경험의 제공을 목표로 한다. 이를 통해 지역주민의 문화예술적 잠재력을 발견하고 문화 감수성의 성장을 실현할 수 있는 공간을 지향한다. 문화예술교육 전용공간은 지역주민이 삶에 대해 탐구하고 창의적이며 다양한 문제 해결을 위해 상상하고 활동하는 공간이다. 또한 문화예술교육 전용공간은 스스로에 대한 인식을 새롭게 하고 이웃과 지역에 대한 이해의 폭을 넓히는 새로운 문화공동체를 이루는 활동의 장소로 기대된다. 현재 이를 구현하는 구체적이고 정교한 문화예술교육 전용공간의 조성 및 운영이 논의되고 있다.

문화예술교육 전용공간의 조성은 물리적 공간 조성과 더불어 문화예술교육 전문인력이 활동할 수 있는 조직과 근거를 마련하는 문제를 동시에 해결하여야 한다. 문화예술교육 전용공간은 물리적 구조물이면서 동시에 조직적 기관의 통합적 성격을 가진다. 문화예술교육 전용공간이 설립된다는 것은 주민 모두가 이용 가능한 시설이 생기는 동시에 공간을 운영하는 전문인력과 조직이 구축되는 것을 의미하기 때문이다. 예술 활동에 최적화된 공간을 기반으로 인적자원과 조직이 사업을 통해 유기적으로 연계되는 기관으로서의 정체성을 가져야 한다. 문화예술교육 전용공간이 백화점 문화센터식 운영이 아니라 지역 내 다양한 문화자원과 연계되고 전문성을 담보하기 위해서는 지역 내 전문가들과 문화예술교육 전문인력과의 협업이 필수적이다.

지역 내 전문가들과의 연계와 협업만큼 중요한 것이 지역주민들의 일상의 삶을 담을 수 있는 프로그램들이 운영되어야 한다는 점이다. 문화예술교육은 일상의 문화예술 향유를 위한 적극적 대안으로 일상성이 중요하며 일상의 삶 속에서 상시적인 예술 활동 경험을 위해서는 생활 속 거점으로의 역할이 필요하다. 문화예술교육 전용공간은 교육철학을 바탕으로 사회적 환경 및 트렌드 변화의 이해와 미래 사회의 요구에 대응할 수 있는 문화예술교육의 거점이 될 수 있다. 전국적으로 문화예술교육 전용공간의 조성을 기대한다.

제 17 장

문화복지

주효진(가톨릭관동대학교)
장봉진(가톨릭관동대학교)

생각해 보기

- 문화복지와 사회복지의 관계는 무엇인가?
- 우리나라 문화복지의 변화 과정은 어떠한가?
- 문화복지와 관련된 주요 이슈와 논쟁은 무엇인가?
- 문화복지와 문화권의 바람직한 관계는 어떻게 정립되어야 하는가?

01
들어가며

최근 사회복지의 개념이 물질적 차원을 넘어서 삶의 전 영역으로 확대되는 가운데 문화복지는 우리나라 복지정책의 한 영역으로 자리잡아가고 있다. 또한 문화복지는 국민들의 문화적 생활과 건강하고 쾌적한 여가생활의 보장을 통해 진정한 의미의 삶의 질을 높이기 위한 방안으로서 학문적 연구와 정책적 개입의 대상으로 발전해왔고, 이러한 기조에 발맞춰 문화기본법[1]이 제정되었다(주효진 외, 2014: 353).

문화복지와 관련해서 구별해야 되는 개념이 사회복지 개념이다. 사회복지는 "사회 구성원의 기본적인 욕구를 사회 제도를 통해 충족시키면서 여러 사회 문제들을 해결하려는 국가의 조직적인 활동을 말한다"(현택수, 2006). 사회복지의 하위 영역에는 노인복지, 장애인복지, 여성복지, 청소년복지, 아동복지 등 대상별 분류에 의한 구분이 가능하고, 학교사회사업, 의료사회사업, 산업복지 등 사회적 영역별로도 분류가 가능하다. 또한 김학만 외(2005)는 광의의 사회복지에는 노동복지, 교육복지, 주택복지, 문화복지가 포함되고, 최광의의 사회복지에는 사회적 연대감, 경제적 풍요 및 정신적 만족감까지도 포함된다고 주장한다. 그리고 김문환(1996)은 문화복지와 사회복지를 구별하기 위해 머슬로(Abraham H. Maslow)의 욕구계층이론을 원용하면서 사회복지는 생리적 안전 욕구와 밀접하게 관련되어 있는 반면, 문화복지는 좀 더 고차원적인 욕구인 애정 욕구, 존경 및 긍지 욕구, 그리고 자아실현 욕구와 관련되어 있다고 주장한다(박관후 · 선우숙, 2014).

문화복지가 무엇을 의미하는가에 관해서는 학자들 사이에 아직까지 통일된 정의는 없으며, 다양한 방식으로 정의되고 있다. 현택수(2006)는 '문화복지'는 '문화'와 '복지'의 복합어로서 '문화'가 '사회복지'라는 영역과 결합하면서 생겨난 신조어라고 규정한다.[2] 이러한 용어는 학계에서 먼저 논의되었다기보다는 1980년대 삶의 질에 관심이 높아진 전두환 · 노태우 정부에 등장한 개념으로 국가의 역할을 국민의 삶의 질과 연계하기 시작한 것에서 기인하고, 1995년 문민정부에서 본격적으로 사용했다고 볼 수 있다. 1995년에 문민정부는 세계화정책의 일환으로 '삶의 질의 세계화'를 국정 목표로 설정하고, 문화복지를 이를 달성하기 위한 하위 정책과제로 제시했다. 이어 문화체육부(현 문화체육관광부)는 1996년을 '문화복지 개막의 해', 1997년을 '문화복지 확산의 해'로 설정하고 본격적인 생활권 중심의 문화복지를 구현하고자 노력했다. 이를 통해 기본권으로서의 문화권을 보장하고, 생산적 · 예방적 복지 추구, 국민의 문화 활동 참여 활성화 등을 기본 정책방향으로 설정하였으며, 수혜 대상을 취약계층에 국한한 것이 아니라 국민 전체를 대상으로 보편적 문화복지를 추구하였다.[3]

학계에서 본격적으로 문화복지 개념에 대한 시도는 이종인(1987)에 의해 이루어졌다. 그는 『문화복지와 지방문화』라는 저서에서 "문화복지란 좁은 의미로는 문화적 결함을 갖는 문화적 약자나 문화적 낙오자를 예방, 치료하는 것"이라고 했으며, 넓은 의미로는 "모든 국민의 문화생활상의 요구 내지는 문화적 필요성에 부응해 문화환경을 개선·향상시키는 사회문화적 서비스"라고 정의하였다. 이어서 정갑영·장현섭(1995)은 사회학자 파슨스(Talcott Parsons)의 문화체계 이론을 원용해 "문화복지란 사회 전반의 가치관, 구성원들이 견지하고 있는 규범, 그리고 그들이 만들어 내는 물질적 재화 등을 창조, 변화, 유지시키기 위해, 그 사회의 문화 체계를 구성하고 있는 하위 단위(AGIL) 영역 속의 개인이나 집단으로 하여금 상실했거나 약화된 전체 사회 또는 하위 체계의 사회적 기능을 회복하게 하거나 이런 체계에 닥칠 수 있는 미래의 사회적 기능 장애를 예방하게 하거나 새로운 상황에 적절히 대응하는 창의력과 적응력을 계발하도록 갖가지 법, 프로그램, 급부 및 서비스 등을 제공하기 위한 민간과 정부 차원의 광범위하고 조직적인 활동을 말한다"라고 정의하였다.[4] 또한 현택수(2006)는 문화복지에 대한 다양한 정의를 검토하면서 문화복지 개념의 정의에는 반드시 문화복지의 대상, 문화복지 정책의 수행 주체, 문화복지 프로그램, 그리고 전달 체계 등에 대한 일련의 내용이 포함되어야 한다고 주장하면서 "문화복지는 국민의 미적 감수성과 문화적 창의력을 계발해 문화소외계층과 일반 국민의 인간다운 문화생활을 보장하고 전체 국민의 문화생활의 수준을 제고시키려는 정부·민간의 활동을 말한다"라고 정의하였다. 그리고 한국문화예술위원회(2012)는 "문화복지란 진정한 의미의 삶의 질을 높이기 위해

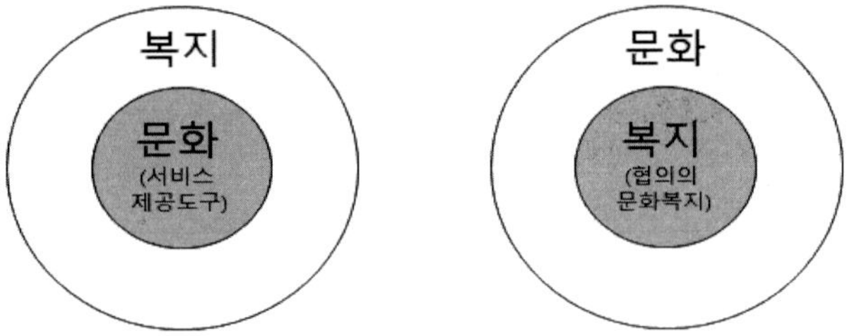

그림 17-1 문화복지의 기존 이해도

출처: 최종혁 외(2009); 박관후(2016).

국민의 문화적 생활, 건강하고 쾌적한 여가생활을 실현하는 데 도움을 주는 모든 공공 서비스를 의미한다"고 밝히고 있다.

하지만 여러 학자들의 정의는 정책학적 관점에서 볼 때, 정책 대상의 범위가 너무 넓고 정책의 주체 측면에 대한 개념 정의가 불분명한 점이 있다. 또한 국민의 문화복지를 하나의 공공재로 간주하면서 전적으로 시장 기능에 맡길 경우 시장실패가 필연적으로 일어날 수밖에 없으며, 따라서 시장실패를 치유하고자 중앙정부 또는 지방정부가 공권력을 가지고 이들 문제를 해결하기 위해 일련의 정책적 수단을 사용하여 개입하는 것이 바람직할 수 있다는 전형적인 시장실패와 정부 개입의 논리가 적용될 수 있다.

02
문화복지에 대한 주요 이슈들

공공재로서의 문화예술

문화복지에 대해 공공 지원이 필요한 이유 중의 하나는 문화를 공공재로 인식하는 데서 시작된다. 예를 들면, 문화유산의 보존과 계승, 공공문화시설 건립, 공공장식물 등은 공공재로서 상당 부분 정부가 개입하여 생산과 유통이 그 사회가 요구하는 바람직한 수준으로 공급되어야 한다는 것이다(심광현, 2003). 실제적으로 문화예술 활동은 오랜 전부터 '사적 영역'으로 간주되었으나, 여기에 일대 변화를 가져온 계기가 1942년에 나온 영국 노동당의 국가최고위원회(National Executive Committee) 보고서라고 할 수 있다. 이 보고서에 의하면, 정부가 복지론적 관점에서 모든 국민에게 문화를 향유할 수 있도록 공공 지원을 의무화해야 한다고 명시하면서 다음과 같은 논리를 전개했다.

> "우리는 모든 국민이 적절한 수준의 건강과 영양 상태를 유지하고 노후에 보살핌을 받을 수 있도록 복지 서비스를 제공해야 한다. 그리고 한 사람도 빠짐없이 국민 모두가 우리의 문화유산을 향유할 수 있도록 교육 기회를 제공해야 한다. …… 노동당은 현재 민간 기부에 주로 의존하는 문화와 레크리에이션을 위한 공공시설도 사회적으로 제공되어야 한다고 믿고 있다"(Minihan, 1977: 235; 이혜경, 2001: 261 재인용).

보고서의 주요한 내용은 정부가 문화예술 활동에 깊이 관여하는 이유가 크게 문화예술이 공공에게 주는 편익의 효과와 문화예술 활동 참여의 형평성에서 비롯된다는 것이다. 하지만 이러한 정부 개입이 과도하게 이루어질 경우 자칫하면 예술 활동의 자율성을 침해할 위험성도 배제할 수는 없다고 경고하고 있다. 따라서 이러한 측면에서 우리나라를 비롯한 많은 선진국에서 정부가 지원은 하되 간섭은 하지 않는다는 '팔길이 원칙(arm's length principle)'을 견지해 오고 있는 것이다.

정부의 문화예술 활동 지원의 결과로서 기대할 수 있는 공공적 효과는 크게 보면, 국가정체성 확립, 사회적 응집력 강화, 국가 위상 제고, 경제적 가치 창출, 사회발전 효과로 요약할 수 있다(임학순, 2003). 특히 정부가 경제 능력이 없어 문화향유에서 소외된 계층에게 문화예술에 접할 기회를 부여한다면 이는 간접적으로 소득재분배와 사회통합 효과를 가져 올 수 있다. 또한 이흥재(2006)도 문화복지가 창의성에 바탕을 둔 문화 콘텐츠 지식기반 사회 조성에 기여할 뿐만 아니라 문화정체성 형성과 국가 이미지 제고에도 도움이 된다고 주장한다.

문화예술이 앞에서 언급하듯이 국가발전을 위해 바람직한 가치재이지만 문화예술이 갖는 특성상 시장실패가 일어날 가능성이 높은 분야라고 볼 수 있다. 구체적으로 보면 첫째, 문화예술은 가변비용에 비해 고정비용이 높은 전형적인 비용 감소 산업의 성격을 가진다. 둘째, 국민의 문화예술 활동은 개인의 소득수준, 교육수준에 따라 민감하게 영향을 받는다. 이러한 점을 고려할 때 문화복지는 시장경제를 통해 충분히 충족시킬 수 없는 사회적 약자의 문화 욕구를 정부가 개입해서 해결해 주는 제도적 차원의 복지라고 볼 수 있다. 반면에 문화예술에 있어서 정부의 지원을 반대하는 사람들은 문화예술의 창조성은 자극하는 것이 아니라 가난에서 비롯되며, 정부의 지원을 통해서 과도하게 규제하고 규율하는 결과를 가져올 것이며, 선보다는 해를 더 끼치게 되는 정부 통제의 위험성을 주장하고 있다. 또한 정부가 시장실패를 보완하기 위하여 공공재의 생산을 지원하는 것과 같이, 문화예술의 공공재로서의 성격이 인정되면 문화예술에 대한 정부 지원은 시장경제 체제 하에서의 정부의 당연한 기능이 될 것이라는 주장도 있다. 이에 대해 보몰과 보웬(Baumol & Bowen, 1966)은 문화예술이 부분적으로 사적재이고 부분적으로는 공공재적인 성격을 가지고 있다고 주장하면서 문화를 공공재의 성격에서 다소 후퇴하여 혼합재(mixed food)라고 주장하고 있다.

문화적 형평성(문화 격차)

선진국에서는 일찍부터 복지적 관점에서 주로 사회취약계층의 문화접근 및 참여에 비중을 두고 문화예술 정책을 추진해왔다. 영국 예술진흥원은 1950~1960년대에 걸쳐 극장과 아트센터를 중심으로 워크숍, 토론, 교육 활동 등에 관한 프로그램을 소외계층을 대상으로 집중적으로 실시해 왔다. 또한 1993년에 나온 예술진흥원의 정책보고서인 「A Creative Future」에서는 예술의 질적 향상뿐만 아니라 균등한 문화접근 보장, 교육, 사회적 책무 등에 관해 비중있게 다루고 있다. 이어 1997년의 'Arts for Everyone' 사업에서도 공공 지원 원칙으로 국민 참여 장려, 어린이·청소년 우선을 제시하였다. 그리고 1974년에 발표된 스웨덴의 문화정책에서도 "사회적 약자들의 문화적 경험 기회와 필요성을 고려"하는 것을 목표로 제시하고 있다(이흥재, 2006).

심광현(2003)은 현대 사회가 노동사회에서 문화의 중요성이 부각되는 문화사회로 이행하고 있다면서, 그 이유는 노동시간의 단축과 여가시간의 증대에서 찾을 수 있다고 주장한다. 우리나라도 2018년 7월 1일부터 기존 주 최대 68시간에서 주 최대 52시간으로 근로시간이 단축되면서 문화 및 여가 활동이 증대되고 있다. 이로 인해 문화영역은 바로 '사회 전체 자원의 재배분'이라는 관점에서 조망되어야 하며, 공적 방식의 해결책에 의존해야 하는 영역으로 부각되고 있다. 즉, 문화적 불평등의 문제가 제기된다는 것으로, 다시 말해 개인, 집단, 계층, 지역, 국가 간에 문화적 불평등이 존재할 수밖에 없으며, '문화적 형평성'을 달성하기 위해 '문화 민주주의'가 요구된다.[5)]

이러한 문화적 형평성과 관련해서는 지역, 소득수준 등으로 인해 문화 격차가 발생하고 있다. 지역에 따른 문화 격차는 지역에서 다양한 주체들의 접근성과 향유할 수 있는 기회 및 만족도의 차이이며, 소득수준에 있어서는 소득의 부재나 과소로 인해 문화적 삶을 추구하는 데 있어서 어려움을 의미한다. 특히 근로시간이 단축되면서 문화 및 여가 생활에 대한 활동이 증가하는 이면에 지역 또는 소득수준의 격차로 인해 문화 격차가 더 커질 수도 있다.

문화적 형평성 측면에서 문화 격차를 해소하기 위한 제도로 정부에서는 '문화 바우처 정책'과 '예술인 복지정책'을 시행하고 있다. 문화 바우처 정책이란 저소득층이나 소외계층에게 무료로 증서를 나누어 주고 예술 관람 시 입장료의 전부 또는 일부를 증서로 대체하게 하는 정책이라고 할 수 있다(이혜경, 2001). 즉, 문화 바우처 정책은 문화접근성과 지역 간 문화의 불평등을 완화하기 위한 제도라고 할 수 있다. 하지만 문화 바우처 정책에는 몇 가지 쟁점이 있다(용호성, 2012). 첫째, 문화복지 정책의 이념적 지향점으로서 문화의 민주화 vs. 문화 민주주의 논쟁이다. 둘째, 정책의 대상 문제로서 경제적 소외층 vs. 문화적 소외층 논쟁이다. 셋째, 지원의 방식 문제로서 포인트제 vs. 카드제 논쟁이다. 넷째, 제공하는 혜택의 내용 문제로서 선별성 vs. 자유성 논쟁이다. 다섯째, 전달 체계 문제로서 보건복지 전달 체계 vs. 문화전담 전달 체계 논쟁이다. 이러한 쟁점을 고려할 때 문화 바우처 정책의 발전을 위해서는 사회문화예술교육 사업 및 나눔 사업과의 연계 강화, 기획 사업 강화, 카드 사용 범위 및 가맹점 확대, 문화 바우처의 제도화 및 전문인력 양성 등이 필요하다.

예술인 복지법은 예술인의 직업적 지위와 권리를 법으로 보호하고, 예술인 복지 지원을 통하여 예술인들의 창작 활동을 증진하고 예술발전에 이바지하는 것을 목적으로 2011년에 제정되어 2012년부터 시행되고 있다. 예술인 복지와 관련해서 예술 활동 증명, 예술인 패스, 창작준비금 지원, 예술인 파견 지원, 예술인 산재보험, 사회보험료 지원 등의 사업들이 추진되고 있다. 하지만 이러한 사업들과 관련해서 아직 다양한 쟁점들이 있다(박영정, 2012: 5-20; 박광무, 2013: 316-317). 첫째, 노동법상 '근로자' 지위가 지나치게 확대됨으로 인해 대상 예술인의 범위와 기준 설정이 모호하고, 다른 집단과의 형평성에 문제가 제기되고 있다. 이는 예술인을 근로자로 보느냐에 따라 고용보험과 산재보험의 혜택을 받을 있다는 점에서 예술인들에게 근로자의 지위를 줄 것이냐가 중요한 쟁점이라고 할 수 있다. 둘째, 수혜 대상과 관련해서 예술인의 범위와 기준을 어떻게 정할 것인가에 대한 쟁점이 있다. 또한 현재 예술인 복지를 위해 시행하고 있는 예술인 파견 지원 사업의 경우 예술인들이 파견 회사의 문제 해결에 창의적 도움이 된다는 긍정적인 효과도 있지만 관리 허술로 인한 부정 수령 등의 문제도 제기되고 있다.

공급자 관점에서의 서비스 표준화

대부분 정부 서비스는 표준화라는 미명 하에 행정기관에 의해 관행으로 이루어지는 경우가 많은데 이는 또 다른 불공평을 야기할 가능성이 높다. 왜냐하면 공공 서비스 수혜자의 취미, 욕구, 선호, 배경이 상이하기 때문에 이들을 동일하게 다루는 것은 공정하지 못하다고 볼 수 있기 때문이다. 즉, 평등한 대우가 반드시 공정한 대우가 될 수 없다.

샐지와 베라(Salge & Vera, 2012)에 의해서 행해진 경험적 연구는 혁신 활동과 공공 서비스 질의 수준 간에는 강한 상관관계가 있다는 사실을 발견하였다. 여기서 한 가지 흥미있는 발견은 수요자 관점에서 혁신 활동이 많이 일어나면 날수록 공공 서비스 질의 수준은 증가한다는 것이다. 반면에 공급자 관점에서 혁신 활동은 많이 일어나면 날수록 공공 서비스 질의 수준은 감소한다는 것이다.

류재구(2014)의 연구에서는 경기도 내 31개 시·군을 도시형, 도·농통합형, 농촌형으로 구분하여 이들에 대한 문화복지 프로그램을 조사한 결과 지역적 특성이 반영되지 않고, 획일적 문화복지 프로그램이 제공되고 있다는 사실을 발견했다. 이러한 사실은 문화복지 분야에서도 여전히 공급자 관점에서의 프로그램이 대세를 이루고 있다는 것을 여실히 보여주고 있다. 이러한 문제점을 방지하기 위해서는 프로그램 설계 때부터 문화복지 수혜자들의 참여가 제도적으로 보장될 수 있도록 하는 방안이 적극적으로 강구되어야 할 것이다.

03
나가며

문화복지의 인식에 있어서 문화가 복지의 한 영역인지, 복지가 문화의 영역인지 또는 문화복지의 실현 방법에 있어서 문화의 민주화냐 문화 민주주의냐, 문화복지의 적용 대상에 있어서 보편성이냐, 선별성이냐 등과 같은 비생산적인 논의는 이제 멈추어야 한다. 즉, 이제는 문화의 집, 문화바우처사업, 문화예술교육사업 등 실질적인 문화복지 프로그램의 효과성 향상을 통해 수혜자들의 만족도를 극대화시킬 수 있는 정책대안들을 지속적으로 개발하고 적용하는 것에 중점을 두는 것이 현실적이다. 또한 문재인 정부가 지향하고 있는 '복지'라는 큰 주제 아래서 정부 부처별로 이루어지고 있는 다양한 정책사업이나 프로그램들을 거버넌스 또는 협업이라는 틀 속에서 이루어지도록 하는 것이 필요하다. 다시 말하면, 정부 부처별로 개별적인 정책사업이나 프로그램들이 집행되는 것이 아니라 '문화'라는 주제 속에서 공통분모를 가지고 있으면서 이루어지는 모든 부처의 정책사업과 프로그램들이 통합적인 관점에서 수행되어져야 한다는 것을 의미한다. 또한 이를 통해 정부의 예산, 조직, 인력부문의 효율성 증대뿐만 아니라 실질적 수혜자인 국민들의 문화복지에 대한 체감도를 향상시키는 데 정책의 초점이 맞추어져야 한다는 것이다.

문화복지는 실제적으로 서비스의 형태로 제공된다는 측면에서 생산자와 제공자의 관점이 아닌 수혜자의 입장에서 서비스의 종류와 양, 그리고 질적 수준이 정해질 수 있도록 하는 것이 필요하다. 또한 이러한 결정 과정에 다양한 참여자들이 포함되어 민주성과 책임성, 그리고 대응성이 최대한 확보되도록 하는 노력과 과정이 필요하다.

21세기 문화의 세기, 그리고 제4차 산업혁명 시대에서 우리나라의 문화복지는 1968년 유네스코의 성명서에서 주장하는 사회 구성원에게 보장된 노동권, 여가권, 사회보장권 등에 이어 문화권을 주장하는 것에 전적으로 동의하면서 모든 정책 활동들이 이루어져야 한다. 즉, 이제는 단순한 문화복지 서비스의 제공을 통해 문화 격차를 해소한다는 의미를 가진 문화복지를 넘어서 문화권으로 귀결되는 문화복지가 되어야 한다는 것이며, 문화권이 모든 정책 영역에서 이루어지는 정책 활동의 기본 플랫폼이 되어야 한다는 것이다.

제 18 장

문화와 미디어

신현기(가톨릭대학교)

생각해 보기

- 문화와 미디어의 관계를 어떻게 이해해야 하나?
- 한국에서 언론의 신뢰가 하락한 이유는 무엇인가?
- 전통 미디어와 구별되는 뉴미디어의 특징은 무엇인가?
- 뉴미디어 공론장의 가능성과 문제점은 무엇인가?
- 한국 사회의 소통구조와 문화를 개선하기 위해 무엇이 필요한가?

01
들어가며

미디어와 문화의 관계는 무엇인가?

먼저 한 사회의 문화가 미디어 콘텐츠와 미디어 기술의 발전을 주도한다는 입장이 있다. 이를 문화결정론이라고 한다. 반대로 미디어 콘텐츠와 기술이 사회와 문화의 모든 것을 변화시킨다는 주장도 있다. 이를(미디어) 기술결정론이라고 하는데, 대표적인 인물이 맥루한(Herbert Marshall McLuhan)이다. 그는 새로운 커뮤니케이션 기술이 문화를 결정하며, 중요한 것은 콘텐츠가 아니라 미디어의 형식이라고 주장했다. 그가 남긴 "미디어가 메시지다"라는 유명한 경구는 미디어의 결정적 역할을 강조하는 말이다. 예컨대, 인쇄기의 발명은 성경과 종교 서적에 대한 대량생산을 가능케 했고, 대중의 문자해독률을 높여 서구 사회의 종교개혁과 문화혁명에 결정적 역할을 한 것으로 알려져 있다. 그러나 인쇄기의 발명은 여기에 그치지 않고, 사람들로 하여금 자신의 생각과 주장을 인쇄된 페이지의 낱말처럼 선형적이고 논리적으로 제시할 수 있다는 생각을 갖도록 했고, 이를 자연에 적용해 자연에도 시작과 끝, 그리고 원인과 결과가 있다는 생각을 갖도록 했다. 이렇게 원인과 결과의 관점에서 자연현상을 해석하는 독특한 사유방식은 근대의 과학적 사유의 토대가 되었다. 그러니까(미디어) 기술결정론의 관점에서 봤을 때, 근대 과학의 탄생은 거슬러 올라가면 인쇄기의 발명이라는 새로운 미디어 기술의 등장에 의해 촉발된 것으로 해석된다(McLuhan, 1964).

이처럼 문화결정론과 기술결정론이 거시적 관점에서 문화와 미디어의 관계를 연구한다면, 문화비평의 전통을 잇는 미디어비평 연구는 아예 미디어를 문화의 일종으로 파악한다. 특히 미디어비평은 미디어 콘텐츠에 감춰진 지배적 이념이나 이데올로기를 폭로하는 데 주력한다. 예컨대, 헤게모니로 표현되는 한 사회의 지배적 문화나 사회적 합의는 자본주의적 경제질서에서 자본가계급의 지배를 영속화하는 이념이나 이데올로기일 수 있다. 또는 미디어에서 여성은 실제 인구보다 과소 대표되며, 설사 등장하더라도 어머니, 가정주부, 비서 등 정형화된 역할로만 등장한다. 이는 미디어가 남성우위 문화의 한 표현이거나 혹은 그것을 강화하는 역할을 하고 있음을 말해준다. 미디어비평은 미디어에 내재한 인종주의 문화를 폭로하기도 한다. 즉, 미디어에서 흑인이나 유색인종은 언제나 백인보다 사회적으로 열등한 지위와 역할만을 맡는 것으로 묘사되는데, 이는 미디어를 수용하는 사람들에게 무의식적으로 흑인이나 유색인종은 백인보다 열등하다는 생각을 갖도록 한다.

미디어비평의 또 다른 초점은 미디어 콘텐츠에 감춰진 문화적 관습을 드러내는 것이다. 예컨대, 공포물이나 공상과학물, 또는 로맨틱 코메디와 같은 장르(genre)에는 독특한 스타일과 형식, 그리고 정형화된 스토리텔링 공식이 있다. 따라서 작가와 제작자는 특정 장르의 독특한 상징체계를 이용해 메시지를 부호화(coding)하고, 수용자들은 그 메시지를 자신들만의 방식으로 해독함(decoding)으로써 공유된 문화를 확인하고 서로 의미를 교환한다(Hall, 1980). 지금까지의 설명은 미디어와 문화에 대한 주류적 연구경향에 관한 것이다. 미디어와 문화에 대한 제3의 시각은 문화결정론과 기술결정론의 중간 지점에서 문화와 미디어의 상호작용을 강조하는 사회학적 기능주의의 관점이다.

사회학적 기능주의의 관점에서 사회는 미디어 없이 제대로 돌아가지 않으며, 미디어는 사회와 문화의 필요에 부응하기 위해 존재하는 것으로 이해된다. 즉, 사회와 문화는 자신의 유지와 존속을 위해 미디어의 환경감시, 해석, 가치의 전달과 사회화 등의 기능을 필수적으로 요구한다. 이러한 미디어의 기능은 뉴스 미디어에서 두드러진다. 뉴스 미디어는 사회적으로 중요한 사건을 보도함으로써 환경을 감시하는 기능을 한다. 또 일상적으로 일어나는 다양한 사건을 특정한 관점에서 해석함으로써 사람들로 하여금 자신을 둘러싼 세계에 대한 이해를 돕고, 이를 통해 사회 전체적으로 혹은 세대를 거쳐 공통의 가치관과 규범을 확인시켜줌으로써 사회와 문화의 유지, 존속에 기여한다.

그렇다면 지금, 우리 시대에 뉴스 미디어에서 어떤 변화가 진행되고 있는가를 살펴보는 것은 그 뉴스 미디어가 기능하는 사회와 문화의 변화를 관찰하는 유력한 방법이 될 것이다. 뉴스 미디어의 변화는 그것을 이용하는 사람들의 태도와 의식에 어떤 영향을 미치는가. 또 그러한 태도와 의식의 변화는 우리 사회의 민주주의와 문화에 어떤 변화를 초래하며, 그러한 변화의 함의는 무엇인가?

02
미디어 대체 현상과 언론 불신

영국 옥스퍼드대 부설 로이터 저널리즘 연구소가 매년 발간하는 『디지털 뉴스 리포트』는 한국을 포함해 36개국의 설문조사를 바탕으로 각국의 뉴스 미디어 이용 현황을 다양한 각도로 분석한다. 이 보고서의 2017년 버전에서 발견되는 가장 두드러진 특징은 사람들이 주로 사용하는 뉴스미디어가 신문, TV 등과 같은 전통 미디어에서 인터넷, 소셜미디어 등과 같은 뉴미디어로 급격히 변화하고 있다는 점이다. 이른바 '미디어 대체' 현상이다. 미디어 대체 현상은 세계적인 현상이지만, 한국은 그 속도와 정도가 유독 두드러진다.

한국에서 인터넷, 소셜미디어 등 뉴미디어를 통한 뉴스 소비 비중은 50%로, 36개국 평균(44%)보다 높다. TV를 통한 뉴스 소비는 44%(36개국 평균 41%), 종이신문은 5%(36개국 평균 8%)이다. 전통 미디어의 쇠퇴는 지난 수십 년 간 꾸준히 진행되어 온 '오래된 현실'이지만, 한국의 경우 그 속도가 유독 빠르다. 특히 한국에서 미디어 대체 현상은 젊은층일수록, 이념적으로 진보성향일수록 두드러진다(김선호 · 김위근, 2017). 이는 다양한 각도로 해석 가능하다. 그것은 높은 인터넷 보급률 등과 같은 기술적 기반 위에서 젊은층과 진보층의 문화적 습관이 결합된 결과일 수 있다. 즉, 젊은 사람들과 진보 성향의 사람들은 기술의 변화에 보다 관대하기 때문에, 그 변화를 보다 적극적으로 수용하는 경향이 있기 때문으로 해석할 수 있다.

그러나 한국에서 신문, TV와 같은 전통 미디어에 대한 불신이 유독 높다는 사실은 미디어 대체 현상이 그러한 불신과 깊은 관련이 있음을 암시한다. 한국의 뉴스 신뢰도는 2016년에 이어 2017년에도 36개국 중 꼴찌를 기록했다. 한국에서는 언론이 정치권력이나 기업에 포획되었다고 믿는 사람들의 비중이 특히 높다. 한국에서 언론이 정치적 영향력으로부터 자유롭지 않다는 응답은 62%로, 36개국 평균(44%)보다 높다. 기업 영향력으로부터 자유롭지 않다는 응답도 36개국 평균(42%)보다 높은 59%에 달한다. 즉, 한국인들은 언론이 정치권력이나 기업에 대한 감시견(watch dog) 역할을 제대로 하지 못한다고 생각하며, 이러한 불신은 인터넷의 발달, 뉴미디어의 등장 등과 맞물리면서 세계에서 가장 빠른 미디어 대체 현상을 촉발했을 것으로 추정된다.

그렇다면 한국에서 전통 미디어는 왜 그토록 심각한 불신의 대상이 되었는가?

언론 불신의 첫 번째 차원의 분석은 역사적 차원의 분석이다. 1987년 민주화 이전 한국 언론은 권위주의적 정부 아래서 정권에 순응하는 대가로 정치적, 경제적 기득권을 공유하는 제도화된 언론으로 기능했다. 그러나 1987년 민주화 이후 권위주의적 정권이 물러나고, 민주정부가 등장하는 과정에서 사회 전반에 불어닥친 민주화와 자유화의 물결을 타고 제도언론은 자율언론으로의 탈바꿈을 시도한다. 특히 민주화 이행기는 기존 정치권력의 정통성은 급격히 약화되었지만, 새롭게 등장한 정치권력의 정통성은 여전히 확립되지 않은 권력의 공백현상이 발생했다. 자율언론으로의 변신을 도모하던 한국의 언론은 이러한 과도기의 권력 공백상태에서 시민사회에 대한 영향력을 급격히 확대하면서 권력의 감시견이 아니라 스스로 권력기관이 되는 권력언론으로 변신하기 시작했다(박승관 · 장경섭, 2001). 특정 신문의 기자들이 사주를 향해 '밤의 대통령'이라고 불렀다는 일화라든지, 자신의 신문을 선거 과정에서 대통령 후보를 보도하는 데 그치지 않고, 스스로 '대통령을 만드는 신문'이라고 인식했다는 일화는 민주화 이행의 과도기에 유사 권력기관으로 변질되어 가던 언론의 모습을 적나라하게 보여준다.

유사 권력기관화된 언론의 이념적 성향은 압도적으로 보수적이었다. 이는 주류 언론이 기득권 집단과 정치적, 경제적 이해를 공유하기 때문이기도 하지만, 보수 우위의 여론 지형에서 이념적으로 보수의 자리를 점하는 것이 상업적으로도 유리했기 때문일 것이다.

문제는 IMF 외환위기 이후 역사상 최초의 수평적 정권교체가 이뤄지면서 새롭게 등장한 정치권력과 기존 보수언론 간의 이념적 갈등이 불가피해졌다는 점이다. 새롭게 등장한 정치권력은 권력화된 언론을 견제하고자 했고, 이에 위기를 느낀 주류 보수언론은 새로운 정치권력을 집요하게 공격했다. 이 과정에서 비교적 동질적 이해관계를 공유하던 언론 내부에서도 급격한 이념적 분화가 일어났다.

그래서 한국에서 언론 불신과 관련된 두 번째 차원의 분석은 정치적 · 이념적 차원의 분석이다. 보수 우위의 한국 언론지형에서 비교적 진보적인 언론이 등장한 것은 1988년 〈한겨레신문〉의 창간이었다. 이는 민주화 이후 시민사회의 이념적 분화가 새로운 언론의 탄생으로 이어진 것으로 해석할 수 있다. 그럼에도 1998년 수평적 정권교체 이전에는 언론 내부의 정치적 · 이념적 갈등은 크게 문제시되지 않았다. 그러나 새로운 진보 성향의 정치권력이 등장하면서 언론은 완연하게 보수언론과 진보언론으로 분화되기 시작했고, 언론의 성향에 따라 정부의 국정운영과 정책방향에 대한 입장도 달라졌다. 예컨대, 김대중 정부와 노무현 정부에서는 보수언론이 집요하게 정부를 공격했고, 반대로 이명박 정부와 박근혜 정부에서는 진보성향 언론의 정부 공격이 상대적으로 더 집요했다. 이처럼 정권의 정치적·이념적 성향에 따라 정부를 대하는 각 언론의 입장과 태도가 달라지면서 한국 언론은 과거의 '정론지'라는 이미지를 벗고, 완연하게 '정파지'의 성격을 띠게 되었다. 이러한 정파성의 강화는 민주화 이후 한국 언론에 나타난 가장 두드러진 특징이었다.

한국 언론이 정파화되었다는 것은 언론이 과거와 같이 국민 전체의 입장에서 정부를 비판하던 관행에서 벗어나 자신이 속하거나 또는 대변하는 집단의 정치적·이념적·경제적 이해에 더욱 예민하게 반응하게 되었음을 의미한다. 또 정파화된 언론은 정치권력이 자기 집단의 이익을 위협할 경우 사납게 정부를 공격하는 공격견(attack dog)이 되었음을 의미하는 것이기도 하다. 정파화된 언론은 시민사회 내부의 이념적 분화를 반영한 것이지만, 역으로 정파화된 언론으로 인해 시민사회의 이념적 분화가 더욱 가속화됨으로써 시민사회 내부에서의 언론 비판, 언론 상호 간의 비판이 활발해졌다. 이는 결과적으로 언론 전체의 신뢰도 하락을 초래했다.

언론 불신의 세 번째 차원의 분석은 산업적 차원의 분석이다. 언론은 시민사회를 대표해 공익을 수호하는 제4부라는 공적 위상과 함께 영리를 목적으로 운영되는 사적 기업이라는 이중의 성격을 갖고 있다. 언론의 정파성이 강화되던 시기는 인터넷 등을 기반으로 한 뉴미디어가 등장하면서 산업적으로 전통 미디어, 특히 신문산업의 경영난이 가중되던 시기였다. 기존 언론은 뉴미디어 환경에서 생존하기 위해 다양한 시도를 했지만 활로는 쉽게 열리지 않았다. 신문의 예를 들면, 뉴미디어 환경이 도래하면서 신문의 구독자는 눈에 띄게 감소했고, 인터넷의 공짜 콘텐츠에 익숙한 소비자들은 신문의 콘텐츠 유료화 시도를 번번히 좌절시켰다.

이런 상황에서 언론은 정권과의 유착을 통해 돌파구를 마련하고자 했다. 그 일환으로 추진된 것이 신문사의 방송 진출이다. 이를 위해서는 한 언론사가 성격이 다른 미디어를 동시에 소유하는 교차소유가 허용되어야 했다. 방송 진출을 노리는 언론사들은 '신문과 방송의 겸업은 세계적 트렌드', '미디어산업의 발전과 일자리 창출' 등을 명분으로 교차소유의 정당성을 주장하며 관련 미디어법의 개정을 요구했다. 그러나 주류 보수신문의 방송 진출은 그렇잖아도 보수적인 여론 시장을 더욱 보수적으로 재편할 우려가 있었다. 이는 '여론의 다양성'이라는 미디어산업의 또 다른 가치와 정면 충돌하는 것이었다.

그럼에도 보수언론들은 자신의 산업적 이익을 '미디어산업의 발전과 일자리 창출'이라는 국가적 이익으로 환치하면서 줄기차게 관련 법의 개정을 요구했고, 이는 때마침 우호적 언론환경이 필요했던 이명박 정부의 이해와 맞물리면서 '국회 폭력사태'라는 극단적인 갈등을 치르면서까지 마침내 관련 미디어법이 국회를 통과했다. 그 결과 탄생한 것이 〈조선일보〉, 〈동아일보〉, 〈중앙일보〉, 〈매일경제신문〉이 주도하는 네 개의 종합편성채널이었다.

주목할 점은 이 과정에서 한국 언론은 국민의 이익을 지키는 감시견(watch dog)이 아니라 방송 진출이라는 자신의 경제적 목표를 위해 시민사회를 상대로 일방적인 주장을 펼치고, 정권과 유착하는 사적 기업으로서의 면모를 유감없이 드러냈다는 점이다. 이처럼 국민의 이익이 아니라 자신들의 경제적 이익을 지키기 위해 분투하는 언론의 모습을 보호견(guard dog)이라고 한다.

이상에서 살펴본 대로, 민주화 이후 언론은 스스로 권력기관화되었을 뿐 아니라 국민의 이익을 지키기 위해 권력을 감시하는 감시견의 모습에서 벗어나 자신의 입맛에 맞지 않는 정부는 이유 불문하고 물어뜯는 정파화된 공격견, 그리고 여론을 왜곡해서라도 자신의 경제적 이익을 사수하는 보호견으로 전락했다. 이러한 언론의 변질은 한국을 세계에서 가장 언론 불신이 높은 나라로 만들었으며, 이는 역시 세계에서 가장 빠른 미디어 대체 현상의 사회문화적 배경이 되었던 것으로 보인다.

03
뉴미디어와 능동적 주체의 등장

미디어 대체 현상은 전통 미디어의 쇠퇴와 뉴미디어의 부흥을 동시에 의미한다. 따라서 이 현상을 이해하기 위해서는 전통 미디어와 뉴미디어를 가르는 차이에 대해 먼저 살펴볼 필요가 있다.

보통 커뮤니케이션 과정을 설명하는 가장 전통적인 방식은 SMCR 모델이다. 섀논과 위버(Shannon & Weaver, 1949)에 의해 처음 제안된 SMCR 모델은 정보원(Source)－메시지(Message)－채널(Channel)－수신자

(Receiver)를 의미한다. 이 관점에서 신문, 라디오, TV 등과 같은 전통 미디어는 일대다 커뮤니케이션, 즉 매스 커뮤니케이션을 발생시키는 채널이다. 전통 미디어를 통해 메시지는 단일 정보원/발신자에서 수많은 수신자에게 동시에 전달되며, 수신자가 정보원/발신자에게 보내는 피드백은 매우 제한적이다.

이에 비해 상호작용적 미디어 기술에 기반한 페이스북, 트위터, 유튜브 등과 같은 뉴미디어는 SMCR 모델에 의문을 제기한다. 뉴미디어 이용자는 서로 상호작용하며 대화 상대자뿐 아니라 미디어 콘텐츠 제작자에게도 즉각적으로 피드백을 줄 수 있다. 이러한 뉴미디어를 정의하는 특징으로는 디지털, 멀티미디어, 협송(narrowcasting), 비동시성, 상호작용성, 소셜 등 여섯 가지를 꼽을 수 있다(Straubhaar et al., 2016).

뉴미디어는 디지털 압축기술을 통해 데이터 양을 최소화하고 다채널로 전송할 수 있다. 또한 텍스트, 이미지, 소리 등을 하나의 콘텐츠로 결합시키는 멀티미디어화가 가능하다. 전통 미디어의 경우 불특정 다수의 이용자를 대상으로 콘텐츠를 제공하며(broadcating), 이용자는 모두 같은 시간에 같은 메시지를 수신해야 한다. 반면 뉴미디어는 이용자의 선호와 기호에 맞춘 세분화된 컨텐츠를 세분화된 이용자별로 제공할 수 있다(narrowcating). 또한 주문형 비디오(VOD), 동영상 스트리밍 서비스 등을 통해 각자 원하는 시간에 맞춰 콘텐츠를 이용할 수 있는 비동시적 커뮤니케이션이 가능하다.

상호작용성은 전통 미디어와 뉴미디어를 가르는 가장 결정적 차이이다. 상호작용성은 쌍방향 커뮤니케이션을 의미하는데, 이는 사람들 간 대화에서 잘 나타난다. 대화 과정에서 사람들은 순차적으로

서로 반응하고, 앞의 메시지에 근거해 그 다음 메시지를 수정한다. 뉴미디어는 이러한 대화적 상호작용을 가능케 함으로써 이용자들에게 새로운 힘(또는 권능)을 부여한다. 전통 미디어 시대의 이용자들은 대량 전송된 콘텐츠를 단순 선택하는 수동적 소비자였지만, 뉴미디어 시대에는 전달받은 메시지에 이의를 제기하고, 또 직접 미디어 콘텐츠 제작 과정에 참여할 수 있다.

뉴미디어 이용자에게 부여된 또 다른 힘은 직접 콘텐츠를 만들어 다른 사람들과 공유할 수 있다는 점이다. 소셜미디어는 "미디어를 통해 자신이 쓴 글이나 이미지를 다른 이용자와 공유하는 현상을 포괄하는 용어"(Straubhaar et al., 2016)라고 정의할 수 있다.

뉴미디어를 통해 새로운 힘(또는 권능)을 얻은 이용자들은 그 힘을 이용해 새로운 사회문화 현상을 창출하는 변화의 주체가 되기 시작했다. 뉴미디어가 가져온 첫 번째 변화는 사회적 권위의 전복이다. 전통 미디어, 또는 매스미디어 시대에는 미디어 엘리트가 게이트키핑(gatekeeping) 과정을 통해 취사선택한 메시지만 접할 수 있었다. 그러나 뉴미디어 시대에는 일반인들도 직접 뉴스를 생산하고, 이를 전파, 공유하면서 사회적 의제를 주도할 수 있는 가능성이 열렸다.

예컨대, 2014년 12월 발생한 조현아의 '대한항공 땅콩 회항 사건'은 비행기에 타고 있던 한 승객이 그 사건을 자신의 트위터에 올리면서 세상에 알려졌다. 여론은 들끓었고 대한항공은 조양호 회장이 직접 나서 대국민 사과를 해야 했다. 당사자인 조현아는 모든 직책에서 물러났을 뿐 아니라 대법원까지 가는 재판을 받았다. 이 밖에도 포스코 상무의 비행기 라면 사건, 프랜차이즈 회사의 대리점 갑질 횡포, 대기업 회장의 운전사 폭행 사건 등 예전 같으면 세상에 알려지지도 않았을 사건들이 트위터, 페이스북 등을 타고 공론화되면서 이른바 지배층들의 횡포와 갑질에 대한 여론의 응징이 가능해졌다.

정치학자 달(Robert Dahl)은 민주주의는 정치적 평등의 원칙을 실현하는 것이며, 이를 위한 조건의 하나로 시민들이 사회적 의제설정에 대한 최종적 통제권을 행사하는지 여부를 꼽았다(Dahl, 2001). 이에 따르면, 뉴미디어는 시민들에게 사회적 의제설정에 대한 통제권을 부여함으로써 지배층과 미디어 엘리트의 의제 독점권에 균열을 냈다. 또한 그 결과로서 베일에 가려있던 지배층의 민낯이 세상에 까발려짐으로써 그들의 사회적 권위를 전복시키는 사회문화적 효과를 만들어 냈다.

뉴미디어가 가져온 두 번째 변화는 1인 미디어를 통한 경제적 성취이다. 요즘 초등학생 중에는 유튜버(YouTuber)가 되는 것이 꿈인 학생이 적지 않다. 유튜버는 무료 동영상 공유사이트인 유튜브에서 개인 방송을 하는 사람들을 말한다. 구글 계정만 있으면 성별, 나이, 학벌 등에 구애받지 않고, 개인 방송을 할 수 있다. 자신이 좋아하는 뷰티, 스포츠, 영화, 게임, 연애, 키즈, 애완동물 등을 콘텐츠화해 실시간으로 시청자들과 쌍방향으로 대화하면서 방송을 진행한다.

유튜브 스타들은 수십만 명에서 수백만 명에 이르는 구독자를 거느리고, 유튜브가 책정한 광고정책에 따라 억대의 수입을 올리기도 한다. 한국방송통신전파진흥원의 2017년 조사에 따르면, 게임 유튜버인 '대도서관'은 구독자가 170만 명에 달하며, 한 해 동안 약 9억 3,000만 원의 수입을 올렸다. 먹방(음식먹는 모습을 방송) 유튜버인 '밴쯔'는 구독자 200만 명에 한 해 수입이 7억 원이다. 연애상담을 진행하는 '김이브'의 2017년 수입은 6억 1,000만 원이었다.

이처럼 1인 미디어를 운영하는 유튜브들이 각광을 받자 이들의 콘텐츠 유통, 저작권 관리 등을 대행하고, 방송장비, 스튜디오 등을 제공하면서 그 대가로 광고 수익을 나눠갖는 유튜버 전문기획사인 다중채널네트워크(MCN)도 등장했다.

유튜버의 등장과 성공은 혼자서도 미디어 콘텐츠 제작이 가능하고, 쌍방향 커뮤니케이션을 통해 구독자와 정서적 유대감과 친밀감을 형성해 충성심 높은 구독자를 만들어 낼 수 있는 뉴미디어 환경이 있었기 때문에 가능했다. 유튜브의 한 달 평균 시청자는 18억 명에 달하며, 하루 평균 10억 시간의 시청이 이뤄진다. 기업 입장에서도 유튜브는 매우 매력적인 광고 수단이라는 사실을 말해 준다. 특히 현재 1인 미디어의 주시청층이 10대라는 점을 감안할 때, 향후 1인 미디어의 위력은 더욱 확대될 가능성이 높다. 이는 누구나 자신의 경험과 가치를 반영한 메시지 또는 콘텐츠를 갖고 있으면 사회적으로 영향력 있는 미디어를 만들 수 있고, 이를 바탕으로 경제적 성공도 이룰 수 있는 시대가 도래했음을 의미하는 것이다(유승찬, 2018).

뉴미디어가 가져온 세 번째 변화는 정치 과정상의 변화이다. 지난 10년 사이에 소셜미디어와 정치가 만나 급격한 정치변동이 일어난 사례는 무수히 많다.

2010년 튀니지에서 일어난 '재스민 혁명(Jasmin Revolution)은 대학을 나오고도 과일 노점상을 해야 했던 청년 부아지지(Mohamed Bouazizi)의 분신자살 사건이 소셜미디어를 타고 전국으로 퍼져 국민적 공분을 일으키면서 시작되었다. 튀니지에서 시작된 시민혁명의 불길은 인접한 이집트로 퍼져나갔다. 무바라크(Hosni Mubarak) 대통령을 권좌에서 끌어내린 이집트 시민혁명은 한 청년단체가 페이스북에 반정부 집회를 제안한 것이 도화선이었다. 언론 통제가 심했던 이들 중동국가에서 소셜미디어는 사실상 준(準) 언론 기능을 했다. 시민들이 소셜미디어를 이용해 스스로 제작하고 유통한 텍스트, 사진, 동영상 등이 혁명 뉴스가 되어 세상을 바꾸었다. 튀니지와 이집트의 시민혁명은 누구든 소식이나 의견을 전달, 공유할 수 있는 소셜미디어의 특성 덕분에 정치적 구심점이나 지도자 없이도 성공할 수 있었다.

2011년 미국에서 일어난 '월 스트리트를 점령하라'는 이름의 저항운동은 중산층의 붕괴와 월 스트리트의 탐욕에 분노한 소수 활동가로부터 시작되었다. 당시 이 운동은 전통 미디어의 주목을 거의 받지 못했지만, 소셜미디어를 타고 소식이 전해지면서 전국적 저항운동으로 발전했다.

2017년 한국에서 일어난 대통령 탄핵 촛불혁명도 소셜미디어가 결정적 역할을 했다. 시민들은 소셜미디어를 통해 촛불집회 참여를 독려하고 결속력을 다졌다. 또 집회현장 상황을 사진과 동영상 등으로 촬영해 자신의 소셜미디어에서 실시간으로 공유하면서 동력을 이어 나갔다. 이러한 시민행동이 가능했던 것은 누구나 손 안에 스마트폰을 갖고 자유롭게 소셜미디어에 접속할 수 있었기 때문이다. 그래서 "촛불은 광장을 밝혔고, 스마트폰은 광장에 나오지 못한 훨씬 더 많은 시민들을 연결했다"(유승찬, 2018).

이처럼 소셜미디어가 가져온 정치변동에 대해 일부에서는 '모바일 민주주의', 또는 '스마트폰 행동주의'의 시대가 도래했다고 주장한다. 그러나 새로운 미디어의 출현이 새로운 민주주의를 가져올 것이라는 낙관적 전망은 주기적으로 되풀이되는 레파토리라는 점을 상기할 필요가 있다. 예컨대, 1970년대 이후 쌍방향 케이블 TV, 인터넷 등이 등장했을 때도 인터넷 및 전자매체를 통해 시민들이 직접 정치과정에 참여하는 전자 민주주의(electronic democracy), 또는 인터넷 민주주의(internet democracy)의 시대를 열릴 것이라는 기대가 컸었다.

사람들은 뉴미디어가 등장할 때마다 그것이 시민들의 정치참여를 활성화하고, 그로 인해 대의민주주의의 한계를 극복할 새로운 직접민주주의가 출현할 것이라고 기대하는 경향이 있다. 그러나 인터넷, 트위터, 페이스북, 유튜브 등 지금의 뉴미디어가 개인의 정치참여에 어떤 영향을 미치는지는 분명치 않다.

일군의 사람들은 뉴미디어의 매체적 특성 자체가 사람들의 정치참여를 활성화할 것이라고 주장한다. 예컨대, 소셜미디어를 통해 정치적 대화를 자주 나누면, 정치에 대한 관심과 전문성이 증가해 보다 참여적인 성향을 갖게 된다는 것이다(최지향, 2016). 그러나 미디어의 이용과 충족 이론(use and gratifications)이 가정하는 능동적 수용자를 염두에 둔다면, 반대로 이미 정치적으로 충분히 활성화되었거나, 정치적 목적을 가진 사람이 뉴미디어를 자신의 정치참여에 활용한다고 생각할 수도 있다.

정치참여는 크게 개인적 수준과 집단적 수준으로 나눌 수 있다. 개인적 수준의 정치참여는 정보습득과 의견형성, 집단적 수준의 정치참여는 정치토론과 정치행동 등이 포함된다. 만약 소셜미디어를 통해 개인적 수준의 정치참여, 즉 정보습득과 의견형성 등이 충분히 활성화되었다고 가정하더라도, 그것이 집단적 수준의 정치참여, 즉 정치토론이나 정치행동 등과 같은 집합행동으로 이어질 것이라는 증거는 많지 않다. 앞서 살펴봤듯이, 뉴미디어와 정치가 만나 예상치 못한 정치변동을 일으킨 사례는 수없이 많지만, 이 과정을 전부 뉴미디어의 효과라고 단정하기에는 여전히 풀리지 않는 의문점이 많다.

사람들이 뉴미디어에 열광하는 또 다른 이유는 뉴미디어가 정치와 시민 사이를 직접 연결함으로써 대의민주주의의 한계를 극복할 새로운 직접민주주의, 또는 참여민주주의가 열릴 것이라고 기대하기 때문이다.

이러한 기대에는 대의민주주의는 직접민주주의에 비해 열등한 민주주의, 또는 함량 미달의 민주주의라는 생각이 기저에 깔려 있다. 또한 근대 국가는 광대한 영토, 적정 규모 이상의 인구 등과 같은 현실적 조건 때문에 어쩔 수 없이 대의민주주의를 채택했다는 상황인식이 깔려 있다. 뉴미디어－직접민주주의 찬양자들은 뉴미디어는 그런 현실적 조건을 극복할 가능성을 내포하기 때문에 뉴미디어 시대에는 시민들이 중간 매개없이 직접 정치에 참여하는 진짜 민주주의가 가능하다고 믿는다.

그러나 미국 헌법의 기초자였던 메디슨(James Madison)은 이와는 다르게 생각했다. 대의민주주의는 현실조건상 직접민주주의가 불가능해서 채택된 것이 아니며, 민주주의의 또 다른 가치인 심의(deliberation)의 관점에서 오히려 직접민주주의보다 우월하다는 것이다. 메디슨은 대중의 열정이 정치체제를 매우 위태롭게 할 수 있다고 우려했고, 특히 선동가인 데마고그(demagogue)와 대중의 위험한 열정이 결합하는 순간에 대해 걱정했다. 그래서 그는 정치인과 대중의 직접적 결합을 차단하고, '독립적인 분별력'을 가진 소수의 대표를 선출해 그들이 공공선의 관점에서 국가대사를 논의하고, 결정하는 것이 바람직하다고 믿었다. 그는 이러한 관점을 『연방주의자 교서

(*Federalist Paper*)』 제10장에서 이렇게 말했다.

"선출된 집단의 현명함은 자국의 진정한 관심사를 가장 훌륭하게 분별할 것이고, 그들의 애국심과 정의에 대한 애정은 그들의 국가를 일시적 또는 부분적 이유 때문에 희생시킬 가능성을 가장 낮게 해준다. 이런 규정 하에서 인민의 대표를 통한 대중의 목소리는 같은 목적으로 집합된 인민의 직접적인 의견보다 공익에 더욱 조화될 수 있을 것이다."

민주주의는 열정적 참여 외에도 심사숙고하는 심의를 동시에 요구한다. 그렇다면 우리는 지금의 뉴미디어가 그러한 심사숙고의 장, 다시 말해 소통에 기반한 공론장(public sphere)의 기능을 제대로 수행하고 있는지 묻게 된다.

04
뉴미디어와 공론장

신문, 잡지와 같은 인쇄 미디어의 발전이 부르주아 공론장의 출현에 기여했듯이(Habermas, 1989), 새로운 미디어는 항상 새로운 공론장에 대한 기대를 낳는다. 특히 한국처럼 전통 미디어의 공론장 기능이 심각하게 훼손되어 국민적 불신의 대상이 된 상황에서 인터넷, 소셜미디어 등에 기반한 뉴미디어 공론장에 대한 기대는 더욱 클 수밖에 없다.

공론장은 누구에게나 열려 있는 평등하고 개방적인 공간으로, 다양한 정보 및 의견이 유통되며, 이에 대한 비판적이고 논리적인 심의를 바탕으로 합의를 도출해 여론을 형성하는 기능을 한다(Habermas, 1989). 특히 질 높은 심의(deliberation)를 위해서는 정보와 의견의 다양성이 충분히 보장되어야 한다. 다양한 정보와 의견은 사람들로 하여금 자신이 믿는 사실이나 생각에 배치되는 이견에의 노출(cross-cutting exposure)을 가능케 한다. 이를 통해 사람들은 자신의 의견과 신념을 되돌아보는 성찰의 계기를 갖게 되고, 반대자의 논리를 더 잘 이해하게 됨으로써 정치적 관용을 키울 수 있다. 이견 노출의 경험이 정치적 관용을 강화하는 것은 잦은 접촉을 통해 인지적으로 반대자의 논리를 이해하고, 정서적으로 반대자와 친밀감을 느끼기 때문이다(Mutz, 2006).

그러나 트위터와 페이스북의 경우 이용자들이 자신과 비슷한 견해를 가진 사람들을 팔로우(follow)하거나, 또는 친구맺기하는 방식으로 관계망이 형성된다. 시간이 지나면 관계망은 자신과 비슷한 성향의 이용자끼리만 연결된 동질적 네트워크가 되고 만다. 동질적 네트워크에서는 정보의 다양성이 낮아지고, 이견을 접할 기회가 현저히 감소한다. 선스타인(Sunstein, 2001)은 자신의 의견과 일치하는 내용에만 지속적으로 노출될 경우 참을성이 약해지고, 보다 극단적인 관점을 갖게 되어 의견의 극화와 분절화가 발생할 수 있다고 경고했다.

트위터, 페이스북과 같은 뉴미디어에서는 이용자의 선택적 관계맺기를 통해 관계망의 분절이 발생하고, 각각의 분절된 관계망 내에서는 이견에의 노출 기회가 현저히 감소해 의견의 극화가 발생할 수 있다. 이 같은 현상을 집단 극화(group polarization)라고 하는데, 이는 뉴미디어가 질 높은 심의를 위한 공론장이 아니라 갈등과 대립으로 점철된 난장판일 수 있음을 암시한다.

인터넷의 댓글 공간 역시 질 높은 심의를 위한 공론장과는 거리가 멀어 보인다. 댓글을 읽을 때도 사람들은 자신의 입맛에 맞는 댓글만 골라 읽는 선택적 노출의 경향을 보인다. 선택적 노출이란 인지부조화 이론에 근거한다. 인지부조화 이론에 따르면, 사람들은 본능적으로 기존의 신념이나 생각에 부합하지 않는 견해 혹은 상황을 회피함으로써 인지부조화를 최소화하는 경향이 있다. 이는 동시에 기존 생각에 부합하는 정보만을 취사선택하는 확증편향으로 나타나기도 한다. 이러한 확증편향은 다시 집단 극화를 부추겨 인터넷 공간을 더욱 대립과 갈등의 공간으로 만든다.

확증편향은 인터넷에서 가짜뉴스 확산의 심리적 기제이기도 하다. 사람들은 진실성이 부족하더라도 자신의 편견과 일치하는 뉴스를 사실로 믿으려는 경향이 있으며, 일단 일정 수의 사람들이 공유하기 시작하면 스스로 확신을 갖고 가짜뉴스를 퍼뜨리는 데 참여한다. 실제로 '버즈피드(Buzzfeed)'의 분석에 따르면, 2016년 미국 대선에서 사람들은 소셜미디어를 통해 실제 뉴스보다 가짜뉴스를 더 많이 공유했다고 한다(노성종 · 최지향 · 민영, 2017).

뉴미디어 공론장을 위협하는 또 다른 요소는 국가기관 등에 의한 공론장의 훼손이다. 지난 몇 년 간 국가정보원, 기무사 등의 댓글 및 소셜미디어 개입 사례는 법원에 의해 증거로 채택된 것만 따져도 100만 건을 훌쩍 넘는다. 실제 개입 사례는 상상을 초월할 정도로 많을 것이다.

국가기관이 뉴미디어 공론장에 개입하게 된 직접적 계기는 2008

년 쇠고기 촛불시위 때로 거슬러 올라간다. 당시 이명박 정부는 역사상 가장 큰 득표차로 대통령에 당선되었고, 2008년 초 총선에서도 의회 과반을 넘는 승리를 거뒀다. 여기에 보수언론의 지지도 탄탄했다. 이런 분위기를 이명박 정부는 여론의 완벽한 지지로 해석했고, 이를 바탕으로 미국으로 건너가 쇠고기 검역조건을 크게 완화하는 협정을 맺었다. 그러나 국내 여론은 이 협정을 국민의 건강과 직결된 검역주권을 내준 것으로 받아들였고, 곧이어 미국과의 쇠고기 협상을 반대하는 촛불집회가 거리를 휩쓸기 시작했다. 승승장구하던 이명박 정부의 지지율은 출범 6개월 만에 곤두박질했고, 대통령이 직접 나서 대국민사과를 해야 했다. 당시 정부는 국민의 저항이 어떻게 시작되었는지 이해할 수 없었다. 의회와 언론의 상황은 더할 나위 없이 좋았고, 오프라인 여론조사에서도 여론의 저항은 포착되지 않았기 때문이다. 문제는 인터넷 등 온라인 공간이었다. 사람들은 인터넷 게시판, 커뮤니티 등을 통해 정보와 의견을 교환하면서 여론을 형성했고, 정부정책에 반대하는 행동에 나섰던 것이다. 이 사건을 계기로 정부는 인터넷에 큰 구멍이 생겼다는 사실을 인지하고, 문화체육관광부 내에 전담부서를 신설해 온라인 여론에 대한 모니터링을 시작했다. 그러나 온라인을 모니터링하는 것과 그 공간에 직접 개입하는 것은 종이 한 장 차이만큼이나 미세한 것이었다. 단순 모니터링은 금세 조직적 댓글 달기와 트위터 활동으로 이어졌다.

온라인 공간의 여론 동향을 모니터링하는 것은 정부에게 반드시 필요한 정당한 활동이다. 여론의 주요 소통무대가 인터넷, 소셜미디어 등 뉴미디어 공간으로 이동하고 있다는 점에서 더욱 그렇다. 그러나 이는 동시에 뉴미디어 공론장이 국가권력이 마음만 먹으면 언제든지 식민지화될 수 있고, 정부의 일방적 주장을 퍼뜨리는 홍보의 공간으로 변질될 수 있는 매우 취약한 공간이라는 사실을 잘 보여준다.

한편 2017년 대통령 선거에는 드루킹이라는 정치브로커가 댓글 자동생성 프로그램을 이용해 수백만 건의 댓글을 달았다. 특히 드루킹 사건은 인터넷에서 생각이 같은 사람들끼리 모여 정보를 나누고, 조금이라도 생각이 다른 사람에 대해서는 집단적으로 달려들어 공격하고, 세력을 형성하는 게토화가 진행되고 있음을 잘 보여준다.

이상의 모습은 현재의 뉴미디어 공론장이 하버마스(Jurgen Habermas)가 말하는 공론장과는 한참 거리가 멀다는 것을 말해 준다. 특히 뉴미디어 공론장에 참여하는 사람들은 토론보다는 싸움을 하고, 의견이 다른 상대방에 대해서는 패거리를 지어 공격하는 등 매우 공격적이고, 심지어 극성스럽다는 인상을 준다.

그런데 영국 옥스퍼드대 부설 로이터 저널리즘 연구소의 『디지털 뉴스 리포트 2017』은 한국의 뉴미디어 공론장에 대해 조금 다른 모습을 보여준다. “최근 뉴스를 보지 않으려고 적극적으로 노력한 적이 있느냐”는 질문에 한국 응답자의 54%가 뉴스 회피 경험이 있다고 답했다. 그리고 그 이유로 “논쟁에 휘말리기 싫어서”라고 답한 응답자가 56%로, 그 비율이 36개국 가운데 가장 많았다. 또한 뉴미디어 이용자들이 뉴스를 공유하고, 댓글을 작성하고, ‘좋아요’를 누르는 등의 행동을 뉴스 관여 행동이라고 하는데, 실제 지난 1주일 동안 뉴스 관여 행동을 어느 정도 하는지 물었다. 그 결과 뉴스 공유 26%, 댓글 작성 16%, ‘좋아요’ 누르기 17%로, 모든 유형의 관여 행동에서 36개국 평균보다 낮았다(뉴스 공유 39%, 댓글 작성 25%, ‘좋아요’ 누르기 21%).

뉴스 관여 행동을 하지 않는 이유로 한국인이 가장 많이 꼽은 응답은 "별로 할 말이 없어서"라는 답변이었다(김선호 · 김위근, 2017).

뉴미디어 공론장이 난장판이 되었다고 한탄할 정도로 정파적 갈등과 대립, 인신공격과 패거리짓기가 심각하다는 인상과 달리 실제 한국의 이용자는 갈등을 유발하는 뉴스에 대해 이야기를 나누는 것에 불편함을 느낄 뿐 아니라 "별로 할 말이 없어서" 뉴스 관여 행동에 잘 나서지 않는다. 이를 어떻게 해석할 수 있을까? 괜히 난장판에 들어갔다가 비난과 공격, 심지어 욕설을 듣고, 상처받게 되는 것을 꺼리는 심리 때문은 아닐까?

부르주아 공론장은 당시의 뉴미디어였던 신문, 잡지 등을 읽고, 토론하면서 상호 이해와 계몽을 추구하던 비판적 독서공중에 의해 출현했다. 그리고 이들은 문예비평과 정치 현실에 대한 공적 토론 등을 통해 여론을 형성하는 과정을 거치면서 품위, 절제, 윤리, 도덕, 양심 등 국가와 사회 제도의 기본적 덕목을 내면화하는 교양시민(Bildungsburgertum)으로 발전했다(전석환 · 이상임, 2012). 이는 공론장이 진정한 심의와 소통의 장이 되려면 우선 공론장의 규범이 확립되고, 그 규범을 내면화한 주체의 형성이 필요함을 시사한다.

이준웅(2005)은 한국에서는 2000년대 초, 인터넷과 뉴미디어를 통해 기존 언론의 공정성을 비판하는 새로운 비판적 담론 공중이 등장했다고 분석한다. 그러나 그는 이들이 이념적 상대를 찾아 부정적 공격과 비판만 일삼을 뿐 정당한 담론의 규범을 산출하고, 이를 내면화하는 데는 실패했다고 평가한다. 그렇다면 현재 뉴미디어 공론장에서 발견되는 다양한 난맥상과 불통의 모습은 공론장 내 토론과 담화를 규율하는 내적 규범의 부재가 가장 큰 원인일 것이다. 이는 뉴미디어 공론장이 제대로 기능하려면 불법행위를 막는 기술의 개발이나 법적 규제에 앞서 무엇이 선행되어야 하는지를 말해 준다.

05 나가며

미디어는 사람과 사람, 집단과 집단, 그리고 사회 전체의 커뮤니케이션을 위한 채널이다. 따라서 미디어 연구에는 신문, TV 외에도 영화, 홈비디오, 인터넷, PR, 광고, 스마트폰과 태블릿, 비디오게임 등 다양한 분야가 포함된다. 이 가운데 일부는 그 자체로서 대중문화 연구의 대상이기도 하다. 이 글에서는 문화와 미디어의 상호작용이라는 관점에서 뉴스 미디어에 초점을 맞췄다. 뉴스 미디어의 변화는 기술 발전에 크게 영향받으며, 동시에 뉴스 미디어의 변화는 한 사회의 정치, 경제, 사회, 문화 전 영역에 심대한 영향을 미친다.

특히 문화의 관점에서 미디어를 연구한다는 것은 다양한 미디어를 매개로 이뤄지는 한 사회의 다양한 커뮤니케이션 양상과 그를 둘러싼 문화를 연구하는 것이 된다. 이를 요즘 말로 표현하면, 우리 시대의 소통 문화에 대한 연구가 될 것이다. 전통 미디어에서 뉴미디어로의 대체 과정에서 볼 수 있는 것처럼, 한 사회의 주도적 미디어가 변하면 그 사회의 소통구조와 문화에도 적지 않은 변화가 일어난다. 소통문화의 관점에서 뉴미디어가 가져온 빛과 그림자를 균형감

있게 분석하고, 대안을 찾는 노력은 더 나은 사회적 소통을 위해 반드시 필요한 일이다.

제 19 장

문화정책평가

금현섭(서울대학교)

생각해 보기

- 정책평가란 무엇인가?
- 문화정책평가는 무엇이 다른가?
- 문화정책평가는 어떻게 이루어지나?
- 문화정책평가가 갖는 한계는 무엇인가?

01
들어가며

소득이 있는 곳에 세금이 있다는 말이 있다. 국가의 유지 운영과 관련한 활동을 위해 소득의 일정 부분을 과세한다는 의미로, 그 정도에 대해 이견은 있을 수 있지만 기본적인 원칙으로 수용되는 것이 일반적이다. 정책과 관련해서는 지출이 있는 곳에 평가가 있다는 말이 있다. 재정 지출이 이루어진 만큼 그것이 어떻게 쓰였는지, 어떤 결과를 산출했는지를 살펴본다는 점에서 기본적인 원칙으로 수용되는 것이 일반적이다. 이때 지출은 구체적 사업뿐 아니라 정부의 운영 및 유지를 위해서도 이루어진다는 점에서 실제 평가의 대상은 매우 포괄적이다. 하지만 일단 구체적 사업, 즉 정책(policy), 프로그램(program), 사업(project) 수준에서의 평가에 주목하도록 하자.

정책평가는 기본적으로 정부가 수행한 일에 대한 검토로서 그 대상은 활동의 결과, 그리고 과정을 포함한다. 모든 일이 그러하듯, 정부의 정책수행도 항상 의도했던 방식으로 수행되거나 의도했던 결과를 만들어 내는 것은 아니기 때문이다. 또한 정책평가는 정부 활동의 질을 담보하고자 하는 상징적 과정이기도 하다. 정부가 스스로의 활동에 대한 평가를 수행하고 있음을 국민에게 알림으로써 정치적 지지를 의도하기 때문이다. 이러한 이유로 정책평가는 정부가 주도하면서도 제3자의 참여를 통해 이루어지는 경우가 많다. 선수와 심판이 동일할 때 야기될 수 있는 문제를 우려하기 때문이다. 또한 평가의 질이 평가 결과의 수용성에 직접적인 영향을 미치기 때문에 다른 활동에 비해 객관성을 확보하기 위한 노력이 강조되며, 따라서 과학적 방법의 적용 정도가 상대적으로 높은 활동이라고 할 수 있다. 하지만 이러한 취지에도 불구하고 정책평가가 완벽하게 객관적이거나 정부로부터 독립적이라고 보기는 쉽지 않다.

정책평가는 평가 대상과 주체에 따라 다양한 양태를 띠지만 크게 세 가지 목적을 갖는다. 정부 활동의 결과를 확인하고, 그 질을 담보하며, 이를 통해 향후 자원배분의 근거가 될 수 있는 정보를 산출하고자 하는 것이다. 이러한 평가의 수단적 가치는 독립적이기보다는 상당부분 연계되어 있는 것이 일반적이다. 이를 좀 더 살펴보면 다음과 같다.

정책평가의 첫 번째 목적은 정부 활동(정책)의 결과를 확인하려는 것이다. 따라서 사전 계획된 기대의 달성 여부가 중요한 기준이 된다. 물론 사전 계획된 기대라는 것도 목표치와 같은 절대적 측면뿐 아니라 전년 대비 개선이라는 상대적 측면에서의 의미도 있다. 정책은 특별한 문제에 대한 대안으로 제시되는 경우도 있지만 한정된 분야에서의 지속적인 활동인 경우가 대부분이기 때문이다. 따라서 전년 대비 개선 정도는 통시적(시계열적) 성과관리에서 중요한 평가기준이 된다.

한편 평가를 통해 파악하고자 하는 또 다른 측면은 의도하지 않은 결과(unintended consequence)를 유발하였는지를 살펴보는 것이다. 의도했던 성과는 달성하였지만 이를 통해 다른 분야에 부정적인 영향을 미치거나, 의도했던 성과도 달성하지 못하면서 다른 분야에 부정적 영향을 미치는 경우가 적지 않기 때문이다. 고속도로 진입제한을 통해 고속도로 상에서의 정체는 완화되었지만 그 진입 부분에서의 병목현상이 유발되었다면 원활한 교통 흐름이라는 보다 궁극적인 목적은 달성되지 못한 것이다. 또한 기업에 있어서 단기적 주식가치는 성장하였지만 투자부족 등으로 장기적 기업역량이 떨어지는 경우, 단기적 목표(output)는 달성하였지만 장기적 목적(outcome)은 이루지 못했다는 비판이 가능하다. 이처럼 의도하지 않은 결과의 발생 여부는 해당 정책의 정당성 확보에 중요한 영향을 미치는 만큼 이를 파악하기 위해서는 단순한 산출(output)이 아니라 결과(outcome)에 주목할 필요가 있다.

여기에서 주목할 부분은 산출과 결과의 구분이다. 일반적으로 특정 목표를 위한 정부 활동은 투입(input)－과정(process)－산출(output)의 경로를 거치게 된다. 이때 투입에 따른 산출의 관계는 일종의 인과관계를 의미한다. 하지만 정책의 경우 실험실에서의 실험이 아니라는 점에서 산출의 원인을 투입에 한정하기란 불가능하다. 더욱이 대부분의 정책목표는 산출 이후에 발생하는 결과(outcome) 또는 그 이후의 영향(impact) 수준에서 설정되기 때문에 투입－산출뿐 아니라 산출－결과－영향 간의 관계 역시 인과관계일 것을 기대하게 된다. 예를 들어, 미술관 무료입장이라는 정책은 미술관 관람객 수의 증가를 산출로서 기대한다. 하지만 미술관을 찾는 개인의 행태는 날씨, 거리, 날짜, 전시 종류 등 다양한 요인들에 의해 영향을 받기 때문에,

단지 무료입장이라는 정책에 의해 얼마나 관람이라는 행태의 변화가 발생할 것인지는 가늠하기 어렵다. 한편 미술관 무료입장 정책이 지향하는 바는 단지 관람객 수의 증가에 국한하지 않는다. 그보다는 관람객 수의 증가를 통해 미술에 대한 이해와 예술적 욕구를 충족시키는 것이 기대하는 결과이자 보다 실질적인 목표라고 할 수 있다. 하지만 관람객 수의 증가가 이러한 결과를 유발할 것으로 기대하는 것이지 단정하는 것은 곤란하다. 따라서 정책투입을 통한 산출의 정도와 이를 통한 결과의 정도는 기대될 뿐 실제 그 인과관계의 존재 여부와 정도는 경험적으로 판단될 수밖에 없다. 평가는 바로 이를 실증적으로 살펴보고자 하는 것이며, 효과성(투입대비 산출, 투입대비 결과)이라는 기준은 이러한 인과관계의 크기를 의미한다.

정책평가의 두 번째 목적은 정부 활동(정책행위)에 대한 또는 그 과정에 대한 책임을 확보하려는 것이다. 일이 수행되었고 그 과정에서 상당한 인력과 자원이 지출되었던 만큼 이에 대한 평가를 통해 책임의 소재와 정도에 대한 판단이 필요하기 때문이다. 또한 수행된 정책은 이를 위해 다른 정책에 대한 지출이 포기되었음을 의미한다는 점에서 평가의 필요성은 더욱 높아진다. 더욱이 긍정적인 경우 보상, 부정적인 경우 처벌이라는 유인은 개인뿐 아니라 정부 차원에서도 성과달성은 물론 이를 위한 조직관리 차원에서 중요한 기제가 된다. 예를 들어, 실제 정책수행 과정에서 개별 사안에 대한 관리감독은 담당자의 전문성이나 관리의 효율성 차원에서 매우 어렵다. 대신 정부 활동이 수행된 이후 그 결과나 과정에 대한 검토를 통해 인사 및 재무적 대응을 하는 것이 수행 과정에서의 자율성 확보 차원에서 보다 용이한 것이 사실이다. 한편 정책수행 과정에서 당초 계획했던 절차와 시기에 따라 진행되고 있는지를 검토하는 과정평가는 발생한 결과에 대한 평가를 의미하는 총괄평가에 비해 형성적(formative) 의미를 지니며, 긍정적 결과 도출을 위한 관리적 차원에서 중요성을 인정받고 있다. 분기별 평가, 중간평가로 지칭되는 평가 활동이 이에 포함된다.

정책평가의 세 번째 목적은 환류를 위한 정보를 획득하기 위한 것이다. 사실 이미 수행한 일에 대한 회고는 많은 경우 향후 수행에서의 개선점을 찾고자 하는 의도에서 이루어지게 된다. 정책은 대부분 어떤 문제를 해결함으로써 지향하고자 하는 상태에 도달하려는 수단으로 구성되게 된다. 따라서 정책이라는 수단이 도달하고자 하는 목적에 얼마나 효과적인지 또는 다른 수단에 비해 보다 효율적인지를 확인하는 것은 이후 정책 개선에 중요한 정보가 된다. 더욱이 이러한 정보는 향후 정책에 대한 또는 다른 정책에 대비한 자원배분의 판단에 있어서 중요한 근거가 된다는 점에서 평가는 현재와 미래를 연결하는 중요한 가교(bridge)가 될 수 있다. 즉, 단순히 성과를 확인하거나 잘잘못을 따지는 것을 넘어서서 사전적으로 의도했던 수단과 목적의 인과성, 그리고 수행 과정에서의 장애과 해결방안 등을 검토함으로써 미래 정책의 개선을 의도하는 것이다. 이러한 의미에서 정책평가는 정책학습(policy learning)의 기회로 간주된다. 정책평가에 과학적 방법론의 적용이 요구되는 또 다른 이유가 여기에 있다. 학습의 대상으로서 새로운 정보(평가결과)는 무엇보다 객관적으로 그 질(quality)을 인정받을 수 있어야 하고, 또한 그렇게 되어야 관료나 국민들이 이를 수용할 수 있기 때문이다.

02
문화정책평가는 무엇이 다른가?

앞서 언급한 정책평가의 의의는 일반 정책에 보편적으로 적용된다. 정책의 기본 속성상 문제에 대한 대응으로써 또는 새로운 기대를 도모하는 차원에서 세금으로 형성된 사회적 자원의 지출에 대한 검토이기 때문이다. 하지만 소득에 대한 세금에서도 그것이 근로소득인지 자본소득인지에 따라 부과되는 세금의 성격과 정도가 다르듯이 정책의 경우도 어떤 분야의 정책인지 또는 어떤 목적의 정책인지에 따라 평가의 성격과 정도는 달라질 수 있다. 문화정책의 경우 이러한 추가적인 고려의 필요성이 매우 높다고 할 수 있다.

단적으로 다른 분야의 정책에 비해 문화정책의 경우 평가에 대한 극단적인 견해가 대립하고 있다. 예를 들어, 문화정책 역시 다른 분야의 정책과 같이 일반 정책의 하나로서 굳이 차별적으로 다룰 이유가 없다는 견해와 문화정책의 경우 그 특수성으로 인해 일반적인 정책평가방식을 적용하기 어렵다는 견해, 그리고 좀 더 심한 경우로 문화정책에 대한 평가 자체의 필요성을 부정하는 견해도 있다. 이러한 견해의 차이는 문화정책(목적과 내용)을 바라보는 시각이나 문화정책의 현황 및 사실관계에 대한 해석 또는 이와 결부된 이해관계에서의 차이 등 다양한 이유에 기인한다. 따라서 문화정책평가를 일반 정책평가와 비교하기 위해서는 몇 가지 추가적인 고려가 필요하다. 그 중 두 가지 문제를 살펴보고자 한다. 첫째, 문화정책의 속성에 대한 시각의 차이와, 둘째, 일반적 정책평가방식이 문화정책에 적용될 수 있는지에 대한 시각의 차이가 그것이다.

정부가 담당하는 기능에 따라 정책 분야가 구분되듯이 문화정책 역시 산업정책, 조세정책, 외교정책, 복지정책 등과 같이 정부 기능의 일부 하위정책이라는 점에서는 이견이 없다. 하지만 하위정책으로서 문화정책의 속성에 대한 시각은 크게 두 가지로 구분된다. 먼저, 문화정책을 일반 공공정책의 하위 분야로 간주하고, 정책 과정의 기본적인 개념, 절차, 수단 등에 있어서 다른 분야의 정책과 동질성을 강조하는 시각이다. 이 경우 다른 정책 분야에서의 아이디어나 이론, 관행, 절차, 방법 등을 적용하는 데 또는 동일한 평가 내용과 절차를 수행하는 데 큰 문제가 없다고 본다. 다른 분야의 정책들과 마찬가지로 문화정책 역시 분야의 특성이 있을 뿐 여전히 '누가, 무엇을, 언제, 어떻게 갖는지(who gets what, when and how)'와 관련된 사회적 자원의 배분(social resource allocation) 과정으로 간주되기 때문이다.

이러한 시각은 표준적이고 일관성 있는 분석틀을 제공한다는 점에서 장점이 있지만 문화 분야의 특성을 충분히 고려하지 못함으로 인해 야기되는 다양한 문제 발생의 원인이 되기도 한다. 예를 들어, 문화 분야의 특성보다는 정부 기능의 일부로서의 지위를 강조하는 경우 문화정책은 다른 분야의 정책들과 마찬가지로 보다 큰 상위 범주의 경제정책 또는 사회정책의 일부로 간주되며, 따라서 경제적 또는 사회적 목표에 대한 기여 정도가 중요한 평가기준이 된다. 예를 들어, 경제성장률 제고에 기여하는 문화정책이어야 한다면 결국 문화산업의 활성화가 강조될 것이고, 삶의 질 제고에 기여하는 문화정책이어야 한다면 일반 국민의 문화향유 제고나 문화예술인의 삶의 수준 제고가 강조될 것이다. 즉, 문화정책은 보다 상위의 사회·경제적 목표에 기여하는 수단적 가치(instrumental value)로서 이해되며, 타 정책에 대비한 자원배분(예를 들어, 예산배정)의 근거 역시 사회·경제적 목표에 대한 기여 정도가 핵심이 된다. 실제 유럽에서 문화정책은 제2차 세계대전 이후 일종의 복지국가(welfare state)로의 진행과 함께 시민 삶의 질, 특히 문화적 후생(cultural well-being) 제고라는 차원에서 등장하였다는 해석은 이러한 시각을 반영한다. 또한 최근 들어 강조되는 사회통합(social inclusion) 차원에서의 문화정책 논의 역시 유사한 맥락이라고 할 수 있다.

이에 대비되는 견해는 문화정책을 일반 정책의 하위정책이지만 포괄적인 사회·경제적 목표에 연동된 것이기보다는 자체적인 목표를 갖는 보다 독립적인 정책 영역으로 보는 시각이다. 문화예술의 진흥, 향유의 확대, 문화재의 보존 등 문화예술 자체의 가치와 질을 제고하는 것이 문화정책이 추구해야 할 독자적인 목표이며, 사회·경제적 영향력은 직접적이기보다는 간접적으로 지향하는 것에 그치는 것으로 본다. 이러한 견해에서 문화정책은 사회·경제적 목표를 위한 수단이기보다는 문화예술의 본질적 가치(intrinsic value)를 위한 수단이며, 따라서 보다 중장기적이고 일관성 있는 정책수행을 강조하게 된다.

이러한 문화정책의 속성에 대한 견해 차이는 평가를 바라보는 시각에서도 차이를 낳는다. 이를 반영하는 대표적인 논란 중의 하나가 최근 강조되는 증거기반 정책(evidence based policy)의 적용 가능성에 대한 것이다. 일반적으로 정부 활동의 기본적인 취지는 시장실패의 교정, 거시경제의 안정성 확보, 그리고 소득재분배를 통한 삶의 질 제고로 여겨지며, 이에 구속될 때 그 정당성이 인정된다. 앞서 언급한 바와 같이 사회적 자원의 배분에 있어 시장의 역할이 충분하지 않을 때 사회적 후생의 제고를 위한 정부의 개입은 정당성이 부여되기 때문이다. 다만 이러한 논리가 정책의 기본적인 취지일 수는 있지만 실제 그 적용 결과가 이러한 기대와 일치할 것으로 보기는 어렵다. 수없이 많은 선택 대안 중 일부를 선택한 것이 정책이지만 그 효과를 사전적으로 예단하기가 쉽지 않기 때문이다. 증거기반 정책의 필요성이 제기된 중요한 이유로 많은 정책에도 불구하고 기대한 효과가 나타나지 않거나, 또는 시장실패의 교정을 위한 정부의 개입이 또 다른 문제를 야기한다는 정부실패의 우려, 즉 사회적 자원(재정)의 낭비에 대한 반성에서 기인하였다는 점을 생각한다면 정책의 필요성뿐만 아니라 적절성에 대한 검토가 필요한 것은 분명하다. 따라서 증거기반 정책을 문화정책 분야에도 동일하게 적용하려는 견해는 결국 문화정책의 특수성보다는 일반 정책과의 유사성을 강조하는 입장이라고 할 수 있다.

하지만 이에 반대되는 견해는 증거기반 정책을 문화정책 분야에 적용하기에는 제약이 있다는 점을 강조한다. 문화예술의 가치는 일반적으로 통용되는 시장가치(market value) 중심의 편익과 비용을 넘어서는 개념으로서 이데올로기, 이해, 선호, 전통, 관습, 심미감 등의 가치가 존재하는데, 이를 화폐가치로 전환하는 것은 쉽지 않을 뿐 아니라 그 획일적 적용은 도리어 적용할 수 있는 한정된 부분만 고려하거나 적용할 수 없는 부분에도 무리하게 적용하게 되는 왜곡을 유발할 수 있다는 것이다. 더욱이 이러한 현상이 측정(measurement) 및 가치화(valuation)의 문제뿐 아니라 문화예술과 관련된 가치 또는 문화예술이 사회·경제적 목표에 기여하는 정도에 대한 추정(estimation)에서도 유사하게 나타날 수 있다는 점에서 증거로 포장된 또 다른 오류를 강요할 수 있다고 비판한다. 결국 문화정책에 있어서 객관적 증거를 찾고자 하는 획일적 시도는 문화예술의 본질적 가치나 국민들이 갖는 다양한 예술적 욕구보다는 문화예술을 하나의 상품 및 서비스로서 그 사용가치에 주목할 수 있기 때문이다.

03
문화정책평가는 어떻게 이루어지나?

문화정책을 정책으로서의 보편성과 문화라는 특수성을 어느 정도나 인정할 것인가에 따라 문화정책평가의 성격과 정도는 상이할 수 있다. 하지만 이러한 다양성은 결국 정책이 수행되면 평가는 진행되어야 한다는 기본적인 원칙의 범위 내에서 인정될 수 있다는 것이 일반적 견해이다. 특수성의 지나친 강조는 일종의 예외주의의 편협성으로 나타날 수 있기 때문이다. 일단 평가가 이루어진다는 전제하에서 문화 분야의 특수성을 얼마나 고려할 것인지를 고민하는 것이 보다 합리적이라고 할 수 있다.

앞서 언급한 바와 같이 모든 평가는 사전 계획된 목표의 달성 여부를 확인하고, 이를 통해 집행된 정책수단과 결과 간의 인과관계의 존재 여부 및 그 크기를 검토하는 과정을 거치게 된다. 이러한 논리는 정량적 평가가 아닌 정성적 평가의 경우에도 동일하게 적용된다.

따라서 정책평가는 목표에 대한 검토에서 시작하며, 이후 투입과 산출 및 결과에 대한 측정, 그리고 이들 간 관련성에 대한 추정의 순서로 이루어지게 된다. 물론 정부 활동은 그 수준에 따라 정책(policy), 프로그램(program), 사업(project) 등으로 구분될 수 있고, 평가 역시 그 범위와 방식에 있어서 차이가 나기도 하지만 기본적인 취지와 논리는 동일하다고 할 수 있다. 여기서는 측정과 추정에 대해 간략히 살펴보고자 한다.

문화예술 분야의 측정과 관련해서는 두 가지 문제가 부각된다. 기본적으로 측정은 관찰될 수 있는 대상이어야 한다는 점에서 행태적 측면에 집중할 수 있다. 하지만 관찰된 행태가 실제 측정하고자 하는 욕구나 수요를 의미한다고 단정하기는 곤란하다. 미술품 구매가 예술적 욕구의 발현이기도 하지만 투자 목적의 행태일 수도 있고, 연극 관람 역시 행위예술에 대한 감상 욕구 때문일 수 있지만, 친교 행위의 일부일 수도 있기 때문이다. 따라서 측정된 행태에 대한 해석은 해당 주체가 당면하고 있는 맥락에 대한 이해와 함께 이루어질 필요가 있지만 결코 쉽지 않은 과제이다. 또 다른 문제는 문화예술 욕구 자체의 측정에 대한 것이다. 시장에서 거래되는 상품 및 서비스에 대한 욕구(수요)는 해당 상품 및 서비스에 대한 지불의사(willingness to pay)를 이용해 측정하는 것이 일반적이다. 하지만 문화예술의 경우 지불의사를 파악하기는 그리 쉽지 않다. 각각의 문화예술이 갖는 독특성을 반영하는 가격체계가 존재하지 않기 때문이다. 이러한 점에서 관람 수요에 대한 무료입장의 의미는 매우 제한적일 수 있다. 따라서 문화예술 수요를 파악하기 위한 차선의 방법으로 조건부가치측정(Contingent Valuation Method: CVM) 방법을 이용하기도 한다. 이는 문화예술에 대한 잠재적 수요자의 지불의사를 가상적으로 조사하는 방법이라고 할 수 있다. 하지만 여전히 문화예술의 본질적 가치(심미성, 믿음, 즐거움 등)에 대한 측정으로서는 한계가 있다고 할 수 있다.

한편 인과관계의 추정은 해당 사업의 결과가 수행된 정책에 의해 얼마나 변동했는지를 정량적으로 확인하는 것이라 할 수 있다. 이때 변동의 크기는 정책수혜집단과 그렇지 않은 집단 간의 비교를 통해 이루어지거나 정책투입 이전과 이후를 비교하여 이루어진다. 하지만 다양한 영향 요인들이 개입할 수 있다는 점에서 이에 대한 사전적인 통제가 보다 명확한 정책효과의 추정을 위해서 필요하다. 실험설계(experimental design)는 이러한 점에서 가장 이상적인 효과추정 설계로 간주된다. 예를 들어, 미술관 관람객 수 제고를 위한 무료입장이라는 정책의 효과를 파악하기 위한 정량적 평가를 수행한다면, 먼저 무료입장을 허용하기 전후의 관람객 수를 비교하는 것이 기본이다. 다만 이들 간의 차이가 날씨나 거리, 전시품의 특성 등 무료입장 이외의 요인들에 의한 것일 수 있기 때문에, 무료입장을 도입하지 않은 유사한 미술관에서의 관람객 수의 변화에 대한 자료를 일종의 준거로 비교해야 한다. 즉, 시기차원에서 무료입장 전후와 집단차원에서 무료입장 도입·비도입에 따른 네 개 미술관 집단의 관람객 수가 존재한다고 하더라도 이들 집단에는 명시적으로 고려하지 않은 다른 요인들의 영향력이 차별적으로 개입되어 있을 가능성이 농후하다. 따라서 보다 엄밀한 비교를 위해서는 사전적으로 여러 미술관을 두 집단으로 무작위 배정(randomization)을 통해 구성하고, 그 중 한 집단에만 무료입장 정책을 도입한 이후 두 집단에 대한 전후 관람객 수를 비교하는 것이 필요하다.

이때 무작위 배정을 통해 정책 도입 여부 이외에는 가능한 유사한 두 집단의 구성이 중요한 이유는 인과관계를 일종의 counter-factual을 이용해 추정하고자 하기 때문이다. 하지만 일반 사회현상에 대해 이러한 실험설계의 적용 가능성은 매우 낮다는 점에서 일정 수준의 엄밀성(rigorousness)을 완화한 준실험 설계나 실험이 아닌 관찰자료를 대상으로 다양한 통계적 방법을 이용하는 것이 보편적이라고 할 수 있다. 예를 들면, 이중차이접근(Difference-in-Difference), 성향점수매칭(propensity score matching) 등이 그것이다. 하지만 효과 추정과 관련한 보다 중요한 고려 요소는 문화정책이 유발하는 의도하지 않은 효과의 파악이다. 일반적으로 정책은 정책대상집단(policy target group)을 대상으로 하지만 실제 효과는 비대상집단에서도 나타날 수 있기 때문이다. 예를 들어, 미술관 무료입장 정책이 유발할 수 있는 외부효과로 박물관 입장객의 감소를 들 수 있다. 이는 관람 수요의 대체가 발생하는 경우라고 할 수 있다. 또한 미술관의 무료입장에 따른 관람객 수의 증가는 미술관 주변 상권의 거래 제고를 유발할 수도 있는데, 이는 긍정적 외부효과라고 할 수 있다. 반면 주변 지역의 교통혼잡을 유발할 수도 있는데, 이는 부정적 외부효과라고 할 수 있다. 이들 경우는 미술관 무료입장이 의도하지 않은 효과라는 점에서 이에 대한 고려의 필요성은 해당 정책이 유발한 편익과 비용의 산정에서 간과되기 쉽다고 할 수 있다. 보다 적절한 문화정책평가를 위해서는 이러한 포괄적 고려가 요구된다고 하겠다.

04
문화정책평가가 갖는 한계는 무엇인가?

앞서 언급한 문화정책에 대한 평가의 가능성 논란이나 평가방법의 적절성 논란에도 불구하고 그 필요성에 대해서는 공감대가 확대되는 추세이다. 즉, 평가라는 큰 틀 위에 문화 분야의 특수성을 얼마나 제대로 반영할 수 있을 것인가를 위한 논의가 진행되고 있기 때문이다. 사실 문화정책은 문화 분야에서 정부가 행하거나 행하지 않는 모든 행위를 의미한다는 점에서 평가의 범주 역시 구체화하는 것이 어렵다. 더욱이 문화 분야에 정부의 개입이 필요한 것인지에 대한 근본적인 질문이 여전히 언급되고 있다는 점에서 현재의 문화정책에 대한 객관적 평가의 필요성은 더욱 높아지고 있다고 할 수 있다.

그러한 점에서 현재 진행되는 평가체계에 대한 검토가 필요하다. 사실 문화정책평가는 일반 정책평가에 비해 측정 및 비교 가능성뿐만 아니라 인과관계의 추정에도 한계가 있다는 점은 널리 알려진 사실이다. 하지만 더욱 주의할 점은 이러한 한계 속에서 진행되는 평가가 그 절차와 관행이 갖고 있는 문제로 더욱 큰 문제를 야기하고 있다는 점이다. 먼저, 평가 목적이 모호한 경우가 많다. 앞서 언급한 바와 같이 정책목적은 대체로 해당 문화정책을 통한 결과나 영향에 맞추어져 있는데 실제 평가의 대부분은 산출에 한정되는 것이 일반적이다. 이러한 경우 목표는 달성했으나 목적에는 기여하지 못하는 상황이 발생하는 것이다.

또한 현재의 평가체계는 평가자나 피평가자에게 상당한 업무 부담을 야기하고 있다. 객관성을 담보하고 과학적 방법을 적용하기 위해 초청된 외부 평가자는 대부분 자신의 고유 직업을 갖고 있어서 잠시 참여하는 정책평가에는 한정된 시간과 노력을 투입할 수밖에 없다. 따라서 체계적이고 과학적인 평가를 수행하기에는 제약이 많다. 또한 피평가자 입장에서는 정책 과정 중 하나인 평가이기보다는 좋은 평가를 받기 위한 목적으로 또는 보상을 받기 위한 목적으로 지나치게 많은 시간과 노력을 투입해야 하는 경우에 처하는 것이 일반적이다. 대부분의 평가가 상당한 보상 유인을 통해 성과달성과 기관 간 경쟁을 조장할 것을 의도하기 때문이다. 하지만 이러한 긍정적 기대는 실제 평가 과정에서 상당한 왜곡을 유발할 가능성이 높다. 즉, 보상 유인에 따라, 좋은 평가를 받기 위해, 평가지표에 한정한 성과도출 노력과 다음 평가에 대비하는 전략적 성과달성이 일상화되어 가고 있는 것이다. 더욱이 평가자의 경우에도 한정된 시간에, 한정된 성과지표를 중심으로, 서류 중심으로 평가를 진행하기 때문에 전략적 행동을 보일 가능성은 더 높다. 이러한 평가자와 피평가자의 전략적 태도는 정책평가의 목적과는 전혀 다른 부분에서 균형을 맞출 가능성이 높다고 할 수 있다.

더욱이 이러한 평가행태의 결과로 산출된 정보는 그 질을 담보할 수 없을 뿐 아니라 이러한 과정을 알고 있는 평가자와 피평가자 입장에서는 이렇게 산출된 정보에 근거한 개선 활동이나 자원배분 결정을 수용하기 어렵게 한다. 도리어 현재의 자원배분구조를 유지하는 방식으로 평가 결과를 이용하고자 하는데, 이미 익숙해진 평가체계에 대한 개선은 도리어 새로운 노력과 자원을 요구하기 때문이다. 대부분의 정책평가가 매년 일정 수준의 수정이나 개선 작업이 진행되지만 그 체계는 유지되는 이유 중 하나를 이러한 이해관계에서 찾을 수 있다. 또한 대부분의 정책개발이 평가 결과에 근거하거나 학술자료에 근거하기보다는 정부 내부에서의 의사결정을 통해 이루어지는 이유 역시 여기에서 찾을 수 있다. 즉, 정책목적에 기여할 수 있는 성과도출을 위한 평가와 그 촉진을 위한 유인체계가 도리어 세부 지표 중심의 단기적·파편적 성과도출과 이를 위한 왜곡 노력의 유발은 물론 보다 중요한 정책 과정의 합리화와 정책 개선을 저해하는 요소로 작용할 수 있게 되는 것이다.

이러한 점에서 문화정책 분야에 대한 적절한 평가는 문화정책의 속성 및 평가방법에 대한 고민 못지않게 현재의 평가체계가 갖는 다양한 문제, 특히 평가체계가 갖는 왜곡된 행태를 유발하는 요인을 개선할 수 있는 방안의 고민이 필요하다. 이는 단지 개별 정책평가에 대한 문제에 그치지 않고, 정부와 사회가 부담해야 할 비용과 편익 및 중장기적으로 유지해 나아갈 조직 차원에서의 이슈가 되기 때문이다. 정책평가가 갖는 일반적인 장·단점이 문화정책 분야에서 증폭되기보다는 완화될 수 있는 방안을 찾는 것이 문화 분야의 특수성을 평가에 반영하는 통로가 될 수 있다.

제 20 장

문화분권

주상현(전북대학교)
정준호(전북대학교)

생각해 보기

- 문화분권의 의미는 무엇이고, 왜 문화분권을 이야기하는가?
- 문화분권과 지방분권은 어떤 관계인가?
- 문화분권을 위한 문화정책의 문제점은 무엇인가?
- 미래의 문화분권은 어떠한 방향으로 나아가야 하는가?

01
들어가며

한국은 1991년 지방의회가 구성되고, 1995년 자치단체장이 주민의 직접 선거에 의해 선출되면서 지방자치가 본격화되었다. 지방자치가 본격화되면서 국가 기능의 배분과 행정사무 재배분의 필요성이 높게 제기되었지만 본격적인 중앙행정권한의 지방이양은 지방자치를 강조한 김대중 정부에서 1999년 「중앙행정권한의 지방이양 촉진 등에 관한 법률」을 제정하고 '지방이양추진위원회'를 설치하여 1,011개의 중앙정부 사무를 지방정부로 이양하면서 시작되었다고 볼 수 있다. 그러나 실제 이양이 완료된 사무는 미흡한 수준이어서 분권을 피부로 느끼기에는 어려웠다.

노무현 정부는 적극적인 지방분권 및 국가균형발전을 추진하였다. 노무현 정부는 2003년 '정부혁신지방분권추진위원회'를 설치하고 '지방분권로드맵'을 발표하는 한편, 중앙정부의 권한 및 사무를 지방으로 일괄적으로 이양하기 위해서 「지방일괄이양법」의 제정을 추진하였다. 비록 특별지방행정기관의 정비 등이 무산되기는 하였지만 2003년부터 2007년까지 949건의 중앙정부 권한을 지방정부로 이양하였다(정정화, 2018: 2).

이명박 정부는 노무현 정부와의 차별화를 강조하면서 지방분권, 균형발전을 행정구역 개편과 광역권 발전계획 등으로 대체하여 추진하였으며, 2008년 「지방분권특별법」의 전문을 개정하여 「지방분권 촉진에 관한 특별법」을 제정·시행하였고, 이 특별법에 따라 '지방분권촉진위원회'를 설치하여 운영하였다. 일부 특별지방행정기관을 정비하고 지방재정 확충을 위해 지방소비세와 지방소득세를 도입하는 등 가시적인 성과를 거두기도 하였지만, 전반적으로 '지방분권 확대'와는 차이가 있는 형식적 접근에 불과했다는 평가를 받고 있다(김성호, 2015: 26).

박근혜 정부도 지방재정 확충과 지방분권 강화를 국정과제로 추진하였다. 지방자치발전위원회는 2014년 12월 '지방자치발전 종합계획'을 발표하였고, 4개 분야 20개 과제를 적극 추진하였지만, 지방일괄이양법 제정은 이전 정부와 마찬가지로 무산되었다. 또한 교육자치, 자치경찰제 도입 등 대부분의 과제들도 특별한 성과를 거두지 못했다는 평가를 받고 있다(정정화, 2018: 2).

문재인 정부는 그동안의 단편적 사무 이양에 치중함으로써 지방의 권한 확대가 미흡했다고 인식하고, 기능 중심의 포괄적 지방이양 정책을 추진하고 있다. 이러한 정부의 기능 단위의 지방이양방식은 기존 단위 중심 사무이양방식의 비효율성을 극복할 수 있는 방안 중 하나로 중앙권한을 획기적으로 지방에 이양할 수 있다는 특징을 가진다(시도지사협의회, 2018). 이에 따라 대통령 소속 자치분권위원회는 2018년 7월 30일 음반·음악영상물 제작업 등의 신고(문화체육관광부)를 비롯한 19개 소관부처의 518개 국가사무를 지방에 이양하기 위해 관련 법률을 일괄적으로 개정하는 내용을 담은 '지방이양일괄법' 제정안을 마련함으로써 문재인 정부의 지방분권이 본격적으로 추진될 것으로 보인다.

김대중 정부에서 박근혜 정부에 이르기까지 지방분권 관련 법규의 제정 노력이나 분권위원회의 활동들이 있었지만 그 성과는 미흡했다고 평가받고 있다. 단적인 예로, 2015년 부처별 국가사무의 지방자치단체 이양실적을 보면 전체 이양확정 3,101건 중 이양이 완료된 기능은 1,982건(63.9%)로 나타나고 있으며, 이 중 문화체육관광부는 이양확정 142건 중 111건(78.2%)을 이양하여서 평균을 조금 상회하는 정도의 권한이양이 이루어졌다(행정자치부, 2015: 196). 그 근본적인 원인은 자치와 분권, 균형발전과 정부개혁의 본질적인 개념과 목표의 상충관계, 단계적 추진전략에 대한 근본적인 검토와 고민없이 무리하게 추진하는 상황에서 나타난 결과라고 분석된다(육동일, 2017: 30). 강력한 지방분권을 추진하기 위해서는 조례제정 범위의 확대, 지방자치단체에 기구설치권 및 정원관리권 보장, 재정자주권 확보 등에 대한 심도 있는 논의가 필요하다. 특히 재정분권 분야에 있어 국세·지방세 비율 조정, 지방교부세 상향, 국고보조사업 개편을 통해 달성되는 자주재정권 확보는 지방분권의 핵심 요인이 될 것이다.

지방분권은 지방정부의 역량 강화 및 국가의 균형적인 발전을 촉진함으로써 국가의 경쟁력 제고에 긍정적인 영향을 미칠 수 있다. 그것의 근본 취지는 "지방에서 잘할 수 있는 일은 지방에 맡겨야 한다"는 논리로서, 지방자치제의 본질적인 부분을 훼손하지 말고 국가의 관여를 최대한 배제하면서 중앙과 지방이 권한과 책임을 저절하게 분담하여 수행해 나간다면 행정의 효율을 더욱 높일 수 있을 것이다.

문화는 기본적으로 지역에 기초하고 있으며, 시민들의 역량과 삶의 질 제고에 초점을 두고 있으므로 지방분권에서도 우선적으로 고려해야 할 요인이다. 또한 모든 지역은 나름의 특색 있는 인문자원이나 자연자원을 보유하고 있다. 그러한 문화자원 중 지역의 경제, 사회, 문화적 특성을 고려하여 다른 지역보다 비교우위에 있는 문화자원을 선정·발굴하고, 창의적인 아이디어의 개발과 지속적인 노력을 기울일 조건을 만들어 나간다면 그 지역의 독특한 문화적 매력을 발전시켜 나갈 수 있을 것이다. 문화분권을 강력하게 추진해야 하는 배경으로는 외부적 요인, 지역적 요인, 문화예술계 요인 등이 있다. 외부적 요인은 최근의 지방분권이 단순히 민주적 원리에 입각하여 중앙권한을 지방으로 이양하는 차원을 넘어서 지역 중심의 국가사회 틀을 재구성하고, 국가 전체의 역량과 경쟁력 강화를 통한 지속가능한 발전을 목표로 한 새로운 패러다임에 입각하고 있다는 것이다. 지역적 요인은 지역발전을 위한 지역의 관심이 제고되고 있으며, 이를 위해 보다 많은 권한, 자원 및 네트워크를 요구하고 있는 것이다. 문화예술계 요인으로는 다른 어느 부문보다도 지역에 기초하고 있는 문화예술이 실제로는 중앙집중의 생산과 유통구조 및 가치편향에 따른 정신적·문화적 종속의 심화가 지속되고 있어서 이를 개선하기 위한 전반적인 틀과 문화행정체계의 개편이 필요하다는 것이다. 특히 대부분의 선진국에서 문화정책은 기본적으로 지방정부의 권한으로 되어 있으며, 이에 따라 문화재정도 지방정부 중심으로 되어 있다. 한국의 경우 2004년 기준으로 문화관광부와 지방자치단체 간의 문화예산비율은 42:58의 구성비율로 되어 있으며, 중앙의 문예진흥기금 적립액은 4천 2백억 원인데 반해, 지역의 기금 총액은 2천 7백억 원으로 중앙의 64% 수준에 불과하다. 일본의 경우에는 기초자치단체와 중앙정부의 문화예산비율이 15:85이며, 미국의 경우에도 기초자치단체 > 주정부 > 연방정부의 순으로 문화예산비율이 구성되어 있어서 지역 중심의 문화분권이 실질적으로 추진될 수 있는 기반을 제공해 주고 있다(정광열, 2005: 9-16).

문재인 정부의 행정안전부 및 자치분권위원회는 자치분권로드맵(안)을 마련하고 지역별 의견수렴, 재정분권 및 문화분권 등을 추진하고 있다. 지금까지 역대 정부의 경우 집권 초기 강력하게 추진했던 지방분권이 중앙집권적 사고와 기득권층의 저항에 부딪쳐 무산된 경우가 많았기에, 충분한 합의와 논의를 통해 지방의 다양성과 창의성이 담겨진 새로운 중앙-지방정부 간 관계가 정립될 수 있는 분권형 국가의 설계를 추진해 나가야 할 것이며, 지역적 특성과 다양성을 고려한 문화분권을 실현하기 위해서 노력해야 할 것이다.

02
문화분권과 지방분권의 관계

2018년 9월 대통령 소속 자치분권위원회는 “자치분권의 새로운 이정표로서 중앙과 지방이 동반자적 관계로 대전환하고 자치분권 최종 지향점이 주민에게 있다는 점을 분명하게 담는다”라고 천명하면서 문재인 정부의 '자치분권 종합계획'을 발표한 바 있다. 이 계획은 '우리 삶을 바꾸는 자치 분권'이라는 비전과, '주민과 함께하는 정부, 다양성이 꽃피는 지역, 새로움이 넘치는 사회'라는 목표 아래, 자치분권 실현을 위해 주민주권 실현, 재정분권 강력 추진, 자치단체 자율성과 책임성 강화 등 6대 추진전략과 33개 과제로 구성되었다.[1)]

현재 추진 중인 지방분권의 전체적인 흐름은 주민과 함께하고 다양성이 확보되는 지방을 지향하고 있다고 할 수 있으며, 그 중심에 지역적으로 특화되어 존재하는 문화행정과 문화정책을 포괄하는 문화분권이 있다고 볼 수 있다. 2005년 문화계를 중심으로 제정한 문화헌장 제7조에 의하면, "지역문화는 지역사회를 발전시키는 활력의 원천이며, 지역공동체를 결속시키는 정체성의 토대이다. 지역문화를 가꾸어 나가는 일은 주민의 자주적 참여와 주민자치의 원칙을 따라야 한다. 지역주민은 자기 고장의 언어, 민속, 전통 등과 같은 고유의 표현 형식들을 포함한 자생적 문화 자원들을 보존하고 문화발전에 창조적으로 활용할 수 있어야 한다"라고 규정하고 있다. 즉, 문화 영역에서도 지방분권의 중요한 도구가 되는 주민자치, 마을공동체와 같은 개념들과의 조화로운 모색이 필요하다고 할 것이다.

또한 2013년 12월 제정된 「문화기본법」의 제정 목적을 보면 "문화에 관한 국민의 권리와 국가 및 지방자치단체의 책임을 정하고 문화정책의 방향과 그 추진에 필요한 기본적인 사항을 규정함으로써 문화의 가치와 위상을 높여 문화가 삶의 질을 향상시키고 국가사회의 발전에 중요한 역할을 할 수 있도록 하는 것을 목적으로 한다"라고 규정되어 있다.[2)] 이를 위해서 동법 제5조에서 국가와 지방자치단체의 책무에 대해 다음의 내용을 제시하고 있다. ① 국가는 국민의 문화권을 보장하기 위하여 문화진흥에 관한 정책을 수립·시행하고, 이를 위한 재원(財源)의 확충과 효율적인 운영을 위하여 노력하여야 한다. ② 국가는 지방자치단체의 문화 관련 계획, 시책과 자원을 존중하고, 지역 간 문화 격차의 해소를 통하여 균형 잡힌 문화발전이 이루어지도록 노력하여야 한다. ③ 국가와 지방자치단체는 경제적·사회적·지리적 제약 등으로 문화를 향유하지 못하는 문화소외 계층의 문화향유 기회를 확대하고 문화 활동을 장려하기 위하여 필요한 시책을 강구하여야 한다. ④ 국가와 지방자치단체는 각종 계획과 정책을 수립할 때에 문화적 관점에서 국민의 삶의 질에 미치는 영향을 평가하여 문화적 가치가 사회적으로 확산될 수 있도록 하여야 한다. ⑤ 문화영향평가의 대상, 절차 및 방법 등에 필요한 사항은 대통령령으로 정한다.

또한 동법 제7조에서는 문화정책의 수립 및 시행상의 기본 원칙으로서 다음과 같은 사항을 규정하고 있다. ① 문화의 다양성과 자율성이 존중되고 문화의 창조성이 확산되도록 할 것, ② 국민과 국가의 문화 역량을 높이기 위한 지원을 하고 여건을 조성할 것, ③ 문화 활동 참여와 문화교육의 기회가 확대되고, 문화창조의 자유가 보장되도록 할 것, ④ 차별 없는 문화복지가 증진되도록 할 것, ⑤ 문화의 가치를 존중하고 문화의 역동성을 높일 수 있을 것, ⑥ 문화의 국제 교류·협력을 증진할 것 등이다. 「문화기본법」은 문화정책의 목적과 방향, 국가와 지방자치단체의 책임과 역할을 명확히 하고 있으며, 지역공동체 수준에서 문화분권을 통한 창조적 발전을 이룰 수 있는 기본 내용들이 규정되어 있다고 볼 수 있다.

문화분권을 추진하는 본래 목적은 문화정책적 측면에서 지역 격차 해소와 지역문화 정체성 회복에 있다고 볼 수 있기 때문에 지방분권의 과정 중 문화분권의 방향 설정은 매우 중요하다고 할 것이다. 프랑스는 1982년 이후 지방분권이 시행되면서 국가와 지방자치단체 간 관계 변화와 함께 문화분권에도 변화가 나타났는데, 지방자치단체들이 자율적으로 정책결정을 할 수 있게 됨으로써 지역문화에 대한 예산 확충과 더불어 지역문화를 통한 지역활성화가 적극 추진되었다. 예를 들면, 지방분권시행을 앞두고 1979년 중앙의 각종 사업별 특정보조금(subventions spécifique)을 대부분 교부금화(globalisation)하여 통합하였으며, 권한 이양에 의한 재정지출의 증가에 대응하기 위하여 지방분권 일반교부금 등 새로운 교부금을 신설하였다. 지방분권에 따라 문화부문에 대한 예산이 확대되었고, 문화 활동 분야에서 문화예술에 대한 참여의 폭도 확대되었다(배준구, 2010: 184-185). 프랑스의 사례를 보면 지방분권 이후 문화부문 예산이 두 배 가까이 크게 증가하였고, 지방자치단체의 문화정책이 활발하게 추진되고 있다는 점에서 지방분권이 문화분권에 미칠 영향은 긍정적일 것으로 평가된다. 물론 이를 위해서는 지방분권의 추진과 함께 문화분권과 관련된 제도 개혁이 반드시 수반되어야 할 것이다.

지방분권에서 문화분권의 중요한 이슈는 지방자치단체별 재정자립도의 차이에 따라 국민의 '문화권'이 차별받고 있다는 점이다. 2016년 발표한 지역문화실태조사(2014년 기준)를 살펴보면 향유지수를 제외한 정책지수, 자원지수, 활동지수 등에서는 지역 간 격차가 발생한 것으로 나타났으며, 재정자립도가 높은 지역의 지수 평균이 재정자립도가 낮은 지역에 비해서 전반적으로 높게 나타났다(문화체육관광부, 2016: 171). 총 예산 대비 문화 관련 예산 비율은 시는 2.43%,

군은 2.02%, 구는 1.24%로 나타났으나 인구 천 명당 문화 관련 예산은 군 > 시 > 구의 순으로 나타났다. 그러나 지역주민의 문화기반시설 이용 횟수는 시(7.7회), 군(7.3회), 구(7.6회) 간 차이가 거의 없는 것으로 나타났다. 이는 시 · 구 단위 기초자치단체보다 군 단위의 인구 천 명당 문화 관련 무료공연 수와 문화예술교육강좌 예산 규모가 더욱 크기 때문인 것으로 확인되었다.

표 20-1 지역별 문화실태(2014년 기준)

항 목	평 균	시	군	구
예산 대비 문화 관련 예산 비중(%)	1.93	2.43	2.02	1.24
인구 천 명당 문화 관련 예산액(천 원)	80,289	72,836	142,653	14,600
1인당 문화시설 평균 이용횟수(회)	7.5	7.7	7.3	7.6

출처: 지역문화실태조사 분석연구(2016)에서 재구성.

이처럼 지역 간 문화적 불균형이 존재하는 상황하에서 맹목적인 문화분권을 추진하는 경우 지역 간 격차가 심해져서 문화적 불균형이 더욱 심화될 가능성이 높다고 할 것이다. 그러므로 지역 간 문화적 불균형 문제를 해소하기 위해서는 지역에 기초한 문화분권의 추진방향을 명확히 설정한 후 문화재정을 확보하는 한편, 지역별 특성을 고려한 정책적 지원을 제공해야 할 것이다. 그러므로 지방분권의 과정에서 문화분권이 직면하게 될 중요한 이슈들을 살펴보는 것은 매우 중요한 과업이라고 할 수 있을 것이다.

03
문화분권을 위한 문화정책의 문제점

문화정책의 의미

정책이란 "행위에 수반되는 일반적인 지침이나 주요 방침"으로서 "공공 문제를 해결하기 위해 정부에 의해 결정된 행동방침"이라고 할 수 있으며, "방향을 제시해 주고 일관성이나 지속성을 가지고 있는 결정이자 행동의 방향"을 의미한다(이종수 외, 2018: 425). 그러므로 문화정책이란 "정부 등의 공공부문이 문화에 대해 취하는 정책적 행동"이라고 정의할 수 있다. 즉, 문화정책 개념 속에서는 문화정책의 중요한 의제에 효과적으로 대응하기 위해 정부부문의 제도적 틀 안에서 문화와 관련된 시설 및 기구가 조직되고, 문화정책 수행 활동에 대한 공적자금의 지원이 지속적으로 이루어진다는 것이 포함된다고 볼 수 있다. 문화정책은 문화재 보호와 공보 기능이라는 소극적 기능에서 출발하였으나 현재는 문화예술의 생산자와 향유자 전부를 아우르는 정책을 산출하고 있다. 때문에 문화정책의 개념적 범주도 과거의 문화를 생산하고 향유할 수 있는 일부 국민만을 위한 것이라는 시각에서 현재는 국민 모두를 위한 것이라는 개념으로 범주가 확대되고 있다. 「문화기본법」 제4조에서는 모든 국민은 성별, 종교, 인종, 세대, 지역, 정치적 견해, 사회적 신분, 경제적 지위나 신체적 조건 등에 관계없이 문화 표현과 활동에서 차별을 받지 아니하고 자유롭게 문화를 창조하고 문화 활동에 참여하며 문화를 향유할 문화권을 가진다고 천명하면서 문화정책의 보편성을 뒷받침하고 있다.

제4차 산업혁명 시대의 도래와 함께 향후 문화정책은 전통적인 '인간다움'과 관련되는 고유성, 공동체성, 지역성, 따듯한 감성과 미래의 인공지능 · 빅데이터, IoT · 스마트시티 등의 핵심기술이 적용되는 부문까지 포괄하는 시각이 필요하다.

이상열 외(2017: 175)는 미래 문화정책의 방향과 과제에서 미래 문화정책의 핵심 이슈 24개를 선정하였는데, 이 중 상위 10위까지를 살펴보면 ① 1인 가구 증가와 가족형태 변화, ② 여가 수요와 취향의 변화, ③ 삶의 질과 행복을 중시하는 가치관 확산, ④ 지역분권과 자치역량 강화, ⑤ 양극화 심화와 계층 갈등, ⑥ 도시화의 진행과 지방 쇠퇴 심화, ⑦ 사회적 갈등의 다양화, ⑧ 고령화 이슈 증가, ⑨ 원도심 쇠퇴와 도시재생 필요성 증가, ⑩ 경쟁심화와 사회적 스트레스 증가 등을 제시하고 있다.

이러한 논의를 통해서 볼 때 향후 우리가 경험하게 될 문화정책의 중요한 의제는 다음 네 가지로 정리해 볼 수 있다. 첫째, 다양한 분야에서 표출되고 있는 사회적 갈등상황에서 문화정책이 어떻게 대응해 나갈 것인가? 둘째, 저출산 · 고령화에 따라 다가오는 인구소멸 및 농촌공동화의 위기, 원도심 쇠퇴와 도시재생의 큰 흐름 속에서 지방의 문화정책 기조를 어떻게 설정해 나갈 것인가? 셋째, 1인 가구 증가, 여가 수요 증대, 삶의 질과 행복을 추구하는 가치관의 변화 등에 대해서 문화정책이 어떠한 역할을 수행해 나가야 할 것인가? 넷째, 인공지능, AI, 자율주행 등으로 대변되는 다가올 제4차 산업혁명 시대에 문화정책은 어떠한 준비와 노력이 필요한가?

문화분권 기조에서 문화정책의 문제점과 대안

한국의 문화정책은 1990년대 이전만 해도 '전통문화 보존'과 '예술창작의 지원' 중심으로 진행되다가 1990년대 초반에 들어오면서 문화적 다양성과 문화 민주주의에 대한 논의와 함께 문화복지정책으로 정책의 중심이 옮겨졌다. 이후 1990년대 후반부터 문화의 산업화 및 문화 콘텐츠 개발이 강조되었고, 2000년 이후에는 지역과 장소가 강조되는 '생활환경과 삶의 문화'가 부각되었다(전훈, 2016: 45).

문화분권의 기조와 함께 저출산·고령화, 다양한 사회적 갈등의 표출, 지역 쇠퇴, 삶의 질 제고, 제4차 산업혁명 시대의 도래 등 우리 사회의 다양한 이슈들이 문화정책에 대해 보다 많은 역할과 변화를 요구하고 있는 상황이다. 즉, 문화정책도 우리 사회가 직면한 다양한 사회 문제들의 해결에 기여하고, 급변하는 환경 속에서 미래에 대한 적응력을 강화해야 하는 상황이라고 할 수 있다.

이상열 외(2017: 12-13)는 각 정부의 문화정책의 변화를 노무현 정부에서 문재인 정부까지 국정과제 및 이와 연동되어 수립된 문화계획을 중심으로 워드클라우드 분석을 실시하였다. 이 결과를 보면, 노무현 정부는 동북아라는 핫 키워드와 문화유산, 문화산업, 문화역량, 기반조성 등이 중요한 단어로 나타났고, 이명박 정부는 재외동포라는 주요 키워드와 함께 대중문화예술, 갈등관리, 국가브랜드 등이 중요한 단어로 표출되었다. 박근혜 정부에서는 기반조성이라는 주요 키워드와 함께 전통문화, 지식재산, 창조경제, 융복합, 맞춤형 등이 중요한 단어로 제시되었고, 문재인 정부는 사회적 경제, 좋은 일자리, 소상공인, 혁신, 국민, 국가 등이 중요한 단어로 표출되었다. 결국, 전통문화, 지역문화, 문화예술, 문화유산과 같은 국정과제가 문화부처의 고유 영역으로 설정되었으며, 경제·복지 정책 등 다양한 영역에서 문화정책이 관련 과제에 통합적으로 협력을 모색하도록 계획되는 경향이 증가하는 것으로 나타났다. 정책의 내용에서는 지방분권의 부각, 지역의 문화역량 강화 및 문화 격차 해소 등 지역문화정책이 각 정부의 문화정책과 연계되고, 그 외 생활 속 문화 확산, 국민의 주체적인 문화 참여 및 삶의 질 향상과 관련된 여가 확대, 문화예술교육 활성화 등이 제시되었다.3)

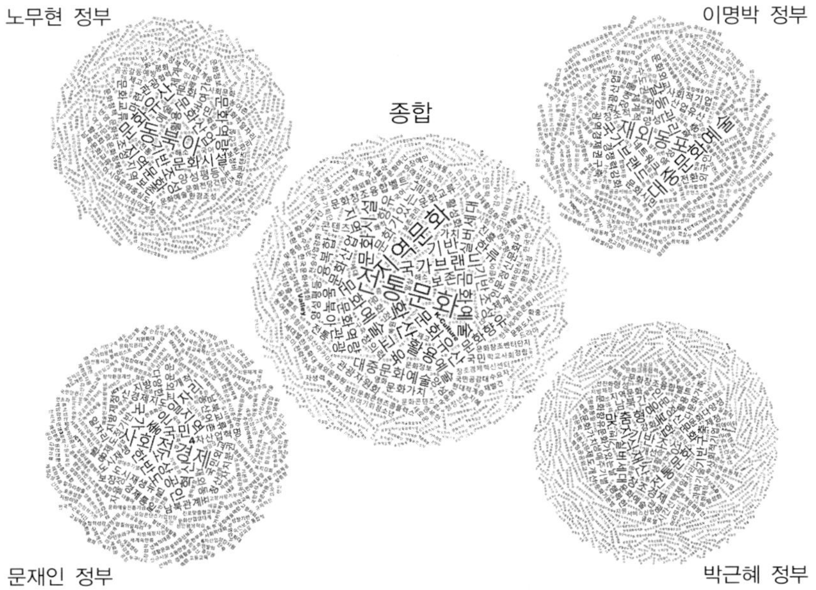

그림 20-1 각 정부의 문화정책의 워드 클라우드 분석

출처: 이상열 외(2017: 12).

현재의 문화분권 기조 속에서 문화정책이 안고 있는 문제점과 대안은 크게 다음 네 가지 측면으로 제시할 수 있다.

첫째, 법・제도적인 미비를 들 수 있다. 2018년 3월 기준으로 문화체육관광부와 문화재청의 소관 법률은 70여 개로 나타나고 있다. 일관된 법률체계가 미흡한 상황 속에서 정치적・행정적 필요에 따라 세분화된 진흥법들이 남발되어 법률들의 위상과 목적이 혼재되고 분절화되거나 연계성이 부족한 문제점을 가지고 있다. 특히 많은 법률들이 중앙과 행정 중심의 하향식 전달체계를 갖추고 있으며, 민간의 참여와 자율성을 확대하기보다는 규제와 경쟁을 통해 관리의 용이성을 높이는 방향으로 구성된 문제점을 가지고 있다(손동혁, 2018: 50). 2014년 제정된 「지역문화진흥법」은 지역 간 문화 격차를 해소하고, 지역별 특색을 가진 고유한 문화를 발전시켜 지역주민의 삶의 질을 향상시키고 문화국가를 실현하는 것을 목적으로 제정되었다. 그러나 이 법은 동법의 목적을 이루기 위한 주체와 방식이 제시되지 않아서 법 집행 전반을 중앙정부가 주도하고 있는 문제점을 가지고 있다. 때문에 문화분권의 다양한 측면을 고려하여 지역문화자치로 나아가기 위한 제도적 기반이 될 수 있도록 「지역문화진흥법」을 개정하는 노력은 한 예라고 할 수 있다(손동혁, 2018: 51).

결국 문화다양성, 문화 민주주의, 자치와 분권, 협치와 같은 새로운 가치를 포괄하기 위한 노력을 통해서 「문화기본법」을 모법으로 한 문화 관련 법률의 통폐합을 추진함으로써 파편화된 문화정책들을 체계화하려는 노력을 기울여 나가야 할 것이다.

둘째, 지역문화정책 실현을 위한 거버넌스 체계 구축이 미흡하다. 분절화된 지역문화정책 및 단절적으로 이를 집행하는 지역문화 추진기구들의 협력체계를 구축하려는 노력이 필요하다. 즉, 각종 기관들의 개별적인 사업 추진의 한계를 극복하기 위해서 중앙부처 간, 중앙－지방, 지역 간 통합적인 협력체계를 구축하여 지역문화정책의 실효성을 담보해 나가는 노력이 필요하다(손동혁, 2018: 53). 이러한 거버넌스 체계 속에서 지역문화 진흥을 위한 지원정책 전반에 관한 협의, 지역 간의 협력·연계·교류사업 개발 및 추진, 지역문화 관련 기관 및 단체 간 협력·연계·교류사업 개발 및 추진 등이 논의될 수 있을 것이다.

셋째, 문화정책의 중요성에 비해 국가재정에서 차지하는 문화재정의 비중이 취약하다는 점을 들 수 있다. 문화재정이란 국가 또는 공공단체가 문화예술과 관련된 정책이나 행정을 시행하기 위하여 자금을 확보하여 관리하고 이용하는 경제 활동을 의미한다. '국민의 정부' 이후 문화재정 규모를 정부총지출 규모와 연계함으로써 문화재정 증가율은 정부총지출 증가율을 상회하였으며, 2012~2016년 간 문화재정의 연평균 증가율은 9.4%로 나타났고, 2017년에는 7조 원을 넘어서며 총지출의 1.77%를 차지하였다. 그러나 「2017~2021년 국가재정운용계획」에 따르면, 문화재정 규모는 2017년 6.9조 원에서 2021년에는 6.6조 원으로 축소될 계획이다. 정부총지출 대비 문화재정의 비중도 2018년의 1.7%에서 매년 0.1%씩 축소되어, 2021년에는 1.3%에 머물 것으로 전망된다(김용환, 2018).

최근까지 문화재정의 증가속도는 지속적인 증가세를 보였지만, 2014년 GDP 대비 기준으로 국가의 총 문화재정은 OECD 30개국 중 27위, 중앙정부는 29개국 중 22위로서 OECD 국가 평균에 미치지 못하는 것으로 나타났으며(이상열 외, 2017), 중앙정부의 문화재정 규모가 상대적으로 크다. 또한 문화재정에서 일반회계보다 기금이 차지하는 비중이 더욱 크기 때문에 안정적인 재정 운용에 한계를 가지는 점은 개선이 필요하다. 향후 기금에 의존하고 있는 보조사업의 비중을 과감히 줄이면서 지역정부 단위의 자율적인 사업편성을 확대하기 위한 정책적 노력이 요구된다.

넷째, 문화재정 지출 원칙의 체계화에 대한 논의가 필요하다. 이는 크게 두 가지 측면으로 구분하여 살펴볼 수 있다. 하나는 재정원칙의 체계화이다. 그동안 문화재정의 양적 확대로 문화 인프라가 상당한 수준으로 확충되었지만, 낭비적 재정지출 증가, 부정수급, 특혜지원 등 부작용 방지를 위한 내실화의 필요성이 제기되고 있으며, 공정성 · 투명성 · 효율성과 같은 재정원칙을 체계화하려는 노력이 요구된다. 즉, 국민소득 증가, 일과 삶의 균형, 사람 중심 성장정책에 따른 여가 장려 등으로 국민들의 문화욕구가 크게 확대될 것으로 보이기 때문에 국민들의 문화욕구를 실질적으로 충족시키기 위한 대책을 강구해 나가야 한다.

그리고 문화재정의 양적 확대 및 세출구조의 조정 등이 필요하다. 문화재정 규모가 증가되기 어려운 상황에서 국민들의 문화기본권을 보장하고 다양한 문화욕구를 충족시키기 위해서는 수요자 중심의 문화재정 내실화를 통한 문화재정의 양적 확대를 추진해 나가야 할 것이다. 또한 문재인 정부는 국가재정 전반에 대한 세출구조의 조정을 추진하고 있으며, 문화재정 역시 ① 유사 · 중복사업 통합 또는 폐지, ② 엄격한 보조사업 선정 및 사후관리, ③ 관례적 · 연례적 행사비의 축소, ④ 지역사업의 지역발전특별회계 이관, ⑤ 기존시설의 활용도 제고, ⑥ 직접지원방식을 간접지원방식으로 전환 등이 중점적으로 추진될 예정이다. 그리고 문화재정은 일반회계, 특별회계 2개, 기금 6개 등 9개의 예산으로 나누어져 있는데 이처럼 분산된 문화재정을 통합할 수 있는 문화재정의 체계 개편이 필요하다.

이처럼 문화분권화 시대에 문화정책의 실효성을 확보하면서 문화재정의 공정성, 투명성을 담보하기 위해서는 법·제도적 정비, 지역문화정책의 거버넌스 체계 구축, 문화재정의 확대, 재정지출의 체계화를 위한 노력이 필요하다.

04
미래의 문화분권이 나아가야 할 방향

2018년 5월 문화체육관광부의 새문화정책추진단에서 수립한 '문화비전 2030'[4)]에 의하면, 문화정책을 '중앙집권적 문화'에서 '문화자치와 분권'으로 전환하고 공동체의 다양성을 위해 지역분화적 분권을 실현해야 한다고 천명하고 있다. 문화체육관광부 장관은 "문화가 일상적인 삶과 분리될 수 없고, 국민의 삶은 지역에 기초하기 때문에 문화의 형성과 발전은 지역에서 시작된다고 할 수 있다. 즉, 지역문화는 문화의 한 '부분'이 아니라 '전부'이다"라고 언급한 바 있으며, 지역문화균형발전을 위해서 문화체육관광부는 '지역문화정책관'을 신설하여 지역문화분권을 실현하기 위한 강력한 의지를 표명하고 있다. 지역이 활력을 가지는 문화분권이 실현되기 위해서는 무엇보다도 지역문화가 활성화되어야 하기 때문에 지역문화의 중요성을 되짚어보고, 문화 분야의 지방분권을 실현하기 위한 방안이 구체적으로 모색되어야 한다. 정부정책에 반영하기 위해 지역문화 현장의 목소리와 이슈들에 귀기울이면서 지역문화발전을 통한 문화분권과 지역발전이 보다 심층적으로 논의되어야 할 것이다. '문화비전 2030'의 여섯 번째 의제인 지역문화분권의 실현을 위해서 다음과 같은 네 개의 과제가 제시되었다. ① 지역문화의 고유성 유지 및 발전, ② 지역 내 문화자치역량의 함양을 위한 기반 조성, ③ 지역주민 참여 활성화를 위한 체계 마련 및 계기 제공, ④ 중앙과 지방 간 협치모델 설계 등이다.

2017년 이후 문화분권과 제4차 산업혁명이라는 단어가 국내·외적으로 중요한 정책적 담론으로 다가서고 있는 지금 우리는 첫째, 문화분권 기조와 제4차 산업혁명이 문화정책에 어떠한 영향을 미칠 것인가, 둘째, 이 과정에서 문화정책이 어떠한 역할을 수행해야 할 것인가에 관심을 가질 필요가 있다. 초지능의 심화로 문화예술의 창의성에 대한 도전, 초연결의 확대로 문화향유에서 개인의 참여 확대 등 다양한 변화가 예견되고 있다. 융복합의 심화에 따라 문화의 내적 영역 구분이 약화되는 상황에서 현재의 공공부문의 정책적 지원 틀을 어떻게 변화시켜 나갈 것인가에 대한 고민이 필요하다. 인간의 변화된 삶은 새로운 문화와 콘텐츠를 지속적으로 요구할 것이고, 이는 기존의 정형화된 제도적 지원이나 규제의 틀을 바꿀 것이다.

이러한 상황 속에서 문화정책은 특정 정책 영역에만 초점을 두거나 다양한 정책 협력에서 주변자적 역할을 수행하는 것에서 탈피하여 문화정책의 보다 적극적인 역할을 모색해 나가야 한다. 예를 들면, 이상열 외(2017: 21－22)는 이와 관련된 미래의 문화정책의 방향에 대해 첫째, 다양하게 전개될 갈등 양상을 체계적으로 분석하여 문화적 다양성으로 승화하고 지속가능한 발전을 모색하기 위해서 사회적·문화적 갈등과 관련된 다양한 정책 영역의 조정자 역할의 강화, 둘째, 소극적인 문화도시 정책에서 적극적인 문화재생 정책으로의 전환 및 도시개발로 인한 부정적 효과에 대응하기 위해 문화영향평가의 개선 및 강화 추진, 셋째, 문화정책이 미래 사회에서 다가올 인간 정체성에 대한 불안감 해소와 철학의 정립을 위한 선도적 역할을 수행해야 한다는 점을 강조하고 있다. 따라서 문화분권화 시대에 문화정책이 보다 적극적인 역할을 수행하고 문화분권을 구체화하기 위해서 중앙정부의 주무부처인 문화체육관광부는 공공문화시설 관리와 같은 관리자로서의 역할을 수행하면서 분배자로서 적정기준에 따라 지방자치단체 및 각종 문화단체에게 재정을 지원하는 역할을 하는 한편, 사회적 변화를 반영한 문화정책의 촉진자로서 국민들의 문화생활을 활성화하는 역할을 수행해 나가야 한다.

최근 문화분권, 문화다양성, 문화자치와 같은 핵심 단어가 다시 지역문화계의 화두가 되고 있지만, 준비되지 않은 행정권한의 지방이양은 혼란을 야기시킬 수 있기 때문에 중앙정부는 물론이고 지방정부에서도 세밀한 로드맵 및 지역문화 자치기반 구축을 위해서 노력해야 한다. 지역의 문화인력 양성과 활동 지원, 지역 문화이기주의의 극복, 지역문화정책 주체들 간 협력관계에 기반한 정책추진체계의 마련, 광역문화재단의 축적된 정보와 경험의 적극적인 활용 등이 문화분권 기조 속에서 적극 검토되어야 할 것이다.

문화분권 기조와 제4차 산업혁명이라는 패러다임의 변화 속에서 바람직한 문화분권의 추진방향을 설정하고, 문화정책의 역할을 어떻게 전략적으로 수행해 나갈 것인지, 사회적 지지와 자원을 어떻게 획득하고 재배분할 것인지에 대해 깊이 있는 논의가 지속적으로 이루어져야 한다. 또한 미래 사회에 다가올 환경 변화에 대응하기 위하여 현안 대응을 위한 연구, 트렌드 변화를 포착하기 위한 연구, 이슈를 인식하고 의제화하는 연구 등을 지속적으로 전개해 나감으로써 시의성과 적절성을 지닌 문화정책의 제시를 위한 대응력을 강화해 나가야 할 것이다. 문화분권과 문화자치는 중앙정부가 계획하여 지역에 넘겨주는 것이 아닌 지역이 주체적으로 만들어 갈 때 진정한 의미의 문화분권과 문화자치가 이루어질 수 있다.

제 21 장

문화교류

박상도(우송대학교)

생각해 보기

- 국제 문화교류는 왜 일어나는가?
- 국제 문화교류의 패러다임은 어떻게 변화하고 있는가?
- 우리는 국제 문화교류 활성화를 위해 어떤 정책적 대응을 하고 있는가?
- 우리는 지속발전 가능한 국제 문화교류를 위해 무엇을 준비해야 하는가?

01
들어가며

문화교류는 문명의 탄생과 함께 시작되어 현재까지 진행 중인 동태적 개념이다. 사전적으로는 "이질문화(異質文化)의 상호 이해를 촉진시키기 위한 제반 활동"(두산백과, 2018)으로 정의된다. 하지만 문화의 끊임없는 생성 · 전파 · 수용 · 소멸 등 유기체적 속성을 고려한다면, 문화교류는 문화의 본질 중 하나라고 봐도 무방하다. 따라서 문화교류는 높은 곳에서 낮은 곳으로 물이 흐르는 것과 같은 본질적인 문제로, 문화가 생성되면 주변 문화와 교류 · 융합 · 분리되는 과정은 자연스러운 현상이다. 선사시대부터 지금까지 많은 지역문화 · 언어 · 음악 · 풍습 등이 이러한 교류 과정을 거치면서 살아있는 문화로서 숨쉬고 있는 이유다.

반면 21세기 문화는 다양하게 진화된 패러다임 속에서 이해되고, 정책적 접근을 시도해야 하는 시대적 당위성에 직면해 있다. 기존의 문화교류가 상호 이해도를 높이고, 글로벌 문화발전을 가져올 것이라는 원론적 차원의 목표와 믿음을 넘어설 필요가 있음을 의미한다. 매체가 발달하고 상대 문화에 대한 접근성이 쉬워진 만큼 문화와 예술의 영역은 확장되고, 글로벌 문화들 간 경쟁을 피하기 어려워졌다. 문화경쟁력이 국가경쟁력을 제고하는 중요한 키워드로 자리매김하였고, 문화교류를 통한 문화경쟁력 확보는 지속발전 가능한 국가의 거시적 정책 프레임 속에서 이루어져야 한다. 이 과정에서 과거와는 다른 시대적 당위성을 대변하는 혜안이 필요함은 물론이다. 문화교류를 문화의 유기체적 속성으로 이해하고, 이를 토대로 문화교류의 올바른 이해와 방향성에 대하여 고민하는 것이 더 중요한 이유이다.

우리 인류는 지금까지 문화교류의 방향성 측면에서 정치, 군사, 경제적 역학관계를 토대로 이질문화를 전파하고 받아들이는 수직확산적(垂直擴散的)인 형태를 취해왔다. 그러나 현대의 문화교류는 인류문화의 다양성과 교류 주체들 간의 평등성을 전제로 한다. 전 세계의 평화발전에 기여한다는 목표 달성을 위해 다채로운 문화들이 상호 존중과 이해를 바탕으로 제반 활동들을 추진하고 있다. 개인적 차원에서 이질 문화를 학습하고 이해하면서 창조적 자극을 얻으며, 사회 및 국가차원에서는 평화와 공존의 문화발전을 이룩하고, 글로벌 차원에서는 다양한 문화들이 교류와 협력을 통해 지속발전 가능한 활동으로 진화해 나가고 있는 것이다.[1)]

이는 다양한 문화교류 환경의 변화에 따라 문화교류의 패러다임이 진화하고 있음을 의미한다. 패러다임의 변화는 문화교류의 구조적 변화를 요구하고 있으며 아울러 지속발전 가능한 문화교류 준거의 틀을 제공하고 있다. 따라서 우리는 문화교류의 패러다임의 변화를 감지하고, 이에 올바르게 반응하며, 국익에 도움이 되는 문화교류 청사진을 제시하는 차원에서 문화교류를 체계적으로 이해할 필요가 있다.

문화교류와 국제 문화교류

먼저, 문화교류가 발생하는 단위를 기준으로 살며보면, 개인 단위의 교류와 가족 및 집단 간의 교류로 분류할 수 있다. 개인 간 문화교류는 커뮤니케이션의 기본인 언어의 교환, 그리고 지식의 교환, 물건의 교환 등 개인 활동 범위 내에서 일어나는 기본적 문화교류이다. 주로 삶의 터전인 가정과 일터를 중심으로 일어나며, ICT 시대에서는 인터넷 플랫폼을 통해서도 개인의 문화교류가 활발하게 진행되기도 한다. 가족 단위의 문화교류는 가풍, 가훈, 가치관 등의 전파와 확산으로 설명 가능하다. 특히 사회적, 경제적으로 성공한 가족 단위의 문화가 확장되는 경향이 강하며, 오래된 가족의 가치가 이어져 내려와 특정 가문(家門)으로 형성되기도 한다. 집단 간 교류는 공동체, 나아가 국민들 간의 교류로 설명할 수 있다. 정치적 이념, 가치관, 종교 등을 포함하는 복합적 주제와 다양한 루트를 통한 문화의 확산과 수용이 국제 문화교류라는 형태로 나타난다.

다음으로, 공간적 차원에서의 문화교류는 한 지역(또는 국가)의 문화가 다른 지역(또는 국가)으로 전파되는 과정을 의미한다. 과거 부족들이 모여살던 지역사회에서 그들의 문화적 특성이 발현되고, 부족의 활동 영역이 확대되면서 이질적인 부족문화와의 접촉, 즉 문화교류가 발생하게 된다. 지역을 중심으로 살아가는 많은 사람들이 지역의 환경적 특성, 지리적 특성, 직업 종사의 특성에 따라서 하나의 독특한 문화를 형성하게 된다. 이런 지역문화는 확산되고 교류되면서 지역의 특성에 맞게 발전, 쇠퇴, 토착화되기도 한다. 국가 간 문화교류는 지역 문화교류의 확장된 개념이다. 국가의 고유한 문화 및 유산이 교류되기도 하며, 한 국가가 만들어 낸 새로운 문화 트렌드 역시 교류의 대상이 된다. 전통문화의 글로벌화 및 한류, 공자아카데미 등을 그 대표적인 사례로 들 수 있다. 일반적으로 우리가 논의하는 문화교류가 대부분 이러한 국가 간의 문화교류 차원에서 논의된다. 국가 간 문화교류는 교통, 통신의 발달로 국경 없는 문화교류로 확대, 진화 중이다. 전 세계 차원에서의 문화교류는 문화다양성의 지속과 확산에 기여하는 모든 활동으로 정의할 수 있다. 하나의 지구촌이라는 가치 아래 인류의 번영과 공영에 높은 가치를 부여하는 대승적 차원의 개념이다.

마지막으로, 시간적 관점에서 문화교류를 논의하면 동 시대적 교류와 다른 시대와의 교류로 나눌 수 있다. 동 시대적 교류는 같은 시대적 시간대를 지나는 다양한 문화 주체들 간의 교류이다. 흔히 세대 차이라는 것은 이러한 시대적 교류를 같이하는 문화 주체들 간의 문화적 차이를 이야기한다. 다른 시대와의 문화교류는 과거 문화의 현대적 해석, 미래 영향력을 이해하고 적용하는 차원에서 이루어진다. 문화적 가치 및 지식에 대한 학습이 과거 문화에 대한 교류라고 할 수 있으며, 현대 문화의 미래적 가치 창출 및 파급효과에 대한 내용 역시 미래 문화교류를 위한 현시대의 작업이라고 볼 수 있다.

이 글에서 주요하게 서술하고 있는 문화교류는 공간적 차원에서의 국제 문화교류와 시간적 차원에서의 동 시대적 교류에 초점이 맞춰져 있다. 문화교류는 문화의 자연스러운 속성 중의 하나이기 때문에 정책적으로 논의를 할 쟁점은 국제 문화교류에 있기 때문이다.

아울러 국제 문화교류의 개념을 특정짓기 위해서 비교 개념으로 문화외교와 공공외교 개념을 제시할 수 있다. 〈표 21-1〉에서 국제 문화교류와 두 유사 개념을 간략히 비교 · 정리하였다.

표 21-1 국제 문화교류와 유사 개념 비교

	국제 문화교류	문화외교	공공외교
주체	• 공공기관 · 민간단체 및 개인	• 정부기관 및 정부의 위임을 받은 기관	• 정부기관 및 정부의 위임을 받은 기관
목표	• 문화 자체의 발전 및 문화 간 이해와 대화 추구 • 중립적이고 포괄적 이해 관계 추구	• 정치적 · 경제적 국익 증진 • 국가 이미지 제고	• 국가 이미지 제고 • 상호 이해라는 목표를 통해 정치/경제적 국익 증진
대상	• 상대국 일반 국민 및 예술계 종사자	• 상대국 정부 • 상대국 일반 국민 및 예술계 종사자	• 상대국 일반 국민
사업 내용	• 문화예술	• 문화예술	• 문화예술에 국한되지 않음
사업 형식	• 쌍방향성 교류 중심	• 쌍방향성 교류 • 일방적 홍보 및 선전	• 쌍방향성 교류 • 일방적 홍보 및 선전
국가 승인	• 외교관계 없는 국가 또한 민간기관 통해 지속적 교류 가능	• 외교관계 국가 상호 양자 협약 또는 다자간 협약	• 외교관계 국가 양자 협약/외교관계 없는 국가 대상 홍보

출처: 문화체육관광부(2015).

02
국제 문화교류 패러다임의 변화

국제 문화교류 환경이 빠르게 변화하고 있다. 과거 제국주의형 수직적 문화교류에서 상호 존중 및 자율적 문화향유와 공감을 토대로 이루어지는 횡단형 문화교류로 발전하고 있는 것이다. 또한 결과나 목표 중심적인 외교수단형 문화교류는 '민간'을 문화교류의 구심점으로 다양한 주체들이 상호작용하는 협력형 국제 문화교류를 진행하는 단계로 접어들었다. ICT의 발전으로 인한 지리적인 경계, 시

과거		현재		
• 제국주의형 문화교류(자국문화의 일방적 전파로 보편성을 확립하려고 함) • 외교수단형 문화교류(정치적 이익을 중심으로 동맹국 간의 문화협력)	→	• 횡단형 문화교류(문화의 상호 이해와 존중을 기반으로 자율적 문화공감대 형성, 다양성을 성취하는 단계로 진화, 발전)	→	디지털화
• 면대면 방식의 직접적인 교류	→	• IT 기술기반, 국가 단위 및 지리적 경계를 초월하여 쌍방향, 실시간으로 상호 문화의 교류와 소통 가능	→	글로벌화
• 독과점/수직적이었던 정치 · 경제 · 사회 · 문화구조 • 관(官) 주도	→	• 수평적 네트워크로 진화 • 정부와 민간의 거버넌스를 강조하며, 진화된 시스템으로 평가	→	네트워크화

그림 21-1 국제 문화교류 환경의 변화

출처: 문화체육관광부(2012).

간적인 경계, 문화교류의 방향성 문제를 초월하는 국제 문화교류 소통이 가능하게 되었기 때문이다. 이는 정치 · 경제 · 사회 시스템의 수평적 네트워크 구조화를 빠르게 정착시켰으며 국제 문화교류 패러다임을 전환하는 중요한 초석이 되었다. 그 결과, 국제 문화교류의 형태 · 분야 · 주체 · 콘텐츠 차원에서 정부 주도의 국제 문화교류는 정부와 민간이 협치하는 문화 거버넌스로 진화하였다.

교류방법의 복잡화

초연결 네트워크 중심의 사회변화는 국제 문화교류에 있어 시공을 초월한 소통의 가능성을 제시하였다. 과거 특정의 제한된 공간적 · 물리적 환경 내에서 활동하던 유목민과 달리, IT 기술을 기반으로 전 세계 사람들의 네트워크화가 가능한 환경적 기반을 마련한 것이다. 즉, 국가 간 정보교류방식이 과거 물리적 접점을 찾아서 교류하거나 미디어의 일대일교류, 일대다(一對多) 교류방식이었다면, 현재는 스마트 네트워크의 디지털 환경을 토대로 다양한 형태의 상호작용, 상호 연동이 가능해졌다는 의미이다.

국제 문화교류 역시 이러한 스마트 기술의 진보와 함께 복잡한 네트워크 형태의 교류방식으로 변화해가고 있다. 국제 문화교류방식이 외래문화의 수용(인 바운드) 혹은 자국 문화의 확산(아웃바운드)으로 나타나는 일대일 또는 양자 간 교류 중심에서 최근에는 액터와 허브를 중심으로 다양한 문화 주체들이 참여하는 다자 간 교류로 확장되었다. 이와 같은 변화는 국가들 간 국경을 맞대고 있는 EU 중심의 유럽문화권에서 특징적으로 나타나는 현상이다. EU는 물리적인 국경의 제약을 넘어서서, 다원화된 문화 주체 간의 협동 및 네트워크/컨소시엄을 구축하는 방식으로 상호 강하게 연결된 국제 문화교류사업을 추진하는 선제적 변화를 이끌고 있다.2)

교류 분야의 변화

전통 및 예술 분야는 국제 문화교류에서 보편적으로 각광받아 온 분야다. 이는 그간 교류의 핵심 주체인 국가 단위 및 주로 공공 영역이 자국의 문화를 대변하는 전통과 예술 분야를 위주로 국제 문화교류의 흐름을 주도해 온 경향을 반영한다. 그러나 최근 들어 전통문화 및 순수예술 중심이었던 국제 문화교류 분야가 다양화되는 추세를 보이며, 문화교류를 둘러싼 환경 역시 초국가적 차원으로 확장되고 있다. 글로벌 네트워크 및 국제기구 · 국제조직 등이 주축이 되어 플랫폼을 구축하고 이를 통해 정책교류 및 인문 · 학술연구가 활발하게 일어나고 있는 이유이다. 예를 들어, 2016년 한국에서 개최된 국제문화정책 컨퍼런스인 'ICCPR(The International Conference on Cultural Policy Research)'의 경우는 국제 문화교류 및 정책 관련 정부/학계 전문가들이 참여한 국제회의로, 다양한 문화교류 관련 학술적 논의가 각국의 정책에 반영될 수 있는 소통과 창구의 역할을 보여준 대표적인 사례이다.

또 다른 변화는 국제 문화교류가 국제협력 관점에서의 ODA 영역과의 적극적 연계를 시도하는 점이다. 그간 국제 문화교류와 ODA

(Official Development Assistance)는 상호 다른 지향점과 지원방법을 추구하는 것으로 이해되어져 왔다. 그러나 최근 ODA 예산이 확대되고 국제사회에 대한 책임공유라는 차원에서 공적개발원조(Official Development Assistance)는 그 패러다임이 확장, 변화하고 있다. 다시 말해, 선진국이 개발도상국에 경제/기술의 인도적 지원과 원조를 제공하는 차원에서 이해되어 왔던 ODA가 이제는 국제개발협력(International Development Cooperation)이라는 슬로건 아래 경제, 사회, 문화의 다변화된 지원과 교류를 추진하고 있다는 것이다.

공여국(donor)에서 수여국(recipient)으로의 시혜적 도움(assistance)을 제공하는 단방향이 아니라, 국제개발협력이라는 거시적 목표 아래 모든 참여국들은 동반자적 지위를 가지며, 호혜적 상호주의 협의 하에 공동목표를 위해 협력한다는 측면을 강조한다. 중요한 것은 바로 이러한 국제사회의 협력이 단순히 경제적 차원의 접근을 초월하여 전 사회적 문제, 그리고 나아가 문화적 관점에서 접근되고 있다는 점이다. 이와 같은 변화의 바람은 국제 문화교류 영역이 국제개발협력 영역과 한층 더 밀접한 관계를 설정하고, 네트워크화 및 확대되고 있음을 의미한다.

교류 주체의 변화

국제 문화교류 주체의 변화는 세 가지 차원에서 찾아볼 수 있다. 첫 번째 변화는 국제 문화교류를 이끌어가는 핵심 주체가 국가에서 지역으로, 공공에서 민간으로의 변화가 활발해지고 있다. 수직적, 위계적 관계 구조에서 수평적, 네트워크 기반 협력관계 구조로 교류의 성격이 변화하고 있다는 점 역시 주목할 만하다. 이는 구체적으로 중앙에서 지역 단위로의 중심이동, 즉 중앙이 방향성을 제시하고 지역 단위 정부 및 단체에서 국제 문화교류 주체로 문화교류를 실천해 나가는 현상으로 나타나고 있다. 이 과정에서 정부는 거시적 청사진을 하달하는 주체가 아니며, 모든 문화교류 사업의 추진은 지역의 민간단체 또는 지방자치단체 차원에서 주도적으로 제안하고 실행하며 중앙의 지원을 요구하는 상향식 방식으로 업무가 이루어진다.

두 번째 변화는 국제 문화교류의 주체가 초(超)국가 중심으로 진화하고 있는 점이다. 사실 국제사회의 갈등과 분쟁을 해결하는 중요한 메커니즘으로 국제 문화교류의 역할이 강조되어 왔다.[3] 따라서 거시적이고 통합적인 시각에서 '문화' 중심의 상호 공존, 그리고 다양성의 존중 등이 늘 중요한 기능으로 여겨져 왔다. UN의 SDGs(Sustainable development goals)가 제시하는 문화적 관점의 국가 경제·사회·복지를 아우르는 거시적 발전 전략, EU 교육문화부(Creative Europe: EACEA)의 '초국가 차원에서의 순환 진흥(2007~2013)'을 통해 국가/국경을 초월한 문화예술 공유를 위한 저변 확대가 이러한 내용을 대변한다. 최근 아시아 국가 간 경제, 사회적인 협력과 소통의 중요성이 부각되면서 이들 간 문화교류가 매우 빠른 속도로 증가할 것으로 보인다. 특히 동아시아 권역이 아세안경제공동체(ASEAN Economic Community: AEC)를 중심으로 협력과 교류를 강화하는 추세이며, 이들 간 문화교류가 급물살을 탈 것이라는 기대감이 높아지고 있다.[4]

세 번째 변화는 국제 문화교류 주체로서 기업의 역할이 부상하고 있는 점이다. 최근 다국적 기업들은 글로벌 마케팅 전략의 일환으로 기업의 사회적 책임(Corporate Social Responsibilities)을 강조하고 있으며, 주요 사업부문 및 주요 제품과 관련된 문화적 지원, 즉 문화마케팅을 활발하게 진행하고 있다. 기업이 진출한 국가를 대상으로 창작활동, 이벤트, 행사 등을 주로 지원하며, 문화 · 예술 분야를 시발점으로 국제 문화교류에 기업이 적극 참여하는 추세이다. 최근에는 글로벌 기업뿐만 아니라 로컬 기업들 역시 기업의 사회적 책임이라는 관점에서 국제 문화교류를 주요한 기업경쟁력 분야로 설정하고 다양한 활동을 추진하고 있다. 따라서 미래 국제 문화교류 패러다임 변화의 새로운 방향성 제시를 위해, 국가/공공 영역 위주의 시각에서 탈피하여, 다차원적이고 다원적인 시각, 즉 영리/비영리, 공공/민간을 통섭적으로 고려하는 안목이 필요하다.

교류 콘텐츠의 변화

국제 문화교류를 위한 콘텐츠 구성의 변화가 결과물(end-product)을 중요시하던 시각에서 과정(process) 중심으로 변화하고 있다. 국제 문화교류에서 그간 선호되어 왔던 교류 내용은 공연 · 전시, 문화재, 예술품 교류 등으로 완성품에 치중되었으나, 현재는 기획-생산-유통-향유까지의 전 과정을 포함한 프로젝트 기반으로 전환되고 있는 추세이다. 즉, 국제 문화교류 패러다임이 단방향적 문화 전파나 홍보가 아닌 '상호 존중과 이해, 그리고 소통과 협력'이란 관점에서 기획 단계부터 공동으로 참여하거나 제작 과정 자체에 함께 참여하는 것을 전제로 하는 등 '과정'이나 공동 프로젝트 중심의 교류가 활발해지고 있는 것이다. '과정 중심' 교류방식의 활성화는 국제 문화교류가 지향하는 방향이 이전과 달리 공유, 협력, 존중, 이해, 소통 등의 가치를 축으로 변화하고 있는 것을 의미한다. 이는 향후 국제 문화교류를 위한 콘텐츠 구성방식의 다변화가 필요함을 시사한다.

03
국제 문화교류 진흥 종합계획

국제 문화교류는 시대적 당위성에 맞추어 다양한 패러다임의 전환을 해왔다. 우리나라 역시 공공외교에서부터 시작된 국제 문화교류 정책을 시대적 요청에 맞게 경로를 수정하면서 발전해 왔다. 시대적 변화에 따른 국제 문화교류 정책의 변화와 현재 추진되고 있는 국제 문화교류 진흥 종합계획까지 우리나라의 국제 문화교류에 활성화를 위한 제도적 틀을 살펴본다.

시기별 국제 문화교류 정책

국제 문화교류 정책은 거시적인 국내 문화정책 목표와 추진전략에 따라 점진적으로 변화되는 양상을 보여 왔다. 문화예술이 정책적으로 이해되는 방식에 따라, 문화정책의 하위 분야로 분류되는 국제 문화교류 활동 역시 그 영향을 받기 때문이다(김혜인, 2015). 시기별로 살펴보면, 1990년대 전후에는 문화교류 관점보다는 해외홍보관 및 재외문화원 운영과 같은 단선적 홍보의 경향성을 띠거나 또는 외래문화의 합리적 수용을 중심으로 정책이 다루어져왔다. 2000년대 들어와서는 한류에 대한 관심이 결합하여 문화의 경제적 가치가 부상되면서 문화산업뿐만 아니라 문화산업 성장 기반으로서의 문화홍보(국가 이미지) 및 문화교류가 연계되는 방식으로 정책이 추진되었다. 2004년에는 『개방과 소통의 국제 문화교류 중기계획』(문화관광

표 21-2 각 기간별 국제 문화교류 정책의 변화

구 분	추진체계
1990년대 이전	• 문화부 본부의 식제를 통한 수행 • 재외 한국 문화원 최초 설립 • 해외 홍보관 최초 파견
1990년대 이후	• 『국제 문화교류 활성화 및 기반조성 전략의 문제점과 정책방향(1995)』(한국문화정책개발원) • 1998년 해외 문화 홍보원 개원 • 한국문화산업교류재단 설립
국제 문화교류 중기계획 수립 (2004~2006)	• 『해외문화홍보체계 발전방안(2003)』(문화관광부) • 『개방과 소통의 국제 문화교류 중기계획(2004)』(문화관광부) • 국정 홍보처의 분리 운영 • 코리아센터 설립 운영
국제 문화교류 법제화 추진 (2007)	• 『국제 문화교류 진흥을 위한 제도수립 방안 연구(2007)』(문화관광부) • 해외문화홍보원 운영 • 해외한국문화원의 확대 • 세종학당 설립 운영 • 국제 문화교류 전담기관(예술경영지원센터 내) 지정 • 국제 문화교류 정책협의회 구성

출처: 김해인(2015).

부)을 통해 국제 문화교류의 현황과 문제점을 종합적으로 분석함으로써 다양한 문화가 공존하는 "열린 문화 선진 국가" 구현을 정책 비전으로 설정하고, "문화교류의 지평 확장", "문화교류의 역량 강화", "문화교류의 내실화 추진"을 정책의 기본 방향으로 제시하였다.

종합계획 수립 배경

국제 문화교류 진흥 종합계획은 법과 시대적 당위성에 근거하여 수립되었다. 먼저, 수립 목적은 "국제 문화교류 기반을 조성하여 국가 간 상호 문화에 대한 이해를 증진하고, 우리 문화의 다양성과 창의성을 높여 세계문화 발전에 기여한다(「국제문화교류진흥법」 제1조)"에 근거하고 있다. 이에 따른 계획의 수립은 「국제문화교류진흥법」(2017.9.22)에 근거한 법정계획으로 향후 5년 간(2018~2022) 국제 문화교류 정책의 기본 방향, 추진전략 및 세부과제를 제시하였다[「국제문화교류진흥법」 제5조(종합계획의 수립)].

국제 문화교류 진흥 종합계획은 법적 근거 외에도 시대적 당위성, 즉 앞서 기술한 국제 문화교류 패러다임의 변화에 부응하는 진화된 계획이다. 따라서 교류형태의 변화(일 방향 교류 → 쌍방향 교류/다자 간 교류방식)와 교류 분야의 확대(순수예술/전통문화 분야 → 확장된 문화정책, 연구, 문화산업 등)의 변화를 반영하고 있으며, 교류 주체(중앙/공공기관 중심 → 지역 · 지방자치단체/민간단체 중심)의 구심점 역시 외연을 확장하였다. 이는 ICT 기술의 발전과 무관하지 않으며 문화 미디어에 민감하게 반응하는 시대적 조류를 반영하고 있다. 또한 교류 콘텐츠(결과물 중심 → 프로젝트 기반/과정 중심의 교류)도 소통과 협력에 기반을 둔 교류를 지향하고 있다.

정책목표 및 기본 방향

'국제 문화교류 진흥 종합계획(2018~2022)'에서는 국제 문화교류의 비전과 3대 정책목표, 그리고 4대 추진전략을 기술하고 있다. 먼저, 국제 문화교류의 비전은 "세계와 공감하고 협력하여 모두가 행복한 국제 문화교류"로 설정하였다. 거시적 차원에서의 정책목표는 첫째, 체계적인 문화교류를 지원하고, 둘째, 국제 문화교류의 자율성을 강화하며, 셋째, 지속가능한 문화교류 생태계를 조성하는 청사진을 제시하고 있다. 특히 국제 문화교류의 진흥을 위해 주요 정책의 수립, 조정, 평가 및 제도 개선과 국제 문화교류 진흥을 위한 기반조성, 지방자치단체 및 민간의 국제 문화교류 진흥방안에 대해서 주로 논의하고 있다. 아울러 국제 문화교류 진흥을 위한 전문인력의 양성, 국제 문화교류 관련 정보의 유통방안 등에 대해서도 포괄적으로 내용을 다루고 있다.

국제 문화교류 4대 추진전략

'국제 문화교류 진흥 종합계획(2018~2022)'에서는 급변하는 문화교류 트렌드와 기술의 변화에 부응하는 문화교류 추진전략을 4개 분야에 걸쳐 제시하였다.

국제 문화교류 진흥의 체계화 추진전략

효율적인 국제 문화교류를 추진하기 위하여 시스템적 변화가 필요함에 따라서 네 가지 측면에서 국제 문화교류 진흥을 체계화하였다. 첫째, 국제 문화교류 정책 추진체계 구축이다. 국제문화교류진흥위원회를 구성하여 운영하며,[5] 시 · 도 지방자치단체의 국제 문화교류 기반을 구축하기 위해 시 · 도 지방자치단체 국제 문화교류 진흥 조례를 점진적으로 확대 제정하였다.[6] 또한 문화체육관광부(국제 문화교류)와 외교부(공공외교) 협력채널을 구축하여 부처 간 역할 및 현안에 대한 적극적 소통을 하기로 하였다.

둘째, 국제 문화교류 진흥업무 전담기관을 지정하여 운영한다. 이 기관은 국내 · 외의 국제 문화교류 기관들과 소통하고 협력하는 허브 역할을 수행하며, 「국제문화교류진흥법」 제12조에 따른 관련 국제 문화교류 지원사업을 체계적 · 전문적으로 수행한다.[7] 특히 매개 기능으로서의 국내 · 외 문화교류 조직/기관 간 네트워크 활성화 및 국제 문화교류 관련 정보제공 기능을, 연구 기능으로서 국제 문화교류 실태조사, 국제 문화교류 정책연구 및 개발, 지방자치단체를 대상으로 국제 문화교류 컨설팅을 운영하여 이들의 문화교류를 지원한다. 또한 집행 기능으로 국제 문화교류 전문인력 양성사업, 문화 ODA 사업, 그리고 수교 등 주요 국제 문화교류 행사를 지원한다.

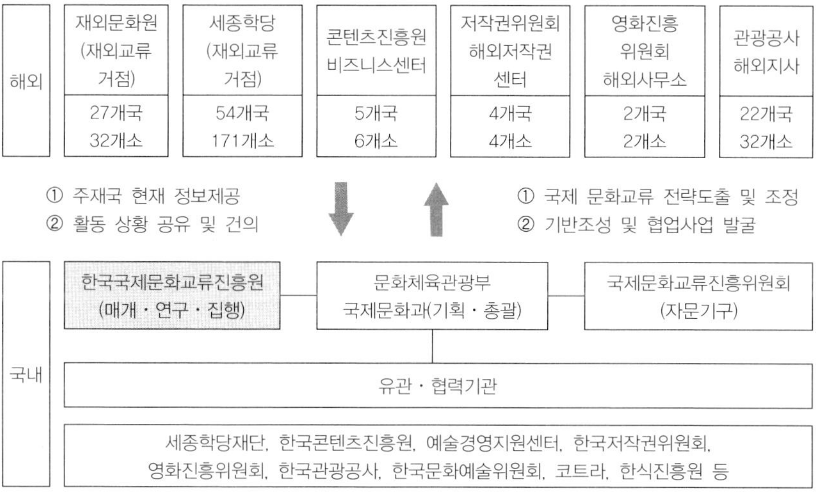

그림 21-2 국제 문화교류 지원체계

출처: 문화체육관광부(2018).

셋째, 재외문화원 인프라 확충 및 다기능화이다. 재외문화원의 점진적 국유화를 통한 시설개선을 하며, 해외 홍보기관들을 통합/재조직화하여 원스톱 서비스를 제공하는 코리아센터를 확충 개설하는 방안을 추진 중이다. 이로 인하여 과도한 재외문화원 임차료 지출(연간 약 110억 원)을 줄이고 주요 거점 국가 및 지역의 문화원을 코리아센터로 전환하여 문화예술, 콘텐츠, 관광 산업의 진출 교두보로 육성하고자 한다.[8]

넷째, 맞춤형 지원을 통한 세종학당의 활성화이다. 기존의 세종학당이 한국어를 보급하고 전파하는 사업 자체에 집중하는 경향을 보였다면, 이제는 문화적 접근을 통해 자연스럽게 한국어에 입문할 수 있는 분위기를 만드는 방향의 전환이 필요하게 되었다. 세종학당별로 수요자에 부합하는 맞춤식 한국어 교육과정을 지원하고, 동시에 한국어 교육 품질제고를 위한 교원 초청 연수 및 온라인 재교육 프로그램 등을 운영한다. 특히 세종학당 한국문화과정인 '세종문화아카데미'를 대표 문화 프로그램으로 육성하며, 한국 문화의 정수를 소개한다. 이로써 고품격 한국 문화를 이해하고 체험할 수 있는 명품 교육 프로그램으로 육성하며, 아울러 한국어 교육과 한국 문화 확산의 선순환구조를 구축한다.

표 21-3 세종문화아카데미 프로그램 예시

일반 프로그램	1주	2주	3주	4주	5주	6주
	오리엔테이션 및 도입강의	K-Fashion 한복	K-Language 한글	K-Pop 케이팝	K-Cuisine 한식	수료식 발표회
심화 프로그램	1주	2주	3주	4주	5주	6주
	(한국의 미술) 오리엔테이션 및 도입강의	동굴벽화에서 도시벽화까지	대중적인 그림, 민화	화폐 속 그림 여행	예술과 미디어의 만남	수료식 발표회

출처: 문화체육관광부(2018).

국제 문화교류 대상의 다양화 추진전략

우리나라의 국제 문화교류는 과거 인접국을 대상으로 활발하게 진행되었으나, ICT 기술, 그리고 미디어 기기의 글로벌 보급으로 좀 더 다원화되고 다차원적인 추진전략을 모색하기에 이르렀다.

첫째, 북방지역 문화교류 활성화이다. 현재 국제 문화교류가 중국 및 일본에 집중되어 있는데, 양국 외에도 나날이 교류 협력의 중요성이 부각되고 있는 러시아, 몽골, 중앙아시아 5개국 등 북방 지역 국가들과의 문화교류 활성화를 추진한다. 특히 북방지역 문화 분야 전문가들의 문화동반자사업(ODA) 참여를 확대하여 수원국(受援國)

대상 문화정책, 문화유산, 문화산업, 예술 콘텐츠 등 관련 분야의 다양한 전문가들의 참여 확대를 도모할 예정이다.

둘째, 신남방협력 증진을 위한 문화교류 활성화이다. 한-아세안의 2010년 '전략적 동반자 관계' 구축 이래 다양한 협력 관계가 강화되고 있다. 현재 아세안은 글로벌 경제 및 우리나라 수출에 중요한 요충지이며, 친한(親韓) 성향이 강해 우리가 문화산업과 콘텐츠를 확산시키는 데 중요한 교류 대상으로 평가된다. 특히 한류에 대한 반응이 뜨거운 아세안 국가들은 민간, 산업 차원의 교류에서 외연을 확장하여 국가 간 문화교류 활성화를 만들어 내는 것이 중요하다. 주요 추진 내용으로 아세안 국가들을 대상으로 '필 코리아(Feel Korea)' 행사를 개최하여 K-Pop을 활성화시키고, 아세안 3개국 필리핀, 말레이시아, 베트남과 수교 10주년을 기념하여 각각 2019, 2020, 2022년에 상호 문화교류의 해를 추진할 예정이다. 또한 개발도상국 '문화센터' 수출을 2020년부터 지속적으로 지원하여 아세안 지역과의 문화 ODA 협력을 강화한다.

셋째, 한-중-일 간 심화된 문화교류를 시행한다. 한-중, 한-일 간 역사적 원인으로 발생한 갈등을 해결하고, 동북아 번영을 위한 3국 간의 문화교류 협력 심화가 필요하다. 따라서 한-중-일 문화장관 회의를 통해 문화 분야에서 소통과 협력을 강화하고, 동아시아 문화도시 간 협력을 위해 2019년부터 추진 사무국을 설치 예정이다. 또한 한-중 양국 간에는 '한중축제한마당'을 서울/북경에서 교차 개최하여 사드(THAAD)배치에 따른 한한령(限韓令)을 극복하고, 한-일 간에는 '한일 우정의 해' 행사를 서울/동경에서 동시 개최하여 위안부 및 독도 영유권 문제로 불거진 반한 감정을 다스릴 예정이다.

넷째, 유네스코(UNESCO)와의 협력 강화로 문화다양성 보고 및 증진을 강화한다. 또한 세계문화유산, 무형유산에 대한 보호 및 등재 등 국제사회의 문화 관련 주요 이슈에 능동적으로 대응한다. 2020년부터는 주 유네스코 대한민국 대표부에 문화담당관을 파견하여 문화 관련 국제이슈에 전략적으로 대응하고, 유네스코 합의사항을 체계적으로 이행할 수 있을 것으로 기대한다. 뿐만 아니라 유네스코 아시아태평양 국제이해교육원과의 협력을 강화하여 글로벌 문화교류와 교육사업의 접목을 시도하며, 이를 통해 문화예술에 대한 국제이해 제고와 문화교류의 시너지 효과도 제고할 것으로 기대한다.

지역 및 민간의 국제 문화교류 주체 역할 활성화 추진전략

국제 문화교류의 주체가 지역 및 민간위주로 전환됨에 따라서 정부의 국제 문화교류 정책은 두 주체들의 거시적 방향성 제시 및 다양한 지원전략을 마련하여 추진할 예정이다.

먼저, 지역 문화예술 단체의 국제 문화교류 사업을 지원한다. 지역의 중요성이 상대적으로 강조되면서 지역 교유의 문화예술 단체들(우수문화 및 특수 문화 계승자 등)을 발굴하여 그들의 역량을 강화하고 국제 문화교류 사업을 지원함으로써 지역 차원의 국제 문화교류 주체성을 확보한다. 또한 지방자치단체의 국제 문화교류 활동 역시 적극적으로 지원한다. 지방자치단체는 국제 문화교류 경험이 중앙정부에 비해 상대적으로 부족하므로, 이를 보완하기 위한 컨설팅, 전문가 파견 등 효과적이고 차별화된 지원정책을 추진한다. 이로써 지방자치단체가 효과적이고 차별화된 국제 문화교류를 기획, 운영할 수 있는 자생력을 키우도록 한다. 아울러 민간의 국제 문화교류 사업

역시 활성화될 수 있도록 다양한 문화단체/기관/문화예술인들의 자발적인 국제 문화교류 활동을 증진시킬 계획이다. 이를 위해 관련 공연, 전시 프로그램 지원사업과 예산을 확대 편성하고, 우수 프로그램으로 선정된 공연·전시 등은 다양한 국가행사(수교기념 행사, 상호 문화교류의 해 행사 등)와 연계하여 우선 지원 기회를 부여한다. 마지막으로, 지방자치단체 및 유관기관과의 소통을 강화하여 국제 문화교류 정책의 시너지 효과를 제고하는 협력 네트워크를 조성한다.

국제 문화교류 기반조성 추진전략

국제 문화교류 환경이 빠르게 변화하고 있는 만큼 국제 문화교류 실태를 조사하고 관련 종합정보 시스템을 구축한다. 특히 국제 문화교류를 적극적으로 추진할 수 있는 인재 양성에 집중한다. 공공 및 민간 분야의 국제 문화교류 담당자들은 지속가능한 국제 문화교류를 위한 첫 번째 조건으로 '전문인력 양성'을 들고 있는 바(문화체육관광부, 2018), 관련 문화인재를 양성하고, 이들의 역량을 강화하여 사업확대 및 체계화를 추진해야 하기 때문이다. 따라서 '현장 중심형 워크숍'을 통해 국내·외 현장상황에 맞는 교육을 지원하고, 경력 단계별 현장실습 교육 프로그램을 마련하여 맞춤형 교육 프로그램을 운영·지원할 예정이다. 이와 함께 미래 기술을 활용한 국제 문화교류 사업 역시 새롭게 지원한다. 이는 제4차 산업혁명 시대 속에서 창작과 예술의 본질을 위협할 수도 있는 인공지능과 같은 기술을 배타적으로 생각하지 않고 새로운 가치 창출의 기회로 삼겠다는 전략이다. 따라서 스마트 미래 기술[인공지능(AI)/가상현실(VR)/증강현실(AR) 등]을 활용한 문화 및 예술 분야의 창작을 독려하며, 이를 위한 실험적인 교류사업을 발굴하여 2020년부터 지원 예정이다.

04
국제 문화교류의 지속발전과 착한 한류

국제 문화교류가 방법 · 분야 · 주체 · 콘텐츠 측면에서 빠른 변화가 일어나고 있음을 전술하였다. 문화가 국가경쟁력을 제고하는 기준에서 중요도가 높아짐에 따라서 새롭게 변화하는 패러다임에 맞추어 글로벌 문화교류가 복잡다기하게 진행되고 있기 때문이다. 우리 역시 시대적 당위성과 필요성에 입각한 정책적 조치가 취해지고 있음은 물론이다. 하지만 우리는 국제 문화교류의 변화에서 올바른 방향성에 대한 끊임없는 질문을 던지면서 변화의 조류에 편승해야 한다. 즉, 우리의 국제 문화교류가 시대적 변화의 프레임에 너무 잘 짜맞추어진 '문화교류의 과도한 상업성'을 지향하고 있지 않은지 경계해야 할 필요성이 있다는 것이다. 과거 한류 정책이 정부 주도 아래 관련 콘텐츠 수출에 성장 포커스가 맞춰져 있었고, 이는 한류에 대한 저항 또는 반감, 그리고 배타주의를 촉발시키는 부작용을 야기했던 점(김휘정, 2018)을 상기할 필요가 있다.

이와 같은 비판적 논의에 대한 대응책으로 김휘정(2018)은 '착한 한류'라는 개념으로 접근한다. 한류로 대표되는 한국의 국제 문화교류는 문화를 전파하는 측과 문화를 수용하는 국가가 비교적 선명하게 구별되는 '문화적 경로'를 통해서 확산되어 왔다. 그러나 현 시대의 문화는 프로유저(pro-user)의 형태로 변화해가고 있다. 국제 문화교류 부문에서도 문화 주체들의 '선택적 수용'과 '자생적 전파'가 일어하는 현상이 부단히 관찰된다. 신(新)한류로 명명되는 이 변화는 과거 우리가 콘텐츠를 창작하여 전파하던 Top-down 방식에서 벗어나 한국 문화에 관심 있는 수용자들의 자체적인 콘텐츠 생성, 전파, 유통하는 Bottom-up 특징을 갖는다. 한류의 능동적 수용자들은 자생적 생산자로 진화하였고, 국제 문화교류 정책은 이들과 네트워크하여 협력 발전하는 차원에서도 고려해야 할 필요가 있다. 특히 문화교류는 상호 이해를 기반으로 문화적 관계를 형성하는 것임을 명심하고 한류를 수용하고, 수용국에서 융합, 진화되는 새로운 한류에 대한 이해와 긍정적 시각을 조성할 필요가 있다. 이로써 한류의 영향력이 자국을 넘어 수용국 또는 글로벌 차원에서의 '타 국가의 문화발전'에 동기를 부여하는 정(+)의 영향력을 미치는 것이 되어야 한다. 문화의 힘이 문화산업의 힘으로 경제를 견인하고, 문화의 힘이 국민들의 소양과 소질을 드높이는 중요한 윤활유가 되며, 문화의 힘이 사회적 준거 기능을 가지는 미래 지향적이고 공익적인 역할을 기대할 수 있도록 한류의 다양한 콘텐츠가 확산되어야 할 것이다.

따라서 한류의 발신국인 한국은 한류를 '차세대 신성장 동력'이나 '국가적 미래 먹거리인 기간산업'으로 육성하는 기업동반 마케팅에 주력했던 것을 벗어나, 한국이 자국의 이익뿐만 아니라 국제사회의 구성원으로서 소통을 기반으로 함께 성장하는 '이타적'인 모습을 보여야 한다. 국제 문화교류에서 한국이 지나치게 문화산업(콘텐츠의 수출)에 역점을 두는 경제적, 산업적 측면만을 강조하는 이미지로 각인되는 것은 한류의 지속가능성을 제고하기 위해서라도 수정되어야 한다.

한국은 이미 경제적으로 선진국의 대열에 들어섰다고 평가받는다. 따라서 이제는 문화부문에서 글로벌 리더그룹 국가로서 공생과 공존의 가치에 헌신하는 리더십을 발휘할 차례이다. 그런 의미에서 한류와 국제 문화교류는 시대적 문화교류 패러다임에 부합하는 다양한 툴과 프로그램, 정책 지원 등을 추진할 필요가 있다.

쌍방향 교류, 네트워크 교류를 통한 국제사회 공헌과 문화 거버넌스 차원에서 다양한 문화교류 주체가 협력하고 참여하는 건강한 국제 문화교류 생태계, 즉 '착한 한류'를 구축해야 한다. 한류의 수용국으로부터 '우호적'이고, 자국의 지속발전에도 '협력적'인 국가로 인식되도록 한류 전파의 긍정적 효과를 이끌어낸다는 측면에서 '착한 한류'는 그 타당성을 제시하고 있다. 따라서 우리는 향후 ICT를 기반으로 민간 영역에서 발전해나가는 국제 문화교류의 다양한 영역을 적절하게 조율하면서, 국가가 국제 문화교류에 효과적으로 대응할 수 있는, 그리고 국제 문화교류의 지속발전을 위한 정책적 접근과 생태계를 조성해 나가는 노력이 필요할 것이다.

제 22 장

문화영향평가

양혜원(한국문화관광연구원)

생각해 보기

- 문화영향평가제도가 가지는 한국적 맥락에서의 의미는 무엇인가?
- 정책의 문화적 영향을 어떻게 측정할 수 있을 것인가?
- 문화영향평가의 대상과 지표, 그리고 평가 과정은 어떻게 설계되어야 하는가?

01
들어가며

문화영향평가(Cultural Impact Assessment)는 "국가나 지방자치단체가 각종 계획과 정책을 수립할 때에 문화적 관점에서 국민의 삶의 질에 미치는 영향을 평가하여 긍정적 영향을 강화·확산시키고 부정적 영향을 최소화할 수 있는 방안을 제시함으로써 문화적 가치가 사회적으로 널리 확산될 수 있도록 하기 위한 제도"를 의미한다. 2013년 12월 「문화기본법」이 제정되면서 법제화되었으며, 2년 간의 시범평가(2014~2015년)를 거쳐 2016년부터 본격적으로 평가가 시행되고 있다.

> 「문화기본법」 제5조(국가와 지방자치단체의 책무) ④ 국가와 지방자치단체는 각종 계획과 정책을 수립할 때에 문화적 관점에서 국민의 삶의 질에 미치는 영향을 평가(이하 이 조에서 "문화영향평가"라 한다)하여 문화적 가치가 사회적으로 확산될 수 있도록 하여야 한다.

오늘날 문화가 단순히 여가나 오락을 위한 부수적이거나 잉여적인 영역이 아니라 풍요로운 삶을 위한 필수적 요소이며, 공동체 형성과 경제 활성화에 중요한 원동력이라는 인식은 점차 사회적으로 크게 확산되고 있다. 그러나 이러한 변화에도 불구하고 여전히 우리는 문화적 가치가 고려되지 않거나, 소중한 문화적 가치들이 훼손되거나 파괴되는 사례들을 주위에서 어렵지 않게 목격할 수 있다.

우리의 추억이 깃들어 있고 마을의 고유한 정취를 느낄 수 있었던 전통가옥, 근대 건축물, 마을길, 담장, 가로수, 폐산업시설, 전통시장 등이 섣부른 개발 과정에서 파괴되거나 소실되고 대신 하늘을 찌를 듯한 고층건물이나 대형 아파트 단지가 들어서거나, 깔끔한 프랜차이즈 커피전문점과 음식점이 줄지어 들어서 있는 모습은 이제 우리의 일상이 되었다. 무분별하고 경쟁적인 성공사례 벤치마킹으로 어느 지역에서나 똑같은 축제나 행사가 벌어지거나, 지역의 고유한 역사나 경관, 지역주민의 수요와는 무관한 공공건축물이나 테마파크가 들어서기도 한다. 한편 어렵사리 고유한 장소성을 지켜낸 지역의 경우에도 그 유명세로 인해 임대료가 상승하여 원래의 거주민들이 오랫동안 지켜왔던 삶의 터전을 떠나게 되는 젠트리피케이션(getrification) 현상이 발생하거나, 너무 많은 관광객이 유입되는 오버투어리즘(over-tourism) 현상으로 지역주민이 사생활 침해로 인한 고통을 호소하는 사례도 증가하고 있다.

이러한 문제점들을 어떻게 바로잡을 수 있을까? 혹은 어떻게 예방할 수 있을까? 문화영향평가는 바로 이러한 문제의식에서 출발한 제도라 할 수 있다.

02

문화영향평가제도의 도입 배경과 의의

한국에서 문화영향평가제도의 도입 필요성에 대한 논의는 2003년 노무현 정부(참여정부) 출범과 함께 시작되었다. 그간 다양한 정책 및 제도에 대한 경제적 효과 분석은 이루어졌으나 문화적 효과에 대한 분석은 부재한데, 이는 사회발전과의 관계에서 문화가 독자적 가치로 인정되기보다는 종속적 혹은 사회변동의 결과로 인식되어 왔기 때문이며, 문화의 시대로 대변되는 21세기에 국가발전전략으로서의 문화의 중요성을 인식하고 이를 사회적으로 확산하기 위해서는 "국가 또는 지방자치단체의 각종 정책 · 제도 수립 시 국민의 문화적 삶과 국가의 문화적 정체성에 미치는 장 · 단기적 영향, 즉 문화적 타당성에 대한 분석, 검증을 거쳐 확정 · 시행토록 하며, 문화적 타당성 검증 과정에 국민참여를 제도화"하는 '문화영향평가제도'의 도입이 필요하다는 것이 주된 골자였다.

이에 따라 2003년에는 『문화영향평가제도 연구』(문화사회연구소, 2003), 『문화영향평가제도 해외사례조사 연구』(김규원, 2003)가, 2006년에는 『문화영향평가 지표개발 및 법제화 방안 연구』(문화체육관광부, 2006) 등을 통해 문화영향평가제도에 대한 구체적인 실행방안에 대한 모색이 진행되었다. 시기별로 내용상의 차이는 있으나, 문화영향평가제도는 "문화발전, 즉 국민 다수의 문화적 역량 제고를 통한 삶의 질 향상에 부정적 영향을 주는 요인을 규명하고 이를 최소화하여, 문화적 가치를 사회적으로 확산하기 위한 긍정적 대안을 제시하며 인간의 삶을 둘러싼 제반 문화적 관습과 신념에 대한 전면적인 평가 및 대안을 제시하는 평가제도"로 정의되었으며, 문화영향평가제도의 목적은 정치·경제적 사회체계가 일상적 생활세계에서 개개인의 삶의 질 향상에 미치는 가시적 또는 비가시적인 영역을 포함하여 긍정적 또는 부정적 영향관계를 규명함으로써 국민 다수의 문화적 역량의 제고를 통한 삶의 질 향상 및 문화적 가치의 사회적 확산으로 제시되었다. 또한 규제적 성격을 갖는 여타의 영향평가와 달리 문화영향평가는 국가정책 및 계획에 문화적·창조적 요소가 형성·유지되도록 유도 및 지원적 성격을 갖는 규범적 평가제도로 설계되었다.

그러나 이렇게 지속적으로 진행된 문화영향평가 연구와 실행방안 모색에도 불구하고 문화영향평가의 대상 선정(어떠한 정책을 대상으로 평가를 할 것인가?)의 문제와 문화영향의 실체가 불분명하다는 점(무엇에 대한 영향을 평가할 것인가에 대한 목표 불분명, 문화의 속성상 다양한 영역이 존재) 때문에 제도의 법제화 및 시행에 어려움을 겪었으며, 이명박 정부로의 정권교체 이후에 문화영향평가제도에 대한 논의는 잠복기로 접어들었다.

문화영향평가제도에 대한 논의가 재점화된 것은 2013년 박근혜 정부가 출범하면서부터였다. 문화재정 2% 달성 및 「문화기본법」 제정을 공약사항으로 내걸었던 박근혜 정부는 출범 이후 '문화융성'을 4대 국정기조 중 하나로 제시하였으며, 2013년 12월에는 문화에 관한 국민의 권리와 국가 및 지방자치단체의 책임을 규정한 「문화기본법」을 제정하였다. 「문화기본법」은 '문화'의 개념을 "문화예술, 생활양식, 공동체적 삶의 방식, 가치 체계, 전통 및 신념 등을 포함하는 사회나 사회 구성원의 고유한 정신적·물질적·지적·감성적 특성의 총체"로 넓게 파악하고 문화가 가지고 있는 가치가 교육, 환경, 인권, 복지, 정치, 경제, 여가 등 우리 사회 영역 전반에 확산될 수 있도록 국가와 지방자치단체가 그 역할을 다하며, 개인이 문화표현과 활동에서 차별받지 아니하도록 하고, 문화의 다양성, 자율성과 창조성의 원리가 조화롭게 실현되도록 하는 것을 기본 이념으로 천명하였다. 또한 동법 제4조에서는 "모든 국민은 성별, 종교, 인종, 세대, 지역, 사회적 신분, 경제적 지위나 신체적 조건 등에 관계없이 문화표현과 활동에서 차별을 받지 아니하고 자유롭게 문화를 창조하고 문화 활동에 참여하며 문화를 향유할 권리(문화권)"를 가짐을 선언하고, 제5조에서는 국가와 지방자치단체의 책무의 하나로서 문화영향평가제도를 법제화하였다. 이렇게 「문화기본법」상에 문화영향평가제도가 중요한 내용으로 포함된 것은 문화가 가지고 있는 다양한 가치에 대한 사회적 인식 제고라는 사회환경적 변화 외에, 4대 국정기조 중 하나인 '문화융성'의 실현, 즉 문화 가치를 사회 전반으로 확산하기 위한 구조적·종합적 전략으로서 문화영향평가제도의 유용성에 기인한 것으로 판단된다.

문화기본법에 문화영향평가제도가 명문화됨에 따라 '문화영향평가제도'를 실질적으로 실행하기 위한 연구와 시범평가가 다시 진행되게 되었다. 2013년 『문화영향평가 실행을 위한 기초연구』(한국문화관광연구원, 2013)에서는 문화영향평가의 핵심가치와 대상을 도출하고 추진방향과 실행방안을 제시하였으며, 『2014 문화영향평가 실행에 관한 연구』(문화체육관광부, 2014)는 국토교통부와 문화체육관광부의 네 개 정책(문화로 행복한 학교 만들기, 산업단지·폐 산업시설 문화재생사업, 도시재생사업, 행복주택)에 대한 시범평가를 실시하였다. 『2015

년 문화영향평가 연구』(문화체육관광부, 2016)는 평가모형과 평가지표를 재정비하고, 시범평가의 대상을 중앙부처의 정책뿐 아니라 지방자치단체의 정책까지 확대하여 총 다섯 개의 정책[새뜰마을 사업(농림축산식품부), 글로벌 명품시장 육성사업(중소기업청), 세운상가 활성화 종합계획(서울시), 서울시 마을공동체 지원사업(서울시), 강원도 마을공동체 만들기 지원사업(강원도)]에 대한 시범평가를 수행하였다. 또한 상위평가인 종합평가를 통해 결과를 종합하고, 2016년 본평가를 위한 평가지침을 수립하였다.

2016년에 수립된 '문화영향평가 평가지침'에 따르면, 문화영향평가제도는 국가나 지방자치단체의 정책으로 인해 발생하는 문화적 권리의 침해나 문화경관의 파괴, 공동체의 상실 등과 같은 부정적 영향을 미연에 방지하고, 해당 정책에 문화적 가치를 적극적으로 반영하는 '정책의 문화화(문화로 옷 입히기)'를 통해 정책의 사회적 수용가능성과 효과성을 제고시킴으로써, 지속가능한 성장을 가능하게 하며, 궁극적으로 국민의 문화역량 및 삶의 질을 향상시키는 것을 목적으로 한다. 한편 문화영향평가는 평가라는 용어를 사용하고는 있으나 정책의 집행 및 성과를 평가하는 것이 아니라, 해당 정책이 미치는 문화적 영향을 분석하고, 문화적 가치를 반영할 수 있도록 정책 권고를 함으로써, 보다 바람직한 정책의 형성을 유도·지원하는 정책분석(policy analysis)의 한 유형이라는 점에서 그 특수성이 있다(문화체육관광부·한국문화관광연구원, 2016; 양혜원, 2017)고 하겠다.

그렇다면 한국에서 문화영향평가는 어떻게 이루어지고 있는가? 그리고 어떠한 성과와 한계를 노정하고 있는가? 이하에서는 이를 구체적으로 살펴보도록 한다.

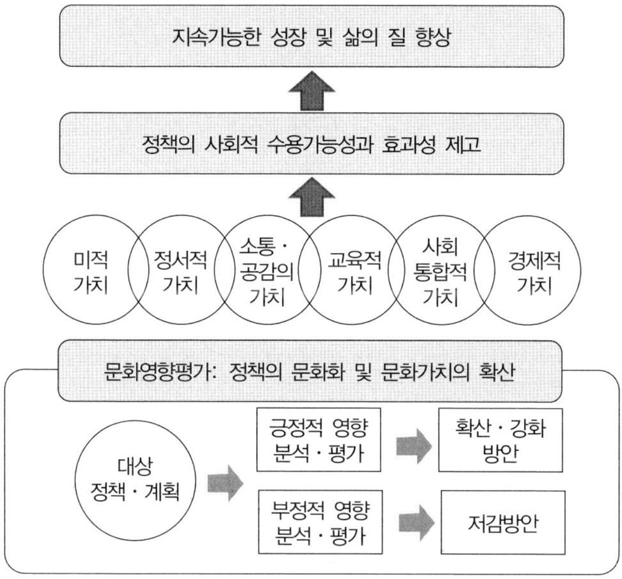

그림 22-1 문화영향평가의 의의와 목표

03
문화영향평가의 유형과 평가방법

「문화기본법」과 동법 시행령에 따르면, "중앙행정기관의 장과 지방자치단체의 장이 문화적 가치의 사회적 확산 및 국민의 삶의 질과 밀접한 관련이 있는 계획과 정책을 수립하는 경우 문화영향평가를 하여야 한다"고 규정하고 있어 문화영향평가의 시행 주체는 원칙적으로 중앙행정기관의 장과 지방자치단체의 장이 된다. 다만 관계 중앙행정기관의 장이나 지방자치단체의 장이 요청하거나 문화영향평가 협의체의 협의를 거쳐 문화영향평가를 하기로 한 경우에는 문화체육관광부 장관이 문화영향평가를 시행할 수 있도록 규정하고 있어서 문화영향평가는 시행 주체에 따라 두 개의 유형, 즉 ① 중앙행정기관의 장이나 지방자치단체의 장이 자체적으로 시행하는 문화영향평가(이하 '자체평가'라 칭하도록 한다)와, ② 문화체육관광부 장관이 시행하는 문화영향평가(이 경우 문화체육관광부 장관이 전문평가기관에 대해 평가를 위탁하여 진행하므로, 이하에서는 '전문평가'라 칭하도록 한다)로 구분된다고 하겠다.

그러나 국제적으로도 문화영향평가와 관련하여 합의된 통일적이고 체계적인 지침이 없고, 우리나라의 경우에도 문화영향평가제도가 도입된지 얼마 되지 않아 아직 세부적인 사항들에 대해서는 점진적으로 보완되고 개선되는 제도화 과정에 있어 현재 한국의 문화영향평가는 문화체육관광부 장관이 시행하는 '전문평가'를 중심으로 추진되고 있다. 다만 문화체육관광부 차원에서 자체평가 시범실시를 통해 자체평가의 방법과 지표 등을 개발하여 보급하는 작업이 진행되고 있으며, 서울시와 경기도 등을 중심으로 문화영향평가와 관련한 조례를 제정하여 자체적으로 문화영향평가를 시행하고자 하는 시도가 진행되고 있어, 이후에는 중앙정부와 지방자치단체가 스스로 시행하는 자체평가가 크게 확대될 것으로 기대된다.

이에 여기에서는 어느 정도 체계화가 진행된 '전문평가'를 중심으로 살펴보도록 한다. 전문평가의 경우 문화체육관광부 장관이 지정한 '문화영향평가 지원기관(현재 한국문화관광연구원이 문화영향평가센터의 역할을 담당)'이 매개기관으로서 전체적인 관리 및 지원 역할을 수행하며, 선정된 대상 계획 또는 정책에 대해 문화영향평가를 실제

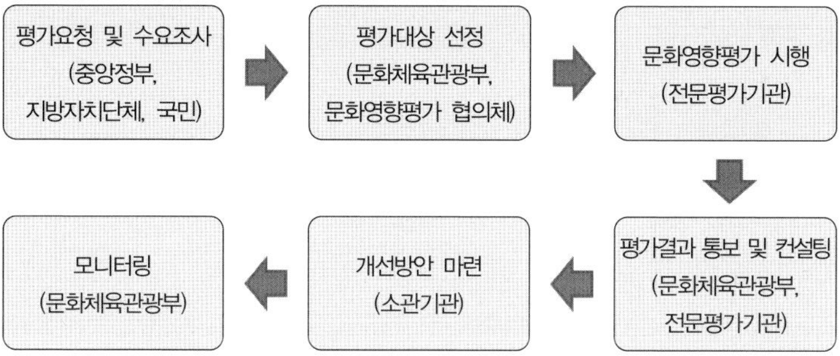

그림 22-2 문화영향평가 평가절차

로 수행할 전문평가기관을 선정하고 필요한 교육 및 컨설팅 등을 지원한다. 문화영향평가의 절차는 [그림 22-2]와 같다.

첫째, 문화영향평가를 할 대상 정책 및 계획에 대해 중앙행정기관 및 지방자치단체에 대해 수요조사를 통해 요청을 받는다. 이때 대국민 수요조사도 함께 진행한다. 둘째, 요청된 대상 계획이나 정책에 대해 문화영향평가 협의체의 협의를 거쳐 대상을 확정한다. 셋째, 선정된 대상에 대해 문화영향평가를 시행할 전문평가기관을 공모 또는 지정을 통해 선정하고, 선정된 전문평가기관이 문화영향평가를 실시한다. 넷째, 평가결과를 소관기관, 즉 중앙행정기관이나 지방자치단체에 통보하고, 정책의 개선을 위해 필요한 정책권고 및 컨설팅을 실시한다. 다섯째, 소관기관인 중앙행정기관이나 지방자치단체는 평가결과를 반영하여 개선방안을 마련한다. 여섯째, 문화영향평가 결과를 반영하여 정책개선이 이루어지는지에 대해 문화체육관광부는 이를 모니터링한다.

한편 전문평가기관의 문화영향평가는 다음의 [그림 22-3]과 같

절차	주요 내용	분석방법
1. 대상 정책 및 계획의 개요 및 특성 분석	① 대상 정책 및 계획의 개요 및 특성 분석 ② 대상 정책 및 계획의 문화영향평가의 의의 및 필요성 기술 ③ 평가범위 및 대상 구체화	• 사업계획서 및 사업 현황 자료 문헌 분석
2. 관련 선행 연구 및 사례 분석	④ 대상 정책 및 계획과 관련된 국내·외 선행 연구 검토 ⑤ 국내·외 유사 사례분석을 통한 영향의 예측 및 시사점 도출	• 문헌 분석
3. 현황 분석	⑥ 대상 정책 및 계획 추진 현황 분석 ⑦ 대상지의 문화영향지표 현황 분석	• 사업계획서 및 사업 현황 자료 문헌 분석 • 소관기관 담당자 인터뷰 • 현장조사 • 통계자료 분석 또는 설문조사 실시
4. 영향 요인의 파악(이슈 도출) 및 문화적 영향 예측	⑧ 문화적 영향과 관련된 이슈 도출 ⑨ 문화적 영향의 논리적 예측 ⑩ 평가지표 및 방법론 확정: 설문지 작성	• 현장조사 • 전문가 자문
5. 문화영향평가	⑪ 문화영향평가 • 사전평가: 영향의 추정 • 과정평가: 영향의 측정 및 향후 영향의 추정 ⑫ 사전-사후 문화영향지표 비교	• 전문가 평가단 구성(10인 내외) • 현장조사 • 관계자 FGI 및 심층 인터뷰 • 주민 등 관계자 설문조사 • 전문가 평가(전문가 평가단)
6. 평가 결과의 해석 및 정책적 제언 도출	⑬ 평가 결과의 해석 ⑭ 정책적 제언 도출	• 전문가 평가단 회의 • 관계자 FGI

그림 22-3 문화영향평가 표준분석 평가절차

은 '표준분석 평가절차'를 준용하여 진행된다.

첫 번째 단계는 대상 정책 · 계획의 개요와 특성을 분석하고 평가 범위와 대상을 구체화하는 단계이다. 두 번째 단계에서는 관련 선행 연구와 국내 · 외 사례 분석을 통해 영향을 예측하고 시사점을 도출한다. 세 번째 단계에서는 대상 정책 · 계획의 추진 현황과 대상지의 특성을 분석한다. 네 번째 단계에서는 대상 정책 · 계획이 가져올 문화적 영향과 관련된 이슈를 도출하고 그 영향을 논리적으로 예측하고, 어떻게 평가할 것인지 평가지표와 방법론을 확정한다. 다섯 번째 단계에서는 확정된 평가지표와 방법론에 따라 문화영향평가를 시행한다. 이때 문화영향평가는 사전에 설정된 6개의 핵심평가지표(문화향유, 표현 및 참여, 문화유산 및 문화경관, 공동체, 문화다양성, 창조성)를 중심으로 대상 정책 · 계획이 미칠 문화적 영향을 추정하거나 측정함으로써 이루어지는데, 이를 판단하는 방법은 정책 · 계획이 실행될 대상지에 대한 현장조사와 관계자 인터뷰 및 초점집단면접(FGI), 그리고 대상 정책 · 계획으로 인해 영향을 받게 될 주민 등에 대한 설문조사, 10명 내외로 구성된 전문가평가단의 평가 등을 종합적으로 활용한다.

문화영향평가결과는 이러한 평가 과정을 통해 도출된 정성적 평가 결과(질적 판단)와 전문가평가단의 점수와 주민 설문조사를 통해 도출된 주민 평가점수를 가중치 합산한 정량적 평가 결과(문화영향평가지수)를 통해 제시된다. 문화영향평가지수는 대상 정책이나 계획이 어떠한 측면에서 어떠한 문화적 영향을 미칠 것인지에 대한 분석과 평가, 그리고 이를 개선하기 위한 정책제언의 도출이 중요하다는 점을 고려하여 여섯 개 지표별 문화영향지수를 6각형의 그래프 형태

표 22-1 문화영향평가의 평가지표

구 분	평가항목	평가지표	주요 측정개념
공통지표(핵심지표)	문화 기본권	1. 문화향유에 미치는 영향	문화접근성 및 문화향유 수준
		2. 표현 및 참여에 미치는 영향	표현 및 참여기회, 생활문화예술 참여
	문화 정체성	3. 문화유산 및 문화경관에 미치는 영향	유·무형의 문화유산 및 문화경관의 보호와 활용
		4. 공동체에 미치는 영향	사회적 자본, 문화공동체
	문화 발전	5. 문화다양성에 미치는 영향	문화적 종 다양성, 소수집단의 문화적 표현
		6. 창조성에 미치는 영향	창조자본, 창조기반
특성화지표(자율지표)	개별평가기관에서 대상 과제의 특성을 고려하여 자율적으로 개발		

로 제시하게 하였다. 해당 계획이나 정책이 시행되지 않았을 때를 50점으로 가정하고, 만약 정책이나 계획이 시행되었을 때 특정 지표에 긍정적 영향을 미칠 것으로 예상되는 경우 51~100점 사이의 점수를, 만약 부정적 영향을 미칠 것으로 예상되는 경우 0~49점 사이의 점수를 부여하게 된다. 다음 [그림 22-4]의 경우를 예로 들면 대상 정책이 문화향유(78점)나 표현 및 참여(60점), 창조성(80점) 측면에는 긍정적 영향을 미칠 것으로 평가되나, 문화유산 및 문화경관(35점), 공동체(42점), 문화다양성(30점) 측면에는 부정적 영향을 미칠 것으로 평가된 것으로 파악할 수 있다.

그러나 이러한 문화영향지수의 제시는 문화영향평가의 결과를 보다 직관적으로 판단하기 위해, 또한 종합적 측면에서 해당 정책 또는 계획의 문화적 영향을 살펴보기 위한 수단이며, 실제 문화영향

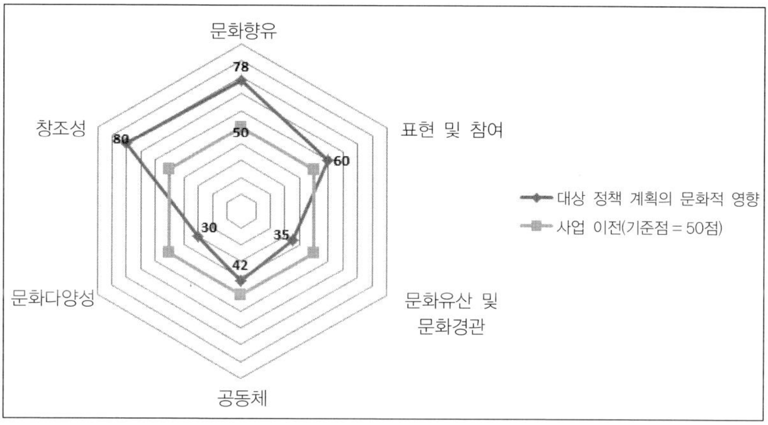

그림 22-4 6개 지표별 문화영향지수의 부여방식 예시

평가에서 더욱 중요한 것은 현장조사와 관계자 인터뷰 및 FGI, 주민 등에 대한 설문조사, 전문가 평가 등을 통해 도출된 정성적인 질적 평가 결과라 할 것이다.

04
문화영향평가의 추진 현황과 제기되는 이슈

앞서 전술한 바와 같이 2014~2015년 2년 간의 시범평가 이후 2016년부터 본격적인 문화영향평가가 시행되고 있다. 2016년에는 15건의 정책과 계획에 대해 전문평가가 이루어졌으며, 2017년에는 14건의 전문평가와 1건의 자체평가(문화체육관광부 지원)가 이루어졌다.

표 22-2 문화영향평가 추진실적(2016~2017)

구 분	2016년	2017년
전문평가	- 제주시 원도심 도시재생사업(제주시) - 안동시 중구동 도시재생활성화계획(안동시 중구동) - 광주 동구 도시재생사업(광주 동구) - 광주 서구 오천마을 재생프로젝트(광주 서구) - 대구 남구 대명공연문화거리 활성화 사업(대구 남구) - 농촌체험 · 휴양마을 사업(농림축산식품부) - 로컬푸드 직매장 지원사업(농림축산식품부) - 경기도 맞춤형 정비사업(경기도) - 소통과 혁신의 경기도 신청사 건립(경기도) - 인천시 배다리 근대역사문화마을 조성(인천시) - 고양 삼송지구 대학생 연합 기숙사 건립 및 운영(교육부) - 경기청년 협업마을 조성 · 운영사업(경기도 시흥시) - 문화재 돌봄사업(문화재청) - 지역문화재 활용사업(문화재청) - 제주관광 질적성장 기본계획(제주도)	- 대전광역시 원도심 도시재생사업(대전시) - 제천시 원도심 도시재생활성화사업(제천시) - 옛길, 맛길, 물길 어우러진 소양 문화마을 만들기(춘천시) - 창원시 여좌동 도시활력증진지역 개발사업(창원시 여좌동) - 문화평야 김해 도시재생사업(김해시) - 비석문화마을-아미초장도시재생프로젝트(부산시 서구) - 강릉문학관건립 및 문학공원 조성사업(강릉시) - 고도(古都) 이미지 찾기 사업(문화재청) - 원주시 창의문화도시 조성사업(원주시) - 남원 문화특화지역 조성사업(문화도시형)(남원시) - 서울시 50+ 지원 종합계획(서울시) - 청량리종합시장 일대 도시재생활성화사업(서울 동대문구) - 소통과 화합의 경기도 북부청사 광장 리모델링 사업(경기도) - 심곡복개천 생태복원사업(경기도 부천시)
자체평가	-	- 광주비엔날레 사업(광주시 · 광주비엔날레 재단)

또한 2018년에는 25건의 전문평가가 시행되었으며, 특히 이 중에서 22건은 국토교통부와의 협업을 통해 도시재생뉴딜사업에 대해 이루어졌다. 이외에도 중앙행정기관이나 지방자치단체 차원에서 보다 간

편하게 문화영향평가를 수행할 수 있도록 약식의 체크리스트 형태의 자체평가 툴(tool)을 개발·보급하여 2018년에는 총 10건의 자체평가(약식평가)가 시범평가의 형태로 진행되었다.

그간 문화영향평가제도의 성과는 다음과 같이 제시될 수 있다. 첫째, 타 부문에서 수립되고 시행되고 있는 정책 및 계획이 미치는 문화적 영향을 다양한 측면에서 심층적으로 분석함으로써 공공정책이 내포하고 있는 문화적 영향에 대한 인식을 제3자의 관점에서 환기하고, 공공정책 담당자들이 정책을 수립하고 시행함에 있어 문화적 영향에 대한 고려를 내면화시킬 수 있는 계기를 마련한 것으로 평가된다. 교육정책, 복지정책, 대규모 개발정책 등 타 분야에서 이루어지는 정책은 고유의 정책목표를 달성할 수 있도록 설계되며, 해당 분야의 직접적인 이해관계자들만을 고려하여 입안되기 때문에 동 정책을 통해 영향을 받게 되는 비가시적인 문화적 영향이나 정책대상의 삶의 방식, 태도, 가치, 관계망 등에 미치는 영향에 대해서는 간과할 가능성이 높다. 문화영향평가는 설사 문화적 영향을 고유의 목표로 하지 않는 정책이라 할지라도, 해당 정책이 가져올 다양한 부수적인 문화적 영향에 대해 사전적으로 고려하여 교정할 수 있는 기회를 제공함으로써 수정기제(correction mechanism)의 역할을 수행할 수 있다. 특히 그간 문화 영역만의 고유한 주제로 여겨졌던 '문화기본권', '문화다양성', '문화유산', '표현의 자유', '문화 거버넌스' 등에 대한 이슈들이 타 정책 분야로 파급되고 적용될 수 있는 계기가 만들어졌다는 점은 그 의미가 크다 할 것이다.

둘째, 해당 정책 및 계획이 가져올 긍정적인 영향은 더욱 강화·확산하고, 혹여 발생할 수 있는 부정적 영향을 저감·보완할 수 있는 정책적 개선방안을 제시함으로써 해당 정책의 효과성 및 수용성을 제고하는 데 기여한 것으로 평가된다. 특히 최근에는 도시재생사업, 마을만들기사업, 각종 교육 및 복지사업에 있어 문화 프로그램의 활용 등과 같이 문화적 요소의 고려가 필요한 정책들이 크게 증가하고 있다는 점에서 문화적 요소를 어떻게 효과적으로 결합시킬 것인지에 대한 정책 컨설팅을 통해 해당 분야에서 충족시키기 어려운 문화적 수요를 충족시키고, 문화적 가치를 반영한 다양한 융·복합 정책의 확대와 부처 간 협업 확대에 기여한 것으로 평가된다.

셋째, 문화영향평가 과정에서 다양한 정책 관계자에 대한 의견수렴 및 정책 반영을 통해 정책참여 기회를 제공하고, 다양한 정책관계자들 간 상호 이해와 공감대를 조성하는 데 기여한 것으로 평가된다.

넷째, 주요 중앙부처 담당자로 구성된 문화영향평가 협의체의 구성, 국토교통부와의 협업을 통해 문화를 테마로 하는 도시재생사업 및 도시재생뉴딜사업에 대한 문화영향평가 실시, 서울시 및 경기도 등 지방자치단체 차원의 문화영향평가 도입에 대한 지원과 협력 등의 사례에서 보듯이 중앙정부 및 지방자치단체의 주요 관계자들과 문화영향평가의 지속가능성을 확보하기 위한 협력기반 구축이 이루어졌다는 것 또한 중요한 성과로 볼 수 있을 것이다.

그러나 문화영향평가의 초기 시행 과정에서 제기되는 한계와 문제점 또한 적지 않다. 첫째, 문화영향평가 대상의 모호성으로 인한 한계이다. 현재 「문화기본법」과 동법 시행령에는 "문화적 가치의 사회적 확산 및 국민의 삶의 질과 밀접한 관련이 있는 계획과 정책"으로 규정하고 있어 어떠한 계획과 정책이 대상이 되는지 명확히 알 수가 없으며, 이로 인해 문화영향평가가 꼭 필요한 정책이나 계획이

표 22-3 문화영향평가를 통한 정책 개선사례

Before	After
물리적 하드웨어(H/W) 조성에 치중	• 지역문화재단의 사업과 연계한 문화 프로그램 운영을 통해 소프트웨어(S/W) 보완방안을 제시 • 공간 이용자의 수요를 고려한 문화 프로그램의 기획 및 운영 제안
문화적 · 사회심리적 요소를 고려하지 않은 공간 계획	• 모든 건물이 광장을 바라볼 수 있도록 하여 개방성과 상징성 제고 • 업무 및 이동 동선을 고려한 보행공간의 설계
특색 없는 상품으로 차별화 및 수익 확대에 어려움	• 지역 예술가 · 단체와의 협업을 통해 지역특산물의 포장 디자인 · 홍보마케팅 개선
획일화된 체험 프로그램	• 지역 고유의 멋과 맛을 경험할 수 있도록 마을의 고유한 이야기, 인물, 경관을 조사 · 발굴하고 활용하여 콘텐츠화 (예: ○○○ 할머니의 봄 밥상)
특정시기 역사지원에 한정한 활용 계획	• 근현대 유산의 적극적 활용 및 원도심과 관련된 추억의 재구성을 위한 이야기 공방 사업 제안
시설에 대한 주민 인지도와 활용도 저조	• 시설의 브랜드 구축방안과 지역주민들의 공간습관 형성을 위한 플리마켓 등 소소한 개방 프로그램 활용 제안
사업에 대한 주민 간 이해상충으로 갈등 발생	• 주민협의체를 통해 지역의제와 관련된 지속적인 제안과 실행점검 제안 • 지역 커뮤니티 공간을 활용한 생활문화 프로그램 운영 • 소규모 마을축제를 활용하여 서로 교류 · 소통할 수 있는 기회 제공
청소년층 창조인력 유입을 위한 계획 부재	• 지역 내 비어 있는 폐가를 예술가 레지던시 공간으로 활용하여 창조인력의 유입 및 청소년 · 청년을 위한 프로그램 제공
개발의 부작용에 대한 예방대책 부재	• 공유공간 확보, 건물주와 입주민 간 상생협약 등 젠트리피케이션(gentrification) 예방대책 마련

문화영향평가 대상에서 누락되는 문제가 발생하고 있다. 또한 「문화기본법」상 문화영향평가는 국가와 지방자치단체의 책무로 규정되어 있음에도 불구하고, 문화영향평가 대상의 모호성으로 인해 문화영향평가를 하지 않더라도 그 책임을 묻기가 어렵다는 것 또한 문제점으

로 제기된다. 현재 시행되고 있는 환경영향평가제도나 성별영향분석·평가제도, 고용영향평가제도 등의 경우 개별영향평가법에서 의무적 평가 대상을 구체적으로 규정하고 있다는 점을 고려하여 향후 문화영향평가를 의무적으로 받아야 하는 대상을 보다 구체화하고, 이를 단계적으로 법규화하는 작업이 필요하다 할 것이다.

둘째, 사전평가의 내재적 어려움이다. 문화영향평가는 원칙적으로 아직 실행되기 이전의 계획 단계에 있는 정책사업에 대해 이루어진다. 그러나 이 경우 평가 대상이 되는 계획이 계속적으로 변동되거나, 사업계획서에 제시된 내용이 지나치게 간략하거나 추상적으로 기술되어 있는 경우가 많아, 해당 정책이나 계획이 미칠 문화적 영향을 사전적으로 예측하기 어려운 경우가 다수 발생한다. 동일한 시설조성사업이라 하더라도 시설의 구체적인 구성과 배치, 콘텐츠의 기획 및 운영에 따라 그 문화적 영향은 천차만별일 수 있기 때문이다. 이러한 어려움으로 인해 현재 문화영향평가는 일부 대상 과제의 경우 이미 시행 중인 사업에 대한 과정평가로 진행하여 정책이 미치는 문화적 영향에 대한 경로나 양태, 크기에 대한 데이터를 축적하고 있다. 문화영향평가가 정책이나 계획이 본격적으로 시행되기 이전에 해당 정책·계획의 문화적 영향을 고려하여 수정·보완·개선을 꾀하기 위한 제도라는 점에서, 또한 이미 시행이 이루어지는 상황에서는 정책의 개선이나 수정이 쉽지 않다는 점에서 문화영향평가제도의 제도적 취지를 달성하기 위해서는 사전평가로 진행될 필요가 있다. 그러나 좀 더 구체적인 계획(안)에 대한 평가가 진행될수록 평가 결과 및 결과에 기반한 정책적 제언의 타당도 또한 제고될 수 있다는 점에서, 보다 적절한 평가시점에 대한 논의와 설정이 필요하다. 예컨대, 예비타당성조사 대상 사업의 경우 예비타당성조사 시행 시기에 문화영향평가를 함께 수행하거나, 환경영향평가 대상 사업의 경우 환경영향평가 시기에 문화영향평가를 함께 수행하는 등의 방법을 고려해볼 수 있을 것이다.

셋째, 평가지표의 적용과 해석에 있어서의 한계이다. 현재 문화영향평가의 공통지표(핵심지표)는 2003년부터 시작된 선행 연구로부터 2년 간의 시범평가, 그리고 1년 간의 본평가 과정을 통해 진화·발전해온 역사적 산물이다. 시범평가와 본평가 1차년도까지는 핵심지표의 개념과 판단기준만을 제시하고, 개별평가를 수행하는 개별평가기관에게 대상 과제에 맞는 세부평가지표와 평가방법론을 자율적으로 개발·적용할 수 있도록 상당한 자율성을 부여하였다. 그러나 본평가 2차년도부터는 그간 개발된 평가지표와 방법론에 근거하여 표준평가도구(Standard Assessment Tool)와 지표풀(indicator pool)을 제시하고, 이를 적용 및 변용하도록 하여 평가도구와 방법론을 표준화하고, 비교가능성, 신뢰성을 제고하고자 하고 있다. 그러나 이러한 표준화 노력에도 불구하고, 문화영향평가 평가지표를 구성하고 있는 핵심 개념의 추상도가 높고, 지표의 해석 및 적용에 여전히 자율적 여지가 크다는 점에서 개별평가기관의 전문성과 역량에 따라 평가지표의 적용과 해석에 어려움을 느끼는 경우도 종종 나타나고 있다. 다만 이러한 현상은 문화영향평가 시행 초반기에 나타나는 현상으로서, 향후 다양한 유형의 정책·계획에 대한 문화영향평가 연구가 진행되고 지표의 적용 및 해석에 대한 다양한 사례들이 축적되면 자연스럽게 해소될 것으로 예상된다. 향후 다양한 문화영향평가 연구가 축적되기까지 지속적인 평가지침(평가매뉴얼)의 제시와 공유, 교육 및 설명회, 통합워크숍 등을 통한 평가연구진들 간의 토론과 논의를 통한 학습 과정이 함께 진행될 필요가 있을 것이다.

다섯째, 평가범위 설정의 어려움이다. 문화영향평가 대상 사업의 경우 대부분 특정한 공간적·대상적 범위를 가지고 있으나, 실제 대상 사업이 미치는 문화적 영향은 대상 사업이 제시하고 있는 공간적·대상적 범위와 불일치하거나, 이를 넘어서는 경우가 발생하기도 한다. 한편 특정한 공간과 대상에 나타나는 문화적 영향은 평가 대상 사업뿐 아니라 동시다발적으로 펼쳐지고 있는 다른 관련 사업에 의해 상당한 영향을 받을 수도 있다. 그러나 한정된 시간과 자원으로, 대상지 내에 이루어지는 모든 사업을 고려하여 문화영향평가를 수행하는 것은 불가능하며, 바람직하지도 않다. 따라서 향후 문화영향평가의 평가범위를 어떻게 설정하는 것이 바람직할 것인지에 대한 가이드라인이 개발될 필요가 있을 것이다.

여섯째, 문화적 영향의 계량화의 한계이다. 대상 정책이나 계획이 미치는 문화적 영향은 수치로 계량화하기가 어려운 경우가 다수를 차지한다. 따라서 현재 문화영향평가제도는 정책 관계자의 인터뷰나 FGI, 현장조사, 사업계획서 및 현황 자료에 대한 문헌 분석, 전문가 평가 등 질적 분석(정성적 분석)을 중심으로 하되, 통계자료 및 관계자 설문조사 등을 통한 양적 분석(정량적 분석)을 함께 병행하고 있다. 또한 평가 결과 또한 사업이 시행되기 이전에 비해 사업 시행 이후 문화적 영향이 어떻게 나타날 것인지를 영향지수의 형태로 정량화하고 있다. 그러나 대상 사업이 미치는 문화적 영향을 보다 간명하게 제시하기 위해서는 사업이 시행되기 이전의 주요 지표값과 사업 시행 이후 주요 지표값의 변화를 보여주는 것이 필요한데, 문화영향평가가 사업 시행 이전의 한 시점에서 진행되고, 문화영향평가에서 활용하는 주요 지표와 관련된 전국 단위 시계열 통계자료도 미흡하여 사전-사후에 대한 비교가 불가능하여 엄밀하고 정확한 평가가 어렵다. 향후 실험집단-비교집단 사전사후 측정설계 등을 통한 이중차분(Difference-in-Difference: DID) 모형을 이용하여 사업의 문화적 영향을 보다 엄밀하게 추정하는 연구가 수행될 필요가 있으며, 문화영향평가에서 사용하는 주요 지표값에 대해서는 전국 단위 시계열 자료를 활용할 수 있도록 통계인 프라 구축에도 힘쓸 필요가 있을 것이다.

일곱째, 컨설팅에 대한 과도한 기대로 인한 평가의 왜곡가능성이다. 문화영향평가제도는 대상 사업의 문화적 영향에 대한 평가를 토대로 대상 사업이 문화적으로 바람직한 방향으로 개선될 수 있도록 제언함으로써 정책의 수정·보완을 유도하고 지원하는 역할을 수행한다. 이러한 연장선상에서 문화영향평가는 2016년부터 평가 결과를 토대로 정책적 개선방안을 제시하고, 소관기관으로 직접 찾아가는 컨설팅을 수행하여 면대면으로 문화 컨설팅을 수행함으로써, 실질적으로 도움이 되는 제도로 자리매김하고자 하고 있다. 그러나 일부 피평가기관의 경우 컨설팅에 대한 과도한 기대로 인해 문화영향평가를 평가의 관점에서 바라보기보다는 별도의 용역을 통해 수행해야 할 작업에 대한 아이디어와 기본 계획 또는 실행계획 수준의 구체적인 사업방향 및 내용을 요구하는 사례도 나타나고 있다. 그러나 타 분야에서 진행되고 있는 어느 영향평가에서도 이러한 수준의 컨설팅은 수행하지 않는다. 이러한 현상은 문화영향평가의 법적·제도적 위상과도 관계가 있는 바, 문화영향평가제도는 대상 정책이나 계획이 문화적 관점에서 어떠한 부분에 문제점이 있고, 어떠한 부분이 보다 보완될 필요가 있는지에 대해 진단·분석하고, 그 결과를 토대로 문제점과 보완되어야 할 부분에 대한 정책적 제언을 수행하는 제도적 기제라는 인식이 확립될 필요가 있을 것이다. 또한 피평가기관의 참여 촉진을 위한 인센티브 기제로 활용하고 있는 '찾아가는 컨설팅'의 절차를 평가절차와 분리하고, 평가 결과 컨설팅이 필요한 대상 정책 등에 대해서만 선택적으로 컨설팅을 추진함으로써, 평가 결과의 타당성 제고와 컨설팅의 실효성 제고를 도모할 필요가 있을 것이다.

여덟째, 평가 결과의 정책반영 제도화 기제의 미비점으로 인한 한계를 들 수 있다. 현재 문화영향평가를 통해 대상 정책에 대한 정책적 제언 또는 개선방안이 제시되어도 소관기관이 이를 반드시 반영해야 할 법적 의무가 존재하지 않는다. 타 영향평가의 경우 평가 결과 정책에 대한 제언 또는 개선 권고를 받은 관계 중앙행정기관의 장 또는 지방자치단체의 장은 특별한 사정이 있는 경우를 제외하고는 개선 대책을 수립·시행하고 그 결과를 제출하도록 법률에서 규정하고 있다는 점을 고려하여 문화영향평가 결과의 정책반영 의무를 제도화할 필요가 있을 것이다.

아홉째, 평가추진체계 및 협력체계의 취약성이다. 영향평가 추진을 위한 독립적인 조직을 두고 있는 '고용영향평가'나 '환경영향평가', '성별영향분석평가'와는 달리 문화영향평가제도의 경우 문화영향평가 지원기관(한국문화관광연구원) 내에 공식적인 조직체계 없이 소수 인원만이 업무를 담당하고 있어 문화영향평가의 수행과 체계화·고도화를 추진하는 데에 어려움을 겪고 있다. 문화영향평가가 가진 중요성과 위상 제고를 위해, 그리고 향후 문화영향평가의 대상 및 범위 확대에 대응하기 위해 중앙단위 문화영향평가 지원기관의 조직적 위상을 제도적으로 공식화하고, 문화영향평가 추진을 위한 인적·물적자원을 확충할 필요가 있다. 또한 지역 단위에도 문화영향평가 자체평가를 수행할 수 있는 지역문화영향평가센터를 지정·운영하여 중앙-지역 단위로 이어지는 전국적 문화영향평가 추진체계를 구축할 필요가 있을 것이다. 한편 현재 「문화기본법」 시행령 제3조에 따라 '문화영향평가 협력체계'가 운영되고 있으나 그 구성원이 각 부처 국장급 공무원으로 법적 위상이 낮고, 심의·의결 권한이 없는 단순 협의기구의 성격으로 제한되어 있어 문화영향평가 대상 선정 및 평가와 관련된 주요 사항에 대한 협력을 이끌어내는 데 한계가 존재한다. 국가와 지방자치단체에서 추진하는 주요 정책 및 계획에 대해 실질적인 문화영향평가가 이루어지고, 이를 통해 대상 정책이 문화적으로 바람직하게 개선되는 것을 뒷받침하기 위해서는 보다 상위 수준으로 문화영향평가의 대상 선정과 평가와 관련된 주요 사항에 대한 협의와 의결이 이루어질 수 있도록 협력체계의 법적 위상 제고와 역할 강화가 시급하다.

05
문화영향평가제도의 전망

국제적으로 문화영향평가(Cultural Impact Assessment)는 "정책결정자로 하여금 가치, 신념, 사상, 이념, 도덕, 생활습관, 전통, 그리고 여타의 물질적·비물질적 환경에 미치는 긍정적 영향을 제고하고, 부정적 영향을 완화·저감할 수 있도록 돕는 미래 지향적 수단"으로 알려져 있다(Partal, 2013). 파르탈(Adriana Partal)에 따르면, 문화영향평가는 특히 원주민 공동체(indigenous community)가 발달되어 있는 호주, 뉴질랜드, 일본 북부, 하와이, 캐나다 등을 중심으로 시행되어 왔다. 이에 따라 지역 토착민(원주민)의 고유한 문화를 보호하거나 지역 고유의 문화유산·문화경관을 보존·보호하는 것을 주된 목표로 추구하고 있으며, 그 범위 또한 중앙정부 차원에서 전국적으로 시행하는 것이 아니라 일부 지역에서 자체적으로 시행하거나 환경영향평가제도 내의 하위영향평가로 시행하는 경우가 대부분이다.

그러나 한국의 문화영향평가제도는 문화영향평가의 실시를 국가와 지방자치단체의 의무로 규정하여 국가 차원에서 전국적으로, 타 영향평가제도와는 독립적으로 시행하고 있으며, 평가의 대상 범위 또한 중앙정부의 정책 및 계획뿐 아니라 지방자치단체의 정책 및 계획까지 모두 포괄하고 있다. 또한 오랜 기간 단일민족 국가로 성장해온 역사적 특성으로 인해 뉴질랜드나 미국, 캐나다와 같이 특정한 원주민 문화가 존재하지 않고, 문화영향평가제도의 도입 자체가 경제성장 패러다임에 근거한 개발 위주의 정책으로 발생한 소중한 문화적 가치의 상실이나 파괴를 막기 위해 대두되었다는 점에서 도시 및 지역개발 정책에 대한 반대 담론으로서의 성격을 강하게 띠고 있다는 점이 한국의 문화영향평가제도가 가지는 특성 중 하나라 할 수 있다.

최근에는 대만이나 일본에서도 우리나라의 문화영향평가제도에 대한 관심을 기울이고, 자국의 특성에 맞는 문화영향평가제도를 도입하기 위해 노력을 기울이고 있다. 문화영향평가에 내재한 본질적인 어려움에도 불구하고, 이렇듯 국내·외를 막론하고 문화영향평가에 대한 관심과 열의가 뜨거운 것은 문화가 어느덧 우리 삶의 필수적 요소로 자리잡았다는 사실을 말해 준다. 또한 다양한 공공정책과 개발사업에 있어 문화적 영향을 고려하는 것이 지속가능한 발전이라는 인류 공통의 목표와 직결되어 있다는 사실을 시사한다.[1)]

한편 향후 바람직한 문화영향평가제도의 발전을 위해서는 문화영향평가의 차별적 특성에 대한 천착이 사려 깊게 이루어질 필요가 있다. 먼저, 문화적 영향의 비가시성과 장기성, 맥락의존성에 대한 고려이다. 특정 정책이나 계획이 미치는 문화적 영향은 한 지역, 또는 한 사회 구성원들의 삶의 방식과 가치관, 행동방식, 그리고 지역의 정체성과 경쟁력을 결정짓는 중요한 요소이나 겉으로는 잘 드러나지 않는 비가시성(intangibility)을 가지며, 단시일 내에 현격한 변화가 나타나기보다는 긴 시간을 두고 천천히 순차적으로 나타나는 경우가 많다. 또한 문화적 영향은 맥락의존성(context dependency)을 가져, 동일한 정책이라 하더라도 그 문화적 영향의 양상이나 경로, 체감도는 정책이 구현되는 지역에 따라, 역사·문화적·사회적 부존자원과 배경에 따라, 정책을 받아들이는 사람에 따라 다르게 나타날 수 있다. 이러한 특성으로 인해 문화영향평가는 비가시적인 문화적 영향을 보다 구체적으로 가시화하고 평가하기 위한 별도의 방법론과 지표를 지속적으로 개발·적용하기 위한 노력이 필요하며, 장기간에 걸친 추적조사를 통해 특정한 정책이 미치는 문화적 영향의 양태와 경로, 크기 등을 체계적으로 축적하는 데이터의 구축이 필수적이라 할 수 있다. 또한 해당 정책이 구현되는 현장(field)에 대한 이해, 즉 지역적 특성에 대한 이해, 역사적·문화적·사회적 부존자원과 배경에 대한 이해, 정책 관계자의 역학관계나 정책에 대한 수용태도 등과 같이 문화적 영향이 나타나는 맥락(context)에 대한 고찰이 함께 할 때에야 비로소 정책이 미치는 문화적 영향을 보다 적절하게 예측하고 평가할 수 있을 것이다.

다음으로, 계량화의 어려움과 질적 연구의 중요성에 대한 고려가 필요하다. 타 영향평가의 경우 상대적으로 정책의 영향을 수치화·계량화하기가 용이하지만, 문화적 영향의 비가시성으로 인해 문화적 영향의 계량화는 타 분야에 비해 훨씬 더 어려운 측면을 내포한다. 환경영향평가의 경우 수질, 대기, 토양 등에 대한 오염도나 위해물질의 배출량, 위해도 등을 수치로 측정할 수 있으며, 적정한 기준값을 설정하여 평가기준을 초과하지 않는 선에서 저감 대책을 수립하도록 할 수 있다. 고용영향평가 또한 I/O 통합모형, 성향점수법(PSM), 이중차감법(DID) 등과 같이 직간접 고용효과를 추정하기 위한 다양한 방법론과 산식, 데이터 등이 이미 개발되어 있어 계량화가 용이하다. 반면 특정한 정책, 특히 비문화 분야의 정책이 미치는 문화적 영향을 계량화하고 수치화하는 것은 쉽지 않으며, 아직까지 계량화 방법론이 개발되는 초기 단계에 있어 정량적 분석에 활용할 수 있는 검증된 방법론과 축적된 데이터가 부족하다는 점에서 문화영향평가의 어려움이 있다. 한편 문화영향평가의 경우 계량화를 통한 최소기준의 도달 여부 혹은 평가기준에의 부합성 여부를 판단하는 것보다는 오히려 사업 관계자나 주민들에 대한 인터뷰와 FGI, FGD 등과 같은 질적 방법론을 통해 대상 정책이 미치는 문화적 영향의 양태와 경로, 작동기제를 예측·진단하고 어떠한 가치를 더욱 중요하게 다룰 것인지에 대한 가치판단을 적절하게 하는 것이 더욱 중요하다고 볼 수 있다. 문화적 영향이 가지는 맥락의존성을 고려할 때 양적 방법론을 통한 총량적 파악과 제시 외에도 질적 방법론을 통한 원인의 진단과 적절한 처방이 필요하기 때문이다.

영향의 예측 및 평가에 있어 전문성의 요구에 대한 고려 또한 필요하다. 공공정책이 미치는 문화적 영향의 예측과 평가는 일반 국민들이나 비문화계 인사들이 쉽게 판단하기 어려운 전문성이 요구되는 분야이다. 특정한 공공정책, 예컨대 도시재생사업이 국민들의 문화향유나 문화다양성, 문화유산 및 문화경관, 창조성 등에 미치는 영향을 예측하기 위해서는 도시재생사업에 대한 이해와 함께 문화향유, 문화다양성, 문화유산 및 문화경관, 창조성이라는 문화적 가치에 대한 이해, 도시재생사업이 해당 지표에 미치는 문화적 영향에 대한 인과경로에 대한 이해 등이 수반되어야 하기 때문이다. 즉, 오랜 기간 정책현장에서 공공정책이 미치는 긍정적·부정적 영향에 대한 관찰과 경험, 성찰이 함께 할 때에야 보다 타당한 문화적 영향의 예측과 평가, 그리고 그에 기반한 적절한 처방이 가능하다. 그러나 전문가라 하더라도 문화적 영향의 판단은 개인적 가치판단에 따라 달라질 가능성도 존재하므로 전문가 간에도 심도 깊은 숙고의 과정(deliberation process)과 토론을 통해 합의점에 도달하기 위한 과정이 필요하며, 주민을 비롯한 정책 관계자들의 의견수렴 등을 통해 간주관성(inter-subjectivity)을 확보하기 위한 노력 또한 필요하다. 향후 이러한 문화영향평가제도의 특수성과 차별성을 충분히 고려하여 문화영향평가제도의 개선방안이 모색될 필요가 있다.

마지막으로, 장기적 안목으로 문화영향평가제도의 발전을 바라볼 필요가 있다. 환경영향평가제도는 1977년부터, 성별영향분석평가제도는 2005년부터, 고용영향평가제도는 2011년부터 본격적으로 실시되어 현재에 이르고 있으며, 그간 해당 영향평가제도에 대한 관계자들의 상당한 반대와 비판, 평가지표나 방법에 대한 끊임없는 수정과 보완을 거쳐 개선·발전해왔다. 한국의 문화영향평가제도의 경우 전국적으로 일괄 시행되고 있으며, 문화다양성과 같은 일부 영역이 아니라 전반적인 문화적 영향을 포괄적으로 평가하고 있다는 점에서 전 세계적으로도 그 유래를 찾기가 힘든 선진적 제도인 만큼 더욱이나 제도 도입 초창기에 많은 비판과 반대, 수정·보완을 위한 다양한 견해가 표출될 것으로 예측된다. 그러나 우리나라 문화영향평가제도가 가지는 국제적·국내적 의의와 중요성을 감안하여, 문화영향평가제도가 장기적으로 한국 사회에 뿌리내릴 수 있도록 인내를 가지고 제도적 개선을 지원하는 것이 필요하다. 조급증과 과도한 기대는 문화영향평가제도의 조기 정착과 장기적 발전에 오히려 해가 될 수 있음을 인식하고, 문화영향평가제도의 성숙과 실효성 제고를 위한 지속적인 관심과 지원, 문화영향평가제도에 대한 인식 확산과 공감대 조성을 위한 지속적인 교육의 수행, 그리고 문화영향평가를 수행할 수 있는 역량을 지닌 전문인력과 기관의 양성과 상호 학습이 이루어질 수 있도록 장기적 시계(視界)로 문화영향평가제도의 발전을 바라볼 필요가 있을 것이다.

제 23 장

문화유산

채 경 진(한국문화재정책연구원)

생각해 보기

- 문화유산 관리에 국가가 개입하는 이유는 무엇인가?
- 문화유산은 보존의 대상인가, 활용의 대상인가?
- 문화유산으로 인한 갈등은 왜 발생하는가?
- 문화유산 행정은 앞으로 어떻게 나아가야 하는가?

01
들어가며

"사랑하면 알게 되고 알면 보이나니 그때 보이는 것은 전과 같지 않으리라."

– 유홍준 『나의 문화유산답사기』 서문 中

우리나라의 문화재 행정은 1961년 문화재관리국이 발족되고 1962년 「문화재보호법」이 제정 및 시행됨에 따라 공공 영역에서 문화유산 관리가 이뤄지고 있다. 1974년부터 시작된 제1차 문예중흥 5개년 계획(1974~1978)에서는 문화재 예산이 63.1%를 차지해 한국 문화행정의 중심축으로서 역할을 했으며(정홍익, 1991), 1999년 문화재청이 독립·설치되고 2004년 차관급 기구로서 위상이 강화되면서 국가 문화유산 보호를 위한 발판이 마련되었다.

그동안 문화재 행정은 매년 늘어나고 있는 관리 대상 국가지정문화재 및 등록문화재를 보호하고 그 가치를 국민에게 전파하기 위해 노력해왔다는 점에서 긍정적 역할을 해왔다고 볼 수 있으며, 세계유산 등재를 통해 우리 문화유산의 세계화에도 큰 기여를 하게 되어 문화강국으로서 우리나라 문화행정이 발전하는 데 큰 영향을 미쳤다.

하지만 문화재 행정의 역사가 50여 년이 흘러온 것에 비해 여전히 풀어야 할 문제가 산적해 있다. 문화재 정책에 내재된 규제적 속성은 공공재 및 사유재로서의 혼합적 성격으로 인한 충돌 문제, 문화유산 보호와 사유재산권 간의 충돌 문제, 문화유산 보존과 활용 간 정책조화 문제, 문화재 및 문화유산 용어 사용의 혼용 문제 등 다양한 사회적 이슈로 나타나고 있다.

이에 이 글에서는 우리나라 문화유산 정책에서 국가개입으로 인해 발생되는 쟁점과 의미에 대해 논해 보고자 한다.

02
문화유산 관리와 국가개입

우리나라는 그동안 「문화재보호법」이라는 법적 장치를 통해 문화유산을 관리하고 보존해왔다. 이 법의 목적(제1조)이 "문화재를 보존하여 민족문화를 계승하고, 이를 활용할 수 있도록 함으로써 국민의 문화적 향상을 도모함과 아울러 인류문화의 발전에 기여"하는 것임을 살펴볼 때 문화유산에 대한 시각은 기본적으로 공적 자산으로 접근하고 있음을 알 수 있다.

우리 헌법 제9조에서는 "국가는 전통문화의 계승·발전과 민족문화의 창달에 노력하여야 한다"고 규정하여 문화국가의 원리를 헌법에 명문화하고 있고 이에 대한 국가의 노력을 강조하고 있다. 특히 전통문화와 민족문화의 산물로서 문화유산이 핵심이라고 한다면, 이는 문화국가의 원리를 실현하는 데 중심적 역할을 한다고 볼 수 있으며, 문화유산 관리와 보호에 대한 국가개입을 정당화하는 근거로 채택될 수 있다. 실제 국가의 문화유산 보호에 대한 의무를 헌법 제9조에서 도출하고, 이것이 국가목표 규정으로 성격을 지닌다고 보는 것이 일반적이다(정종섭, 2011).

이렇듯 문화유산 관리에 국가개입이 일어나는 가장 큰 이유는 문화유산이 가진 '공공적 자산으로서의 가치' 때문으로 볼 수 있다. 「문화재보호법」에서 문화재는 "인위적이거나 자연적으로 형성된 국가적 · 민족적 또는 세계적 유산으로서 역사적 · 예술적 · 학술적 또는 경관적 가치가 큰 것"으로 정의내리고 있어 역사적, 예술적, 학술적, 경관적 가치를 지닌다고 볼 수 있다.

잉글리시 헤리티지(English Heritage, 2008)에서 발간한 보고서에 따르면, 문화유산은 자료적 가치(evidential value), 역사적 가치(historical value), 미학적 · 예술적 가치(aesthetic value), 공동체적 가치(communal value)를 가진다고 설명하고 있는데(이수정, 2011에서 재인용), 이것은 문화유산이 그 자체로서의 가치와 더불어 이와 연계된 사람들의 공동체로서의 가치도 발현시킨다는 것을 의미한다.

임학순(2016)은 문화유산의 활용 가치에 좀 더 주목하고 있는데, 문화유산은 문화적으로 예술, 문화정체성, 문화생활에 도움을 주고, 사회적으로 공동체, 사회통합, 사회자본 형성에 기여하며, 교육적으로 전통문화, 인문정신문화, 지역사회를 이해시키며, 경제적으로 관광, 문화경제, 지역활성화에 도움을 준다고 강조하였다.

결국 문화유산이 가지는 다양한 가치는 국가적, 사회적 관점에서 우리에게 긍정적 영향을 미친다고 볼 수 있으며, 이것은 곧 국가의 보호와 개입의 당위성 근거로 볼 수 있다.

이와 함께 문화유산에 대한 국가개입의 근거는 다음과 같은 점에서 찾을 수 있다. 첫째, 한 번 훼손된 문화유산은 원형을 회복하기 어렵다는 점이다. 2008년 국보 제1호 숭례문 화재사건에서처럼 한 번 훼손된 문화유산은 원형을 회복하기가 쉽지 않고, 이를 복구하기 위해서는 막대한 시간과 예산, 인력을 투입해야 한다. 이는 문화유산이 국가의 책임 하에 보호나 지원을 통해 관리될 필요성이 있는 것을 의미하는데, 문화유산 행정의 기본 원칙과 문화유산헌장은 이에 대한 의지와 책임을 보여주는 근거로 볼 수 있다.

「문화재보호법」 제3조에서는 문화재 보호의 기본 원칙을 '원형유지'로 규정하고 있으며, 1997년 12월 8일 제정된 문화유산헌장에서도 문화유산을 "우리 겨레의 삶의 예지와 숨결이 깃들어 있는 소중한 보배이자 인류문화의 자산"으로 정의내리며, "문화유산은 한 번 손상되면 다시는 원상태로 돌이킬 수 없으므로 선조들이 우리에게 물려 준 그대로 우리도 후손에게 온전하게 물려 줄 것"에 대한 다짐을 강조하고 있다.

둘째, 장기적 관점에서의 사업을 추진하기 어렵다는 점이다. 문화유산의 복원이나 수리는 중장기적 관점으로 접근해야 하는 경우가 적지 않으며, 원형회복을 위한 보다 엄격한 학술조사, 재료, 기술, 방법론 등이 요구된다. 익산의 미륵사지 석탑(국보 제11호)은 국가에 의해 장기적으로 진행된 사례로서 설명될 수 있다.

미륵사지 석탑은 일제 강점기 훼손된 뒷부분을 시멘트로 땜질해 원형을 크게 훼손된 상태로 남아 있다가, 1998년 전라북도의 구조안전진단과 1999년 문화재위원회의 결정에 따라 해체·수리를 추진하였다. 이후 국립문화재연구소가 20년 간의 보수·정비를 통해 2018년 6월 수리가 완료되었다. 이 장기 프로젝트는 단일 문화재로는 최장기간 동안 문화유산 수리를 진행한 사례로 공공 영역이었기에 가능한 사업으로 볼 수 있고, 민간 영역에서 진행되기에는 애초부터 어려운 사안이다.

구광모(2008) 역시 최병선(2008)의 「정부 역할과 기능 분류 모형」과 슈스터(Schuster, 1985)의 「문화정책 세부 분야와 주요 선진국의 문화정책 분야」에서 제시한 기준에 따라 '정부(문화부)가 해야 할 일과 시장/경제부처에 맡겨야 할 일', '정부(문화부)가 잘할 수 있는 일과 잘할 수 없는 일'을 정리했는데, 정부가 꼭해야 할 일(시장이 해결하기 어려운 일)과 잘할 수 있는 일로 문화재 정책(박물관·역사기념물·무형문화재·도서관·자료보존 정책 등 포함)을 제시하였다. 김정수(2010)도 비슷한 맥락에서 사회문화적 차원의 시장실패로 전통문화의 쇠퇴를 지적하였다.

셋째, 기본적으로 소비에 있어서 경합적이거나 배제적이지 않다는 점이다. 오스트롬(Elinor Ostrom, 2005)은 비배제성과 소비의 감소성을 고려하여 공공재, 공유재, 요금재, 사적재의 네 가지 기본적 재화로 구분하였다. 비배제성(difficulty of excluding potential beneficiaries)은 재화나 서비스의 제공으로부터 편익을 제한하기 어려운 것과 관련되며, 소비의 감소성(subtractability of use)은 다른 사람에 의한 소비에 대한 재화나 서비스의 가용성으로부터 개인이 사용한 만큼을 감하는 것을 의미한다. 우리나라의 지정·등록문화재는 2017년 말 기준 13,326건이다. 국보 제1호인 숭례문처럼 기본적으로 문화유산은 누구에게나 공개되어 있고(비배제성), 내가 해당 문화유산을 향유한다고 해서 타인의 편익이 감소하지 않는다(비경합성).

「문화재보호법」 제48조에서는 국가지정문화재의 경우 특별한 사유가 없으면 공개해야 할 의무를 규정하고 있으며, 2015년 제정된 「무형문화재 보전 및 진흥에 관한 법률」 제28조에서도 국가무형문화재의 공개 의무를 규정하고 있다. 물론 국가지정문화재의 소유자는 문화유산 공개를 통해 관람료를 징수할 수 있지만, 이것은 소유자의 문화유산 공개 시 보존관리에 할애되는 의무에 대한 투자 장치로 해석하는 것이 바람직할 것이다.

03
문화유산 보존과 활용

우리나라의 문화재 정책은 1962년 제정 · 시행된 「문화재보호법」에 의해 '문화재 보호'에 중점을 두고 규제적 시각에서 정책을 추진하여 왔다. 이러한 보존 중심의 접근방식은 문화재 보존이라는 정책목표를 어느 정도 달성했을지는 몰라도 규제지역의 주민들에게는 국가의 사유재산권 제한이 정당화되면서 '내 곁에 함께 해야 할 존재'가 아닌 '외면 받는 존재'로 인식되어 온 것이 사실이다.

한편 문화유산 활용정책은 2000년대 중반부터 활성화되기 시작해 왔지만 문화재의 활용이 곧 문화재의 훼손을 가져온다는 오해를 불러일으키면서 크게 주목받지 못해 온 것이 사실이다. 하지만 국민소득이 올라가고 문화향유에 대한 인식이나 수요가 증가하면서 문화유산이 그 대안으로 주목받게 되었다.

현재 문화유산 보존과 활용은 개별 부서와 사업으로 집행되고 있고 아직까지도 문화유산 보존과 활용은 배치되는 개념으로 인식하는 사람도 있지만, 정보화나 기록화 사업처럼 어떠한 시각으로 보느냐에 따라 때론 보존이 될 수도 활용이 될 수도 있는 것이다.

또한 현재의 문화유산 정책이 문화재 유형별 정책을 기본으로 가져가고 있는데, 해당 문화유산을 보존하는 것은 결국 국민들에게 가장 좋은 모습으로 공급하기 위한 목적으로 볼 수 있어 정책의 궁극적 목적은 동일하다고 볼 수 있다. 하지만 문화유산 보존과 활용이 이를 집행하는 문화재청 내에 정책적·기능적으로 분리된 영역으로 접근되고 있음을 감안하면, 문화유산 활용은 "문화유산 보존의 적극적 개념으로서 문화유산 활용이 곧 보존"이라는 관점에서 접근되어야 한다(심승구 외, 2006).

즉, 문화유산에 내재된 가치를 잘 활용하여 국민이 이를 향유함으로써 지역 문화유산에 대한 애호도와 보존의식을 높여주고, 이를 통해 국가나 지역 안에서 나타난 사회문화적, 경제적 효과를 통해 다시 문화유산 보존을 위해 재투자되어 문화유산 보존이 강화되는 선순환 모델이 문화유산 보존과 활용의 바람직한 관계라 할 수 있다(채경진 외, 2015).

특히 문화유산 활용은 국민의 문화향유권과 직결되어 있는데, 『문화재 보존·관리·활용 5개년 기본계획』(2012~2016)에서는 "국민의 문화향유권 신장을 위해 실시된 다양한 사업에도 불구하고, 문화재 정책이 여전히 원형보존 또는 공급자 중심의 관리에 치우쳐 있어 수요자인 지역민, 더 나아가 국민의 요구를 수렴한 문화재 활용정책 수립이 미흡"함을 지적하고 있다.

즉, 그동안 문화유산 정책이 정책 대상을 문화유산에 한정하여 이의 보존에만 치중하다 보니 이것이 매개가 되어 국민 개개인에게 확산될 수 있는 가치나 방법에 대한 고민이 상대적으로 부족해왔던 것이 사실이다. 지방청을 가진 산림청과는 달리 전국에 산재된 문화유산을 관리하는 청 단위 조직의 한계로 어쩌면 고유의 업무에 집중하는 것이 맞을 수는 있겠지만, 규제 중심의 행정은 국민의 지지를 받기 어려우며 환경변화와 국민의 욕구에 대응하기 위해 행정 패러다임을 전환시킬 필요가 있다.

따라서 문화유산 행정의 목표를 '무엇을 어떻게 보존할 것인가'에서 '왜, 누구를 위하여 보존하는가'로 인식을 전환시킨다면(장호수 · 심승구, 2007), 행정고객의 중심축의 분명한 변화가 나타날 것이다. 이것은 아무리 문화유산의 보존이 훌륭할지라도 국민이 "문화유산의 가치를 알고 배우거나 향유하며 지속가능하게 이용하는 활동"이 없다면 문화유산 보존의 진정한 의미는 퇴색될 것이다(채경진, 2017).

얼마 전 설악산 케이블카 설치로 인한 문화재청과 강원도 양양군의 갈등에 따른 중앙행정심판위원회(2017)의 판단은 문화유산 보존과 국민향유권 간 충돌이 핵심인 사안으로, 문화유산 보호중점주의에 대한 경종을 준 사건이다. 이 지역은 국가지정문화재인 설악산천연보호구역(천연기념물 제171호)으로, 천연기념물(제217호)인 산양 등 56종의 희귀식물이 서식하고 있기도 하다.

문화재청은 문화재위원회 제12차 천연기념물분과위원회(2016.12.28)를 개최한 후, “설악산 오색삭도 설치 현상변경 관련 동물·식물·지질·경관 등 분야별 소위원회를 구성하여 현지조사 및 각종 자료 등을 심도 있게 분석한 결과, 삭도 공사 및 운행 등으로 인한 문화재에 미치는 영향이 클 것으로 판단됨”을 사유로 이 사안을 부결시켰다.

하지만 양양군은 이에 불복하여 중앙행정심판위원회에 행정심판을 청구했고 중앙행정심판위원회는 청구를 받아들였다. 여기서의 핵심은 다음과 같다. 첫째, 경관은 천연적인 요소뿐만 아니라 인공적인 요소도 포함되므로 케이블카가 설치된다고 해서 경관을 훼손할 것이라고 단정할 수 없고, 자연지형의 흐름에 맞추어 조화롭게 이 사건 시설물을 설치한다면 오히려 경관의 가치를 높일 수도 있다. 둘째, 신체적 약자 등 등산로를 따라 탐방할 수 없는 계층에게 아름다운 경관을 향유하게 할 수 있다면 이 또한 경관의 가치를 높이는 것이다. 셋째, 장애인·노인·아동 등 신체적 약자의 공원이용을 제한하고 이들이 천연문화재를 이용할 수 있는 향유권을 박탈함으로써 이들의 헌법상 보장된 행복추구권과 평등권 등을 침해한다(중앙행정심판위원회, 2017).

따라서 재결서에는 “문화재 보호는 국민의 문화향유권 신장과 삶의 질 향상이라는 다른 가치와도 조화를 이루어야 할 것이므로, 법령의 범위 내에서 상충하는 가치들의 바람직한 조화 방안을 모색할 필요”가 있다고 강조한다.

즉, 환경변화에 맞는 정책 가치의 변화와 집행의 유연성이 필요하다는 것으로 해석될 수 있는데, 이는 원형 유지 기본 원칙에서의 원형의 개념이 시대적 상황에 따라 달리 해석될 수도 있다는 것을 의미한다. 실제 원형에 대한 모호성으로 인해 법정책적 합의가 이뤄져 있지 않아 명확성, 평등의 원칙, 신뢰보호원칙, 비례의 원칙, 법적 규범으로서의 실체성 부족의 문제가 나타난다(황권순, 2016). 실제 문화재 보호에 있어서 원형 유지 원칙은 생명체에 대해 원형의 개념을 적용시키기 어려운 점이 있는데, 천연기념물의 경우나 '전형 유지'를 기본 원칙으로 하는 무형문화재의 경우에는 더욱 그러하다.

이와 관련하여 국립문화재연구소 소장인 최종덕(2018)은 기고문을 통해 문화유산 원형이 시대적 변화와 역사의식에 의해 영향받을 수 있음을 다음과 같이 기술하고 있다.

> "…… 이를테면 경복궁 내에 있었던 조선총독부청사 철거를 둘러싼 논쟁이다. 불행한 역사도 역사이니 일본 제국주의의 산물인 조선총독부청사도 보존해야 한다는 논리다. 이에 반하는 목소리는 경복궁의 원형을 복원하려면 반드시 그 정면을 가리고 있는 저 건물을 그대로 둘 수는 없다는 것이다. 역사적 실체는 인정하더라도 그 위치가 너무 노골적이다. 여기서 우리는 원형의 개념에 누적된 시대의 변화와 역사의식이 내재되어 있음을 알 수 있다."

04
문화유산과 사유재산권

공공재 및 사유재로서의 충돌

문화유산은 다양한 공공적 가치가 내재된 유산으로 볼 때 당연히 국가가 보호해야 할 자산으로 볼 수 있지만, 2017년 말 기준 우리나라 국가지정·등록문화재의 53.9%는 민간이 소유하고 있어 사유문화재의 비율이 국공유문화재보다 더 많다. 이로 인해 문화유산은 '사적 재산'으로서의 성격과 '공공재'로서의 성격이라는 다소 배치된 가치를 함께 가지고 있는 형태로서 나타나고 있다(정훈, 2011).

「문화재보호법」에서는 문화유산의 '소유자관리 원칙'(제33조)을 규정하고 있고, 동법 제75조에 의해 동산문화재나 유형의 민속문화재의 매매나 교환하는 것이 가능한데, 이는 소유자의 문화유산 관리 및 보호 의무와 더불어 사유재산으로서의 권리를 인정하고 있는 것으로 볼 수 있다.

이 얘기는 다시 말하면, 문화유산을 둘러싼 공공가치와 사적가치가 충돌할 가능성이 높고, 해당 이해관계자 간 갈등이 발생할 여지도 높다는 것이다. 실제 세계유산에 등재된 마을 거주민처럼 일상생활에서 느껴지는 불편이나 개발지역에 비해 낮은 사유재산의 경제적 가치로 인해 나타나는 상대적 박탈감은 소득수준이 올라갈수록 정부와 소유자 간 갈등 양상으로 나타나고 있다.

임승빈(2011)은 이에 대해 "상호 간 경제적 가치와 사회적 가치가 충돌되어 있는 양자에게 모두 만족을 주기 위해서는 공공과 개인이 가치를 공유할 수 있는 공유재 개념에서 문화재 정책을 추진하는 것이 필요하다"고 주장했는데, 문화유산의 복합적 특성에 따른 현실적 방안으로서 고려할 만하다.

다만 헌법재판소는 문화유산에 대한 재산권 행사에 대해 다음과 같이 결정내린 바 있는데(2003헌마377 결정), 이를 통해 문화유산에 대한 재산권은 소유자의 사회적 의무가 수반되어 행사되어야 되는 것으로, 이는 문화유산의 공공적 가치로서의 특성에 기인한 판례로 볼 수 있다.

> "문화재는 '인위적 · 자연적으로 형성된 국가적 · 민족적 · 세계적 유산으로서 역사적 · 예술적 · 학술적 · 경관적 가치가 큰 것'으로 그 성질상 수가 한정적이고, 대체불가능하며, 손상되는 경우 회복이나 재생이 현저히 곤란한 재화라는 점 …… 그에 관한 재산권 행사에 일반적인 재산권 행사보다 강한 사회적 의무성이 인정된다."

규제지역 내에서의 갈등

문화재청(2017)에 따르면, 2017년 말 기준 국가지정문화재는 3,940건, 등록문화재는 724건, 시 · 도지정문화재 및 문화재 자료는 8,663건이 지정 · 등록되었고 이는 매년 늘어나고 있는 추세를 보이는데, 이는 그만큼 문화재 보호구역이나 역사문화환경 보존지역 등 규제지역 역시 늘어날 여지가 높다는 의미로 받아들여질 수 있다.

「문화재보호법」 제2조 및 제13조에서는 문화재 주변의 자연경관이나 역사적·문화적인 가치가 뛰어난 공간으로서 문화재와 함께 보호할 필요성이 있는 주변환경을 '역사문화환경'으로 설정하고, 문화재 외곽경계 500m 이내에서 역사문화환경 보존지역으로 설정하여 보호하고 있는데, 문제는 규제 정도가 강한 보존구역의 경우 일부 과도한 주민 재산권 침해 사례가 존재하지만 이에 대한 보상 방안이 부재해 주민들의 불만 제기가 집중된다는 점이다(류제헌 외, 2016).

특히 사유지 개발 과정에서 매장문화재가 발굴되는 경우가 많기에 문화유산 보존과 개발의 갈등, 이를 둘러싼 이해관계로 인한 갈등은 첨예한 대립상태로 나타나는데(채미옥, 2013), 오랜 기간 갈등지역인 서울시 송파구 풍납토성 주변지역은 지가가 높은 지역에 위치한 만큼 개발 욕구도 다른 어느 지역보다 강하고 개발을 둘러싼 갈등도 큰 상황이어서, 풍납토성 지역주민들은 지역 문화유산에 대한 관심도가 낮고 규제로 인해 발생되는 개발 제한으로 인한 재산권 침해 정도가 높다고 인식하고 있다(류제헌 외, 2016).

실제 문화유산 정책에 내재된 규제적 특징은 사유재산권의 제한, 개발과 보존이라는 측면에서 국민, 지역사회와 갈등구조를 나타내고 있으며, 쓰레기처리장, 장사시설, 하수처리장 등의 비선호시설 입지와 관련된 님비(NIMBY) 현상처럼 우리 지역의 문화유산이 생활에 불편을 주는 존재로 인식되어 버리는 부작용을 가져오게 된다. 이는 문화재에 대한 중요성 인식과는 별개로 행위규제 완화나 문화재 지정 해제에 대한 주민들의 요구가 나타나고 있다(채경진, 2017).

05
문화재와 문화유산

1972년 파리에서 열린 제17차 유네스코 총회에서는 "문화유산 및 자연유산의 일부는 현저한 가치를 지니고 있고 따라서 인류 전체의 세계유산의 일부로서 보존될 필요가 있음을 고려"해 「세계 문화유산 및 자연유산의 보호에 관한 협약(Convention concerning the Protection of the World Cultural and Natural Heritage)」을 채택하였다(류호철, 2015). 즉, 이 협약에서의 세계유산은 문화유산(cultural heritage) 및 자연유산(natural heritage)을 포괄하여 칭한 것으로 엄연히 이 두 개념을 구분하여 사용하고 있다.

이 협약에서 문화유산은 ① 기념물: 건축물, 기념적 조각품 및 회화, 고고학적 성질을 가진 요소 또는 구조물, 비명, 동굴주거 및 조형물의 결합으로서 역사, 예술 또는 과학의 관점에서 현저한 보편적 가치를 가진 것, ② 건물의 집단: 분리 또는 연결된 건물의 집단으로서 그의 건축술, 균질성 또는 풍경 내의 위치로 인하여 역사, 예술 또는 과학의 관점에서 현저한 보편적 가치를 가진 것, ③ 유적: 인조물 또는 자연과 인공의 결합물 및 고고학적 유적을 포함한 지역으로서 역사적, 미학적, 인종학적 또는 인류학적 관점에서 현저한 보편적 가치를 가진 것으로, 자연유산은 ① 물리학적 및 생물학적 생성물 또는 그 집단으로 구성된 자연적 조형물로서 미학적 또는 과학적 관점 에서 현저한 보편적 가치를 가진 것, ② 지질학적 및 지문학적 생성물 및 정확히 한계가 정하여진 지역으로서 과학 또는 보존의 관점에서 현저한 보편적 가치를 가진, 위협에 처한 동·식물 종의 서식지를 이루는 것, ③ 자연유적 또는 정확히 한계가 정하여진 지역으로서 과학, 보존 또는 자연미의 관점에서 현저한 보편적 가치를 가진 것으로 정의하였다(국가법령정보센터 http://www.law.go.kr, 검색일자 2018.9.8).

우리나라의 경우 1962년 제정된 「문화재보호법」에 의해 문화재를 "인위적이거나 자연적으로 형성된 국가적·민족적 또는 세계적 유산으로서 역사적·예술적·학술적 또는 경관적 가치가 큰 유·무형문화재, 기념물, 민속문화재"로 정의하고 있어 문화유산과 자연유산을 포괄하는 의미로 사용되고 있다. 이는 그동안 우리나라 문화재 행정이 천연기념물로 대표되는 자연유산을 포함하여 수행되어 왔기 때문에 이 분야 기본법인 「문화재보호법」에서도 다소 무리하게 문화유산과 자연유산을 포괄하고 있는 형태가 되었다고 볼 수 있다. 이 때문에 실정법상의 개념으로 볼 때 문화재라는 용어가 문화유산과 자연유산을 포함하는 최상위 개념으로 사용되어 왔다.

이러한 개념상 불분명한 경계는 행정 현장에도 그대로 반영되어 1962년 「문화재보호법」 제정, 1997년 문화유산헌장 공포, 1999년 문화재청(영문명: Cultural Heritage Administration) 설립, 2008년 「문화유산과 자연환경자산에 관한 국민신탁법」 제정 등처럼 관련 법안이나 기관에서 사용하는 용어에서도 문화유산과 문화재를 혼용해 사용해 왔다(조예진, 2013). 하지만 문화재는 물질적인 의미, '재산'이라는 물질적인 의미가 강하여 다양한 성격의 유산을 포용하기 어려운 반면, 문화유산은 선조들로부터 물려받은 대상이라는 의미가 강하고(김봉건, 2013), 과거로부터 전해 내려온 유·무형 자산으로 볼 수 있다(장호수·심승구, 2007).

따라서 문화유산이 문화재라는 개념보다 넓은 의미라고 보는 것이 통상적인 학술적 견해인데(심승구 외, 2006), 우리 실정법에서의 문화재는 의미가 더 큰 문화유산과 더불어 자연유산까지도 포괄해버리는 모순이 있다(류호철, 2015). 이는 법적 개념이 세계 기준의 패러다임이나 학술적 의미를 수용하지 못하고 진행되어 왔기 때문인데, 유네스코가 문화유산, 자연유산, 복합유산으로 분류한 것처럼 우리나라도 '국가유산'이라는 개념을 도입해 문화유산, 자연유산을 하위 개념으로 두자는 임승빈(2012)의 주장은 상당한 설득력이 있다. 이럴 경우 문화재는 "종래의 국가의 유·무형의 재화 내지 자산적 '가치(value)' 중심에서 '의미(signification)' 중심"의 문화유산으로 변모시키고(심승구 외, 2006), 기존의 재화(property)의 개념보다 유산(heritage)의 개념으로 전환시키는 것이 바람직할 것이다(정상우 외, 2013).

06 나가며

지금까지 문화유산 관리에 국가가 개입함으로써 발생하는 이유에 대해 살펴보았다. 문화재 행정은 유형문화유산, 무형문화유산, 자연유산을 다루고 있고, 시기적으로 근대 시기에서 미래 유산까지 고려해야 하니 상당히 광범위하다고 볼 수 있다. 따라서 문화유산은 그것이 가진 다양한 속성으로 인해 수많은 이슈로 나타나고 있다.

특히 전술한 것처럼 규제행정에 따른 문화유산 분야의 갈등은 풍납토성, 반구대암각화, 설악산 케이블카 설치, 문화재관람료 징수를 둘러싼 갈등 사례에서처럼, 중앙정부－주민 간 갈등과 더불어 중앙정부－지방자치단체 갈등, 중앙정부－시민단체 갈등, 지방자치단체－주민 갈등 등 복잡한 형태의 갈등구조로 나타나는 특징이 있다. 또한 최근의 세계유산 등재 과정에서 나타나듯이 중국, 일본 등 주변국과의 갈등 역시 심화되고 있는 실정이다. 따라서 미래 문화유산 행정에서의 핵심은 국민 권리가 높아지고 있는 상황에서 어떻게 이들과 문화유산 보호가 적절한 조화를 이룰 것인가에 대해 심도 있는 고민이 필요하다는 점이다.

또한 우리나라의 경제성장과 직결되어 있는 근현대 시기의 산업유산의 경우 영국의 테이트 모던이나 한국의 군산 근대 역사문화공간처럼 보존적 가치와 더불어 역사문화적 도시재생의 관점에서도 상당한 활용가치가 있음에도 불구하고 개발이익에 따라 소실되는 사례가 나타나고 있는데, 미래의 문화유산이 될지 모르는 근현대의 지역유산이나 비지정 문화유산에 대한 보존이나 활용을 통해 교육적, 문화적, 정신적 가치를 확산시킬 수 있는 모델을 새롭게 개발할 필요가 있다. 이 밖에도 일제 강점기에 정해진 국보 제1호 등의 지정번호 제도의 폐지, 통일대비 남북한 문화유산 제도의 새로운 설계, 근대 시기(특히 일제 강점기)의 부(negative)문화유산의 보존 및 교육적 활용 등이 앞으로 풀어가야 할 과제로 제시될 수 있다.

지금까지 문화유산에 대한 국가개입과 이를 통해 나타나는 쟁점에 대해 논의해 보았다. 미래의 문화유산 행정은 이것에 내재된 다양한 가치를 국민이 향유하고 이들이 곧 문화유산 보호자가 될 수 있는 적극적이고 혁신적인 정책설계가 요구되며, 문화유산 공간은 곧 생활문화공간으로 전환될 수 있다는 인식의 전환이 필요하다. 무엇보다 문화유산이 더 이상 갈등을 유발하는 원인이 되어서는 안 되며 사회가 통합되고 치유될 수 있는 산물로서 역할을 할 수 있도록 행정의 패러다임 전환이 필요하다.

제 24 장

문화의 글로벌화

장원호(서울시립대학교)

생각해 보기

- 한류의 확산 과정은?
- 한류의 성공 요인은 무엇인가?
- 한류 관련 기존 문화정책의 문제점은 무엇인가?
- 지속가능한 한류를 위해서 무엇을 우선적으로 고려해야 하는가?

01
들어가며

'한류(Hallyu, Korean Wave)'라는 용어는 대략 20년 전에 사용하기 시작하면서 현재는 한국인뿐 아니라 한국에 조금이라도 관심 있는 외국인이라면 모두 알고 있는 용어가 되었다. 한류가 언제부터 사용되었는지에 관련해서는 크게 세 가지 주장이 있다. 첫 번째는 가장 많이 알려진 주장으로 2000년 2월 한국 아이돌 그룹 HOT의 북경 공연 후, 중국의 〈북경청년보〉가 추운 바람인 한류(寒流)가 아니라 한국에서 온 한류(韓流)가 중국을 강타했다는 기사를 쓴 이후로 사용되었다는 주장이다. 두 번째는 대만에서 이미 하일한류(夏日韓流, 여름날의 한류)라는 표현을 사용하여 한국의 음악을 소개하였다는 주장이다.[1] 장규수(2011)는, 1999년 가을 한국 문화부가 한국 대중가수들의 노래를 영어, 일어, 중국어로 번안한 CD를 제작하여 외국 방송국 및 문화기관에 배포했는데, 그 중 중국어 버전의 CD 타이틀에 한류(Song from Korea)라는 표현이 있었다는 것을 보여주었다. 그는 홍콩 유행을 뜻하는 '항류', 일본 유행을 뜻하는 '일류' 등의 표현은 일본식 표현의 영향을 받았다고 볼 수 있는데, 이는 일본 문화의 영향을 절대적으로 받은 대만에서 한류가 자연스럽게 사용되었을 것이라고 추측했다. 클론의 성공이 대만에서 시작해서 중국으로 전해졌으며, 1999년 11월 열린 북경의 단독콘서트는 2000년 2월 HOT 콘서트 전에 열렸다는 점 역시 한류라는 용어가 대만에서 시작했다는 가능성을 높여주고 있다. 세 번째는 중국에서 〈우전 SOFT〉와 〈미디어플러스〉라는 한국 업체의 노력으로 베이징에서 먼저, 그리고 그 후 중국 내 10개 도시에서 〈서울음악실(漢城音樂廳)〉이라는 한국 음악 소개 프로그램이 생겨났고, 이 과정에서 한류라는 표현이 자연스럽게 나왔다는 주장이다. 신동아 2000년 기사에 의하면, 한국의 한 사업가가 1998년에 HOT의 음반홍보를 위해서 한류라는 용어를 썼다는 것이다.[2] 이에 따라 〈북경청년보〉도 1999년에 한류라는 표현을 썼다는 것이라는 주장이다(장수현 2005; 이은숙, 2002).

02
한류의 전개

이렇듯 한류를 처음 사용한 매체 또는 사람에 대한 주장은 다르지만, 한류라는 용어는 1990년대 말, 한국 아이돌 그룹의 해외 진출이 본격화되면서 사용되었다. 1997년 드라마 〈별은 내 가슴에〉의 중화권 히트, 〈사랑이 뭐길래〉의 중국 히트 등 드라마의 해외 진출이 활발했지만, 드라마에 한류라는 표현을 사용하지는 않았으므로 처음에는 한류라는 용어가 K-Pop에 한해 한정적으로 사용되었음을 알 수 있다.

한류라는 용어가 드라마에서 활발히 사용된 시기는 2003년과 2004년 걸쳐 〈겨울연가〉가 방영되면서부터다. 당시 일본에서 〈겨울연가〉의 인기는 가히 사회적 이슈였다. NHK의 위성방송에서 2003년 4월에 처음 방영된 〈겨울연가〉는 12월에 위성방송에서 재방영되었고, 더욱 인기가 높아져 2004년에 NHK 본방송에서 방영되었다. 당시 최고 시청률이 20%를 넘을 정도로 인기가 높았으며, 일본인에게 한국 사람의 이미지를 완전히 바꾸는 역할을 하였다. 그 후 많은 한국 드라마가 일본에 소개되었고, 배용준, 이병헌, 원빈, 장동건은 사천왕(四天王)으로 불리며 일본에서 최고의 인기를 구가하게 되었다. 또한 〈대장금〉이 2004년에 일본에서 크게 히트하고, 2005년 중국에서 대히트를 하면서 한국 드라마의 해외진출은 매우 빠르게 급증하였다. 예를 들면, 일본에서 2004년 이후 2013년 반한류가 확대되기 전까지 방영된 드라마 개수는 방송사별로 NHK 13개, 니혼테레비 8개, TBS 41개, 테레비아사히 63개, 테레비도쿄 43개, 후지 TV 30개이다. 〈대장금〉을 통한 드라마 한류는 중국에서는 한국 음식의 인기로 나타났고, 이란에서 〈대장금〉의 평균 시청률은 88%로 방영 당시 대부분의 가구가 〈대장금〉을 보았다고 할 수 있으며, 이는 아랍권 국가에서 한국 이미지 상승으로 연결되었다.

2004년 이후 2010년까지는 드라마 한류가 주도했던 시기다. 물론 이 시기에 일본에서는 보아, 중화권에서는 수퍼주니어, 아시아 전역에서 동방신기와 비(Rain)의 인기가 높아 K-Pop 한류가 어느 정도 유지되었지만, K-Pop보다 드라마를 중심으로 한류가 전파된 시기이다.

2010년 전후에는 다시 한 번 K–Pop 한류 전파가 새롭게 시작되었다. 동방신기와 수퍼주니어, 비의 인기가 아시아권에서 유지되었고, 2009년 빅뱅이 일본에서 데뷔하자마자 폭발적인 인기를 끌었다. 또한 소녀시대와 원더걸스로 대표되는 걸그룹의 인기도 해외에서 크게 높아졌다. 이 시기에 K–Pop이 아시아권을 넘어 유럽 및 미국으로 진출하게 되는데, 2009년 원더걸스의 〈노바디〉란 노래는 한국음악 최초로 '빌보드 Hot 100'에 76위로 랭킹되었으며, 2010년 말부터 2012년까지 일본에서는 소녀시대와 카라의 인기가 K–Pop 확장에 큰 기여를 하였다. 그러다 2011년 K–Pop 확장에 중요한 사건인 〈SM 타운 월드투어〉가 시작되었다. 당시 이탈리아에서 시작하여 프랑스, 독일, 영국을 거쳐 미국 뉴욕의 메디슨스퀘어 가든의 공연으로 막을 내리는 기획이었는데, 프랑스에서 공연티켓을 사지 못한 K–Pop 팬들이 파리의 루브르박물관에서 연장 공연을 요구하면서 단체로 플래쉬몹 커버댄스를 춘 일이 발생하였다. 이로 인해 한 번 더 연장공연이 이뤄졌고, 프랑스의 유력 일간지 〈르피가로〉가 이 일을 크게 보도하면서 전 세계적으로 K–Pop의 인기가 확인되었고, 한국 정부도 K–Pop을 지원하는 다양한 정책을 마련하게 된다. 그리고 이후 2012년에는 싸이(Psy)의 〈강남스타일〉이 전 세계적 히트로 한국 대중음악에 대한 세계적 관심이 쏠렸고, EXO와 빅뱅으로 대표되는 한국 보이그룹의 인기가 아시아를 넘어 전 세계에서 확인되었다. 2017년에는 방탄소년단(BTS)이 빌보드 뮤직 어워드 소셜미디어 상을 받았으며, 2018년에도 같은 상을 수상하며 빌보드 앨범차트 1위에 오르며 전 세계의 주류 음악 반열에 오르게 된다.

2010년 이후 한국 드라마 인기도 계속적으로 증가하였지만, 2012년 여름을 기점으로 일본에서는 혐한류가 확산되어 한국 드라마 수출이 크게 위축되었다. 하지만 중국을 비롯한 아시아권에서 한국 드라마의 인기는 더욱 확대되었는데, 2014년 〈별에서 온 그대〉는 중국 내에서 40억 뷰가 넘는 조회 수를 기록하였고, 특히 중국의 정치국 상무위원인 왕치산이 중국에서도 이러한 드라마를 만들 수 있어야 한다고 언급하면서 더욱 유명해지게 되었다. 〈별에서 온 그대〉는 중국에서 치킨과 맥주, 치맥의 인기를 가져오는 등 또 다른 문화현상을 만들기도 했다. 2016년에는 중국 온라인동영상 사이트 아이치이(iQiyi)와 공동으로 제작한 〈태양의 후예〉가 25억 뷰가 넘는 유료 동영상 뷰를 기록하였다. 고도미사일 방어체계인 사드(THAAD)가 한국에 설치되면서 중국의 한한령(限韓令)에 의해 중국에 한국 드라마 수출이 위축되었음에도 불구하고 여전히 중국 내에서의 한국 드라마 인기는 매우 높다.

[그림 24-1]과 〈표 24-1〉은 한국드라마와 K-Pop의 인기를 잘 보여주고 있다. [그림 24-1]은 한국 드라마를 수입하는 국가를 나타내고 있는데, 색상이 진할수록 한국 드라마를 많이 수입하는 국가다. 대표적인 예로 일본, 중국, 미얀마, 베트남, 대만 등은 5,000편 이상을 수입하였고, 대부분의 동남아국가와 호주는 1,000편 이상의 한국 드라마를 수입하였다. 또한 [그림 24-1]에서 알 수 있듯이 한국 드라마를 수입하는 국가는 아시아의 브루나이나 스리랑카, 유럽의 헝가리나 스웨덴, 남아메리카의 칠레와 페루, 심지어 아프리카의 짐바브웨에 이르기까지 전 세계 총 60여 개국에 이르고 있었다.

그림 24-1 한국 드라마를 수입하는 주요 국가

출처: 정보통신정책연구원(2015).

〈표 24-1〉에서 알 수 있듯이 최근 1년 간 전 세계에서 10억 뷰가 넘는 뮤직비디오는 방탄소년단의 40억 뷰를 비롯하여 4개 그룹이 있다. 이외에도 2억 뷰 이상의 그룹이 10개가 넘는 것으로 나타나 K-Pop은 이제 세계 음악 시장의 한 장르로 완전한 자리매김을 하였다.

또한 2014년 이후, 드라마와 K-Pop 이외의 문화 콘텐츠가 중국 등에 수출되고 있다. 대표적인 것이 예능 프로그램으로 2014년 〈나는 가수다〉, 〈1박 2일〉, 〈아빠어디가?〉 등이 이른바 포맷 수출 확대에 기여했으며, 〈나는 가수다〉와 〈아빠 어디가?〉는 중국 내에서 가장 인기 있는 예능 프로그램 중의 하나가 되었다. 또한 〈무한도전〉, 〈런닝맨〉, 〈슈퍼맨이 돌아왔다〉도 전 세계적으로 인기가 확산되었으

표 24-1 K-Pop 유튜브 인기 뮤직 비디오 순위(기간: 2017.9~2018.8 12개월)

(단위: M-백만/B-10억)

순 위	가수명	뮤직 비디오	조회 수
1	BTS (방탄소년단)	DNA, FAKE LOVE, MIC DROP	3.99B
2	TWICE (트와이스)	LIKEY, Heart Shaker, What is Love?	2.07B
3	BLACKPINK (블랙핑크)	DDU-DU DDU-DU(뚜두뚜두), AS IF IT'S YOUR LAST(마지막처럼), BOOMBAYAH(붐바야)	1.84B
4	PSY	GANGNAM STYLE(강남스타일), DADDY, GENTLEMAN	1.29B
5	EXO	Ko Ko Bop, Monster, Power	818M
6	Red Velvet (레드벨벳)	Bad Boy, Peek-A-Boo(피카부), Red Flavor(빨간 맛)	795M
7	iKON	사랑을 했다(LOVE SCENARIO), 죽겠다(KILLING ME)	437M
8	Wanna One (워너원)	Beautiful, Energetic, BOOMERANG(부메랑)	340M
9	GFRIEND	Time for the moon night(밤), 오늘부터 우리는(Me gustas tu)	298M
10	WINNER	Really Really, EVERYDAY, Island	243M
11	IU	Palette(팔레트), Through the Night(밤편지)	226M
12	BOL4 (볼빨간사춘기)	Travel(여행), Some	195M
13	마마무 (MAMAMOO)	별이 빛나는 밤(Starry night), Egotistic(너나 해)	191M
14	Apink (에이핑크)	I'm so sick(1도 없어), NoNoNo	158M
15	(G)I-DLE [(여자)아이들)]	LATATA, 한(一)[HANN(Alone)]	158M

출처: 유튜브 음악 차트 및 통계.

며, 중국과 동남아에서의 프로그램 인기는 한국 못지않다. 또 다른 한국 콘텐츠로 최근 인기가 높아지고 있는 것은 웹툰이다. 기존 코믹 시장은 감소 추세지만 웹툰 시장이 급성장하는 것을 볼 때 중국과 일본을 중심으로 한국 웹툰의 인기는 향후 더욱 높아질 것으로 기대된다.

곧 사라질 것 같았던 한류의 인기가 지속하면서 한류에 새로운 의미를 부여하고자 하는 시도들이 나타난다. 예를 들어, 드라마와 케이팝은 문화 한류라고 한다면, 삼성과 현대를 비롯한 한국 기업들의 해외 인기를 '경제 한류'로 규정하고 두 한류가 서로 시너지 현상을 내기 위한 방법을 연구하는 시도가 대표적이다. 또 이명박 정부에서 음식 한류를 강조하여 한식의 인기를 홍보하고 지원하는 정책들을 쓰기도 했다. 또한 '한류 3.0'의 이름으로 아예 한국 문화 전체(K-Culture, K-Style)를 한류라 하기도 했다. 최근에는 의료 한류, 성형 한류, 패션 한류, 심지어 건설 한류, 금융 한류 등의 이름으로 한국과 관련된 것을 한류라고 표현하기도 한다.[3] 하지만 지난 20년을 돌아보면 한류라는 개념으로 가장 먼저 설명할 수 있는 것은 한국 드라마와 K-Pop, 그리고 영화, 예능 프로그램과 같은 문화 콘텐츠가 초국적으로 수용되고 인기를 얻는 현상이라 할 수 있다.

03
한류의 성공 요인

한류의 성공 요인에 대한 설명은 매우 다양하다. 여기에서는 기존의 주된 설명들을 비판적으로 검토하고 필자의 해석을 제시하려고 한다.

먼저, 많이 이야기되는 것이 우연한 성공이라는 설명이다. 설계되지 않은 성공, 행운의 안타, 어느 날 갑자기 찾아온 성공 등의 설명이 그것이다(김정수 2006; 박재복 2005; 이기형 2006). 이 설명의 문제점은 어떤 사회적 현상을 위해서는 그것을 기획하는 사람 또는 단체, 즉 행위자(에이전트)가 있어야 한다는 전제이다. 이 설명의 또 다른 예로 한류의 성공 요인 중 하나로 SM의 이수만 등과 같은 기획자의 노력을 주장하는 것이다. 두 주장은 정반대처럼 보이지만, 논리는 에이전트의 중요성이다. 즉, 한류는 기획자가 없이 우연히 성공한 행운의 안타이거나, 또는 뛰어난 기획자가 있어서 성공하였다는 주장이다. 물론 사회적 현상에서 에이전트의 중요성이 없다고는 할 수 없다. 하지만 사회학적으로 볼 때 많은 사회현상, 그리고 사회적 변화는 특정 에이전트에 의해서 이루어지는 것이 아니라 사회구조가 그러한 현상 또는 변화를 가져왔고, 그 사회구조적 특징을 찾는 것이 더 근원적인 설명이 될 수 있다.[4)]

한류 성공에 대한 또 다른 설명으로 한류 콘텐츠의 특성을 들기도 한다. 그 대표적인 것이 한류 상품의 혼종성(hybridity)이다. 한류는 한국에서 만들어 낸 문화 콘텐츠지만 한국적인 것이 아니라 혼종적인 것이고, 혼종성을 갖기에 다양한 문화의 외국인에게 어필할 수 있었다는 것이다. 또한 한류 콘텐츠의 보편적 주제도 한류 성공의 중요한 원인으로 많이 이야기 된다. 한국 드라마나 K-Pop 가사의 주된 주제는 남녀 간의 사랑 또는 가족주의인데, 이러한 보편적 주제가 더 많고 넓은 수용자층을 확보했다는 것이다. 필자도 이에 전적으로 동의한다. 그러나 중요한 것은 그렇다면 왜 한류 콘텐츠가 혼종성과 보편적 주제를 가졌는가를 설명해야 한다는 점이다. 다시 한 번 사회구조적 원인의 중요성이 제기되는 부분이다.

필자는 1960년대 이후 한국 사회가 급속도로 변화를 겪으면서 갖게 된 구조적 특징이 한류라는 문화상품을 생산할 수밖에 없었다고 생각한다. 그 사회구조적 특징에 대해 자세히 살펴보자.

코스모폴리탄 스트라이빙(Cosmopolitan Striving)

먼저 한국 사회의 전반적인 해외시장 의존성이다. 한국은 수출과 수입을 통해 기록적인 경제성장을 해 온 나라다. 한국은 지금도 국내총생산 중 민간소비가 차지하는 비율이 50%를 넘지 못하는 나라이다(2015년 기준 한국 GDP 대비 민간 소비 비중은 48.3%). 이것은 미국의 68.4%, 영국의 64.7%, 일본의 60.7%와 비교해 보면 너무나도 적은 수치이고, 따라서 한국은 모든 산업적 측면에서 경쟁력이 있다면 외국 시장에의 진출을 시도해 보는 경향이 있었다(OECD, 2018). 박소진과 아벨만(Park & Abelmann, 2004)의 'Cosmopolitan Striving'이라는 용어로 이러한 상황에 대하여 설명하고 있다.[5)]

부족한 국내 시장으로 인해 항상 해외시장과의 관계를 중시했던 한국적 상황에서 1990년대 말부터 2000년대 초에 나타난 음반시장의 대 변화가 한국의 대중문화 기업체로 하여금 외국 시장으로 방향을 바꾸게 만들었다. 기존 음반시장이 mp3를 비롯한 디지털 음원으로 대체되면서 불법 다운로드 등의 이유로 한국 음반시장은 큰 폭으로 축소하였고, 이에 따라 새로운 활로를 찾을 수밖에 없는 상황이 되었던 것이다. 2000년의 한국의 음반산업 규모는 4,104억 원이었던 것이 2009년에는 1,087억 원으로 5년 만에 4분의 1로 축소하게 된다(한국콘텐츠진흥원, 2010). 반면 일본 음반시장은 2011년 국제음반산업협회의 자료를 보더라도 미국의 20억 달러를 훨씬 상회하는 28억 달러의 규모를 가지고 있다. 물론 전체적인 음악시장은 미국이 1위이지만, 음반시장은 여전히 일본이 압도적으로 1위를 달리고 있다. 한국의 음반시장의 급격한 쇠퇴(푸쉬 요인)와 일본 음반시장의 견고성(풀 요인)을 고려할 때, 한국 음악산업 종사자가 일본시장 진출로 눈을 돌리게 된 것은 어쩌면 당연하다고 할 수 있다. 실제로 초창기 한류를 주도했던 SM 엔터테인먼트의 경우 HOT는 중국 음반시장을 겨냥해 중국으로 진출했지만, SES와 보아는 일본 진출에 주력했던 것이 사실이다. 초창기에는 크게 성공을 거두지 못했지만, 2005년 동방신기의 일본 진출로 일본 음반시장에 성공적으로 안착하였다. 지금도 일본 시장은 한국 아이돌 그룹의 가장 큰 시장이고 빅뱅, 동방신기를 비롯한 많은 아이돌 그룹이 일본 현지 콘서트를 통해 주 수입을 올리고 있다.

코스모폴리탄 스트라이빙이 콘텐츠의 특성으로 나타난 것이 사랑과 가족주의의 강조이다. 이것은 드라마에서 더욱 명확히 나타나는데, 한국 드라마는 대부분 남녀 간의 러브라인을 포함하고 이 과정에서 가족 간의 사랑이 중요한 가치로 제시된다. 러브라인이 거의 없는 미국의 범죄나 의학 드라마, 일본의 경찰 드라마와는 크게 비교가 된다. 물론 미국과 일본의 드라마가 한국 드라마의 인기에 비해 떨어진다는 것은 아니다. 하지만 최근 일본 드라마는 일본 문화의 특수한 면을 너무 많이 다루기에 외국인이 이해하기 어렵고 따라서 외국시장에서 인기가 떨어지고 있는 것도 사실이다. 일본은 자국 내 시장이 충분히 크기에 일본 시청자만을 대상으로 드라마를 만들어도 충분하다. 하지만 한국은 드라마 시장이 여전히 제한되어 있기에 한국의 시청자만을 대상으로 드라마를 만들 수 없고, 외국인 모두에게 통용되는 보편적 주제를 강조하게 되는 것이고, 이것이 러브라인과 가족주의로 나타난 것이다. K-Pop의 가사에서도 이 경향은 잘 드러난다. K-Pop의 많은 음악과 춤은 격렬한 데 반해, 가사는 의외로 순수한 사랑을 노래하고 있는데, 이 점 또한 보편적 주제로서 더 많은 외국인들에게 다가가고자 하는 코스모폴리탄 스트라이빙을 보여주고 있다.

레드퀸 레이스(Red Queen's Race)

한류를 가능하게 한 한국 사회의 또 다른 구조적 특징은 과도한 경쟁과 그에 따른 레드퀸 레이스(Red Queen's Race)[6] 상황이다. 앞에서도 말하였듯이 한국 사회는 제한된 국내 시장을 가지고 있다. 따라서 제한된 국내 시장을 선점하기 위해 모든 분야에서 과도하게 경쟁하게 된다. 예를 들어, 국내 전자업계 시장을 놓고 삼성과 LG의 수십 년 간의 치열한 경쟁이 그 좋은 예이다. 이러한 과도한 경쟁적 상황은 삼성과 LG 모두 살아남기 위해 최선을 다하는 레드퀸 레이스를 거쳤고, 그 결과 지금과 같은 국제경쟁력을 갖추게 되었다고도 할 수 있다. 김상준(2011)은 이것을 '국내 경쟁이 가져온 글로벌 경쟁력(From Domestic Rivalty to Global Competitiveness)'이라고 설명하고 있다. 한국 드라마의 국제적 경쟁력에 대해서도 똑같은 설명을 할 수 있다. 한국의 제한된 광고시장으로 KBS, MBC, SBS, 한국의 3대 방송사는 동 시간대에 같은 프로그램으로 경쟁할 수밖에 없었다. 월화드라마, 수목드라마, 주말드라마가 동 시간대에 편성되었고, 1%의 시청률을 높이기 위해 치열하게 경쟁할 수밖에 없었던 것이다. 이러한 과도한 경쟁 상태의 치열한 노력의 결과물이 바로 한국 드라마이고 따라서 국제적 경쟁력을 가질 수 있었다.

K-Pop에도 레드퀸 레이스가 작용한다. K-Pop 아이돌 그룹은 연습생 제도를 바탕으로 이루어지는데, 이 과정이 매우 힘들어 사실 수년 간에 걸쳐 이러한 과정을 인내한다는 것은 매우 어려운 일이다. 필자가 만나 본 기획사의 관계자들은 하나 같이 한국의 청소년 연습생들이 겪고 있는 어려운 트레이닝 과정을 외국의 청소년들은 감당할 수 없을 것이라고 말한다. 실제로 중국, 일본 등 외국의 연습생들은 중도에서 포기하는 경우가 많다는 것이다. 어떻게 한국의 연습생들은 수년 간의 힘든 과정을 끝까지 포기하지 않고 참아낼 수 있을까? 물론 음악에 대한 사랑과 그것을 통한 자아실현이 가장 중요한 요인일 것이다. 또 자신들을 이해하고 지원해 주시는 부모님을 향한 감사의 마음도 포기하지 못하는 중요한 이유이다. 필자는 그에 더하여 또 한 가지 이유가 있다고 생각한다. 그것은 한국 연습생들은 자기 또래의 친구들은 모두 어딘가에서 매우 열심히 노력한다는 것을 잘 알기 때문이다. 소위 '레드퀸 레이스'라는 현상(모두 다 열심히 노력하기에 웬만큼 노력해서는 항상 제자리에 머무는 현상, 그러기에 앞서 가려면 아주 열심히 노력해야 하는 상황)을 모든 연습생들이 잘 알고 있다는

것이다. 한국 아이돌 그룹의 완성된 가창력, 댄스, 연기력에는 레드 퀸 레이스에 대한 인식이 작용한 것이다.

압축적 근대화

이제 한류의 혼종성에 대한 사회구조적 특징을 살펴보자. 이것은 한국 사회가 외국의 영향력 하에서 근대화를 하였다는 것과 한국 사회의 급속한 근대화, 즉 압축적 근대화와 밀접한 관련이 있다. 한국은 일본의 식민지배 하에서 전통에서 근대로 변화를 시작하였다. 그런데 일본 또한 자신의 내재적 문화 속에서 근대화 과정을 겪은 것은 아니다. 일본의 이와쿠라 사절단(岩倉使節団)이 유럽을 다니면서 유럽의 문물을 들여오게 되는데, 영국에서는 일상 문화, 프랑스에서는 민법, 독일에서는 헌법을 들여오게 된다. 거기에 일본의 문화를 접합하였으므로 일본 문화 자체가 혼종성이 있는 문화라 할 수 있다. 따라서 이 혼종성이 조선에 전달된 것은 자명하다. 해방 이후 한국전쟁을 거치면서는 미국의 문화가 한국 사회에 가장 큰 영향을 미쳤다. 따라서 근대화 과정의 한국 사회는 유럽과 일본의 혼종문화에 미국의 문화가 겹친 새로운 혼종문화가 형성되었다고 할 수 있다. 이것이 공간적 혼종이라면, 압축적 근대화 과정에서 시간적 혼종성이 발현하였다. 즉, 유럽이 200년 넘게 걸려 완성한 근대화를 한국 사회는 50년이 되지 않아 완성한 것이다. 이 과정에서 전통적 가치 및 현상, 현대적 가치 및 현상, 더 나아가 포스트모던 가치 및 현상이 착종하게 된다. 한국의 드라마가 일본의 팬들에게는 전통적 가치에 대한 노스탤지어를 불러일으키는 반면, 동남아시아 팬들에게는 현대적 도시 문화의 상징으로 받아들여지는 것도 다 이러한 시간적 혼종성이 만들어 낸 결과라 할 수 있다(Jang & Kim, 2013).

국제적 요인

한류 성공에 결정적 이바지를 한 것은 유튜브, 페이스북, 블로그, 트위터 등의 소셜미디어서비스(SNS)의 발달이다. 특히 유튜브는 한국 뮤직비디오의 강점을 전 세계에 전달하는 역할을 했고, 전 세계의 K-Pop 팬들이 서로 소통하면서 한류 팬덤을 형성하게 하였다. 앞에서 제시한 1년 간 유튜브 뷰 숫자를 보면 유튜브를 통해 K-Pop이 얼마나 확산되었는지를 잘 알 수 있다. 또한 페이스북과 같은 소셜미디어를 통한 팬덤 형성도 한류 확산에 크게 기여하였다. 동남아시아와 남미의 한류 팬덤은 주로 페이스북을 통해서 이루어졌는데, 이들은 SNS를 통해 한류에 대해 서로 학습하고 정보를 교류하며 한류 팬덤을 확장해 나갔다. 여기서 주목해야 할 것은 이러한 한류 팬덤의 확장이 주로 여성 팬들을 중심으로 전개되었다는 것이다. 이것은 20세기 후반의 아시아 여성의 문화적 영향력 확대와도 관련이 있다. 특히 중국과 일본에서 여성 팬들의 문화적 영향력 확대와 SNS를 통한 유대감과 조직력 향상 등은 한류 확산의 중요 요인 중 하나라고 할 수 있다(Oh, 2009; Jung 2011; Jung & Shim, 2014; Oh & Lee, 2014). 그 결과, 한국국제문화교류진흥원의 최근 자료에 따르면, 한류 관련 동호회가 전 세계 92개국에서 1,590개이고, 회원 수는 7,300만 명에 이르고 있다(한국국제문화교류진흥원, 2018).

04
한류 정책

한류의 성공과 관련하여 많은 학자가 일관되게 주장하는 것은 대한민국 정부의 지원이다. 즉, 정부가 문화산업을 육성하고 문화 콘텐츠의 수출을 신장하기 위하여 다양한 정책을 통해 막대한 지원을 하였고, 이것이 한류 성공의 원동력이라는 주장이다(Fuhr, 2015; Kwon & Kim, 2014, Leong, 2014; Chow, 2015; Walsh, 2014). 그런데 막상 드라마와 K-Pop과 관련한 업계 종사자들의 의견을 들어보면 정부의 지원정책과 한류 성공이 큰 관련이 없는 것처럼 보이기도 한다. 과연 어느 쪽 의견이 맞는 것일까? 이런 의미에서 정부의 한류 정책을 살펴보고, 그 정책들이 한류의 성공에 미친 영향을 평가하는 것이 필요하다.

한류와 관련한 최초의 정부 정책은 2000년 2월 김대중 정부가 발표한 「문화산업 비전 21: 문화산업 진흥 5개년 계획」이라 할 수 있다. 이 정책에 한류라는 단어는 없지만, 방송, 음악, 영화 등 지금의 한류와 관련된 많은 내용이 포함되어 있다. 2001년 8월에는 문화관광부가 「한류산업 지원 육성방안」을 발표하는데, 주된 정책으로는 대중문화를 확대하는 것과 한류체험관을 설치하는 것, 관광객 밀집 지역에 한류 메카를 조성하는 것 등의 방안이 있다. 한편 이때 출범한 '한국문화콘텐츠진흥원'은 그 후 2009년 5월 관련 5개 기관[7]이 통합하여 '한국콘텐츠진흥원'이 되었고 현재까지 한류와 관련한 콘텐츠 산업을 총괄하고 있다. 노무현 정부는 '아시아문화산업교류재단'[8]을 통해 한류산업을 활성화하고자 하였다.

노무현 정부의 한류지원 정책의 특징은 '쌍방향적 문화교류를 통한 정서적 거부감 완화'와 '문화 콘텐츠 창작역량을 위한 인력 양성'이라고 할 수 있다(문화관광부 2005). 구체적으로 한류 대상국과의 협력 네트워크를 구축하는 동시에 다양한 지원 프로그램들을 운영하여 대상국들의 한국 문화에 대한 이해를 증진시킴으로써 한류와 한국 문화에 대한 정서적 거부감을 완화하는 것이었다. 또한, 문화 콘텐츠 산업을 발전시키기 위한 기반을 강화하고, 전문적인 인력을 육성하는 것을 통해 문화적 창의성을 제고하고자 하는 것도 중요한 정책 방향이었다. 한편, 이와는 별개로 코리아 플라자(Korea Plaza)를 설립하여 한국브랜드의 세계화를 지원하는 등 국가 브랜드파워를 강화하려는 정책도 시도되었다.

이명박 정부는 '한류 3.0'이라는 개념을 만들어 기존의 방송, 영화, K-Pop 중심의 한류를 한국 문화 전반으로 확장하였다. 2012년 1월에 만들어진 '한류문화진흥단'은 소위 K-Culture라는 개념으로 한류를 드라마나 K-Pop을 넘어 다른 분야의 한국 문화, 특히 한국 전통문화의 세계화와 연결시켰다. 하지만 대체로 이 시기의 주류 한류 정책은 '콘텐츠의 글로벌 경쟁력 강화'에 초점을 맞추고 있다 할 수 있다. 즉, 한국의 문화 콘텐츠가 세계에 널리 확산되고 지속될 수 있도록 콘텐츠산업을 지속적으로 육성하고 그 영향을 최대로 이끌어 내는 정책에 주력하였다.

박근혜 정부의 한류 정책은 기존의 '한류 3.0'의 개념을 더욱 강조하여 콘텐츠산업 중심의 한류 정책을 일반 산업과의 연계로까지 확장하였다. 2014년 3월 '한류 3.0 위원회'가 만들어져 문화산업과 일반산업 협력을 도모하는 정책을 주관하다가 2015년 6월 '한류기획단'이 출범하면서 정부 차원을 넘는 민관협의체[9]로서 한류 관련 정책을 논의, 기획, 집행하였다. 박근혜 정부의 한류 정책의 주류는 한류를 통한 문화영토 확대라 할 수 있다(한국문화산업교류재단, 2016).

마지막으로, 문재인 정부는 한류에 대한 정책적 주안점이 크게 드러나지 않는다. 그래도 국정기획자문위원회가 주요 실천과제 중의 하나로 한류를 선정하고 쌍방향 문화교류를 강조하고 한류 발전을 위한 공정한 문화산업 생태계 조성을 강조한 것은 한류의 발전과 확대를 지속하고자 하는 정책 방향을 시사한다(국정기획자문위원회, 2017).

이상의 한류 정책을 종합해 보면 크게 세 가지의 흐름으로 나누어진다.

첫 번째 흐름은 한류를 통한 문화산업의 수출 증대다. 김대중 정부에서 나온 유명한 표현 중의 하나가 '현대차 만대를 팔기보다 좋은 영화 하나를 만드는 것이 더 수출 증대 효과가 있다'는 것이었다. 그 후 한류 관련 대부분 정책을 비롯하여 지원하는 분야의 차이가 있다 하더라도 한류를 통한 수출 증대가 주목적이었다. 이후 이명박 정부 들어 이 흐름은 점차 강화되었는데, 이는 이명박 정부의 주요 보고서 및 계획서에서 '문화산업'이라는 말이 '콘텐츠산업'이라는 말로 대체되면서 보다 구체적인 지원방안이 강구되었다는 점을 통해 알 수 있다. 이명박 정부가 한국 전통문화와 음식의 세계화를 강조하였는데, 이것 또한 한국 문화 콘텐츠의 글로벌 경쟁력 강화와 수출 증대의 일환으로 추진되었다.

두 번째 흐름은 한류를 통한 연성국가주의(Soft Nationalism)이다.[10] 물론 이것이 경제적 이익을 전혀 고려하지 않는 것은 아니지만, 그 강조점은 문화강국, 문화영토 확대를 통한 한국의 소프트 파워를 높이고자 하는 것이다. 이는 코리아 플라자 등의 문화기반을 설립, 운영함을 통해 한국 브랜드의 세계화와 국가 브랜드파워를 향상시키고자 했던 노무현 정부의 정책에서 그 시초를 찾을 수 있다. 이후 박근혜 정부 들어 추진했던 한류 정책, 특히 「한류를 통한 문화영토 확대추진과제」가 그 대표적인 예라 할 수 있다(한국문화산업교류재단, 2016).

세 번째 흐름은 한류를 통한 국제 문화교류의 활성화이다. 이것 또한 위의 경제적, 소프트 문화적 요소가 전혀 없다고 할 수는 없지만, 쌍방향 문화교류를 통한 국제적 이해와 협력을 높이는 데 더 관심이 있는 정책이라 할 수 있다. 노무현 정부에서 일부 시행하였고, 문재인 정부의 '착한 한류' 실현 정책이 대표적이라 하겠다.

앞에서 제시한 질문으로 돌아가면 과연 한류 정책이 한류의 확산에 어느 정도 기여했을까? 많은 외국학자가 주장하는 것처럼 한국 정부가 한류 확산에 주도적인 역할을 하였을까? 필자의 생각에는 한국 정부가 한류 확산을 위하여 다양한 부서를 만들고 정책을 기획한 것은 사실이다. 그리고 이것이 한류 확산에 긍정적 영향을 미친 것 역시 부인할 수 없다. 하지만 정책 기획과 실행은 다른 이야기이다. 정부는 정책을 수립했고, 또한 실행했다고 주장할 수 있지만, 그 결과가 가시적으로 나타난 것은 그리 많지 않다. 오히려 한류를 통하여 경제적 이익만을 추구하는 정책이나 연성국가주의와 같은 문화제국주의적 정책은 수용국가의 반한류로 연결되어 한류의 지속가능성을 낮출 수도 있다. 즉, 한류 수용국의 정부도 자국 내 문화산업을 보호하기 위한 정책을 수립하게 되고, 이것이 한류를 제한하는 정책으로 나타날 수 있는 것이다.

05
한류의 미래

2000년 한류라는 새로운 현상이 화교권과 동남아시아에서 시작되었을 때, 2004년 일본에서 한국 드라마의 폭발적 인기로 인해 한류가 다시 주목을 받았을 때도 한류가 이처럼 오래 지속되리라고는 아무도 예측하지 못했다. 특히 한류를 생각지도 않은 뜻밖의 현상이라고 파악하는 학자들은 당연히 한류의 장기적 지속가능성을 예측할 수 없었다. 하지만 한류는 지금까지도 지속을 넘어 더욱 확산되었으며 앞으로 전 세계적으로 퍼질 가능성을 보인다. 필자가 앞에서 주장한 대로 한국 사회의 구조적 특성이 계속되는 한, 제한적인 국내 시장 때문에 세계를 향한 노력을 펼 수밖에 없고, 과도한 경쟁 시스템, 레드퀸 레이스 상황에서 모두가 치열하게 노력할 수밖에 없고, 또 한국 사회의 역사적 경험으로 인한 하이브리드 문화적 특징이 지속하는 한, 한류는 계속 지속될 가능성이 높다.

하지만 앞에서도 설명한 바와 같이 한류의 확산을 경제적, 문화제국주의적으로 바라보는 경향이 강할수록 한류는 수용국가의 강한 견제를 받게 될 것이다. 일본의 혐한류와 중국의 한한령이 그 대표적인 사례다.

향후 한류의 방향은 이문화 간 소통과 공감의 매개체의 역할을 해야 한다. 즉, 한류를 통해 수용하는 국가 내 다양한 문화집단 간의 소통과 공감이 증가하고, 한류를 수용하는 국가의 문화와 한국의 문화가 소통하고, 더 나아가 각 지역문화 간의 소통과 교류가 이루어진다면, 한류는 아시아 및 전 세계 문화공동체 형성의 담지자가 될 수 있을 것이다.

이 대표적인 사례가 이스라엘의 한류이다. 〈BBC〉 인터넷판에 보도된 2013년 8월 7일자 기사에서는 한류가 이스라엘-팔레스타인 젊은이들 사이에서 공통의 화제로 떠오르고 있다고 설명하고 있다 (BBC News. "Middle Ease: Korean pop brings hope for peace", 2013.8.7). 이 보도에서 〈BBC〉는 현지의 이스라엘과 팔레스타인 대학생 인터뷰를 인용하였는데, K-Pop은 예루살렘에서 보기 힘든 희망을 가져다주는 것으로 분석하였다. 필자가 당시 예루살렘에서 만난 히브리대학교 팔레스타인 여학생도 이러한 소통과 공감의 희망을 전해 주었다. 그녀는 예루살렘에서 자랐지만, 단 한 번도 유대인과 이야기해 본 적이 없는 학생이었다. 이스라엘의 명문 히브리대학교를 입학해서도 그녀는 팔레스타인 친구들과만 교제했고, 유대인과의 소통은 전혀 없었다고 한다. 그런데 어느 날, 학교 내 K-Pop 동호회에 참석하면서 유대인들과 K-Pop과 관련된 이야기를 나누게 되었고, 이 과정에서 그녀는 유대인 젊은이들이 본인과 공통된 생각과 문화적 취향을 가지고 있다는 것을 알게 되었다고 한다. 그 후 그녀는 대학 K-Pop

동호회에서 많은 유대인 친구를 사귀었으며, 이스라엘과 팔레스타인의 정치적 긴장과 무관하게 서로 친한 친구로 발전하였다. 이것이 향후 한류가 지향해야 할 미래의 모습이다. 문화적 취향을 즐겁게 공유하면서 서로 소통하고 공감을 형성해 결국 평화로운 초국적 문화공동체를 형성하는 것이다.

또한 최근 방탄소년단의 전 세계적인 인기는 초국적 문화공동체를 형성하는 한류의 미래에 관한 좋은 모델이라 할 수 있다. 최근 방탄소년단은 빌보드 소셜아티스트 상을 2년 연속 수상하는 등 세계적인 아이돌 그룹으로 성장하였다. 방탄소년단은 자본력 있는 엔터테인먼트 회사도 아니고, 데뷔할 때부터 뛰어난 실력을 보유한 그룹도 아니었는데, 데뷔 5년 만에 세계적인 K-Pop 그룹이 된 것에 대해 여러 가지 설명이 있다. 그 중에 가장 설득력 있는 것이 바로 방탄소년단 팬덤 '아미(ARMY)'의 존재다.[11] 아미는 때로는 너무 적극적이고 타 아이돌 그룹에 대한 적대적 경향 때문에 비판받는 경우도 있지만, 아미의 팬덤은 언어와 문화의 장벽을 넘어 가히 세계적인 초국적 문화공동체를 형성했다. 여기에는 방탄소년단이 SNS를 활용하는 방법이 기존 아이돌 그룹과 달랐던 점이 작용했다. 기획자 방시혁이 밝혔던 것처럼 방탄소년단은 처음부터 자신들의 진실한 이야기를 팬들과 소통하려 했고, 팬들은 방탄소년단과 성장하는 경험을 같이하면서 서로 간의 소통과 공감을 발전시켜 왔다. 그 결과 방탄소년단의 트위터 계정은 한국 사람으로는 처음으로 1,000만 명의 팔로워를 보유하고 있고, 유튜브에서 일억 뷰가 넘는 뮤직비디오가 11개나 된다(유튜브 bighit와 1theK 페이지 내 방탄소년단 영상 뷰어 수 합계 참고). 방탄소년단은 또한 아미뿐 아니라 전 세계 팬들에게 자유와 희망의 메시지를 전하는 가사로 유명하다. 미국의 방송국에서 행한 방탄소년단 팬 인터뷰 중에 방탄소년단의 노래를 듣고 가사를 통해 새로운 희망을 갖게 되었다는 응답자가 많았다.[12] 아미는 또한 사회 공헌 활동에 적극적으로 참여하고 있다. 예를 들어, 방탄소년단과 전 세계 아미가 합쳐 글로벌 플랫폼을 통해 '러브 마이셀프' 캠페인에 참여하고 있는데, '러브 마이셀프'는 전 세계 어린이와 청소년들을 폭력으로부터 보호하기 위한 유니세프의 프로젝트를 후원하고 있다.[13] 방탄소년단을 중심으로 전 세계에 퍼져 있는 아미 팬덤은 유튜브나 트위터 등을 통해 서로의 의견과 경험을 공유하면서, 타국 아미의 모범적인 행동을 지지하며 자국에서 유사한 활동을 펼치기도 한다.[14] 이러한 아미의 소통과 공유 행위는 한류가 어떻게 초국적 문화공동체를 형성할 수 있는지에 대해 좋은 함의를 제공하고 있으며, 이것이 바로 앞으로의 한류가 지향해야 하는 모습임이 틀림없다.

제 25 장

문화와 창조도시

이종열(인천대학교)

생각해 보기

- 왜 창조도시를 이야기하는가?
- 창조도시의 의미는 무엇인가?
- 창조도시와 문화는 어떤 관계인가?
- 도시가 어떻게 창조적이 될 수 있는가?
- 창조도시를 넘어서야 하는가?

01 들어가며

인류 역사를 돌이켜보면 문명의 발전은 항상 도시에서 일어났으며, 도시는 창조성이 나타나고 구현되는 중심 장소였다. 도시에서는 다양한 활동들, 즉 상거래, 생산과 소비, 오락 활동 등이 이루어지며, 까다로운 고객의 입맛에 맞추기 위해서는 기업가, 예술가, 행정가 등 다양한 주체의 창조성이 끊임없이 요구되었다. 도시는 사상, 인종, 문화 등에서 다양성이 특징이며 이는 창조성의 원천으로도 작용해 왔다.

그러면 왜 최근에 창조성을 도시와 관련해서 다시 중요하게 이야기하는가? 이는 사회의 발전사 측면에서 조명해 볼 필요가 있다. 산업혁명을 도시발전에서 바라보면 대량생산의 산업도시를 생성시켰으며, 이는 도시의 제조업 공장을 중심으로 대규모 인구가 농촌에서 도시로, 저개발국에서 개발국 도시로 이동하게 하였다. 그러나 산업도시가 발전하고 시간이 흘러 쇠퇴하게 되자 많은 도시 문제를 야기하였다. 그 예로서 산업도시는 범죄, 불안, 환경오염, 갈등, 소외, 도심공동화 등 새로운 도시 문제를 가져왔으며, 이를 해결하기 위해서는 이전과 다른 창조적 해결책이 요구되었다. 과거 산업도시에서 중심을 차지했던 제조업이 서서히 사라지고 저부가가치 상품이 기술과 창조성을 기반으로 하는 고부가가치 상품에 밀려나는 현상이 일어났다. 또한 첨단기술과 창조성을 산업에 적용하자 이는 과거에 중시되었던 생산과 유통에서의 운송비의 중요성을 저감시켰으며, 교통통신의 발달로 인한 교외화 현상이 급속히 확산되었다.

도시에서 창조성의 중요성을 재발견하게 하는 또 다른 이유를 들어보면 도시에서의 핵심 산업 요소가 변화했다는 점이다. 산업도시에서는 물질적 자원이나 과학기술이 핵심이었지만 후기산업도시에서는 창조성과 혁신을 통한 새로운 지식의 생성과 적용을 통한 문제해결이 핵심 이슈가 되었다. 게임이나 영화와 같은 창조산업, 대학이나 연구소 같은 지식기반산업이 더욱 중요하게 되었다. 경제의 세계화가 심화되면서 국가 간의 경쟁은 더욱 심화되고 있고, 이는 바로 도시 간의 경쟁으로 나타나고 있다. 따라서 각 도시들은 치열한 경쟁에서 살아남기 위해 나름대로의 경쟁력을 강화하는 전략을 채택하고 있다. 이를 위해 각 도시들은 도시의 브랜드화와 상품화를 모색하고 있으며, 도시계획에서는 단순한 물리적 기반시설의 구축보다는 사람들의 삶의 질 개선에 더욱 관심을 보이기 시작했으며, 전통에 기반을 둔 심미성을 강조한 도시재생을 추진하고 있다. 산업도시에서 핵심을 차지한 제조업, 즉 공장이 기존 도시에서 쇠퇴를 경험하면서 그 자리를 문화예술이 차지하는 도시재창조가 새로운 화두가 되었다.

이를 요약해 보면, 1980년대 이후 후기산업산회가 도래하면서 탈산업화 및 탈물질적 가치체계가 확산되었고, 이에 대한 하나의 대안

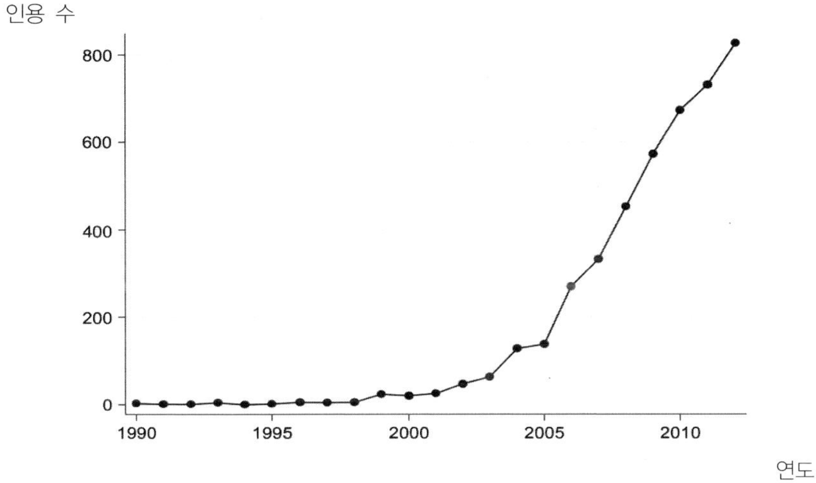

그림 25-1 Google Scholar에 의한 연간 '창조도시' 인용 횟수(1990~2012).

으로서 창조성에 바탕을 둔 산업 및 가치체계의 중요성이 대두되었다. 이것이 창조도시 연구의 태동이라고 볼 수 있다. 창조도시 용어가 구글 학술지에서 인용된 수를 보면 [그림 25-1]과 같은데, 2000년대 들어와서 창조도시에 대한 연구가 학술지에서 급격하게 증가하고 있는 것을 볼 수 있다(Scott, 2014).

이처럼 창조도시가 산업도시의 문제해결을 위한 하나의 대안으로 논의되면서 자연히 도시경쟁력을 강화하는 하나의 전략으로 제시되고 있다. 산업혁명의 발생지인 영국에서 가장 먼저 문화예술에 기반을 둔 도시 창조성 증진 정책이 추진되었으며, 이후 유럽 국가들, 그리고 미국, 일본 등 세계 각국에서 창조도시 사업들이 인기리에 진행 중에 있다. 이러한 노력의 일환으로 UNESCO는 2004년 '문화적 다양성을 위한 글로벌 동맹(Global Alliance for Cultural Diversity)'을 통하여 창조도시 네트워크(Creative Cities Network: CCN)를 구축하여 창조도시 사업을 지원하고 있다.

창조도시 사업의 전제는 창조도시 접근이 도시의 경쟁력을 높여줄 것이라는 데 있다. 물론 여기에는 창조의 개념, 도시경쟁력의 개념 등이 규명되어져야 한다. 창조의 개념을 문화·예술적으로 접근하는 경우와 과학기술적으로 접근하는 경우로 구분해 볼 수 있으며 때로는 이 둘을 모두 포괄하는 개념으로 규정하기도 한다. 그리고 도시경쟁력도 문화·예술, 지역공동체, 교육, 과학기술, 경제적 부, 사회 인프라, 환경 등 다양한 요소가 포함된 개념으로 사용되고 있다(Jacobs, 1961, 1969; Florida & Gates, 2001; Clark, 2003; Florida et al., 2007).[1] 아무튼 도시의 창조성이 도시경쟁력에 긍정적인 영향을 미친다는 가정 하에 이러한 도시창조 사업들이 여러 국가에서 추진되고 있는 것이다.

02
창조도시의 의미는 무엇인가?

창조도시를 어떻게 정의할 수 있을까? 창조도시는 창조와 도시의 합성어이다. 즉, 도시를 창조성이 발휘되고 집중되는 장소로서 바라보는 것이다. 달리 말하면, 도시정부가 도시경쟁력 확보를 위한 일환으로 창조적 역량을 강화하기 위하여 시도하는 다양한 노력이라고 할 수 있다. 창조도시는 창조적 인재들이 도시 내에서 활동하면서 창조성이 충분히 발휘될 수 있을 정도로 도시의 문화 및 거주 환경이 혁신적이고 유연한 시스템을 갖춘 도시라고 개념 정의할 수 있다.

도시에서 창조성을 강조한 대표적 연구자로 제이콥스(Jane Jacobs)를 들 수 있다(Jacobs, 1961, 1969, 1984). 제이콥스는 기존의 물리적 중심의 획일적 도시계획이 도시 내 인간성을 말살시키는 것으로 정면 비판하면서 도시에서의 다양성과 활력(vitality)을 중요시 여겼다. 그녀는 도시발전의 원동력은 인간의 창조성을 기반으로 한 창조적 커뮤니티에 있다고 보았으며, 창조적인 제품과 기술의 발전, 창조적인 혁신과 다양성이 도시발전의 핵심이라고 주장하였다. 그녀의 대표적 비판을 들어보면, 기존의 도시개발이 도심대로와 고속도로의 확장을 가져와 생활에서의 빠른 속도와 경제성은 증진시켰지만, 이로 인해 근린성에 바탕을 둔 이웃관계 나아가 인간관계가 파괴되었다는 주장이었다. 이는 기존의 모더니즘 도시계획관과 정면으로 배치되는 관점이다.

랜드리(Charles Landry)는 산업도시가 직면한 다양한 문제를 해결하기 위해서는 도시 내에서의 창조성 현시가 무엇보다 중요하며, 인간의 창조적인 재능을 통한 조직과 공간의 창조적인 네트워킹이 도시발전을 가져온다고 보았다. 즉, 도시 내에서의 창조적인 생각이 도시발전의 원동력이 될 것이라 주장하였다. 다시 말해, 창조도시란 어떤 독창적인 브랜드를 가지고 있는 도시를 말하며 따라서 그 도시는 나름대로의 어떤 독특한 특성을 지니고 있다(Landry, 2000). 따라서 창조적인 도시는 기존의 표준화된 양식을 따르지 않고 독특한 개성과 창조성을 조장하며 장기적인 관점에서의 도시계획을 지향한다. 창조성은 도시에서의 패러다임 전환, 야망, 기업가정신, 질, 심미성 등의 가치를 추구하는 역량을 촉진한다.

최근 창조도시 논쟁에 가장 큰 관심을 불러일으킨 플로리다(Richard Florida)는 도시발전의 원동력은 "창조계급(creative class)"에 달려 있다고 보고, 발전에서의 핵심인 3T, 즉 기술(Technology), 인재(Talent), 관용(Tolerance)의 세 가지 요소도 모두 창조성과 관련 있다고 주장하였다(Florida, 2002, 2005). 도시가 발전하기 위해서는 창조계급이 중요한데 그렇다면 이러한 창조계급을 도시 내로 어떻게 끌어들이느냐가 관건이 된다. 창조계급은 다양성과 관용 정신이 높은 곳으로 모여든다는 것이 그의 주장이다.[2)]

03
창조도시와 문화는 어떤 관계인가?

가치를 사용가치, 교환가치, 상징가치 세 가지로 분류해 볼 수 있다. 역사적으로 보면 사회생활에서 가장 중요한 가치는 사용가치, 그리고 교환가치였다. 그러나 최근에 이르러 상징가치의 중요성이 커지고 있으며 이는 창조성과 밀접한 관련이 있다. 따라서 도시들은 경쟁에서 살아남기 위해서 자신의 상징가치를 높이려고 노력하는데, 바로 상징가치는 도시의 문화예술을 근간으로 하는 창조경제와 직접적으로 관련이 있다(Zukin, 1982).

주킨(Sharon Zukin)은 도시발전에서 상징경제(the symbolic economy) 개념을 사용하여 경제기반으로서 문화 요소를 강조한다. 그녀는 뉴욕 맨해튼을 상징경제의 대표적 예로 들면서 공공장소를 문화상징과 기업투자자본의 혼성물로 여긴다(Zukin, 1982). 국가발전과 마찬가지로 도시발전도 토지, 노동, 자본과 같은 전통적 경제 요소들의 혼성방식에 의존하지만 최근에는 장소를 어떻게 상징적으로 조작하는가에 더 크게 의존한다는 것이다. 장소의 상징적 조작에는 전통적인 산업보다는 창조적 기술에 기반을 둔 문화여가산업(entertainment industries)이 중요한 원동력이 된다. 이는 연성의 힘(soft power)을 강성의 힘(hard power)보다 더 중요시 여기는 관점이다. 이 연성의 힘에는 박물관, 도서관, 문화예술축제, 스타벅스(Starbucks) 등과 같은 소비적 경제가 중요하게 차지하게 된다. 공간이 생산의 장소로서뿐만 아니라 소비의 장소로 기능하면서 상징의 장소로서의 작용이 더욱 중요하게 되고, 이에 따라 문화가 공간의 프레임을 결정짓는 수단으로 작용하여 연성의 힘을 창조한다(이종열, 2015).

창조경제를 대표하는 창조산업을 핵심으로부터 시작하여 외연을 넓혀 그 종류를 나열해 보면 우선 문학, 음악, 공연, 시각 등 핵심 창조 분야, 영화, 박물관, 도서관 등 기타 핵심 문화산업, 유적과 유물, 출판, 음향 녹음 등 광의의 문화산업, 텔레비전, 라디오, 비디오 및 컴퓨터 게임, 광고, 건축, 디자인, 패션 등 관련 산업 등을 모두 포함한다(Throsby, 2000, 2010). 창조경제의 핵심인 문화산업이 국가경제에서 새롭게 주목받고 있지만 그 기반은 도시자원을 창조적으로 개발하고 활용하는 데 달려 있으며, 역으로 문화산업의 성과 역시 도시의 창조성을 증가시키는 상호관계를 맺고 있다. 이 둘은 상호 선순환적 관계를 유지하며 창조경제를 원활하게 하는 시너지 효과를 발휘하고 있다.

창조도시의 근간은 창조산업에 놓여 있다.[3] 창조도시가 창조산업과 독립적으로 가능할 것인가에 대해서는 논란의 여지가 있지만 도시의 창의성이 성숙된다면 이것은 결국 창조산업으로까지 발전하게 될 것이다. 다시 말해, 도시가 창조적으로 변화되기 위해서는 창조적 문화예술이 번창하고, 이러한 문화예술의 번영이 새로운 산업, 즉 창조산업의 형성으로까지 나아가고, 이는 다시 도시의 창조성을 촉진하게 만드는 순환적 원동력으로 작용한다(고정민, 2009).

창조도시를 문화예술과 직접적으로 연관 지어 추진하고 있는 대표적 사업으로서 유네스코의 창조도시 네트워크 사업을 들 수 있다. 유네스코의 "세계문화다양성 네트워크－'문화다양성을 위한 국제협력'"사업은 유네스코 사업의 일환으로 2002년부터 추진되었다. 창조도시 네트워크를 위해 인쇄, 출판, 멀티미디어, 동영상, 음반, 영화제작, 공예, 디자인과 같은 문화산업을 지정하고 이를 지원한다.[4] 문화예술을 통한 창조도시의 또 다른 예는 "유럽 문화수도(European Capital of Culture)" 지정 사업이다. 유럽 문화수도는 유럽연합이 매년 유럽을 상징하는 도시를 선정해 '유럽 문화수도' 지위를 부여하고 다양한 문화적 지원을 하는 프로그램이다. 문화수도 프로그램은 문화와 예술의 창의성이 기술이나 통상, 경제 문제와 동등하게 중요하다는 관점에서 유럽 내의 예술가와 지식인 사이의 소통채널을 개선하는 방안을 모색하는 가운데 개발되었다. 이 사업은 창조산업과 창조도시 전략이 상호적 시너지 효과를 내는 대표 사례로 볼 수 있다.

문화수도와 창조도시 모두 산업화 이후 쇠퇴한 산업도시에 대한 하나의 대안으로서 등장하였다. 둘 다 도시재생 내지 도시 활성화를 위하여 문화적 접근을 한다는 공통점이 있다. 다만 문화수도가 기존의 지역 문화유산을 이용해 지역의 문화경쟁력을 강화하는 데 초점을 맞추고 있다면, 창조도시는 창조성과 상상력을 통해 도시에 잠재되어 있는 역사적 자원을 발굴해 새로운 상징적 가치를 부여하는 데 초점을 두고 있다. 유럽의 경우 모든 도시들이 산업화를 겪으면서도 고유의 역사적 문화자산이 소멸하지 않고 보존하고 있었으며, 이는 문화수도 사업의 기초가 되었다.

문화수도 사업은 유럽 여러 나라들 사이의 상호 접촉과 이해증진을 통해 범 유럽 차원에서 문화를 교류하고 함께 향유하려는 의도를 지니고 있지만, 동시에 문화·창조산업과 연관되어 경제적이고 사회적인 이익도 창출해 내고 있다. 관광산업 활성화, 지역 비즈니스 공동체의 신뢰감 형성, 경기 활성화, 창조산업의 발전과 특별한 직업군 개발 등의 효과를 가져다주는 것이다. 또한 선정된 개별 도시들은 1년 간의 행사 기간뿐 아니라 이후에도 지속적인 파급효과를 얻을 수 있다. 도시 자체가 보유하고 있는 그들만의 창조성을 이끌어 내어 이를 통해 도시의 이미지를 변화시킬 수 있는 계기로 활용할 수 있기 때문이다.[5)]

유럽 문화수도는 1985년부터 현재까지 지속되고 있는 문화행사로서 다른 지역에서도 벤치마킹하고 있다. 미국 대륙에서는 이 프로그램을 본뜬 아메리카 문화수도 프로그램이 있으며, 아랍 지역에서도 아랍 문화수도 프로그램이 진행되고 있다. 이는 실질적으로 커다란 파급효과를 가져왔다는 것을 증명한다. 한국에서도 이와 유사하게 광주시의 아시아 문화중심도시, 경주시의 역사문화도시 등 다양한 문화도시 사업이 추진되고 있고, 지방자치단체들마다 자신들의 고유한 특성들을 내세우며 다양한 축제를 비롯한 사업을 진행하고 있다. 유럽 문화수도 프로그램이 시사하는 것은 '문화'를 예술 분야로만 한정시키는 협의적 개념을 탈피해 도시개발, 산업, 교육, 복지 등 다양한 정책 분야와 밀접한 관련이 있는 광의적 개념으로 이해하고 있다는 점이다. 이를 통해 단순한 문화정책이 아닌 종합적인 도시발전전략으로서 문화를 포괄하는 정책을 수립했다는 점은 주목할 만한 부분이다.

04
도시가 어떻게 창조적이 될 수 있는가?

도시를 창조적으로 변화시키기 위해서는 위에서뿐만 아니라 아래에서 생겨나는 창의성, 즉 주민의 자발적인 상상력, 열정, 창조성 등이 무엇보다 필요하다. 도시의 창조성은 도시발전을 주도하는 중요한 요인으로서, 이는 개인의 창조성 및 재능과 같은 무형의 자원을 활용하여 부를 창조하는 창조적인 산업과 밀접히 관련되어 있다. 창조도시는 산업사회 이후 쇠퇴의 길을 걷고 있는 산업도시로서의 자신의 지역자원을 새로운 긍정적인 시각으로 바라보고 해석하면서 역사와 전통을 복원하려는 창조적 상상력이 만들어 낸 결과물이라고 할 수 있다. 따라서 지역 고유의 전통과 문화의 색채를 지닌 개발이 필요하며 주민들의 자발적인 열정과 활동에 바탕을 두고 있어야 한다. 창조도시로 성공적으로 탈바꿈하기 위해서는 아래로부터의 동력이 무엇보다 중요한데, 따라서 단순히 위로부터의 문화·예술 관련 기관 설립이나 축제행사 기획과 같은 단기적인 전략으로는 성공을 담보하기 어렵다. 지속가능한 창조도시를 위해서는 단편적, 일회적 접근이 아니라 전면적, 장기적 관점이 필요하다.

창조도시전략으로서 도시재생사업이 널리 활용되고 있다. 도시재생이란 과거의 하드웨어적 물리적 정비사업 중심의 도시재개발을 넘어서 적절한 소프트웨어적 프로그램 주입을 통해 도시를 재생시키는 방법이다. 도시재생은 기존 도시가 가지고 있는 물리적·사회적·경제적 문제를 치유하기 위해 사용하는 다양한 행위를 통칭하는 광의의 개념이다. 도시재생 정책은 실천적인 사업과 연계되어 다양한 방식으로 추진되고 있는데, 미국에서는 커뮤니티 운동과 중심시가지 활성화 사업, 일본에서는 마을 만들기 운동 차원의 사업, 영국에서는 근린지역 재생 운동(New Deal for Community)과 연계되고 있다. 도시재생의 주요 수단으로서 영국에서 출발한 문화기수(flagship) 전략이 각광을 받으면서 최근 들어 문화를 중심으로 하는 도시재생 정책에 대한 관심이 높아지고 있다(홍종열, 2012).

창조도시에서 도시의 다양성이 중요한 논쟁의 대상이 되어 왔다. 도시의 다양성이 도시의 창조성에 기여한다면 도시정부는 사회적 다양성을 증진시키기 위한 개방정책이 필요할 것이다. 도시 다양성을 중요시하는 주장에 따르면, 도시 구성원의 다양성이 높을수록 사회전반의 교류가 활성화되고, 이로 인한 인적자본의 외부효과가 더욱 활발히 일어난다고 한다. 결과적으로 새로운 지식이나 아이디어의 창출이 증가하게 되고 도시의 창조성이 높아진다고 하였다(Jacobs, 1961, 1969; Florida & Gates, 2001; Florida, 2002; Clark, 2003, Zukin, 2010).[6) 우리가 뉴욕을 창조적인 도시의 하나로 본다면 그 배경에는 분명 용광로(melting point)로서의 뉴욕의 사회적 다양성을 이야기할 수 있을 것이다. 사회적 다양성은 인종, 지역, 성, 소득, 교육, 세대 등 다양한 측면에서 논의할 수 있다.

우리나라의 경우 서울, 부산, 인천 등의 도시들이 분명 다른 도시들 특히 중소도시들에 비해 훨씬 더 사회적 다양성이 높다고 볼 수 있다. 그렇다면 이들 도시들은 향후 타 도시들에 비해 훨씬 용이한 창조도시의 역량을 가지고 있다고 볼 수 있다. 창의성을 사회적 다양성과 창조계급 두 측면에서 본다면 분명 우리나라 도시는 미국이나 유럽의 도시들에 비해 훨씬 창조도시 역량에서 불리하다고 할 수 있다(Florida et al., 2007). 우리나라는 전통적으로 단일 민족성을 특성으로 하였고, 최근 다문화사회를 이야기하면서 외국인 수가 증가한다고 하나 이것도 대부분 제조업을 중심으로 하는 근로자의 수가 증가하는 것이고, 소위 창조계급을 구성하는 고급인력의 유입은 아직도 제한적이다.

현대 도시들은 지역의 접근성을 높이고 도시 서비스 질을 향상시키기 위해 다양한 창의적인 노력을 기울이고 있다. 주민들의 요구사항에 귀를 기울이고 그들에 적응하려고 노력한다. 이를 위해 도시의 모든 분야에 창의적 이미지를 적용하고 표출하여 도시의 주민뿐만 아니라 방문자나 투자자에게도 매력적으로 보이게 한다. 창조도시에 대한 많은 논쟁에도 불구하고 일반적으로 창조적인 도시로 만들기 위하여 사용되고 있는 구체적인 전략을 제시해 보면 다음과 같다.

먼저, 다양한 창의적인 노력으로서 주목을 받고 있는 것은 창의적 허브 공간 제공이다. 창의적 전문가 집단을 불러 모으기 위해 그들을 위한 공동작업 공간을 제공하는 것이다. 그들은 공간을 공유한다는 사실 외에도 프로젝트와 아이디어를 함께 공유할 수 있다. 허브는 또한 흥미로운 여러 이벤트를 조직하고 서로 다른 지역의 전문가를 모으는 역할을 하는 곳으로서, 다양한 아이디어가 등장하고 구현되는 주요 장소가 된다.7) 모임을 위한 열린 공간은 창조도시에서 매우 중요한데, 여기서 사람들은 지역에서 일어나는 모든 좋은 소식이나 나쁜 소식을 알 수 있기 때문에 가능한 한 많은 시간을 외부에서 보내도록 동기를 부여해야 한다. 이러한 공간으로서 반드시 고전 양식을 유지할 필요는 없으며 공원을 포함시킬 수 있지만, 지역사회의 특성에 따라 조성할 수 있다.

창조도시 면모를 갖추는 또 다른 좋은 방법으로서는 도시 내 거주하는 사람들이라면 누구나 기여할 수 있는 창조적 도시디자인을 위한 노력이다. 도시는 좋은 일들이 많아서 유용할 뿐만 아니라 멋지기 때문에 특별하다. 아름다운 도시는 적절한 훈련과 미적 감각을 갖춘 전문기관의 도움도 필요하지만, 더욱 중요한 것은 도시 내 모든 사람들이 자신들이 원하는 것을 자발적으로 만듦으로서 창의적 디자인 도시가 될 수 있다. 대학건물, 교정 공원벤치, 광장의 벤치, 종교건물 또는 미술관 앞 정원 등이 모두 도시디자인에 기여한다. 이런 점에서 우리가 살고 있는 도시가 특별한 디자인을 갖기 위해 도시 내 모든 사람들이 디자인 프로젝트 아이디어를 제공할 수 있다. 어떤 프로젝트에 대한 아이디어는 가능하면 공공기관과의 협력을 통해 대상으로 구체화될 수 있다.

도시 내 다양한 종류의 카페는 창의적인 도시에 매우 유용하다. 카페는 사람들이 커피를 마시러 갈 수 있는 장소일 뿐만 아니라, 카페 간의 생존경쟁은 지역의 기업가의 창의력을 자극하고 기본 서비스 외에도 뭔가 창의적인 것을 제공하고 방문객에게 자신의 카페를 선택할 수 있는 더 많은 이유를 제시하는 독창적인 카페를 열도록 강요할 수 있다.8)

창의적인 도시의 핵심 요소 중 하나는 인기 있는 축제를 기획하는 것이다. 축제는 주제에 따라 매우 광범위한 관객을 유치할 수 있으며, 가장 중요한 행사는 지역주민 외에 많은 관광객이 축제에 참석하게 된다. 축제의 형태는 매우 다양할 수 있는데 음악제, 미식제, 교육제로서의 유학생 축제, 마라톤 등이 있다. 기본 아이디어는 주최자가 원하는 관객에 따라 축제의 주제가 지정될 수 있지만 분명한 것은 개최 도시에 확실히 많은 이점을 제공한다.

창조적인 도시는 도시의 상징을 대중화함으로써 가능할 수 있다. 도시는 도시 내 유명한 동상이든 지역 스포츠 또는 특정 활동이든 상징으로 식별해야 한다. 예를 들어, 도시에 소재하는 전통 성벽을 도시의 모델로 대중화하는 것이다. 또는 도시 내 존재하는 상징적인 거리나 전통(예를 들면, 자전거 타기 등)을 대중화하여 도시의 창의성을 높일 수도 있다.

05
창조도시를 넘어서야 하는가?

최근 도시의 창조성에 대해 가장 큰 영향을 미친 책은 호킨스(John Howkins)의 『창조경제(*The Creative Economy*)』와 플로리다(Richard Florida)의 『창조적 변화를 주도하는 사람들(*The Rise of the Creative Class*)』이었다. 플로리다는 자신의 책에서 창조도시와 관련해 3T(talent, technology, tolerance)를 주장했으며, "보헤미안 지수(bohemian index)" 혹은 "게이 지수(gay index)"를 제시해 세 가지 분야, 즉 창조계급(고상한 아이디어), 창조경제, 창조계급을 유인하는 도시조건과 연결하였다. 그의 결론은 도시의 경제발전은 관용, 다양성, 도시기반시설과 환경과 같은 생활양식 요소에 의해 크게 영향을 받는다는 것이다.

이러한 주장은 많은 관심을 불러일으키기도 하였지만 동시에 많은 비판을 받기도 한다. 예를 들면, 펙(Jamie Peck)에 따르면, 플로리다의 주장은 혁명적이라기보다는 전통적인 신자유주의적 개발 어젠다(agenda)들, 즉 도시 간 경쟁 프레임, 양질화, 중산층 소비 및 장소 마케팅 등의 도시경제모형을 답습하는 것에 불과하다는 것이다. 나아가 '창조계급'이라는 용어 자체가 또 하나의 문화적 계층제를 만드는 것이며, 이것은 그 자체가 불평등을 재생산하는 것이 된다고 보았다(Peck, 2005). 즉, 창조계급의 강조는 주민들 간의 경제적 지위의 불평등을 역설하는 것이 되는데, 예를 들면 어떤 지역으로 창조계급이 유입되면 그 지역의 부동산 가격은 상승하게 되며, 창조계급이 의존하는 서비스산업 종사자들은 보통 저임금에 처하게 된다는 것이다.

창조도시 논쟁에서 또 한 가지 비판적으로 바라보아야 할 점은 이 개념이 모든 것을 망라하는 하나의 구호로 사용되어 그 본래의 의미가 퇴색되었다는 것이다. 많은 도시들이 창조도시 개념을 창조경제 전문 분야와 예술 활동에만 국한하여 사용하려는 경향을 보이면서, 어떤 문화계획이 사실 지역의 창조성의 한 단면에 국한된 활동임에도 불구하고 창조도시계획으로 부르고 있다. 창조도시가 지니는 진정한 조직적 결과를 통한 성찰이 부재한 상태에서, 그리고 마인드 셋의 근본적 변화에 대한 필요성을 인식하지 못한 채 단순히 창조도시 개념을 표방하려는 경향이 나타나고 있는 것이다.

다음은 김원배 외(2014)의 『창조도시를 넘어서: 문화개발주의에서 창조적 공동체로』에 대한 출판서 서평에 나타난 우리나라의 창조도시 현실에 대한 우려 섞인 내용이다.

> "…… 도시문화의 경제적 가치가 재평가되면서 도시개발을 위한 도구로써 문화를 이용하려는 정책이 경쟁적으로 추진되고 있다. 1980년대 이후 도시의 탈산업화가 본격화되면서 문화는 도시경제를 재생시킬 수 있는 필수불가결한 수단이 되었다. …… 한국은 급진적으로 도시를 개발해 나가면서, 문화를 상업적으로 접목시키기에 바빴다. 단기적인 경제적 성과에 집착한 것이다. 과연 이것은 누구를 위한, 무엇을 위한 개발이었는가? 이처럼 도시문화전략의 사회적, 문화적 파급효과를 간과하며 개발에 치중한 결과, 한국의 도시문화전략은 대부분 실패하거나 일회적인 행사에 그치고 말았다. …… 도시문화전략을 제대로 평가하려면 근본적으로 무엇을 지향해야 하는지 장기적인 관점에서 큰 그림을 내다보아야 한다. …… 2000년대 이

후의 양상은 가히 문화정책의 시기라고 할 만큼 무수한 정책이 난무하고 있다. 문제는 이러한 정책들이 지역사회의 문화적 역량과는 관계없이 지방자치단체 혹은 중앙정부의 일방적인 밀어붙이기 사업으로 추진된다는 점이다. 문화라는 이름으로 건물을 짓고 도로를 내는 등의 대규모의 토목사업이 추진되지만, 막상 호화스러운 건물에서 무엇을 할 것인지에 대한 고민은 매우 부족하다. 이러한 문화정책은 지역의 문화적 역량을 키우기보다는 관료와 문화인들, 그리고 지역주민 사이에 갈등과 반목을 가져오기 쉽다. 문화라는 외피를 입고 있지만, 이는 산업시대의 개발주의의 관행과 크게 다르지 않다는 점에서 '문화개발주의(cultural developmentalism)'라고 부를 수 있다."

사실 창조도시 개념이 내포하고 있는 사상은 도시계획이나 개발의 모든 면에서 물리적 기반시설이 아니라 사람을 계획 과정의 중심에 놓는 것을 강조하는 각 측면의 통합적인 사고이다.

버클리 대학의 경제학자 모레티(Enrico Moretti)는 『직업의 지리학(*The New Geography of Jobs*)』에서 플로리다(Richard Florida)가 도시를 살기 좋은 곳으로 만드는 것이 경제발전을 위한 좋은 처방이라고 생각한 것은 잘못이라는 한 가지 흥미로운 주장을 하였다(Moretti, 2012). 그의 설명에 따르면, 경제발전의 엔진으로 예술과 문화를 위해 많은 돈을 사용하였지만 그 성과는 미미하였다. 경제적으로 성공한 도시는 문화적으로 풍부하고 개방적인 경향이 있는 것은 사실이지만 플로리다는 본질적으로 인과관계를 거꾸로 가져간다고 주장하였다. 그는 두 가지 중요한 사례를 인용한다. 하나는 시애틀로, 1980년대 뉴멕시코에서 이주하기 전까지는 인구가 감소한 경제적으로 어려움을 겪고 있는 도시였다. 이로 인해 시애틀은 수많은 혁신적인 회사와 소프트웨어 허브가 되어 풍부한 문화적 배경에 대한 요구가 생겨났다. 마이크로소프트(Microsoft)의 재배치 결정이라는 점을 역사가 분명하게 보여 주었기 때문에, 이것은 혁신적인 클러스터가 어떻게 살기 좋은 곳을 만들어 내는지 보여주는 자연스러운 실험이었다. 모레티는 또한 베를린이 "유럽 전역의 창조적인 사람들을 위한 자석"으로 간주되면서, 베를린의 진보적인 태도, 독특한 그러나 흥미로운 건축물, 고통받은 역사는 1980년대 뉴욕을 연상시키는 실험적 도시였다. 분열된 도시로서 2개의 동물원, 3개의 주요 오페라 하우스, 7개의 심포니 오케스트라, 그리고 많은 박물관이 40년 간의 냉전 경쟁의 유산이었다. 역사적인 시내의 아름다운 거리를 따라 걷는다면, 독창성과 높은 삶의 질이 무한히 가능한 곳이다. 그럼에도 불구하고 베를린은 지난 10년 동안 독일에서 가장 높은 실업률을 보였으며(전국 평균의 거의 두 배), 1인당 소득에서 두 번째로 낮은 성장률을 기록했다. 모레티는 베를린 도시가 창조적 계급에 호소하고 이들을 유인하는 편의시설을 생성할 수 있다면 경제가 번성할 것이라는 플로리다의 생각을 반박하였다. 삶의 질이 좋으면 도시에서 인재를 유치하고 경제적으로 성장하는 데 도움이 되지만 이것만으로는 공동체를 혁신 클러스터로 전환시키는 엔진이 될 가능성은 희박하다는 것이다(Moretti, 2012).

모레티가 제시한 근본 질문은 왜 어떤 곳은 다른 곳보다 번영하는가이다. 그의 주장의 핵심 키워드는 "두뇌 허브(brain hubs)" 또는 "혁신 클러스터(innovation clusters)"로서 이것이 어떻게 지역발전에서 작동되고 있는가를 탐구한다(Moretti, 2012). 지역발전과 관련하여 대학교육을 받은 사람들과 그렇지 않은 사람들의 임금 격차와 이들의 상호 보완재로서의 역할을 분석하였다. 미국의 300개 대도시를 자세히 살펴보면, 혁신산업이 지배하는 지역사회에서 일하는 고등학교 학위를 가진 미국인은 제조업계가 지배하는 지역사회에서 일하는 대학졸업생보다 실제로 평균적으로 더 많은 임금을 받고 있다.9)

미국 내 15 또는 20개 지역은 항상 다른 지역보다 번영을 누렸는데, 이들 지역은 "두뇌 허브"로서 혁신 클러스터의 역할을 수행하여 신기술에 대한 인식이 빠르게 증가하였고, 국내 총생산 및 특허권은 지난 30년 동안 더욱 빠르게 증가했다. 이러한 혁신 클러스터에서는 공학기술자 및 디자이너와 같이 고도로 전문화된 혁신인력이 제조업노동자와 비교하여 의사, 목수 및 웨이트리스와 같은 서비스업 근로자를 위한 현지 일자리를 약 세 배 더 많이 창출하고 있다.

그는 혁신 클러스터가 나타나는 원인을 세 가지로 들었다(Moretti, 2012). 첫 번째 요인은 두꺼운 노동시장 효과이다. 매우 전문적인 위치에 있는 기술자라면 근로자를 찾는 고용주가 많은 노동시장 또는 고용주를 찾는 근로자가 많은 노등시장을 선호할 것이다. 이러한 고용주와 근로자 간의 상호 일치는 더 두꺼운 노동시장에서 더욱 더 생산적이고 창의적이며 혁신적인 경향이 있다. 두 번째 요인은 중간서비스 제공업체의 경우도 마찬가지이다. 실리콘 밸리에 있는 회사들은 업계의 틈새시장에 초점을 맞춘 매우 전문화된 IP 변호사, 실험실 서비스 및 운송 서비스를 필요로 한다. 그리고 그들은 매우 전문화되어 있기 때문에 그들이 하는 일에 특히 뛰어나다. 세 번째 요인은 경제학자들이 인적자본의 파급효과라고 부르는 것이다. 사람들이 동료들이나, 커피숍이나 파티에서 우연히 만나는 사람들로부터 또는 그들의 자녀들로부터 배우는 기회를 갖는다는 사실이다. 이것이 실리콘 밸리의 매력 중 하나라는 많은 사회학적 증거가 있다는 주장이다. 최전선에 있는 사람들과 항상 가깝기 때문에 이들과 정보를 교환하는 경향이 있는데, 이것은 때로는 채용정보, 본인이 하고 있는 일, 가지고 있는 기술의 유형, 하고 있는 연구의 유형에 관한 정보가 될 수 있다. 그리고 이것은 우리가 상상할 수 있는 것처럼 R&D나 혁신을 위해 매우 중요하다. 따라서 이 세 가지 힘은 매우 중요하다. 즉, 이미 혁신이 많은 지역은 더 많은 근로자와 더 많은 고용주를 유치하는 경향이 있으며, 그것은 선순환을 더욱 강화시킨다(Moretti, 2012).

그렇다면 이 혁신 클러스터는 영원히 지속될 수 있을 것인가? 아마도 그렇지 않을 것이다. 이전 클러스터는 축소되거나 소멸될 수도 있다. 예를 들면, 1950년대의 실리콘 밸리는 디트로이트였다. 사람들은 디트로이트의 부상을 연구했으며 실리콘 밸리의 부상과 기술 혁신의 유형, 지불하는 급여 유형 등을 잘 모방한다. 1950년대에 자동차 기술자라면 세계에서 디트로이트보다 더 좋은 곳이 없었으며, 자동차 회사라면 반드시 거기에 있어야 했다. 그러나 물론 그것은 붕괴되었다. 일부 유형의 클러스터는 큰 부정적인 충격에서 살아남지 못하며, 다른 유형의 클러스터는 스스로를 다음 단계로 활용할 수 있기도 한다. 디트로이트와 실리콘 밸리의 차이점이 있다. 이 지역은 계속 주목할 만한 방식으로 재창조되고 있다. 모두 과수원이었고 모두 하드웨어가 지배한 다음 모두 소프트웨어가 지배하게 되었다. 이제는 소셜미디어, 생명 공학 및 청정기술과 같은 것이 부상하고 있다. 일부 유형의 클러스터는 큰 부정적인 충격을 견디지 못하고 침체하였으며, 다른 클러스터는 다음 문제해결을 위한 지렛대 역할을 하였다.

전문기술자가 지배하는 혁신도시는 그렇지 않은 지역에 비해 일자리 창출효과가 훨씬 더 크다. 그 이유 중 첫 번째 이유는 평균적으로 보아 첨단 기술자가 소비를 매우 잘하는 경향이 있으며, 부자인 사람들은 개인 및 지역 서비스에 대해 월급의 많은 부분을 지출하는 경향이 있다는 것이다. 그들은 레스토랑을 이용하거나 영화를 보는 경향이 더 많으며, 택시 이용, 건강센터 및 의사를 이용하는 경향이 더 높다. 두 번째 이유는 첨단기업들은 더 많은 지역 서비스를 사용하기 때문이다. 여기에는 보안요원부터 IP 변호사, 관리인부터 전문 컨설턴트에 이르기까지 모든 것이 포함된다. 또한 첨단회사는 제조업 기업과 비교해 보아도 더 많은 지역 서비스를 사용하는 경향이 있다. 세 번째 이유는 클러스터링 효과이다. 이러한 첨단 기술자 중 한 명을 유치하면 중장기적으로 첨단 기술 노동자와 회사를 더 많이 유치할 것이며 이는 승수를 더욱 늘릴 것이다.

플로리다는 창의력이 도시개발에 박차를 가하는 이론을 대중화하는 것으로 유명하다. 그는 예술가 및 기타 보헤미안 유형의 사람들이 더 재미있고 매력적이며, 지식근로자는 일반적으로 문화와 함께 제공되는 개방적이고 관대한 공동체에 모여든다고 주장하였다. 그러나 그의 최신 저서 『*The New Urban Crisis*』에서 지난 20년 동안 그가 옹호한 도시재생 유형에서 나타난 단점을 피력하였다. 번영하는 도시는 번영이나 혁신과 함께 숨 막히는 불평등이 상승하여 가장 자유롭고 창조적인 도시가 절정에 이를 때까지 일부 집단은 성공의 희생자가 되었다는 것이다. 이는 교육받고 상향식으로 이동하는 사람들이 낡은 도시로 몰려들면 주택부족 현상이 발생하고, 이에 따라 주택 가격이 상승하고 그렇게 되면 가장 취약한 것은 일반 근로자가 되며 이들은 특히 지난 20년 간 뒤쳐져 있기 때문이다. 이 과정에서 예술가와 창의력이 중요한 역할을 하는데, 활동적인 예술가, 음악가, 디자이너 및 기타 전임 창조적인 노동자에 의해 측정된 활기찬 문화적 장면은 도시 성장의 핵심 요소이다. 창조품은 특히 기술 분야에서 혁신을 주도하는 지적이고 창조적인 발효의 원천으로서, 그리고 바람직한 편의를 제공하는 기능을 한다. 그는 뉴욕, 런던, 샌프란시스코와 같은 도시의 부동산 가격이 높아지면 젊고 고군분투하는 예술가들이 중심지역에서 살기가 더 어려워졌음을 인정하면서도, 그 도시의 창의적인 전문가의 집중도는 높다고 지적했다. 그 대신에 가장 타격을 입은 사람들은 가장 적은 옵션을 가진 가난한 사람들이라고 주장했다. 대조적으로 중산층이나 노동자 계급의 사람들은 양질화 때문에 약간의 혜택을 얻었지만 상승하는 부동산 가격으로 인하여 도시나 교외의 다른 지역으로 이전해야 했다. 이는 "이득 젠트리피케이션(reap gentrification)" 논쟁으로 이어지고 있다.

플로리다는 현재 도시정책에서 나타나고 있는 심한 불평등과 차별의 영향을 "신도시위기(new urban crisis)"로 정의하면서, 이것이 전 세계의 도시에서 현실화되고 있는 점을 지적하였다. 그는 이전에 창조계급 가설을 제시했는데 이 가설에 따르면, 만약 정부가 도시성장을 장려하고자 한다면 기업이 도시에 위치하도록 인센티브를 주는 대신 창조적 인재를 유치하고 유지해야 한다는 주장이었다. 즉, '창조계급' 인력을 경제성장과 혁신의 비밀 무기로 간주하였다. 도시는 비즈니스 환경뿐만 아니라 '사람 환경', 즉 더 나은 공공 공간, 자전거도로, 복합용도개발 및 거리문화에 더 관심을 기울여야 한다는 것이었다. 이러한 제안에 따르면, 예술가, 음악가 및 창조적인 유형의 인력을 끌어들이면, 이들은 다시 창조계급에 의존하는 엔지니어링, 법률, 교육, 의료, 비즈니스 및 금융 서비스와 같은 지식기반 근로자를 연쇄적으로 불러들인다는 것이었다. 다른 말로 표현하자면, 창조계급 정책은 교양 있는 도시 전문가들의 선호를 위한 것이었고, 도시의 다른 모든 사람들에게는 어떤 일이 일어나는지 제대로 고려하지 않은 일종의 '비즈니스 컨설팅' 도시로 변모시켰다. 그러나 플로리다는 창조계급 이론에 따라 더 성공적으로 여겨지는 도시들의 사회·경제적 도전이 얼마나 큰지가 분명하게 밝혀짐에 따라 그의 생각을 바꾸게 되었다.

플로리다는 『*The New Urban Crisis*』에서 창조(creative)계급, 서비스(service)계급 및 노동(work)계급 등 세 가지 계급을 구분하기 위해 초기 가설을 확장하였다. 미국 대도시 전역에서 소득, 교육 및 수업에 따라 불평등과 배제를 측정하기 위한 일련의 지표를 개발하여 이 세 계급의 경제 지리에 대한 철저한 연구를 수행하였다. 추가 통계적 조작은 이들을 대도시 지역의 위기의 심각성을 계량화하고 순위를 매기는 데 "신도시위기 지수(New Urban Crisis Index)"로 변환하였다. 이 지수는 창조계급 인력의 규모, 밀도 및 점유율, 대도시의 소득 및 경제적 산출과 관련이 있다. 결론은 성공한 '창조계급' 도시가 성장함에 따라 도시 내 불평등과 빈부 격차를 더욱 심화시킬 수도 있음을 보여준다. 따라서 "신도시위기"는 1970년대 북미 도시의 쇠퇴라는 본래의 '도시위기'의 개정을 제안하는 것이다. 즉, 이전 위기는 경제침체와 중심도시에서의 탈출로 인한 것이었지만, 불평등과 차별이 성공의 희생양인 것처럼 보이는 새로운 위기가 발생하였다. "신도시위기"를 좀 더 세분화해 보면 첫째, '슈퍼스타' 도시(런던, 뉴욕,

파리, 로스앤젤레스)와 그 밖의 다른 도시 간의 성장의 격차, 둘째, 과잉 팽창된 부동산 가격, 고임금 지식 근로자와 높은 불평등을 대체하려는 정치적 운동과 맞서는 슈퍼스타 도시에서의 '성공의 위기', 셋째, 점차 증가하는 공간 불평등, 모든 도시 내의 배제 현상, 넷째, 교외지역에서의 도시빈곤의 확산, 다섯째, 도시화가 삶의 질 향상을 기대하지 못하는 개발도상국의 위기이다. 이 "신도시위기"는 도시 클러스터링의 근본적인 모순에서 비롯된다. 클러스터링은 혁신과 경제성장의 원천이지만 치열한 공간 경쟁을 유발하게 된다. '승자 중심' 도시화에서는 돈과 권력을 가진 사람들이 거의 일관되게 위에 나타난다(Florida, 2017).

플로리다는 "신도시위기"에 대한 해결책으로 도시 조닝(zoning), 세제, 인프라 투자, 주택, 소득, 지역사회 권한위임, 계승 및 글로벌 협력과 관련된 일곱 가지 전략을 제시하였다. 도시토지의 생산적 이용을 장려하는 토지가치 과세, 보다 저렴한 주택, 서비스 근로자를 위한 더 나은 임금 및 도시의 삶의 질을 향상시키기 위한 세계적 노력 등의 적절한 해결책을 제시하였다. 도시개발을 주도하고 영향을 미치는 사람들(국가 및 지방정부, 지역사회그룹 및 민간부문)은 성장에서 이익을 얻는 사람을 결정하는 이익분배정치에 직면하게 되고, 이들이 보다 공평하고 균형 잡힌 도시개발을 조정하는 방법을 요구해야 한다(Florida, 2017).

게르하르트 외(Gerhard et al., 2017)는 그들의 저서 『*Inequalities in Creative Cities: Issues, Approaches, Comparisons*』에서 "보통도시(ordinary cities)"들이 세계적 경쟁력을 갖추기 위해 창조적인 도시재생과 경제발전전략을 구사하는 노력들을 냉철하게 평가하였다. 이러한 새로운 도시운동에서 예상치 못하게 나타나고 있는 도시 내 불평등에 관심을 보였다. 연대적으로 나열해 보면 Cleveland(USA), Heidelberg(Germany), Oxford(UK), Groningen(Netherlands), Montpellier(France), Cachoeira(Brazil), Delhi(India) 등의 도시들이 새로운 예상치 못한 도시 내 불평등, 빈곤, 배제, 인종갈등 등에 직면하게 되었다. 문제는 지금까지 이들 도시들의 계획가, 학자, 정책분석가들이 창조도시적 도시운동과 그에 수반되는 이러한 불평등 간의 관계에 주목하고 있지 않다는 점이다. 여기서 저자들은 창조도시로, 나아가 세계적 경쟁도시로 발전하려는 도시들의 노력에 경종을 울리고 있다(Gerhard et al., 2017).

주킨(Sharon Zukin)은 도시에서의 재생과 문화적 장소에 특별한 관심을 보였다. 그녀가 저술한 『*Naked City*』는 『*Loft Living*』과 『*Cities*』 이후의 세 번째 저서로서, 1980년에서 2010년까지의 뉴욕에서의 30년 동안의 변화를 되돌아보고 경제적, 사회적 및 문화적 배경을 파악하려고 시도하였다.10) 『*Naked City*』에서 사용한 핵심적 단어는 부제목인 '진정성(authenticity)'이다(Zukin, 2010). 도시 상황에서 '진정성'이란 도시의 획일화, 동일화에 대한 반대 개념이며, 장소가 전통과 진정성을 상실해 가는 것에 대한 비판적 관점이다. 이는 또한 도시에 온 새로운 사람들을 위한 시민권 개념과 연결된다. 예를 들어, 뉴욕은 정기적으로 이민자를 인정하는 도시이며, 심지어 시장들도 뉴욕을 이민자 도시로 말한다. 새로운 이주민들이 도시에 자신들만의 장소를 확보할 수 있는 권리를 지키기 위해 장기간 주민들의 권리를 보호하는 것이 중요한 관건이 된다. 1970년대 뉴욕에서도 많은 창조적인 사람들이 도심지로 이사 왔고 안전과 위험 사이를 오가며 가장 자리에서 번창했다. 시민권은 법적 범주이며, 사회권리 또는 도시에 대한 권리에 대해 이야기하는 것과는 다르게 사용되고 있다. 하지만 시민권이 도시의 권리를 통합하기에 충분히 큰 용어일 수 있다. 도시는 사회적 권리의 가장 기본적인 충돌이 지금 일어나고 있는 곳이다. 직장에 대한 권리, 주거지를 가질 권리, 음식을 가질 권리 등 도시는 근본적으로 도전의 장소이다. 도시에서의 삶을 형성하는 것이 만족스럽지 않을 뿐만 아니라 도시는 엄청난 인구이동으로 가는 관문이다. 도시는 다양한 가치관이 섞이는 장소이기도 하다. 도시가 자유의 장소라고 단정적으로 말하기는 어렵지만, 사람들이 자유를 얻으려는 곳이며, 도시는 항상 다양성이라는 아주 기본적인 성격을 배태하고 있다.

에필로그

문화와 삶의 질, 그리고 행복

변미리(서울연구원)

생각해 보기

- 현대 사회에서 사람들의 행복과 삶의 질에 영향을 미치는 요소는 무엇인가?
- 일상생활의 문화적 활동과 행위는 개인들의 행복과 삶의 질에 영향을 주는가?
- 행복과 삶의 질은 측정 가능한 것인가?
- 공공정책이 사람들의 행복과 삶의 질을 높이기 위한 노력을 해야 하는가?

01

행복한 미래 한국: 한 사회의 발전은 무엇을 의미하는가?

사람들은 누구나 행복한 삶을 살고 싶어한다. 대한민국 헌법 제10조에 명시된 "모든 국민은 인간으로서의 존엄과 가치를 가지며, 행복을 추구할 권리를 가진다"는 점을 새삼 상기하지 않더라도 행복이 사람들 삶의 궁극적인 지향임은 분명하다. 그렇다면 우리 모두는 어떻게 행복해질 수 있을까? 개인의 행복감은 우리 모두의 심리적 태도나 상태에 따른 것이 아닐까? 그렇다면 공공부문의 정책적 개입으로 시민을 행복하게 만드는 것이 합리적 선택일까? 한 사회나 개인의 행복감은 측정 가능한 것일까? 최근 행복을 둘러싼 이렇듯 많은 질문들과 사람들의 행복을 높이려는 정책들이 쏟아지고 있다. 현 행정부는 스스로를 행복정부로 불리길 원한다. 과연 한 사회가 행복하다는 것이 어떤 의미일까? 미래 한국은 행복한 국민들이 살아갈 세상일까? 행복하다는 것은 일반적으로 사람들의 삶의 질(Quality of Life)이 높은 상태를 말한다. 한국 사회는 지난 반세기 이상 눈부신 경제성장의 결과 절대 빈곤에서 벗어났으며, 성장의 풍요로움을 경험했다. 그런데 우리는 이러한 한국 사회의 성장과 발전을 통해 과거의 시간보다 더 행복한 삶을 살아가고 있는 것인가?

2012년 UN은 『세계행복보고서(*The World Happiness Report*)』를 발간하면서 공공부문에서 시민들의 삶의 행복을 정책적으로 고려할 필요성을 제기하였다. 이 보고서에서는 전 세계가 과거 수십 년에 비해 엄청난 경제성장을 했지만 사람들의 삶이 더 나아졌는가에 대해 의문을 제기한 것이다. 이는 한 사회의 발전수준을 국민총생산(GDP)으로 측정하던 일반적 기준에 대한 본질적 문제 제기로, 이 보고서의 출현으로 전 세계의 성장은, 한 국가의 성장은, 한 도시의 성장은 무엇을 의미해야 하며, 사람을 위한 성장과 발전을 위해 공공부문이 어떤 일을 해야 하는지에 대한 성찰의 계기가 되었다.

다시 말하면, 국가나 도시의 발전 정도를 경제적 수준에서 측정하던 기존의 패러다임이 도전을 받고 있는 것이다. 즉, GDP나 GNP 등 경제지수로 한 사회의 발전 정도를 측정하던 프레임에서 삶의 질이나 행복, 정신적인 만족 정도로 한 사회의 발전 정도를 측정하는 프레임으로의 변화가 나타나고 있다. UN의 『세계행복보고서(*World Happiness Report*)』나 OECD의 '보다 나은 삶 인덱스(Better Life Index)'에서 도시 사회발전의 주요 지표인 경제적 잣대로서의 GDP의 한계를 지적하고 사람들의 행복 정도를 사회 발전 정도의 주요 잣대로 부각시켜야 함을 강조하는 것도 이러한 맥락이다. 2011년 UN 총회에서는 경제적 성과가 아닌 개인들이 체감하는 행복을 조사해 각국의 정책에 반영하자는 제안을 통과시켰고, 2012년 행복과 웰빙에 관한 UN 고위급 회담을 바탕으로 OECD의 지침에 따라 삶의 선택과 사회적 지지를 위한 자유, 소득, 기대수명 등을 조사한 내용과 유엔 인권지수 자료 등을 토대로 국가별 행복지수(Life evaluation score)를 발표하였다.

한국 사회는 해방 이후 70년 동안 눈부신 경제성장을 이루었다. 한 세기도 안 되는 기간 동안 400여 배의 경제성장이라는 경이적인 수치를 전 세계에 알려 '한강의 기적'이라 불리는 대한민국이 전후 빈곤국에서 탈피하여 OECD 국가의 일원으로 세계 사회의 주목을 받고 있다. 한국의 수도 서울은 이러한 성장의 과실이 집적된 곳이다. 한국 경제의 견인차로서 서울의 성장은 인구, 소득, 주택이라는 도시발전의 기본 지표에서 잘 나타나 있다. 1960년대 이백여만 명에 지나지 않았던 서울의 인구는 1990년대 천만 명의 인구를 기록하고 메트로폴리스의 지위를 부여받았으며, 수백 달러에 불과했던 서울의 1인당 국민소득은 2만 달러를 넘어섰으며, '아파트'와 '마이카 시대'는 서울의 성장의 징표들이었다. 그럼에도 이러한 성장 이면에는 다양한 한국사회의 문제들이 똬리를 뜬 채 자라고 있었다. 불평등, 양극화, 다양한 갈등의 증폭과 신뢰와 정체성의 부재 등의 문제들이 새로운 천년의 시기, 사회 곳곳에서 나타나기 시작하였다. 자살률 세계 1위, 최저 출산율을 기록하는 우리 사회에서 사람들은 경제성장이 담보했던 것의 의미를 다시 생각하면서 삶의 질과 사회의 질을 제고하기 위한 다양한 층위에서의 노력이 필요하다는 인식이 확산되고 있다.

한 사회의 성장과 발전 과정에서 절대적 빈곤을 극복한 발전 국가에서 '질적 성장'이 부각되는 것은 자연스러운 과정이다. 1인당 소득 2만 달러를 넘어 선 시점에 경제적 잣대를 넘어서는 다른 기준들이 사람들의 삶의 질에 영향을 미치는 요소들로 고려되고 있다. 한국 사회의 성장 동력이 약화되고 정체 혹은 마이너스 성장이라는 저성장 사회로 들어서면서 우리 사회는 여러 곳에서 분출하는 사회 문제들을 어떻게 해결할 것인가를 고민해야 하는 시점에 이르렀다. 압축적 성장을 가능케 했던 효율성과 경쟁의 사회에서 어떤 사회로 전환해야 사회공동체를 유지할 수 있을 것인가?

02
행복 방정식: 삶의 질과 행복에 영향을 미치는 요소들

주관적 안녕(Subjective Well-being)으로서 행복은 측정 가능한 것인가? 행복이나 삶의 질은 측정하는 기준을 마련하는 일은 쉽지 않다. 더욱이 이것이 '행복'이라는 이름을 앞에 내세우면 다음과 같은 질문이 이어진다. "행복은 주관적인 것인데 이것이 측정 가능한가?", "사회문화적 특성에 따라 행복은 다양한데, 이를 측정할 수 있는 공통의 기준을 마련할 수 있는가?" 이러한 질문은 일견 타당하다. 심리학에서 출발한 행복연구는 인간의 기쁨과 즐거움, 행운 등을 행복이라고 표현하기도 하고 전반적인 생활의 '좋은 상태(well being)'가 지속되는 것을 행복하다고 표현하기도 한다. 정책의 대상으로서 행복연구나 삶의 질 연구가 가능하기 위해서는 행복을 측정하는 기준은 개인의 순간적인 심리에 한정해서는 한계를 가질 수밖에 없다.

개인과 집단의 행복 정도를 다루는 지금까지의 논의에서도 행복은 '웰빙', '주관적 웰빙', '삶의 만족도' 등과 같이 다양한 용어와 동일시되어 왔다(Graham, 2011). 각각의 개념들은 그 정의와 측정방식이 상이함에도 불구하고 행복 측정과 관련하여 사람들의 행복을 증진시킬 수 있는 정책수단에 대한 관심이 확산되었다. 많은 국가들이 국민들의 행복증진의 방법과 국가발전과의 연계성을 어떻게 마련할 것인지에 대해 더욱 협력하기 시작하였다. 이러한 변화의 배경에는 지난 수십 년 간 엄청난 경제성장의 결과에도 불구하고 사회적, 경제적 불평등은 더욱 확산되고 사람들의 불안은 심화되면서 사회적 신뢰는 높아지지 않는 현상이 자리잡고 있다. 왜 그간의 '발전'에도 불구하고 사람들은 더 행복해지지 않았는가에 대한 근본적인 질문이 자리잡고 있는 것이다.

주관적 웰빙이나 행복에 대한 기존 논의들을 리뷰해 보면 심리적이고 철학적인 전통에서 출발한 행복에 관한 담론이 오늘날 사회과학적 방식으로 측정되고 분석될 수 있으며, 이러한 행복상태는 사람들의 삶의 질을 평가하는 중요한 요소라는 점을 확인할 수 있다. 돌란 외(Dolan et al., 2008)는 1990년부터 2006년 1월 사이 행복을 주제로 출간된 주류 경제학지의 논문들을 분석하여 개인의 행복에 영향을 주는 다음 일곱 가지의 공통 변수들을 제시했다. 소득, 개인적 속성(personal characteristics), 사회적 속성(socially developed characteristics), 여가 활동, 자아/타인/삶에 대한 태도와 믿음, 관계, 그리고 거시적인 경제·사회·정치적 환경 등이다. 이를 압축적으로 파악하면 개인이나 사회의 행복영향 기제는 경제적 요인, 인구·사회문화적 요인, 행태적 요인 등 세 개 영역으로 재구성할 수 있다.

경제적 요인

우선 소득과 관련해, 돌란 외(Dolan et al., 2008)는 일반적으로 소득이 행복감에 긍정적 기여를 하지만 그 정도는 제한적이라고 주장한다. 일부 연구에서는 이 긍정적 기여도 실제로는 소득과 행복의 역인과 관계 ― 즉, 과거의 높은 행복이 미래의 높은 소득을 가져옴 ―에 의한 것이라고 주장된다. 러시아 자료(Russia Longitudinal Monitoring Survey)를 바탕으로 1995년과 2000년 패널 자료를 만든 그레햄 외(Graham et al., 2004)는 두 자료의 비교 분석을 통해 1995년 행복감이 높은 사람들이 그렇지 않은 사람들에 비해 5년 뒤 건강과 소득 모두 높게 나타났음을 밝혔다. 이들은 이 결과가 행복의 주도적 기능으로서 행복 그 자체가 사람들의 소득, 건강, 및 기타 요소를 결정짓는다는 것임을 입증한다고 주장했다. 또 다른 연구(Marks & Flemming, 1999)에서도 소득은 행복의 조건으로 다른 요소들에 비해 상대적으로 적은 비중을 차지하고 있다.

그렇다면 소득의 절대적 증감에 비례하여 주관적 행복감이 변화하지 않는 이유는 무엇인가? 스터처(Stutzer, 2004)의 분석에 따르면, 이는 사람들의 기대 심리가 현실 만족에 부정적으로 작용하기 때문이다. 사람들은 절대적 변화보다는 자신의 기대치와 부합되는 측면, 즉 현실과 기대의 차이 정도에 따라 행복을 느끼는 것이다. 따라서 절대적 소득이 과거에 비해 아무리 높아졌다 하더라도 기대치 역시 상승했다면 사람들이 소득의 절대적 증가로부터 얻는 행복감은 이전과 비교하여 불변, 심지어 더 낮아질 수도 있는 것이다. 실제로 선진 산업 사회의 많은 시민들이 과거에 비해 절대적으로 풍요로운 삶을 누리고 있음에도 불구하고 더 행복해 하지 않는다는 연구 결과(Easterlin, 2009; Easterlin et al., 2011; MacDonald & Douthitt, 1992)나 중남미와 같은 개발도상국가들의 시민들 역시 자신이 가진 절대적 부와 소득 수준이 아닌 사회 내의 상대적 수준으로 자신의 행복 여부를 평가한다는 연구 결과(Graham & Felton, 2006)는 행복과 소득의 절대적 비례관계를 부정하는 증거라 할 수 있다.

인구 · 사회문화적 요인

행복조건으로서의 개인적 속성은 크게 나이, 성, 인종, 그리고 성격으로 세분화된다. 우선, 나이와 관련해 미국의 'General Social Survey' 자료를 이용하여 응답자들의 행복 정도를 분석한 이스털린(Easterlin, 2006)의 연구는 행복과 나이는 역U자형 관계를 맺는 것으로 밝혀졌으나, 그레헴(Graham, 2014)의 연구에 따르면, 전 세계 사람들의 행복과 나이는 U자형 관계를 나타내 40대 중반까지는 행복감이 떨어지나 그 이후 노년으로 갈수록 행복감이 높아지는 것으로 나타났다. 행복에 영향을 미치는 요소는 분석 단위를 어떻게 설정하느냐(미국 내, 전 세계, 한국 내, 한국 내 지역 단위 등)에 따라 분석 결과와 상관관계가 다르게 나타난다. 이는 다른 변수들도 마찬가지이다. 성별과 인종에 따른 행복지수의 차이를 살펴보면 연구 대상의 성격과 통제 변수에 따라 상이한 결과가 도출되기 때문이다. 미국 사회의 행복 불평등 추이를 연구한 스티븐슨과 울퍼스(Stevenson & Wolfers,

2008)는 분석을 통해 미국 내 행복 불평등이 전체적으로 감소했을 뿐만 아니라 인종 간, 성별 간 행복 불평등 역시 상당 부분 개선 혹은 사라졌음을 밝혔다.

행복조건으로서의 사회적 속성은 크게 교육, 실업, 문화여가, 건강 등으로 구분된다. 먼저, 교육이 행복에 미치는 순기능은 비교적 일관되게 나타나고 있다. 예를 들어, 미국과 유럽의 행복 추이를 분석한 블랜치플라워와 오스왈드(Blanchflower & Oswald, 2004)는 두 국가 모두 교육수준이 높은 사람들일수록 더 큰 행복 혹은 삶의 만족을 느끼고 있음을 발견했다. 일반적으로 개인의 경제적 지위(즉, 직업과 소득 정도)가 교육수준에 의해 결정된다는 점을 고려할 때, 교육수준이 높은 사람들이 더 많은 행복을 느끼는 것은 교육 그 자체의 영향력이라기보다 교육이 가져 온 안정된 경제적 지위 때문일 수도 있다. 실업은 행복에 부정적 영향을 미친다. 디 텔라 외(Di Tella et al., 2001)는 인플레이션이나 실업과 같은 부정적 경제 상황들이 사회 전체의 행복을 저하시킨다는 점을 발견하였다. 문화생활과 여가 활동과 행복은 정(正)의 관계가 있다. 왕과 웡(Wang & Wong)은 쇼핑, 독서, 음악 감상, 친척들과의 모임 등과 같은 여가 활동이 사람들의 행복을 제고하는 데 일조하며, 특히 여가 활동을 통해 지인들과의 사회 교류를 도모하는 사람들일수록 더 많은 행복을 느끼고 있음을 발견했다.

행태적 요인: 신뢰와 네트워크

자아/타인/삶에 대한 태도와 믿음 역시 행복을 결정짓는 주요한 요소이다. 특히 많은 연구에서 타인 및 사회에 대한 일반적 신뢰가 행복 증진에 갖는 중요성이 강조되었다. 유럽, 미국, 캐나다의 자료를 이용하여 사회자본과 행복의 관계를 분석한 헬리웰과 퍼트넘(Helliwell & Putnam, 2004)은 가족, 이웃, 종교 및 공동체 간의 연대 등 다양한 사회자본의 형성이 사람들의 행복에 긍정적으로 작용한다는 점을 밝혔다. 가족 간, 이웃 간 연대가 강할수록, 교회 및 지역공동체와의 연대가 강할수록, 그리고 타인에 대한 신뢰가 높을수록 행복지수가 상승하였고, 이러한 다양한 사회자본들은 동시에 복합적으로 행복과 삶의 만족에 영향을 주는 것으로 드러났다. 퍼트넘(Robert D. Putnam)의 사회자본 개념을 활용하여 신뢰(trust), 규범(norms), 그리고 네트워크(networks) 중 행복과 삶의 만족도와 직접적 연관이 있는 것은 신뢰임을 밝힌 연구(Bjørnskov, 2006)에 따르면, 사람들의 행복을 증진시키기 위해서는 신뢰를 증진시키는 정책이 필요하다고 주장한다.

이상에서 알 수 있듯이 세계 사람들의 행복에 영향을 미치는 요인은 복합적일 뿐 아니라 그 영향력 또한 연구 대상과 공간에 따라 달라지는 특성을 가지고 있다. 그러나 일부 상반되는 연구 결과에도 불구하고 건강, 교육, 문화여가, 신뢰, 네트워크 등 인구·사회문화적, 행태적 요인들의 영향력이 비교적 일관되게 나타나고 있어 행복 메커니즘에 상대성과 보편성 모두가 공존하고 있음을 알 수 있다. 이는 인간의 행복이 단순히 개인수준의 변인들로만 혹은 사회수준의 변인만으로 이해될 수 있는 단순 심리상태가 아니기 때문이다. 인간의 행복은 다양한 수준의 변인들이 상호작용을 통해 만들어 내는 복합적 결과물이다. 무엇보다 최근 행복에 대한 여러 가지 실증 연구에서 발견되는 점은 개인의 행복이나 집단의 행복에 영향을 주는 요인들 중 물질적 요인보다는 비물질적 요인으로서 이웃관계, 신뢰, 주관적 만족감, 삶의 균형 등이 부각되고 있다. 삶의 균형을 위해서는 문화여가 생활이 일하는 시간만큼 중요한 요소임을 인지해야 한다. 한국 사회의 행복과 삶의 질을 높이기 위해서는 이 점에 주목할 필요가 있다. 따라서 현재의 행복뿐 아니라 미래 한국 사회의 행복을 위해서는 사회의 질을 높여 성숙한 사회로 나아가기 위해서는 다양한 사회적 요소들이 만들어 내는 상호작용과 그 결과에 초점을 두어야 할 것이다.

03
행복과 삶의 질을 높이기 위한 정책의 준거: 행복지표

세계 여러 곳에서 행복 영향 요인을 고려하여 사람들의 삶의 질을 높이기 위한 노력들이 진행 중이다. 다시 말하면, 사람들의 행복을 높이기 위해서는 사람들이 체감하는 행복에 대한 경험적 이해와 자료가 전제되어야 하는데, 유엔(UN)을 비롯한 영국, 캐나다, 부탄 등은 사회발전 과정에서 개인의 행복을 증진시키기 위한 공공의 정책적 관심을 강조한다. 이 중 아시아의 작은 나라인 부탄의 행복지수가 주목을 받았다. 부탄은 이미 1970년대 국가를 GDP가 아닌 국민총행복(Gross National Happiness: GNH)을 기준으로 통치하겠다고 행복정치를 내세운 것이다. 국민총행복의 개념은 크게 좋은 정부, 지속 가능한 사회-경제 개발, 문화 보존, 환경보전이라는 네 가지 틀로 설명 가능하며, 최근에는 이 네 가지 틀을 다시 아홉 가지 범주인 심리적 행복, 건강, 교육, 시간활용, 문화적 다양성과 회복력, 거버넌스, 지역사회 활성화, 생태적 다양성과 회복력, 생활수준 영역으로 구분하였다. 이 9개 분야를 구성하는 총 33개의 지표로 국민행복을 측정한다. 부탄은 국가총행복을 측정하고 국민 전체의 40.9%가 행복하다는 결과를 발표하면서 정부의 존재 이유는 국민행복 증진에 있음을 주장한다.

세계 경제개발협력기구(OECD) 역시 행복과 삶의 질을 어떻게 이해하고 측정할 수 있을 것인지를 고민하였으며, 2011년부터 '더 나은 사회(Better Life Initiative)'를 통해 세계 시민의 행복을 측정하고 삶의 질을 높이는 노력을 기울이고 있다. OECD 지표에 따르면, 개인의 행복감을 결정하는 영역으로 학력, 기술요소, 건강, 주관적 만족감과 일과 삶의 균형 요소 등이다. OECD 국가 내 사람들은 주관적 만족과 건강 영역의 중요성을 강조하는데, 특히 북유럽 국가들인 핀란드, 덴마크, 스웨덴 사람들은 주관적 만족감 영역이 자신들의 행복에 가장 큰 영향을 미치는 요소라 언급하였다. 한편 전체적으로 행복감이 낮은 지역인 터키나 러시아 사람들은 건강 영역을, 멕시코나 칠레, 브라질 등 라틴아메리카 지역민들은 학력과 기술 영역이 행복 결정 요인으로 가중치가 높다고 말하였다.

영국 캐머런(David Cameron) 정부는 2010년 경제지표로서의 GDP가 국가성장을 포괄적으로 측정하기에는 불완전한 방법이므로 이를 대체할 웰빙지표(General Well-Being: GWB)를 중요한 사회의 발전지표로 제시하고 있다. 이른바 행복프로그램(National Wellbeing Programme)을 시작하면서 수십만 명의 시민이 함께 참여해 공동체의 행복지표를 구성하였다. 개인적 웰빙, 관계, 건강, 일자리, 생활환경, 재정, 교육, 거버넌스, 경제, 자연환경 등 10개 영역으로 구성된 영국의 행복지표는 영국 사람의 삶의 객관적 상태를 측정하는 지표와 사람들의 주관적 태도 등을 측정하는 지표가 모두 포함되었다. 이를 근거로 영국 사람들의 행복상태를 파악하면 주거환경을 포함하는 생활환경 영역과 다른 사람들과의 관계 영역에서는 상대적으로 높은 행복감을 보이지만, 교육 영역과 재정 영역에서는 가장 나은 행복감을 나타냈다. 한편 유럽연합(EU)에서도 전체 유럽연합 국가를 대상으로 실시한 '유럽연합 삶의 질 지표(European Union Statistics on Income and Living Condition)'에 사람들의 안녕(wellbeing)을 측정하는 부문을 개발하여 2013년부터 지표에 포함하였다. 프랑스 역시 국민들의 심리적 감성에 대한 자료를 수집하고 있으며, 미국에서는 미국 사람들의 시간 사용에 관한 조사(American Time Use Survey)에 최근 웰빙을 측정하는 모듈을 포함했다.

이러한 사람들의 행복을 제고하기 위한 기준으로서의 행복지표는 우리가 어떤 방향으로 나아가야 할지를 알려주는 가이드라인이다. 우리는 전 세계에서 통용되는 행복지표들이 공통적으로 포괄하는 영역들을 분석해 보았다([그림 1] 참조). 전체적으로 보면 주관적 만족감의 중요성이 부각된다. 주관적 만족감 지표를 중심으로 일상

생활만족도와 일(직업)만족도, 다양한 사람들의 활동과 관련한 요소들이 사람들의 행복에 주요 요소로 자리잡고 있음을 확인할 수 있다. 또한 안전 관련 지표, 범죄(발생) 관련 지표들이 정부와 커뮤니티라 지표와 가장 큰 연계성을 나타낸다. 사회문화 영역의 경우 문화, 여가, 스포츠 시간, 예술 등과 관련한 다양성 측면으로 나타나며, 직업 관련 영역은 경제 요소, 주거 요소, 일 등이 함께 작동한다. 건강 영역은 수명, 건강상태, 건강에 대한 인식 등의 지표 등이 연계되어 있으며, 참여지표는 사람들의 활동, 시간, 커뮤니티 자원봉사 등의 요소와 연관되어 있다.

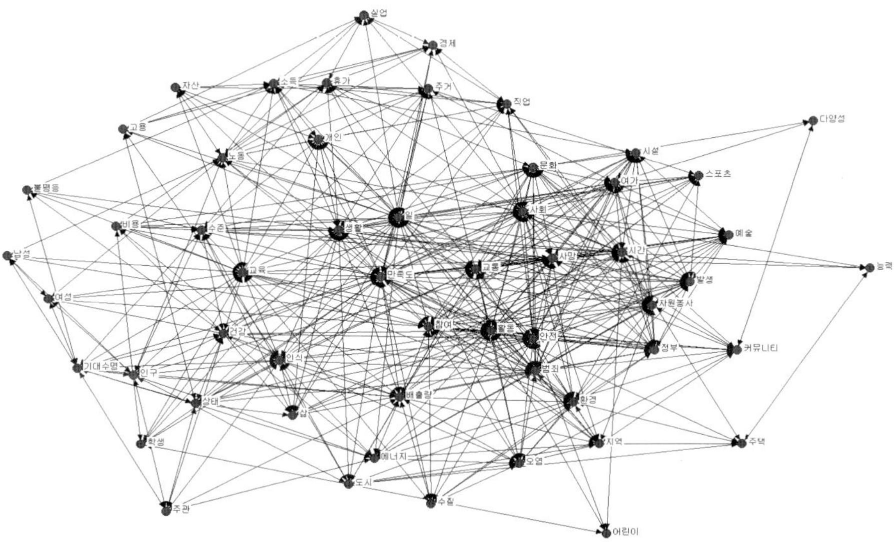

그림 1 행복지표체계 분석

04

행복 제고를 위한 성숙사회를 향해: 문화 영역을 중심으로

우리 사회의 행복은 다양한 차원에서 측정할 수 있다. 2015년 기준 유엔 행복도 조사에서 한국은 58위에 지나지 않았다. 북유럽 국가인 덴마크는 1위, 스위스가 2위, 아이슬란드는 3위를 차지했고, 미국은 13위이며 일본 53위, 중국은 83위로 나타났다. OECD의 행복지수는 앞서 설명했듯이 11개 영역으로 주거, 소득, 일자리, 공동체, 교육, 환경, 시민참여, 건강, 생활 만족도, 안전, 일과 생활의 조화 영역이 포함된다. OECD는 이 지표체계를 통해 전 세계 사람들의 삶의 우선순위를 분석한다. 참여적 가중치 분석에 따르면, 전 세계 사람들이 대체로 가장 중요하게 생각하고 있는 것은 삶에 대한 만족, 건강, 교육이다(OECD, 2013).

한국의 수도 서울에 사는 사람들은 11개 영역 중 자신들의 삶의 질에 가장 중요한 영향을 미치는 영역의 순위를 건강, 소득, 안전의 순으로 생각하고 있었다. 좀 더 구체적으로 살펴보면 나의 행복을 위해 가장 중요한 영역은 5점 만점에 4.55점으로 건강이 가장 중요하며, 소득이 4.39점으로 두 번째 중요도를 나타냈으며, 안전 4.23점, 고용 여부 4.19점, 일과 삶의 균형 4.05점, 주관적 만족감 4.05점 순으로 나타났다([그림 2] 참조). 이러한 서울 시민들과 유사한 행복 가치관을 보이는 국가들로는 러시아, 폴란드, 룩셈부르크로 나타났으며, 서울 시민이랑 가장 먼 거리에 있는 국가들로는 이탈리아, 프랑스, 영국 등 서유럽 국가들이 자리잡고 있었다.

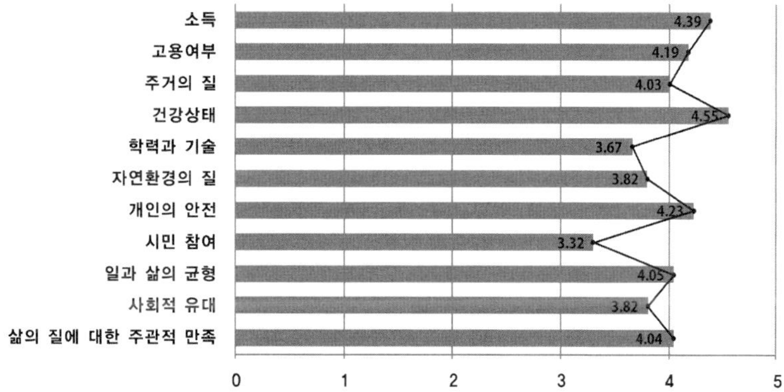

그림 2 나의 행복을 위한 중요도(5점 만점)

출처: 서울연구원(2015).

그렇다면 우리 사회의 행복 정도는 어떠한가? 2014년에 발표된 'Better Life Index'에서는 34개 OECD 회원국과 러시아와 브라질을 포함한 36개국을 대상으로 분석하였다. 조사 결과에 따르면, 각 항목의 평균 점수에서 호주가 2013년에 이어 1위를 차지했고, 노르웨이, 스웨덴, 덴마크, 캐나다, 스위스, 미국, 네덜란드, 핀란드, 뉴질랜드 순으로 10위권을 차지하였다. 한국은 36개 국가 가운데 25위를 차지하였다. 한국은 11개 평가 영역에서 시민참여(3위), 교육(4위), 안전(6위)은 상위권을 차지하였고, 환경(30위), 건강(30위), 공동체(34위), 일과 삶의 균형(34위)는 하위권인 것으로 나타났다.

한국 사회에서 살아가는 사람들이 체감하는 행복점수는 몇 점쯤 될까? 한국의 수도 서울에 사는 사람들을 조사한 데이터를 근거[1])로 주관적 행복점수를 파악해 보면 100점 만점에 72점 정도의 행복감을 갖고 있는 것으로 파악되었다. 점수 자체로만 보면 결코 낮은 점수는 아니다. 문제는 연령이 높아질수록 행복점수 평균이 떨어지고 소득이 낮은 사람의 행복감이 높은 사람에 비해 현격하게 낮다는 점이다([그림 3] 참조). 앞서 이미 설명한 것처럼 전 세계적으로 연령과 행복을 상관관계를 나타내는 전형성은 U자형 패턴이다. 다시 말하면, 젊은 날에는 행복감이 높다가 40대 중반 정도의 중년에 이르기까지 행복감이 점점 낮아진다. 이후 40대 후반부터 노년에 이르기까지 행복감이 점점 높아지는 U자형 그래프를 나타낸다는 것이다.

그런데 우리 사회에서는 행복감과 연령 사이의 U자형 상관관계가 나타나지 않으며, 오히려 30대까지는 행복감이 젊은 시절과 비슷하게 높은 점수를 유지하다가 40대부터는 행복감이 떨어지기 시작하여 나이가 들수록 행복점수가 지속적으로 하락하는 패턴이 나타난다. 특히 50대 연령층의 행복 정도는 40대보다 더 낮고 60대 이상 연령층이 되면 행복점수가 급격하게 떨어진다. 한국 사회는 지금 고령화 사회로 빠르게 진입하고 있으며, 2045년이 되면 인구 전체의 가장 중간 나이에 해당하는 중위연령이 50세가 넘는 사회로 변화할 것이다. 이러한 인구구조의 빠른 전환을 고려할 때 현재 한국인의 연령별 행복점수의 차이는 심각하게 여겨야 할 현상이다.

한편 소득수준에 따른 행복 증감 정도를 보면 300~400만 원 평균가구 소득수준까지는 행복지수가 계속 증가하다가 그 이상을 넘어서면 행복감의 증가폭이 크지 않다는 점이다. 이러한 경향은 전세계에서 일반적으로 나타나는 현상과 유사하다. 즉, 소득수준이 높은 국가들이 상대적으로 소득수준이 낮은 국가들에 비해 더 행복한 경향은 있지만, 행복 정도의 증가분은 소득이 일정수준 이상으로 증가하면 더 이상 비례적으로 증가하지 않는다는 것이다. 이는 국가 혹

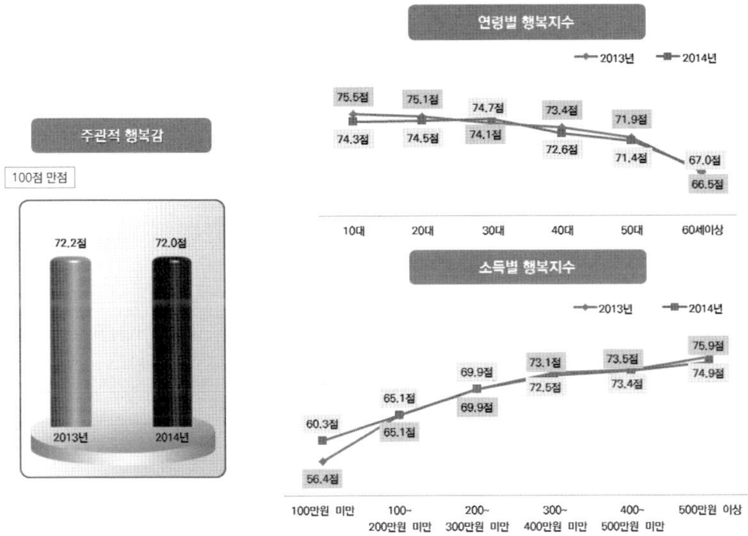

그림 3 행복점수 평균과 연령별 소득별 행복점수 분포

은 지역 내에서는 부자가 가난한 사람보다 평균적으로 더 행복하지만, 국가들 간 비교나 시계열적 비교에서는 그러한 상관관계가 약하게 드러날 뿐이라는 여러 주장들을 한국 사회에서도 확인할 수 있음을 의미한다.

문화생활에 대한 만족감은 보통 사람들의 행복한 삶에 어느 정도 영향을 미칠까? 시민에게 '문화생활과 문화향유'는 삶의 질을 높이는 중요한 요소일까? 문화소비를 많이 하는 사람일수록 행복감이 높은 것으로 나타났다. 그런데 흥미로운 것은 문화소비 항목에 따라 사람들의 행복감에 미치는 영향 정도가 다르게 나타났다. 클래식공연 등 공연예술, 영화관람, 연극관람, 미술관관람, 대중음악공연 관람 등의 문화예술 소비의 항목 중에서 어떤 항목이 시민들의 행복감 증가에 더 큰 영향을 미치는 지를 파악한 결과, 클래식공연 등 공연예술 소비 빈도가 높은 사람들이 삶에서 행복을 느끼는 정도가 높아지고, 이 행복감의 증가 정도는 영화관람 빈도의 증가가 행복에 미치는 영향보다 높은 것으로 나타났다. 그리고 스포츠관람 빈도의 증가가 개인의 행복을 증진시키는지에 대해서는 그 관련성이 증명되지 않았다. 이러한 분석결과는 분석 자료에 따라, 그리고 분석 단위에 따라 다양하게 나타날 수 있기 때문에 하나의 정답은 아니다. 그럼에도 불구하고 이 결과가 의미하는 바는 시민들을 위한 문화정책은 시민들의 행복을 증진시키는 데 기여하는가?란 질문에 대한 답으로서의 의미이다. 다양한 문화소비에 관한 자료들이 모두 "그렇다"고 말한다. 따라서 공공은 적극적으로 문화정책을 실행해야 한다. 문화생활과 문화소비는 행복한 삶에 점점 더 더 큰 영향을 미치기 때문이다.

재미있는 자료를 하나 더 소개해 보자. 일반 사람이 아니라 "문화에 관심이 좀 있다"는 소위 '문화고관여자(cultural heavy user)'들을 대상으로 한 조사[2)]이다. 이 자료에서 사람들의 문화소비는 세대별로 뚜렷한 특성을 보였다. 스마트 문화에 열광하는 20대, 문화=행복이라는 등식을 갖고 있는 30대 화려한 싱글녀들은 어쩌면 우리가 예상한 당연한 결과이다. 필자의 관심을 끈 문화소비 세대는 중장년, 고령층이다. 흔히 '7080'이라 불리는 50, 60대들의 문화소비 특성과 문화가 그들의 일상에서 갖는 의미가 무엇인지 궁금했다. 놀랍게도 이들 세대는 문화적 낭만성을 향유하고 적극적인 문화소비 활동을 하는 액티브시니어들이다. 이들에게 문화는 자신들의 삶의 행복을 높이고 삶을 윤택하게 하는 중요한 매개인 것으로 나타났다. 특히 시니어 세대들에게 일상의 행복, 높은 삶의 질과 삶의 만족도에 영향을 미치는 요소로 문화생활 만족도가 중요했다. 즉, 문화생활에 만족하는 사람일수록 삶의 만족도도 높게 나타났다. 더욱이 이들의 문화 만족도에 영향을 주는 요소는 단지 문화 활동의 양보다 어떤 문화를 소비하고 향유하는가 하는 문화소비의 질(質)에 더 크게 영향을 받는 것으로 나타났다.

다른 한편으로 사람들이 사회자본을 축적할수록 주관적 행복감이 높아진다는 사실은 여러 자료에서 확인된다. 자원봉사를 한 사람이 그렇지 않은 사람에 비해, 기부 경험이 있는 사람이 그렇지 않은 사람에 비해 행복점수가 높은 것으로 나타났으며, 지역사회에 자부심을 갖고 있는 사람들일수록 주관적 행복감이 높다는 점을 알 수 있다. 여러 다양한 자료의 분석을 통해 우리는 사람들의 행복감에 영향을 주는 변수로 소득 그 자체도 중요하지만 자신의 재정상태에 대한 주관적 만족도가 행복감에 큰 영향을 미치고 있음을 알 수 있었으며, 주관적 계층소속감, 사회의 계층이동 가능성 정도가 한국 사람의 행복점수에 미치는 영향력이 점차 증가하고 있음을 확인했다. 또한 이웃에 대한 신뢰, 자기 지역에 대한 자부심 정도는 지역에 따라 소득이나 연령 변수만큼이나 행복감에 미치는 정도가 크게 나타났다. 특히 문화 영역이 사람들의 행복과 삶의 질에 미치는 영향은 우리가 생각하는 그 이상임을 확인할 수 있었다. 문화소비와 활동, 그를 통한 사회적 관계성의 확장과 사회자본의 축적, 이 모든 요소들이 함께 작동하여 사람들의 행복한 삶에 영향을 미치고 있다.

한국 사회에서 사람들의 행복과 삶의 질을 높이기 위해서는 다차원의 접근이 필요하다. 특히 고도 성장기를 지나 이미 저성장 단계로 들어간 우리 사회의 발전 과정에서 국민들의 행복감을 높이기 위해 다차원적 접근을 통해 성숙한 사회로의 변화를 시도해야 한다는 것이다. 아직도 절대 빈곤상태에 있는 사람과 지역에 대해서는 소득을 높이는 정책을 통해 사람들의 행복지수를 높여야 한다.

다른 한편으로 우리 사회의 사회발전 단계에서 사람들의 행복과 삶의 질을 높이기 위해서는 사람들의 주관적 인지와 태도, 다른 사람들과 더불어 살아가는 공동체 의식과 공공성에 대한 윤리 등 시민성(市民性)이 중요하게 부각되고 있다. 이웃신뢰, 자부심, 자원봉사, 타인과 다른 인종에 대한 개방적 태도 등의 변수들이 우리에게 설명하는 것은 다름 아닌 시민성인 것이다.

문화 영역의 역할은 일과 삶의 균형과 관련한 요소들이다. 이 요소는 현재뿐아니라 앞으로 다가 올 사회에서 우리들의 행복감을 높이기 위한 중요성이 더욱 커질 것이다. 우리 사회가 보다 성숙한 사회로 나아가기 위해서는 일과 여가에 대한 인식의 전환이 필요하며, 이때 문화소비와 문화행위가 중요한 역할을 할 것이다. 특히 사람들이 문화 활동을 하지 않는 이유가 '시간이 없어서'란 이야기를 한다.

사람들이 일과 삶의 균형을 갖기 위해서는 '시간'에 대한 새로운 관점이 필요하다. 우리 사회는 세계 최고의 노동시간 국가라는 오명을 갖고 있다. 이제 사람들의 시간을 모니터링할 조직이 필요하지 않을까? '시간부서'에서는 정기적으로 사람들의 일상의 시간 사용을 조사, 분석하여 '국민 시간 사용 보고서'를 발간하는 것은 어떨까? 왜냐하면 성숙한 한국 사회는 노동시간, 일과 가정의 양립 환경, 문화와 여가 시간 등의 요소들이 밀접하게 연관되어 구성되기 때문이다. 사람들의 시간 사용은 일견 사적인 것으로 보이지만 본질적으로는 우리 사회가 새롭게 만들어 가야 할 사회적 프레임이다.

05
나가며

우리는 지금까지 사람들의 행복을 높이기 위해서는 우리 사회가 다음 단계의 성숙한 사회로 전환되어야 한다는 점을 행복영향 요인 분석, 행복지표, 우리 사회의 행복 현황 및 정책 연관을 중심으로 서술하였다. 행복에 영향을 미치는 요인들은 경제적 요인, 인구·사회문화적 요인, 행태적 요인으로 구분할 수 있으며, 개별 변수의 영향력 정도는 지역에 따라 상이하게 나타나지만 그럼에도 불구하고 보편적이고 객관적 사실들을 확인할 수 있었다. 그 중 하나는 사회의 발전 단계를 고려할 때 경제적 요소보다는 주관적이고 인지적 요소와 사회문화적 요소들, 사회자본 요인들의 영향 정도가 커지고 있다는 점이다. 또한 전 세계적으로 사람들의 행복을 측정하고 분석하여 국민 행복을 높이려고 하는 공공의 시도가 점차 확산되고 있다는 점도 확인했다.

즉, 국제기구 등의 행복지표 사례 검토를 통해 경제지표로서의 GDP는 사람들의 삶의 요소 중 물질적 조건만을 반영하고 있기 때문에 건강, 일, 교육, 사회연결망이나 지속가능성 지향 등이 반영되지 않음으로써 나타나는 한계가 있고, GDP 기준의 경제지표만이 아니라 '사회발전' 및 '삶의 질'이라는 삶의 포괄적인 영역을 측정해야 한다는 필요성이 강조되며, 해외 여러 국가와 국제기구에서 삶의 질과 행복 증진을 중요한 과제로 추진하고 있음을 알 수 있었다.

우리 사회도 이러한 세계적 흐름 속에서 사람들의 행복을 제고하기 위해서는 공동체 의식, 이웃신뢰, 자부심 등 비(非)물질적 요소의 상태를 개선해 시민성을 높이는 방안을 고민해야 한다. 더욱이 우리 사회는 삶의 균형 측면에서 문화 활동과 문화소비의 역할이 중요하다는 점을 확인하였다. 일과 삶의 균형을 위해 문화적 활동이 활발해지기 위해서는 '사람들의 시간'에 대한 재인식 역시 필요함을 강조하였다. 이제 행복과 삶의 질이 높은 성숙한 사회를 지향하는 새로운 사회적 프레임이 필요한 시점이다.

주

제2장

1) 맥루한은 "미디어는 곧 메시지"라는 주장을 통해 매체는 그 자체 내재적 의미를 갖지 않고 특정 내용을 전달하는 도구, 수용기라는 기존의 매체 중립적 입장을 거부한다. 매체의 존재론적 속성은 단순히 실체들을 연결하는 중간자라 아니라 매체 각각이 가진 형식에 전제하여 특정 의미를 전달하는 상호 소통의 틀이다[마샬 맥루한(1997), 『미디어의 이해』, 박정규 옮김, 커뮤니이션 북스, p.7].
따라서 맥루한은 매체 감각의 비율이나 이용자의 개입 방식을 바꾸는 매체의 형식적 변화가 매체의 내용적 변화를 이끈다고 보았다. 이러한 관점에서 그는 매체는 각기 다른 형식에 따라 전달되는 내용의 변화를 이끌뿐 아니라 궁극적으로는 그것을 사용하는 인간관계, 나아가 사회구조까지 변화시킨다고 주장한다. '구텐베르크의 은하계Gutenberg Gallaxy'에서 맥루한은 문자(책)를 사용해온 중세적 인간이 지식을 형성하고 세계를 인식하고 자신의 의사를 표현해 온 방식은 구술시대와 같은 것일 수 없으며, 이후 등장하는 새로운 매체, 복제 기술, 영상기술 시대는 이와는 또 다른 문화적 속성을 이끈다는 것이다. 그리하여 문자를 중심으로 내용의 통일적 구조를 상정하고, 선형적인 논리를 추론해 내고, 추상적인 개념을 사고할 수 있는 인간과 다른 표현과 소통방식을 가진 세대의 등장을 예고한다.
2) 프랑크푸르트 학파의 입장을 보다 정교하게 발전시킨 것이 알튀세르(Louis Pierre Althusser)의 이데올로기적 국가장치론이다. 그는 자본주의의 유지는 현실 체제와 질서에 대한 복종을 통해 가능한데, 이를 위해서는 자본지배적 이데올로기를 대중의 가치관에 투입하도록 해야 한다. 이처럼 현대 국가가 기존의 질서를 유지하고 통합하기 위해 사용되는 기능은 크게 군대와 경찰과 같은 억압적 국가 장치(Repressive State Apparatus)와 이와 달리 교육, 법률, 종교, 대중문화처럼 Ideological State Apparatus가 있다고 보았다. 강한 물리 압력이 아닌 문화제도에 의한 사회통합과 질서에 관한 이론인 셈이다. 알튀세르에 의해서 논의되는 이데올로기는 단순히 사상이나 관념이 아니라 물질적인 실천의 행위를 말한다, 즉 기존의 상황이 유지되게끔 해주는 모든 장치, 바캉스, 카니발, 축제 방학 등등 기존의 질서를 유지하고 재생산하기 위해 개입하는 실천의 행위를 통칭한다.
3) 안티 패션에 대한 논의는 도승연(2013), "안티－패션의 다양한 변주와 정치적 가능성에 대하여", 사회와 철학연구회, 25집의 내용을 요약, 인용함.
4) 유태순·홍종대(1993), "대중사회의 안티패션 수용에 대한 연구", 『사회과학연구논집』, 2호, p.132.
5) 하위문화로서의 인디－패션이 특정한 경향에 대항, 변형, 때로는 차용의 양식을 구성하기 위해서는 우선적으로 기존의 지식 체계의 코드와 그 한계를 이해하고 그것을 위반하

여 체계화할 수 있는 실천의 능력이 요구된다. 이것은 마치 푸코가 칸트의 계몽을 통해 주장한 것처럼 한계를 인식한 후 그것의 위반을 감행하려는 비판의 활동과 동일한 기원을 가진다[도승연(2013), "안티-패션의 다양한 변주와 정치적 가능성에 대하여", 사회와 철학연구회, 25집, pp.14-16].

6) "패션은 하나의 시스템이다. 그 시스템은 일종의 권력적 네트워크이므로 중심이 있고 그 중심에 대한 저항이 있지만 그 중심이 저항을 배제하기는커녕 오히려 저항의 시도들이 누적될 때 시스템은 그 자체를 힘을 키워나갈 수 있을 것이다. 수없이 많은 안티-패션들이 등장했고 수없이 많은, 자신과 다르게 옷을 입은 자들이 거리를 난무하더라도 패션을 시스템인 이상 시스템 내부에 존재하는 무질서와 과잉이야말로 패션의 특징이며 동시에 힘으로서 작동한다. 또한 타인의 옷차림에 대해 조롱하지 않는 관대한 태도는 그 자체로 이미 민주적인 사회조형효과로서, 경험 효과이며 실천으로 작동한다는 점에서 사회의 민주화에 기여한다. 뿐만 아니라 이것은 패션을 통해 개성과 정체성을 드러내려는 특정 개인에게 있어서도 스스로를 제시할 수 있는 선택적 가능성과 표현의 방식이 더욱 풍부해졌다는 것을 의미한다. 따라서 이전에는 잊혀지고, 지워졌던 다양한 영역의 소수자들의 정체성들을 세심하게 다룰 수 있다는 점에서 안티 패션은 사회와 삶의 민주화에 동시에 기여한다"(*Ibid.*, pp.23-24).

7) G. Johnson(2000).

8) 노르베르트 볼츠(2000), 『구텐베르크 은하계의 끝에서』, 윤종석 옮김, 문학과 지성사, pp.148-149.

9) 볼프강 벨슈(2005), 『미학의 경계를 넘어』, 심혜련 역, 향연, pp.302-304.

10) 피에르 레비(2002), 『집단지성: 사이버공간의 인류학을 위하여』, 권수경 옮김, 문학과 지성사.

11) 인터넷을 만든 것은 미국 국방성이지만 '월드 와이드 웹(World Wide Web)'은 공적 자금으로 운영되는 스위스 제네바의 유럽원자핵공동연구소(CERN)에서 1989년 팀 버나스 리(Tim Bernars-Lee)의 제안으로 만들어진 것이다. 그는 웹이 민간 기업에 의해 발전될 경우 경쟁의 심화와 웹의 하위체계의 분화와 사적 소유를 우려했고, 이러한 현상이 '정보 공유의 보편적 매개체'로서의 인터넷의 활용의 정신에 위배될 것이 것임을 확신했다. 이러한 그의 제안과 설득으로 1993년 현재의 'WWW'이 출시되었다(제임스 커런, "역사속의 인터넷", 『인터넷, 신화를 넘어 공공성으로』, pp.105-107).

12) 문화지체 개념은 미국의 사회학자 오그번(W. F. Ogburn)이 『사회변동론』에서 주창한 개념으로서 급속하게 발전하는 물질문화와 그에 부응하는 정신문화 간의 변화 속도의 차이를 지적하면서 그러한 속도의 차이에 의해 발생하는 사회의 과도기적 혼란을 문화지체현상이라고 지칭한다.

제3장

1) 문화 개념의 변화상에 대한 논의는 신응철, 『문화, 철학으로 읽다』, 북코리아, 2009. 제1장 참조바람.

2) 신화에서 펼쳐지는 이야기의 핵심을 '상징(Symbol)'으로 이해하는 점에서 반 퍼슨은 카시러의 입장을 그대로 수용하고 있다고 할 수 있다. C. A. 반 퍼슨, 『급변하는 흐름 속의 문화』(강영인 역), 서광사, 1994, 178쪽. 신화와 상징의 관계에 대한 카시러의 견해에 대

한 상세한 논의는 신응철, “카시러 문화철학에 나타난 신화관”, 『대동철학』, 제7집, 대동철학회, 2000.3. 63-90쪽 참조바람. 그리고 신응철, 『카시러의 문화철학』, 한울아카데미, 2000. 참조바람.

제4장

1) 조건부 가치측정법(Contingent Valuation Method: CVM)은 특정 응답자를 대상으로 설문지 또는 면접을 통해 비경제재의 가치를 계량적으로 측정하기 위하여 사용하는 방법으로 사용가치(use value)와 비사용 가치(non-use value)로 구성되어 있음.

제5장

1) 지역사회에 영향을 미치는 문화예술의 범위에서 어메니티 요소까지 확대하여 논의하는 경우도 있다(Clark, 2002). 그는 어메니티 요소를 크게 자연적 물리적 어메니티, 인위적 어메니티, 사회경제적 구성 요소와 다양성, 주민의 가치와 태도 등으로 분류하였다. 물리적 어메니티에는 기후, 습도, 기온, 물 접근, 전반적 자연적 매력 등이 포함된다. 인위적 어메니티에는 연구 도서관과 같은 대형 기관의 수, 오페라, 고서 또는 희귀서점과 같은 소규모 기업, 쥬스 바, 대형 할인마트, 스타벅스, 자전거 행사 등이 포함된다. 사회경제적 구성 요소와 다양성에는 주민의 소득과 교육수준, 외국인, 히스패닉, 아프리카 어메리칸, 게이 비율 등이 포함된다. 주민의 가치와 태도에는 우호성 또는 적대감, 관용성, 모험성, 개인주의, 기타 특성 요소들이 포함된다.
2) 논의를 위한 하나의 중요한 점은 경제적 영향 연구를 제외하고는 대부분의 문화예술 연구자들은 문화예술이 개인이나 조직에 미치는 편익에 초점을 맞추고 지역사회에의 직접적 영향을 간과하였다.

제6장

1) 세계 예술위원회의 모델이 된 영국예술위원회(Arts Council of Great Britain)는 제2차 세계대전 직후인 1946년 설립되었다.
2) 이러한 실천 활동에는 대표적으로 예술 영역이 포함되지만 종교나 언어 활동 등과 같이 상징을 매개로 의사소통하는 다양한 활동 영역들도 포함된다.
3) 근대 이래 국가의 직, 간접적 지원에 의해 건립되거나 활성화되기 시작한 공공도서관, 박물관, 미술관, 극장 등 다양한 문화시설이나 이를 둘러싼 활동들은 이와 같은 문화의 ‘실천’이나 ‘행위’로서의 특성을 잘 보여준다.
4) 문화정책에 대한 논의에서 끊임없이 국가 운영의 원리로서 문화정책이 작용하여야 한다는 요청이 제기되는 것은 문화정책이 가진 이러한 특성과 관련되기 때문이다.
5) 과학적 방법론은 무엇보다 현상에 대한 분석을 위해 다양한 지식과 정보, 이를 분석하기 위한 기술, 대상에 대한 접근 전략 등을 체계적이고 유기적으로 활용하였다는 점에서 큰 특성을 가진다.
6) 제2차 세계대전 이후 영국에서 강조된 아츠 센터 건립에 대한 국가지원 필요성은 시민

의 육성이라는 차원에서 18세기 박물관 건립에 국가지원이 필요하다고 역설했던 주장과 맥을 같이한다. 1990년대부터 설립되기 시작한 우리 사회의 문화의 집 건립에 대한 국가 지원 필요성 또한 다소 강조점의 차이가 있기는 하지만, 시민으로서의 역량 강화에 초점을 두고 있다는 점에서 영국 사례와 비슷한 맥락을 보인다. 2005년에 발표한 문화정책 백서인 『창의한국』은 문화시민 육성을 문화정책의 목표로 공식화했다고 할 수 있다.

제7장

1) 헌재 1994.2.24. 93헌마192, 판례집6-1, 173-182; 1997.7.16. 95헌가6 내지13(병합), 판례집9-2, 1-31; 2000.4.27. 98헌가16, 98헌마429(병합), 판례집12-1, 427-494 등.
2) 헌재 2000.4.27. 98헌가16 등(병합), 판례집12-1, 446; 2004.5.27. 2003헌가1, 판례집16-1, 679.
3) 근대 헌법에서는 문화 영역에서 평등, 예술의 자유, 종교의 자유 등으로 인정되었다. 주관적 공권성이 약한 문화권을 기본권으로 수용하기에는 한계가 있었다. 문화권이 각국 헌법에 명문으로 인정된 것은 사실 현대 헌법에 와서이다. 포르투갈 헌법(제78조)이 대표적인데, "누구나 문화를 향유하고 문화적 창작 활동을 할 권리가 있으며, 문화재를 보존·유지할 의무를 진다"고 규정하고 있다(고문현, 2018: 51).
4) 헌재 1993.5.13. 91헌바17.
5) 헌재 1992.11.12. 89헌마88, 판례집4, 739, 750-751.
6) 헌재 2000.4.27. 98헌가16 등, 판례집 12-1, 427, 448-449.
7) 부산고법 1995.5.18. 95카합5.
8) 1997.4.24. 95헌바48.

제8장

1) 하위문화(subcultures)는 고급문화(high culture)의 상대적 표현인 하급문화(low culture)를 의미하는 것이 아니라 전체 문화체계의 부분을 의미한다.

제9장

1) 여기에 관한 유네스코의 문화에 대한 정의와 서술은 다음과 같다.
"Culture may now be said to be the whole complex of distinctive spiritual, material, intellectual and emotional features that characterize a society or social group. It includes not only the arts and letters, but also modes of life, the fundamental rights of the human being, value systems, traditions and beliefs; that it is culture that gives man the ability to reflect upon himself. It is culture that makes us specifically human, rational beings, endowed with a critical judgement and a sense of moral commitment. It is through culture that we discern values and make choices. It is through culture that man expresses himself, becomes aware of himself, recognizes his incompleteness, questions his own achievements, seeks untiringly for new meanings and creates works through

which he transcends his limitations"(UNESCO, 1982: 41).

2) 이러한 홉스테드와 그 동료들의 문화에 대한 정의는 아래와 같은 문화에 대한 서술에서 잘 나타나 있다.

"The sources of one's mental programs lie within the social environments in which one grew up and collected one's life experiences. The programming starts within the family; it continues within the neighborhood, at school, in youth groups, at the workplace, and in the living community." .... "In most Western languages culture commonly means 'civilization' or 'refinement of the mind' and in particular the results of such refinement, such as education, art, and literature. This is culture in the narrow sense. Culture as mental software, however, corresponds to a much broader use of the word that is common among sociologists and, especially, anthropologists"(Hofstede, Hofstede, & Minkov, 2010: 5-6).

3) 지금까지 홉스테드가 분류한 문화코드는 크게 6개 차원이다. 이들을 보면, ① 개인주의-집단주의(individualism-collectivism), ② 불확실성 회피(uncertainty avoidance), ③ 권력 격차(power distance; 사회계층의 견고성), ④ 남성성-여성성(masculinity-femininity; 과업 지향성-인간 지향성)에 관한 문화적 차원이다. 이 결과는 72개 나라에서 근무하는 IBM 종사자 88,000명을 대상으로 나온 결과이다. 그 이후에도 새로운 문화차원을 찾았는데, ⑤ 장기 지향성(long-term orientation)이다. 가장 최근에는 『*Cultures and Organizations: Software of the Mind*』(2010)에서, 홉스테드는 미카엘 민코프(Michael Minkov)와 함께 세계 가치관 조사 데이터를 활용하여, ⑥ 쾌락추구-절제(indulgence versus self-restraint)를 제시하였다.

4) 하지만 비판문화론 관점에서 지배계급, 특히 자본주의 사회에서 자본가계급이 자본주의 체제 유지를 위한 통치방식으로 문화를 활용한다는 주장도 있지만(그람시의 진지전), 피지배계급은 그 나름대로 문화를 형성하고 지배계급과 구분되는 문화를 갖는다. 지배계급이 도덕적으로 사회적으로 자신의 가치가 정당하다는 것을 전파하고 이를 수용하도록 사회를 운용한다는 것이다. 그람시(Antonio Gramci)의 관점에서 보면 자본주의 사회의 대부분의 (비)공식 교육체제와 매체는 자본주의 체제 유지를 위해 기능한다고 본다. 나아가 미국처럼 세계의 문화강대국이 자신의 문화를 전 세계에 확산하여, 미국의 문화가 좋고 보편적인 문화처럼 수용하도록 하는 문화전략도 비판적 문화론이 관점에서 보면 일종의 힘의 논리에 바탕을 둔 문화제국주의에 다름 아니다. 중국이 전 세계에 공자학당을 만들어 중국문화의 우수성과 더불어 중국의 문화영향력을 확산시키려고 하는 것도 이와 같은 맥락이다. 비판적 문화론은 지배층이 피지배층에, 그리고 강대국이 약소국에 자신들의 문화가 우월하고 좋은 것이라는 것을 전파하고 이를 수용하도록 각종 노력을 하는 것은 문화제국주의로 잘못된 것이며, 어느 집단이나 국가도 그 나름의 문화정체성을 갖고 있다고 강조한다.

5) 아래 유네스코에서 발간하는 인간발전보고서에서도 리터러시에 대한 이러한 개념정의를 하고 있다. 또한 여러 학자들에 따르면 리터러시는 근대문명의 근간이며, 리터러시 없는 문명은 존재할 수 없다고 강조한다. 리터러시가 바로 문명을 만드는 원천인데, 문화역량의 핵심이라고 볼 수 있다.

"A person is functionally literate who can engage in all those activities in which literacy is required for effective function of his or her group and community and also for enabling him or her to continue to use reading, writing and calculation for his or her own and the community's development"(UNESCO, 2005: 30).

"Literacy is a curious thing. It seems to envelope our lives and be central to modern living, yet most of humanity has done without it for most of human existence"(Collins & Blot, 2003: 1).

6) 제2차 세계대전이 한창이던 1942년 미국 정부는 약 43만 명의 군인 징집을 연기해야만 했는데, 그 이유는 바로 이들이 전쟁과 훈련에 필요한 각종 영문 자료를 읽지 못했기 때문이었다. 영어를 읽고 쓸 줄 모를 경우, 실제 생활에서 불편함도 있지만 효과적인 훈련과 전투에는 큰 장애물로 작용할 수 있기 때문이다.

7) 문화발전, 문화역량, 그리고 경제발전과 인적자본의 관계는 서로 영향을 주고받는 관계이다. 문화발전과 문화역량이 경제발전과 기능적 리터러시를 높이도록 촉진할 수도 있을 것이다. 양자 관계에서 어떤 변수가 독립변수이고 종속변수인가는 상황과 양자를 설정하는 분석의 틀에 따라 양자의 변수 위치가 달라진다.

8) 국가간 리터러시 점수는 90th, 95th 등 퍼센타일 방식과 수준 1부터 수준 5까지 5등급으로 구분하여 제시된다. 이 국제조사는 "The Programme for the International Assessment of Adult Competencies(PIAAC)"이라는 조사프로그램에 의해 이루어진다. 이 조사는 최근 정보화 사회에서 가정, 직장, 지역사회에서 필요한 각종 읽기, 수리력, 문제해결력 등을 측정하는 데 초점을 두고 있다. 이에 대한 자세한 안내는 OECD 웹사이트(http://www.oecd.org/skills/piaac/)를 참고하면 된다.

9) 공정하지 못하고 부패하며, 모든 사람에게 평등한 기회를 주지 못하는 구조화된 사회구조와 관습에 저항하는 정신의 원천이다. 대한민국 헌법과 주요 선진국의 헌법에 규정된 각종 인권과 권리에 대한 개념을 이해하고, 제대로 이를 구현하기 위해 노력하는 정신이다. 보편적 인권과 권리를 제대로 보장받기 위해서, 기존 사회 질서 속에서 억압된 숨은 질서를 찾아내고 이를 비판하여 개혁하려는 의지와 활동이 바로 비판적 리터러시다. 비판적 리터러시는 권력관계(power relations), 거대담론(discourses), 정체성(identities) 등 우리 사회를 움직이고 규정짓는 원리와 현상에 대해 이것이 정의롭고 공정한가에 대한 근본적 의문과 질문을 던지는 자세이다.

10) 레이코프(George Lakoff)에 따르면 보수와 진보 같은 정치사상이나 사고체계가 인간의 뇌구조와 작동방식에 영향을 준다고 한다. 특히 여기서 인간의 사고와 생각은 중립적으로 정치현상을 바라보는 것이 아니라 이러한 사고의 틀(프레임)이 선호하는 도덕과 가치관을 기준으로 판단한다는 것이(Lakoff, 2014; Lakoff, 2016). 이것이 주는 시사점은 인간이 만든 정치문화가 사상체계도 일정한 프레임을 갖고 있고, 이를 정치광고나 캠페인 등을 통해 인간의 사고에 계속 주입하거나 교육을 통해 내면화 시키면, 이를 수용하고 따른다는 것을 암시해준다. 여기서 벗어나기 위해서는 상당한 수준의 비판적 리터러시가 필요하며, 스스로 자신이 가지고 있는 사고의 체계가 어떤 정파를 선호하는지 살펴보고, 왜 그런가에 대한 성찰이 요구된다.

11) 미국이 국내 마약퇴치를 위해 마약 생산지를 없애도록 국제적 압력을 가하면서 나타나는 파생적 문제와 이 문제의 본질이 무엇인지 고민하게 해주는 비판적 리터러시의 사례를 보자.

"미국은 안데스 산맥 부근의 국가들에게 압력을 가해 코카(coca) 재배를 포기하도록 만들었습니다. 물론 미국의 이런 압력이 지역 주민, 즉 농민에게 막대한 손해가 된다는 사실을 잘 알고 있기 때문에 그 나라들은 미국의 압력을 못마땅하게 생각했지만 어쩔 도리가 없었습니다. 미국의 압력에 굴복한 콜롬비아 당국은 비행기로 코카나무 밭에 제초제를 뿌렸습니다. 그 와중에 주변 식물들까지 커다란 피해를 입었습니다. 하지만 대부분의 전문가들이 예측하듯이, 이런 조치에도 불구하고 코카의 재배는 계속될 것입니다. 게다가 마약 문제는 '수요'가 근본적인 원인이 되는 것이지 '공급'이 근본적인 원인이 되지는 않습니다. 이 정도의 추리는 상식입니다. 따라서 문제의 근원은 미국에 있는 것이지 콜롬비아에 있는 것이 아닙니다"(『촘스키 누가 세상을 어떻게 움직이는가』에서 재인용). 여기서는 미국만을 예로 들었지만, 러시아, 중국, 일본, 영국, 프랑스 등 많은 강대국들이 그동안 저개발국가에 자행해온 각종 잘못된 일들이 겉으로 명분 있는 프로젝트로 둔갑되었다.

12) 이러한 역량 접근법은 기존의 공리주의 접근, GDP와 같은 생산주의 접근에 놓치는 불평등이나 소외, 행복이나 삶의 질 등을 제대로 평가하려는 시도로서 인간개발지수에 그 취지가 잘 나타나 있다. 인간개발지수에서 더 나아가 누스바움(Martha C. Nussbaum)은 최소한의 사회정의 실현을 위한 민주주의와 시민참여를 중요한 역량의 요소로 포함하고 있다.

13) "누스바움이 제시한 10개의 핵심역량은 '생명, 신체건강, 신체보전, 감각 · 상상 · 사고, 감정, 실천이성, 관계, 인간 이외의 종, 놀이, 환경'이다(누스바움, 2015: 48−50). 누스바움은 이러한 10개의 역량이 최소한으로 보장되어야 하며, 어느 하나라도 최소 기준 이하로 보장받지 못할 때 사회정의를 구현하기 어렵고 인간다운 삶과 인간존엄성이 위협받을 수 있다고 한다.

14) 누스바움이 제시한 정부의 역할은 모든 사람이 균등한 기회 조건을 누리면서, 핵심역량을 개발할 수 있도록 해야 한다는 것이다. 모든 사람이 억압받거나 차별받지 않고 자유롭게 스스로 자신이 원하는 필요한 핵심역량 개발과 발전을 추구할 수 있도록 필요한 제도와 자원을 정부가 적극적으로 만들고 제공해야 한다는 것이다.

15) 최근 강조되는 비판적 사고와 문제해결, 창의성, 자기주도성에 바탕을 둔 학습사회, 유연성, 적응력, 진취성, 협력에 바탕을 둔 시민사회 자본모델, 디지털매체 관련 미디어 리터러시 등도 바로 문화리터러시가 바탕이 될 때 선순환 구조를 만들어 낼 수 있다.

16) 문화역량지수의 결핍은 다음과 같이 측정될 수 있다. 먼저 문화역량 점수의 중간점[(중위수: Median; 50th(percentile)]에서 각 집단별(예: 지역, 성별, 소득별 등) 하위 10th(percentile)의 값을 뺀 값으로 구한 후 각 집단별로 10th(percentile) 점수가 전국문화역량지수 중간값과 얼마나 떨어져 있는지 파악하는 것이다. 이상의 내용은 정광호 · 이계오 · 김청택(2013)의 『문화역량지수 조사 연구』에 나와 있다.

17) 문화역량지수의 격차는 일반적으로 소득격차 파악에 사용되는 방식을 활용한다. 예를 들면, 99th(percentile)의 문화역량지수 점수와 90th(percentile), 50th(percentile), 10th(percentile)의 격차를 집단별로 파악하여 각 퍼센타일 점수 간 상대적 비율을 통해 격차(divide)를 판단하는 것이다. 이를 통해 상위 1% 및 10%와 중간 50%, 하위 10%에 해당되는 점수 간 상대적 격차를 파악할 수 있다. 이상의 내용은 정광호 · 이계오 · 김청택(2013)의 『문화역량 지수 조사 연구』를 참고하면 된다.

제10장

1) https://terms.naver.com/entry.nhn
2) 이종훈 편역(2016), 『세계를 바꾼 연설과 선언』, 서해문집, 280−293쪽.

UNESCO 세계문화다양성선언은 총 12개 조항의 문화다양성에 관한 규정을 선언문에 포함하고 있으며 내용을 요약하면 제1조 문화다양성은 인류의 공동유산, 제2조 문화 다양성에서 문화 다원주의로, 제3조 발전을 촉진하는 요소로서 문화다양성, 제4조 문화 다양성의 담보로서 인권, 제5조 문화 다양성을 보장하는 조건으로서 문화적 권리, 제6조 누구나 문화 다양성을 누릴 수 있는 권리의 보장, 제7조 창조성의 원천으로서 문화유산, 제8조 문화상품과 문화 서비스, 제9조 창조성의 촉매로서 문화정책, 제10조 세계적 차원의 창조 역량과 유통 역량의 강화, 제11조 공공부문과 민간부문과 시민사회 간의 협력 관계 구축, 제12조 유네스코의 역할을 규정하고 있다.

3) 이종열 외(2013), 『다문화 사회의 이슈와 정책』, 조명문화사, 42쪽.
문화다양성 협약의 내용은 "세계 문화다양성 선언"을 기초로 하여 문화적 재화가 갖는 독특한 성격을 인정해 문화상품을 자유무역 대상에서 제외시키기 위한 협약으로 문화다양성의 의의와 주요 개념들을 명확히 규정하고 있다. 전문 내용은 1. 문화다양성은 인류 공동의 유산이며, 모든 이들의 이익을 위하여 소중히 하고 보존되어야 한다는 점을 깨닫는다. 2. 민주주의, 관용, 사회 정의, 그리고 사람과 문화 간의 상호 존중의 틀 안에서 번성하는 문화다양성이 지방, 국가, 국제적 차원에서 평화와 안전을 위하여 필수불가결하다는 점을 상기한다. 3. 정체성, 가치, 의미를 전달하는 문화 활동, 상품 및 서비스는 경제적 속성과 문화적 속성을 함께 지니며, 그러므로 단순한 상업적 가치로 취급되지 않아야 함을 확인한다. 4. '보호'란 문화적 표현의 다양성을 보존, 보호, 진흥하기 위한 목적으로 한 조치들의 채택을 의미한다. 5. '문화다양성'은 집단과 사회의 문화 표현되는 다양한 방식을 말한다. 이러한 표현들은 집단 및 사회의 내부 또는 집단 및 사회 상호간에 전해진다. 문화다양성은 여러 가지 문화적 표현을 통해 인류의 무엇이든지 간에 문화적 표현의 다양한 형태의 예술적 창조, 생산, 보급, 배포 및 향유를 통해서도 명확하게 나타난다. 6. '문화적 표현'이란 문화 콘텐츠를 지닌 개인, 집단, 사회의 창의적 활동의 결과물이다. '문화 콘텐츠'는 문화적 정체성에서 비롯되거나 이를 표현하는 상징적 의미, 예술적 영역, 그리고 문화적 가치를 말한다.

4) https://terms.naver.com/entry.nhn?docId=934925&cid=43667&categoryId=43667

5) 정홍익 외(2008), 『문화행정론』, 대영문화사, 278-279쪽.
카스텔스(M. Castles)와 밀러(Mark J. Miller)가 제시한 사회 통합 정책 모형 중 하나로 동화주의(Assimilationism)는 한 국가 내에서 주류문화와 비주류문화가 공존하는데 주류문화의 주체들이 문화를 통해 사회 통합을 강제한 것을 의미한다. 이 과정에서 주류문화는 다양한 억압기제(control mechanism)를 사용하며, 이에 따라 주류의 문화와 언어를 가진 사람들에 비해서 비주류문화에 속하는 소수자들에게는 억압과 불이익이 주어진다. 동시에 국가 형성(nation-building)을 위해 헤게모니를 행사할 뿐만 아니라 이데올로기 문화장치를 통해 사회 내 개인들을 복속시킨다. 대표적인 국가로는 프랑스, 네덜란드, 영국, 이탈리아가 해당된다. 한승준(2011), 『*The KAPS*』 제26권, 한국정책학회, 12-17쪽. 카스텔스(M. Castles)와 밀러(Mark J. Miller)는 사회통합 정책모형으로 차별적 배제모형(Differential Exclusionary Model), 동화모형(Assimilitaionism Model), 다문화주의 모형(Multiculturalism Model)을 제시하고 있다. **차별적 배제모형**은 유입국 입장에서 이민자를 3D 직종과 같이 특정한 노동시장 영역에만 받아들이고, 내국인과의 동등한 복지 수혜를 비롯하여 국적이나 선거권 부여와 같은 사회적·정치적 영역에는 제한하는 모형이다. 이 모형의 경우 소수 인종집단과의 접촉을 배제하거나 최소화함으로써 사회갈등을 최소화하려고 한다. 대표적인 국가로는 한국, 일본, 독일, 대만 등이 해당된다. **동**

화주의 모형은 이민자가 출신국의 언어 · 문화 · 사회적 특성을 완전히 포기하여 주류 사회의 구성원들과 차이가 없게 되는 것을 이사으로 삼는다. 동화주의 모형은 유입국 사회가 자국 사회의 구성원이 되기를 원하는 이민자에게 문화적 동질화를 대가로 "국민"으로 합류하는 것을 허용하 는 정책이며, 주류문화를 통한 사회통합을 목표로 한다. 대표적인 국가로는 프랑스, 네덜란드, 영국, 이탈리아 등이 해당된다. **다문화주의 모형**은 이민자가 그들만의 문화를 지켜가는 것을 인정하고 장려하며, 정책의 목표를 소수민족의 주류사회로의 동화가 아닌 공존(Symbiosis)에 둔다. 이 모형은 주류문화뿐만이 아닌 다양한 문화가 공존하는 가운데 집단 간 상호 존중의 질서가 자리잡도록 하는 것을 정책목표로 한다. 대표적인 국가로는 캐나다, 호주, 미국, 뉴질랜드가 해당된다.

제12장

1) 연설문 원문. http://voicesofdemocracy.umd.edu/buchanan-culture-war-speech-speechtext/

제13장

1) 문화적 대상물에는 인공물, 전통, 공연, 예술 작품, 기념비, 제도 등이 포함된다.
2) Kickert(1997)에 의하면, 거버넌스는 도구적 관점, 상호작용적 관점, 제도적 관점이라는 세 가지 측면에서 파악할 수 있다. 일반적으로 우리나라의 지배적 거버넌스는 통제자와 피통제자로 특징지어지는 도구적 관점에 입각해 있기 때문에 진정한 의미에서의 협력 거버넌스로 보기에는 많은 문제점이 있다.

제14장

1) 지방자치단체 세출예산 중 '문화 및 관광' 항목으로 구분된 예산으로는 문화예술, 관광, 체육, 문화재, 문화 및 관광 일반에 지출된 예산이 포함된다.
2) 시 · 도 자율편성사업은 지역의 일반적 개발사업으로 각 시 · 도가 지출한도 내에서 자율적으로 예산 편성하는 사업이며, 시 · 군 · 구 자율편성사업은 성장촉진지역 등 시 · 군 · 구 관련 기반구축사업으로, 해당 시 · 군 · 구가 지출한도 내에서 자율적으로 예산 편성하는 사업이다.
3) 2018년 문화체육관광부 사업 수는 프로그램 34개, 단위사업 117개, 세부사업 457개, 내역사업 1,127개이다.
4) 정보람(2016)은 국제적으로 통용되고 있는 정부기능분류(Classification of the Functions of Government: COFOG)에 따른 기능별 재정지출을 기준으로 OECD 국가 간 문화재정을 비교하고 있다. 문화재정 데이터로 COFOG 10개 분류 중 '여가, 문화 및 종교'를 활용하고 있다. 단, COFOG 분류에서 관광부문은 '경제활동'에 분류되어 우리나라에서 정의하는 문화재정 전체를 담지 못하는 한계가 있다.

1) 문화예술교육은 문화체육관광부와 교육인적자원부가 2003년 문화예술교육 활성화 추진 계획을 수립하면서 시작되었다. 이 계획은 2004년 문화예술 교육활성화 종합계획으로 구체화되었고, 2005년 2월 문화예술교육진흥원 설립, 2005년 12월 문화예술교육지원법 제정으로 뒷받침되었다. 특히 2009년부터 문화예술교육지원센터 설립 방향을 기초 단위에서 광역 단위로 전환하고 지속적으로 관련 노력을 기울여 온 결과, 2015년 현재 전국에 16개소의 광역 문화예술교육지원센터가 지정, 운영되고 있다. 문화예술교육 사업이 구체화된 것은 2003년부터라고 할 수 있지만, 그 이전부터 문화예술교육을 활성화하기 위한 사업 단위의 활동들은 지속적으로 이루어져 왔다. 대표적인 것은 학교 예술강사 지원 사업인데, 이 사업은 2000년 국악 분야를 중심으로 시작되어 2002년 연극, 2004년 영화, 2005년 만화, 애니메이션 등으로 확장, 추진되었다. 예술강사 지원 사업을 통하여 안정적이고 전문적인 문화예술교육 인력에 대한 필요성이 확대되면서 2013년 문화예술교육 지원법을 개정하여 '문화예술교육사' 제도를 도입하게 되었으며, 13개 교육기관을 지정하여 문화예술교육사 양성 사업을 실시하게 되었다. 초기 단계 문화예술교육 사업이 주로 예술강사 지원 사업을 중심으로 한 학교 문화예술교육 분야에 초점을 두고 이루어져 온 측면이 강하지만, 2005년부터 사회 영역을 중심으로 한 사회 문화예술교육 사업이 꾸준히 추진되어 왔다. 사회적 취약계층에 대한 정책적 관심의 증가와 함께 사회 문화예술교육 사업은 초기부터 주로 취약계층을 위한 문화예술교육 지원 사업의 형태로 추진되었다. 2006년 시작된 취약계층 문화예술교육 지원 사업은 '노인, 장애인, 복지기관 예술강사 지원 사업'(2006년)과 '아동 복지기관 예술강사 지원 사업'(2007년)을 중심으로 추진되었으며 재원은 복권기금으로 마련되었다. 사회 문화예술교육 사업이 예술강사 지원 사업의 맥락에서 벗어나기 시작한 것은 2008년 '사회 문화예술교육 지원 사업'이라는 명칭으로 이 분야가 독자적 사업 영역으로 자리잡게 되면서부터라고 할 수 있다. 이 시기부터 사회 문화예술교육 사업은 취약계층 관련 기관에 예술강사를 배치하는 형태가 아니라 문화예술단체 등을 활용하여 취약 지역, 계층 등의 문화예술 활동을 활성화하는 방식으로 추진되기 시작하였다. 예를 들어, 2010년부터 '창의예술캠프'나 '상상학교', '꿈의 오케스트라'와 같은 사업들 이 '소외 아동 청소년 문화예술교육 지원 사업'이라는 틀에서 지원되었으며, 임대 아파트나 사회적 기업, 시민문화공간 등을 중심으로 '시민 문화예술교육 지원 사업'들이 추진되기도 하였다. 그동안 문화예술교육을 진흥하기 위하여 법, 제도, 조직, 전문 기관 등 각종 인프라가 구축되었고, 사업이 확대되면서 양적으로 크게 성장하였다는 평가를 받고 있다. 양적 팽창은 존재의 근거를 확인하게 하고 사회적 위상 향상과 인식 정도를 가시화했다.

2) 문화 공간에 대한 관심과 정책적 시도는 광복 이후 정부 수립 초기에 문화재 및 문화유산의 보존에 초점을 두었다. 1974년 '문화예술중흥 5개년 계획(1974~1978)'에서 문화예술진흥 기반조성을 위하여 문화 활동과 관련된 조세 혜택, 박물관과 미술관 등의 제도 개편 및 시설건립, 국내 예술창작 활동 지원 및 해외 문화예술 교류사업 등에서 두드러진 성과를 얻게 되었다. 이러한 문화예술진흥 기반조성사업은 문화 공간에 대한 관심과 정책적 노력을 확대하는 결과를 가져왔다. 1980년대 제5공화국에 들어서는 '문화의 창조와 발달'이 헌법 및 국정지표에 처음으로 나타났는데, 이 시기의 문화정책은 크게 두 가지의 방향, 즉 문화 인프라의 확충과 예술창작의 지원에 초점이 두었다. 이 시기의 문화 인프라 조성정책은 문화시설 건립의 기반이 되었으며, 오늘날 지역의 대규모 종합공연

시설인 문예회관은 주로 이 시기에 건립되기 시작하였다. 도시 중심의 대규모 시설을 조성하는 유럽, 일본 등의 방식을 사례로 세종문화회관과 같은 시설이 건립되었다. 문화산업 시대에 대중의 다양한 문화예술 향유를 충족시키기 위해 전시, 공연, 영상 등의 예술 장르가 각각의 문화적 질을 확보하여 연계되는 복합문화 공간이 출현하게 되었다. 이 시기에 정부재정 및 문화예술진흥기금뿐 아니라 공익자금, 기업의 지원금에 이르기까지 문화재원이 대폭 확충되었고 지역문예진흥기금이 적립되기 시작하였다. 이러한 재원을 바탕으로 국립현대미술관, 예술의 전당, 독립기념관, 국립국악원 국악당 등의 대규모 문화시설이 건립되었고 5대 궁이 개·보수되었다. 각 시·도에도 종합문예회관, 특장 문화시설, 중요무형문화재 전수관 등 문화시설이 경쟁적으로 확충되었다.
1990년대에 발표된 문화발전 10개년 계획(1990~1999)은 '새로운 문화환경의 조성'에서 '문화시설의 대폭적인 확충과 시설개선', '시설의 과학적 운영과 기능의 다양화'를 제시하였다. 1998년에는 국민의 정부에 의해 '새 문화정책'이 발표되었고, 문화복지국가 구현을 위해 10대 중점과제를 제시하였다, 중점과 제중 문화기반시설 확충을 시설 확충에 대한 정책적 의지를 보여주는 사례라 할 수 있다.

제17장

1) 2013년 제정된 문화기본법은 문화의 가치와 위상을 높여 문화가 국민의 삶의 질을 향상시키고 국가사회 발전에 중요한 역할을 할 수 있도록 하는 것을 목적으로 하면서 성·종교·인종·신체 조건 등에 상관없이 국민 누구나 문화 활동에 참여하고 향유할 수 있는 기본 권리를 명시하였다. 또한 국가와 지방자치단체는 문화권을 충족시켜야 하는 책임이 가지고, 5년마다 각 정부 수준의 문화진흥 기본계획을 수립하여야 하며, 문화정책의 기본 방향, 시설·인력·활용방안 등을 담는 문화정책의 방향을 결정해야 한다.
2) 문화를 뜻하는 영어 단어 'culture'는 본래 '땅을 경작한다'는 의미에서 유래한 데서 알 수 있듯이 자연 상태를 인위적으로 변화시킨 것에 주목한다. 동양 한자권에서 사용하는 '文化(문화)'라는 단어는 '文治敎化'의 줄임말이다(김정수, 2006: 31). 하지만 지금까지 문화의 개념에 대해 학자들이 내린 정의는 무려 200개에 이를 정도로 다양하다.
3) 정홍익(2011)은 정권이 바뀌면서 정치적 성격이 강한 복지국가 담론이 더욱 강화되면서 정치적 주도권을 획득하기 위한 정치세력 간의 논쟁이 문화복지에 대한 관심을 높이게 되었다고 주장한다.
4) AGIL은 파슨스(Talcott Parsons)에 의해 주창된 이론인데, 그에 따르면 외부적·내부적인 문제와 수단·목적의 문제라고 하는 2개의 축에 의해 4개의 체계 문제로 구분될 수 있다. 즉, A기능(adaptation: 적응)은 외부적, 수단적인 기능 요건, G기능(goal-attainment: 목적 달성)은 외부적·목적적인 기능 요건, I기능(integration: 통합)은 내부적·목적적인 기능 요건, L기능(latency, pattern-maintenance: 잠재성, 유형 유지)은 내부적·수단적인 기능 요건이다.
5) 문화적 형평성은 사회계층과 지역에 구애받지 않고 좀 더 많은 국민이 문화적 혜택을 누릴 수 있는 것에 초점을 두는 반면, 문화 민주주의는 문화가치나 문화적 산물을 대중화하는 것으로서 지역주민 스스로가 문화예술 활동에 적극적으로 참여하는 것을 뜻한다(임학순, 2003).

제20장

1) 자치분권위원회가 발표한 내용을 보면 주민 발안과 주민소환, 주민감사청구와 같은 주민직접참여제를 확대하는 '주민 주권' 구현에 초점을 두고 있으며, 주민이 지방자치단체를 거치지 않고 직접 조례 제·개정과 폐지안을 지방의회에 제출할 수 있도록 하였다. 이 외에도 자치경찰제 도입과 자치단체 인사권 독립, 국세·지방세 비율을 8대 2에서 6대 4로 조정하는 방안도 발표하였다.
2) 동법 제2조의 기본 이념에서는 "문화가 민주국가의 발전과 국민 개개인의 삶의 질 향상을 위하여 가장 중요한 영역 중의 하나임을 인식하고, 문화의 가치가 교육, 환경, 인권, 복지, 정치, 경제, 여가 등 우리 사회 영역 전반에 확산될 수 있도록 국가와 지방자치단체가 그 역할을 다하며, 개인이 문화 표현과 활동에서 차별받지 아니하도록 하고, 문화의 다양성, 자율성과 창조성의 원리가 조화롭게 실현되도록 하는 것"을 제시하고 있다.
3) 이상열 외(2017: 13−14)의 연구결과에 따르면, 국제사회의 의제는 '문화와 발전', '문화다양성', '문화교류와 혁신', '창조성과 참여' 등으로 확장되는 경향이 나타나고 있으며, 지속가능한 발전이라는 틀로 수렴되고 있다. 이러한 흐름은 우리 문화정책에도 나타나며 국가정책 전반에서 문화의 역할이 강조되고, 최근에는 지속가능발전이라는 흐름 속에서 '문화 민주주의', '지역과 도시', '문화와 기술의 융합'이 강조되고 있는 것을 알 수 있다.
4) 문화비전 2030에서 3대 정책방향은 개인의 자율성 보장, 공동체의 다양성 실현, 사회의 창의성 확산을 제시하고 있고, 9대 정책의제는 ① 개인의 문화권리 확대, ② 문화예술인·종사자의 지위와 권리 보장, ③ 성평등 문화 실현, ④ 문화다양성의 보호와 확산, ⑤ 공정하고 다양한 문화생태계 조성, ⑥ 지역문화분권 실현, ⑦ 문화자원의 융합역량 강화, ⑧ 미래와 평화를 위한 문화협력 확대, ⑨ 문화를 통한 창의적 사회혁신 등이다(새문화정책준비단 홈페이지, 2018.10.18 검색).

제21장

1) 유네스코는 제31차 총회에서 "문화는 사회와 사회 구성원들의 고유한 특징(정신/물질/지적/감성)의 총체로 간주되어야 한다. 또한 문화는 예술, 문학, 생활양식, 공존 방식, 가치관, 전통 및 신념을 포함한다"고 선언했다.
2) "Creative Europe 2014−2020"을 통해 확인되는 다자 간 교류 측면에서 특성은 과거 단방향적 교류에서 필연적일 수밖에 없었던 관계(제공/수혜자, 지원/수혜자)에서 탈피하여, 참여국 모두의 공존과 공영을 강조하는 '생태적' 시각을 중요시하는 점이다.
3) 최근 열린 제7차 아셈문화장관회의(2015년 밀라노/2016년 광주)에서는 '문화'가 '국제사회 문제의 해결기제'로 역할을 해야 함을 확인하였고 동시에 국제 문화교류의 중요성을 거듭 강조한 바 있다.
4) 아시아개발은행(ADB) 연구소의 "아세안 2030: 국경 없는 경제 공동체를 향하여"에 따르면 동남아시아국가연합(ASEAN)은 2030년 무렵이면 유럽연합(EU)와 정치, 경제, 문화 차원에서 대등한 지역연합으로 부상할 것이라고 평가하였다. 물론 AEC가 EU에 상응할 경제공동체로서의 위상 제고는 점진적으로 이뤄질 과제이다. 하지만 EU가 적극적인 경제통합을 위한 기반으로 문화교류를 강조했던 점을 고려한다면, 향후 AEC 중심의 초국가적 문화교류 관장 기구의 출현 가능성도 간과할 수 없다고 분석하고 있다.

5) 동 위원회는 「국제 문화교류 진흥법 시행규칙」 제3조~제4조에 근거하여 설치되며, 위원장 1명을 포함하여 총 15인 이내로 구성한다. 주요 기능으로는 국제 문화교류 진흥 종합계획 · 시행계획 수립 · 변경, 민간의 국제 문화교류 진흥방안 등에 관한 심의를 한다.
6) 2018년 4월 기준 2개 시도(경기, 제주)에서 국제 문화교류 진흥 조례를 제정 · 시행 중이며, 2019년 말까지 17개 전체 시 · 도로 확대 예정이다.
7) 기존 한국문화산업교류재단을 '한국국제문화교류진흥원'으로 전환 후 전담기관으로 지정하였다(2018년 2월).
8) 현재 운영 중인 코리아센터는 LA, 북경, 상해, 동경 네 곳이며, 향후 파리(2018년 예정), 뉴욕(2020년 예정)에 건립, 영국(2019년~), 인도네시아(2019~)의 문화원을 코리아센터로 전환 검토하고 있다.

제22장

1) 실제로 국제문화기관인 IFFACA(International Federation of Arts Councils and Culture Agencies)와 Agenda 21 for culture(UCLG's Committee on Culture) 등의 네트워크는 UN Post-2014 개발의제에 문화 부분을 포함시키기 위한 선언문(Declaration on the Inclusion of Culture in the Sustainable Development Goals)을 채택하고, SDG 프레임워크(SDG Framework)에 포함되어야 할 문화 관련 지표로 '문화영향평가'와 관련된 지표를 제시한 바 있다.

제24장

1) 하지만 필자가 수집한 자료에 따르면, '하일한류'는 2001년 7월 한국 가수들의 콘서트에서 처음 사용된 것으로 보인다(http://qsyuyu.com/qsyuyu1/images/case/02_activities/csmtv_hs/index.htm).
2) 『신동아』 2001년 10월호에는 <우전 SOFT>의 김윤호 사장이 1998년 HOT 앨범 홍보를 위해 포스터에 '한류'라는 단어를 썼다고 보도했다(이형삼, 2001).
3) 심지어 최근에 나온 말로 '디저트 한류'도 있다.
4) 에이전트와 사회구조의 중요성에 관한 극명한 대조로는, 유명한 소비에트 볼세비키혁명에 관한 트로츠키(Leon Trotskii)와 스카치폴(Theda Skocpol)의 설명을 들 수 있다. 트로츠키는 레닌이 1917년 10월 레닌그라드(당시 페테로그라드)에 도착하지 못했더라면 볼세비키혁명을 성공할 수 없다고 본 반면, 스카치폴은 러시아혁명은 왕정 러시아의 사회구조의 모순에서 자연적으로 발생할 수 밖에 없었다고 보는 것이다.
5) 물론 박과 아벨만의 글에서의 맥락은 영어교육에 몰두하는 한국인들에 대한 설명이 주를 이루지만, 이 표현은 한국 사회가 해외로 진출할 수밖에 없는 상황에 대하여 자주 사용되고 있다.
6) 레드퀸 레이스(Red Queen's Race)는, 『이상한 나라의 앨리스』로 유명한 루이스 캐럴(Lewis Carrol)의 소설인 『거울 속 나라로(*Through the Looking-Glass*)』에서 앨리스가 나무 아래에서 열심히 달려보았자 제자리인 상황에서 그것을 본 레드퀸이 여기서는 단지 같은 자리에 머무르기 위해서 온 힘을 다해 달려야 한다고 말하는 장면에서 출현하였다. 그 후, 아무리 열심히 노력해도 계속 제자리인 상황을 나타내는 개념으로 다양한 분

양에서 사용되었다. 예를 들어, 레드퀸 레이스 개념은 동물 진화학자들에 의해 레드퀸 효과(Red Queen Effect)라는 개념으로 발전하였는데, 레드퀸 효과란 동물의 체계가 계속 진화하기 때문에 구성원들은 단지 지금의 수준을 유지하기 위해서라도 끊임없이 발전하려는 노력을 해야 한다는 것을 의미한다. 간단한 예를 들면, 초식동물인 영양(羚羊)이 사자와 포식자에게 잡아먹히지 않기 위해 달리기 수준을 열심히 진화시켰지만 생존 가능성을 높이지 못했는데, 왜냐하면 사자 또한 영양을 잡아먹기 위해 또한 열심히 달리기 운동을 했기 때문이다. 조직론에서도 레드퀸 효과는 자주 인용된다. 즉, 각 조직들이 저마다 최선을 다하는 상황에서도 성과가 별로 없는데, 이는 다른 조직들 또한 최선을 다하기 때문인 것이다.

7) 한국문화콘텐츠진흥원, 한국방송영상산업진흥원, 한국게임산업진흥원, 문화콘텐츠센터, 한국소프트웨어진흥원.
8) 한류문화산업교류재단은 2006년에 '국제문화산업교류재단'으로 바뀌었고 현재는 '국제문화교류진흥원'으로 바뀌었다.
9) 단장은 정부의 문화체육부 장관과 민간의 한국방송협회장 두 명이었고, 정부 부서는 문체부, 미래부, 농림부, 산업부, 외교부, 방통위가 참가하였다. 민간은 5개 방송사(KBS, MBC, SBS, 아리랑 TV, 국악방송), 영화사(롯데시네마), 엔터테인먼트 회사(SM, YG, JYP) 디자인재단(서울디자인재단), 금융(한국벤처투자), 패션(코오롱), 식품(CJ 푸드빌), 화장품(아모레퍼시픽), 무역(한국무역협회), 기타 미디어(네이버, CJ E&M) 등이 참가하였다.
10) Soft Nationalism은 일본이 팝 문화를 통해 전 세계에 영향력을 확산하는 과정을 논의한 이와부치(Iwabuchi, 2007)의 연구에서 제시된 개념으로 문화를 통하여 국가 영향력을 확대하려는 정부 정책을 의미한다.
11) 물론 방탄소년단의 예술적 우수성이 가장 중요한 요인 중 하나라는 것은 모두가 인정하는 바다. 작사, 작곡, 가창, 댄스 능력 모두에서 방탄소년단의 실력은 세계적 수준이다.
12) 실제로 트위터의 #BTSisNotYourAverageBoyBand(BTS는 당신이 생각하는 보통의 보이밴드가 아니다)라는 해시태그에는 10대부터 60대까지 팬들이 BTS의 음악과 가사가 어떻게 자신의 인생을 바꾸어놓았는지, 어떻게 자신을 구원했는지를 고백하는 글들로 넘쳐난다.
13) 그 대표적인 예로 스타워즈와 유니세프는 100만 달러를 목표로 모금활동을 했는데, 방탄소년단과 아미가 이틀 만에 그 목표액을 달성하게 한 것을 들 수 있다. 또 우울감과 낮은 자존감으로 고통받는 팬들을 위해 세계 각국 언어로 위로를 전하는 심리 전공자들의 모임(@BTS_AHC)이라든지, 시리아 등 전 세계에서 고통받는 곳에 꾸준히 아미의 이름으로 기부를 하는 단체(@OneinAnArmy)도 좋은 예라 할 수 있다.
14) 보라 리본 프로젝트가 대표적인 것이라 할 수 있다.

제25장

1) 도시경쟁력은 매우 광범위한 개념으로서 인구, 고용성장률, 임금과 소득(Florida et al., 2007) 등 산업적 관점, 관습 문화 등 사회문화적 관점, 행정적 관점 등으로 구분할 수도 있다.
2) 창조계급에 속하는 직업군은 크게 두 가지 범주로 나눌 수 있다. 즉, 경제 활동 종사자 중 창조적 작업에 종사하는 순수 창조의 핵(컴퓨터 · 수학 관련 직업, 건축 · 공학 관련

직업, 생명・물리과학・사회과학 관련 직업, 교육・훈련・사서 관련 직업, 미술・디자인・연예오락・스포츠・미디어 관련 직업)과 창조적 전문가들(관리직, 사업・재정운영 관련 직업, 건강관리 관련 직업 등의 지식관련 직업들)이다(Florida, 2002).

3) 창조성을 바탕으로 하는 창조산업의 특성은 지식과 혁신의 연결고리 역할을 수행하며, 상당한 파급효과(spillover)를 발생시켜 경제성장과 고용을 증대하는 산업으로서 문화・예술산업과 첨단산업 등이 여기에 포함된다.

4) 미디어아트 분야로 지정된 리옹(프랑스)을 사례로 보면 디지털기술의 창조산업화, 주민참여, 삶의 질 향상을 위한 미디어아트, 미디어 아티스트 연수프로그램, IT 디지털 대중매체 활성화 등이 선정기준이었다. 리옹의 도시 특징을 보면 민간 디지털 게임 산업이 활발하고, 문화예산의 20%를 미디어아트 분야에 우선 배정하고 나아가 활발한 국제적 네트워크를 구축하고 있다.

5) 선정 도시의 시민들을 대상으로 한 설문조사에 따르면, 응답자의 80%가 이 프로그램이 도시를 발전시킨다고 긍정적으로 평가했다.

6) 제이콥스(Jane Jacobs)는 20세기 중반의 모든 가능성에 대비하여 도시생활의 확고한 우정을 돋보이게 하였다. 자본 투기 위기에 대한 대립뿐만 아니라 엘리트주의 세계에 저항하였다. 오늘날 북미 지역의 대부분 도시 계획가들이 소중히 여기는 "정통적" 인류사회 설계 원칙을 규정 한 사람이다. 제이콥스는 도시생활의 사회적 유대를 구성하는 작은 블록, 좁은 거리, 작은 가게 주인, 개인 및 가족을 칭찬했다. 그녀는 자치의 가치를 적극적으로 홍보했는데, 즉 지역 사회의 자율성이다. 반드시 개인의 자율성이 아니라 공동체의 자율성, 그리고 공동체적 정치와 동일시하는 국가 개입으로부터의 자립을 강조하면서 도시의 재생계획에 맞서 성공적으로 싸웠다. 그 당시 한 도시재생사업은 그리니치 빌리지(New York City)의 일부를 철거 할 계획으로서, 도로, 자동차 및 트럭 용 고속도로, 대형 공공 주택 프로젝트를 구축하는 것을 포함하였다. 이는 일반적으로 도시를 보다 현대적이고 효율적으로 만들었지만 여기에 살고 있는 사람들에게는 궁극적으로 상징성을 띠는 일관성을 상실하게 만들었다. 주킨(Sharon Zukin)은 후기산업 도시의 경제성장에서 "창조계급"의 역할에 대한 플로리다(Richard Florida) 이론에 동의하지 않는다. 그는 도시가 번성하기 위해 예술가와 다른 창의적인 일을 하는 도시의 전문가들의 취향과 사회적 취향을 충족시켜야 한다고 주장했다. 하지만 주킨은 그 생각을 "어리석다"고 말하면서 도시는 다양성과 다양한 계층의 사람들, 즉 모든 일을 기반으로 해서만 살아남고 지방 정부는 이를 위한 공간을 제공할 필요가 있다고 하였다(Zukin, 2010).

7) 유럽에서 성공한 사례로 슬로베니아의 Creative Poligon Center를 들 수 있다. Poligon은 전업 및 시간제 사용자를 위해 설계되었으며, 60개의 유연한 책상, 7개의 사무실, 회의실, 사진 서비스, 바, 시장, 서점 및 이벤트 공간을 갖추고 있다. 또한 가장 최근의 것은 iHUB인데, 몰도바 공과 대학(University of Moldova) 건물에 문을 열었으며 개장 후 1개월 만에 매우 큰 인기를 끌었다.

8) 필자가 기억하는 이러한 카페의 대표적인 예로 뉴욕시 맨해튼에 소재하는 카페 "피가로"를 들 수 있다.

9) 샌프란시스코의 수도권 지역, 예를 들면 신호세(San Jose))에서의 고등학교 졸업자는 평균 68,009 달러로서 이는 캘리포니아 주 베이커스필드(Bakersfield)에 있는 대학 졸업자 평균인 65,411달러와 비교하여 더 높은 수준이다.

10) 어떤 사람들은 뉴욕시가 지난 30년 동안 그 영혼을 잃었다고 말하는데, 뉴욕을 다른 도시처럼 변화시킨 변화가 있었음은 분명하다. 또한 뉴욕을 더 비싼 도시로 만들고 매력

적인 곳으로 만들었다고들 하는데, 그녀는 이 변화의 원인을 더 잘, 그리고 더 깊이 이해하려고 노력하기 위해 30년 동안 동일한 영역을 연구했다.

에필로그

1) 이 자료는 서울서베이에 근거한다. 서울서베이는 서울시의 도시사회정책지표체계로 도시의 사회구조 변화와 시민들의 삶의 질, 가치와 의식, 소비와 문화 등의 변화를 조사, 분석하여 정책수요를 예측하거나 정책효과를 분석한다. 서울시는 서울서베이를 위해 매년 서울시민 20,000가구 15세 이상 가구원 전수조사를 2003년부터 매년 실시하고 있다. 이 조사데이터를 보면 시민들의 삶의 질이 어떻게 변화하고 있는지를 시계열로 파악할 수 있다.
2) 서울문화재단이 서울시민의 문화소비와 서울의 문화생산, 참여적 문화 활동 등에 관해 사람들을 관찰하고 조사한 결과이다(서울문화재단, 2017).

참고문헌

▣ 국내 문헌

강기홍(2016). 문화기본법의 선진화 방안. 『경상대학교 법학연구소간행물 법학연구』, 24(1).

계희열(2002). 『헌법학(상)』. 박영사.

고문현(2018). 해외 헌법 사례 및 문화분야 헌번개정안 제안. 국회의원 유은회 주최 문화분야 헌법개정 토론회.

고정민(2009). 『창조지구, 문화생산의 전위』. 커뮤니케이션북스.

______(2016). 생활문화센터 운영활성화 지원사업 성과평가 연구. (재)예술경영지원센터.

곽덕주 · 남인우 · 임미혜(2017). 『예술이 교육이다: 유럽에서 만난 예술교육』. 서울: 커뮤니케이션북스.

곽수정(2007). 유휴공간의 문화공간화를 위한 콘텐츠 연구. 국민대학교 테크노디자인전문대학원 박사학위청구논문.

곽연정 · 조수진 · 최미세(2016). 사회적 통합을 위한 인문학 기반 한국적 문화정책 연구. 『인문정책연구총서』, 경제 · 인문사회연구회. 125-135.

곽정연(2016). 문화자본과 문화정책의 공공성. 제4회 세계인문학포럼. 한국연구재단.

구광모(2008). 문화 부문의 정부와 시장 관계. 『문화정책논총』, 20: 12-34.

국가법령정보센터 누리집(http://www.law.go.kr/)

국립아시아문화전당(2017). 『2017 국립아시아문화전당 어린이 문화예술교육포럼: 놀이가 교육이다』. 국립아시아문화전당.

국정기획자문위원회(2017). 『문재인 정부 국정운영 5개년 계획』.

권덕원(2002). 21세기 한국의 음악교육 및 국악교육의 과제. 『선화 김정자교수화갑기념 음악학 논문집』. 선화 김정자교수화갑기념 논문집간행위원회. 59-74.

권혁진 · 김연진 · 백령 · 정민룡(2018). 『문화예술교육 전용공간 조성 및 운영방안 연구』. 한국문화예술교육진흥원.

기획재정부(2018). 『국가균형발전특별회계 예산안 편성 지침』.

김경욱(2003). 문화민주주의와 문화정책에 대한 새로운 시각. 『문화경제연구』, 6(2): 31－53.
김교봉(2006). 『다중사회의 문화산업론』. 서울: 박이정.
김규원(2003). 『문화영향평가제도 해외사례조사 연구』. 한국문화관광연구원.
김규찬(2017). 『문화산업 정책 패러다임 변화연구』. 한국문화관광연구원.
김근세(2016). 한국행정의 목표: 다원적 행정가치와 전략. 『한국행정학회보』, 50(4): 11－42.
김면(2017). 『문화다양성 정책현황 및 발전방안 연구』. 한국문화관광연구원.
김문환(1996). 문화복지 이념과 실천 방안. 『21세기 문화복지 대토론회 발제문』.
김봉건(2013). 문화재와 고적. 『한국건축개념사전』. 서울: 동녘.
김상욱(2013). 『문화콘텐츠산업정책과 창조산업』. 서울: (주)크린비디자인.
김선혁(2008). 세계화와 행정: 이론적 성찰과 정책적 함의. 『한국행정학보』, 42(1): 7－25.
김선호 · 김위근(2017). 『디지털 뉴스 리포트 2017 한국』. 한국언론진흥재단.
김성호(2015). 역대정부 지방분권 평가와 과제. 『지방행정』, 5월호.
김세훈(2013). 『재정구조 개혁 전문가 포럼 문화예술분야』.
______(2015). 문화예술분야의 경제적 가치측정 연구 경향 분석. 『문화산업연구』, 제15권 3호.
김세훈 외(2015). 『문예진흥기금사업 종합진단 및 개선방안 연구』. 문화체육관광부.
김수갑(2004). 한국헌법에서의 문화국가 조항의 법적 성격과 의의. 『공법연구』, 32(3).
______(2006). 헌법상 문화권의 체계와 실현 방안. 『문화권과 문화다양성 국제회의 자료집』. 유네스코한국위원회. 159－173.
김연진(2009). 유휴공간 문화적 활용이 의의와 방향. 『문화정책논총』, 21: 185－207.
______(2014). 『문화디자인을 활용한 사회취약계층 문화활동 활성화 방안』. 한국문화관광연구원.
김연진 · 나보리 · 김은정(2014). 『지역문화 진흥을 위한 지역화 활성화 방안』. 한국문화관광연구원.
김용득 · 이병곤 · 조용식 · 김해보 · 강찬호 · 광명시 평생학습원(2004). 문예진흥을 위한 지역통화 활용방안 연구. 경기문화재단.
김용환(2018). 문재인 정부의 문화재정 개혁 진단. 『웹진 문화관광』, 1월호.

김우욱 · 백령 · 최도인(2006). 『어린이복합문화 공간 구축방안 및 해외사례 연구』. 한국문화예술교육진흥원.
김원배 외(2014). 『창조도시를 넘어서: 문화개발주의에서 창조적 공동체로』. 나남.
김응천 · 김재범(2014). 예술 공론장 개념을 통한 예술의 공공성에 관한 탐색적 연구. 『예술경영연구』, 제14집. 예술경영학회.
김재범(2017). 산업혁명 4.0 시대의 예술정책을 논하다. 『웹진예술경영』, Vol. 409.
김정수(2006, 2010, 2017). 『문화 행정론: 이론적 기반과 정책적 과제』. 서울: 집문당.
김창규(2014). 문화법정책의 이론과 실제. 『법과 정책연구』, 14(3).
김학만 · 김경우 · 이용환 · 진석범(2005). 『사회복지정책론』. 서울: 대왕사.
김현미(2015). 귀화이주민과 문화적 권리. 『한국문화인류학』, 48(1).
김형수 외(2010). 『문화예술교육 개념정립을 위한 기초연구』. 서울: 한국문화예술교육진흥원.
김혜인(2015). 『국제문화교류정책 중장기 계획연구』. 한국문화관광연구원.
______(2017). 『국제문화교류 지표개발 기초연구』. 문화체육관광부.
김호균 · 김용민(2013). 정부간 문화거버넌스 구축 방안에 관한 연구: 문화정책 추013진체계를 중심으로. 『한국정책학회 하계학술대회 겸 국제학술대회 논문집』. 483－509.
김효정(2013). 『문화영향평가 실행을 위한 기초연구』. 한국문화관광연구원.
김휘정(2003). 착한한류. 『한류와 문화전략』. 한국국제문화교류진흥원.
______(2017). 쌍방향 문화교류 기반의 한류정책. 『한류 NOW』, Vol. 21. 한국문화산업교류재단.
나은중 · 유소래(2017). 『교육 공간의 새로운 발견』. 서울: 씨프로그램.
나이스비트, 존(2000). 『하이테크 하이터치』. 안진환 옮김. 한국경제신문.
노기성 · 김종희(2008). 『2008년도 예비타당성조사 보고서－행정도시 종합도서관 건립사업』. KDI 공공투자관리센터.
노동은(1989). 『한국민족음악 현 단계』. 서울: 세광음악출판사.
______(2010). 『한국 근대 음악사론』. 경기: 한국학술정보.
노명우(2005). 『계몽의 변증법: 야만으로 후퇴하는 현대』. 서울: 살림.
노성종 · 최지향 · 민영(2017). '가짜뉴스효과'의 조건: 2017년 대통령 선거에서 나타난 '가짜뉴스효과'의 견인 및 견제 요인. 『사이버커뮤니케이션학보』,

34(4): 99－149.
노순영(2016). 지역문화실태조사 분석연구. 문화체육관광부.
뉴스 1(2018). 완주 '수상한 공동체', 생활문화공동체 만들기 공모 선정(http://news1.kr)(2018.3.12).
대한민국정부(2018). 『2018~2022년 국가재정운용계획』.
도승연(2013). "안티－패션의 다양한 변주와 정치적 가능성에 대하여", 사회와철학연구회, 25집.
드니, 큐수(2009). 『사회과학에서의 문화개념』. 이은령 옮김. 파주: 한울아카데미.
레비, 피에르(2002). 『집단지성: 사이버공간의 인류학을 위하여』. 권수경 옮김. 문학과 지성사.
롤랜드버거(2017). 『4차산업혁명: 이미 와 있는 미래』. 김정희·조원영 옮김. 다산북스.
류재구(2014). 문화소외계층의 문화복지서비스 만족도에 관한 연구: 경기도 기초자치단체를 중심으로. 가톨릭대학교 박사학위논문.
류제헌 외(2016). 『문화재 주변 규제 수용성 제고 방안 연구』. 문화재청.
류호철(2015). 공공재로서 문화유산의 의의와 관리체계에 관한 연구. 명지대학교 대학원 박사학위논문.
리케르트, 하인리히(2004). 『문화과학과 자연과학』. 이상엽 역. 책세상.
매클루언, 마셜(2011). 『미디어의 이해: 인간의 확장』. 김상호 옮김. 커뮤니케이션북스.
맥루한, 마샬(1997). 『미디어의 이해』. 박정규 옮김. 커뮤니이션 북스.
문태현(2005). 지역혁신을 위한 문화정책거버넌스의 성공요인 분석: 안동 국제탈춤 페스티벌 집행위원회를 중심으로. 『한국행정논집』, 17(2): 337－358.
문화관광부(2004). 『창의한국: 21세기 새로운 문화의 비전』. 문화관광부.
______(2005). 『한류의 지속·확산 방안』 보도자료.
문화기본법(법률 제15061호)
문화사회연구소(2003). 『문화영향평가제도 연구』.
문화산업교류재단(2016). 『2015 한류백서』.
문화재청(2012). 『문화재 보존·관리·활용 5개년 기본계획(2012~2016)』.
______(2016). 『문화재보호법 일부개정법률안 입법예고』. 문화재청 공고 제2016－170호.
문화체육관광부(2005). 『창의한국』.
______(2006). 『문화영향평가 지표개발 및 법제화 방안 연구』.

______(2014). 『2014 문화영향평가 실행에 관한 연구』.
______(2015). 『2015 공연예술실태조사』. 문화체육관광부.
______(2015). 『2015년 문화영향평가 연구』.
______(2016). 『건립지원 대상 공공시설 운영실적 자료』. 문화체육관광부.
______(2017). 『2016 문화예술정책백서』.
______(2017). 『2017 전국문화기반시설총람』. 문화체육관광부.
______(2017). 『2018년 문화예술교육 전용공간 (가칭 꿈꾸는 예술터) 지원사업 추진계획(안)』. 문화체육관광부.
______(2017). 『문화 · 체육 · 관광의 생활화로 행복한 대한민국』. 문화체육관광부.
______(2018). 『2018년도 예산 · 기금운용계획 개요』.
______(2018). 『문화예술교육 종합계획(2018~2022)』. 문화체육관광부.
______(2018). 『제1차 국제 문화교류 진흥 종합계획(2018~2022)』.
문화체육관광부 · 한국문화관광연구원(2017). 『2016 문화예술정책백서』.
문화체육관광부 · 생활문화진흥원(2017). 『2017 생활문화센터 조성 길잡이』. 생활문화진흥원.
문화체육관광부 · 한국문화관광연구원(2016). 『2016년 문화영향평가 종합평가보고서』.
______(2017). 『2017년 문화영향평가 종합평가보고서』.
문화체육관광부 · 한국정책학회(2017). 『문화영향평가제도의 중장기 발전방안에 관한 연구』.
문화체육관광부 · 한국콘텐츠진흥원(2018). 『2017 콘텐츠 산업백서 연차보고서』.
문화체육부(1997). 『1997 문화산업백서』.
바버, 벤자민(2003). 『지하드 대 맥월드』. 박의경 · 이진우 옮김. 서울: 문화디자인.
박관후(2016). 『문화복지 개념화 및 실천사례 연구』. 경기: 백산출판사.
박관후 · 선우숙(2014). 『문화복지사』. 대전: 한국문화복지교육협회.
박광무(2013). 『한국문화행정론』. 서울: 김영사.
박승관 · 장경섭(2001). 『언론권력과 의제동학』. 서울: 커뮤니케이션북스.
박신의(2017). "문화정책의 이념과 흐름." 『2017 문화예술교육 현장과 정책』. 한국문화예술교육진흥원.
박영정(2012). 예술인 복지를 위한 쟁점과 논의: 예술인복지법 제정경과 및 과제. 『월간노동리뷰』, 7: 5-20.
박재복(2005). 한류, 글로벌 시대의 문화경쟁력. 『SERI 연구에세이』. 삼성경제연구소.

박재환 · 김문겸(1997). 『근대 사회의 여가문화』. 서울대학교출판부.
박종웅 · 박경신 · 김효진 · 유은성(2015). 예술의 산업화를 위한 법 · 제도 방안 연구. 한국문화관광연구원.
박혜자(2011). 『문화정책과 행정』. 대영문화사.
반 퍼슨, C. A.(1994). 『급변하는 흐름 속의 문화』. 강영안 역. 서광사.
방송위원회(2006). 『한류의 안정적 기반 구축과 방송 연예 매니지먼트 산업의 개선을 위한 해외 사례연구』. 방송위원회.
배관표 · 이민아(2013). 한국 문화정책의 대상과 전략의 변화: 1988 – 2012. 『한국정책학회보』, 22(1): 137 – 169.
배준구(2010). 프랑스의 지방분권 이후 문화정책. 『프랑스문화연구』, 20: 175 – 201.
백령(2015). 통합예술교육이란 무엇인가? 『서울문화재단 예술교육총서4』. 서울: 커뮤니케이션북스.
백령 · 김명준 · 전태일 · 장두용 · 강민구(2013). 『2012 문화기반시설 문화예술교육 프로그램 실태조사 연구』. 한국문화예술교육진흥원.
베버, 막스(2018). 『프로테스탄트 윤리와 자본주의 정신』(완역본). 박문재 옮김. 현대지성.
벤야민, 발터(2016). 『기술복제시대의 예술작품』. 최성만 옮김. 도서출판 길.
벨슈, 볼프강(2005). 『미학의 경계를 넘어』. 심혜련 역. 향연.
볼츠, 노르베르트(2000). 『구텐베르크 은하계의 끝에서』. 윤종석 옮김. 문학과 지성사.
브라운, 웬디(2010). 『관용: 다문화제국의 새로운 통치전략』. 서울: 갈무리.
브렛 킹 외(2016). 『증강현실(*Augmented: life in the smart lane*)』. 커넥팅랩 · 백승윤 · 김정아 옮김. 미래의 창.
브린욜프슨, 에릭 · 앤드루 맥아피(2014). 『제2의 기계시대』. 이한음 옮김. 청림출판.
사이드, 에드워드(2007). 『오리엔탈리즘』. 박홍규 옮김. 서울: 교보문고.
새문화정책준비단홈페이지(2018). http://www.mcst.go.kr
생활문화진흥원(2017). 문화로 공동체를 논하다. 지역문화공동체 1차 간담회.
서순복(2007). 문화의 민주화와 문화민주주의의 정책적 함의. 『한국지방자치연구』, 2: 23 – 44.
______(2009). 양극화 상황에서 '문화적 자본' 이론을 활용한 지역문화향유의 함의에 관한 연구. 『서울행정학회발표논문집』, 2: 255 – 276.

______(2015). 『한국문화정책』. 조선대학교출판부.
서순복 · 함영진(2008). 협력적 지역문화 거버넌스에 관한 연구: 영국 버밍엄 문화영역 사례를 중심으로. 『한국거버넌스학회보』, 15(3): 241－267.
성낙인(2014). 『헌법학』. 법문사.
소순창(2011). 역대 정부의 지방분권정책의 평가. 『한국지방자치학회보』, 23(3): 39－68.
손동혁(2018). 문화분권실현을 위한 지역문화정책의 방향과 지역문화 재단의 역할. 『2018 한국문화정책학회 하계학술대회 논문집』.
슈밥, 클라우스(2016). 『클라우스 슈밥의 제4차산업혁명(*The Fourth Industrial Revolution*)』. 송경진 옮김. 새로운 현재.
______(2017). 『클라우스 슈밥의 제4차산업혁명. 더 넥스트(*Shaping The Fourth Industrial Revolution*)』. 김민주 · 이엽 옮김. 새로운 현재.
시도지사협의회(2018). 『[지방분권]새 정부의 중앙권한 이양정책의 전환』. 2018. 5.25.
신응철(2000). 『카시러의 문화철학』. 한울아카데미.
______(2009). 『문화, 철학으로 읽다』. 북코리아.
______(2013). 『철학으로 보는 문화』. 경기: 살림.
심광현(2003). 『문화사회와 문화정치』. 서울: 문화과학사.
심승구 외(2006). 『문화재활용을 위한 정책기반 조성 연구』. 문화재청.
양건(2009). 『헌법강의』. 법문사.
양현미 외(2004). 『문화예술교육 활성화를 위한 정책기반 조성방안 연구』. 서울: 한국문화관광정책연구원.
양혜원(2011). 『OECD 주요국가의 문화예산 비교연구』. 한국문화관광연구원.
______(2012). 『문화복지 정책의 사회, 경제적 가치 추정과 정책방향』. 한국문화관광연구원.
______(2013). 문화재정과 삶의 질 간의 관계 연구: OECD 국가를 중심으로. 『문화정책논총』, 27(1): 9－28.
______(2017). 『문화영향평가 표준평가도구 개발 연구』. 한국문화관광연구원.
양혜원 · 박종웅 · 최단비(2013). 『지역밀착형 복합문화 커뮤니티센터 조성 및 운영방안 연구』. 한국문화관광연구원.
양혜원 · 정종은 · 박종웅(2017). 한국 문화영향평가의 제도화 과정과 전망에 대한 소고. 『한국문화정책학회 동계학술대회 발표문』.
예술경영지원센터(2012). 『2012 공연예술 국제교류 활동현황』. 예술경영지원센터.

______(2016). 『2016 국제문화교류 전문 인력 실태조사』. 예술경영지원센터.
______(2016). 『2016 우수프로그램 권역별 순회사업 성과지표 개발 연구』. 예술경영지원센터.
오웰, 조지(2003). 『1984』. 정회성 옮김. 민음사.
용호성(2012). 문화 바우처 정책의 쟁점과 방향. 『문화정책논총』, 26(1): 99-124.
우주희 · 김종대 · 전고필 · 이선미 · 김수정(2009). 『유휴시설을 활용한 지역문화공간 조성 연구』. 한국문화관광연구원.
월시, 토비(2018). 『생각하는 기계: AI의 미래(*Machines that Think: The Future of Artificial Intelligence*)』. 이기동 옮김. 프리뷰.
유승찬(2018). 『메시지가 미디어다』. 서울: 나무바다.
유재원 · 이승모(2008). 계층제, 시장, 네트워크: 서울시 구청조직의 거버넌스 실태에 대한 실증적 분석. 『한국행정학보』, 42(3): 191-213.
유태순 · 홍종대(1993). "대중사회의 안티패션 수용에 대한 연구". 『사회과학연구논집』, 2호.
육동일(2017). 한국지방자치의 성과평가와 발전과제에 관한 실증적 연구: 대전시민들의 인식조사를 중심으로. 『한국지방자치학회보』, 29(1): 29-55.
윤여각(2003). 문화, 예술 교육에 대한 재검토. 『교육원리연구』, 8(1): 143-163. 서울: 한국교육원리학회.
윤혜진(2002). 음악창작에 있어서 문화적 특수성의 의미. 『선화 김정자교수화갑기념 음악학 논문집』. 선화 김정자교수화갑기념 논문집간행위원회. 409-430.
이기형(2006). 탈지역적으로 수용되는 대중문화의 부상과 '한류현상'을 둘러싼 문화정치. 김수이 편. 『한류와 21세기 문화비전: 욘사마에서 문화정치까지』. 청동거울.
이동연(2003). 문화예술교육정책 활성화를 위한 몇 가지 제안. 『문화예술교육 활성화를 위한 정례 워크샵』. 서울: 문화관광부. 14-22.
______(2018). 문화의 가치와 기본권으로서의 문화권의 중요성. 국회의원 유은회 주최 문화분야 헌법개정 토론회.
이상열 · 정종은(2017). 미래문화정책의 방향과 과제. 한국문화관광연구원. 『기초연구』. 2017-04.
이세주(2015). 헌법상 문화국가원리에 대한 고찰. 『세계헌법연구』, 21(2).
이수정(2011). 문화유산 보존원칙 수립을 위한 가치의 정의 및 방법론에 대한 시론적 연구. 『문화재』, 44(4): 154-171.
이윤경(2011). 『콘텐츠 산업의 문화적 가치 연구』. 한국문화관광연구원.
이은숙(2002). 중국에서의 '한류' 열풍 고찰. 『문학과영상』, 3(2): 31-59.
이종수 · 김경은 · 김영재 · 김지원 · 장석준 · 탁현우(2018). 『한국행정의 이해』. 서울: 대영문화사.
이종열(2007). 문화다양성 증진을 위한 행정시스템적 접근: 거버넌스 접근. 『다문화사회 한국 사회과학의 과제 심포지움 자료』. 성균관대학교 동아시아지역연구소. 93.
______(2008). 다문화정책과 민주주의: 미국 사례. 『한국행정학회 추계정기학술대회 자료』. 한국행정학회.
______(2008). 다문화정책의 거버넌스 접근: 인천광역시 사례를 중심으로. 『한국정책학회 하계 학술발표논문집』, 제3권: 77-95. 한국행정학회.
______(2015). 도시발전의 문화적 전략. 『웹진 아르코』. 한국문화예술위원회.
이종열 · 정준호 · 주동범 · 주효진 · 한승준(2013). 『한국 다문화사회의 이슈와 정책』. 서울: 조명문화사.
이종인(1987). 문화복지와 지방문화. 『한국의 사회복지: 현재와 미래』. 아산사회복지사업단. Ⅵ-4.
이종훈 편역(2006). 『세계를 바꾼 연설과 선언』. 경기: 서해문집.
이준웅(2005). 비판적 담론공중의 등장과 언론에 대한 공정성 요구: 공정한 담론규범 형성을 위하여. 『방송문화연구』, 17(2): 139-172.
이형삼(2001). 韓流대박? 중국인이 먼저 몸달게 하라. 『신동아』, 2001(10): 458-467.
이혜경(2001). 공공 예술 지원과 예술의 공공성: 영국의 경험. 『문화정책논총』. 13.
이호영 · 서우석(2010). 디지털시대의 문화자본과 불평등. 『문화정책논총』, 제23집.
이흥재(2006). 『문화정책』. 서울: 논형.
임승빈(2011). 공공정책의 갈등관리를 위한 공유재의 구축에 관한 연구: 문화재 보존정책을 중심으로. 『한국사회와 행정연구』, 22(3): 29-45.
______(2012). 문화 및 문화재 행정의 개혁의 원칙과 방향. 『한국행정학회 하계학술대회 발표논문집』.
임운택(2011). 문화다양성과 다문화: EU의 이주노동자인권 논의 사례를 중심으로. 『한국행정학회 동계학술대회 자료집』.

임학순(2003). 『창의적 문화사회와 문화정책』. 서울: 진한도서.
______(2010). 『디지털 미디어 발전에 따른 문화예술 환경 분석 및 정책적 대응 방안 연구』. 한국문화관광연구원.
______(2016). 문화유산 융복합 프로젝트 활성화 방향. 『문화유산의 가치 제고와 미래 전략 심포지엄』. 한국전통문화대학교 문화재관리학과.
자오팅양(2010). 『천하체계: 21세기 중국의 세계 인식』. 노승현 옮김. 서울: 길.
장규수(2011). 한류의 어원과 사용에 관한 연구. 『한국콘텐츠학회논문지』, 11(9): 166–173.
장사훈(1984). 『국악대사전』. 서울: 세광음악출판사.
장세길(2012). 문화적 삶의 질, 문화매개인력의 제도화로부터. 『이슈브리핑』, 86: 4–19.
______(2016). 옴니보어 문화향유의 특성과 영향요인–전라북도 사례. 『한국자치행정학회보』, 30(4): 283–301.
장수현(2004). 『중국은 왜 한류를 수용하나: 한류의 중국적 토대에 대한 다학문적 접근』. 학고방.
장혜영(2015). 국내 지방자치단체의 문화 · 체육 · 관광 예산 동향(2010–2014). 『문화예술지식정보동향』. 3. 한국문화관광연구원.
장호수 · 심승구(2007). 문화재 활용의 원리와 방법론. 『문화재 활용 가이드북』. 문화재청.
전석환 · 이상임(2012). 공론장의 형성 과정 안에서 본 문학의 사회철학적 의미: 하버마스의 「공론장의 구조변화」를 중심으로. 『철학논총』, 68: 389–407.
전훈(2016). 지역문화진흥과 문화분권. 『공법학연구』, 17(1): 43–67.
정갑영(2001). 국제문화교류 활성화를 위한: 국제교류는 우리문화의 생존, 우리의 삶과 직결. 『문화예술』, Vol. 7: 8–13.
정갑영 · 장현섭(1995). 21세기 우리나라 문화복지 증진 방안. 문화정책개발원. 『정책연구』, 95–14.
정광열(2005). 『분권시대 지역문화진흥체계 개선방안 연구』. 한국문화관광연구원.
______(2017). 문화국가를 위한 헌법 연구. 『한국문화관광연구원 수시연구』, 2017–11.
정광렬 · 임학순 · 성하석 · 김예은(2016). 『생활문화 활성화를 위한 정책기반 구축방안 연구』. 한국문화관광연구원.
정광호(2008). 정책 리터러시(policy Literacy) 함수 분석: 시민활동변인을 중심으로. 『행정논총』, 46(4): 73–104.

정광호 · 이계오 · 김청택(2013). 『2012 문화역량지수 조사 연구』. 서울대학교. 산학협력단. 한국문화예술교육진흥원.
정보람(2016). 『문화분야 공적개발원조(ODA) 현황진단 및 추진체계 연구』. 한국문화관광연구원.
______(2016). 『OECD 주요국가의 문화재정 비교』. 한국문화관광연구원.
정보통신정책연구원(2015). 『2014 방송산업 실태조사 보고서』.
정상우 외(2013). 『문화유산 활용 종합계획 수립 및 제도 정비 방안 마련』. 문화재청.
정정길(2000). 『정책학원론』. 서울: 대명출판사.
정정숙(2012). 『국제문화교류 진흥방안』. 한국문화관광연구원.
정정화(2017). 박근혜정부의 지방분권정책 평가와 과제. 『한국자치행정학보』, 31(3): 1-23.
정종섭(2011). 『헌법학원론』. 서울: 박영사.
정종은(2017). 이달의 이슈 1: 4차 산업혁명 시대의 문화정책 방향 모색. 『웹진 문화관광』. 3월호. 한국문화관광연구원.
정홍익(1991). 문화행정연구: 개념틀과 분석. 『한국행정학보』, 25(4): 229-245.
______(2011). 문화복지정책의 의의와 진로. 『한국문화관광연구원 개원기념 세미나 자료집』.
정홍익 · 이종열 · 박광국 · 주효진(2008). 『문화행정론』. 서울: 대영문화사.
정훈(2011). 문화재 소유자의 재산권 존중과 공적 책무. 『법과 정책연구』, 11(2): 323-347.
조명래(2002). 사회과학의 등장배경으로서 계몽주의의 재조명. 『공간과 사회』, 18: 161-179.
조예진(2013). 문화유산을 활용한 역사 수업 방안 연구: 경기 지역을 중심으로. 단국대학교 교육대학원 석사학위논문.
조현성 · 박영정 · 김세훈 · 장호진(2013). 『2013 시민 문화예술교육 활성화를 위한 기초연구』. 한국문화예술교육진흥원.
조현성 · 최보연 · 서윤아(2016). 『문화예술교육정책 중장기 추진방향』. 한국문화관광연구원.
주동범 · 채원호(2003). 프랑스 문화거버넌스 연구: 문화정책 및 행정을 중심으로. 『한국정책과학학회보』, 7(3): 369-386.
주성혜(2008). 『음악학_사람을 느끼고 세상을 듣는』. 서울: 루덴스.
______(2016). 한류, 우리 문화는 세계를 어떻게 만나야 할까?. 『철학과 현실』,

제110호: 113－126. 서울: 철학문화연구소.
______(2018). 문화예술교육, 학교예술교육의 대안으로서의 고찰. 『한국예술연구』, 제21호: 31－50. 서울: 한국예술연구소.
주효진 · 정준호 · 명성준(2014). 문화복지증진을 위한 인력양성프로그램 개발에 관한 연구: 영국 · 미국 · 캐나다 사례를 중심으로. 『한국자치행정학보』, 28(2): 353－370.
중앙행정심판위원회(2017). 2017－5546 문화재 현상변경허가 거부처분 취소청구 재결.
진혜영 · 고재욱(2016). 문화기본법제정을 통해본 문화정책 변화 탐색. 『스포츠엔터테인먼트와 법』, 19(2).
채경진(2017). 문화유산 활용의 가치와 의미: 지역문화재 활용사업을 중심으로. 『문화예술지식DB 문화돋보기』, 제51호. 한국문화관광연구원.
채경진 외(2015). 『문화유산 활용에 관한 법률 제정 연구』. 문화재청.
채미옥(2013). 국토개발과 발굴 문화재 보존의 갈등 해소 방안. 『2013 문화국토포럼 2013－1차 이코포럼 발표문』. 48－76.
최병선(2008). 제3장 규제개혁. 최병선 · 최종원, 『국가운영시스템』. 서울: 나남.
최보연(2016). 『주요국 문화예술지원정책의 최근 동향 및 행정체계 분석 연구』. 한국문화관광연구원.
최보연 · 조현성 · 유지연 · 전민정 · 한익현(2017). 『문화예술교육 지원정책 분석 및 개선방향』. 한국문화관광연구원.
최샛별 · 이명진(2012). 한국의 문화자본 지형도 구성을 위한 척도개발 기초연구: 문화예술 활동과 음악선호를 중심으로. 『한국조사연구학회보』, 12(1): 61－87.
최연구(2017). 『4차산업혁명시대 문화경제의 힘』. 서울: 중앙경제평론사.
최은경(2011). 『글로벌미디어와 문화경계』. 서울: 커뮤니케이션 북스.
최종덕(2018). [문화재 이야기] 문화재는 원형대로 보존해야?(2018.5.23. 대전일보)
최종혁 · 이연 · 안태숙 · 유영주(2009). 문화복지 개념 정립을 위한 질적 연구: 휴먼서비스 실천가들의 인식을 중심으로. 『사회복지연구』, 40(2): 145－182.
최지향(2016). SNS이용과 정치참여: 정치적 사회자본과 정보 및 오락추구 동기의 조절된 매개효과를 중심으로. 『한국언론학보』, 60(5): 123－144.
추미경 외(2015). 『생활문화센터조성 지원사업 전략컨설팅 방안연구』. 예술경영지원센터.

카시러, 에른스트(2007). 『문화과학의 논리』. 박완규 역. 도서출판 길.
칸트, 임마뉴엘(1998). 『실용적 관점에서 본 인간학』. 이남원 역. UUP.
커런, 제임스 외(2017). 『인터넷, 신화를 넘어 공공성으로』. 김예란・박성우 옮김. 컬처룩.
코웬, 타일러(2003). 『상업문화예찬』. 임재서・이은주 역. 서울: 나누리.
클라크, 아서(1968). 『2001 스페이스 오디세이』. 김승욱 옮김. 황금가지.
태지호(2014). 『공간형 콘텐츠』. 서울: 커뮤니케이션북스.
탭스콧, 돈・알렉스 탭스콧(2017). 『블록체인혁명(*Blockchain Revolution*)』. 박지훈 옮김. 을유문화사.
트로스비, 데이비드(2004). 『문화경제학』. 성제환 옮김. 서울: 한울 아카데미.
하원규・최남희(2015). 『4차산업혁명(*The 4th Industrial Revolution*)』. ETRI.
한국국제교류재단(2014). 『한국국제교류재단 2014 연차보고서』. 한국국제교류재단.
한국국제문화교류진흥원(2018). 『2017 한류백서』.
______(2018). 『2018 해외한류실태조사』.
한국문화경제학회(2001). 『문화경제학 만나기』. 서울: 김영사.
한국문화관광연구원(2014). 『문화동반자사업 운영기관 성과평가』. 한국문화관광연구원.
______(2016). 『2016 문화융성포럼』. 한국문화관광연구원.
한국문화산업교류재단(2016). 『2015 한류백서』.
한국문화예술교육진흥원(2014). 2014 문화예술교육 국제 심포지엄. 『문화예수교육 공간의 확장과 활용』. 한국문화예술교육진흥원.
______(2016). 『문화예술교육 ODA 성과평가 연구』. 한국문화예술교육진흥원.
한국문화예술위원회(2014). 2013년 문화복지 전문인력 양성사업 성과평가 연구. 『정책연구보고서』.
______(2018). 『4차산업혁명시대의 문화예술지원 개선방안 연구』.
한국콘텐츠진흥원(2010). 『2009 한국음악산업백서』.
한상복・이문웅・김광억(2011). 『문화인류학』(개정판). 서울: 서울대학교 출판부.
한수웅(2015). 『헌법학』. 법문사.
한승준(2008). 프랑스 동화주의 다문화정책의 위기와 재편에 관한 연구. 『한국행정학보』, 42(3). 463-486.
______(2011). 다문화정책의 개념, 현황 및 과제. 『*The KAPS*』 제26권. 한국정책하회. 12-17.
______(2017). '문화가 있는 날' 사업의 문화정책 특성에 관한 연구-문화의 민

주화를 위한 정책인가? 문화민주주의를 위한 정책인가?『한국행정학보』, 51(1): 347-367.

한승준·박치성·정창호(2012). 문화예술지원 거버넌스 체계에 관한 비교 연구: 영국, 프랑스, 한국 사례를 중심으로.『행정논총』, 50(2): 257-291.

행정자치부·한국지방행정연구원(2015).『지방자치 20년 평가』. 서울: 동진문화사.

허영(2014).『한국헌법론』. 박영사.

헉슬리, 올더스(2006).『오만한 문명과 멋진 신세계』. 김효원 옮김. 살림지식.

헌팅턴, 새뮤얼(2006).『문명의 충돌』. 이희재 옮김. 서울: 김영사.

헌팅턴, 새뮤얼·로렌스 해리슨 엮음(2015). 이종인 옮김.『문화가 중요하다』. 서울: 책과 함께.

현대경제연구원(2014).『문화재정사업 개선방안 연구』.

현택수(2006). 문화복지와 문화복지정책의 개념에 관한 연구.『사회복지정책』, 26: 101-122.

홍종열(2012). 창조경제 시대의 문화산업과 지역문화정책.『문화산업연구』, 12(2): 81-97.

______(2014).『창조경제란 무엇인가』. 서울: 커뮤니케이션 북스.

황권순(2016). 문화재 소관 법령에서 '원형유지'원칙에 대한 법률적 검토.『문화재』, 49(1): 178-189.

황연주·정연희(2004). 문화예술교육정책의 분석과 전망.『미술교육논총』, 18(3): 1-28. 서울: 한국미술교육학회.

▣ 국외 문헌

ACA(2014). A culturally ambitious nation: strategic plan 2014-2019. Available online: http://apo.org.au/system/files/40919/apo-nid40919-72641. pdf.

Adriana, Partal(2013). Impact Assessment: A Tool to Assist Cultural Sustainable Development. People and the Planet 2013 Conference: Trasforming the Futrue, RMIT University, Melbourne, Australia, 2-4 July.

Ailon, G.(2008). Mirror, mirror on the wall: Culture's consequences in a value test of its own design. *Academy of Management Review*, 33(4): 885-904.

Alesina, A., & Giuliano, P.(2015). Culture and Institutions. *Journal of Economic Literature*, 53(4): 898-944.

Arts Council England(2016). Self-Evaluation Framework. Available online:

https://www.artscouncil.org.uk/about-ilfa/self-evaluation-framework-alignment.

______(2016). International activity of arts and cultural organisations in 2014-2015. Available online: https://www.artscouncil.org.uk/sites/default/files/download-file/International_activity_arts_cultural_organisations_final_report_0.pdf.

Augustin Girard, Geneviève Gentil(1983). Cultural development: experiences and policies. UNESCO. Paris.

Bamford, Anne(2007). 『예술교육이 우리에게 미치는 놀라운 효과』. 백령 옮김. 경기: 한길아트.

Baumol, W. J., & Bowen, W. G.(1966). *Performing Arts: The Economic Dilemma* (New York: Twentieth Century Fund, 1966). Stephen Kirchner.

______(1984). *Inflation and Performing Arts*. N.Y. Univ. Press.

Becker, Sascha O., Thiemo Fetzer & Dennis Novy(2017). "Who Voted for Brexit? A Comprehensive District-Level Analysis." *CEP Discussion Paper*, No. 1480.

Bennett, T.(1995). *The Birth of the Museum: History, theory, politics*, London: Routledge.

______(1998). *Culture: A Reformer's science*, London: SAGE.

Bjørnskov, Christian(2006). "The multiple facets of social capital." *European Journal of Political Economy*. 22-40.

Böhme, Hartmut, Peter Matussek & Lothar Müller(2000). *Orientierung Kultur-wissenschaft*, Rowohlt Taschenbuch Verlag GmbH, Reinbek bei Hamburg. 손동현 · 이상엽 역(2004). 『문화학이란 무엇인가』. 성균관대 출판부.

Borowiecki, K. J. & Forbes, N. & Fresa, A.(eds.)(2016). Cultural Heritage in a changing world. Springer Open.

Bourdieu, Pierre(1986). "The Forms of Capital," in *Handbook of Theory and Research for the Sociology of Education*, edited J. G. Richardson. New York: Greenwood Press.

Britain, Thinks(2018). Arts Council England: The Conversation.

British Council(2018). Cultural value: Cultural Relations in Societies in Transition. Available online: https://www.britishcouncil.org/sites/default/files/lit_review_short_working_paper_final_final.pdf.

Bruell, C.(2013). Creative Europe 2014–2020: A New Programme–a New Cultural Policy as Well? Available online: https://www.ifa.de/fileadmin/pdf/edition/creative–europe_bruell.pdf

Chatzimanassis, Alice(2016). *Cultural Democracy: another model for cultural policy*. SEMINAR.

Choi, Jung Bong., & Maliangkay, Roald(eds.)(2014). *K–pop–The International Rise of the Korean Music Industry*. New York: Routledge.

Chow, Kat(2015). "How the South Korean government made K–pop a thing." https://www.npr.org/sections/codeswitch/2015/04/13/399414351/how–the–south–korean–government–made–k–pop–a–thing

Clark, T. N.(2003). Urban amenities: Lakes, opera and juice bars. Do they drive development? The City as an Entertainment Machine. *Urban Policy*, 9: 103–140.

______(2002). *The City as an Entertainment Machine*. New York: Elsevier.

Colantone, Italo & Piero Stanig(2016). "Global Competition and Brexit." Working Paper. No. 2016–44, BAFFI CAREFIN. Centre for Applied Research on International Markets Banking, Finance and Regulation. Università Commerciale Luigi Bocconi.

Cole, S. H.(1884). *Fifty Years of Public Work of Sir Hery Cole, K.C.G., Accounted for in his Deeds, Speeches and Writings* 2 vols, London: George Bell & Sons.

Colerdge, S. T.(2006). *Imagination ans Fancy*. Chicago: The Literature Network Forum.

Collins, J.(1995). Literacy and Literacies. *Annual Review of Anthropology*, 24(1): 75–93.

Collins, J., & Blot, R.(2003). Literacy and Literacies: Texts, power, and identity. Cambridge University Press.

Colquhoun, P.(1796). *A Treatise on the Police of the Metropolis; containing detail of the various crimes and misdemeanours by which public and private property and security are, at present, injured and endangered: and suggesting remedies for their prevention*, London.

Combi, M.(2016). Cultures and Technology: An Analysis of some of the Changes in Progress–Digital, Global and Local Culture, In Borowiecki, K. J. &

Forbes, N. & Fresa, A.(eds.). Cultural Heritage in a changing world. Springer Open.

Comim, F., & Nussbaum, M. C.(eds.)(2014). Capabilities, Gender, Equality: Towards Fundamental Entitlements. Cambridge University Press.

Costello, Donal Joseph(1998). "The Economic and Social Impact of the Arts on Urban and Community Development." In Dissertation Abstracts International, A: The Humanities and Social Sciences. Pittsburgh: University of Pittsburgh.

Cultural Policy Collective(2004). *Beyond Social Inclusion Towards Cultural Democracy*. (http://www.variant.org.uk/pdfs/issue20/Pamphlet.pdf).

Dahl, R.(2001). *How democracy is the American Constitution?*. Yale University Press.

DCMS(2016). The Culture White Paper. Available online: https://assets.publishing.service.gov.uk/government/uploads/system/uploads/attachment_data/file/510798/DCMS_The_Culture_White_Paper_3_.pdf

Dean, M.(1999). *Governmentality*. London: SAGE.

Dewey, John(1964). *Art as Experience*. Philosophy of Art and Beauty NY The Modern Library.

Diamond, J., & Robinson, J. A.(eds.)(2010). Natural Experiments of History. Harvard University Press. 박진희 옮김(2015). 『역사학 사회과학을 품다: 새로운 연구 방법론으로서 자연실험』. 에코리브르.

Dilthey, Wilheim(1994). Awareness Reality: Time. *The Hermeneutic Readers*. Bloomsbury Academic; (Reprint edition).

Dolan, Paul, Tessa Peasgood, & Mathew White(2008). "Do we really know what makes us happy? A review of the economic literature on the factors associated with subjective well-being." *Journal of Economic Psychology*, 29: 94-122.

Easterlin, Richard A.(2006). "Life cycle happiness and its sources: Intersections of psychology, economics, and demography." *Journal of Economic Psychology*, 27: 463-482.

______(2009). "Lost in transition: Life satisfaction on the road to capitalism." *Journal of Economic Behavior & Organization*, 71: 130-145.

Easterlin, Richard A., Laura Angelescu, & Jacqueline S. Zweig(2011). "The Impact of Modern Economic Growth on Urban v.s. Rural Differences in Subjective Well-Being." *World Development*, 39: 2187-2198.

English Heritage(2008). *Conservation Principles, Policies and Guidance for the Sustainable Management of the Historic Environment*. London: English Heritage.

EU(2017). White paper on the future of Europe. Available online: https://ec.europa.eu/commission/sites/beta-political/files/white_paper_on_the_future_of_europe_en.pdf

Evans, P.(2002). Collective Capabilities, Culture, and Amartya Sen's Development as Freedom. *Studies in Comparative International Development*, 37(2): 54-60.

Fiske, Edward B.(1999). Champions of Change: the Impact of the Arts on Learning. Washington, D.C.: Arts Education Partnership President's Committee on the Arts and the Humanities.

Florida, R.(2002). *The Rise of the Creative Class*. New York: Basic Books.

______(2005). *Cities and the Creative Class*. New York: Routledge.

______(2017). *The New Urban Crisis: How Our Cities Are Increasing Inequality, Deepening Segregation, and Failing the Middle Class and What We Can Do About It*. New York: Basic Books.

Florida, R. & Gates, G.(2001). Technology and tolerance: The importance of density to high-technology growth. *Center on Urban & Metropolitan Policy*, 1-12.

Florida, R., Mellander, C. & Stolarick, K.(2007). Inside the black box of regional development-Human capital, the creative class and tolerance. *CESIS Electronic Working Paper Series*, 88: 1-49.

Foucault, M.(1991). "Governmentality." In G. Burchell, et al.(eds.). *The Foucault effect*. Chicago: University of Chicago Press.

Fu, Kelly., & Liew, Kai Khiun(2008). "Pop culture bridges Korea and Singapore." https://s3.amazonaws.com/academia.edu.documents/40351750/Pop_culture_bridges_Korea_and_Singapore20151124-17520-1lmf99z.pdf?AWSAccessKeyId=AKIAIWOWYYGZ2Y53UL3A&Expires=1536535306&Signature=uBT%2FX7JPJw8%2F%2Fh4CcJ6BeRxuS08%3D&response-content-disposition=inline%3B%20filename%3DPop_culture_bridges_Korea_and_

Singapore.pdf

Fuhr, Michael(2015). *Globalization and popular music in South Korea: Sounding out K–pop*. New York: Routledge.

Gattinger, Monica(2011). Democratization of Culture, Cultural Democracy and Governance. *CPAF Report*. 1–7.

Gatto, J. T.(2010). 『학교의 배신–누구를 위하여 종은 울리나』. 이수영 옮김. 서울: 민들레.

Gerhard, Ulrike, Hoelscher, Michael, & Wilson, David(eds.)(2017). *Inequalities in Creative Cities: Issues, Approaches, Comparisons*. Palgrave Macmillan.

Getzner, M.(2004). Cultural policies and fiscal federalism. *Public Finance and Management*, 4(1).

Glaeser, Edward L.(2000). "The Future of Urban Research: Nonmarket Interactions." Brookings–Wharton Papers on Urban Affairs 2000: 101–149.

Goldbard, Arlene(2009). Arguments for Cultural Democracy and Community Culutral Development. *Grantmakers in the Arts*, 20(1): 1–8.

Gordon, C.(1991). "Governmental Rationality: An introduction." In G. Burchell, et al.(eds.). *The Foucault effect*. Chicago: University of Chicago Press.

Graham, Carol & Andrew Felton(2006). "Inequality and happiness: Insights from Latin America." *The Journal of Economic Inequality*, 4: 107–122.

Graham, Carol(2014). *The Pursuit of Happiness: An Economy of Well–Being*, Brookings Institute.

Graham, Carol, Andrew Eggers, & Sandip Sukhtankar(2004). "Does happiness pay?: An exploration based on panel data from Russia." *Journal of Economic Behavior & Organization*, 55: 319–342.

Greene, Maxine(2008). *Releasing the imaginatio Essays on Education, the Arts, and Social Change*(1st ed.). N.Y.: Jossey–Bass.

______(2009). *Variations on a Blue Guitars: The Lincoln Center Institute Lectures on Aesthetic Education*. N.Y.: Teacher's College Press.

Guetzkow, Joshua(2002). "How the Arts Impact Communities." Working Paper Series, 20. Princeton University.

Habermas, J.(1989). *The Structural formation of the public sphere: an inquiry into a category of bourgeois society*. Cambridge, MA: MIT Press.

Hall, S.(1980). Encoding/Decoding. In S. Hall, D. Hobson, A. Lowe, & P. Willis

(eds.). *Culture, media, language*. London: Hutchinson.
Hamilton, A., Madison, J., & Jay, J.(1961). *The Federalist papers*. edited by C. Rossiter. New York: Mentor Books.
Hamilton, P.(1992). "The enlightenment and the birth of social science." In S. Hall & Bram Gieben(eds.). *Formations of Modernity*, London: Polity Press.
Hanushek, E. A., & Woessmann, L.(2008). The Role of Cognitive Skills in Economic Development. *Journal of Economic Literature*, 46(3): 607–668.
Harari, Y. N.(2014). *Sapiens: A brief history of humankind*. Random House. 조현욱 옮김(2015). 『사피엔스: 유인원에서 사이보그까지 인간 역사의 대담하고 위대한 질문』. 김영사.
Harvey, David(1990). *The Condition of Postmodernity*. Cambridge: Blackwell Press.
Herndon, Marcia & Norma McLeod(1980). *Music as Culture*(2nd ed.). PA: Norwood Editions.
Hersey, P. & K. Blanchard(1982). *Management of organizational behavior: Utilizing human resources*. New York: Prentice–Hall.
Hochschild, Arlie Russell(2016). "The Ecstatic Edge of Politics: Sociology and Donald Trump." *Contemporary Sociology*, 45(6): 683–689.
Hofstede, G., Hofstede, G. J., & Minkov, M.(2010). *Cultures and Organizations: Software of the Mind*. Revised and expanded third edition. New York. 차재호·나은영 옮김(2014). 『세계의 문화와 조직: 정신의 소프트웨어』(3판). 학지사.
Holden, J.(2004). *Capturing Cultural Value: How culture has become a tool of government policy*. London: Demos. 이윤경(2011). 『콘텐츠 산업의 문화적 가치 연구』. 한국문화관광연구원.
Howkins, J.(2002). *The Creative Economy*. Penguin Books.
Hübinette, Tobias(2012). "The reception and consumption of Hallyu in Sweden: Preliminary findings and reflections." *Korea Observer*, 43(3): 503–525.
Huntington, S. P.(1993). The Clash of Civilizations? *Foreign Affairs*. 22–49.
______(1997). *The Clash of Civilizations and the Remaking of World Order*. Penguin Books India. 이희재 옮김(2016). 『문명의 충돌』. 김영사.
______(2000). Foreword: Cultures Count. In L. Harrison & S. Huntington(eds.). Culture Matters: How Values Shape Human Progress. Basic Books, New

York.

Inglehart, R., & Norris, P.(2003). The True Clash of Civilizations. *Foreign Policy*. 63-70.

Iwabuchi, Koichi(2002). "Soft Nationalism and Narcissism: Japanese Popular Cultre Goes Global." *Asian Studies Review*, 26(4): 447-469.

Jacobs, J.(1961). *The Death and Life of Great American Cities*. New York: Random House.

______(1969). *The Economies of Cities*. New York: Random House.

______(1984). *Cities and the Wealth of Nations: Principles of Economic Life*. New York: Random House.

James, Jupp(2011). Politics, Public Policy and Multiculturalism. *Multiculturalism and Integration: Harmonious Relationship*. Michael Clyne and Dr James Jupp. ANE EPress. 41-52.

Jean, M. Twenge(2017). *iGEN*. New York: NY, Atria Books.

Jennifer, Kondo & Shamus Khan(2011). The cultural democracy myth. *American Sociological Association*, 10(1): 65-66.

Judd, Dennis & Susan Fainstein(1999). *The Tourist City*. New Haven: Yale University Press.

Jung, Dong-Hyeon(2003). "A critical Review of the Controversies on Asian values." in 『경제연구』, 21(4): 135-155.

Jung, Sun(2011). "K-pop, Indonesian fandom, and social media. Transformative Works and Cultures." *Transformative Works & Cultures*, 8(1).

Jung, Sun., & Shim, Doobo(2014). "Social distribution: K-pop fan practices in Indonesia and the 'Gangnam Style' phenomenon." *International Journal of Cultural Studies*, 17(5): 485-501.

Kain, John F. & M. Quigley(1975). Housing Markets and Racial Discrimination: A Microeconomic Analysis. New York: National Bureau of Economic Research: 200.

Kalay, Y. E. & Kvan, T. & Affleck, J.(eds.)(2008). New Heritage: New Media and Cultural Heritage, Routledge.

Kant, I.(1965). *Johann Gottfried Herder: Ideen zur Philosophie der Geschichte der Menschheit*, A 17. 이한구 편역(1993). 『칸트의 역사철학』. 서광사.

Keltie, M.(2017). The Culture Industry and Participatory Audiences. Palgrave macmillan.

Kim, Andrew Eungi., Mayasari, Fitria., & Oh, Ingyu(2013). "When Tourist Audiences Encounter Each Other: Diverging Learning Behaviors of K-pop Fans from Japan." *Korea Journal*, 53(4): 59-82.

Kim, Dae Jung(1994). "Is Culture Destiny? The Myth of Asia's Anti-Democratic Values." *Foreign Affairs*, 73(6): 189-194.

Kim, Jeongmee(2007). "Why does Hallyu matter? The significance of the Korean wave in South Korea." *Critical Studies in Television*, 2(2): 47-59.

Kim, Milim(2011). "The role of the government in cultural industry: Some observations from Korea's experience." *Keio Communication Review*, 33: 163-182.

Kim, Sangjoon(2011). "Interpreting South Korean Competitiveness: From Domestic Rivalry to Global Competitiveness." *Korean Observer*, 42(4): 621-643.

Kooiman, J.(1993). Social-political governance: Introduction. In J. Kooiman, *Modern governance: New government-society interactions*. London: Sage Publications.

Krieger, Alex(2001). "Community Builders." Architecture 90.

Kwon, Seung-Ho., & Kim, Joseph(2014). "The cultural industry policies of the Korean government and the Korean Wave." *International Journal of Cultural Policy*, 20(4): 422-439.

Laborier, P.(2000). "Cultural policy as welfare policy: A genealogical approach-the reform of German theatre in the 18th 8century." *International Journal of Cultural Policy*, 7(1): 259-280.

Lakoff, G.(2014). *The All New Don't Think of an Elephant!: Know Your Values and Frame the Debate*. Chelsea Green Publishing. 유나영 옮김 · 나익주 감수(2018). 『코끼리는 생각하지 마(리커버 한정판): 진보와 보수, 문제는 프레임이다』. 와이즈베리.

Lakoff, G., & Wehling, E.(2016). *Your Brain's Politics: How the Science of Mind Explains the Political Divide*(Vol. 59). Andrews UK Limited. 나익주 옮김(2018). 『나는 진보인데 왜 보수의 말에 끌리는가?』. 생각정원.

Landry, C.(2000). *The Creative City: A Toolkit for Urban Innovators*. London: Earthscan Publications.

Langsted, jorn(1990). Double Strategies in a Modern Cultural Policy, *The Journal of Arts, Management and Law*, 19(4): 53－71.

Leong, Melissa(2014). "How Korea became the world's coolest brand." https://business.financialpost.com/news/retail－marketing/how－korea－became－the－worlds－coolest－brand

Leung, Sarah(2012). "Catching the K－Pop Wave: Globality in the Production, Distribution, and Consumption of South Korean Popular Music." Senior Thesis, Vassar College.

Lewis, G. B. & Rushton, M.(2007). Understanding state spending on the arts: 1976－1999. *State and Local Government Review*, 39(2).

Lewis, Justin(2000). Designing a Cultural Policy in Gigi Bradford, Michael Gary and Glenn Wallach(eds.). *The Politics of Culture*. New York: The New Press.

Lipset, S. M.(1959). Some social requisites of democracy: Economic development and political legitimacy. *American Political Science Review*, 53(1): 69－105.

Lozano, J. Felix & Teresa Escrich(2016). Cultural Diversity in Business: A Critical Reflection on the Ideology of Tolerance. *Journal of Business ethnics*, 142: 679－696.

Lyndel, V. Prott(1986). Cultural Rights as People's rights in International Law, 10 *Bull. Austl. Soc. Leg. Phil.* 4.

Maddox, B.(2008). What good is literacy? Insights and implications of the capabilities approach. *Journal of Human Development*, 9(2): 185－206.

Mamdani, Mahmood(2005). *Good Muslim, bad Muslim: America, the Cold War, and the roots of terror. New York*, N.Y.: Three Leaves Press.

Matzke, Christine(2000). "'Healthy Community Arts, Healthy Communities': Community Arts Conference, Exhibition Fair, and Festival." Research in Drama Education, 5: 131－139.

McCarthy, Kevin(2002). "Building an Understanding of the Benefits of Participation in the Arts." Unpublished proposal submitted by the RAND Corporation to the Wallace－Reader's Digest Funds.

McGuigan, J.(1996). *Culture and the public sphere*. London: Routledge.

McKinley, T.(1997). Cultural indicators of development(No. 4). UNRISD Occasional Paper series on culture and development.

McLuhan, M.(1964). *Understanding media: The extensions of man.* New York: McGraw-Hill.

Minihan, J.(1977). *The Nationalization of Culture.* New York University Press.

Mokyr, J.(2016). A Culture of Growth: The Origins of the Modern Economy. Princeton University Press. 김민주 · 이엽 옮김(2018). 『성장의 문화: 현대 경제의 지적 기원』. 에코리브르.

Moon, M. J.(2001). Cultural governance: A comparative study of three cultural districts. *Administration & Society*, 33(4): 432-454.

Moore, M.(1995). *Creating public value: Strategy management in government.* Cambridge, Mass.: Harvard University Press.

Moretti, Enrico(2012). *The New Geography of Jobs.* Mass. Boston: Houghton Mifflin Harcourt.

Mulcahy, K. V.(1998). Cultural Patronage in Comparative Perspective: Public Support for the Arts in France, Germany, Norway, and Canada. *Journal of Arts Management, Law and Society*, 27(4).

Mutz, D. C.(2006). *Hearing the other side: deliberative versus participatory democracy.* New York: Cambridge University Press.

Nick, Wilson, Jonathan Gross, & Anna Bull(2017). *Towards cultural democracy: Promoting cultural capabilities for everyone.* King's College London.

Niedermann, Joseph(1976). *Kultur. Werden und Wandlungen eines Begriffs und seiner Ersatzbegriffs von Cicero bis Herder*, Firenze 1941. Wilhelm Perpeet, "kulturphilosophie." In *Archiv für Begriffsgeschichte 20.*

Norris, P.(2011). Democratic Deficit: Critical Citizens Revisited. Cambridge University Press.

Nussbaum, M. C.(2011). Creating Capabilities. Harvard University Press. 한상연 옮김(2015). 『역량의 창조: 인간다운 삶에는 무엇이 필요한가』. 돌베개.

OECD(2018). National Accounts(http://stats.oecd.org, 접속: 2018.9).

Oh, Ingyu(2009). "Hallyu: The rise of transnational cultural consumers in China and Japan." *Korea Observer*, 40(3): 425-459.

Oh, Ingyu., & Lee, Choong-Mook(2014). "A League of their Own: Female Supporters of Hallyu and Korea-Japan Relations." *Pacific Focus*, 29(2): 284-302.

Ostrom, E.(2005). *Understanding Institutional Diversity.* Princeton: Princeton

University Press.
Owen, Kelly(1985). In Search of Cultural Democracy. *Arts Express*. 1－7.
Packer, George(2016). "Hillary Clinton and the Populist Revolt." New Yorker. Oct. 31.
https://www.newyorker.com/magazine/2016/10/31/hillary－clinton－and－the－populist－revolt:accessedon6.Feb.2017
Patrica, Silva Dornels & Roseli Esquerdo Lopes(2016). Citizenship and cultural diversity in agenda of cultural policies. *Cad Ter Ocup UFSCar*. Sao Carlos. 24(1): 173－183.
Peck, Jamie(2005). Struggling with the Creative Class. *International Journal of Urban and Regional Research*, 29.4.
Phelps, E. S.(2013). Mass Flourishing: How Grassroots Innovation Created Jobs, Challenge, and change. Princeton University Press. 이창근 · 홍대운 옮김(2016). 『대번영의 조건: 모두에게 좋은 자본주의란 무엇인가』. 열린책들.
Pollakowski, Henry O.(1982). Urban Housing Markets and Residential Location. Lexington, Massachusetts: Lexington Books. 31－32.
Prensky, M.(2012). From digital natives to digital wisdom: hopeful essays for 21st century learning. Corwin.
Putnam, Robert(2000). *Bowling Alone*. New York: Simon and Schuster.
Ransford, Danso(2018). Cultural competence and cultural humidity: A critical reflection on key cultural diversity concepts. *Journal of Social Work*. 18(4): 4120－4430.
Rapaille, C.(2007). The culture code: An ingenious way to understand why people around the world live and buy as they do. Crown Business.
Read, Hervert(1974). *Education Through Art*. N.Y.: Random House.
Rhee, Jooyeon., & Otmazgin, Nissim(2016). "Expanding Transnational Dialogue in Asia through Hallyu." *The Asia Pacific Journal*, 14(7).
Rifkin, Jeremy(2000). *Age of Access*. Putnam.
Robert, D., Zarachowicz, W., & Chomsky, N.(2001). *Deux heures de lucidité: entretiens avec Noam Chomsky*. Les Arènes. 강주헌 옮김(2013). 『촘스키 누가 무엇으로 세상을 지배하는가: 세상의 진실을 들여다보는 통찰』(2판). 시대의창.
Robinson, Ken(2008). Changing Education Paradigms RSAnimate.

Robinson-Pant, A.(2008). 'Why literacy matters': Exploring a policy perspective on literacies, identities and social change. *Journal of Development Studies*, 44(6): 779-796.

Rod, M. & Stanley J. Paliwoda(2003). Multi-sector collaboration: A stakeholder perspective on a government, industry, and university collaborative venture. *Science and Public Policy*, 30(4): 273-284.

Salge, T. & A. Vera(2012). Benefiting from public sector innovation: The moderating role of customer and learning orientation. *Public Administration Review*, 72(4): 550-559.

Schechner, Richard(1977). *Performance Theory*. New York and London: Routledge.

Schmitt, T.(2011). Cultural governance as a conceptual framework. *MMG working paper 11-02*. 1-56.

Schulze, G. G. & Rose, A.(1998). Public Orchestra funding in Germany-an empirical investigation. *Journal of Cultural Economics*, 22(3).

Schuster, J. M. D.(1985). *Supporting the Arts: An International Comparative Study. Canada, Federal Republic of Germany, France, Italy, Great Britain, Netherlands, Sweden, United States*. National Endowment for the Arts, Washington, D.C.

Schwartz, S. H.(2013). Culture Matters: National Value Cultures, Sources, and Consequences. In *Understanding Culture*. 137-160. Psychology Press.

Scott, Allen John(2014). Beyond the Creative City: Cognitive-Cultural Capitalism and the New Urbanism. *Regional Studies*, 48: 4, 565-578.

Scott, Joan Wallach(2007). *The politics of the veil*. Princeton, N.J.: Princeton University Press.

Sen, A.(2001). *Development as Freedom*(2nd ed.). New York: Oxford University Press.

Shnnon, C. E., & Weaver, W.(1949). *The mathematical theory of communication*. Urbana, Ⅱ: Unversity of Illinois Press.

Skilton, M. & Hovsepian, F.(2018). The 4th Industrial Revolution: Responding to the impact of Artificial Intelligence on Business. Palgrave Macmillan Virtual Multimodal Museum(ViMM).

Stern, Mark J., & Susan C. Seifert(2002). "Culture Builds Community Evaluation Summary Report." Philadelphia: University of Pennsylvania School of

Social Work.

Straubharr, J., LaRose, R., & Davenport, L.(2016). *Media Now: Understanding media, culture and Technology*(9th ed.). Wadsworth, a part of Cengage Learning.

Sunstein, C.(2001). *Republic.com*. Princeton: Princeton Unitversity Press.

Swedlow, B.(2002). Toward cultural analysis in policy analysis: Picking up where Aaron Wildavsky left off. *Journal of Comparative Policy Analysis: Research and Practice*, 4(3): 267-285.

Taras, V., Kirkman, B. L., & Steel, P.(2010). Examining the impact of culture's consequences: A three-decade, multilevel, meta-analytic review of Hofstede's cultural value dimensions. *Journal of Applied Psychology*, 95(3): 405-439.

The Future We Want Includes Culture(2015). Recognizing the role of culture to strengthen the UN Post-2015 Development Agenda. (https://www.finditnearme.co/resources/culture-2015-goal.html)

Thoits, Peggy A., & Lyndel N. Hewitt(2001). "Volunteer Work and Well-Being." *Journal of Health and Social Behavior*, 42: 115-131.

Throsby, David(2000, 2001). *Economics and Culture*. Mass.: Cambridge University Press.

______(2010). *The Economics of Cultural Policy*. Mass.: Cambridge University Press.

Trent, Allen W.(2000). Community: A Collaborative Action Research Project in an Arts Impact Elementary School. Columbus, Ohio: Ohio State University.

Trilling, B., & Fadel, C.(2009). *21st century skills: Learning for life in our times*. John Wiley & Sons. 한국교육개발원 옮김(2012). 『21세기 핵심역량』. 서울: 학지사.

Tylor, Edward B.(2010). *Primitive Culture: Researches Into the Development of Mythology, Philosophy, Religion, Art and Custom*. N.Y.: Cambridge University Press.

UNESCO(1982). Mexico City Declaration on Cultural Policies, World Conference on Cultural Policies. UNESCO: Mexico City.

______(2005). Literacy for Life: EFA Global Monitoring Report 2006. Paris: UNESCO.

UNESCO(http://www.unesco.org/new/en/social-and-human-sciences/themes/international-migration/glossary/cultural-diversity/)

Verene, Donald Phillip(ed.)(1979). *Symbol, Myth, and Culture: Essays and Lectures of Ernst Cassirer* 1935-1945, New Haven and London Yale University Press.

Vorländer, Hans, Maik Herold & Steven Schäller(2015). *Wer geht zu PEGIDA und warum?: Eine empirische Untersuchung von PEGIDA-Demonstranten in Dresden*. Dresden: Zentrum für Verfassungs-und Demokratieforschung.

______(2016). *PEGIDA: Entwicklung, Zusammensetzung und Deutung einer Empörungsbewegung*. Wiesbaden: Springer.

Walley, Christine J.(2017). "Trump's election and the white working class: What we missed." in *American Ethnologist*, 44(2): 231-236.

Walsh, John(2014). "Hallyu as a government construct: the Korean Wave in the context of economic and social development." 13-31. in *The Korean Wave*, edited by Kuwahara Yoshihiro. New York: Palgrave Macmillan.

Wildavsky, A.(1987). Choosing preferences by constructing institutions: A cultural theory of preference formation. *American Political Science Review*, 81(1): 3-21.

Williams, R.(1976). *Keywords: A Vocabulary of culture and society*, Oxford University Press.

______(1995). *The Sociology of Culture*. Chicago: The University of Chicago Press.

Williams, Raymond(2011). *Keywords: A Vocabulary of Culture and Society*. N.Y.: Routledge.

Wollheim, Bruno(2000). "Culture Makes Communities." York, England: Joseph Rowntree Foundation.

Wyszomirski, M. J., Burgess, C. & Peila, C.(2003). International Cultural Relations: A Multi-Country Comparison(Washington D.C.: Arts International and Center for Arts and Culture, 2003). Available online: http://culturalpolicy.org/pdf/mjwpaper.pdf

Yoon, Kyong(2017). "Global Imagination of K-Pop: Pop Music Fans' Lived Experiences of Cultural Hybridity." *Popular Music and Society*, 1-17.

Yuka Nakamura & Peter Donnelly(2017). Interculturalism and Physical Cultural

Diversity in the Greater Torontor Area. *Social Inclusion*, Cogitatio(Lisbon. Portugal), 5(1): 111－119.

Yves, Evrard(1997). Democratizing Culture or Cultural Democracy? *Journal of Arts Management, Law & Society*, 27(3): 167－176.

Zakaria, Fareed, & Lee Kuan Yew(1994). "Culture Is Destiny: A Conversation with Lee Kuan Yew" in *Foreign Affairs*, 73(2): 109－126.

Zhao, T.(2006). "Rethinking Empire from a Chinese Concept 'All－under－Heaven' (Tian－xia, 天下)." in *Social Identities*, 12(1): 29－41.

Zukin, Sharon(1982). *Loft living: culture and capital in urban change*. Baltimore: Johns Hopkins University Press.

______(1989). Loft Living: Culture and Capital in Urban Change. New Brunswick, N.J.: Rutgers University Press.

______(2010). *Naked city: the death and life of authentic urban places*. New York: Oxford University Press.

中川 幾郎(1995). 新市民時代の文化行政: 文化.『自治體藝術論』. 東京: 公人の友社.

http://lofin.mois.go.kr

저자 소개

■ 금현섭

(현) 서울대학교 행정대학원 교수
(현) 서베이연구센터장
(현) 정책지식센터장
University of Texas, Austin 정책학 박사

■ 김상욱

(현) 문화체육관광부 국립중앙도서관 기획연수부장
(전) 문화체육관광부 콘텐츠정책관
(전) 문화체육관광부 예술정책관
동국대학교 영상대학원 문화콘텐츠 박사

■ 김세훈

(현) 숙명여자대학교 문화관광학부 부교수
(현) 문화체육관광부 규제개혁위원, 감사자문위원
(현) 문화체육관광부 감사자문위원
(전) 한국문화관광연구원 문화예술연구실장
영국 버밍엄대학교 문화연구(문화정책전공) 박사
연세대학교 사회학 박사

■ 도승연

(현) 광운대학교 인제니움 학부대학 교수
(현) 한국인터넷윤리학회 학술이사
(현) 한국 철학연구회, 사회와 철학연구회 총무이사
(현) 아시아경제 신문 4차 산업혁명 자문위원
뉴욕주립대학교 철학 박사

■ 박광국

(현) 가톨릭대학교 교수
(전) 한국행정학회장
(전) 한국환경정책・평가연구원 원장
(전) 전국대학교무처장협의회 회장
University of Georgia 행정학 박사

■ 박상도

(현) 우송대학교 엔디컷국제대학 매니지먼트학부 교수
(전) 상하이총영사관 전문연구원
상하이교통대 IT, 인터넷경제연구소 객원연구원/ WK Investment Co., Ltd CEO
복단대학교 관리학(행정관리) 박사

■ 백 령

(현) 경희대학교 경영대 문화예술경영연구소 연구위원
(현) 국립현대미술관, 경기미술관 운영위원
(현) 한국문화예술교육진흥원 문화예술교육지원 위원
(전) 서울시 문화시민도시 정책 위원
파슨스 스쿨 오브 디자인/뉴욕대학교 교육학 박사

■ 변미리

(현) 서울연구원 미래연구센터장, 선임연구위원
(현) 대통령직속 저출산고령화위원회 분과위원
(전) 국회의장 산하 국가행복위원회 위원
서울대학교 사회학 박사

■ 서순복

(현) 조선대학교 법과대학 교수
(현) 한국문화예술법학회 부회장, 한국문화예술위원회 옴부즈만
(전) 서울행정학회장, 한국문화정책학회 부회장, 광주문화도시협의회 공동대표
서울대학교 행정대학원 행정학 박사

■ 신응철

(현) 동아대학교 철학생명의료윤리학과 교수
(현) 한국해석학회/한국현대유럽철학회 편집이사
(현) 인문콘텐츠학회 총무이사

(전) 경성대학교 글로컬문화학부 교수
숭실대학교 철학 박사

■ **신현기**

(현) 가톨릭대학교 행정학과 조교수
(전) 국정홍보처 사무관
(전) 경향신문 기자
서울대학교 행정대학원 정책학 박사

■ **양혜원**

(현) 한국문화관광연구원 예술기반정책연구실장
(현) 서울시 문화시민도시 정책위원회 위원
(전) 새정부 예술정책 수립을 위한 TF 위원
(전) 한양대학교 공공정책대학원 겸임교수
서울대학교 행정대학원 행정학 박사

■ **이종열**

(현) 인천대학교 행정학과 교수
(전) 인천연구원장
(전) 서울행정학회장, 한국문화정책학회장
The City University of New York 도시환경 박사

■ **이형환**

(현) 중앙대학교 전통예술학부 교수
(현) 한국국악교육연구학회 회장, 한국문화정책학회 부회장
(현) 국가 중요무형문화재 제16호 거문고산조 이수자
(현) 중국 국가대외문화교류연구기지 특별위원
서울대학교 행정대학원 박사수료

■ **임학순**

(현) 가톨릭대학교 미디어기술콘텐츠학과 교수
(전) 한국예술경영학회 회장
(전) 한국문화정책개발원, 한국문화콘텐츠진흥원
서울대학교 행정대학원 행정학 박사

■ **장봉진**

(현) 가톨릭관동대학교 산학협력단 교수
(현) 한국수목원관리원 경영자문위원회 자문위원
(전) 문화체육관광부 기타공공기관 경영평가단 평가위원
국민대학교 행정학 박사

■ **장원호**

(현) 서울시립대학교 도시사회학과 교수
(현) 세계한류학회 이사장
시카고대학교 사회학 박사

■ **정광호**

(현) 서울대학교 행정대학원 교수
(현) *Korean Journal of Policy Studies* 편집장
(현) Society of Open Innovation: Technology, Market, and Complexity 부회장
시라큐스대학교 맥스웰대학원 행정학 박사

■ **정준호**

(현) 전북대학교 행정학과 부교수
(전) 전통문화대학교 문화재관리학과 부교수
(전) 문화영향평가 평가위원
(전) 한국자치행정학회 학술정보이사
베이징대학교 정부관리학원 관리학 박사

■ **정홍익**

(현) 서울대학교 행정대학원 명예교수
(전) 서울대학교 행정대학원 교수
(전) 한국문화정책학회 초대 회장
미네소타대학교 사회학 박사

■ **주상현**

(현) 전북대학교 행정학과 교수
(현) 한국자치행정학회 회장
(전) 신경대학교 교수
(전) 문화체육관광부 기타공공기관 경영평가위원
전북대학교 행정학 박사

■ **주성혜**

(현) 한국예술종합학교 음악학과 교수

(전) 한국문화예술교육진흥원장
(전) 한국과학창의재단 이사
(전) 유네스코 세계문화예술교육대회 청년포럼 운영위원장
메릴랜드주립대학교(UMCP) 음악인류학 박사수료

■ **주효진**

(현) 가톨릭관동대학교 의학과 의료인문학교실 교수
(전) 문화체육관광부 기타공공기관 경영평가단 평가위원 겸 총괄간사
(전) 문화체육관광부 자체평가위원회 평가위원
영남대학교 행정학 박사

■ **채경진**

(현) 한국문화재정책연구원 정책연구팀장
(전) 한국문화예술위원회 책임연구원
가톨릭대학교 행정학 박사

■ **표광민**

(현) 서울대 국제문제연구소 선임연구원
(전) 연세대학교 김대중도서관 연구위원
독일 베를린자유대학교 정치학 박사

■ **하현상**

(현) 국민대학교 행정학과 부교수
(전) 문화체육관광부 기타공공기관 평가위원
Florida State University 행정학 박사

■ **한승준**

(현) 서울여자대학교 행정학과 교수
(현) 한국정책학회 회장
(전) 한국문화정책학회 회장
(전) 서울여자대학교 기획처장
프랑스 파리제1대학 법학 박사

문화와 국민행복: 문화국가 만들기

펴낸날 제1판 제1쇄 2019년 2월 28일
지은이 박광국 편저
펴낸이 임춘환
펴낸곳 도서출판 대영문화사
주소 (본사) 사무실: 경기도 고양시 일산서구 주화로 70
우신프라자 307호 (우) 10387)
(본사) 물류센터: 경기도 고양시 일산서구 덕산로
107번길 68-50 (우) 10205)
등록 1975년 12월 26일 제3-16호
전화 (031) 913-3062, (031) 914-3884~5
팩스 (031) 913-3839
홈페이지 http://www.dymbook.co.kr

ISBN 978-89-7644-728-9
값 39,000원